C. D. BRYAN

Akte UFO

Buch

Offensichtlich intelligente, eher öffentlichkeitsscheue Personen berichten unabhängig voneinander, zum Teil auch unter Hypnose, daß sie von
grauen, spindeligen Wesen mit tränenförmigen Augen in ihr Raumschiff verschleppt und dort eingehenden Untersuchungen unterzogen
wurden. Der Autor, sektiererischer Neigungen unverdächtig, muß bald
erkennen, daß die Zeugnisse der Entführungsopfer durch die Authentizität ihrer traumatischen Erfahrung seine anfängliche Skepsis
zum Abschmelzen bringen. Mit Sachverstand und kritischer Distanz
betrachtet C. D. B. Bryan die psychiatrischen, parapsychologischen
und physikalischen Deutungsansätze und versucht zu klären, was es
mit diesen unheimlichen Begenungen der vierten Art auf sich hat.

Autor

Courtlandt Dixon Barnes Bryan ist ein angesehener Journalist und
Schriftsteller und publiziert regelmäßig Beiträge im *New Yorker*,
Esquire, *Rolling Stone* und *New York Times Magazine*. Der Absolvent
der Yale University hat bereits mehrere Erzählbände und Sachbücher
(u. a. über die National Geographic Society) veröffentlicht.

C. D. B. Bryan

Akte UFO

Unheimliche Begegnungen
der vierten Art
Entführungen durch Aliens

Aus dem Amerikanischen
von Jürgen Langowski

GOLDMANN

Die Originalausgabe erschien unter dem Titel
»Close Encounters of the Fourth Kind«
bei Alfred A. Knopf, New York

Deutsche Erstausgabe

Umwelthinweis:
Alle bedruckten Materialien dieses Taschenbuches
sind chlorfrei und umweltschonend.

Deutsche Erstveröffentlichung August 1999
© 1999 der deutschsprachigen Ausgabe
Wilhelm Goldmann Verlag, München
in der Verlagsgruppe Bertelsmann GmbH
© 1995 der Originalausgabe
Courtlandt Dixon Barnes Bryan
Umschlaggestaltung: Design Team München
Umschlagabbildung: Tony Stone/McBride
Satz: deutsch-türkischer fotosatz, Berlin
Druck: Graphischer Großbetrieb Pößneck
Verlagsnummer: 12748
Redaktion: Ilse Wagner
KF · Herstellung: Sebastian Strohmaier
Made in Germany
ISBN 3-442-12748-3

1 3 5 7 9 10 8 6 4 2

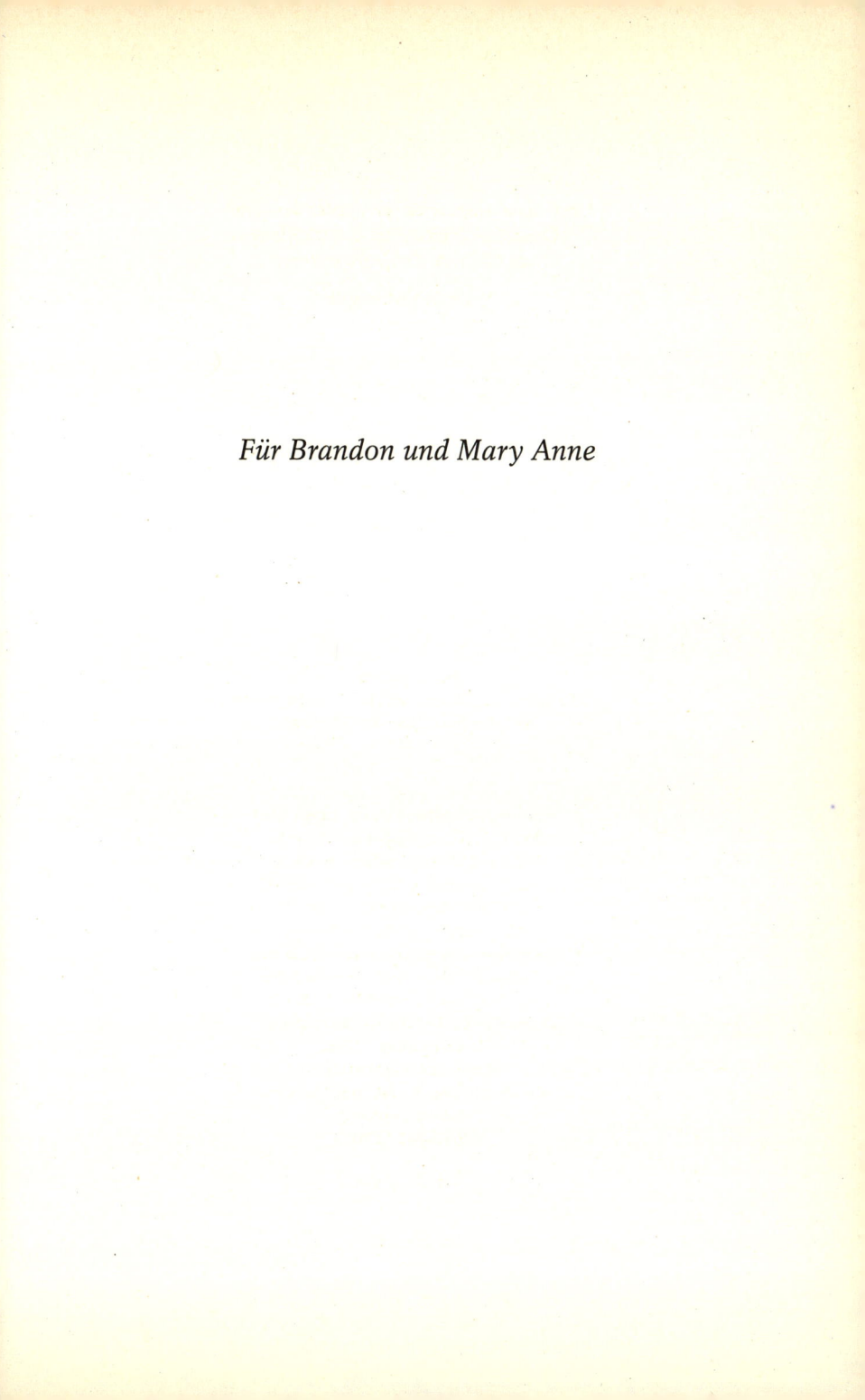

Für Brandon und Mary Anne

Wenn Sie das Unmögliche ausgeschlossen haben,
dann muß das, was danach noch bleibt,
so unglaublich es auch sei, die Wahrheit sein.

Sherlock Holmes in Arthur Conan Doyles
Das Zeichen der Vier

Inhalt

1. KAPITEL

Der Hintergrund

»Lieber Kollege« – begann der Brief vom 28. Februar 1992 – »wir organisieren eine wissenschaftliche Konferenz, auf der die Gemeinsamkeiten und Unterschiede in den Erkenntnissen von Forschern, die sich mit Entführungserlebnissen durch Außerirdische und mit verwandten Themen beschäftigen, behandelt werden sollen. Eine der für die Konferenz geplanten Veranstaltungen«, fuhr der Briefschreiber fort, »soll eine Podiumsdiskussion von und mit Entführten sein. Falls Sie in Ihren Forschungen mit Entführten gearbeitet haben, die gut artikuliert und durchdacht über besonders interessante, vielschichtige Erfahrungen berichten können, dann nennen Sie uns doch bitte die Namen und Adressen und begründen in einer kurzen Erläuterung, warum die betreffenden Personen Ihrer Ansicht nach eingeladen werden sollten.«

Die Konferenz, entnahm ich dem Brief weiter, sollte vom 13. Juni bis zum 17. Juni am Massachusetts Institute of Technology (MIT) stattfinden. Als Leiter waren der MIT-Physiker David E. Pritchard und der Harvard-Psychiater John E. Mack vorgesehen. Als Absender war Pritchards Büro am Lehrstuhl für Physik beim MIT angegeben, wo der einundfünfzigjährige Professor seit 1968 als Lehrkraft und Forscher tätig war. 1991 wurde Pritchard mit dem Broida-Preis ausgezeichnet, der alle zwei Jahre für herausragende experimentelle Leistungen im Bereich der Atomphysik verliehen wird.

Dr. John E. Mack, neben Pritchard der zweite Leiter der Konferenz, ist ein dreiundsechzigjähriger »cum laude«-Absolvent der Harvard Medical School und der ehemalige Leiter der psychiatrischen Abteilung am Cambridge Hospital der Harvard Medical School. Er hat dort in den letzten zwanzig Jahren als Professor für Psychiatrie gelehrt. Als Begründer des »Center for Psychological Studies in the Nuclear Age« wurde er für seine Forschungen über Selbstmorde ausgezeichnet, und er wurde vom amerikanischen Kongreß zu der Frage angehört, wie sich der nukleare Rüstungswettlauf auf die Psychologie von Kindern und Jugendlichen auswirkt. Abgesehen von den mehr als hundertfünfzig wissenschaftlichen Abhandlungen, die in Fachzeitschriften erschienen sind, sowie von einigen Lehrbüchern und anderen Publikationen, hat Dr. Mack im Jahre 1977 die Biographie *A Prince of Our Disorder: The Life of T. E. Lawrence* über Lawrence von Arabien verfaßt, die ihm den Pulitzerpreis eingebracht hat.

Eigentlich sollte man meinen, man könnte die Einladung zu einer »wissenschaftlichen Konferenz«, bei der es um Menschen gehen soll, die von »kleinen grünen Männchen« entführt worden wären, nur mit Kopfschütteln quittieren. Und so hätte ich sicherlich auch reagiert, wären da nicht die Referenzen der Tagungsleiter und der Veranstaltungsort gewesen – die »Kathedrale der Technologie«, wie Stewart Brand das MIT in seinem *Whole Earth Catalog* genannt hat. Und da war natürlich auch die geradezu beunruhigende Glaubwürdigkeit von ein paar hundert Menschen, die unabhängig voneinander und ohne sich je mit fliegenden Untertassen beschäftigt zu haben, zögernd, widerstrebend und verschüchtert wahrhaft Unglaubliches über Entführungen durch UFOs und medizinische Untersuchungen zu berichten wußten – ausgeführt nicht etwa von »kleinen grünen Männchen«, sondern von überwiegend spindeldürren, etwa einen Meter bis einen Meter vierzig großen, telepathisch begabten, grauen Geschöpfen, die eine abnorm große Stirn und riesige, hypnotisierende, tropfenförmige schwarze Augen gehabt hätten. Es sind die Übereinstimmungen in den Berichten der Entführten und die Konsistenz der Details, in denen das Geheimnis dieses Phänomens liegt. Denn wie John Mack im Rahmen der Abduction Study Conference gesagt hat: »Wenn das, was die Entführten berichten, nicht wirklich geschehen ist, was *ist* dann eigentlich geschehen?«

Die geladenen Gäste der Konferenz wurden gebeten, vor der Veranstaltung zwei Bücher zu lesen. Das erste war *Secret Life: Firsthand Accounts of UFO Abductions* von David M. Jacobs, eine detaillierte, mit wissenschaftlichen Methoden vorgenommene Untersuchung der Aussagen von etwa sechzig Menschen über ihre Entführungserlebnisse. Dr. Jacobs, Historiker an der Temple University, hat diese Menschen im Laufe von vier Jahren interviewt und konnte während seiner Untersuchung annähernd dreihundert Entführungserfahrungen aufdecken.

Das zentrale Thema bei Entführungen durch Außerirdische ist nach Jacobs das Sammeln menschlicher Ei- und Samenzellen. Wie sein Mentor, der New Yorker Künstler und Entführungsexperte Budd Hopkins, geht auch Jacobs von der allerschlimmsten Erklärung für die Anwesenheit der Außerirdischen auf der Erde aus: In seinem Buch *Eindringlinge* meint Hopkins, »daß eine genetische Studie im Gang und die Menschheit selbst Objekt eines Zuchtexperiments ist«.[1]

In *Secret Life* schrieb Jacobs: »Einer der Gründe dafür, daß die UFOs zur Erde reisen, ist der, Menschen zu entführen, mit deren Hilfe die Außerirdischen andere Wesen erzeugen wollen. Es ist kein Reproduktions-, sondern ein Produktionsprogramm. Sie sind nicht hier, um uns zu helfen. Sie haben eigene Pläne, deren Parameter wir nicht in ihrer ganzen Tragweite erfahren dürfen ... das wichtigste Ziel bei der Entführung ist die Produktion von Kindern.«[2]

1 Budd Hopkins, *Eindringlinge*, Hamburg 1991, S. 50.
2 David M. Jacobs, *Secret Life: Firsthand Accounts of UFO Abductions*, New York 1992, S. 305–306.

Zu Beginn seines Buches bespricht Jacobs die Erlebnisse von Barney und Betty Hill, den wahrscheinlich berühmtesten Entführungsfall der Literatur. Die Episode wurde 1966 in der Zeitschrift *Look* und später im gleichen Jahr in Buchform unter dem Titel *Interrupted Journey* veröffentlicht.

Die Hills waren ein gemischtrassiges Paar. Er war als Schwarzer Mitglied der NAACP und der New Hampshire Civil Rights Commission, sie war eine weiße Sozialarbeiterin. Sie waren anständige, geachtete Leute und beliebte Mitglieder ihrer Gemeinde. Wie die Hills berichteten, haben sie im Jahre 1961, als sie nachts auf dem Weg von Montreal nach Portsmouth in New Hampshire unterwegs waren, auf einer einsamen Landstraße ein helles, leuchtendes Objekt am Himmel bemerkt. Anfangs hatten sie den Eindruck, das Objekt verfolge sie aus gewisser Entfernung, doch später kam es näher, bis es direkt über ihnen schwebte. Die Hills hörten zwei piepsende Geräusche, dann konnten sie die Flugscheibe nicht mehr sehen. Nach Hause zurückgekehrt, stellten sie fest, daß sie zwei Stunden später als geplant angekommen waren. Für die fehlende Zeit hatten sie keine Erklärung.

Die Hills konnten sich erinnern, ein UFO gesehen zu haben, wußten aber nichts weiter zu berichten. Doch während der nächsten Monate wurden sie von bizarren Träumen geplagt. Sie träumten, sie würden an Bord eines außerirdischen Raumschiffs geholt. Schließlich nahmen sie eine psychologische Beratung in Anspruch und wurden an den UFO-Skeptiker Dr. Benjamin Simon verwiesen, einen anerkannten Psychiater, der sich mit Hypnose auskannte.

Unter Hypnose erinnerten sich die Hills unabhängig voneinander, daß sie von kleinen, haarlosen, aschgrauen Wesen aus ihrem Auto geholt worden wären. Die Wesen hätten große Köpfe und Augen, aber kleine Nasen und Münder gehabt. Diese Geschöpfe hätten die Hills ins Innere eines stationären UFOs gebracht, sie voneinander getrennt in zwei Räume gesperrt und verschiedene medizinische Untersuchungen an ihnen durchgeführt. Während der Untersuchung wurde Betty Hill eine lange Nadel in den Bauch gestochen, was, wie die Wesen ihr sagten, ein »Schwangerschaftstest« sein sollte.

Ein größeres Wesen, das Betty für den »Anführer« hielt, teilte sich ihr telepathisch mit. An einem Punkt schienen die Wesen verwundert darüber zu sein, daß Betty Hills obere Zahnreihe nicht wie bei Barney Hill herausgenommen werden konnte. Barney trug im Oberkiefer ein Gebiß.

Darauf folgten verschiedene weitere »medizinische Prozeduren« – Abschabungen von der Haut und so weiter –, und schließlich bekamen die Hills die Erlaubnis, das Raumschiff zu verlassen und dessen Abflug zu beobachten. Nach einer zweiten Serie von Piepstönen wurde ihre Erinnerung an den Vorfall gelöscht. Nur ein leichtes Unbehagen blieb zurück.

Nach der Entführung der Hills wurden Hunderte weiterer Entführungsfälle katalogisiert und untersucht. Dr. Jacobs und andere, die auf diesem Gebiet arbeiten, glauben jedoch, daß diese Fälle nur einen Bruchteil der tatsächlich stattfindenden Entführungen ausmachen.

Als Co-Ausrichter der Abduction Study Conference schrieb John E. Mack in seinem Vorwort zu Dr. Jacobs' Buch *Secret Life:* »Die Vorstellung, daß Männer, Frauen und Kinder gegen ihren Willen von fremden, humanoiden Wesen aus Wohnungen, Autos und von Schulhöfen verschleppt und in ein Raumschiff transportiert werden, wo man sie invasiven und bedrohlichen Prozeduren unterzieht, ist so erschreckend und versetzt unserer Vorstellung von dem, was in unserem Universum möglich ist, einen so harten Schlag, daß die Realität des Phänomens in den veröffentlichten Berichten meist rundweg verleugnet oder zumindest auf bizarre Weise verzerrt wird. Angesichts der beunruhigenden Natur des UFO-Phänomens und unserer derzeit vorherrschenden Ansichten über die Realität ist dies völlig verständlich. Doch es bleibt die Tatsache«, fuhr Mack fort, daß seit dreißig Jahren oder womöglich noch länger tausende Menschen, die aufrichtig wirken und bei klarem Verstand zu sein scheinen und die aus ihren Berichten keinerlei materiellen Vorteil herausschlagen wollen, immer wieder Schilderungen solcher Ereignisse vorlegen. Meinungsumfragen deuten darauf hin, daß es allein in den Vereinigten Staaten Hunderttausende von Menschen gibt, vielleicht sogar mehr als eine Million, die möglicherweise als sogenannte ›Erfahrene‹ gelten könnten, weil sie vom Entführungsphänomen betroffen sind. Das Entführungsphänomen ist daher von großer klinischer Bedeutung, und sei es nur wegen der Tatsache, daß Entführte aufgrund ihrer Erfahrungen oft stark traumatisiert sind. Zugleich ist das Phänomen von großem wissenschaftlichen Interesse, wenn es auch unsere Vorstellungen von Realität und Wahrheit auf eine harte Probe stellen mag. Die Fachleute für Psychiatrie, Medizin, Biologie, Physik, Elektronik und andere Disziplinen stehen einem derart seltsamen Phänomen wie den UFO-Entführungen verständlicherweise skeptisch gegenüber, da es unseren allgemein akzeptierten Vorstellungen von dem, was die Realität sei, zuwider läuft. Diese Fachleute werden die Berichte über Entführungen nur dann ernst nehmen, wenn die Forscher ihre Arbeit unter Beachtung der wissenschaftlichen Methodik und leidenschaftslos, aber dennoch mit der gebührenden Aufmerksamkeit erledigen. Auf diese Weise können Strukturen und Bedeutungsebenen entdeckt werden, die zu einem umfassenderen, tieferen Wissen und letzten Endes auch zur Entwicklung überzeugender, wissenschaftlicher Aussagen führen sollten.

»Meiner Ansicht nach«, fuhr Mack fort, »werden Dr. Jacobs' Erkenntnisse jeden beeindrucken, der zumindest für die Möglichkeit offen ist, daß im Leben dieser und unzähliger anderer Menschen etwas Wichtiges geschehen sein muß, das mit Hilfe der Theorien und Kategorien, die der modernen Wissenschaft heute zur Verfügung stehen, nicht ohne weiteres erklärt werden kann.«[3]

3 John E. Mack, Einführung zu *Secret Life: Firsthand Accounts of UFO Abductions,* New York, 1992, S. 9–11.

Jacobs ist auf dem Gebiet der UFO-Forschung kein Unbekannter. 1975 ist bei der Indiana University Press sein Buch *The UFO Controversy in America* mit einem Vorwort von J. Allen Hynek erschienen, der genau wie John Mack ein Forscher mit herausragenden Referenzen ist. Hynek, ehemaliger Professor für Astronomie an der Ohio State University und späterer Leiter des Astronomy Department an der Northwestern University, wurde 1949 von der United States Air Force als wissenschaftlicher Berater zum Projekt Sign hinzugezogen, das später in »Project Grudge« und noch später in »Project Blue Book« umgetauft wurde. Die Air Force wollte mit diesen Projekten Beweise sammeln und klären, ob UFOs existierten oder nicht. Zwanzig Jahre lang war Hynek in Sachen UFOs als Berater für die Air Force tätig. Vor seiner Tätigkeit für die Air Force war Hynek nach seinen eigenen Worten ein Astronom, der »genau wie meine anderen wissenschaftlichen Kollegen über die ›psychologisch bedingte Nachkriegsverrücktheit‹, daß fliegende Untertassen durchs Land flögen, ebenso schallend gelacht hat wie über die Naivität und Leichtgläubigkeit unserer Landsleute, die auf einen derart offensichtlichen Unfug hereingefallen sind«.[4] Im Laufe der Zeit hat sich seine Ansicht jedoch verändert, und schließlich verlangte er von der Wissenschaft, sie solle eine »ordentliche wissenschaftliche Untersuchung des UFO-Phänomens«[5] durchführen.

In einem Leserbrief an die Zeitschrift *Science,* das offizielle Organ der American Association for the Advancement of Science, versuchte Hynek, die wichtigsten Vorurteile in bezug auf UFO-Berichte auszuräumen:

1. *Nur UFO-Fans melden UFO-Sichtungen.* Hynek betonte, daß nahezu das exakte Gegenteil richtig sei. »Die aussagekräftig-

4 J. Allen Hynek, *The UFO Experience: A Scientific Inquiry,* New York, 1974.
5 Hyneks Brief an *Science,* zit. n. David M. Jacobs, *The UFO Controversy in America,* Bloomington, Indiana, 1975, S. 215.

sten Berichte kamen von offenbar intelligenten Beobachtern«[6], die vorher kaum über UFOs nachgedacht hatten und die schokkiert und überrascht auf ihr Erlebnis reagiert haben. UFO-Fans und »Gläubige«, die verschiedenen Kulten anhängen, ergänzte Hynek, machen nur selten Meldungen, und wenn sie es tun, dann lassen sie sich »aufgrund ihrer Widersprüchlichkeit leicht als das erkennen, was sie sind«.[7]

2. *UFOs werden nie von wissenschaftlich ausgebildeten Personen beobachtet.* »Ganz im Gegenteil«, schrieb Hynek, »sind einige der besten Berichte überhaupt von wissenschaftlich geschulten Beobachtern eingereicht worden. Leider werden solche Berichte nur selten in der populären Literatur publiziert, weil diese Leute normalerweise die Öffentlichkeit scheuen und anonym bleiben wollen.«[8]

3. *Kein UFO wurde je von Radaranlagen oder von Meteor- und Satellitenbeobachtungskameras erfaßt.* Keineswegs, erklärte Hynek. Derartige Geräte hatten vielmehr mehrmals »Unregelmäßigkeiten« aufgefangen, die sich der Identifizierung widersetzten, und gerade aus diesem Grund sehe Hynek sich außerstande, »das UFO-Phänomen einfach mit einem Achselzucken abzutun«.[9]

Wie er betont, vergessen die Wissenschaftler des zwanzigsten Jahrhunderts manchmal die Tatsache, daß es »eine Wissenschaft des 21. Jahrhunderts geben wird und danach eine des 30. Jahrhunderts, und von dort aus betrachtet, könnte das bekannte Universum deutlich anders aussehen als jetzt«. Er schloß mit den Worten, daß »wir vielleicht an einer Art von temporalem Provinzialismus leiden, an jener Art von Arroganz, die seit jeher die Nachfahren erzürnt«.

In seinem bahnbrechenden Buch *The UFO Experience: A Scientific Inquiry* hat Hynek den Begriff »Close Encounters« geprägt (Nahbegegnung). Der Begriff ist durch Steven Spielbergs

6 ibid.
7 Hynek, *The UFO Experience*, S. 31–34.
8 ibid., S. 11.
9 zitiert nach Jacobs, *UFO Controversy*, S. 215.

Film *Close Encounters of the Third Kind* (dt. »Unheimliche Begegnung der dritten Art«) weltbekannt geworden. Hynek hat den Begriff eingeführt, um zwischen Berichten, nach denen ein UFO in einiger Entfernung gesehen wurde, und anderen, bei denen es um Sichtungen aus nächster Nähe ging, unterscheiden zu können. UFO-Sichtungen aus größerer Entfernung unterteilte er in drei Kategorien: *Nocturnal Lights* (nächtliche Leuchterscheinungen), was sich auf nachts beobachtete Phänomene bezog; *Daylight Discs* (tagsüber beobachtete Flugscheiben; Hynek legte Wert darauf, die UFOs als »Scheiben« zu bezeichnen, weil »die vorherrschende Form in den Berichten eine ovale oder scheibenförmige ist, auch wenn man den Vorbehalt machen muß, daß diese Beschreibung großzügig ausgelegt werden sollte«); und *radarvisuell*, was sich auf radartechnisch erfaßte Objekte bezog, die gleichzeitig mit bloßem Auge beobachtet wurden.

Die Nahbegegnungen hat Hynek ebenfalls in drei Kategorien untergliedert:

Close Encounters of the First Kind (Nahbegegnung der ersten Art). Diese Kategorie ist eine einfache Sichtung, bei welcher das gemeldete UFO aus der Nähe beobachtet wird, wobei es jedoch nicht zu einer Interaktion mit der Umgebung kommt (abgesehen von psychischen Nachwirkungen beim Beobachter).

Close Encounters of the Second Kind (Nahbegegnung der zweiten Art). Diese Begegnungen sind jenen der ersten Art ähnlich, doch werden hier physikalische Auswirkungen auf belebte und unbelebte Objekte beobachtet. Häufig wird berichtet, daß die Vegetation zerdrückt, verbrannt oder versengt worden sei. Äste brechen von Bäumen, Tiere erschrecken und verletzen sich in ihrer Panik manchmal selbst. Unbelebte Objekte, vor allem Fahrzeuge, werden vorübergehend stillgelegt, die Motoren gehen aus, Radios hören zu spielen auf, Scheinwerfer werden gedämpft oder erlöschen ganz. In diesen Fällen funktionieren die Fahrzeuge, nachdem das UFO den Schauplatz verlassen hat, wieder normal.

Close Encounters of the Third Kind (Nahbegegnung der dritten Art). Diese Gruppe erfaßt die Anwesenheit von »Insassen« im UFO oder in dessen Nähe. Hier muß man scharf unterscheiden zwischen der Gegenwart von vermeintlich intelligenten Wesen im »Raumschiff« und den anderen Fällen, in denen sogenannte »Kontaktler« beteiligt sind.[10]

Die »Kontaktler«, die Hynek hier erwähnt, waren Personen wie »Professor« George Adamski (*Flying Saucers Have Landed,* 1953; *Im Innern der Raumschiffe,* 1981), »Doktor« Daniel Fry (*White Sands Incident,* 1954), Truman Bethurum (*Aboard a Flying Saucer,* 1954), Orfeo Angelucci (*Secret of the Saucers,* 1955) und Howard Menger (*From Outer Space to You,* 1959). All diese Autoren haben sich in den fünfziger Jahren mit Berichten zu Wort gemeldet, aus denen hervorging, daß sie nicht nur UFOs gesehen hätten, sondern auch mit den Insassen in engen Kontakt gekommen wären.

Adamskis Fotos aus dem Jahre 1952, in denen von einem »Erkundungsboot« eines venusischen »Mutterschiffs« die Rede war, erinnern sehr an die Brutschränke, die damals bereits im Versandhandel zu bekommen waren. Bevor er bekannt wurde, hatte Adamski als Aushilfe in einem winzigen kalifornischen Café gearbeitet.

Fry war auf dem Testgelände White Sands in New Mexico mit nicht näher bezeichneten Arbeiten beschäftigt, als ein »eiförmiges Objekt« angeblich in der Nähe gelandet war, um ihn binnen dreißig Minuten nach New York City und wieder zurück zu befördern. Die Insassen, die Fry dabei kennenlernte, erzählten ihm, sie wären die Überlebenden eines großen Krieges zwischen Atlantis und Lemuria. Sie hätten mit ihm und nicht mit einer hochgestellten Persönlichkeit Kontakt aufgenommen, weil sie das »Ich-Gleichgewicht« der Zivilisationen auf der Erde gefährden würden, wenn sie sich öffentlich zu erkennen gäben.

10 Hynek, *The UFO Experience*, S. 31–34.

Bethurums »Raumboot« wurde von Aura Rhanes befehligt, der »Königin der Frauen«, deren »weiche Haut wundervoll war wie Oliven und Rosen«. Auras Planet Clarion, ließ Bethurum die Leser wissen, liege in unserem Sonnensystem, befinde sich jedoch stets der Erde genau gegenüber hinter der Sonne, weshalb wir ihn noch nicht entdeckt hätten.

Angelucci, ein Flugzeugmechaniker, wußte zu berichten, daß auf einem Flugfeld in Los Angeles eine Untertasse gelandet sei. Als er sie untersuchte, habe er von einem »Bruder aus dem Weltraum« erfahren, daß die »materiellen Fortschritte« auf der Erde die Evolution des Lebens gefährdeten. Angeluccis spätere Begegnungen mit den Außerirdischen fanden in Greyhound-Stationen statt.

Menger, ein selbständiger Schildermaler, schrieb, seine außerirdischen Gastgeber hätten ihn durch Städte auf dem Mond geführt und ihm andere wundervolle Dinge gezeigt, um ihn anschließend darüber zu informieren, daß er in einem früheren Leben ein Bewohner Jupiters gewesen sei, den man auf die Erde geschickt habe, um Gutes für die Menschheit zu tun.

Es verwundert nicht, daß Hynek die Kontaktler für »pseudoreligiöse Fanatiker« hält, deren »Glaubwürdigkeit begrenzt« sei und deren Berichte man verwerfen müsse. »Es sind Geschichten wie diese«, schrieb Hynek, »die das ganze UFO-Problem bei den Wissenschaftlern und in der Öffentlichkeit in Verruf gebracht haben, denn sie nähren die populären Vorstellungen von ›kleinen grünen Männchen‹ und die Aura von Fiktion, die diesen Aspekt des Phänomens umgibt«.

Die typische Nahbegegnung der dritten Art, betonte Hynek, »trifft genau jene Personengruppen, die auch die anderen Arten von UFO-Erfahrungen machen. Es handelt sich hier um ein und denselben Querschnitt durch die Bevölkerung. Die Erfahrung kommt für die Betreffenden ebenso unerwartet und überraschend wie für diejenigen, die von anderen Arten von Nahbegegnungen betroffen sind. Diese Menschen sind in keiner Weise etwas Besonderes. Sie sind keine religiösen Fanatiker, und unter ihnen gibt es Polizisten, Geschäftsleute, Lehrer und andere ehrbare Bürger.«[11]

Die Abduction Study Conference, die beim MIT stattfinden sollte, würde sich um Nahbegegnungen der vierten Art drehen, eine Kategorie also, die Hynek offenbar nicht berücksichtigt hat. Diese Gruppe von Begegnungen könnte definiert werden als

> persönliche Kontaktaufnahme von »Insassen« des Raumschiffs mit einem oder mehreren Menschen. Dieser Kontakt kann den Transport des Betreffenden aus seiner gewohnten irdischen Umgebung heraus ins Raumschiff beinhalten, wo er einem Gedankenaustausch und/oder einer Untersuchung ausgesetzt wird, ehe er zurückgebracht wird. Derartige Nahbegegnungen dauern gewöhnlich zwischen einer und zwei Stunden.

Das zweite Werk, das die Teilnehmer vor der Konferenz lesen sollten, war *On Stolen Time: A Summary of a Comparative Study of the UFO Abduction Mystery* von Dr. Thomas E. Bullard.

In diesem Papier, das 1987 vom Fund for UFO Research im Selbstverlag herausgegeben wurde, stellte Dr. Bullard fest, daß sich von den fast dreihundert Entführungsfällen durch Außerirdische, bei denen der Ort bekannt geworden sei, 132 in den USA und 50 weitere in englischsprachigen Ländern abgespielt hätten. 69 Fälle seien aus Lateinamerika, 28 aus Europa und drei aus der Sowjetunion gemeldet worden.

Wer erlebt Entführungen? »So gut wie jeder«, meint Bullard. »Die Entführten kommen aus allen Gesellschaftsschichten, allen Bildungsstufen und allen Berufsgruppen, auch wenn Menschen, die aus beruflichen Gründen nachts im Freien unterwegs sind, im Durchschnitt gesehen häufiger betroffen sind als andere. Zwei Drittel der Entführten war in dieser Aufstellung männlichen, ein

---

11 ibid., S. 34.

Drittel weiblichen Geschlechts. Bei 76 Prozent der 309 Fälle gab es nur einen einzigen Zeugen, in 49 Fällen zwei und in 12 Fällen drei Zeugen. Bei 12 weiteren Fällen waren mehr als drei Zeugen zugegen ...«[12]

Bullards überraschendste Entdeckung war die, daß »Entführungen vor allem junge Menschen treffen. Wenn man die Dreißig überschreitet, ohne je entführt worden zu sein«, schrieb er, »dann braucht man sich keine großen Sorgen mehr zu machen. Die Altersverteilung der Entführten zeigt Spitzen bei 7, 12–13, 16–17 und 20 Jahren, was die Vermutung nahelegen könnte, daß die Entführer die Entführten über mehrere Jahre hinweg beobachten wollen. Die Entführungen werden das ganze Leben lang wiederholt, von der Kindheit bis zum Alter von 77 Jahren, doch nimmt die Häufigkeit nach dem 30. Lebensjahr sprunghaft ab.«[13]

Obwohl Jacobs' Buch genau wie Bullards Aufstellung als Vorbereitung auf die Veranstaltung beim MIT dienen sollten, wurde im Laufe der Konferenz rasch klar, daß es sehr unterschiedliche Ansichten über die Bedeutung und die Aussagekraft der jeweils geschilderten Entführungsfälle gab.

---

12 Thomas E. Bullard, *On Stolen Time: A Summary of a Comparative Study of the UFO Abduction Mystery*, Mt. Rainier, Md.: Fund for UFO Research, Juni 1987, S. 40.
13 ibid., S. 13.

2. KAPITEL

Die Konferenz, erster Tag

Am Sonnabend, den 13. Juni 1992 um 14.00 Uhr, eröffnet John E. Mack, bekleidet mit einem dunklen, locker sitzenden Anzug, weißem Hemd und konservativer Krawatte, die Konferenz. Er hat seitlich in der ersten Reihe des geräumigen Vorlesungssaales 6–120 gesessen, in dem die Konferenz stattfinden soll. Er hat die eintreffenden Teilnehmer beobachtet und gewartet, bis jeder seinen Platz gefunden hat. Ich sitze im oberen Drittel des steil ansteigenden Zuschauerraums. Die Polstersitze lassen sich wie im Kino herunterklappen, aus der linken Armlehne kann man eine kleine, wie ein Komma geformte Schreibfläche herausziehen.

Dr. Mack steht auf, geht nach vorn und schaut zu den Teilnehmern herauf. Hinter ihm hängt eine dreifach unterteilte, grüne Wandtafel, rechts neben ihm steht ein schwerer Tisch mit einem Tageslichtprojektor. Er fährt sich mit schmalen, langen Fingern durchs Haar und sagt: »Willkommen auf dieser außergewöhnlichen Veranstaltung.«

Mack hat die leicht gebeugte Körperhaltung eines großen, hageren Akademikers, dessen nachlassende Sehkraft ihn zwingt, den Kopf nach vorn zu beugen, um die handgeschriebenen Vortragsnotizen zu entziffern. Zunächst spricht Mack zu schnell, so daß ich mit meinen Notizen nicht nachkomme. Er sagt etwas über die »Gelegenheit, Wissenschaftler zusammenzubringen, die auf diesem Gebiet arbeiten«, und über den Wunsch, man möge »dem dramatischen, sensationsheischenden Zeug, das überall veröffentlicht wird und uns in die Quere kommt«, nicht zuviel Raum geben. Und dann, als bemerke er jetzt erst das versammelte Publikum, sagt er mit überraschend bewegter Stimme:»Ich möchte vor allem die heldenhafte, mutige – und ich hätte fast gesagt tollkühne – Arbeit von Dave Pritchard hervorheben. Er hat sich in die Schußlinie begeben ...« Und dann kommt noch etwas darüber, daß es gelte,»den eigenen Standpunkt mutig zu vertreten« und»die Wissenschaft und das Denken der Menschen weiterzubringen«.

Mack macht einige Bemerkungen über»die Politik des Bewußtseins« und die»Politik der Ontologie«. Er neigt dazu, eine aufgeworfene Frage mit einer neuen Frage zu beantworten: »Zwingt uns das Phänomen der Entführungen durch Außerirdische, ein neues wissenschaftliches Paradigma zu entwerfen?« ... »Müssen wir vielleicht nur ein kleines Stück weiter denken, um uns physikalische und psychologische Techniken vorzustellen, die einer anderen Spezies zur Verfügung stehen, die jedoch über unsere derzeitigen Fähigkeiten hinausgehen?« ... »Ist das Bewußtsein und alles, was es erfaßt, nicht vielleicht sogar selbst das Resultat einer göttlichen oder kosmischen Technologie?« Er läßt die Fragen unbeantwortet im Raum stehen und setzt sich wieder.

Dave Pritchard, der zweite Leiter der Konferenz, hat das Gesicht eines Jungen, das ebenso zu strahlen scheint wie die Lichtquanten der Atome, die er untersucht. Pritchards Stirn unter dem leicht ergrauten, modern geschnittenen Haar ist faltenlos. Bekleidet mit hellblauer Hose und einem kurzärmeligen Hemd, aus dessen Brusttasche mehrere bunte Textmarker hervorschauen, läuft er mit beinahe jugendlichem Schwung nach vorn. Die Augen hinter der vergoldeten Brille blitzen hellwach, und beim Sprechen wandert er hinter dem Tisch hin und her, während er erklärt, warum die Konferenz einberufen wurde.

Bei»dem Versuch, das Phänomen der Entführungen zu behandeln«, habe er»keine einzige, umfassende und brauchbare Zusammenfassung« finden können. Zuerst habe er mit dem Gedanken gespielt, ein Buch zu schreiben,»aber dann habe ich mir gesagt:

Nein, das bringt nichts. Mir lag ja an einer kritischen Analyse und einer Erforschung aller nur denkbaren Möglichkeiten, und der beste Weg dazu ist eine Konferenz, auf der viel Raum für Diskussionen bleibt.« Er nimmt einen gewöhnlichen, billigen Küchenwecker vom Tisch und erklärt, daß die Sprechzeit der Teilnehmer streng beschränkt sein werde. Sobald der Wecker klingele, müsse der Redner sofort abbrechen. Dann macht er noch einige Bemerkungen über die Finanzierung der Konferenz und daß die Veranstalter »versucht haben, die Irren draußen zu halten«. Schließlich betont Pritchard noch, daß die Konferenz zwar *beim* MIT stattfindet, daß es sich aber nicht um eine Konferenz *des* MIT handelt. Das ist ein Unterschied, auf den Pritchard bereits energisch hingewiesen hat, als ich ihn vierzehn Tage vorher gesprochen habe. »Es ist nicht so, daß das MIT die Konferenz unterstützt«, sagte er mir bei dieser Gelegenheit. »Vielmehr hält man sich an das Prinzip, daß jeder Akademiker genügend Freiraum haben müsse, um sich selbst zum Narren zu machen. Und viele Kollegen«, sagte er mit einem kleinen Lachen, »sind der Ansicht, daß ich auf dem besten Wege dazu bin.«

Pritchard gibt sich keine Mühe, seine Nervosität zu verbergen, denn die anwesenden Medienvertreter werden vor allem ihn aufs Korn nehmen. »Sie werden vielleicht verstehen, wie widerwillig ich in diesem Zusammenhang ins Rampenlicht trete«, hatte er mir gesagt, um sich sofort zu korrigieren: »Ich stelle es mir vor wie ein Schwimmbecken voller Haie. Aber früher oder später muß ich mich dieser Situation so oder so stellen. Ich meine, man kann sich nicht beliebig lange mit diesem Thema beschäftigen und erwarten, es würde niemand darauf aufmerksam werden.«

Allerdings war zu diesem Zeitpunkt noch nicht klar, was an die Öffentlichkeit dringen sollte. Als wir zwei Wochen vor der Konferenz dieses Gespräch führten, waren die Organisatoren – unter ihnen auch Pritchard selbst – noch damit beschäftigt, sich »auf eine Definition der Charakteristika des Entführungsphänomens zu einigen«, wie er es ausdrückte. »Wir müssen viele verschiedene Erklärungen berücksichtigen: Die extraterrestrische Hypothese,

24

individuelle Psychosen, verschiedene Arten kollektiver, geistiger Phänomene, die kulturell bedingt sind und sich im Bereich von Borderline-Fällen bewegen, phantasiebegabte Individuen und schließlich die Nahtoderfahrungen. Aber was die Frage angeht, worauf die Aliens nun eigentlich hinauswollen, so müssen wir wohl davon ausgehen, daß nicht einmal ein Drittel der Teilnehmer, wenn wir auf der Konferenz zu diesem Punkt kommen werden, überhaupt an die Beteiligung von Außerirdischen glaubt.«

John Mack, der zweite Leiter der Konferenz, ist in seinen Büchern bereits auf die Linie derjenigen eingeschwenkt, die sich gegen eine simple, extraterrestrische Erklärung des Phänomens aussprechen. In seiner Einführung zu David Jacobs' Buch *Secret Life* wies Mack auf folgendes hin:»Eine brauchbare extraterrestrische Hypothese muß den Mangel an greifbaren physischen Beweisen erklären können – beispielsweise den Mangel an Fotos von den Wesen –, sowie die buchstäblich unüberwindlichen Probleme, die sich in Hinblick auf den Aufenthaltsort, die Herkunft und das Leben der Außerirdischen selbst im Rahmen der physikalischen Gesetze unseres Raum/Zeit-Kontinuums ergeben.«[1]

Mack vertrat nicht die Ansicht, die extraterrestrische Hypothese sei grundsätzlich falsch, aber er war der Meinung, sie könnte für sich genommen nicht ausreichend sein. Doch ob sie zutraf oder nicht, die Konferenz selbst sowie die Pflichtlektüre von *Secret Life* wiesen darauf hin, daß die extraterrestrische Hypothese nicht von vornherein ausgeschlossen werden würde.

Nach Macks und seinen eigenen, einleitenden Bemerkungen stellt Pritchard den ersten Redner der Konferenz vor. Es handelt sich um Mark Rodeghier, den Forschungsleiter des J. Allen Hynek Center for UFO Studies (CUFOS), einer bekannten UFO-Forschungseinrichtung in Chicago. Rodeghier spricht über »Unterscheidungskriterien für Entführte«.

---

1 John E. Mack, Einführung zu *Secret Life: Firsthand Accounts of UFO Abductions*, New York 1992, S. 12.

Rodeghier hat drei Minuten für seinen Vortrag bekommen und zwei weitere, um Fragen zu beantworten. Während Pritchard den Wecker stellt, dreht Rodeghier das Licht herunter und bereitet sich neben dem Tageslichtprojektor vor. Er legt die erste Folie auf die Glasplatte. »Um als ›Entführter‹ gelten zu können«, erläutert Rodeghier, während er die Schärfe nachstellt, »muß der Betreffende (a) gegen seinen Willen mitgenommen werden, (b) aus der irdischen Umgebung und (c) von nichtmenschlichen Wesen verschleppt werden.«

Er wechselt die erste gegen die zweite Folie aus. »Die Wesen«, fährt er fort, »müssen die Betreffenden (a) in einen geschlossenen Raum bringen, der (b) seiner Erscheinung nach nicht irdisch ist und (c) von Zeugen für ein Raumschiff gehalten wird.«

Die nächste Folie. »An diesem Ort muß der Betreffende (a) einer physischen Untersuchung, (b) einem verbalen oder telepathischen Austausch oder (c) beidem unterworfen werden.«

Die vierte Folie. »Die Erfahrungen werden (a) bewußt erinnert oder (b) durch Methoden wie Hypnose zurückgerufen.«

Es gibt keine Fragen, und Rodeghier kehrt zu seinem Platz zurück. Er hat seine Aussagen klar und prägnant formuliert, und er hat, erkenne ich, sogar noch mehr getan: Er hat erklärt, was ein Entführter eigentlich ist.

Nach Rodeghier kommt der zweite Sprecher. Es ist Thomas E. Bullard, dessen Vortrag eine aktualisierte Zusammenfassung der inzwischen fünf Jahre alten Arbeit *On Stolen Time: A Summary of a Comparative Study of the UFO Abduction Mystery* ist.

Bullard, der von allen nur »Eddie« genannt wird, ist unter »Ufologen« vor allem als Archivar des Materials anderer Feldforscher und nicht so sehr als Produzent von neuem Material über Entführungsfälle bekannt. Bullard gilt jedoch unter Ufologen als »wichtiger Denker«, und seine Schriften über die folkloristische Dimension des UFO-Phänomens sind streng intellektuell, wissenschaftlich konstruiert, amüsant und treffend. Abgesehen von seiner Arbeit als Archivar scheint Eddie Bullard auch noch eine andere Funktion innezuhaben: Er ist eine Art Gerichtsschreiber und Zeuge der Bewegung.

Bullard erklärt, seit seiner Aufstellung von 1987 sei die Zahl der von ihm erfaßten Fälle auf 725 gestiegen. Allerdings ist er in der Frage, wie eine Entführung zu definieren sei, weniger streng als Rodeghier. Er nennt ungefähr achtzig Fälle, bei denen die Menschen leuchtende oder glühende Kugeln gesehen haben; und er hat Ereignisse aufgezeichnet, die er als »psychische Entführungen« bezeichnet. Er meint damit ausführliche Berichte, die Entführungsfällen nahekommen, ohne daß echte, physikalische Ereignisse nachweisbar wären. Dann gibt es noch Ereignisse, die er als »freiwilliges Mitgehen« einordnet. Auch diese Fälle sind ein Problem, denn die Betroffenen begrüßen die Besuche offensichtlich. Diese Gruppe, sagt Bullard, »überschneidet sich mit jener der ›Kontaktler‹, da die Betroffenen eine langfristige, nicht auf Bereicherung zielende Beziehung zu den Außerirdischen aufbauen.«

Nach Bullards Vortrag gibt es eine dreißigminütige Kaffeepause, die wir in der Lobby der Eastmann Laboratories direkt vor den unteren Ausgängen des Vorlesungssaals verbringen. An der Mamorwand hängt ein Bronzerelief von George Eastman. Ich nehme vorsichtig die anderen Teilnehmer in Augenschein und bin fast enttäuscht, weil wir alle so *normal* wirken. Ich kann auf den ersten Blick nicht einmal erkennen, wer die Entführten sind. Aber dann bemerke ich, daß auf einigen Namensschildern nur Vornamen stehen, vermutlich um die Anonymität der Betreffenden zu gewährleisten. Dies sind demnach die Entführten.

Der erste Redner nach der Pause ist Budd Hopkins.

Hopkins ist der Altmeister unter den UFO-Forschern, die sich mit Entführungen beschäftigen. Er hat etwa fünfzehnhundert Fälle untersucht und ist der Autor von *Fehlende Zeit* (1996) und *Eindringlinge* (1991). Das letztgenannte Buch ist auch verfilmt worden. Er ist ein begabter Maler und Bildhauer, dessen Werke unter anderem im Whitney-Museum, im Guggenheim-Museum und im Museum of Modern Art ausgestellt werden.

Hopkins ist ein großer, sanfter, grauhaariger Mann mit einem ausdrucksvollen Gesicht. Heute spricht er über die »Beschaffung« – über die Frage also, wie die Aliens sich ihre Entführten beschaffen. Doch zuvor äußert er die Vermutung, daß UFO-Entführungen sogar noch häufiger vorkommen könnten als UFO-Sichtungen und daß sie »ein äußerst wichtiges Phänomen sind, dem sich die Wissenschaft bisher noch nicht gestellt hat« – eine wunderbar pompöse Feststellung

»Die Beschaffung findet gewöhnlich nachts statt, wenn die Menschen schlafen«, berichtet Hopkins. »Die betreffende Person wird zunächst gelähmt. Die Lähmung scheint unterschiedlich intensiv zu sein, im allgemeinen können die Betroffenen aber noch die Augen bewegen.« Die meisten Entführten, mit denen Hopkins zu tun hatte, werden danach entweder von einem Lichtstrahl emporgehoben oder sie schweben in Begleitung von »Wesen« ins wartende Raumschiff – eine Reise, die von Außenstehenden, die zu Zeugen eines solchen Vorgangs werden könnten, erstaunlicherweise nie bemerkt wird. Hopkins erwähnt einen Briten, den er einmal interviewt hat. Der Mann hätte erzählt, er sei durch verschlossene Türen geschwebt. Eine Frau berichtet, sie sei am Cape Cod an elf Gästen einer Coctailparty vorbeigeschwebt, die allesamt »erstarrt« gewirkt hätten wie in einem angehaltenen Film.

Vor drei Wochen, erzählt Hopkins, seien fünf Personen aus einer Wohnung in Manhattan entführt worden: Vater, Mutter, ein sechzehnjähriger und ein dreijähriger Sohn sowie der sechzehnjährige Freund der älteren Tochter. Zur Zeit der Entführung lag der kleinere Junge schlafend im Ehebett neben dem Vater, die Mutter schlief im Wohnzimmer auf der Couch, und die beiden älteren Jungen schliefen in einem Kinderzimmer. Um 4 Uhr 20 morgens seien alle fünf erwacht und hätten Nasenbluten gehabt. Nasenbluten ist, wie wir nach der Lektüre von Jacobs' *Secret Life* wissen, ein häufiges Symptom für Entführungen.

John Mack erhebt sich und weist darauf hin, daß es unter den Entführten, die seinen Rat gesucht haben, niemanden gegeben hätte, der »den Wunsch hatte, als Erfahrener in Erscheinung zu treten.« (Im Laufe der Konferenz hat sich der Begriff »Erfahrener« als Bezeichnung für die Menschen eingebürgert, die einem Entführungserlebnis ausgesetzt wurden.) Mack erzählt von einem Verwaltungsangestellten einer Universität, der zu ihm gekommen sei, um von seinem Entführungserlebnis zu berichten. Während Mack ihm zugehört habe, sei der Mann immer niedergeschlagener geworden. »Warum wirken Sie so traurig?« fragte Mack. »Doktor«, erwiderte der Mitarbeiter, »ich hatte gehofft, Sie würden mir sagen, ich sei verrückt. Jetzt muß ich mich mit der Tatsache abfinden, daß mir wirklich etwas zugestoßen ist, und das macht mir angst. Es macht mir angst, weil ich nicht weiß, was da überhaupt vorgefallen ist und wie ich damit umgehen soll.«

Der nächste Sprecher ist Tom Benson, ein korrekt gekleideter UFO-Forscher in mittleren Jahren aus Trenton, New Jersey. Er schildert die Ereignisse, die sich unmittelbar vor Entführungen abspielen. Er hat seine Erkenntnisse während der letzten vierzig Jahre von über einhundert Entführten gewonnen, die Zeichnungen angefertigt haben. »Die Analyse der Details«, berichtet Benson, »zeigt, daß sich das Ereignis in mehreren Stadien entwickelt. Zuerst wird die Aufmerksamkeit des Betroffenen auf ein helles Licht gelenkt, das blitzt oder pulsiert, oder er hört ein ungewöhnliches Geräusch.« Das »Summen« des Raumschiffs, erklärt Benson, könnte dazu dienen, die Aufmerksamkeit des Entführten auf das UFO zu lenken. »Ist dies ein Hilfsmittel, um schon vor der Entführung Zugang zum Bewußtsein des Betreffenden zu bekommen?« fragt er.

»Zweitens«, fährt er fort, »wird das Objekt gewöhnlich in unmittelbarer Nähe bemerkt. Drittens verspürt der Betreffende einen starken Drang – oder ihm wird sogar ein entsprechender Befehl übermittelt –, sich an einen anderen Ort in der Nähe zu begeben. Viertens wird die Landung des Objekts in der Nähe beobachtet. Wesen sind jedoch nicht zu entdecken.« Viele Entführte, so betont der Forscher, beschreiben die Farbe der fliegenden Untertasse als »orangerot«. Sie berichten, das Objekt habe »äußerlich wie innerlich geglüht«. Die Größe der Lichter am Rand der Scheibe mag variieren, erklärt Benson, aber im allgemeinen herrscht Übereinstimmung darin, daß sie gegen den Uhrzeigersinn rotieren.

»Fünftens«, sagt er weiter, »erscheint ein Wesen. Das Raumschiff steht auf dem Boden oder schwebt in geringer Höhe. Sechstens wird der Betroffene an Bord genommen.«

Benson schließt seinen kurzen Vortrag mit der Erklärung ab, daß »weitere Forschungen nötig sind, um die Hypothese zu überprüfen, typische Nahbegegnungen mit UFOs stünden in signifikanter Korrelation mit Entführungen, wie Forscher es schon lange vermuten.«

David E. Jacobs, der Autor von *Secret Life,* ist der nächste Redner. Er will erörtern, was einem Entführten normalerweise passiert, nachdem er an Bord des außerirdischen Raumschiffs gebracht wurde.

Jacobs, Anfang Fünfzig und mit einem maßgeschneiderten, schwarzen Anzug gekleidet, ist mit seinem rosigen Teint, dem Schnurrbart und dem grauen Lockenhaar eine stattliche Erscheinung. Er hat vor kurzem eine erfolgreiche Lesetournee mit seinem Buch *Secret Life* absolviert und sich als UFO-Forscher etabliert. Da er Historiker ist, zeichnet ihn die Begierde aller Akademiker nach Fakten aus, die seinen Standpunkt stützen könnten.

In den fünf Jahren, die er sich mit Entführungen befaßt, so weiß Jacobs zu berichten, hat er mehr als 325 Hypnosesitzungen mit mehr als sechzig Entführten vorgenommen. Obwohl die Entführten sich zum größten Teil untereinander nicht kannten, haben sie verblüffend ähnliche Geschichten mit überraschenden Übereinstimmungen sogar in Details erzählt. Sie wurden von kleinen (hundertzehn bis hundertvierzig Zentimeter großen), dünnen, seltsam aussehenden, grauen Wesen mit überproportional großen

Köpfen entführt. Die Wesen hätten die Entführten zu einem Untersuchungstisch schweben lassen oder geführt, wo sie sich auf den Rücken legen mußten. Die Wesen unterzogen ihre Opfer dann einer Reihe von »medizinischen Prozeduren«, bevor sie zu dem Ort zurückgebracht wurden, von dem sie abgeholt worden waren. Die Entführten mußten die Behandlung ohnmächtig über sich ergehen lassen, und sobald sie zurückgebracht worden waren, vergaßen sie alles oder fast alles, was sie erlebt hatten.

Jacobs berichtet, daß er die Szenarien der Entführungserlebnisse (manchmal mit Hilfe rückführender Hypnose, manchmal durch bewußte Erinnerungen zurückgerufen) als ausgesprochen »strukturiert« empfunden hat. Auf gewisse Prozeduren wären fast immer gewisse andere Prozeduren gefolgt. Auf dieser Grundlage hat Jacobs eine »allgemeine Matrix für Entführungsszenarien« entwickelt, die sich in drei Schichten gliedert: »*Primärerfahrungen* sind jene Prozeduren, welche die Außerirdischen mit größter Häufigkeit bei der größten Anzahl von Personen durchgeführt haben. *Sekundärerfahrungen* sind weniger häufig zu beobachten und treten nicht bei jeder Episode auf. Zu diesen Sekundärerfahrungen gehören auch Prozeduren, denen manche Entführte niemals unterzogen werden. Die dritte Ebene nenne ich *Nebenerfahrungen*. Diese Kategorie schließt spezielle, sexuelle Prozeduren oder ausgefallene Verhaltensweisen ein, die nur bei wenigen Entführungsfällen zu beobachten sind.«

Die erste Stufe der Primärerfahrungen legt laut Jacobs den Rahmen für alle folgenden Prozeduren fest. Diese Prozeduren beginnen, sobald der Betreffende ins Raumschiff gebracht und auf den Tisch gelegt wurde, der anscheinend speziell zur Untersuchung von Menschen konstruiert ist. Das untere Drittel des Tisches läßt sich wie ein Y öffnen und hochkippen. Manchmal ist eine Art Scanner am Tisch befestigt, manchmal auch ein Gerät, mit dem Sperma gesammelt wird.

Das erste Stadium der Primärerfahrung ist die physische Untersuchung, erklärt Jacobs dann. Entführte schildern, wie ihr Körper von den kleinen Wesen malträtiert wurde: »mit Sonden, mit Herumstochern, Abtasten und Beugen der Glieder.« Ein Teil der Untersuchung scheint darin zu bestehen, daß nacheinander, vom Kopf bis zum Steißbein, die ganze Wirbelsäule hinunter auf alle Wirbel des Entführten Druck ausgeübt wird. Bei anderen Gelegenheiten lassen die Wesen die Finger nur leicht über die Entführten tanzen. Eine Entführte, mit der Jacobs gesprochen hat, sagte, es habe sich angefühlt, als hätte jemand auf ihrem Körper »Klavier gespielt«. Eine andere schilderte den Eindruck so, als hätte jemand auf ihr »Schreibmaschine geschrieben«.

Jacobs erklärt, daß während der Untersuchung häufig Gewebeproben genommen werden, meist aus der Kniebeuge. Darauf folgt die Einführung oder Entnahme eines Implantats. Entführte erzählen laut Jacobs häufig, ihnen sei ein dünnes Instrument mit einer winzigen runden Kugel, wahrscheinlich aus Metall, tief in die Nasenhöhlen geschoben worden. Sie hörten dann ein knirschendes Geräusch, und das Instrument würde ohne Kugel wieder herausgezogen.

»Das Objekt ist so klein wie eine Schokolinse oder sogar noch kleiner«, schreibt Jacobs in *Secret Life:*

> ... und es ist gewöhnlich glatt, oder es hat kleine Stacheln oder auch Löcher. Die Funktion des Geräts ist nicht bekannt. Es könnte ein Peilsender sein, damit die betreffende Person geortet und entführt werden kann; vielleicht dient es auch zur Überwachung hormoneller Veränderungen; es könnte die molekularen Veränderungen erleichtern, die beim Transport und dem Übergang notwendig werden ... manchmal kommt es nach der Prozedur auch zu Nasenbluten. Kinder wie erwachsene Entführte haben wegen des Nasenblutens Ärzte aufgesucht, die eigenartige Löcher in den Nasen feststellen konnten.[2]

Wie Jacobs den Konferenzteilnehmern berichtet, wurden Implantate auch in Beine, Arme und Genitalien gesetzt, doch die häufig-

2 Jacobs, S. 95–96.

sten Stellen sind die Nasenhöhlen, die Nebenhöhlen, die Tränengänge und die Ohren.

Nach der physischen Untersuchung treten die kleinen grauen Wesen beiseite und machen einem größeren Wesen Platz, das ein paar Zentimeter bis einen Kopf größer ist als die kleinen Wesen. Die Haut der kleinen Wesen wird als weich, konturlos und plastik- oder gummiähnlich beschrieben. Die Haut des großen Wesens dagegen sei grob und lederartig. Bei keinem der Wesen seien jedoch Behaarung, Muskulatur, Knochenbau oder Merkmale wie Warzen, Muttermale oder Hautverfärbungen zu entdecken. Die Entführten bezeichnen die Hautfarbe der Aliens als grau, wobei die Bandbreite zwischen dunkelgrau bis zu beinahe reinem Weiß geschwankt habe. Wenn ein Entführter eine andere Farbe erwähnt (braun, purpurn, gelb, orange, blau und grün wurden genannt), dann wird die Farbe häufig mit Grautönen in Verbindung gebracht, also graublau, graubraun oder ähnliches.

Jacobs' Entführte schreiben dem größerem Wesen eine gewisse Autorität zu; oft bezeichnen sie dieses Wesen als »Doktor«. Auch wenn die kleinen Wesen unabhängig von dem größeren handeln können, scheinen sie der Befehlsgewalt des größeren Wesens unterstellt zu sein.

Nach Abschluß der physischen Untersuchung beginnt das größere Wesen mit der geistigen Phase. »Dort geht es um das Abtasten des Bewußtseins«, erklärt Jacobs. »Die Gesichter sind dicht voreinander, der Entführte wird angestarrt.«

Auch während dieser Bewußtseinsabtastung liegt der Entführte auf dem Tisch. Das Wesen beugt sich über ihn und kommt mit dem Gesicht nahe heran, bis sie sich fast mit der Stirn berühren. Das Wesen sieht dem Entführten dann tief und forschend in die Augen. »Der Entführte empfindet an diesem Punkt Liebe, Vertrauen, Ruhe, Furcht oder Entsetzen«, erläutert Jacobs. Normalerweise haben die Entführten das Gefühl, aus ihrem Kopf würden Informationen herausgezogen. Doch Jacobs räumt ein, daß er nicht sagen kann, was für Informationen dies sein sollen und was danach mit ihnen geschieht. »Es kann auch eine Art Bindungsprozeß sein, der an dieser Stelle stattfindet.«

Im nächsten Stadium kommt es vor, daß das große Wesen den Entführten sexuell erregt. »Sexuelle Erregung ist ein heikles Thema«, sagt Jacobs, »das für das Verständnis jedoch sehr wichtig ist.« Er berichtet, daß »die Außerirdischen während der Gedankenabtastung rasche, kräftige sexuelle Stimulierungen vornehmen, die bis zum Orgasmus führen können. Die Entführten beklagen sich oft: ›Ich hasse es, wenn sie das machen.‹« Frauen fühlen sich häufig verletzt und vergewaltigt und sind wütend, weil ihnen so etwas gegen ihren Willen angetan wird.

Wenn die Bewußtseinsabtastung beendet wird, erreicht die sexuelle Erregung ihren Höhepunkt. Jacobs erklärt, daß »das große Wesen sofort mit einer Reihe gynäkologischer Prozeduren beginnt, die darauf abzielen, Eizellen zu entnehmen oder einzupflanzen; bei Männern werden durch urologische Verfahren Samenzellen entnommen. Frauen haben das Gefühl, etwas werde in sie eingeführt. Ihnen wird gesagt: ›Jetzt bist du schwanger.‹ Am nächsten Morgen wachen sie auf und fühlen sich schwanger, sie machen einen Test mit positivem Ergebnis. Es scheint völlig absurd. Normalerweise werden sie dann noch einmal entführt, und man sagt ihnen: ›Jetzt nehmen wir es heraus‹, oder ›Jetzt ist es Zeit.‹ Sie haben das Gefühl, etwas werde aus ihrem Körper entnommen, und danach sind sie nicht mehr schwanger«, erklärt Jacobs. »Es gibt hierfür sehr eindrucksvolle, anekdotische Hinweise.«

Als Jacobs geendet hat, kommt Yvonne Smith nach vorn, eine attraktive Hypnosetherapeutin aus La Crescenta, Kalifornien. Sie will über zwei Entführungsfälle berichten, einen Mann und eine Frau. Die Enführte, eine Hausfrau, habe am Hinterkopf ein Gefühl gehabt, als sei dort ein Bohrer angesetzt worden. Sie habe Brandgeruch wahrgenommen, dann sei der Kopf wieder versiegelt worden. Während der ganzen Prozedur habe sie ein Druckgefühl auf dem Schädeldach gehabt, als sei ihr Kopf mit Riemen fixiert worden. Sie berichtete außerdem, in ihrem Gehörgang sei mit Nadeln und Laserstrahlen gearbeitet worden, und sie fühlte sich unbehaglich, weil sie im linken Auge ein Druckgefühl hatte. Sie konnte während der Untersuchung nichts sehen, weil das Gesicht zur Hälfte bedeckt war.

Der Mann, erzählt Smith, sei ein Mitarbeiter der Polizei von Los Angeles. Er habe sich sehr darüber aufgeregt, daß man ihm den Hinterkopf aufgeschnitten habe.

Jemand fragt, ob es Berichte über Heilungsprozesse nach den Untersuchungen durch Außerirdische gäbe. Smith antwortet: »Ich kenne einen HIV-positiven Entführten, bei dem die Tests jetzt negativ verlaufen.«

Negative Testergebnisse? Will sie uns etwa erzählen, die Aliens hätten AIDS geheilt? Seltsamerweise gibt es keine weiteren Nachfragen.

Jenny Randles, die Forschungsleiterin der British UFO Research Association, ist die nächste Rednerin. Sie hat fünfzehn Bücher über UFO-Themen geschrieben. Sie ist eine kleine, kräftig gebaute und unerschrockene Frau.

Randles erklärt, sie habe sechsundzwanzig Fälle untersucht, die Ende der sechziger Jahre bis Anfang der siebziger Jahre dokumentiert worden sind. »Achtzehn davon ohne Hypnose, acht unter Anwendung von Hypnose«, berichtet sie. »In sechzig Prozent der Fälle haben die Wesen eine Erklärung abgegeben: Sie führten ›Langzeituntersuchungen unseres Planeten‹ durch, sie ›statteten uns regelmäßig Besuche ab‹, sie ›sammelten Profile von Lebensformen‹, eine ›Notsituation stehe bevor‹.« In den achtziger Jahren hätten die Entführten vom Aufbau einer Art kosmischer Ökologie gesprochen. Man hätte ihnen gesagt: »Du bist etwas Besonderes, man wird sich zu einem späteren Zeitpunkt an dich wenden.«

Wirklich bekannt seien in Zusammenhang mit der UFO-Thematik in Großbritannien nur Whitley Striebers autobiographisches Buch *Die Besucher* und der Film *Unheimliche Begegnung der dritten Art* geworden.

Randles schließt ihren kurzen Vortrag mit der Bemerkung ab, daß »medizinische Untersuchungen in den sechziger Jahren nur selten vorgekommen sind«. Sie weiß auch zu berichten, daß »in Großbritannien der Geruch von Zimt mit den Wesen verbunden zu sein scheint.« Wie ich später erfahre, ist in den USA eher vom Geruch nach Ammoniak, Schwefel, Zitronen und Mandeln die Rede.

Randles verläßt das Podium, und David Jacobs geht wieder nach vorn. Er spricht noch einmal über die Matrix der Entführungsszenarien, wie er sie in *Secret Life* geschildert hat. Nachdem er die Primärerfahrungen bereits behandelt hat, geht es jetzt um den nächsten Schritt, um die *Sekundärprozeduren.*

»Nachdem der Entführte die physischen, geistigen und genitalen Prozeduren durchlaufen hat«, erklärt Jacobs, »wird er einer Reihe von Sekundärprozessen unterzogen, mit denen geistige Eigenschaften untersucht werden sollen – Illustration, Vision, Inszenierung, Prüfung. In dieser Phase sollen wahrscheinlich die psychologischen Reaktionen der Entführten auf bestimmte Szenen und Situationen gemessen werden.«

Um die *Illustration* anzuschauen, erläutert Jacobs, werden die Entführten von den Wesen in einen Nebenraum außerhalb des Untersuchungsraums geführt. Dort werden dem Betreffenden auf einer Art Bildschirm verschiedene Bilder gezeigt. Die Bandbreite reicht von einem Atombombenabwurf bis zu Umweltkatastrophen, Familientragödien oder auch sexuell stimulierenden, romantischen und angenehmen Darstellungen. Während der Entführte die Bilder betrachtet, steht das größere Wesen dicht neben ihm und starrt ihm tief in die Augen. »Das Wesentliche sind hier für die Aliens nicht die Bilder«, erläutert Jacobs, »sondern vielmehr die Emotionen, die durch die Bilder geweckt werden. Die Darstellungen selbst haben keinerlei prophetische Bedeutung.«

Die *Visionen* werden nicht auf einem Bildschirm, sondern im Kopf des Entführten erzeugt, wobei der Betreffende häufig noch auf dem Untersuchungstisch liegt. Manchmal wird dem Entführten ein enger Freund gezeigt und der Eindruck erweckt, der Freund befinde sich ebenfalls im Raumschiff. Die Interaktion des Entführten mit dem Freund wird genau überwacht. Der »Freund« ist jedoch in Wirklichkeit ein kleines Wesen, das dem Entführten lediglich so dargestellt wird, als handele es sich um den betreffenden Freund. Gelegentlich werden Entführte auch einer *Prüfung* unterzogen. Es wird eine Aufgabe gestellt, deren Ausführung beobachtet wird. Jacobs erwähnt einen Entführten, der vor einer Schalttafel postiert wurde, wo er eine Nadel zwischen zwei sich bewegende, rote Strichen halten mußte. Auch hier schienen die Außerirdischen wie in allen anderen Fällen nur an den Gefühlsreaktionen des Entführten interessiert zu sein.

»Nach diesen Sekundärprozeduren, bei denen Untersuchungen des Bewußtseins im Vordergrund standen«, fährt Jacobs fort, »werden die Entführten manchmal in einen Nebenraum geführt, wo Dutzende von Embryos in verschiedenen Entwicklungsstadien zu sehen sind.« Manche Embryos schweben aufrecht in durchsichtigen Behältern, andere befinden sich in horizontaler Position »in trockener oder flüssiger Umgebung«, erläutert Jacobs. »Manche der Entführten berichten, sie hätten in dieser Brutkammer bis zu hundert Embryos gesehen. Andere bemerken auch Kleinkinder, ältere Kinder und Jugendliche. Alle schienen Kreuzungen oder Hybridwesen zu sein. Junge Außerirdische werden jedoch nie beobachtet. Die jungen Erwachsenen oder Jugendlichen, die wir zu sehen bekommen«, fährt Jacobs fort, »helfen den Wesen bei den Prozeduren. Sie sehen menschlich aus, haben aber keine Augenbrauen.«

Ein Entführter berichtet, er habe beobachtet, wie ein »Pfleger« einem jungen Hybridwesen etwas auf die Brust schmierte, das an Apfelbutter erinnerte. Daraufhin sei das Kind in Licht gebadet gewesen. Besorgt habe der Entführte gefragt: »Was macht ihr mit ihm, wollt ihr ihn etwa backen?«

»Nein«, habe man dem Entführten geantwortet, »das hilft ihm bei der Verdauung.«

In der anschließenden Fragestunde will ein sichtlich erschütterter Therapeut von der Westküste wissen: »Dave, ist es immer derart konsistent?« Jacobs erwidert, daß bei Entführungen und UFOs die sich wiederholenden Muster sehr im Vordergrund stünden.

Ein anderer Therapeut sagt, er habe mit drei Dutzend Entführten gearbeitet, aber seiner Ansicht nach beschreibe Jacobs' Szenario keineswegs den Normalfall dieser Erfahrungen. In die Debatte, die zwischen den Anhängern der relativ strengen Definition von Jacobs, Hopkins und Bullard und deren Gegnern zu beginnen scheint, bringt Marylin Teare, eine Therapeutin aus Kalifornien mit silbergrauem Haar und jugendlichem Gesicht, einen weiteren Gesichtspunkt ein. »Ich sehe bei meinen Patienten eine riesige Bandbreite«, erklärt sie. »Wir müssen berücksichtigen, daß die Dinge nicht immer so sind, wie sie zu sein scheinen.«

Jemand anders fragt: »Welchen Sinn hat das alles? Wir wissen nicht, welchen Sinn es letzten Endes hat. Alle Entführten fragen uns: ›Warum machen die das?‹ Die Antwort ist, daß wir es im Grunde nicht wissen.«

Die Konferenz wird durch die Mittagspause unterbrochen. Wir bekommen im Restaurant »Sail Loft« Gruppenrabatt und strömen aus dem Vorlesungssaal auf den Campus des MIT hinaus, der jetzt im Licht der Nachmittagssonne liegt. Im Restaurant sitze ich rechts neben einem jungen Paar aus Massachusetts. Die beiden sind Entführte. Sie haben ein Notizbuch voller Zeichnungen dabei, die sie von dem halben Dutzend Aliens, denen sie begegnet sind, angefertigt haben.

»Haben diese Außerirdischen auch Namen?« frage ich die Frau.

»Normalerweise sprechen wir sie mit verständlichen Namen oder mit Spitznamen an, weil ihre Sprache so fremdartig ist, daß wir ihre wirklichen Namen nicht aussprechen könnten«, sagt sie. »Wir haben uns daher auf Spitznamen geeinigt, oder wir benutzen die Namen, die andere Menschen ihnen schon gegeben haben.«

»Können Sie ein paar Beispiele nennen?«

»Erinnern Sie sich an Whitley Strieber, den Autor von *Die Besucher?*« fragt sie. »Wir sind seinem Außerirdischen begegnet, dem blauen. Und dem weißen. Haben Sie den Film gesehen?«

»Tut mir leid«, sage ich. »Welchen Film meinen Sie? Ich kenne bisher nur *Eindringlinge.*«

Sie schaut nachdenklich auf den Teller. »Ich glaube, denen aus diesem Film sind wir bisher noch nicht begegnet. Aber wir sind gerade dabei, eine Gruppe mit Vertretern von verschiedenen Welten kennenzulernen, die zusammenarbeiten. Einige der Namen sind die wirklichen Namen, einige sind auch Titel. Der erste, den wir kennenlernten, ist der Leiter des Projekts. Wir nennen ihn Zar.«

»Zar?« frage ich.

Sie buchstabiert es mir, dann erklärt sie: »Das ist der Name, den er uns genannt hat. Ich weiß nicht, ob es sich um einen Eigennamen oder um einen Titel handelt, aber er wird von allen so genannt. Der zweite, den wir kennengelernt haben, war das blaue Wesen, das auch in *Die Besucher* auftaucht. Wir nennen ihn einfach den Blauen.«

»Woher wissen Sie, daß es das Wesen aus dem Film *Die Besucher ist?*« frage ich.

»Wir haben uns das gleich gedacht«, sagt sie. »Und das wurde uns später bestätigt.«

»Wer hat es Ihnen gesagt?«

»Ich glaube, es war Zar.«

»Und Sie haben ihn einfach ›den Blauen‹ genannt? Oder war er ›der blaue Außerirdische‹?«

»Als wir ihn kennengelernt haben, sagten wir einfach ›der Blaue‹, um deutlich zu machen, daß wir über ihn sprachen und nicht über Zar. Wir haben überhaupt nicht darüber nachgedacht, daß sie auch andere Namen haben könnten, und sie einfach nach den Farben benannt. Der Weiße war eben der Weiße, und der Blaue war der Blaue. Aber als wir den nächsten kennengelernt haben, erfuhren wir, daß er einen Namen hat, und dann wollten wir wissen, wie wir den Blauen nennen sollten. Er sagte aber, ›der Blaue‹ ginge als Eigenname in Ordnung, er sei ganz zufrieden damit und wir sollten ihn ruhig so nennen.«

»Und wie haben Sie dann den weißen Außerirdischen genannt?«

»Er war einfach der Weiße«, sagte sie trocken.

»Der Weiße.« Ich muß unwillkürlich lachen.

»Das sind nicht ihre wirklichen Namen«, fährt sie fort. »Es sind auch keine Titel. Es sind einfach nur Bezeichnungen, damit wir sie unterscheiden können.«

»Kennen Sie noch andere Namen?«

»Es gibt noch viele andere. Ich fühle mich aber nicht wohl dabei, die Namen herunterzubeten, weil es sich um wichtige Persönlichkeiten handelt. Diese Wesen sind faktisch für uns. Wir haben es mit einer Organisation zu tun. Der Unterschied zwischen dem, was wir bisher herausgefunden haben, und dem, was andere Menschen wissen, ist vor allem der, daß uns bewußt ist, daß wir es mit einer Organisation von Welten zu tun haben, den Vereinten Nationen nicht unähnlich, wo Leute aus verschiedenen Ländern zusammenarbeiten und versuchen, miteinander auszukommen. Die Außerirdischen da draußen machen das allerdings schon viel länger und viel erfolgreicher.«

»Ist dies das ›Projekt‹, das Sie vorhin erwähnt haben?«

»Ja, das ist richtig. Und Zar ist, wie ich schon sagte, der Leiter des Projekts. Wir wurden systematisch auch mit anderen Wesen bekanntgemacht, und wir fanden heraus, daß einige der Wesen, die wir kennengelernt haben, Mitglieder eines Rates sind. Sie gehören einer Kommission an, die dem Vorstand eines Vereins nicht unähnlich ist. Alles, was im Projekt geschieht, muß vom Rat verabschiedet werden. Es ist stark durchorganisiert und gut geplant.«

»Besteht der Rat aus all den verschiedenen Arten von Aliens?«

»Wir sind vielen verschiedenen Typen begegnet, und wir haben in den Raumschiffen andere gesehen, die ihnen ähnlich waren: die Mannschaften und ihre Angehörigen.«

Während wir essen, erzählt mir die Frau von jenem Nachmittag, als ihr Mann ein helles Licht in der Garage bemerkte. »Das war das erste Erlebnis«, sagt sie. »Er war damals allein. Erst ein paar Wochen später hat noch jemand anders gleichzeitig mit ihm das extrem helle Licht sehen können. In der Luft schwebte etwas wie eine Tür – aber ohne Türrahmen, es war einfach nur ein Umriß wie eine Tür –, und dahinter oder durch die Tür konnte er einen sehr hell erleuchteten Raum sehen, aus dem das Licht herüberfiel. Wie er später herausfand, handelte es sich bei diesem Raum um einen Raum auf einem Schiff, das aber wissenschaftlich und technologisch unserem heutigen Stand weit überlegen ist.«

Sie erzählt mir von ihren vier Kindern, die drei bis fünfzehn Jahre alt sind und »freundschaftliche Beziehungen« zu den Aliens unterhielten. »Sie sind alle Erfahrene«, sagt sie. »Die beiden Mädchen sind sich der Vorgänge nicht so bewußt wie die Jungs, weil die Jungs älter sind. Die Mädchen können sich zwar an einiges erinnern, aber es ist wichtig, daß sie ihr alltägliches Leben führen können, ohne zu sehr gestört zu werden.«

»Wie viele solcher Erlebnisse hatten Sie?« frage ich sie.

»Wir haben täglich Kontakt. Es hat schon begonnen, als wir noch Kinder waren«, sagt sie. »Vor zwei Jahren wurde es uns richtig bewußt. Als wir dann über unser Leben nachgedacht haben, wurde uns klar, daß wir schon seit der Kindheit solche Erlebnisse haben, daß wir es aber nicht als das verstanden haben, was es war. So geht es den meisten Leuten«, fügt sie hinzu. »Vor zwei Jahren haben wir erkannt, daß wir es mit einer Organisation zu tun haben, der dreißig Welten angehören. Diese Organisation wächst aber ständig weiter. Ich weiß nicht, wie viele es jetzt sind.«

»Sitzen Sie und Ihr Mann in diesem Rat, oder sind Sie dort nur Besucher?«

»Nein. Der Rat besteht aus physischen Wesen. Es gibt auch Wesen aus Licht, aber die Wesen im Rat müssen Wesen mit Körpern sein. Sie stammen von verschiedenen Welten, es ist aber kein Mensch darunter. Es sind insgesamt neun. Und wir haben ungefähr fünfzehn verschiedene Welten kennengelernt.«

»Haben Sie eine Vorstellung, wo sich diese Welten befinden?«

»Ich habe eine Vorstellung, wo sich eine davon befindet«, antwortet sie. »Zar sagte, als er eine Energiekugel war – er hat keinen physischen Körper, in seiner natürlichen Form ist er reine Energie –, konnte er ohne weitere Hilfsmittel und ohne Raumschiff mit Überlichtgeschwindigkeit reisen. Auf diese Weise konnte er seinen Heimatstern in elf Tagen erreichen. Er lebt nicht auf einem Planeten, sondern auf einem Stern. Ich weiß, wie verrückt das klingt, aber Sie sollten erst einmal die anderen Sachen hören.«

Diese verrückten Schilderungen und die »anderen Sachen« sind genau das, was ich auf der Konferenz hören will.

Als ich mich wieder zu den anderen geselle, die schon vor dem Vorlesungssaal in der Lobby herumschlendern, ermahne ich mich, nicht vorschnell zu urteilen. Zar würde es von mir erwarten.

Der erste Redner nach der Mittagspause ist einer der vielen Hypnosetherapeuten, die sich mit Entführungen beschäftigen: John S. Carpenter, ein schmaler, siebenunddreißig Jahre alter Mann mit schütterem Haar. Er wurde in der Menninger Clinic ausgebildet und ist als Sozialarbeiter in Springfield, Missouri, zugelassen. Dort arbeitet er mit stationär untergebrachten Psychiatriepatienten und bietet Einzel-, Ehe-, Familien- und Gruppentherapien an.

Ich finde Carpenter interessant. Im Gegensatz zu einigen anderen Forschern und Therapeuten, die an der Konferenz teilnehmen, scheint er keine vorgefaßten Ansichten zu haben. Er berichtet einfach, was er gesehen hat, ohne den Versuch zu unternehmen, die Wahrnehmungen zu bewerten oder zu interpretieren. Später erfahre ich, daß Carpenter zusammen mit einer Reihe anderer Psychiater an der Therapie verschiedener psychischer Krankheiten – wie etwa der multiplen Persönlichkeitsstörung – gearbeitet hat und mit Hilfe der Hypnose beachtliche und dauerhafte Erfolge erzielen konnte.

Carpenter war am UFO-Phänomen nur oberflächlich interessiert, bis er von Psychiatern hörte, die Hypnose benutzten, um Erinnerungen freizusetzen. Wie John E. Mack wurde auch Carpenter »neugierig«, weil die Berichte der Betroffenen »trotz der sich stark unterscheidenden Herkunft der Personen bemerkenswerte Ähnlichkeiten aufwiesen«. Im Jahre 1988 stellte Carpenter sich dann in den Dienst der UFO-Forschung.

»Ich hoffte zwar, ich könnte vielleicht bei dem einen oder anderen interessanten Fall mitwirken«, schrieb Carpenter später,

> aber ich habe damit gerechnet, mich zunächst mit einer ganzen Reihe psychologischer Phänomene herumschlagen zu müssen – beispielsweise Phantasien hysterischer Personen, dramatische Erfindungen von Borderline-Patienten, dissoziierte Episoden, wie sie bei multiplen Persönlichkeiten auftreten, Psychopaten, die Aufmerksamkeit bekommen wollten, verschobene Ausdrucksformen von Kindheitstraumata und die üblichen Täuschungen, denen verunsicherte Menschen heute erliegen, wenn sie sich zu sehr von den Berichten über Außerirdische und die in Medien verbreiteten Spekulationen verführen lassen.

Aber »zu meinem Erstaunen«, räumte Carpenter anschließend ein, »hat sich bisher keine dieser Befürchtungen bestätigt.« Carpenter hat Lehrer, Polizisten, Geschäftsleute, Professoren und hohe Beamte interviewt, die behaupteten, Entführungserlebnisse gehabt zu haben, konnte aber »keine Merkmale von Störungen entdecken, welche die Berichte auch nur annähernd hätten erklären können.«[3]

In seinem Vortrag im riesigen Vorlesungssaal des MIT erwähnt Carpenter einen kurzen Fallbericht über einen gewissen »Eddie«, einen zwanzigjährigen Entführten, der unter therapeutischer Anleitung Carpenters versuchen wollte, seine früheren Entführungserlebnisse aufzuarbeiten. Während der Therapie hatte er ein wei-

---

3 John S. Carpenters Kommentar in *Unusual Personal Experiences: An Analysis of the Data from Three National Surveys*, durchgeführt von der Roper Organization in Las Vegas, Nevada; Bigelow Corporation 1992, S. 51.

teres Entführungserlebnis, wobei die Außerirdischen angeblich seine Farbenblindheit geheilt hätten.

»Während einer physischen Untersuchung durch die Wesen wurde Eddies rechtes Auge entfernt. Er konnte spüren, wie es herausgezogen und ersetzt wurde«, berichtet Carpenter. »Danach sah er nur noch rötliche Schatten und hatte Schmerzen. Er hatte nicht den Eindruck, daß sie hinter dem Auge irgend etwas implantierten, sondern nur, daß sie ihn ›in Ordnung brachten‹. Ein Nebeneffekt dieser Operation scheint darin zu bestehen, daß sich seine Farbwahrnehmung verbessert hat. Die Prozedur wurde eindeutig im Interesse der Außerirdischen durchgeführt und nicht, um Eddie zu helfen, aber ein Nebeneffekt war die teilweise Heilung der angeborenen Farbenblindheit.« Carpenter besitzt eine Erklärung von Eddies Arzt, in der es heißt, der junge Mann sei jetzt nur noch in bezug auf Grün, aber nicht mehr bei Blau und Gelb farbenblind.

Wie Yvonne Smith, die Hypnosetherapeutin aus Kalifornien, die vorher über einen HIV-Positiven berichtete, bei dem die Tests jetzt negativ verlaufen, scheint auch Carpenter zum Zeugen einer Wunderheilung geworden zu sein.

Eddie Bullard, der Archivar der UFO-Szene, geht noch einmal nach vorn, um über »Seltenere Entführungserlebnisse« zu sprechen, bei denen die Entführten an Konferenzen teilnahmen, im Raumschiff herumgeführt werden, Reisen auf diesem oder zu anderen Planeten machen dürfen oder mit gottähnlichen Erscheinungen konfrontiert werden.

»Während der Untersuchungen«, erklärt Bullard, »wirken die Wesen konzentriert und angespannt, danach geben sie sich lockerer.« Nach den Untersuchungen, berichtet Bullard, »gibt es einen angeregten, telepathischen Austausch, aber es geschieht nichts weiter.« Die Wesen stellen dem Entführten eine Frage, dann lassen sie den Entführten eine Frage stellen, die jedoch meist nicht beantwortet wird. Es kommt auch vor, daß die Wesen eigenartig reagieren und jedem Entführten eine andere Antwort geben. »Auf die Frage der Entführten, woher die Aliens kämen«, erläutert Bullard, »gaben die Wesen unter anderem folgende Antworten: ›Aus einer kleinen Galaxis in der Nähe von Neptun‹, ›Von einem hundertdreiundsechzig Millionen Meilen entfernten Ort‹, ›Von einem kleinen, unbedeutenden Planeten‹. Auf die Frage, was sie auf der Erde wollen, sagten sie: ›Wir sammeln Daten über menschliche Emotionen‹. Manchmal geben sie auch Warnungen oder Prophezeiungen hinsichtlich der Zukunft der Erde zum besten, »aber«, betont Bullard, »bisher ist keine einzige dieser Prophezeiungen wahr geworden.«

Zu den seltenen Erlebnissen zählen auch die Reisen. »Manchmal berichten die Zeugen, sie seien zu einer anderen Welt gebracht worden«, sagt Bullard. »Diese andere Welt ist entweder dunkel und düster, etwa eine bewohnte Stadt, die von einer trüben Sonne erhellt wird, oder es ist eine trostlose, unterirdische Höhlenwelt. Diese Reisen finden statt, ohne daß eine meßbare Zeitspanne verstreicht: nach dem Frühstück, vor dem Mittagessen schon wieder daheim.« Bullard hält inne, dann fragt er: »Womit haben wir es hier zu tun? Handelt es sich um andere Realitäten? Gibt es irgendwo andere Universen? Handelt es sich um Prozeduren, die in die Rubriken ›Inszenierung‹ oder ›Vision‹ fallen müßten? Manchmal, genaugenommen sogar recht oft, geben die Außerirdischen falsche und irreführende Informationen. Vielleicht ist alles von vorn bis hinten erfunden, oder die Entführten verstehen es nicht richtig. Die Fehlinformationen könnten auch dadurch zu erklären sein, daß die Botschaften telepathisch und nicht verbal übermittelt werden.«

Bullard wird nach seinen »wohlgeordneten Entführungen« gefragt: »Sind Sie und Dave Jacobs auf das gleiche Schema gestoßen? Oder gibt es Unterschiede?«

»Untersuchung, Gefangennahme und Rückkehr scheinen in vielen Episoden sehr ähnlich zu verlaufen«, antwortet Bullard. »Es handelt sich sicher um die gleichen Vorgänge, aber sie laufen nicht immer in der gleichen Reihenfolge ab. Es gibt vor allem zwei be-

deutende Unterschiede. Die Bewußtseinsabtastung und das An-
starren tauchen bei Dave Jacobs auf, aber ich konnte nichts dergleichen finden. Die Präsentation von Babys, also der kleinen
Außerirdischen, die zusammengerollt in Flaschen schlafen, tauchte bei mir weniger häufig auf als bei Dave. Außerdem kenne ich
nur sehr wenige Berichte über Kinder, die im Raumschiff herumgelaufen wären.«

Jacobs kommt wieder nach vorn. Er spielt darauf an, daß dies
sein dritter und letzter Auftritt sein wird, und scherzt: »So, nach
diesem Vortrag werden Sie Dave Jacobs nicht mehr zerpflücken
können.«

Er befaßt sich nun mit dem äußerlichen Erscheinungsbild der
Aliens. Laut Jacobs paßten die meisten Beschreibungen, wie sie
von Entführten zu Protokoll gegeben werden, recht gut zusammen. Die häufigsten Typen seien die Wesen, die auf der Konferenz
die »kleinen Grauen« genannt werden.

Ein kleiner Grauer ist einen Meter bis einen Meter vierzig groß
und hat einen unproportional großen Kopf, der nach unten hin
spitz zuläuft. Ein sichtbares Kinn existiert nicht. Kleine Graue haben glatte Gesichter, manchmal scheint es so, als runzelten sie die
Stirn. Weder Kopf noch Körper sind behaart, die Haut ist lederartig. Sie haben keine Ohren, was laut Jacobs »zur telepathischen
Verständigung paßt«, einen schwach ausgeprägten Nasenrücken
und zwei Nasenlöcher sowie einen lippenlosen, schlitzförmigen
Mund, der sich nicht bewegt. »Das auffälligste an ihnen«, erklärt
Jacobs, »sind die beiden großen schwarzen Augen. Sie sind riesig
und hypnotisch.« Die Augen blinzeln nicht und sind anscheinend
nicht beweglich. Sie kommen in verschiedenen Formen vor, doch
am häufigsten sind große, mandelförmige, pupillenlose Augen, die
keine Hornhaut und keine Iris haben. Sie sind schwarz und scheinen feucht zu sein, und sie befinden sich auf eine Weise auf dem
Kopf, daß einige Entführte auf die Idee gekommen sind, es könnten keine Augen, sondern Brillen sein, die die tiefer liegenden,
wirklichen Augen verdecken. Die Körper der Außerirdischen sind

flach, Bäuche gibt es nicht. Auf der Brust ist keine Teilung in zwei Hälften zu erkennen, sie haben keine Brustwarzen. Es sind keine Dehnungen und Schrumpfungen des Brustkorbs durch Atemzüge erkennbar.

»Selbst bei der Bewußtseinsabtastung, wenn die Gesichter dicht voreinander sind«, sagt Jacobs, »hat noch kein Entführter Atemzüge im Gesicht gespürt. Es scheint sich nicht um luftatmende Wesen zu handeln.«

Im unteren Teil des Körpers sind weder Magengrube noch Genitalien zu erkennen. Der Rumpf läuft einfach aus. »Wir wissen nicht, wie sie sich fortpflanzen«, kommentiert Jacobs. »Sie haben keine Hüften, der Körper hat keine Konturen wie bei Menschen. Er scheint einfach gerade hinunterzulaufen.«

Der Körper der kleinen Grauen wirkt zierlich, die Gliedmaßen sind dünn. Muskulatur oder Knochen sind nicht erkennbar. Knie und Ellenbogen gibt es nicht, die Beine haben vom Oberschenkel bis zum Ende des Unterschenkels den gleichen Umfang. Fußgelenke oder Handgelenke gibt es ebenfalls nicht. »Kleine Graue haben drei oder vier lange, dünne Finger mit Verdickungen an den Enden«, sagt Jacobs. »Entführte berichten häufig, sie hätten nur drei Finger gesehen. Falls es einen opponierbaren Daumen gibt, ist er nicht ohne weiteres zu sehen.«

Von hinten gesehen, haben die Wesen keinen »Hintern und keine Zweiteilung des Gesäßes«, fährt Jacobs fort. »Sie haben einfach nur einen Wulst, der das Ende des Rumpfes markiert. Männliche und weibliche Wesen sind äußerlich nicht unterscheidbar, aber die Entführten scheinen zu spüren, welche Wesen weiblich sind, weil diese sich sanfter und anmutiger bewegen.«

Die Entführten sehen keine Eßgelegenheit und keine Schlafstätten und auch keine Hinweise auf Lebensmittel oder Getränke an Bord der Raumschiffe. »Was sollen wir davon halten?« fragt Jacobs. Dann beantwortet er die Frage selbst: »Menschenähnliche Gestalten, die innerlich ganz anders sind als wir. Anscheinend atmen sie nicht, und sie nehmen auch keine Nahrung und Wasser zu sich.«

Ein Teilnehmer aus dem Publikum sagt: »Was Sie bisher beschrieben haben, klingt eher nach einer Maschine als nach einem biologischen Wesen.« Jemand anders fügt hinzu: »Vielleicht ist der Wulst am Hinterteil das Fach, wo die Batterien gewechselt werden.« Der Kommentar wird mit lautem Gelächter aufgenommen; es ist fast zweiundzwanzig Uhr.

»Sind die größeren Aliens die Intelligenz, die hinter all dem steckt?« fragt jemand. »Sind die kleinen Grauen etwa Roboter?«

»Beide Arten von Wesen scheinen fähig zu sein, Entscheidungen zu treffen und zu handeln«, erwidert Jacobs. »Beide können auf Krisen reagieren. Beide handeln wie intelligente Wesen, die vielleicht eine biologische Grundlage haben.«

Der nächste Referent ist Joe Nyman, ein Hypnosetherapeut aus Boston, der über »Alte Bekannte und mehrfache Bezugssysteme« sprechen will.

Der Begriff von den »alten Bekannten« bezieht sich auf eine Vorstellung, die durchaus vernünftig klingt – soweit man jedenfalls bereit ist, irgend etwas, das bisher auf der Konferenz gesagt wurde, als halbwegs glaubwürdig einzustufen. Die Entführten, erläutert Nyman, sehen immer wieder ein und dasselbe Wesen. Zar ist also der alte Bekannte des Ehepaars, mit dem ich beim Mittagessen zusammengesessen habe. Was Nyman dann über »mehrfache Bezugssysteme« berichtet, finde ich sehr überraschend.

»Der Begriff ›mehrfaches Bezugssystem‹, erklärt er, »wurde geprägt, um Bilder zu beschreiben, die von Erfahrenen in Zusammenhang mit der Erforschung verdrängter Entführungserlebnisse unerwartet auftauchen.« Er meint damit Bilder, in denen der Entführte sich als Wesen »von der gleichen Gestalt und von der gleichen Art sieht wie jene, die die Begegnung veranlaßt haben«.

Will Nyman uns damit etwa sagen, der betreffende Entführte sei ebenfalls ein Alien oder er sei in einem früheren Leben einer gewesen?

»Der Entführte«, erklärt Nyman, »hat häufig den Eindruck, von langfristig angelegten Erfahrungen betroffen zu sein.«

Bevor er aus dem Protokoll der hypnotischen Rückführung eines jungen Mannes vorliest, der sich erinnert, als Kind im Wald von Außerirdischen beobachtet worden zu sein, teilt Nyman uns mit, der junge Mann halte sich für einen von ihnen. »›Sie sehen mich hinter den Bäumen hervor an‹«, liest Nyman. »›Sie beobachten mich. Ich kann die Gesichter sehen. Ich glaube, sie wollen, daß ich zu ihnen komme ... sie berühren mich! ... Vielleicht spielt sich alles nur in meinem Kopf ab. *Sie haben mich!* Sie berühren mich alle!‹«

Nyman hat den Entführten gefragt: »Wohin gehen Sie jetzt?« »›In eine Kugel aus Licht! Es ist ein reines Weiß!‹«

Nyman erwähnt einen weiteren Entführten, mit dem er gearbeitet hat. Der Mann erinnert sich, als Kind im Laufstall gesessen und durch die Gitter hinausgeschaut zu haben. Eine Gestalt hätte sich hereingebeugt und ihn angesehen. »Zwei Außerirdische halten ein Gefäß«, habe der Zeuge Nyman berichtet. »In seinem Innern brennt ein Licht, und das Licht bin ich!«

Ich staune. Will Nyman damit sagen, daß ein Alien zu sein gleichbedeutend damit ist, eine Art Licht zu sein?

In der Fragerunde wirft einer der Therapeuten Nyman vor, seine Patienten in der Hypnose »verleitet« zu haben. »Sind Sie Psychologe, Joe?« fragt ihn der Therapeut.

»Nein, ich bin Ingenieur«, antwortet Nyman.

Eine etwa dreißigjährige Frau links neben mir – auf ihrem Namensschild steht nur der Vorname »Mary« – flüstert mir zu, sie habe mit Nyman gearbeitet und mit ihm eine hypnotische Rückführung gemacht. Sie habe ihm nicht sagen wollen, was sie gesehen habe, solange sie sich nicht wirklich sicher fühlte.

»Was haben Sie denn gesehen?« frage ich.

Mary schüttelt den Kopf. Sie will es auch mir nicht sagen.

John Carpenter kehrt zum Podium zurück. Laut Programm soll er nun über »andere Typen von Außerirdischen« sprechen.

»Die grauen Außerirdischen sind zwar diejenigen, die am häufigsten gesehen oder diskutiert werden«, sagt Carpenter, »aber es gibt durchaus noch andere Typen, über die man reden sollte. Beispielsweise werden immer große, blonde oder ›nordische‹ Typen erwähnt. Diese einen Meter achtzig bis über zwei Meter großen Wesen sind gutaussehend und haben blondes, schulterlanges Haar. Die blauen Augen wirken freundlich und liebevoll, die Wesen sind väterlich, aufmerksam und lächeln nachsichtig. Sie sind jugendlich und allwissend zugleich, und sie tragen eine enganliegende Uniform. Es sind Typen wie Robert Redford«, sagt Carpenter lächelnd, »wie eine Art skandinavischer Schutzengel. Sie wurden an Bord der Raumschiffe beobachtet, wo sich auch die kleinen Grauen befunden haben.«

»Abgesehen von den Grauen und den nordischen Typen, gibt es noch eine dritte Gruppe«, fährt Carpenter fort. »Es sind einen Meter achtzig bis zwei Meter vierzig große Wesen mit glatter Haut, ähnlich einer Eidechse, und einem Gesicht, das an Dinosaurier erinnert. Diese Wesen haben vier Klauen an den Händen, zwischen denen sich eine Art Schwimmhaut befindet. Diese reptilischen Geschöpfe haben Katzenaugen mit goldenen, geschlitzten Pupillen. Sie sind heimtückisch und nicht vertrauenswürdig, halb Mensch und halb Echse.«

Carpenter weist darauf hin, daß der reptilische und der nordische Typ psychodynamischen Ursprungs sein könnte, aber die Muster, die sich allmählich in den Daten abzeichnen, sprächen noch nicht unbedingt für diese Annahme.

Er fragt das Publikum, wer von den großen blonden Wesen gehört oder sie sogar selbst gesehen habe. Überall im Vorlesungssaal werden Hände gehoben.

»Und wer hat die echsenartigen Wesen gesehen?« fragt er. Ungefähr die Hälfte der Hände bleibt oben.

In der Fragerunde bemerkt Jenny Randles, daß die »Schutzengel-Typen in Großbritannien häufig vorkommen«.

Eine Therapeutin sagt, sie habe eine sechs Jahre alte Patientin, die schon seit Jahren solche Reptilienwesen sieht.

Eine Entführte erhebt sich und berichtet, ein einsachtzig großer

Nordischer habe sich an ihren Stöckelschuhen zu schaffen gemacht.

Ihre Bemerkung verblüfft mich sehr. *Welchen Grund sollte die Frau haben, so einen Vorfall zu erfinden?*

Meine Reaktion auf dieses Detail, auf die hochhackigen Schuhe, ist ähnlich wie meine Reaktion auf Barney und Betty Hills Geschichte, wo es heißt, die Außerirdischen haben an Bettys Zähnen herumgezogen, weil Barney ein künstliches Gebiß hatte. Solche Details würde sich ein Schwindler meiner Ansicht nach nicht ausdenken.

Eddie Bullard löst Carpenter auf dem Podium ab und präsentiert eine »Beschreibung der Entführer«.

»Unter den 203 Fällen, in denen Wesen beschrieben werden«, sagt er, »waren 137 humanoide, 52 menschliche und 14 nichtmenschliche Körperformen.« Die meisten Humanoiden seien einander ähnlich gewesen: »Die großen, blonden, nordischen Typen haben mit den kleinen Grauen zusammengearbeitet, aber es gab auch mumienähnliche Typen, die in etwa so aussahen wie der Michelin-Mann. Auch behaarte Zwerge oder Trolle sind vorgekommen.«

Die Entführten, berichtet er, verglichen die Gesichter der grauen Außerirdischen häufig mit Grashüpfern und Gottesanbeterinnen. Die nordischen Typen hätten »lebhafte blaue Augen«, berichtet Bullard und fügt hinzu: »Sie sehen sich alle zum Verwechseln ähnlich!« Geklont?

Er trägt das interessante Argument vor, daß »echte Ungeheuer nur selten vorkommen und im allgemeinen auf die weniger zuverlässigen Fälle beschränkt bleiben. Falls Hollywood für diese Bilder zuständig ist, wo sind dann die Monster? Wo sind die Roboter?« fragt Bullard.

Mary neben mir nickt und sagt: »Ja, genau!«

Martha Monroe, die aus dem nahe gelegenen Framingham kommt, zeigt danach Dias mit »neuen Typen von Aliens«. Ich finde ihre Darstellung mehr oder weniger lächerlich. Das erste

Bild zeigt ein Wesen, das sie als »Spock-Typ« bezeichnet, womit sie auf die in *Star Trek* von Leonard Nimoy dargestellte Figur anspielt. Der Spock-Typ, den sie uns zeigt, sei das Selbstportrait eines Erfahrenen mit mehrfachem Bezugssystem, der sich für einen Alien hält. »Dies hier ist ein ›Hofnarr‹«, erklärt sie uns, als sie das nächste Dia in den Projektor schiebt. Das Wesen hat einen herzförmigen Kopf. Jemand anders, berichtet sie, hatte »einen alten Bekannten mit einem Kopf, der aussah wie ein Rugby-Ball. Auch Wesen mit Ohren verfügen über telepathische Fähigkeiten«, erklärt sie noch. Das nächste Dia: »Dies hier ist ein verhülltes Wesen«, berichtet sie. »Mäntel und Umhänge tauchen häufig auf … Ein Wesen, das eine Kapuze trägt, scheint im allgemeinen eine Autoritätsperson zu sein.«

In der Frageründe gibt jemand bekannt, in Frankreich seien »vierundfünfzig Fälle von Wesen mit silbernen Anzügen« gemeldet worden.

Jemand anders widerspricht Jacobs, der sich auf kleine Graue und die großen Wesen beschränkt hat. Er habe damit »die Bandbreite der Typen viel zu sehr eingeschränkt. Sie sind wachsende und sich entwickelnde Energiewesen.« Der zweite Konferenzleiter John Mack stimmt zu. Er betont, daß »an diesem Punkt eine streng wissenschaftliche Einschätzung noch nicht möglich ist. Man darf keine Möglichkeit außer acht lassen.«

Die Tagung wird heute, am Sonnabend, um 22 Uhr 30 beendet. Ich sammle meine Notizen ein und gehe nach draußen, wo es schon dunkel ist.

Wehre ich mich dagegen, daß man bei der Konferenz versucht, einem Thema, das jeglicher Vernunft zu trotzen scheint, mit quasi wissenschaftlichen Methoden zu Leibe zu rücken? Ich bin grundsätzlich mißtrauisch gegenüber Menschen, die Zahlen benutzen, um irrationale Schlußfolgerungen zu stützen. Es kommt mir sinnlos vor, wenn Eddie Bullard die verschiedenen Arten von Alien-Typen und Entführungserlebnissen in Kategorien einteilt.

Nicht nachvollziehbar finde ich auch Dave Jacobs' Versuch, den Ordnungssinn eines Historikers auf meiner Ansicht nach völlig chaotische Dinge anzuwenden, nämlich auf die Bemühungen der Entführten, zu verstehen, was mit ihnen passiert ist. Auch John Mack hat mich nicht besonders beeindruckt. Bisher hörte ich nur eine Bemerkung von ihm, die ich wirklich interessant fand: »Wenn das, was die Entführten berichten, nicht wirklich geschehen ist, was *ist* dann eigentlich geschehen?«

Es sind nicht so sehr die Wissenschaftler, Historiker, Intellektuellen und Forscher, die mich interessieren. Noch nicht. Ich interessiere mich für die Entführten, beispielsweise für die Leute, die an meinem Tisch gesessen haben, und für ihren alten Bekannten namens Zar. Und da ist Mary, die bei der Konferenz neben mir saß und deren gelegentliches, leises Stöhnen und Schnaufen mir verriet, wie stark das Thema für sie emotional besetzt ist. Es gibt auch noch eine Reihe von männlichen Entführten, mit denen ich hoffentlich später sprechen kann.

Am interessantesten finde ich Alice und Carol, zwei Frauen aus Maryland. Während der Kaffeepause habe ich außerhalb des Eastman-Gebäudes auf einer Steinbank gesessen und ihnen Gesellschaft geleistet, während sie rauchten. Als ich mich ihnen vorstellte, konnte ich sie zusammenzucken sehen, weil ich »einer von der Presse« war. Sie hatten offensichtlich große Angst – aber, wie mir bald klar wurde, nicht vor mir, sondern vor dem, was sie auf der Konferenz gehört hatten.

Ihre Ängste waren echt und sehr real und so deutlich spürbar, daß ich mir wirklich Sorgen um ihr Wohlergehen zu machen begann.

3. KAPITEL

Die Konferenz, zweiter Tag

Ich sitze in meinem Hotel in Boston allein an einem kleinen Tisch beim Frühstück. Dave Jacobs betritt den Speisesaal und setzt sich zu mir. Kurz danach kommt auch Robert Bigelow, der Unternehmer aus Las Vegas, der die Konferenz mit Spenden unterstützt hat. Jacobs erzählt mir, Budd Hopkins habe etwa 1500 Fälle untersucht, er selbst ungefähr 350. John Carpenter und John Mack hätten sich mit etwa je fünfzig Fällen beschäftigt.

»Diese Zahlen sind sehr wichtig«, betont Jacobs. Dann fügt er traurig hinzu: »Aber wenn man dieses Phänomen untersucht, dann macht man sich vor den Kollegen lächerlich.« Er zögert einen Moment, als müßte er sich noch einmal das Risiko vor Augen führen, dann fällt ihm ein anderer Aspekt ein. »Aber«, sagt er, »man wird ja auch dadurch belohnt, daß man etwas entdeckt und in therapeutischer Hinsicht etwas Wichtiges leistet. Die Menschen, die zu mir kommen, fühlen sich durch die Therapie erleichtert. Wenn jemand in mein Büro kommt, dann gebe ich ihm manchmal vier oder fünf Stunden Zeit. Wenn die Sitzung vorbei ist, dann weiß ich im allgemeinen recht genau, was dem Klienten zugestoßen ist. Manche der Entführten besuchen New-Age-Gruppen oder beschäftigen sich mit Channeling. Das Channeling gibt ihnen fast immer ein gutes Gefühl, denn die Leute bekommen den Eindruck, sie wirkten bei einem großen und philosophisch bedeutsamen Plan mit. Aber Budd Hopkins, John Mack und ich, wir sehen das anders. Die Menschen, die sich einer echten Analyse unterzogen haben, halten die Entführungen für katastrophale, verhängnisvolle und schädliche Ereignisse.«

Ich frage Bigelow, was er hinter alledem vermutet. Er antwortet beiläufig:»Entweder, es ist ein neues psychiatrisches Phänomen, oder es ist wahr.« Das ist die Antwort eines Mannes, der sein Leben damit verbracht hat, Chancen und Wahrscheinlichkeiten abzuwägen.

Jetzt kommt auch Budd Hopkins in den Speisesaal und setzt sich zu uns. Während wir unseren Kaffee trinken, erzählt Hopkins eine erstaunliche Geschichte über eine Frau, die um 3 Uhr 15 morgens aus dem Bett gehoben wurde. Sie sei aus ihrer Wohnung, im elften Stock eines Hauses mitten in Manhattan, heraus und durch das geschlossene Wohnzimmerfenster nach draußen geschwebt, in ein Raumschiff hinein, das in der Luft wartete. Sie sei von den Insassen zweier Fahrzeuge unabhängig voneinander beobachtet worden, wie sie in einem Lichtstrahl nach oben stieg, sagt Hopkins. Eine Zeugin war eine Frau, deren Auto stehenblieb, als das UFO in Sicht kam. Die Scheinwerfer hätten geflackert und wären erloschen, der Motor wäre abgestorben, und sie hätte den Wagen auf der Brooklyn Bridge ausrollen lassen. Die anderen Zeugen waren »eine international bekannte Persönlichkeit und seine beiden Leibwächter«, die am East River die South Street hinauffuhren. Auch in ihrem Wagen sei die Elektrik ausgefallen.

»Da man wohl davon ausgehen muß, daß die Entführungen normalerweise unbemerkt bleiben«, sage ich, »stellt sich mir die Frage, warum diesen Leuten – besonders der international bekannten Persönlichkeit – gestattet wurde, das Ereignis zu beobachten?«

Hopkins antwortet:»Ich glaube, es war ein absichtlich gesetztes Zeichen.«

Ich will ihm noch weitere Fragen stellen, aber er unterbricht mich und sagt, daß er den Fall morgen ausführlich behandeln will.

Während wir über die Harvard Bridge zur ersten Sitzung des heutigen Tages gehen und ich so die Umgebung betrachte, wird mir klar, daß ich gerade das mache, was Psychologen als »reality check« bezeichnen.

Die Veranstaltung beginnt pünktlich um acht Uhr mit einem raschen Überblick über die Dinge, die in den außerirdischen Raumschiffen zu fehlen scheinen. Offenbar haben die Schiffe keine Bäder, Betten und Küchen. Auch Schmuck gibt es nicht, und man sieht keine »Familienfotos«. Es fällt auf, daß die Aliens anscheinend weder essen noch schlafen und daß sie niemals wütend werden oder Scherze machen.

Der nächste Referent ist John G. Miller, ein in Los Angeles praktizierender Notarzt. Miller müßte etwa Anfang Vierzig sein, er hat dunkles, ordentlich frisiertes Haar und ein freundliches Gesicht. Er ist ruhig und zurückhaltend, sogar etwas schüchtern, was mich angesichts der scheußlichen Dinge, die er in seinem Beruf sicher oft sehen muß, überrascht.

»Als Arzt«, beginnt Miller, »fällt mir bei den Berichten über angebliche Entführungen durch Außerirdische und über die ›medizinischen‹ Prozeduren, ob in schriftlichen Aufzeichnungen oder in den Schilderungen der mir bekannten Zeugen, immer wieder auf, daß ich kein Wort über unsere eigene Medizin zu hören bekomme. Ich meine damit unsere Art der Medizin im allerweitesten Sinne, also die moderne, irdische Medizin. In den Berichten wird immer wieder der *Unterschied* zwischen den außerirdischen Techniken und Prozeduren und unseren eigenen betont. Diese Unterschiede aber«, fährt er fort, »sind groß genug, um den Verdacht verwerfen zu können, die Berichte könnten darauf beruhen, daß die Zeugen in irgendeiner Weise auf eigene medizinische Erfahrungen oder Informationen zurückgreifen.«

Ich habe den Eindruck, daß der Arzt hier etwas Wichtiges gesagt hat. Wenn die Geschichten der Entführten über »medizinische Prozeduren«, die bei ihnen durchgeführt worden sind, nur verlagerte Erinnerungen an frühere, traumatisch verlaufene Operationen sind, oder vielleicht auch Phantasien, die ihrem Unterbewußtsein entstammen, dann dürften die Prozeduren im Vergleich mit irdischen Verfahren nicht so fremdartig sein.

Miller weist darauf hin, daß bei den Untersuchungen der Außerirdischen das Herzkreislaufsystem, das Atemsystem und das Lymphsystem vom Bauchnabel bis zum Thorax ignoriert wird. »Sie scheinen sich für den oberen Bauchraum einschließlich Leber, Milz, Magen und Bauchspeicheldrüse nicht zu interessieren«, erläutert Miller. »Dabei sind diese Bereiche für einen menschlichen Arzt von größtem Interesse.« Anders ausgedrückt, scheinen die Außerirdischen sich nicht für die lebenswichtigen Organe unseres Körpers zu interessieren.

»Die meisten Entführten berichten, die Aliens hätten sich auf den Schädel konzentriert«, fährt Miller fort. »Aber die Techniken sind seltsam! Menschliche Ärzte stehen normalerweise nicht am Rande des Gesichtsfeldes ihrer Patienten, um sie von der Seite her anzustarren. Die Bewußtseinsabtastung gibt es bei uns nicht, und das wirft Fragen auf ... Während manche Organsysteme mehr oder weniger übergangen werden, scheinen die dermatologischen Untersuchungen einen übertrieben großen Raum einzunehmen. Es wird häufig berichtet, daß die Außerirdischen die gesamte Hautoberfläche akribisch inspiziert hätten. Außerdem wird berichtet, daß sie erschrocken oder erregt reagieren, wenn sie Narben oder frische Veränderungen entdecken.«Zeuginnen berichten häufig, die Außerirdischen hätten an ihnen gynäkologische Untersuchungen vorgenommen«, erläutert Miller, »aber die wichtigste Untersuchung menschlicher Gynäkologen, nämlich das Abtasten des Bekkens mit beiden Händen, wurde noch nie beobachtet.«

Miller berichtet auch von Fällen, wo über Nacht »dreieckig angeordnete Einstiche« aufgetaucht seien, doch gewinne ich dabei den Eindruck, daß er dieses Phänomen nicht aus eigener Anschauung kennt.

Miller spricht dann über Aussagen von Entführten, aus denen hervorgeht, daß den Betreffenden Nadeln in den Bauchnabel gestochen worden waren, ähnlich den Erlebnissen von Betty Hill vor dreißig Jahren. Miller weist auf den Unterschied zwischen dem Gerät der Aliens und dem heute auf der Erde benutzten Laparoskop hin, das »einen viel größeren Durchmesser hat als eine einfache Nadel« und das außerdem »einen kleinen Einschnitt voraussetzt, durch welchen es eingeführt wird«.

Miller habe, erklärt er weiter, noch nie gehört, daß die Aliens Dinge wie Handschuhe, Zungenklemmen oder EKGs benutzt hätten. »Wohin man in den Berichten der Entführten auch schaut«, faßt er zusammen, »die Vorgänge unterscheiden sich grundlegend von der menschlichen Medizin. Es handelt sich also nicht um irdische, medizinische Prozeduren, die in Träumen oder Phantasien durch einen Zerrspiegel gesehen werden. Das Vorgehen der Außerirdischen unterscheidet sich in fundamentaler Weise von den irdischen Techniken. Daraus ziehe ich den Schluß, daß die Berichte nicht auf medizinischen Erfahrungen oder Informationen der Zeugen beruhen.«

Nach Miller ist wieder Joe Nyman an der Reihe, der sich in seinem ersten Vortrag mit alten Bekannten und mehrfachen Bezugssystemen beschäftigt hat. Jetzt spricht er über das »allgemeine Strukturmodell der Entführungen«, das er entwickelt hat, um die psychologische Befindlichkeit der Entführten in verschiedenen Abschnitten des Erlebnisses zu beschreiben.

»In den letzten vierzehn Jahren, in denen ich mit Menschen gearbeitet habe, die bemüht waren, ihre verdrängten Begegnungen zurückzurufen«, berichtet er, »sind in den Bildern Gemeinsamkeiten aufgetaucht, die eine Gruppierung anhand unterschiedlicher Bewußtseinszustände zulassen.« Er legt eine Folie auf den Projektor. Vier psychologische Stadien sind dort notiert:

1. Ängstliche Erwartung, daß irgend etwas geschehen werde. Ungute Vorahnungen.
2. Beeinträchtigung des normalen Wachbewußtseins.
3. Psychische und oder physische Belästigung und Interaktion.
4. Überlagerung mit positiven Gefühlen, Beruhigung.

Als Beispiel für das erste Stadium nennt Nyman eine Zeugin, die unter einem Vorwand eine Versammlung verläßt. »Sie kommt daheim an und geht, als suchte sie jemanden, durch die Zimmer ihres Hauses. Sie sieht aus dem Fenster und hat das Gefühl, die Zeit dränge, jemand komme zu ihr oder irgend etwas müsse geschehen. Es ist eine klare Vorahnung, daß sehr bald irgend etwas passieren wird.«

Im zweiten Stadium, fährt Nyman fort, bemerken die Zeugen »in einem Raum Lichter, die sich zu einer Gestalt verdichten«, oder die Lichter werden draußen wahrgenommen. Der Zeuge könnte an diesem Punkt eine außerkörperliche Erfahrung haben oder »in einen Lichtstrahl aus dem UFO getaucht sein«. Die Trübung des Wachbewußtseins, sagt er, könne beschrieben werden als »ungewöhnliches Phänomen, das den Normalzustand des Wachbewußtseins verändert«.

Im dritten Stadium, erklärt Nyman, entspreche die psychische oder physische Belästigung dem, was Dave Jacobs berichtet habe, doch es könne auch zu schwerwiegenden Eingriffen kommen, um Implantate zu korrigieren.

Wenn die körperlichen Prozeduren abgeschlossen sind, beginnt laut Nyman die »Stufe vier: die Überlagerung mit positiven Gefühlen und die Beruhigung. Die Entführten bekommen das Gefühl, etwas Sinnvolles und Richtiges zu tun. Eine Art positiver Voreingenommenheit wird aufgebaut, damit das Erlebnis als positive Erinnerung haften bleibt.«

Als Beispiele nennt er die Führung durch das Raumschiff, die Besichtigung der »Kinderstation« oder den Blick auf eine außerirdische Landschaft, vielleicht auch Bilder, die auf Bildschirme projiziert werden, oder ein Treffen mit den Ratsmitgliedern.

»Die Außerirdischen spielen hier möglicherweise auf eine Mission an, welche die Zeugen zu erfüllen hätten«, erläutert Nyman, »und es geht um Dinge wie Heilungen, die Genesung der Erde, Therapien mit Kristallen und so weiter.«

Ob Nyman ein New-Age-Anhänger ist?

Er nimmt die erste Folie vom Projektor und legt eine zweite darauf:

5. Rückkehr des normalen Wachbewußtseins.
6. Rasches Vergessen des größten Teils der Erlebnisse.
7. Spuren.
8. Das zyklische Intervall.

»Die letzten Stadien«, erklärt Nyman, »sind also: 5. Rückkehr des normalen Wachbewußtseins – ein Gefühl von Furcht oder Freude, manchmal auch Glück oder Sehnsucht bleibt zurück; 6. rasches Vergessen der meisten oder aller Aspekte des Erlebnisses; 7. Spuren: Das wenige, das erinnert wird, scheint inkongruent, es gibt nicht einzuordnende, bewußte Erinnerungen und sich wiederholende Träume; 8. schließlich das zyklische Intervall. Dies bedeutet, daß sich die Erfahrungen das ganze Leben über wiederholen«, schließt er. »Der Zyklus kann kurz sein, so daß es zu täglichen Wiederholungen kommt, oder er kann ein Jahr oder mehrere Jahre umfassen.«

In der Fragerunde weist ein Forscher darauf hin, daß bei Beginn einer Begegnung »der Hund oft laut bellt und dann mit einem Schlag abbricht. Danach ist das Tier dann mehrere Wochen lang verstört. Möglicherweise meidet es auch den Raum, in dem die Entführung stattgefunden hat.«

Budd Hopkins folgt nach Nyman. Er formuliert die Beobachtung, daß die Prozedur bei der Rückkehr des Entführten in die gewohnte Umgebung zwar der Entführung ähnlich ist, daß »sie jedoch manchmal ungewöhnliche Fehler machen, die den Entführten mit verwirrenden, von der Norm abweichenden Umständen konfrontieren«. Hopkins zitiert Murphys Gesetz (»Wenn etwas schiefgehen kann, dann geht es auch schief.«) und erklärt, daß die Entführten manchmal nicht direkt an den Ort zurückgebracht werden, von dem aus sie entführt worden sind. Als Beispiel nennt er eine Frau, die aus dem Schlafzimmer entführt und mitten im

Wald, etwa eine Meile vom Haus entfernt, wieder abgesetzt wurde. Ihre Füße waren nicht sehr empfindlich, aber nachdem sie langsam und in frostiger Kälte zum Haus zurückgekehrt war, waren die Füße zerkratzt und zerschnitten.

Ein weiterer Fall aus Hopkins' Archiv: Ein fünfjähriges Mädchen wacht schreiend vor dem Elternhaus auf und berichtet, es sei in eine »große Maschine auf dem Hof« geschleppt worden. Alle Türen im Haus waren verschlossen und von innen verriegelt. Die Mutter fragt, wie die Kleine hinausgelangt sei. Das Kind sagt, es sei durch die Wand gezogen worden.

Jenny Randles berichtet von einem britischen Polizisten, der aus dem Streifenwagen entführt wurde. Er wurde im Streifenwagen, der auf dem Dach lag, auf einer schmalen Landstraße gefunden. Hopkins erwähnt einen Entführten, der nach der Entführung mitten im Wald im Auto saß, ohne daß Reifenspuren zum Wagen führten. Jacobs erhebt sich und erzählt von einer Frau, die mitten in einem Maisfeld im Wagen zu sich gekommen sei, obwohl keine zerbrochenen oder zerquetschten Halme zu finden waren, an denen man hätte ablesen können, wo sie ins Feld gefahren war. Sie sah sich im Sitzen um, dann schlief sie ein. Als sie wieder zu sich kam, bog sie gerade auf die Zufahrt zu ihrem Haus ein.

»Die Außerirdischen haben einen Fehler gemacht«, sagt Jacobs, »und ihn korrigiert. Dazu kommt es aber nur in einer kleinen Zahl von Fällen«, fügt er hinzu, »vielleicht in der Größenordnung von vier bis fünf Prozent.«

Hopkins schließt sein Referat mit der Bemerkung, es gebe »nur sehr wenige physische Spuren solcher Fehler, aber man kann dennoch anhand psychologischer Indizien feststellen, ob ein Zeuge ein Entführungserlebnis hat«.

John Carpenter beschäftigt sich danach mit der »Auflösung von Phobien in Zusammenhang mit UFOs«. Eine Phobie, erklärt er, »ist ein psychologisches Problem, das tiefe Gefühle des betreffenden Menschen anspricht. Sie kann sich weder weiterentwickeln noch sich auflösen, ohne daß es zu bedeutsamen emotionalen Erlebnissen gekommen ist.« Um eine Phobie erfolgreich zu behandeln, sagt Carpenter, müsse man sich unbedingt auf die Ursache konzentrieren.

Er erzählt von einer Patientin, die im Alter von vier Jahren eine Phobie in bezug auf ihre Puppen entwickelt habe. Die Puppen, so glaubte sie, hätten sich »in der Nacht bewegt«. Am folgenden Morgen zerstörte sie alle Puppen. Sogar noch als Erwachsene wollte sie nicht zulassen, daß ihre Tochter mit Puppen spielte. Im Rahmen einer hypnotischen Rückführung, erläutert Carpenter, kam heraus, daß »dieses starke Trauma aus verwirrenden Erinnerungen entstanden war, denn sie hatte sich an Bord eines UFOs zusammen mit Hybridkindern gesehen. Eines der Kinder habe sie als ihre Schwester wiedererkannt.«

Carpenter weist darauf hin, daß diese Patientin zuvor noch nie etwas über solche Mischlinge gehört hatte. Nachdem sie die Ursache der Phobie durchschaut hatte, »wurde die Frau ruhiger und konnte wieder ein gutes Gefühl zu Puppen entwickeln«.

Er schließt seinen Vortrag mit der Bemerkung ab: »Um die Ursache einer Phobie zu finden, muß man den Menschen helfen, mit ihrem Leben zurechtzukommen.«

Auf der anderen Seite des Ganges stecken Alice und Carol, die Frauen aus Maryland, die Köpfe zusammen und flüstern aufgeregt miteinander.

John Miller, der Notarzt aus Kalifornien, spricht nach Carpenter. »In meiner Praxis ist die Frage, warum ein bestimmter Mensch in einer bestimmten Situation auf die Idee kommt, er sei krank und müsse als Notfall behandelt werden, oft von entscheidender Bedeutung für die Beurteilung des Falles. Manche Fälle sind natürlich offensichtlich«, erläutert Miller, »wie beispielsweise ein gebrochenes Bein. Aber bei Personen mit chronischen Krankheiten ist diese Frage sehr wichtig, denn sie gibt Aufschlüsse über aktuelle Entwicklungen der Erkrankung.

Auch bei Entführungsfällen«, fährt er fort, »ist es meiner Ansicht nach wichtig herauszufinden, was den Betreffenden auf die

Idee gebracht hat, er sei von nichtmenschlichen Wesen entführt worden. Die Antwort auf diese Frage unterscheidet sich zwar von Fall zu Fall, aber meiner Ansicht nach gibt es dennoch strukturelle Gemeinsamkeiten – und dies ganz besonders, wenn der Zeuge sich an den Moment, in dem ihm die Einsicht kam, noch genau erinnern kann. Ich bezeichne diesen Entwicklungsschritt als *Realisierungsereignis* – oder kurz RE – und meine damit jenes Ereignis oder jenen Augenblick, wenn der Betreffende zu vermuten oder zu realisieren beginnt, daß er ein Entführungserlebnis hatte.« Laut Miller könne ein solches Erlebnis durch körperliche Male ausgelöst werden: neue Narben, Prellungen oder Einstiche, die dem Zeugen »greifbare Hinweise darauf geben, daß etwas Eigenartiges geschehen ist«.

Vor dem Realisierungsereignis, erläutert Miller weiter, hat sich der Entführte »sein Leben voller seltsamer Erfahrungen« möglicherweise damit erklärt, daß er nur geträumt habe, oder er hat die Erlebnisse rationalisiert, bis sie in den normalen Rahmen seines Lebens paßten. Doch nach dem RE wird dem Entführten bewußt, daß es sich um reale Ereignisse handelt, und er »ist möglicherweise einer Sturmflut von bislang verschütteten Erinnerungsfetzen an die Entführung ausgesetzt, die Ängste auslösen, zugleich aber den Wunsch wecken, die Sache eingehend zu erforschen«.

Miller erwähnt als Beispiel den Fall einer jungen Frau, die er Annie J. nennt. Sie sei erwacht, als sie auf die Couch hinunterschwebte. Ein großer Außerirdischer habe neben ihr gestanden. Als sie die Couch berührte, sei das Wesen verschwunden. Sie stand auf und fühlte sich »unrein« und war »beunruhigt«. Ihr fiel auf, daß mehr als zwei Stunden vergangen waren, obwohl sie doch »gerade eben erst«, auf die Uhr geschaut habe.

Annie J. wollte die Episode zunächst als schlechten Traum abtun, erläutert Miller, »aber dann ging sie duschen und entdeckte eine große, schmerzhafte Prellung an der linken Hüfte. Auf der Prellung waren drei Gruppen von je zwei Punkten zu sehen, bei denen es sich um Einstiche handeln konnte. Dies war ihr Realisierungsereignis«, erklärt Miller. »Auf einmal konnte sie sich nicht mehr einreden, es sei nur ein Traum gewesen.«

Annie J. sah sich daraufhin in ihrem Haus um, ob es eine Tischkante oder ein anderes Möbelstück gab, an dem sie sich die Prellung hätte zuziehen können, aber keines hatte die richtige Höhe. In diesem Augenblick »wurde sie von bis in die Kindheit zurückreichenden Erinnerungsfetzen und Bildern überflutet. Sie hatte das Gefühl, mit einer gräßlichen Realität konfrontiert zu sein, die sie bisher immer verdrängt hatte. Sie bekam große Angst und geriet fast in Panik.«

Das Realisierungsereignis kann nach Miller auch ausgelöst werden, wenn der Betreffende mit anderen Zeugen in Kontakt kommt. Annie J. habe ihre Erlebnisse mit ihrer Mitbewohnerin besprochen, die »bruchstückhafte Erinnerungen an kleine außerirdische Wesen und seltsame, nächtliche Erlebnisse gehabt habe. Sie sei nachts erwacht und habe festgestellt, daß das Schlafzimmer von blendend hellem, blauem Licht erfüllt war. Sie habe sich gefürchtet, doch die Angst sei rasch einer tiefen Ruhe und dem klaren Bewußtsein gewichen, daß Annie und nicht sie selbst die Betroffene sei.« Nachdem Annie J. mit ihrer Mitbewohnerin eingehend über die Ereignisse gesprochen hatte, »kam auch die Mitbewohnerin zu der Ansicht, daß sie Entführungserlebnisse gehabt habe. Dies war ihr Realisierungserlebnis.«

Realisierungserlebnisse können auch durch das Lesen von Büchern und das Anschauen von Filmen oder durch Hypnose ausgelöst werden, erklärt Miller. Er kommt auf einen gewissen Rob zu sprechen, der sich seiner Entführungserlebnisse stets bewußt war und der glaubte, seine damaligen Freunde Jack und dessen Schwester Sue hätten ebenfalls solche Erlebnisse gehabt. Jack »hatte schon immer vermutet, daß er entführt worden war«, erläutert Miller, »aber seine bewußten Erinnerungen gaben nur eine Nahbegegnung mit einem scheibenförmigen Objekt und möglicherweise eine Episode mit fehlender Zeit preis; dies habe sich ereignet, als er zusammen mit Sue nach der Schule auf dem Heimweg war.« Viele Jahre später beschloß Jack nach einem Gespräch mit Rob, sich einer hypnotischen Rückführung zu unterziehen. »Dabei kam heraus«, erläutert Miller, »daß er ein typisches Entführungserlebnis hatte, von dem auch sie betroffen war.« Jacks Realisierungsereignis war also eine Folge der Hypnose. Sue sei als Erwachsene »eine sehr religiöse Frau« geworden, sagt Miller. »Sie glaubt, die Erlebnisse wären von dämonischen Mächten verursacht worden, und will mit niemandem darüber reden. Sie hatte kein Realisierungsereignis, sondern faßt die Erlebnisse auf eine Art und Weise auf, die ihr ungefährlich erscheint.«

In der Kaffeepause höre ich, wie eine Entführte einer anderen Teilnehmerin eine Lichtkugel beschreibt, die in ihr Schlafzimmer eingedrungen sei und sich in ein Wesen verwandelt habe. »Ich sagte zu dem Wesen: ›Ich bin froh, daß du hier bist. Ich möchte dich fragen, woher du kommst.‹«

Das Wesen habe ihre Hände genommen, aber nichts gesagt.

»Kommst du aus einer anderen Zeit?« fragte sie.

»Nein, es ist dieselbe Zeit«, erwiderte das Wesen.

»Wie kann das sein?«

»Wenn wir jetzt daheim wären«, erklärte ihr das Wesen, »dann würdest du es verstehen.«

»Heißt das, daß ich von einem anderen Ort komme?«

Aber wie die Frau berichtet, konnte oder wollte ihr das Wesen darauf nicht antworten.

Der erste Referent nach der Kaffeepause ist Keith Basterfield, der Forschungsleiter von UFO Research Australia. Er ist ein nachdenklicher, freundlicher Mann, schmal und dunkelhaarig, und er spricht ohne erkennbaren australischen Akzent. Er deutet an, zwischen UFO-Ereignissen (Entführungen eingeschlossen) und paranormalen Phänomenen wie Poltergeistern, Erscheinungen und Geistheilungen könne eine Korrelation bestehen.

Die Zeugen, weiß er zu berichten, »blicken oft auf eine unglaubliche Geschichte medialer Phänomene zurück, die erklären könnten, warum sie entführt worden sind«. Die Frage sei, fährt er fort, »die gleiche wie bei der Henne und dem Ei« – werden die Menschen entführt, weil sie über mediale Fähigkeiten verfügen, oder sind die übersinnlichen Fähigkeiten die Folge zahlreicher Entführungen? Treten bei bestimmten Persönlichkeitstypen paranormale und Entführungserlebnisse häufiger auf als bei anderen?

Am Sonntag morgen um 11 Uhr 30 findet das erste Podiumsgespräch mit Entführten statt. Langfristige Veränderungen ihrer Erwartungen und Interessen und ihrer Lebenseinstellung sollen das Thema sein. Beteiligt sind fünf Frauen von Ende Dreißig bis Anfang Vierzig. Bemerkenswert an ihnen ist eigentlich nur, wie alltäglich sie aussehen.

Als erste spricht eine zierliche, zweiundvierzigjährige Geschäftsfrau mit zwei Kindern, die siebzehn und einundzwanzig Jahre alt sind. Im Oktober und November 1989 habe sie zwei Begegnungen mit außerirdischen Wesen gehabt und sei an Bord eines Raumschiffes genommen worden. Sie erklärt, sie habe sich vorher nie für UFOs interessiert und weder von Betty und Barney Hill gehört noch Science-fiction-Romane gelesen. Die Entführungserlebnisse hätten ihr Leben verändert.

Eine Reaktion, sagt sie lächelnd, sei die gewesen, nach den Entführungen ihren Namen in Star zu ändern, und jetzt würde jeder, der sie kennt, zu ihr sagen: »Oh, ja, du strahlst ja auch wie ein Stern!«

Vor den Entführungen hatte Star im Verkauf und im Marketing gearbeitet, aber etwa neun oder zehn Monate nach den Erlebnissen nahm ihre Karriere eine abrupte Wendung, als sie sich für eine Massageausbildung einschrieb. Der Namenswechsel, sagt sie, ginge auf die Außerirdischen zurück, die ihr gesagt hätten, Star sei ein guter Name für eine Heilerin. Sie habe entdeckt, daß sie einen »natürlichen« Zugang zu Massagetherapien habe und daß sie auf diese Weise »nicht nur den Klienten entspannen, sondern auch dessen Aura auf tiefer Ebene heilen und harmonisieren« könne.

Sie berichtet, sie könne Auren sehen und die Schwingungen der blockierten Energie ihrer Klienten spüren; sie sei in der Lage, die Schwingungen zu normalisieren, und das sei »eben das, was man als Heilen bezeichnet«.

Danach erfahre ich, daß Star an einem höchst interessanten Entführungsfall beteiligt war, den John Carpenter später noch einmal aufgreifen wird.

Als nächste ist Jennifer an der Reihe. Die Frau mit dem Lockenhaar und dem runden Gesicht trägt ein rotes Kleid. Sie ist sich der Entführungen schon seit frühester Kindheit bewußt. Im Alter von drei bis sechs Jahren, berichtet sie uns, habe sie, um sich zu schützen, entweder mit dem Kopf unter der Decke oder gleich unter dem Bett geschlafen. Später versteckte sie sich nachts im Schrank und ließ das Licht eingeschaltet, oder sie schlief unter dem Eßtisch oder hinter der Wohnzimmercouch. Nach ihrer Heirat und der Geburt ihrer Tochter lebte sie in einem Haus, das von mächtigen Riegeln und einem Kampfhund beschützt wurde. Da sie immer ängstlicher wurde, jemand könne ihre Tochter wegschleppen, nahm sie schließlich Unterricht in Kampfsportarten.

Im Jahre 1982, fährt Jennifer fort, sei ihre Tochter einmal aus dem Haus verschwunden. Jennifer habe aufgeregt, aber vergeblich das ganze Haus abgesucht. Fünfzehn Minuten später sei das kleine Mädchen auf geheimnisvolle Weise wieder aufgetaucht und habe hysterisch weinend erklärt, in seinem Zimmer seien »Monster« aufgetaucht. Die Folge davon sei, erklärt Jennifer, daß ihre Tochter jetzt die gleichen Ängste habe wie sie selbst.

Nach diesem Erlebnis ist Jennifer mit ihrer Familie auf ein großes Grundstück außerhalb der Stadt umgezogen. Ihr neues Anwesen ist von Lampen umgeben und wird von drei Wachhunden beschützt. Ihre Angst, sagt sie, weiche allmählich dem Akzeptieren dessen, was mit ihr geschehe. Sie lerne aber weiter Karate, weil ihr der Kampfsport das Gefühl gebe, ein gewisses Maß an Kontrolle über sich und ihr Leben zu haben.

Margaret, eine adrett gekleidete, sorgfältig geschminkte Frau von Ende Dreißig, ist mit einem Arzt verheiratet. Sie hat zusammen mit ihren beiden kleinen Kindern einen Zeitverlust erlebt. Dabei sei sie in einer Flugscheibe erwacht und habe ein Gewächshaus voller Bäume gesehen. Bei der zweiten Entführung wurde sie in einen großen Raum geführt, wo sie Szenen von ökologischen Katastrophen sah. Was in Form von »mehreren beunruhigenden Erlebnissen begann«, sagt Margaret, habe sich »in eine einzigartige Lernerfahrung verwandelt«, die ihre Sorge um die Umwelt verstärkt habe. Was ihr zugestoßen sei, bewerte sie heute als »positive Erfahrung«, die in ihr »ein verstärktes ökologisches Bewußtsein« erzeugt habe.

Margaret berichtet, daß ihr Mann, der als Internist tätig ist, »alles weit von sich weist«. In ihrem Körper hätten, erläutert sie, infolge der »Ereignisse« biochemische Veränderungen stattgefunden. Sie ziehe es vor, die Kontakte mit Außerirdischen als »Ereignisse« und nicht als »Entführungen« zu bezeichnen, fügt sie noch hinzu.

Jane ist eine konservativ gekleidete Regierungsangestellte, die eine hohe Sicherheitseinstufung hat. Aufgrund ihrer Erfahrungen, erzählt sie, sei sie »fremdartigen Dingen gegenüber toleranter geworden«. Sie müsse aber »zugeben, daß es schwierig ist, ein Leben voller Geheimnisse zu führen«. Sie sagt: »Man kann ja ein Gespräch kaum mit der Bemerkung beginnen: ›Ach, übrigens, ich wurde von Außerirdischen entführt.‹«

Brenda, eine Künstlerin, ist mit ihren Erfahrungen an die Öffentlichkeit gegangen. Sie verkauft Alien-T-Shirts, die sie selbst entworfen hat, und ist mehrmals im Fernsehen aufgetreten, um ihre UFO-Geschichten zu erzählen. »Man ist in Versuchung, die Erfahrungen zu frisieren, wenn man fürchtet, man würde womöglich nicht akzeptiert«, sagt Brenda. Dann fügt sie hinzu: »Wir wurden ja nicht mit dem Glauben an UFOs geboren. Die Angst ist

schlimmer als alles, was man sich vorstellen kann. Und die Panik –
ich kann es nicht beschreiben. Auch wenn wir so gelassen damit
umzugehen scheinen, dürfen Sie nicht vergessen, daß wir entsetzliche Angst haben.«

Danach trägt ein sonnengebräunter Psychologe aus Arizona einen kurzen Bericht über die Entführungen von Kindern vor. Die
Fallgeschichten stammen von einem kalifornischen Psychologen,
der zugleich geweihter Priester ist und der nicht selbst an der Konferenz teilnehmen konnte.

Christopher, achteinhalb Jahre alt, sei von einem »Mann mit einer Haut wie eine Orange« und einem »sanften, grauen Alien« besucht worden.

Kevin, achteinhalb Jahre alt, habe ebenfalls einen »kräftigen,
orangefarbenen Mann« gesehen.

Warren, zwölf Jahre alt, sei von einem kleinen, kahlköpfigen
Wesen mit rundem Kopf und grauer Haut, das eine leuchtende Kugel in der Farbe einer grünen Leuchtreklame bei sich hatte, besucht worden. In zwei anderen Fällen gaben Kinder an, sie hätten
»glühende Lichtbälle« gesehen.

Jonathan, fünf Jahre alt, schwebte durch sein Fenster »in ein
rundes Ding«, das im Park auf der anderen Straßenseite erschienen sei. Später, während der Untersuchung des Kindes, habe ihm
der Psychologe ein »Bilderbuch« gezeigt, das 1990 von Budd
Hopkins entworfen worden war. Es enthält den »Hopkins Image
Recognition Test« (HIRT) für Kinder. Die großformatigen Bilder
zeigen Dinge, die Kindern vertraut sein sollten: den Weihnachtsmann, Batman, einen Clown, einen Polizisten, ein kleines Mädchen, einen Ninja-Turtle, einen kleinen Jungen, eine Hexe und ein
Skelett. Das zehnte Bild, das zwischen dem Ninja-Turtle und dem
kleinen Jungen steckt, zeigt einen typischen, kleinen Grauen.
Normalerweise werden die Bilder dem betreffenden Kind in dieser Reihenfolge vorgelegt. Als Jonathan den kleine Grauen sah,
rief er: »Du kennst ja meine Freunde!«

Wie der Psychologe aus Arizona anmerkt, habe es der kalifornische Psychologe für bemerkenswert gehalten, daß die Beschreibungen der Wesen stets sehr ähnlich ausgefallen seien, obwohl die Kinder weit voneinander entfernt an der Ostküste und der Westküste gelebt hätten.

Budd Hopkins erhebt sich und berichtet, sein Test sei mit großem Erfolg von Mitarbeitern psychiatrischer Dienste und von UFO-Forschern angewendet worden. Er erwähnt einen seiner eigenen Fälle. Ein kleiner Junge habe beim Durchblättern der Karten in bezug auf den Alien gesagt:»Mami, das ist der Mann, der in mein Zimmer kommt und mich ins Raumschiff beamt. Ich habe dich da auch gesehen, und du hast nackt auf einem Tisch gelegen.«

»Kleine Kinder können mit der Abbildung des Außerirdischen gewöhnlich nichts anfangen«, fährt Hopkins fort,»es sei denn ...« Er läßt den Satz unvollendet.

John Mack erzählt von einem Kind, das er einmal behandelt habe. Der Junge sei erbleicht, als er das Bild des Außerirdischen sah, und habe gesagt:»Das ist der Mann, der mich ins Raumschiff holt!«

In der anschließenden Fragerunde melden sich mehrere Psychologen mit dem Vorwurf zu Wort, Hopkins»standardisierte« Zeichnungen seien weder standardisiert noch wissenschaftlich. Dennoch bin ich von der Fähigkeit von Kindern, das Gesicht eines kleinen Grauen zu erkennen, verblüfft. Wo hätten sie so etwas vorher schon einmal sehen sollen? Die Gesichter haben keine Ähnlichkeit mit den außerirdischen Geschöpfen in Filmen, im Fernsehen, in Comic-Heften und in Computerspielen.

Nach dem Mittagessen spricht Budd Hopkins über »Die Roper-Umfrage über ungewöhnliche persönliche Erlebnisse«. Robert Bigelow, der wohlhabende Unternehmer aus Las Vegas, hat sich im Januar 1991 auf einer Konferenz über anormale Phänomene in Philadelphia an Hopkins gewandt. Bigelow hat Hopkins vorgeschlagen, er solle zusammen mit Jacobs einen Fragebogen für eine landesweite Umfrage entwickeln, um festzustellen, wie viele Menschen in den Vereinigten Staaten Erfahrungen mit Entführungen durch UFOs haben. Er, Bigelow, werde die Publikation der Ergebnisse finanzieren.

Es wäre nicht damit getan gewesen, erläutert Hopkins den Konferenzteilnehmern, einfach zu fragen:»Wurden Sie mal von einem UFO entführt?« Eine solche Frage würde nicht unbedingt »all jene Menschen herausfiltern, die möglicherweise Entführungserlebnisse hatten. Wie bereits gesagt wurde, haben viele Menschen überhaupt keine bewußten Erinnerungen an die Ereignisse und können nicht mit einem eindeutigen Ja antworten.« Hopkins und Jacobs formulierten die Fragen daher auf eine Weise, die geeignet war,»ungewöhnliche Erfahrungen zu finden, die nach dem Stand der Forschung eng mit Entführungsfällen zusammenhängen«.

Im Juli, August und September 1991 wurden drei unabhängige Befragungen bei insgesamt 5947 Menschen durchgeführt. In eine ganz normale Meinungsumfrage wurden elf von Hopkins und Jacobs entwickelte Fragen eingebettet. Bei solchen Roper-Umfragen geht es normalerweise um Themen wie Lifestyle, Verhaltensweisen, Einstellungen, Aktivitäten während der letzten Woche, Optimismus und Pessimismus hinsichtlich der Zukunft des Landes und weitere, politische, soziale und wirtschaftliche Fragen.

Nach Angaben der Roper Organization hat man streng darauf geachtet, die Fragen von Hopkins und Jacobs »in den vorgegebenen Fragebogen dergestalt einzuarbeiten, daß jede Beeinflußung durch die Anordnung der Fragen ausgeschlossen war und daß die Befragung ›reibungslos‹ vonstatten gehen konnte«.[1]

Die Roper-Umfragen wurden bei persönlichen Besuchen in der Wohnung der Befragten durchgeführt und dauerten ungefähr fünfzig Minuten. Die Meinungsforscher stellten die elf mit Entführungen verbundenen Fragen in der folgenden Weise:

Auf dieser Karte steht eine Liste von Dingen, die Sie zu einem bestimmten Zeitpunkt Ihres Lebens, sei es als Kind oder als Erwachsener oder beides, erlebt haben könnten. Ich

1 Carpenter, Einführung zu *Unusual Personal Experiences*, S. 21.

möchte Sie bitten, die Karte zu lesen und mir zu jedem Punkt nach Ihrem besten Wissen zu sagen, ob Ihnen dies mehr als zweimal, einmal oder zweimal oder nie geschehen ist.

a. Ein Gespenst sehen.
b. Sich fühlen, als hätte man den Körper verlassen.
c. Ein UFO sehen.
d. *Gelähmt aufwachen mit dem Gefühl, es sei eine fremde Person oder ein fremdes Wesen oder sonst etwas im Raum.* (Hervorhebung von mir)
e. *Sich fühlen, als könnte man durch die Luft fliegen, auch wenn man um das Wie und das Warum nicht weiß.* (Hervorhebung von mir)
f. Das Wort TRONDANT hören oder sehen und wissen, daß es eine geheime Bedeutung für Sie hat.
g. *Eine Zeitspanne von einer Stunde oder mehr erleben, in der Sie sich anscheinend verirrt haben, ohne daß Sie sich an den Grund und den betreffenden Ort erinnern konnten.* (Hervorhebung von mir)
h. *Ungewöhnliche Lichter oder Lichtkugeln in einem Raum sehen, ohne zu wissen, was sie verursacht hat und woher sie gekommen sind.* (Hervorhebung von mir)
i. *Seltsame Narben am Körper finden, ohne daß Sie oder jemand anders sich erinnern können, wie die Narben entstanden sind und wo Sie sie sich zugezogen haben.* (Hervorhebung von mir)
j. Als Kind oder Erwachsener eine schreckliche Gestalt – es könnte sich um ein Ungeheuer, eine Hexe, einen Teufel oder irgendeine andere, böse Figur gehandelt haben – im Schlafzimmer, im Schrank oder sonst irgendwo sehen.
k. Lebhafte Träume von UFOs.[2]

Die fünf Fragen, die ich hervorgehoben habe (d, e, g, h, i), galten als »Schlüsselfragen«, aus denen hervorging, ob die Betreffenden Erfahrungen gemacht hatten, die mit UFOs zusammenhingen. Zwei weitere Fragen, c (Haben Sie mal ein UFO gesehen?) und f

2 ibid., S. 21, 22.

(TRONDANT), waren »Kontrollfragen«. Die erste ließ einen Vergleich zu anderen, früheren Umfragen zu, während die Frage nach dem Wort TRONDANT – ein Wort, das Budd Hopkins erfunden hatte – überhaupt keinen tieferen Sinn hatte. Es ging dort einzig und allein um die Prüfung, wie viele Befragte grundsätzlich auf alle seltsam anmutenden Fragen, die auf paranormale Phänomene zielten, mit »Ja« antworten würden. Ungefähr ein Prozent der Befragten hat diese Frage mit »Ja« beantwortet, woraus man auf etwa 1,9 Millionen erwachsene Amerikaner extrapolieren kann. Die Antworten dieser Befragten wurden nicht in die Untersuchung aufgenommen.

Sieben Prozent der Befragten erklärten, sie hätten schon einmal ein UFO gesehen, was 13,3 Millionen erwachsenen Amerikanern entspricht. Interessanterweise haben elf Prozent – 20,9 Millionen – gesagt, sie hätten schon einmal ein Gespenst gesehen.

Achtzehn Prozent (34,2 Millionen) sagten, sie seien mehr als einmal gelähmt aufgewacht und hätten das Gefühl gehabt, ein fremder Mensch, ein Wesen oder sonst etwas habe sich in ihrem Raum befunden.

Dreizehn Prozent (24,7 Millionen) gaben an, sie hätten ein- oder mehrmals Zeitverluste erlebt.

Zehn Prozent (19 Millionen) kannten das Gefühl, durch die Luft zu fliegen, ohne um das Wie und das Warum zu wissen.

Acht Prozent (15,2 Millionen) haben ungewöhnliche Lichter oder Lichtkugeln in einem Raum gesehen, ohne zu wissen, was sie verursacht habe oder woher sie gekommen seien.

Acht Prozent berichteten außerdem, sie hätten eigenartige Narben an ihren Körpern gefunden, für die weder sie selbst noch andere eine Erklärung wußten.

In der Schlußbemerkung zu der Untersuchung schrieb die Roper Organization, die Fragen, die im Auftrag der Bigelow Holding Company gestellt wurden, hätten zu »unerwarteten Resultaten geführt ... insbesondere, weil die Anzahl der Menschen, die diese Punkte auf der Liste bejaht haben, weitaus größer war als vorher angenommen, und weil die Antworten quer durch die meisten demographischen Gruppen konsistent waren«.[3]

Hopkins erläutert den Konferenzteilnehmern, daß zwei Prozent der Befragten auf vier von fünf Schlüsselfragen mit »Ja« geantwortet hätten, was seiner Ansicht nach »zeigt, daß die Mitarbeiter psychiatrischer Dienste die Anzahl von Menschen, die ungewöhnliche persönliche Erfahrungen machen, drastisch unterschätzt«.

Diese zwei Prozent, sagt Hopkins, bedeuten, daß 3,7 Millionen Amerikaner als Kandidaten für Entführungserlebnisse in Frage kommen. Nur 18 der 5937 Befragten haben alle fünf Schlüsselfragen mit »Ja« beantwortet, aber selbst diese Zahl, führt Hopkins aus, bedeute noch, daß mindestens 560 000 Amerikaner entführt worden sein könnten.

Nach Hopkins' Vortrag über die Umfrage von Roper entsteht im Vorlesungssaal des MIT Tumult. Überall in dem großen Raum protestieren Wissenschaftler, die Befragung sei »löchrig«, sei »eine Verschwendung der Zeit, Geld und einer guten Gelegenheit«. Hopkins' »Ergebnisse beruhten auf der Annahme, man könne mit Hilfe der ›Schlüsselfragen‹ herausfinden, wer entführt worden sei, aber diese ›Schlüsselfragen‹ hatten keine wissenschaftliche Grundlage, um solche Aussagen zuzulassen«. Es seien keine »systematischen Voruntersuchungen durchgeführt worden, um herauszufinden, wie die Befragten die Fragen interpretieren«. Als jemand darauf beharrt, wegen der Unschärfe der Fragen und der aus ihnen gewonnenen Schlüsse müsse man bei der Formulierung von Fragen für zukünftige Umfragen unbedingt Experten hinzuziehen, sagt John Mack etwas hilflos: »Aber wie können wir unsere Kollegen dazu bringen, die Umfrage abzusichern, wenn sie die ganze Fragestellung von vornherein ablehnen?«

Später spreche ich mit D.C. Donderi, einem Professor von der psychologischen Fakultät der McGill University, der ebenfalls an

3 ibid., S. 25.

der Konferenz teilnimmt. Donderi stimmt denen zu, die vorgetragen haben, die Umfrage sei unbrauchbar. »Keiner der Befragten wurde ausführlich interviewt, um zu klären, ob weitere Untersuchungen tatsächlich reale Entführungserlebnisse offenlegen würden«, sagt Donderi. »Es wurde keine Voruntersuchung durchgeführt, um eine quantitative Beziehung zwischen den Antworten auf die Umfrage und der Wahrscheinlichkeit realer Entführungserlebnisse zu ermitteln.«

Und da es keine verifizierten Beweise für Hopkins' und Jacobs' Behauptung gebe, man könne aus der Umfrage auf Entführungen durch Außerirdische schließen, meint Donderi, »muß die Reaktion jedes wissenschaftlich geschulten Lesers, der sich an den grundlegenden, wissenschaftlichen Kriterien der Zurückhaltung bei Schlußfolgerungen und der Wiederholbarkeit von Experimenten orientiert, in der Frage bestehen, warum er oder sonst irgendein wissenschaftlich geschulter Leser die nicht verifizierten Umfragedaten überhaupt berücksichtigen solle.«

Donderi glaubt, das einzig Positive der Roper-Umfrage liege darin, daß die Befragten, die bereit waren, an weiteren ähnlichen Studien teilzunehmen, ihre Adressen und Telefonnummern angegeben hätten, so daß man jetzt »auf Freiwillige zurückgreifen und eine systematische Nachuntersuchung durchführen« könne. Ausgiebige Interviews und Tests einer Untergruppe dieser Freiwilligen könnten dann »die Bestimmung der Wahrscheinlichkeit echter Entführungen für jede Stufe der Antworten auf die kritischen Fragen« zulassen. Donderi spricht sich für die Entwicklung und Anwendung sorgfältiger, wissenschaftlich überprüfter und schrittweise vorgehender Prozeduren aus, um die Freiwilligen zu interviewen und psychologisch zu testen.

»Jede folgende, stärker differenzierte Stufe«, erläutert Donderi, »wird benutzt, um die Daten der vorhergehenden Stufe zu validieren. Jede stärker differenzierende Stufe bildet das Gültigkeitskriterium der weniger differenzierenden Stufe.«

Donderi möchte unbeeinflußte Beweise für die Frage finden,

mit welcher Wahrscheinlichkeit Amerikaner UFO-Entführungen erlebt haben, und diese Ergebnisse zu einer landesweit zufällig ausgewählten Gruppe von Befragten in Beziehung setzen. »Nur wenn man Bedingungen schafft, unter denen eine zu prüfende Hypothese auch *widerlegt* werden kann«, erklärt Donderi, »sind stützende Beweise – wie etwa der, daß die hohen Ergebnisse der Roper-Umfrage unter Ausschluß schwerwiegender Persönlichkeitsstörungen tatsächlich auf eine hohe Wahrscheinlichkeit von UFO-Entführungserlebnissen hinweisen – für die Wissenschaft akzeptabel.«

Donderi räumt sofort ein, daß selbst eine Studie wie die von ihm vorgeschlagene »für sich selbst genommen die Wissenschaft nicht davon überzeugen könnte, daß das UFO-Phänomen ernsthafte Beachtung verdient«.

Auch wenn Professor Donderi in bezug auf die Ergebnisse der Roper-Umfrage sehr skeptisch ist, scheint seine Anwesenheit bei der Konferenz dafür zu sprechen, daß er die extraterrestrische Hypothese nicht völlig verwirft. »Vor zwanzig oder dreißig Jahren«, erzählt er mir später, »als ich zum ersten Mal Leute über UFO-Berichte reden hörte, wurde ich neugierig. Einerseits gibt es zwar genügend Beweise dafür, wie die Menschen bei derlei Dingen sich selbst und andere zum Narren halten, doch andererseits war in den Berichten der Beobachter eine gewisse Konsistenz festzustellen – das heißt, daß viele Leute, die über derartige Erfahrungen berichtet haben, recht konkrete Erlebnisse beschreiben konnten. Aus den Profilen der Leute, die UFO-Begegnungen gemeldet haben«, fährt er fort, »konnte ich entnehmen, daß es sich keineswegs bei allen um geistig instabile Menschen oder um Personen gehandelt hat, die mit dem Erzählen solcher Geschichten soziale Bedürfnisse befriedigt haben; dies waren natürlich die beiden Theorien, mit denen man versucht hat, das ganze UFO-Phänomen wegzuerklären oder zu bestreiten.«

1966 habe Donderi sich »eigentlich aus reiner Neugierde«, aber auch aufgrund der nach Menge und Substanz beeindruckenden

Beweise für das UFO-Phänomen dem National Investigation Committee on Aerial Phenomena (NICAP) angeschlossen. 1968 sei Donderi von NICAP gebeten worden, als Teilnehmer einer wissenschaftlichen Kommission sechs Berichte über Entführungen auszuwerten. »Zwei oder drei davon waren überzeugend«, teilt Donderi mir mit, »während die anderen Berichte problematisch waren – hauptsächlich wegen der Zeugen.« In seinem Bericht für NICAP zog Donderi die Schlußfolgerung, er könne »auf der Grundlage der schriftlichen Aussagen keinen Anlaß sehen, die Glaubwürdigkeit der Zeugen von vornherein in Frage zu stellen«. So unglaublich die Geschichten auch waren, sie »stehen im Augenblick unwiderlegt im Raum«.

Ob Donderi fünfundzwanzig Jahre später immer noch glaubt, Menschen würden von Außerirdischen in UFOs entführt?

»Menschen *werden* entführt. Das ist eine vernünftige Schlußfolgerung, wenn Sie sich die Beweise ansehen«, antwortet Donderi.

Später am Nachmittag spricht Jenny Randles über »eine interessante Untersuchung, bei der die Befragten gebeten wurden, imaginäre Entführungen zu beschreiben.« Sie erklärt, wenn bei der Untersuchung signifikante Ähnlichkeiten zwischen einer »Phantasie-Entführung« und einer echten Entführung herausgekommen wären, dann könnte man einwenden, daß auch die »echten« Entführungen möglicherweise nur Phantasieprodukte seien.

Die Testgruppe bestand aus elf Männern und neun Frauen. Neunzig Prozent der Befragten haben Zeichnungen angefertigt, wie sie sich das Betreten des Raumschiffs vorstellten. Randles berichtet, daß die Art und Weise, wie sie ins Raumschiff gelangt sind, »sich völlig von dem unterscheidet, was von Entführten berichtet wurde. Die Versuchspersonen wurden von den Außerirdischen, die mit Strahlengewehren bewaffnet waren, an Bord getrieben oder unter Drogen gesetzt.«

Die Insassen des Raumschiffs wurden von 55 Prozent der Testpersonen als klein, von 25 Prozent als groß beschrieben. In Großbritannien beschreiben 35 Prozent der Entführten die Insassen als groß, 12 Prozent beschreiben sie als klein. Keiner der Befragten in der Testgruppe erwähnte Graue und medizinische Untersuchungen, während 90 Prozent der Entführten aus Großbritannien über medizinische Untersuchungen berichten. Fünfundsiebzig Prozent der Testpersonen stellten sich vor, sie würden von den Wesen befragt, doch nur 40 Prozent der britischen Entführten geben an, befragt worden zu sein. Fünfunddreißig Prozent der Testpersonen sagten, sie seien an Bord des Raumschiffs gebracht worden, weil man ihnen helfen wollte. Kein britischer Entführer gibt an, er sei aus diesem Grund entführt worden.

Ich halte Jenny Randles' Informationen für wichtig: Menschen, die gebeten werden, eine erfundene Entführung zu beschreiben, malen sich nicht die Szenarien, Ereignisfolgen oder Wesen aus, die von der überwältigenden Mehrheit der Entführten beschrieben werden. Die »medizinische Untersuchung«, ein wichtiger, sich stest wiederholender Aspekt in den Geschichten der Entführten, fehlt in den Darstellungen der Kontrollgruppe völlig. Ich erinnere mich an das, was Dr. Miller betont hat: Was die Entführten über die an ihnen durchgeführten, medizinischen Prozeduren berichten, unterscheidet sich stark von der irdischen Medizin, so daß die Ursprünge dieser Berichte mit großer Sicherheit nicht in bereits vorhandenen medizinischen Erfahrungen oder Informationen zu suchen sind.

Von Millers und Randles' Spekulationen ist es nur noch ein kleiner Schritt bis zu der Frage, die Bullard am vergangenen Abend in bezug auf das Äußere der Aliens gestellt hat: »Wenn Hollywood für diese Bilder verantwortlich ist, wo sind dann die Monster? Wo sind die Roboter?«

Am Sonntag abend sitze ich mit Alice und Carol im »Legal Seafood« beim Essen. Beide werden am Podiumsgespräch teilnehmen, das später am Abend stattfinden soll. Sie sind aufgeregt. Wir sprechen über ihre Pferdefarm und meiden die Themen, die auf der Konferenz erörtert werden.

Der erste Referent nach dem Abendessen ist Dave Pritchard, einer der beiden Leiter der Konferenz. Er will über angeblich eingesetzte Implantate sprechen.

»Ein großes Problem bei den Entführungen«, räumt Pritchard ein, sei »das Fehlen von harten Beweisen«. Wenn wirklich so viele Implantate eingesetzt werden, wie es die Beiträge der Teilnehmer vermuten lassen, warum sind sie dann nicht ebensohäufig auf Röntgenbildern und in der MR-Tomographie zu sehen.

»Physische Beweise wären sicherlich der beste Weg, in der Wissenschaft die Hypothese zu verankern, daß es auf der Erde noch andere intelligente Wesen gibt«, sagt Pritchard. »Für sich genommen, können auch physische Beweise die Entführungen nicht auf die Tagesordnung aller Wissenschaftler setzen, aber sie könnten als wichtiger, unabhängiger Beweis dafür gelten, daß einige der Aussagen von Entführten eine physikalische, reale Grundlage haben. Daher ist das Bindeglied zwischen den Beweisen und dem Entführungsphänomen, das sie hervorgebracht haben soll, von größter Bedeutung.«

Das angebliche Implantat, das Pritchard untersucht hat, scheint seiner Ansicht nach ein recht stabiles Bindeglied zu sein. Es stammt von einem Entführten namens Richard Price, der behauptet, es sei ihm von Außerirdischen implantiert worden – genauer gesagt, in den Penis – und im Laufe der Jahre herausgewachsen. Price sagt, er habe bewußte Erinnerungen an das Einsetzen des Gegenstandes. Auf einer Art Vergrößerungsschirm habe er beobachten können, wie die Außerirdischen das Gerät verdrahtet hätten. Später habe ein Freund das halb herausgewachsene Implantat fotografiert.

Price' Implantat, berichtet Pritchard, habe die Farbe von Bernstein und sei einen Millimeter mal vier Millimeter groß. Pritchard hat es mit einem starken Mikroskop untersucht. Es habe einen Kern aus durchsichtigem Material, der von einer Hülle aus Kollagen umgeben sei, weil es sich längere Zeit in Price' Körper befunden habe. Aus dem Objekt ragten drei kleine Vorsprünge mit einer Breite von achtzehn Mikrometern hervor, was etwa einem

Viertel des Durchmessers eines menschlichen Haars entspricht. Pritchard konnte bei seiner Analyse Kohlenstoff, Wasserstoff und Sauerstoff feststellen, außerdem etwas weniger Stickstoff, als er erwartet hatte. Das bedeutet, sagte er, daß es etwas sein *könne*, das in Price selbst gewachsen ist. Nötig sei eine interdisziplinäre Untersuchung von Biologen, Chemikern, Werkstoffexperten und so weiter, die sich gemeinsam das Objekt ansehen und herausfinden müßten, was es ist.

»Auf jeden Fall«, sagt Pritchard, »weiß ich nichts Endgültiges. Ich habe nicht mehr als das, was man normalerweise auf diesem Gebiet in die Hände bekommt: Es wird den Gläubigen eine Begründung für ihren Glauben liefern und von den Skeptikern in Zweifel gezogen werden. Es ist kein besonders gutes Beweisstück, wenn es nichts bewegen kann. Es kommt ja gewissermaßen darauf an, die Geschworenen zu überzeugen ...«

Eine kurze Pause soll den Teilnehmern des Podiumsgesprächs die Gelegenheit geben, ihre Plätze vor der Wandtafel einzunehmen. Zwei Männer und fünf Frauen, darunter Alice und Carol, wollen sich beteiligen.

Als erste spricht Virginia, eine kleine, lebhafte und hübsche Frau von Ende Dreißig. Wie sie berichtet, hat sie zahlreiche Erlebnisse gehabt, darunter Erscheinungen im Schlafzimmer, Materialisierungen, Überblicke ihres Lebens im Zeitraffer und Telefonkontakte. Ihr sei im Bett die Decke weggezogen worden, und einmal sei sie auf der Straße einem Mann begegnet, der ihrer Ansicht nach ein Außerirdischer war.

Virginia hat außerdem zwei Kindheitserinnerungen, die sie für wichtig hält. Sie erinnert sich, einmal im Schlaf geschrien zu haben. Sie sei erwacht und habe Blut auf dem Kopfkissen entdeckt, woraufhin ihre Mutter ihr gesagt habe, sie solle nicht in der Nase bohren. Die Wesen, glaubt sie heute, hätten ihr etwas in die Nase implantiert, um sie zu überwachen und zu studieren.

Virginias zweite Erinnerung dreht sich darum, daß sie sich in einem Wandschrank versteckt und zu zwei Männern mit spitzen Gesichtern und schwarzen Schuhen aufgeschaut habe. Die beiden hätten ihr etwas erzählt über »Leute, die in einem Haus am Himmel leben. Ich sollte in dieses Haus am Himmel gebracht werden und Kinder bekommen, und dann würden sie meine Babys an einen anderen Ort bringen«. Sie erinnert sich, daß die Wesen ihr, als sie neun Jahre alt war, etwas über den weiblichen Zyklus und universelle Mutterschaft erzählt hatten. Während einer Entführung wurde sie »im Himmelshaus meiner Schwester vorgestellt, die genauso aussah wie ich. Sie war ein Klon.«

Durch hypnotische Rückführung konnte Virginia sich erinnern, daß sie an Bord eines Raumschiffes in einem »Geburtsraum« gesessen hat. Dort habe man ihr Hybridkinder gezeigt. Die Wesen hätten ihr gesagt, sie solle für die Embryos singen und summen und die älteren Hybridkinder berühren. Sie habe geträumt, ein Kind, das in eine weiße Decke gehüllt war, sei zu ihr gebracht worden. »Das Kind«, berichtet Virginia, »war drei Monate alt und konnte sich telepathisch mitteilen.«

Während einer anderen Entführung zeigte ihr eine »nackte Frau mit Mandelaugen« die Bilder eines Atomkrieges und erklärte, die Bedrohung könne verringert werden, wenn das Verständnis der Menschen vergrößert würde. Virginia erfuhr, daß die Umweltverschmutzung genetische Veränderungen hervorrufe. Im Kosmos gebe es Botschaften auf vielen verschiedenen Ebenen, und die Wesen hätten ihr erklärt, daß »ich mit ihnen arbeiten sollte. Sie würden keine Invasion beginnen, denn wenn sie das hätten tun wollen, dann hätten sie das schon vor langer Zeit tun können. Es gibt viele verschiedene Arten von Wesen«, erläutert Virginia. »Wir sind ein Teil des universellen Bewußtseins. Wir sind keine Zuschauer mehr, sondern Aspekte des universellen Bewußtseins. Wir sollten die Geheimnisse des Lebens, das wir dem Universum verdanken, erforschen.«

Später erfahre ich, daß Virginia eine von Joe Nymans Entführten ist.

»Harry«, der zweite Redner, ist ein gutaussehender Mann von etwa dreißig Jahren. Nachdem er bei John Mack eine Therapie begonnen hat, kam vor kurzem seine Entführungsgeschichte ans Licht. Er glaubt, er sei mindestens dreimal an Bord eines außerirdischen Raumschiffs genommen worden. Harry berichtet, man habe ihn medizinischen Prozeduren unterzogen, wobei »mehrere Male die Genitalien betroffen waren«. Harry ist es sichtlich peinlich, über dieses Thema zu reden. »Ich hatte Hemmungen, die Geschichte zu erzählen, weil ich nicht sagen wollte: ›Ja, das ist mir auch passiert.‹«

Er betrachtet seine verschränkten Hände auf dem Tisch. »Meine erste bewußte Erinnerung«, sagt er, indem er wieder aufschaut, »stammt aus dem Jahre 1988, als ich auf den britischen Jungferninseln lebte und arbeitete. Ich bin eines Morgens sehr aufgeregt und verängstigt erwacht und habe seltsame Spuren hinter den Ohren entdeckt. Später erinnerte ich mich dann, daß ich nackt und gelähmt auf einem Tisch gelegen hatte, wobei ich aber die Umgebung noch wahrnehmen konnte. Ein großes Wesen stand neben mir und beobachtete mich. Ich spürte, wie meine Hoden zur Seite geschoben wurden, und dann drang eine kleine Röhre dort, wo vorher mein linker Hoden gehangen hatte, in mich ein. Mir war bewußt, daß sie irgend etwas Bestimmtes gesucht hatten.« In der Rückführung, berichtet er, seien starke Gefühle von Demütigung und Feigheit hochgekommen.

1990, immer noch auf den Jungferninseln, wurde Harry zum zweiten Mal entführt, als er sich zu einem Nickerchen hingelegt hatte. Bei dieser Gelegenheit hörten seine Freunde in der Nähe seines Hauses ein lautes Summen und sahen etwas »Unerklärliches«. In den nächsten Monaten erinnerte Harry sich nach und nach, daß er das große Wesen schon einmal gesehen hatte. Es habe ihm gesagt: »Wir werden dies nur ein einziges Mal mit dir tun.« Man habe ihm einen Apparat über den Penis geschoben und ihn gezwungen, in einen Trichter zu ejakulieren. Zuerst empfand er »nichts als Wut. Ich erkannte, daß sie mir schon öfter Samen ent-

nommen hatten. Zuerst hielt ich es nur für einen besonders lebhaften, realistischen Traum, aber es war viel ernster, es war viel
realer als ein Traum.«

Er hält aufgewühlt inne. Dann fährt er fort:»Unser Trauma besteht darin, daß unser Bewußtsein mit Dingen strapaziert wird, die
es nicht begreifen kann. Wir sind ungläubig und schockiert und haben keine Chance, das in unser Leben zu integrieren, was wir
wahrgenommen haben.«

Im Januar, Februar und März desselben Jahres habe Harry
mehrmals aus unerklärlichen Gründen Angstanfälle bekommen
und weinen müssen. Er habe daraufhin Dr. John E. Mack aufgesucht.

»Ich glaube, die Wesen versuchen, unsere Emotionen zu verstehen«, sagt Harry.»Unsere Fähigkeit zu fühlen, unsere tiefe Spi-
ritualität. Dies sind unsere Geschenke an das Universum. Ganz
egal, wie aufdringlich sie sind, wir erleiden keinen psychischen
Schaden. Wir arbeiten jetzt aus freien Stücken mit ihnen zusammen, weil wir, wie ich glaube, bei einem Plan mitwirken, bei dem
es um einen späteren Kontakt geht.«

Carol ist die nächste.

Carol Dedham ist eine dreiundvierzigjährige Managerin von
einer großen Pferdefarm in Maryland, die Alice gehört. Carol
besuchte das Junior College, hat an verschiedenen Orten an der
Ostküste gelebt und schreibt und malt in ihrer Freizeit. Sie ist
fast 1 Meter 80, schlank und hat kurzes, rötliches Haar und grüne
Augen.

Carols Hand zittert leicht, als sie ein zusammengerolltes großes
Blatt Papier vor sich auf dem Tisch ausbreitet. Sie räuspert sich
und beginnt mit kräftiger Stimme zu berichten:»Eine hypnotische
Rückführung habe ich nicht gemacht, aber ich habe seit 1991 bewußte Erinnerungen und kann mich auch an Dinge erinnern, die
in meiner Kindheit geschehen sind. In den letzten Monaten haben
sich mehrere unerklärliche Vorfälle ereignet: physische Spuren,
Störungen bei Fahrzeugen, Verletzungen und Prellungen. Wie

mein Vater mir sagte«, erklärt Carol, »bin ich schon als kleines Kind mehrmals für einige Stunden verschwunden. Mein Vater räumte mir gegenüber ein, er habe immer gewußt, wo er mich finden könne, habe aber heute das Gefühl, er habe mich damals nicht ausreichend beschützt.

Meine frühesten Erinnerungen gehen bis ins Jahr 1954 zurück, damals war ich fünf. Ich fuhr mit meinem Vater im Auto nach Doylestown, Pennsylvania, wo er an einer Besprechung teilnehmen mußte. Es war ein Spätnachmittag Mitte Juli, aber noch lange vor Sonnenuntergang. Wir fuhren über eine unbefestigte Straße, eine Abkürzung, die mein Vater kannte. Unterwegs setzte der Motor aus. Wir hatten einen neuen Plymouth-Kombi, aber mein Vater konnte den Motor einfach nicht wieder starten. Zu beiden Seiten der Straße lagen leere Äcker, vor uns war eine große Eiche, so daß der Motorraum des Wagens teilweise im Schatten lag, weil die Sonne schon recht tief stand.

Es war ein furchtbarer, mieser und heißer Tag«, fährt Carol fort, »und ich weiß noch, daß ich nicht wollte, daß mein Vater ausstieg. Ich bat ihn, bei mir zu bleiben, aber er sagte, es wäre alles in Ordnung. Ich saß vorn auf dem Beifahrersitz. Das Seitenfenster war heruntergekurbelt, damals gab es noch keine Klimaanlagen. Er stieg aus, warf die Tür zu und ging nach vorn. Als er die Motorhaube hochklappte, fühlte ich einen sehr kalten Luftzug.

Es war so kalt, daß ich Angst bekam, und es ging sehr schnell«, erzählt Carol. »Es war überhaupt nicht wie ein Windstoß, sondern eher, als habe jemand die warme Luft entfernt und im Handumdrehen durch kalte Luft ersetzt. Ich bekam Angst und begann zu rufen: ›Daddy, Daddy! Daddy, komm zurück!‹

Er schloß die Motorhaube, kam zur Fahrerseite herum und beugte sich durchs Fenster herein: ›Schon gut, schon gut. Es ist alles in Ordnung.‹ Dann sagte er noch etwas, das ich aber vergessen habe. Und dann stieg er wieder ein. Er wollte mich trösten«, fährt Carol fort, »aber ich habe nicht zu weinen aufgehört. Ich hatte solche Angst! Ich weiß bis heute nicht, warum ich solche Angst hatte, denn ich habe ja eigentlich gar nichts gesehen. Ich kann mich außer an die kalte Luft an nichts Ungewöhnliches erinnern. Es war so kalt! Ich schauderte und weinte, und er saß da, den rechten Arm auf die Rückenlehne gestützt und die linke Hand auf meiner Schulter, um mich zu trösten. Er sagte immer wieder: ›Es ist gut, Carol, ist doch gut.‹ Und dann sprang der Wagen wieder an.

Er hatte den Zündschlüssel nicht angerührt«, erklärt sie. »Der Wagen ist von selbst gestartet! Und das hat mir wieder angst gemacht. Ich war inzwischen ziemlich aus dem Häuschen. Aber er drehte sich nur herum, ergriff das Lenkrad und fuhr weiter, als sei überhaupt nichts geschehen. Anscheinend habe ich mich danach beruhigt, und ich weiß noch, daß wir nach Doylestown gefahren sind und das Bürogebäude erreicht haben, wo mein Vater sich mit jemandem treffen wollte. Inzwischen war es aber schon Abend geworden, es war dunkel. Im Gebäude brannte kein Licht mehr, nur an der Tür hing ein Zettel: ›Schade, daß wir uns verpaßt haben.‹

Wir konnten uns nicht erklären, was passiert war«, berichtet Carol. »Mein Vater sah auf die Uhr und sagte: ›Mein Gott, wo ist nur die Zeit geblieben? Ich hatte ja keine Ahnung, daß es so lange gedauert hat.‹ Es war ungefähr einundzwanzig Uhr oder einundzwanzig Uhr dreißig. Von dort, wo der Motor ausgesetzt hatte, bis nach Doylestown fährt man normalerweise nur vierzig Minuten, aber als wir ankamen, war es dunkel. Meiner Schätzung nach fehlten uns also ungefähr eine Stunde und vierzig Minuten.

Wir wissen beide nicht, was passiert ist. Mein Vater erinnert sich, daß ich unablässig geweint habe und er kann sich erinnern, wie der Wagen schließlich wieder angesprungen ist. Er sagt, er wisse nicht, warum er deshalb keine Angst bekommen habe, aber er hatte eben keine Angst. Er hielt es nur für etwas verrückt. Diese Geschichte habe ich nie vergessen«, sagt Carol.

»Es ist eine sehr klare Erinnerung, und ich habe erst mit meinem Vater darüber gesprochen, als all diese anderen Dinge geschehen sind. Als wir vor kurzem darüber geredet haben, stellte sich heraus, daß seine Erinnerungen sich mit meinen decken.«

Carol erwähnt noch, sie habe unerklärliche Male an den Beinen sowie kreisförmige Abdrücke am Schienbein und im Augenwinkel gefunden. Sie spricht kurz über einen Vorfall, der sich am 15. Dezember des vergangenen Jahres ereignet hat. Sie sei nach einem Besuch bei ihren Eltern auf dem Heimweg zur Pferdefarm gewesen, als sie auf einmal drei helle weiße Lichter, in horizontaler Linie angeordnet, durch die Baumwipfel gesehen habe. Sie habe die Lichter wiedererkannt, erklärt sie, denn sie habe die gleichen Lichter fünfzehn Monate vorher schon einmal zusammen mit Alice über der Farm bemerkt. Sie habe angehalten und sei ausgestiegen und ein Stück gelaufen, um sie sich näher anzusehen, und plötzlich sei das rechte Licht, das ihr am nächsten war, herbeigeflogen und habe direkt über ihr geschwebt, »so nahe, daß ich glaubte, es mit ausgestrecktem Arm berühren zu können«.

Es sei »ein blendend helles Licht« gewesen, fährt sie fort. »Ich glaube, ich habe blaue Lichter gesehen, eins auf der linken und eins auf der rechten Seite des Raumschiffs.« Das Licht war so grell, daß ihre Augen schmerzten. Sie blinzelte, und als nächstes fand sie sich fünf Meilen weiter im Auto wieder und bog auf den Feldweg ab, der zur Farm führte. Sie hatte keine Ahnung, wie sie dorthingekommen war, und ihr fehlte etwa eine Dreiviertelstunde.

Nachdem sie ein weiteres, ähnliches Erlebnis beschrieben hat, schildert Carol, wie sie am 12. Januar mit einer blutenden, dreieckigen Wunde erwacht sei. Im März habe sie ein weiteres Erlebnis mit Zeitverlust gehabt, in dessen Verlauf sie ein Wesen mit einem riesigen Stetson-Hut gesehen habe.

Von ihrem Vater habe sie erfahren, daß auch ihr Großvater wahrscheinlich »Erlebnisse« gehabt habe, und inzwischen hat sie Grund zu der Annahme, daß auch ihr Sohn und ihre Enkelin derartige Erlebnisse hatten. Sie rollt ein Bild, das sie mitgebracht hat, auseinander, und erklärt, ihre vier Jahre alte Enkelin Stacy habe das Bild zwei Wochen vorher gemalt, als das Kind mit seinen Eltern bei ihr auf der Farm gewesen sei.

»Ich habe mit meinem Sohn und meiner Schwiegertochter gesprochen und nicht weiter auf Stacy geachtet«, erzählt Carol. »Als sie mit Malen fertig war, hob sie die Zeichnung und sagte: ›Oma, schau mal!‹

Ich habe es mir angesehen, tief durchgeatmet und mich innerlich gewehrt, es zu interpretieren. Ich glaubte zu wissen, was es war, aber ich beschloß, es sie selbst erklären zu lassen. Also sagte ich: ›Sag mir doch, was du da gemalt hast, Stacy.‹

Sie meinte: ›Aber du kannst doch sehen, was das ist.‹

›Ich möchte aber, daß du es mir sagst‹, sagte ich. ›Kannst du mir erzählen, was du gemalt hast?‹«

Im Zentrum befindet sich ein mit blauem Filzstift gemaltes, dreieckiges Objekt, dessen Spitze nach unten zeigt. Links und rechts oben sind mit rotem Filzstift lächelnde Gesichter gezeichnet, dazwischen ist ein immer wieder übermalter, roter Kreis zu sehen. Stacy erklärte, das Dreieck sei eine »Flugmaschine im Himmel«, der rote Kreis sei »ein rotes Licht in der Mitte, das immer brennt. Und die da«, habe das Kind über die lächelnden Gesichter gesagt, »schauen aus Fenstern in der fliegenden Maschine heraus. Das da unten« – womit sie die nach unten weisende Spitze des Dreiecks meinte – »ist ein grünes Licht, aber es kann aufgehen, und dann ist es eine Tür, durch die man in die Flugmaschine reingehen kann. Wenn sie die Tür zumachen, ist es wieder grün.«

Ins Dreieck hinein hat Stacy mit Bleistift einen kleinen Drachen gemalt. Das Kind habe erklärt, das solle bedeuten, »daß es oben am Himmel auftaucht und so ähnlich wie ein Drachen fliegt, aber das gehört nicht zu der Flugmaschine, deshalb wollte ich es nicht bunt malen«. Über das Dreieck hat Stacy mit roter, schwarzer, blauer, grüner und roter Farbe Linien gemalt. »Das sind auch Lichter«, erklärte Carol, »aber Stacy sagte, sie habe versucht, sie so zu zeichnen, als würden sie sich bewegen, als würden sie rotieren. Es waren keine stationären Lichter wie die roten Lichter oben und das grüne Licht an der Tür unten am Raumschiff.«

Carol deutet auf die linke Seite der Zeichnung, wo in Rot etwas zu sehen ist, das an einen in die Länge gezogenen Kürbis erinnert.

Darunter, ebenfalls in Rot, ist eine kleine Gestalt zu erkennen. »Stacy sagt, dies sei ein langer Tunnel«, erklärt Carol, »und hier sei Nu, der Freund aus ihren Phantasien. Er führt sie durch diesen langen Gang, der innen ganz rot ist. Die grünen Lichter im Tunnel waren grüne Markierungen an beiden Seiten der Wände, und über die Decke lief ein grüner Strich. Ich habe Stacy nicht nach der Gestalt gefragt, die den Tunnel betritt. Es sieht aus, als würde sie eine Art Helm tragen oder die Hände über den Kopf heben. Ich habe nicht gefragt, und sie hat es von sich aus nicht erklärt …«

Carol entspannt sich allmählich wieder, sie wirkt sehr gefaßt.

Dann sind die beiden anderen Zeichnungen auf der rechten Seite des Blatts an der Reihe. Die obere zeigt eine schwarz gemalte, kleine Gestalt, die eine böse Fratze zieht und die Arme ausgebreitet hat. Der Rumpf ist blau gemalt. »Stacy sagte mir, dies sei ein Bild von Nu«, erklärt Carol. »Normalerweise sei er ganz grau, sagte sie mir, aber ich hatte ihr keinen grauen Stift gegeben, und deshalb hat sie den blauen benutzt. Aber sie hielt den blauen Stift dann doch nicht für den richtigen und hat ihn daher weggelegt und den schwarzen genommen.«

Carol deutet auf Nus schwarz gezeichnete »Ärmel«. »Stacy hat hier etwas frei gelassen, weil die Arme so dünn sind, daß sie die Umrisse nicht zeichnen konnte. Auch die Beine seien sehr dünn, sagt sie, und er habe quadratische Füße. Als sie Nus Kopf malen wollte, sagte ich: ›Der hat aber große Ohren!‹ woraufhin sie meinte: ›Das sind keine Ohren, das ist ein Teil von seinem Hut.‹«

Carol erklärt, Stacy habe Nu eines Abends, zwei Wochen, bevor sie das Bild malte, zum ersten Mal erwähnt. Stacy wollte nicht, daß ihre Großmutter den Eltern von Nu erzählte, weil sie meinte: »Mommy und Daddy mögen ihn nicht, und wenn ich meine Bilder von Nu an die Wand hänge, dann reißt Daddy sie ab.« Carol hat Stacy versprochen, Nu bliebe ihr Geheimnis. An diesem Abend, als Carol das Kind zu Bett brachte, habe Stacy ihr gesagt, Nu sei »ganz grau«. Er habe »große Augen« gehabt und einen flachen Hut getragen. Nu habe die ganze Zeit mit ihr gespielt, berichtete

Stacy, und ihr jeden Abend gute Nacht gesagt. Als Carol ihre Enkeltochter im Bett verstaute, habe Stacy sich auf einmal zur Tür umgedreht und gesagt:»Gute Nacht, Nu!«

Carol sei erschrocken herumgefahren, habe aber niemanden in der Tür gesehen. Ihre Enkeltochter habe aber immer noch zur Tür geschaut und gesagt:»Nu wünscht dir auch eine gute Nacht, Großmutter.«

Rechts unten auf Stacys Zeichnung, unter der Zeichnung ihres Freundes Nu, war eine kleine rote, weibliche Figur in einem durchgezogenen, schwarzen Rechteck zu sehen. Neben dem Rechteck waren rote Streifen angebracht. Carol erklärt, in der ursprünglichen Zeichnung seien nur die Figur und die roten Linien zu beiden Seiten zu sehen gewesen. Stacy habe gesagt, das sei sie selbst, und dann geschwiegen.

»Was haben die roten Linien zu bedeuten?« habe Carol gefragt. »Was ist das?« Und Stacy habe erwidert.»Das ist ein Zaun.« Carol hält inne und versucht, sich zu sammeln. Sie hat auf einmal eine lebhafte, überwältigende Erinnerung an eine Situation aus ihrer Kindheit, als sie sich im Wandschrank versteckte. Sie spürt, wie das Bild immer deutlicher wird, aber sie will es sich nicht ansehen.

»Ich habe Stacy gefragt, warum sie den Zaun gezeichnet hat«, fährt Carol fort. Sie kämpft weiter gegen das Bild an und denkt: Nicht jetzt, nicht jetzt! Das geht doch jetzt nicht! Mühsam spricht sie weiter:»Und Stacy sagte mir: ›Er beschützt mich.‹«

Aber Carol ist innerlich nicht mehr auf der Konferenz. Auf einmal ist sie wieder ein kleines Kind, das sich verängstigt im Wandschrank versteckt. Carol sieht sich in dem Haus, in dem sie vom vierten Lebensjahr an gewohnt hat, bis sie achteinhalb Jahre alt war. Sie weiß noch, daß sie oft in diesen Wandschrank gekrochen ist. Sie hat Angst, weil sie sich gefangen fühlt und weiß, daß niemand ihr helfen wird. Sie versucht verzweifelt, alle Kleidungsstücke von den Kleiderbügeln zu reißen und sie in die Spalten der alten Holztür des Wandschranks zu stopfen. Sie will die Türritzen zustopfen, damit das grelle, blauweiße Licht nicht von der anderen Seite zu ihr durchdringt. Sie reißt die Sachen von den Drahtbügeln und stopft Röcke, Hosen, Blusen und Wintermäntel in die Spalten links neben und unter der alten Schranktür. *Das Licht darf mich nicht berühren! Das Licht darf mich nicht berühren!*

Es ist still im Vorlesungssaal des MIT, bis auf die kleinen Klagelaute, die Carol ausstößt. Sie wiegt sich auf dem Stuhl hin und her, starrt ins Leere und ist offenbar in Bildern gefangen, die nur sie selbst sehen kann. Ein paar Entführte haben Tränen in den Augen. Besser als alle anderen können sie verstehen, was in Carol vorgeht.

»Stacy sagte mir, der Zaun solle sie schützen«, fährt Carol schließlich fort. »Und bevor ich sie nach dem Grund dafür fragen konnte, hat sie den schwarzen Stift genommen und begonnen, eilig und unter großer Anspannung die weiße Fläche rings um die Figur schwarz zu malen. Sie achtete genau darauf, daß kein Fleckchen weiß geblieben ist. Ich fand das beunruhigend und fragte sie: ›Warum hast du das gemacht? Warum hast du alles schwarz ausgemalt?‹

Sie sagte: ›Ich hab eine Kiste gemalt‹«, erklärt Carol. Ihre Stimme klingt wieder kräftig wie zuvor. »»Ich bin in der Schachtel, und ich habe einen Schlüssel und kann mich einschließen, und niemand kann hereinkommen, weil ich den Schlüssel habe.‹ Als ich wissen wollte, warum sie sich in einer Kiste einschließen müsse, sagte Stacy: ›Wenn Nu mich irgendwo hinbringen will, wo ich nicht hin will, dann muß ich nicht hin, weil ich den Schlüssel habe.‹ Für mich ist das ziemlich klar«, sagt sie. »Ich glaube auch, zu erkennen, daß es schon eine ganze Weile so geht und daß Stacy erst in der letzten Zeit darüber beunruhigt ist. Sie will nicht mehr mit Nu gehen oder etwas mit ihm tun ...« Carol hält einen Moment inne, dann schließt sie ihren Vortrag mit der Bemerkung: »Es gab noch einige Fragen, die ich Stacy gern gestellt hätte, aber ich wollte sie nicht beeinflussen. Falls es wirklich nur ein Produkt ihrer Phantasie war, dann wollte ich ihre Phantasie nicht beflügeln, indem ich ihr neue Ideen eingab, vor allem nicht, während ganz in der Nähe all die anderen Sachen geschahen. Außerdem war ich ziemlich überrascht. Ich habe erst hier auf der Konferenz gelernt, daß sich das manchmal über Generationen fortsetzt. Ich hatte vorher noch nie gehört, daß auch Kinder solche Erfahrungen machen, ich hätte mir nicht träumen lassen, daß es überhaupt möglich ist. Ganz zu schweigen davon, daß ausgerechnet Stacy so etwas erlebt haben soll.«

Alice ist als nächste an der Reihe. Die einundvierzigjährige Alice Bartlett ist die Besitzerin der Pferdefarm in Maryland und arbeitet als Angestellte für die Umweltschutzbehörde in Washington. Sie hat an einem kleinen privaten College im Süden den Bachelor of Science in experimenteller Psychologie und den Magister in Forstwissenschaft an der Michigan State University erworben. Sie hat helle Haut und blondes Haar, ihr Gesicht ist vor Angst wie erstarrt.

Sie berichtet zunächst, wie sie Carol als Managerin eingestellt hat und wie sie im Laufe der Zeit enge Freundinnen wurden. »Unsere Persönlichkeiten sind zwar sehr unterschiedlich«, sagt Alice, »aber wir denken in vielem auch sehr ähnlich, und wir haben gemeinsam Erfahrungen gemacht.«

Dann spricht sie über das erste Mal, als sie zusammen mit Carol die drei hellen Lichter über der Pferdefarm gesehen hat. Das war im September 1990. Die Lichter, sagt Alice, hätten sich »sehr seltsam verhalten. Und komisch ist auch, daß Carol und ich ganz unterschiedliche Erinnerungen an sie haben. Carol erinnert sich an eine Gruppe von drei Lichtern, von denen eines rasch zur Seite geflogen ist. Dann seien die anderen verschwunden. Ich dagegen erinnere mich an fünf Lichter. Drei bildeten ein Dreieck, zwei weitere waren links davon. Ich weiß noch, wie ein Licht aus dem Dreieck sehr, sehr schnell davongeschossen ist, und wie ich dann ins Haus gegangen bin und ferngesehen habe. Carol meint aber, ich sei die ganze Zeit bei ihr draußen gewesen.«

Dann schildert Alice einen Vorfall, der sich nur einen Monat vor der Konferenz ereignet habe. Sie und Carol hätten den gleichen Traum gehabt: Ein großes Wesen habe in ihre Schlafzimmer geschaut, und zwei kleine Graue hätten am Fußende ihrer Betten gestanden.

»Ich weiß allmählich nicht mehr, was real ist und was nicht«, sagt Alice mit erstickter Stimme. »Ich weiß nicht mehr, was Träume sind und was wahr ist. Ich weiß es einfach nicht!« Sie beginnt zu weinen.

Robert, der nächste Teilnehmer, ist ein kräftiger, bärtiger Mann von Ende Dreißig. Er arbeitet in Brooklyn als Taxifahrer. Er wurde einmal von der Funkzentrale zu einem Haus geschickt, und als er dort eintraf, sah er Außerirdische hinter den Fenstern. Als er dann wieder zu sich kam, waren drei Stunden vergangen, und die Zentrale hatte bereits anderthalb Stunden lang versucht, ihn zu erreichen. Seine Frau bemerkte später in der Nähe der rechten Schulter drei Male auf seinem Rücken. Ein Arzt, der Robert untersuchte, war der Ansicht, Robert könnte sich »eine Art Strahlenverbrennung« zugezogen haben.

Unter Hypnose erinnerte Robert sich, daß zwei leuchtende Objekte durch die Fenster seines Taxis eingedrungen seien. Eines habe sich nach vorn, das zweite nach hinten bewegt, und dann habe sich der Wagen um sich selbst gedreht wie eine Schallplatte. Einige Wesen hätten ihn vom Taxi zu einem Stuhl geführt, wo man ihm ein Tuch fest um die Brust wickelte. Die Wesen hätten sich dann über die Wellenmuster unterhalten, die in der Nähe auf einem Bildschirm erschienen seien.

Danach, erzählt Robert uns, sei er zu seinem Taxi zurückgebracht worden. Das Taxi habe sich wieder gedreht. »Ein Wesen deutete mit dem Finger auf mich, ich spürte einen Schmerz in der rechten Schulter, dann verschwand das Wesen.«

Rechts neben Robert sitzt Pat, eine hübsche, blonde Frau aus dem Mittleren Westen. Sie ist mit einem Zahnarzt verheiratet und hat drei Kinder: eine zwanzigjährige Tochter, eine sechsjährige Tochter und einen dreizehnjährigen Sohn.

Pat berichtet, sie habe auf die Kontakte zunächst mit Verwirrung reagiert; sie wußte nicht, ob sie überhaupt mit irgend jemandem darüber sprechen konnte. »Versetzen Sie sich mal in meine Lage«, sagt sie. »Wenn Sie als einzige auf der Welt Farben sehen können, wie wollen Sie da jemandem erklären, was ›rot‹ bedeutet? Ich hatte das Gefühl, die anderen würden mich nicht verstehen.«

Vor einem Jahr hatte Pats ältere Tochter »lebhafte Träume«. Die junge Frau, die sich für Außerirdische bisher nicht interessiert hatte, sei über ihre Träume sehr erschrocken.

»Sie tat mir wirklich leid«, erzählt Pat. »Ich konnte verstehen, was sie durchmachen mußte. Meine Tochter erinnert sich, in ein Raumschiff gebracht worden zu sein, und sie sagt, sie sei mir dort begegnet. Sie erinnert sich, daß ich ihr und den anderen Familienangehörigen gesagt habe, sie sollten keine Angst haben, alles sei gut. Sie war damals neunzehn. Sie hat auch heute noch diese realistischen Träume. Manchmal sieht sie nachts in ihrem Zimmer ein Licht, und sie muß die Augen schließen, weil es zu grell ist.

Ich habe auch gehört, wie mein Sohn, der damals elf war, zu den Wesen gesagt hat: ›Ich glaube, ich will lieber nicht mit euch mitgehen.‹ Wütend oder verängstigt schien er nicht zu sein«, berichtet Pat. »Er hat einfach nur ein paarmal gesagt, daß er nicht mitgehen wollte. Ich erinnere mich, daß ich aufgestanden bin und zu meinem Sohn gesagt habe: ›Es ist schon gut. Du mußt nicht mitgehen, wenn du nicht willst.‹ Er hat mir auch erzählt, er habe nachts oft das Gefühl zu fliegen.«

Pat erzählt weiter, eines Nachts sei ihr Mann aus dem Schlaf aufgeschreckt und »aus dem Bett gesprungen«, um einen Außerirdischen zu verprügeln. Als sie ihren Mann fand, lag er »benommen und verwirrt« auf dem Boden.

»Sie waren da«, habe er gesagt, als er wieder aufstehen konnte. »Sie waren hier drinnen. Sie dürfen hier nicht herein, es ist doch *mein* Haus!«

Pat erinnert sich, daß ihr Mann sich die ganze Nacht im Bett herumgeworfen hat. Am nächsten Morgen »war er wütend auf mich, weil er dachte, ich hätte etwas tun müssen. Er sagte, ich habe die Außerirdischen in unser Schlafzimmer geholt und ich solle sie wieder hinausbefördern. Ich glaube, er hatte Angst, verrückt zu werden.«

Kurz danach, berichtet Pat, seien »kleine, blaugraue Außerirdische mit drei Falten auf der Stirn nachts ins Schlafzimmer eingedrungen. Ich hatte den Eindruck, sie seien wütend.«

Pat sagt, sie sei auf die Außerirdischen wütend geworden, weil es ihrer Ansicht nach diejenigen waren, die ihr Mann hatte angreifen wollen. »Einmal«, erzählt sie, »habe ich den Arm eines Außerirdischen direkt über der Hand gepackt, aber als ich sah, wie er erschrak, ließ ich wieder los. Seitdem sind sie nicht mehr eingedrungen, und ich habe sie nicht wiedergesehen. Auch mein Mann sagte, es sei nichts mehr geschehen. Sie sind also nicht zurückgekehrt. Ich habe mit den Außerirdischen gute Erfahrungen gemacht«, fährt Pat fort, »und ich habe in jeder Hinsicht mit ihnen kooperiert. Sie haben mich viele Dinge gelehrt und mich nie enttäuscht. Anscheinend habe ich eine Verbindung zu diesen Außerirdischen, und es gibt für mich eine Lektion zu lernen. Es spielt keine Rolle, wenn ich andere Leute nicht davon überzeugen kann, daß es wahr ist«, sagt sie abschließend. »Eines Tages wird die Wissenschaft vielleicht fähig sein, meine Erlebnisse zu beweisen.«

Die letzte Entführte, die sprechen wird, ist Ann. Sie ist Mitte Dreißig und lebt an der Ostküste. Vor zehn Jahren im August, sagt Ann, habe sie einmal von einem kleinen Grauen »geträumt«, der ihr die Luke eines über zwei Meter langen, knapp anderthalb Meter breiten und anderthalb Meter hohen, eiförmigen, silbernen Fahrzeuges geöffnet habe. Sie hatte damals keine Vorstellung, daß UFOs existieren könnten, und noch nie UFO-Literatur gelesen. Sie sagt, sie sei in das zweisitzige Fahrzeug eingestiegen. Vor ihr haben sich »ein roter Knopf, ein Pedal und ein Steuerknüppel« befunden. Der kleine Graue bat sie, auf den roten Knopf zu drücken, und sie gehorchte. »Ich hatte ein Gefühl, als habe mich der Blitz getroffen«, sagt Ann. »Ich wurde in den Sitz gepreßt. Ich konnte nur einen horizontalen Lichtstreifen sehen, dann schossen wir durch dunkle graue Wolken zu einem ebenso dunklen Meer.« Das Flugobjekt sei auf einer schmalen Landzunge gelandet, und sie sei ausgestiegen. Der Boden sei mit gleichartigen runden Steinen, etwa acht Zentimeter breit, zwei Zentimeter lang und drei Zentimeter hoch, ausgelegt gewesen. Vor ihr habe sich ein Wald befunden, aber die Blätter der Pflanzen seien rötlich bis orangefarben gewesen. Auf einer Lichtung habe sie andere Wesen getroffen, von denen eines »halb wie eine Kuh und halb wie eine Echse« ausgesehen habe. Außerdem habe sie »sehr große, dreißig Zentimeter dicke Schlangen gesehen, die anscheinend Flügel hatten«. Auf der Lichtung sei noch ein anderer Mensch zugegen gewesen, ein Mann, der irgendwie »desorientiert« war, wie sie erklärt. »Ich faßte ihn am Arm und führte ihn zum Flugzeug zurück. Wir stiegen ein, ich schaltete die Knöpfe wieder um, und wir flogen zurück.« Das nächste, was sie weiß, ist, daß sie allein in ihrem Bett erwacht ist.

Am folgenden Morgen, berichtet Ann weiter, habe sie sich an einen anderen »Traum« erinnert. »Es war ein sehr intensiver, realistischer Eindruck. Ich schwamm in Richtung eines grünen Ufers. Das Wasser fühlte sich genau wie die Luft dick und warm an. Zwischen Wasser und Luft schien es keine klare Trennlinie zu geben. Auch der Übergang zwischen Sandbank und Wasser war ein fließender. Der Strand war winzig und wies keine Spuren von Gezeiten auf. Vor mir lag ein kleines Feld mit hellgrünem Gras, dahinter ein sehr, sehr steiler Hügel, auf dessen Gipfel sich ein mit Menschen besetzter Beobachtungsturm befand. Ich stieg langsam hinauf, fand den Aufstieg aber so anstrengend, daß ich mir vornahm, Sport zu treiben.«

Acht Jahre später, im Februar 1990, sah Ann zusammen mit einigen anderen Menschen ein dreieckiges UFO, das von kleineren

Objekten umkreist wurde. Sie suchte sich einen Therapeuten und erzählte ihm ihre Geschichte. Einige Monate später riet ihr der Therapeut, mit einer Entführten im Mittleren Westen Kontakt aufzunehmen. Die Entführte habe zu Ann gesagt: »Erinnern Sie sich noch an den Planeten mit dem komischen Wasser, dem hellgrünen Gras und dem winzigen Strand? Ach, und übrigens – haben Sie schon begonnen, Sport zu treiben?«

Ann ist von ihren eigenen Erfahrungen immer noch verwirrt.

In der Fragerunde will John Mack von den Entführten wissen: »Haben Sie aufgrund von Stichworten, die Ihnen ein Forscher gegeben hat, eine Interpretation Ihrer Erlebnisse entwickelt?« Alle bestreiten, von ihren Therapeuten beeinflußt worden zu sein. Aus der Antwort auf eine weitere Frage können wir entnehmen, daß mit Ausnahme von Virginia keiner der Entführten vorher irgendein Interesse an UFOs hatte. Virginia sagt, sie sei, seit sie dreizehn geworden ist, an UFOs und paranormalen Phänomenen interessiert.

Budd Hopkins erkundigt sich, ob sich die Entführten an Kindheitserlebnisse erinnern könnten.

Harry, der auf den Jungferninseln von Außerirdischen entführt wurde, sagt, er habe als Kind das Gefühl gehabt, ein Schutzengel gebe auf ihn acht. Er führte dies aber auf seinen katholischen Glauben zurück. »Jetzt«, sagt er, »bin ich da nicht mehr so sicher.« Carol meint, sie habe als Kind »einen Phantasie-Hund gehabt, der auf mich aufgepaßt hat, wenn ich irgendwo war, wo Kinder nicht sein dürfen.«

»Welche Farbe hatte der Hund?« fragt Hopkins.

»Grau«, antwortet Carol spontan. Dann sagt sie überrascht: »Oh!« Ihr wird gerade klar, daß der Hund eine »Ersatzerinnerung« für einen kleinen Grauen sein könnte. Pat erzählt uns, sie habe zwei kleine Wesen kennengelernt, die sich zu ihr gesetzt hätten, als sie noch ein Kind war. Einmal hätten die Wesen sie aufgefordert, sich etwas vorzustellen, und ihr versprochen, sie werde es bekommen. Sie habe an ihre Mutter gedacht, die ihr ein Glas Wasser bringen sollte, und daraufhin sei ihre Mutter mit einem Glas Wasser erschienen.

Jemand fragte die Entführten:»Was erwarten Sie von Ihren Therapeuten?«

»Es fällt mir schwer, den ersten Schritt zu tun«, sagt Carol. »Ich will nicht akzeptieren, daß dies alles real sein könnte. Ich möchte die Gewißheit haben, daß es einen qualifizierten Menschen gibt, der mir hilft, mit der Angst und Panik zurechtzukommen.« Alice, die bisher sehr still war, schaltet sich ein:»In den letzten sechs Monaten ist es mir schwergefallen, mit der Außenwelt zurechtzukommen. An einem Morgen wache ich auf und kann nicht aufhören zu weinen, am nächsten Morgen wache ich auf und bin fröhlich. Ich habe auf der Pferdefarm ständig mit Menschen zu tun, aber ich kann ihnen nichts sagen, weil es ein Geheimnis ist.« Marilyn Teare, die kalifornische Therapeutin mit dem silbernen Haar, steht auf und sagt leise zu Alice:»Ich bin auch eine Pferdenärrin.« Dann fragt sie die Entführten, ob sie vor dem Auftauchen der Wesen seltsame, anormale Dinge bemerken würden. Einige der Entführten berichten, sie spürten es vorher, wenn die Wesen kämen. Pat erklärt, sie habe vorher ein Wärmegefühl in einer Gesichtshälfte, und ihre Ohren klingelten. Ann meint, auch ihre Ohren klingelten, und sie sehe Blitze und Lichtmuster an der Decke. Marilyn Teare sagt, ihr klingelten jetzt gerade die Ohren. Eine der Entführten meint, sie habe Kopfschmerzen bekommen, eine junge Frau im Publikum sagt, ihr sei übel.

Damit ist die Runde beendet.

Carol eilt rasch aus dem Vorlesungssaal. Sie will allein sein, aber als sie in den Gang tritt, hält Budd Hopkins sie auf und stellt ihr einige Fragen. Er erklärt, daß er gerade Entführungsfälle untersucht, die sich über mehrere Generationen erstrecken. Er möchte mit Carol über ihre Enkeltochter sprechen.

Carol ist zu aufgeregt, um etwas zu sagen. Sie will sich an ihm vorbeischieben, und als Hopkins sie weiter bedrängt, sagt sie:

»Budd, ich kann jetzt wirklich nicht mit Ihnen reden. Sehen Sie denn nicht, wie aufgeregt ich bin?« Als Hopkins noch etwas sagt, schiebt sie ihn einfach zur Seite und stürmt hinaus.

Am Abend, als Carol und Alice in ihr Motel in Framingham fahren, fällt eine Reihe der orangefarbenen Lichter auf dem Massachusetts Turnpike aus, als sie sich ihnen nähern. Hinter ihnen gehen die Lampen wieder an. Carol sieht Alice an, die nur mit den Achseln zuckt: »Ich kann das nicht bewußt steuern«, sagt Alice. »Ich mache das nicht bewußt, manchmal passiert das einfach.«

4. KAPITEL

Die Konferenz, dritter Tag

Früh am Montag morgen, noch bevor die Konferenz beginnt, treffe ich mich mit Pat, die am vergangenen Abend berichtet hat, wie ihr Mann ihr vorwarf, die Außerirdischen ins Haus geschleppt zu haben. Wir haben uns im Innenhof vor der Lobby der Eastman Laboratories verabredet. Sie sieht frisch und munter aus, wirkt jugendlich und ausgesprochen unternehmungslustig.

Obwohl sie in einer kleinen, ruhigen Stadt im Mittleren Westen lebt, wo jeder jeden kennt, wissen nur sehr wenige Menschen in ihrer Umgebung von ihren Kontakten mit den Außerirdischen. »Denn«, so erklärt sie mir, »es wäre sinnlos, mit ihnen darüber zu sprechen. Ich will nicht über die Dinge reden, die mir zustoßen, weil ich mich gut in die anderen Leute versetzen kann. Es ist wirklich schwer, zu glauben und zu verstehen.«

Ich frage Pat, wie viele »Erlebnisse« sie hatte. Sie überlegt einen Augenblick und sagt, sie könne sich an mindestens fünf erinnern, aber sie habe schon als Kind gewußt, daß »etwas kam, um mich zu besuchen, auch wenn ich damals noch zu klein war, um an Außerirdische zu denken. Ich war sehr vertraut mit ihnen. Ich weiß noch, wie ich im Kinderbett aufgewacht bin und dachte, sie würden gleich kommen, die Stangen des Kinderbetts packend und wartend.«

»Hatten Sie denn keine Angst?« frage ich sie.

»Nein.«

»Wie haben sie ausgesehen?«

»Sie hatten die typsichen Gesichter der Grauen, nur daß sie mir damals vorgekommen sind, als wären sie beleuchtet.«

»Beleuchtet? So, als würden sie von innen leuchten? Haben sie geglüht?«

»Ja«, sagt Pat. Sie denkt einen Augenblick nach und fügt hinzu: »Sie waren möglicherweise Verwandte der kleinen Grauen, über die wir hier auf der Konferenz reden. Die gleiche Familie, aber ein wenig anders.«

Die Wesen, sagt sie mir, hätten schmale Münder gehabt und telepathisch mit ihr gesprochen.

»Und wie sind Sie in ihr Raumschiff gekommen?« frage ich.

»Aus der damaligen Zeit habe ich keine Erinnerungen an Raumschiffe«, sagt sie.

»Können Sie mir ein typisches Erlebnis beschreiben?«

Pat hält inne und überlegt. Offenbar will sie meine Frage so aufrichtig wie möglich beantworten. »Eine typische Erfahrung konnte so aussehen, daß ich mich beispielsweise über irgend etwas fürchterlich aufgeregt habe, über das ich eigentlich gar nicht wütend werden wollte, und ich es im Kopf nicht sortiert bekommen habe, dann begann eine Art Diskussion mit ihnen. Sie sind gekommen, und ich fragte sie: ›Warum verhalten Menschen sich nur auf diese Weise?‹ Normalerweise antworteten sie dann mit der Gegenfrage: ›Was glaubst *du* denn, warum Menschen sich so verhalten?‹ Ich glaube, sie haben mir gezeigt, daß es eine andere Art zu leben gibt, einen einfacheren Weg, um unser Ziel zu erreichen. Sie haben mir Vorschläge gemacht und mein Interesse an Dingen geweckt, die kein Teil dieser physischen Welt sind.«

»Finden diese Diskussionen bei Ihnen daheim statt?«

»Nicht immer. Manchmal auch in ihrem Raumschiff. Meistens aber in einer ruhigen Gegend, die mir vorkommt wie eine Wüste.«

»Wie groß ist das Schiff?«

»Die Führungen durch das Schiff, von denen manche Leute berichten, habe ich nur selten erlebt. Meine Erfahrungen sind anders, ich kann zu seiner Größe nichts sagen.«

»Können Sie mir sonst noch etwas darüber erzählen?«

»Sie sind sehr ordentliche Wesen«, sagt sie lachend. »Man sieht keine Kleidung auf dem Boden liegen, man sieht keine Lebensmittel. Es liegen überhaupt so gut wie keine losen Gegenstände herum. Ich habe einen Tisch gesehen, aber der war leer. Die Wände waren seltsam, darüber habe ich nachgedacht. Sie sehen aus, als hätte man Wasser verfestigt.«

»Das ist möglich«, sage ich. »Wir Erdenwesen nennen das Eis.«

»Nein, Eis ist es nicht«, erwidert sie nachdenklich. »Es ist still, reglos. Wie das Wasser in einem Glas.«

»Sind die Wände massiv, wenn Sie sie berühren? Oder geht die Hand einfach durch?«

»Die Wände sind massiv.«

»Und was ist mit Türen?«

»Abgesehen vom Eingang, durch den ich gekommen bin, habe ich keine gesehen. Ich bin durch ein Loch im Boden ins Schiff gekommen«, erklärt sie, dann zögert sie. Pat ist nicht sicher, ob sie wirklich auf diesem Wege ins Schiff gekommen ist. Sie kann sich nicht an Treppen oder Rampen erinnern. Sie sei hinaufgeschwebt, aber von einem Lichtstrahl weiß sie nichts.

Ich frage sie, ob sie Babys an Bord des Schiffes gesehen habe.

»Ich weiß noch, wie ich einmal einen Raum mit Behältern gesehen habe, aus denen Licht drang«, erzählt sie. »Und im Licht habe ich kleine Embryos gesehen. Aber an verschiedene Entwicklungsstufen der Embryos kann ich mich nicht erinnern. Ich weiß nur, daß einer davon meine Aufmerksamkeit erregte, und ich denke, daß er *möglicherweise* mit mir zu tun haben könnte.«

»Weil Ihnen Eizellen entnommen worden sind?«

»Nein, Eizellen sind es eigentlich nicht«, sagt Pat. »Eher Gewebe, das entnommen und neu zusammengesetzt wird.«

»Sie glauben also, daß es sich um eine Art von Cloning handelt?«

»Das denke ich. Ich will nicht behaupten, daß sie überhaupt keine Eizellen entnehmen, aber soweit ich weiß, haben sie das bei mir noch nie gemacht.«

Es ist beinahe Zeit, uns in den Vortragssaal zu begeben, wo gleich der erste Vortrag des Morgens beginnen soll. Aber eine Frage habe ich noch an Pat. Ich möchte wissen, was sie über die Konferenz denkt. Hat sie bisher etwas davon gehabt?

»Es hat mir geholfen, den Standpunkt der Forscher besser zu verstehen«, sagt sie. »Wenn ich Forscher wäre, dann wäre ich auch nicht leichtgläubig. Es ist schwer, etwas zu akzeptieren, das von allen anderen rundweg bestritten wird. Manchmal fühlt man sich wie ein Patient, der nebenan zwei Chirurgen über sich reden hört. Er weiß nicht, was er machen soll und hat das Gefühl, ihm wird etwas verschwiegen. Aber hier«, fährt Pat fort, »hier ist es, als wäre der Patient dazu eingeladen, den Chirurgen zuzuhören und zuzuschauen, wie sie ihre Meinungsverschiedenheiten austragen, und damit bekommt er Einblick in das, was die Forscher von den Vorgängen halten oder welche Möglichkeiten sie ausschließen, und das halte ich für eine gute Sache.«

Die erste Referentin des Morgens ist Jenny Randles, die aufgrund ihrer mit Informationen vollgepackten Vorträge meine Lieblingsrednerin ist. Auch jetzt ist ihr Referat wieder präzise und aufgebaut wie eine Reportage. Sie hat 43 Entführungsfälle in Großbritannien untersucht, läßt sie uns wissen. In zwölf Fällen wurden Informationen durch Hypnose gewonnen, sieben gingen auf »Träume« zurück und sechs waren »schöpferische Visualisierungen«. 18 Fälle waren spontane oder bewußte Erinnerungen.

Unter den 43 Fällen, sagt sie, seien 37 einmalige Erlebnisse gewesen. Pro Fall gab es durchschnittlich 1,29 Zeugen, bei UFO-Sichtungen seien es im Durchschnitt dagegen 2,56. 53 Prozent der Entführten seien weiblichen, 47 Prozent männlichen Geschlechts gewesen. Das Durchschnittsalter liege bei 28 Jahren (verglichen mit 27 Jahren in den USA und 27,5 Jahren in Kontinentaleuropa). Es seien alle möglichen Berufsgruppen vertreten gewesen: Polizisten, Fabrikarbeiter, Universitätsprofessoren, Künstler und so weiter. 25 Prozent der Entführungen hätten im Freien stattgefunden, 51 Prozent im Schlafzimmer, 24 Prozent im Auto. Zur Zeit der Entführungen seien die Erfahrenen entspannt und ruhig gewesen. 22 Prozent berichteten über »Informationsimplantate«, keiner gab physische Implantate zu Protokoll.

»Zu Beginn der Erfahrung«, fährt Randles fort, »sahen 55 Prozent ein UFO, 30 Prozent ein helles Licht, 12 Prozent ein Wesen. Die Erfahrung geschah bei 43 Prozent der Betroffenen zwischen Mitternacht und 6 Uhr morgens, bei 7 Prozent zwischen 6 Uhr und 12 Uhr, bei 22 Prozent zwischen 12 Uhr und 18 Uhr und bei 28 Prozent zwischen 18 Uhr und Mitternacht. Die Zeitspanne mit der größten Häufung war die von 3 Uhr bis 5 Uhr.

Das Äußere der Wesen wurde wie folgt beschrieben: In Großbritannien tauchen zu 12 Prozent Graue auf, zu 35 Prozent nordische Typen, zu 44 Prozent Wesen von normaler Größe. In den USA sind es dagegen zu 73 Prozent Graue, zu 6 Prozent nordische Typen, zu 12 Prozent Wesen von normaler Größe. Dies ist vergleichbar mit Europa, wo in 48 Prozent der Fälle Graue erscheinen, in 25 Prozent nordische Typen und in 15 Prozent Wesen von normaler Größe.«

Mehr als 25 Prozent der Sichtungen und/oder Entführungen ereigneten sich in drei Zonen von jeweils etwa zehn Quadratmeilen Größe, berichtet Randles: Pennine, Northampton und Weaver, wo außerdem die Kornkreise aufgetreten sind.

»Noch eine letzte Bemerkung«, sagt Randles. »Auch die Zeugen aus Großbritannien erwähnen den ›Oz-Faktor‹.« Mit diesem Begriff bezeichnen Ufologen Veränderungen der Umgebung, also »Erliegen des Straßenverkehrs und Unterbrechung des Gesangs von Vögeln, alles wird langsamer, die Wahrnehmung von Geräuschen und Empfindungen läßt nach. Danke.«

Zwei Wochen nach der Konferenz antwortet Jenny Randles mir auf einige Fragen, die ich ihr schriftlich gestellt habe. »Ich glaube, man hat in bezug auf die Kontinuität der Erfahrungen zuviel Aufhebens gemacht«, schreibt sie mit kleiner, präziser Handschrift:

Zwischen den Entführungserlebnissen und dem UFO-Phänomen gibt es deutliche Unterschiede. (Denken Sie etwa an meine Anmerkung, daß UFOs durchschnittlich von 2,56 Zeugen gesehen werden, was übrigens in etwa der Anzahl der Zeugen bei Banküberfällen entspricht, während bei Entführungen durchschnittlich nur 1,29 Zeugen zugegen sind. Allein dies ist schon ein sehr wesentlicher Unterschied.)

Es ist gut möglich, daß es sich bei UFOs und Entführungen um zwei unabhängig voneinander existierende Phänomene handelt, die durch einen zufälligen, sozialen Kontext miteinander verbunden sind. Meiner Ansicht nach sprechen die Beweise mit überragender Deutlichkeit dafür, daß hinter den UFOs ganz unterschiedliche Dinge stecken könnten. Es gibt einige recht aufregende Forschungsprojekte, die nichts mit Außerirdischen zu tun haben und die auf ganz andere, wissenschaftliche Gebiete verweisen, etwa Plasmaströmungen, bioelektrische und neurophysiologische Feldeffekte oder Mikrowellen. Entführungen werden subjektiv als reale Erfahrungen eingestuft, aber ihre objektive Realität muß doch in Zweifel gezogen werden. Ich glaube nicht, daß dies auf der Konferenz deutlich genug herausgestellt worden ist. Es war eine stark auf Amerika beschränkte Veranstaltung; ich glaube, es waren nur drei oder vier Nichtamerikaner eingeladen. Die Ufologie außerhalb der USA sieht jedoch ganz anders aus, und dort ist nicht unbedingt von einer außerirdischen Ursache der Daten die Rede.

Kein Fall ist perfekt. Für mehr als 95 Prozent der UFO-Sichtungen gibt es konventionelle Erklärungen. Ich habe gesehen, wie anfänglich beeindruckende Daten sich nach gründlicher Recherche (wie sie nur selten durchgeführt wird) in nichts aufgelöst haben. Aber es bleibt doch einiges zurück, und wir haben gute Fotos und einige brauchbare Daten. Ich denke da vor allem an die Fotos aus Trinidad, die während des International Geophysical Year (IGY) von einem wissenschaftlichen Vermessungsteam gemacht wurden. Sie können das in meinem Buch *Science & the UFOs* nachlesen. Whitley Strieber schrieb in *Die Besucher*, dies habe seine Erinnerungen freigesetzt. Als zweites würde ich die Landung in Trans-en-Provence nennen, wo die französische Regierung eine intensive wissenschaftliche Untersuchung unter Beteiligung der Gendarmerie finanziert hat.

Das Raumfahrtzentrum in Toulouse hat deutliche durch Strahlung entstandene Veränderungen, die klaren physikalischen Gesetzmäßigkeiten folgten, im Erdboden und bei Pflanzen festgestellt.

Ich habe fünfzehn Bücher über UFOs geschrieben, die alle von bedeutenden Verlagen herausgebracht wurden, und ich ringe heute noch um die Antworten.

»PS«, fügte Jenny Randles noch hinzu, »im Augenblick versuche ich gerade, verwirrten Journalisten das Ergebnis von sieben Jahren Forschung über spontane Selbstverbrennung von Menschen zu erläutern. Vielleicht überrascht es Sie zu hören, daß bei diesen Forschungen völlig unerwartete Verbindungen zu UFOs aufgetaucht sind. UFO-Forscher sollten eine breitere Perspektive einnehmen und nicht immer nur an kleine grüne Menschen denken.«

Ich frage mich, ob Randles etwas über Louis Joseph Vance weiß, den Autor der bekannten *Lone-Wolf*-Geschichten (es geht dort um einen Gentleman-Ganoven), der 1933 anscheinend durch spontane Selbstverbrennung in seiner New Yorker Wohnung ums Leben kam. Die Presse berichtete, sein Kopf und Oberkörper »sahen aus, als wären sie in einen Schmelzofen gesteckt worden«, während der untere Teil des Rumpfes fast überhaupt nicht verbrannt war. Außer dem Stuhl, der bis auf den Rahmen zerstört wurde, war nichts weiter im Raum den Flammen zum Opfer gefallen.[1]

Nach Jenny Randles' Vortrag spricht Keith Basterfield, der Forschungsleiter von UFO Research Australia, über die Entführungsfälle seines Landes, die »wenn auch in zahlenmäßig kleinerem Maßstab den Erfahrungen der Entführten in den USA recht genau entsprechen.« Er berichtet, daß 55 Prozent der australischen Entführungen im Schlafzimmer stattfänden, 35 Prozent in einer ländlichen Umgebung und im Freien. »Wir haben in der Tat einige in-

---

1 zitiert in J. Bryan III., *Hodge Podge: A commonplace Book*, New York 1986, S. 47.

teressante Fälle«, sagt er, »aber wir hinken Ihnen gegenüber mit der Forschung hinterher.«

Basterfields verblüffendste Geschichte dreht sich um die siebenunddreißigjährige Maureen Puddy, eine Hausfrau aus Rye in Victoria, deren Erlebnis er als Widerlegung von David Jacobs' These anbietet, die Entführten seien »bei Entführungen körperlich nie an einem völlig normalen Ort ... die Forscher haben keinen einzigen Fall einer Entführung finden können, in welchem das Opfer sich während des Ereignisses in einer alltäglichen Umgebung befunden hat«.[2]

Maureen Puddys Erlebnisse begannen am 3. Juli 1972 um 21 Uhr 15. Sie fuhr von einem Besuch bei ihrem Sohn, der südlich von Melbourne im Krankenhaus lag, nach Hause. »Direkt nachdem sie einen Eisenbahnübergang überquert hatte«, berichtet Basterfield, »wurde die Straße von einem blauen Licht erhellt. Zuerst glaubte sie, das Licht käme von einem Hubschrauber wie dem, der ihren Sohn ins Krankenhaus transportiert hatte, und so achtete sie nicht weiter darauf. Erst später erinnerte sie sich daran, daß sie überhaupt keine Geräusche gehört hatte. Obwohl sie dachte, es könne ein Hubschrauber sein«, fährt Basterfield fort,

war er für eine normale Flugbewegung doch eigentlich zu niedrig. Sie beschleunigte, um aus dem blauen Licht herauszukommen, aber es gelang ihr nicht. Deshalb bremste sie wieder ab, weil sie glaubte, der Pilot wolle möglicherweise ihre Aufmerksamkeit erregen. Das Licht blieb stehen, als sie den Wagen anhielt.

Normalerweise hätte sie in einer so einsamen Gegend, wo es nicht einmal Straßenlaternen gab, nicht angehalten. Sie schirmte die Augen gegen das Licht ab und schaute hinauf, wo sie ein ungewöhnliches Objekt sah. Sie geriet in Panik, denn es war geformt wie zwei Untertassen, die mit den Höhlungen nach innen übereinandergestellt waren. Es schien

2 Brief von David M. Jacobs in *Journal of UFO Studies*, Nr. 3, zitiert von Keith Basterfield in privatem Briefwechsel mit dem Autor.

ungefähr zwanzig bis dreißig Meter hinter dem Wagen in einer Höhe von zwanzig bis dreißig Metern über dem Boden zu schweben. An dieser Stelle war die Straße etwa acht Meter breit, und das Objekt schien vier- bis fünfmal so breit zu sein wie die Straße. Es war ungefähr fünf bis sechs Meter hoch.

Sichtbare Fugen gab es nicht; keine Fenster, keine Antennen, keine Vorsprünge irgendeiner Art. Von dem Objekt ging ein silbrig-blaues Licht aus, das zu flimmern schien. Dieses Licht beleuchtete die Straße. Ein tiefes Summen, das Maureen mit dem Geräusch eines sich bewegenden Aufzugs verglich, war zu hören, während sie neben dem Wagen stand und das Objekt betrachtete.

Ihr nächster Impuls war, sich so schnell wie möglich in Sicherheit zu bringen. Sie stieg in den Wagen und fuhr mit hoher Geschwindigkeit davon. Während sie fuhr, bemerkte sie das Objekt auf der rechten Seite (der Fahrerseite). Wenn sie sich vorbeugte und durch die Windschutzscheibe direkt nach oben sah, konnte sie erkennen, daß das Objekt über ihrem Wagen stand. Die Verfolgung erstreckte sich über dreizehn Kilometer, dann bewegte sich das Objekt wieder rückwärts, ein Lichtstreifen war zu sehen, und es verschwand.

Mrs. Puddy fuhr zur nächsten Polizeiwache in Rosebud und meldete den Vorfall. Am nächsten Tag telefonierte sie mit der australischen Luftwaffe und meldete die Sichtung auch dort. Die RAAF schickte ihr ein Formular, das sie ausfüllte und zurücksandte.[3]

Am Montag, dem 24. Juli, wollte Mrs. Puddy wieder ins Krankenhaus, um ihren Sohn zu besuchen, aber wegen eines Streiks der Tankstellen konnte sie nicht fahren. An diesem Tag hörte sie mehrmals, wie jemand ihren Namen rief. Ihr Mann und ihre Tochter konnten nichts hören. In der Nacht konnte sie nicht schlafen, weil sie im Kopf eine Stimme rufen hörte: »Maureen ... Mau-

---

3 Keith Basterfield, *Maureen Puddy: An Australian Abductee Physically Present During an Abduction.* Privater Briefwechsel mit dem Autor, Mai 1992, Fotokopie.

reen … Maureen.« Sie ging sogar nach draußen, um sich umzusehen, konnte aber nichts entdecken.

Als Maureen am Dienstag, dem 25. Juli 1972, vom Krankenhaus nach Hause fuhr, kam es am gleichen Ort wie zuvor zu einem weiteren Vorfall.

Am Eisenbahnübergang hielt sie an, um einen Mann die Straße überqueren zu lassen. Ein paar hundert Meter weiter wurde die Straße von einem blauen Licht erhellt.

Sie erinnert sich noch, daß sie gerufen hat: »Mein Gott, da ist es wieder!« und dann: »Nein, ich werde nicht anhalten.« Sie beschleunigte, um sich in Sicherheit zu bringen.

Aber auf einmal setzte der Motor des Autos aus, als hätte sie den Zündschlüssel herumgedreht. Sie glaubte, die Zündung hätte versagt, und versuchte, den Wagen neu zu starten. Doch es nützte nichts. Das Auto rollte aus und blieb am Straßenrand stehen. Während das Auto langsamer wurde, versuchte Maureen, am Lenkrad zu drehen, aber der Wagen ließ sich nicht lenken. Auch die Bremse schien nicht zu funktionieren, und als sie nacheinander verschiedene Gänge einlegte, geschah ebenfalls nichts. Nur die Scheinwerfer des Autos blieben die ganze Zeit eingeschaltet.

Sie gibt an, der Wagen sei ohne Erschütterungen ausgerollt, wobei sie nicht mehr das Gefühl hatte, der Wagen würde sich auf der Straße bewegen. Sie hatte inzwischen große Angst.

Normale Geräusche wurden »irgendwie in der Luft verschluckt«, und eine gespenstische Stille breitete sich aus. Sie fühlte sich, »als würde ich in einer Röhre sitzen, in einer hermetisch geschlossenen Vakuumröhre.« Dann hatte sie den Eindruck, sie würde eine Art akustische Botschaft empfangen, aber sie konnte den Inhalt nicht verstehen.

Sie dachte bei sich: »Ich verstehe das nicht.« Danach waren die akustischen Eindrücke als »korrektes Englisch« zu verstehen. Später erzählte sie, die Stimme oder die Botschaft habe »zu perfekt« geklungen, wie eine »Bandaufzeichnung«, und die Stimme sei in ihrem Kopf entstanden und nicht wie eine normale Stimme über die Ohren wahrgenommen worden.

Die Stimme sagte: »Alle deine Tests werden negativ verlaufen.« Darauf folgte eine zwei bis drei Sekunden lange Pause, dann ging es weiter: »Erzähle den Medien, niemand soll in Panik geraten, wir wollen nichts Böses.« Wieder gab es eine Pause, dieses Mal schätzungsweise eine Minute lang, dann wurde ihr gesagt: »Du hast jetzt wieder die Kontrolle.«

In dieser Phase, die etwa anderthalb Minuten dauerte, saß sie auf dem Fahrersitz, die Hände aufs Lenkrad gelegt. Sie ist überzeugt, daß sie sich hätte bewegen können, wenn sie es gewollt hätte, aber sie beschloß, sich ruhig zu verhalten. Als die Botschaft übermittelt war, sprang der Wagen von selbst wieder an. Das blaue Licht erlosch, und das Objekt war auf einmal verschwunden. Es war, genau wie am Abend des 3. Juli, durch die Windschutzscheibe zu sehen gewesen. Als das Objekt verschwand, tauchte ein anderes Auto auf der Straße auf.

(Sie meldete den Vorfall wieder bei der Polizei und bei der RAAF, woraufhin sie ein weiteres Formular zum Ausfüllen bekam.)

Am nächsten Tag entschloß sie sich nach kurzem Zögern, die Medien einzuschalten. Sie rief drei Fernsehsender an, von denen einer ein Interview mit ihr machte. Bei einer Radiosendung konnte sie sich übers Telefon äußern, woraufhin sich zwei weitere Anrufer meldeten, die bestätigten, in jener Gegend und zu jener Zeit etwas Seltsames gesehen zu haben.

Als erstes sagte die Frau des Mannes, der die Kuh geführt hatte, ihr Mann habe ein blaues Licht bemerkt, sei jedoch nicht umgekehrt, um es sich anzusehen. Danach gab ein Ehepaar an, es hätte ein blaues Licht am Himmel gesehen.[4]

Und dann ereignete sich die »Entführung«, die nach Basterfields Ansicht Jacobs' Behauptung entkräftet, es gebe »keinen einzigen Fall«, in dem die Entführten sich bei einer Entführung an einem »normalen Ort« aufgehalten hätten. Basterfield berichtet weiter:

4 ibid.

Um den 22. Februar 1973 hat Mrs. Puddy wieder gehört, wie eine Stimme die ganze Nacht über ihren Namen gerufen hat. Am Morgen hatte sie den Eindruck, das Haus sei »irgendwie gespenstisch«, und sie fing eine Botschaft auf, sie solle »sich zum bekannten Treffpunkt« begeben.

Sie rief die Victorian UFO Research Society an, und zwei Mitarbeiter (Judith Magee und Paul Norman) erklärten sich bereit, sich mit ihr an der Stelle zu treffen, wo Maureens Wagen von selbst stehengeblieben war.

Als sie, allein in ihrem Wagen sitzend, zum Treffpunkt fuhr, tauchte neben ihr auf dem Beifahrersitz plötzlich ein Wesen auf. Mrs. Puddy hätte vor Schreck beinahe einen Unfall verursacht.

Das Wesen hatte langes blondes Haar und trug einen Skianzug. Der Anzug war weiß und an den Handgelenken umgekrempelt. Unten reichte er bis über die Füße. So plötzlich, wie er gekommen war, verschwand der »Mann« wieder.

Am Treffpunkt setzten sich die drei Zeugen dann in Maureens Wagen. Plötzlich sah sie wieder den »Mann« direkt vor dem Auto. Die anderen beiden, Judith Magee und Paul Norman, konnten jedoch nichts Ungewöhnliches erkennen. Maureen sagt, der »Mann« habe ihr gewinkt, nach draußen vor den Wagen zu kommen. Sie weigerte sich aber, das Auto zu verlassen.

Auf einmal, so berichteten die anderen Zeugen, sei Maureen bewußtlos geworden. Während sie aus der Sicht der anderen Zeugen anscheinend nicht bei Bewußtsein war, beschrieb sie, was sie wahrnahm.

Maureen habe sich irgendwo in einem runden Raum befunden. Er war beleuchtet, ohne daß man die Lichtquelle erkennen konnte. Die Szene war von dem, was wir im allgemeinen »die Realität« nennen, nicht zu unterscheiden. Der »Mann« erschien in dem Raum, wo ein pilzförmiges Objekt aus dem Boden heraufgefahren wurde. Im Innern der »Kappe« gab es eine Halbkugel, in der etwas herumschwappte, und das Objekt war mit Zeichen bedeckt, die wie Hieroglyphen aussahen.

Der »Mann« forderte sie auf, sie solle den anderen beiden, die im Auto saßen, beschreiben, was sie sehen konnte.

Türen oder Fenster konnte sie in dem Raum, in dem sie sich befand, nicht erkennen. Sie bekam Angst, begann zu weinen und kam, immer noch im Auto sitzend, mit Tränen in den Augen wieder zu sich. Sie sagte, sie könne sich nicht erinnern, was gerade mit ihr geschehen sei. Die beiden anderen Zeugen erzählten ihr, was sie wußten.

Ungefähr eine Woche nach dieser Entführung war Mrs. Puddy mit ihrem Sohn unterwegs. Er saß auf dem Beifahrersitz, und auf einmal erschien zwischen ihnen auf der vorderen Sitzbank wieder der »Mann«. Es regnete zu dieser Zeit, und man konnte nicht weit sehen. Aber während der »Mann« anwesend war, konnte sie vor sich, wo Regenwolken hätten sein sollen, einen unnatürlich klaren Himmel erkennen, der eine kilometerweite Sicht erlaubte. Dann verschwand der »Mann«, und der Regen und das schlechte Wetter waren wieder wie zuvor.

Alle, die Maureen Puddy interviewt haben, sagten aus, sie sei eine normale, gesunde Frau. Sie sei durch die Ereignisse völlig überrascht worden. Die Leute, denen sie von ihren Erlebnissen erzählte, hätten sie ausgelacht, aber niemand konnte etwas anderes über sie sagen, als daß sie eine »ganz normale Hausfrau« war.[5]

Wie Keith Basterfield betont, haben sich diese Ereignisse bereits 1972 und 1973 abgespielt, bevor das Thema der Entführungen »in Australien in größerem Ausmaß diskutiert wurde«. Betroffen sei eine »Zeugin von einwandfreiem Ruf«, die »von den Episoden völlig überrascht wurde«. Basterfield sprach zehn Jahre nach den Ereignissen selbst mit Maureen Puddy, und sie blieb unterschütterlich dabei, daß alles, was sie beschrieben hatte, »real« gewesen sei. »Aber«, fährt Basterfield fort, »und dies kann man nicht oft genug betonen, sie hat sich während der Entführung physisch nicht aus der Gegenwart der UFO-Forscher Judith Magee und Paul Norman entfernt.«

Auf einen Brief, den ich Basterfield nach der Konferenz schrieb, um seine Meinung zu erfahren, antwortete er:

5 ibid.

Meine erste Reaktion auf die Berichte australischer Entführter war, zunächst über mögliche psychologische Erklärungen nachzudenken und Dinge wie Wachträume, vorübergehende Gedächtnisstörungen, hypnotische Einflüsse und eine übergroße Phantasie der betreffenden Personen ins Auge zu fassen. Aber all dies kann die Entführungen nicht vollständig erklären. Auch wenn wir an psychische Störungen denken, finden wir keine Daten, die die Berichte über Entführungen zufriedenstellend erklären können. Insgesamt muß man also sagen, daß die konventionelle Psychologie und Psychiatrie keine Erklärung liefern können.

Was nun? Meiner Ansicht nach bleibt noch viel Arbeit zu tun. Wir müssen lernen, veränderte Bewußtseinszustände zu verstehen. Auf diesem Gebiet wurde bisher noch nicht ausreichend geforscht. Wer weiß, was wir dabei lernen können? Ich glaube, wir sollten uns in Zusammenhang mit den Entführungen vor allem mit diesem Gebiet beschäftigen, bevor wir einen Quantensprung machen und über Außerirdische reden, die uns angeblich besuchen. In bezug auf die Entführungen denke ich, daß wir noch viel zu klären haben, ehe wir bereit sind, an die Öffentlichkeit zu gehen und zu behaupten, »sie« wären schon längst unter uns.

Zur Frage harter Beweise für »Entführungen von Menschen durch Außerirdische«: Je länger ich über Dinge wie Implantate und fehlende Embryos nachdenke, desto unklarer wird mir die Sache. Uns fehlen harte Beweise, denn hätten wir sie, dann brauchten wir nicht mehr über das Thema zu streiten. Aber die Sache ist interessant genug, um weiter zu forschen.[6]

Die Psychologin Gilda Moura, die brasilianische Abgeordnete auf der Konferenz, berichtet, in ihrem Land fänden die meisten Entführungen im Süden und Südosten statt, seltener im Nordosten. Der wichtigste Unterschied zwischen Brasilien und den USA sei der, daß die meisten Entführungen im Freien stattfänden. Von 137

6 Keith Basterfield, privater Briefwechsel mit dem Autor, 9. Juni 1992.

untersuchten Entführungen in Brasilien seien 67 Prozent von kleinen Grauen und 19 Prozent von größeren Wesen durchgeführt worden. Der Sinn dieser Entführungen scheine die Manipulation von genetischem Material zu sein. Diese Manipulationen seien ihrer Meinung nach ein Hinweis darauf, daß die Außerirdischen sich in die Entwicklung der Menschheit einschalteten. Es sei nicht der erste, derartige Eingriff.

Moura berichtet über einen Fall, der Basterfields Angaben über Maureen Puddys Fall ähnlich ist: Eine Eingeborene erzählte, sie habe während ihrer Entführung eine lange Reise unter Wasser in eine Höhle gemacht, ohne jedoch jemals körperlich ihren Stuhl zu verlassen.

Wie Moura erklärt, spielen in den Berichten brasilianischer Entführter religiöse Motive eine viel größere Rolle als in den USA.

»Das Phänomen existiert auf der ganzen Welt«, erklärt der ehemalige NICAP-Direktor Richard Hall, indem er die internationalen Berichte des Morgens zusammenfaßt. Er warnt: »Wir dürfen die Tatsache, daß in verschiedenen Ländern verschiedene Alien-Typen auftauchen, nicht überbewerten, solange wir nicht eine bessere Datengrundlage haben.«

Hall zeigt sich überrascht, daß es »eine erstaunliche Anzahl von Beschreibungen von Maschinen und Geräten« an Bord der Raumschiffe gibt. Allein sechs Forscher aus den USA und weitere aus Großbritannien, Argentinien und Spanien beschreiben »eine Art über dem Kopf angebrachten Scanner, der auf Schienen über den Entführten läuft und klickende Geräusche von sich gibt.« Andere Berichte schildern »Handgeräte« oder Apparate mit Lichtern an den Enden, die so etwas wie beleuchtete Sonden zu sein scheinen.

Auch gibt es zahlreiche Berichte über Abschabungen der Haut, das Schneiden von Nägeln und die Entnahme von Blutproben, verblüffende Ähnlichkeiten der Botschaften und Bilder und zahlreiche Bestätigungen für den »Oz-Faktor« sowie Berichte über Nebel- oder Dunstschwaden, die die Fahrzeuge der Zeugen eingehüllt hätten. »Die Frage ist, wie umfangreich dabei die geistigen Manipulationen sind«, sagt Hall.

In der Fragerunde weist Dr. John Miller, der Notarzt aus Los Angeles, darauf hin, daß Hautabschabungen bei der Suche nach Bakterien oder Pilzen eine Rolle spielen. Man könne mit dieser Methode auch Material zur DNA-Bestimmung gewinnen, sagt er, »aber das ist keine gute Methode«.

Der nächste Redner ist Richard Haines mit dem Thema »Mehrfache Entführungserlebnisse – Wohin geht die Forschung?«

Haines ist ein lebhafter, drahtiger kleiner Mann mit Glatze und makellos getrimmtem Schnurrbart. Mit der Brille und seiner präzisen Sprechweise erinnert er an einen pensionierten, britischen Offizier.

»Mit Mehrfachentführungen«, sagt Haines, »meine ich, daß zwei oder mehr Leute behaupten, zur gleichen Zeit zum gleichen Ort verschleppt worden zu sein. In diesen Fällen müssen sich gegenseitig bestätigende Aussagen von zwei oder mehreren Personen vorliegen.« Er schildert den Fall zweier zweiundzwanzigjähriger Frauen, die sich 1974 kennengelernt haben. Sie waren ungefähr ein Jahr miteinander bekannt, bevor beide entführt wurden. Auch nach dem Ereignis waren sie noch sieben Monate miteinander befreundet.

Er erklärt das dreistufige Hypnoseverfahren, das er entwickelt hat, um jegliche Kontamination der Informationen durch etwaige Voreingenommenheit des Forschers zu vermeiden. Der erste Schritt beginnt, sobald der Betreffende in tiefer Trance ist. Haines gibt zunächst die Anweisung: »Sagen Sie mir alles, was Sie bei dem Ereignis sehen, fühlen und hören.« Dann hört er zu, ohne noch einmal zu unterbrechen.

Zu Beginn der zweiten Phase sagt Haines: »Sagen Sie mir alles, was Sie sehen, hören und fühlen und zusätzlich alles, was Sie aussprechen, was Sie an Antworten hören und was Sie denken.« Wieder hört er zu, ohne einzugreifen.

Zu Beginn der dritten Phase gibt Haines dem Entführten die Anweisung, das Erlebnis noch einmal durchzugehen, doch dieses Mal sagt er:»Jetzt werde ich mitkommen und mit Ihnen reden.« In dieser Phase stellt Haines Fragen, um weitere Informationen zu bekommen, die den Bericht ergänzen können. Haines erzählt, er habe diese dreistufige Technik bei den beiden Frauen angewendet. Er habe sie unabhängig voneinander hypnotisiert, um zu vermeiden, daß sie sich gegenseitig beeinflußten. Bei Beginn der dritten Phase habe er eine Liste mit 103 Fragen gehabt. Unabhängig voneinander haben die Frauen berichtet, die Außerirdischen hätten ausdruckslose, unbehaarte Gesichter gehabt. Nasen und Münder seien winzige Löcher gewesen, die Ohren sehr klein und wie der Buchstabe *k* geformt. Ihre Beschreibung der Ereignisse stimmte zu 67 Prozent überein.»Zuerst«, berichtet Haines,»haben sie nicht gesagt, sie seien in ein UFO, sondern sie seien in einen unterirdischen Bereich geführt worden.«

Jemand fragt:»Könnte die gemeinsame Vision der jungen Frauen nicht eine Folie à deux gewesen sein?« Mit diesem psychiatrischen Begriff wird eine gemeinsame, paranoide Störung oder ein gemeinsames, psychotisches Erlebnis bezeichnet: Zwei Personen, die sich sehr nahestehen, erliegen ähnlichen Täuschungen.[7]

John E. Mack bestreitet, daß dies auf Richard Haines' Entführte zutreffen könnte. Eine Folie à deux sei ausgeschlossen, weil »höchst detaillierte, objektive, anschauliche und sich gegenseitig stützende Schilderungen gegeben werden konnten.«

John Carpenter, der nächste Redner, stimmt Haines zu.»Unabhängige Befragungen und hypnotische Rückführungen bei den Zeugen von UFO-Nahbegegnungen«, sagt er,»sind wichtige Bausteine, wenn man glaubwürdige Berichte unter Ausschluß von Beeinflussung und Manipulation hervorbringen will. Die getrennte Befragung der Zeugen unter Hypnose verringert die Wahrschein-

---

7 »Induced Psychotic Disorder (Shared Psychotic Disorder)«, in *Desk Reference to the Diagnostic Criteria*, American Psychiatric Association, S. 123.

lichkeit, daß Phantasien, Täuschungen oder Ausschmückungen das Bild trüben«, erklärt Carpenter.

»Bei einem Vorfall im November 1989«, fährt er fort, »fuhren zwei Frauen durch eine einsame Gegend im Westen von Kansas, wo sie einem UFO begegneten und einen Zeitverlust von zwei Stunden erlebten. Sie hatten danach Angstzustände, litten an Schlaflosigkeit und waren gereizt und verwirrt. Beide Frauen hatten kein großes Interesse an UFOs. Anfänglich glaubten sie, sie hätten das Auto nicht verlassen und nichts Wichtiges beobachtet. Unter Hypnose berichteten sie unabhängig voneinander über die Entführung, wobei sich mindestens vierzig offensichtliche Berührungspunkte zwischen ihren Schilderungen ergeben haben.«

Carpenters ausführlicher Bericht über dieses Ereignis wurde im *Journal of UFO Studies* veröffentlicht, das vom J. Allen Hynek Center for UFO Studies (CUFOS) herausgegeben wird. Es lohnt sich, an dieser Stelle einen Blick hineinzuwerfen. Die beiden Frauen werden dort Susan und Jennifer genannt. Susan ist die Entführte, die ihren Namen in Star geändert hat.

»Susan«, schreibt Carpenter dort, »ist eine 42jährige Frau. Sie ist mit einem Techniker verheiratet und hat zwei Kinder im Alter von 17 und 21 Jahren ... Sie sagt, sie habe sich nie besonders für UFOs interessiert und keine Bücher über das Thema gelesen. Susan scheint eine offene, ehrliche Frau ohne psychologische Probleme zu sein ... Jennifer ist eine 49jährige Witwe mit zwei erwachsenen Stiefkindern im Alter von 33 und 35 Jahren. Sie hat einen College-Abschluß als Sozialarbeiterin und arbeitet als freiberufliche Fotografin ... Sie ist schüchtern und zurückhaltend, aber trotzdem unabhängig und abenteuerlustig. Sie sagte, sie habe keine Bücher über UFOs gelesen und nicht einmal Filme gesehen, in denen es um UFOs ging ... sie ist in der Lage, auch kleine Details wahrzunehmen und führt gelegentlich Tagebuch.«[8]

Die beiden Frauen wurden von CUFOS drei psychologischen

---

8 John S. Carpenter, »Double Abduction Case: Correlation of Hypnosis Data«, *Journal of UFO Studies*, 1991, S. 91–92.

Tests unterzogen. Anzeichen psychischer Störungen konnten anhand des Minnesota Multiphasic Personality Inventory (MMPI) nicht festgestellt werden. Auf dem Index of Childhood Memory and Imagination (ICMI), der die Neigung zu phantasiegeleitetem Verhalten und Denken anzeigt, lag die Punktzahl für beide Frauen bei niedrigen bis moderaten Werten. Auf der Skala, mit der die Empfänglichkeit für Hypnose gemessen wird, waren Susans Werte durchschnittlich, während Jennifer einen Wert am oberen Ende der Skala zu verzeichnen hatte, was bedeutet, daß sie auf Hypnose gut anspricht und möglicherweise leicht beeinflußt werden kann.

In Carpenters CUFOS-Bericht heißt es:

Am 6. November 1989 fuhren die beiden Frauen ohne besondere Eile von einer Konferenz in Aspen, Colorado, nach St. Louis nach Hause. Jennifer vermerkte in ihrem Notizbuch, daß sie um 23 Uhr 40 in Flagler, Colorado, eine Tankstelle verlassen hätten. Sie hatten beschlossen, sich in Goodland, Kansas, ein Nachtquartier zu suchen. Susan war auf dem Interstate 70 zwischen 75 und 80 Meilen schnell gefahren, Goodland war 72 Meilen entfernt.

Kurz nachdem sie Flagler verlassen hatten, bemerkten sie über sich ein helles Objekt, das im Osten, mit leichter Abweichung nach Süden, hoch am Himmel stand. Sie konnten erkennen, daß es mehr oder weniger stationär blieb und im Gegensatz zum Mond seine Position im Verhältnis zu ihrem Auto nicht veränderte. Sie konnten bunte Lichter sehen, die auf dem Objekt blinkten und sich gelegentlich etwas bewegten. Dann tauchten in der Nähe des hellen UFOs zahlreiche kleine grüne Lichter auf.

Während Susan fuhr, beobachtete Jennifer fast eine Stunde lang den Himmel. Sie hielten mehrmals kurz an und schalteten die Scheinwerfer aus, um das Objekt besser sehen zu können. Das letzte Mal zeigte die Uhr dabei 0 Uhr 40. Plötzlich sahen sie, wie eine Lichtkugel ungefähr dreißig Meter vor ihnen herunterkam, um rechts vor ihnen über einem Acker zu schweben. Unter der Lichtkugel tauchte eine Art »Kegel« aus weicherem Licht auf, der sich mit rosafarbenen, blauen und lavendelfarbenen Strahlen dem Boden näherte. Die Frauen machten einen »reality check« und überprüften, ob sie beide das gleiche sahen. Im unteren Teil der Windschutzscheibe bemerkten sie jetzt etwas wie »Hitzewellen«, wie sie im Sommer auf Asphaltstraßen zu sehen sind. Das nächste, an das sie sich erinnern, ist, daß sie wieder auf der Straße fuhren und sich deutlich anders fühlten. Sie waren erschöpft und gereizt und hatten den Wunsch, zu schweigen und allein zu sein, was angesichts der wenigen Sekunden, die scheinbar vergangen waren, eine erstaunliche Verwandlung war.[9]

Nach ihrem Zeitgefühl kamen die Frauen »nur Minuten später« in Goodland, Kansas, an. Susan notierte die Zeit, und Jennifer schrieb in ihr Notizbuch, es sei 2 Uhr 30 gewesen. In ihrem Motelzimmer bemerkten sie »erschreckende Veränderungen ihres Äußeren, die zu den seltsamen Gefühlen und der Müdigkeit paßten«, schreibt Carpenter. Jennifers Wangen waren gerötet und warm, Susan war kreidebleich.

Man hat nach alltäglichen Erklärungen für diese angebliche UFO-Sichtung gesucht. Der Astronom Walter N. Webb konnte die Vermutung ausräumen, die Frauen könnten Venus, Jupiter, Saturn oder Mars für ein UFO gehalten haben. Der Tauriden-Meteorstrom erreichte zwar vier Tage vor dem Erlebnis der Frauen seinen Höhepunkt, »doch dies konnte nicht die schwebende weiße Kugel erklären«, schreibt Carpenter, »auch wenn Meteoriten zu einem vom Himmel stürzenden Licht zu passen scheinen. Aber Meteoriten halten natürlich nicht dreißig Meter entfernt in der Luft an und schicken einen Kegel aus buntem Licht zum Boden. Die Zeuginnen hatten genug Zeit, sich gegenseitig darauf aufmerksam zu machen, einander das Phänomen zu beschreiben und gleichzeitig die wabernden Wellen um das Auto zu bemerken.«

Da sie sich in einer dünn besiedelten Gegend befanden, konnte ausgeschlossen werden, daß die »hellen blinkenden Lichter«

9 ibid., S. 92–93.

durch atmosphärische Spiegelungen entstanden waren. Autokinese (scheinbare Bewegung von Objekten aufgrund winziger, unwillkürlicher Bewegungen der Augen) war nicht auszuschließen, doch beide Frauen beharrten darauf, daß »das helle UFO kein Stern war, daß es mit ihrem Auto Schritt hielt und immer an der gleichen Position durch die Windschutzscheibe zu sehen war, obwohl der Mond und andere Bezugspunkte im Verhältnis zum Auto die Position verändert haben«.

Erst am nächsten Morgen entdeckten die Frauen, daß sie nur Benzin für eine Fahrtstrecke, die einer Stunde entsprach, verbraucht hatten, obwohl sie glaubten, drei Stunden unterwegs gewesen zu sein. Susan und Jennifer überprüften die Straßenkarte und stellten fest, daß sie in diesen drei Stunden nicht weiter als zweiundsiebzig Meilen gefahren waren.

Nach ihrer Rückkehr nach St. Louis waren die beiden Frauen beunruhigt und reizbar. Susan nahm wegen der UFO-Sichtung und der fehlenden zwei Stunden Kontakt mit einem Freund auf, der sich für UFOs interessierte, und dieser wiederum stellte den Kontakt zum Vertreter des Mutual UFO Network (MUFON) in Missouri her. Der Direktor des Regionalbüros verständigte seinerseits Carpenter.

Am 12. November 1989, fünf Tage nach der Begegnung, begann Carpenter, Susan zu interviewen. Er zeichnete ihre Aussagen auf Band auf und führte eine einstündige Hypnosesitzung durch, um die Amnesie zu klären.

»Susan war nervös, neugierig, vorsichtig und entschlossen, die Sache aufzuklären«, notiert Carpenter, und schreibt weiter:

Die wichtigsten Aspekte ihres Erlebnisses konnten geklärt werden, aber die Einzelheiten des Berichts ergaben, daß mehr Zeit und weitere Nachforschungen nötig waren, um die Erinnerungen umfassend zu dokumentieren. Ihr wurde unmißverständlich zu verstehen gegeben, daß sie absolutes Stillschweigen bewahren und sich auf keinen Fall mit Jennifer verständigen sollte ... Susan erklärte, das werde ihr nicht schwerfallen, weil sie nur flüchtig mit Jennifer bekannt sei und keinen regelmäßigen Kontakt zu ihr habe.[10]

Als nächstes nahm Carpenter mit Jennifer Kontakt auf und bat sie, sich an der Untersuchung zu beteiligen. Auch Jennifer war neugierig, beharrte jedoch darauf, weder das Auto verlassen noch sonst etwas bemerkt zu haben, nachdem sie das UFO gesehen hatte. Am 24. November, zwölf Tage nach Susans erster Sitzung, traf sie sich mit Carpenter.

Jennifer bestätigte, daß Susan ihr nichts verraten hatte. Jennifer wurde anschließend hypnotisiert, um die Gedächtnislücke zu schließen. Sie wurde danach gebeten, ihrerseits auch Susan nichts zu verraten. »Sie gab zwar im großen und ganzen die gleichen Erinnerungen zu Protokoll«, schrieb Carpenter, »aber Susan hatte mehr Zeit gehabt, weitere Details nachzuspüren und ihr Erlebnis auszuleuchten.«[11]

In seinem Buch *On Stolen Time* schreibt Bullard: »Nur wenige Forscher haben sich bisher näher mit der Reihenfolge der Ereignisse bei Entführungen beschäftigt, obwohl man verblüffende Gemeinsamkeiten zwischen den Berichten feststellen kann, was auf ein kohärentes Phänomen schließen läßt ... Natürlich treten in keinem Fall alle Möglichkeiten gleichzeitig auf«, fuhr Bullard fort,

aber ein Fall kann als authentisch gelten, wenn in ihm die ermittelte Reihenfolge eingehalten wird. Die große Mehrheit aller Fälle (84 Prozent von 193 im Detail untersuchten Ereignissen) entspricht dieser Struktur. Der Grund für die Anordnung liegt im Phänomen selbst und konnte bisher noch nicht geklärt werden. Eine Berechnung der Wahrscheinlichkeit, mit der diese Anordnung zufällig auftritt, führte zu Zahlen von eins zu mehreren zehntausend, wenn nicht mehr. Jeder, der jetzt noch Entführungsberichte als

10 ibid., S. 99.
11 ibid., S. 100.

zufällige Ereignisse abtun will, läßt sich möglicherweise auch eine Brücke in Brooklyn andrehen.[12]

Wenn man Bullards detailliertes »Modell« der Entführungsszenarien mit Susans und Jennifers unter Hypnose gewonnenen Erinnerungen vergleicht, dann springen einem die Parallelen förmlich ins Auge.

Unter Hypnose sagten beide Zeuginnen, sie hätten das UFO zuerst in der Ferne bemerkt – das Vorspiel für die Phase, die Bullard als »Gefangennahme« bezeichnet.

> Jennifer: Ich sehe da ein helles Licht, aber es bewegt sich nicht wie ein Flugzeug ... Es bewegt sich nur ein wenig ... zur Seite und etwas abwärts ... da sind auch bunte Lichter, die sich verändern ...
> Susan: Vorn ist ein weißes Licht. Hinten und an den Seiten sind bunte blinkende Lichter ... es bewegt sich leicht ... es ist oval ... vorn sind Lichter angebracht.[13]

Beide sahen, wie sich das Licht des UFOs veränderte.

> Jennifer: Die Helligkeit (des UFOs) hat sich verändert.
> Susan: Ich kann sehen, wie das UFO heller wird ... Oh, es ist jetzt viel heller. Es ist viel näher.[14]

Beide konnten zahlreiche kleine, grüne Lichter erkennen, die sich rings um das UFO bewegt hatten. Als das Objekt sich näherte und schwebte, sahen Susan und Jennifer »wabernde schwarze Linien« durch die Windschutzscheibe, während ein paar hundert Fuß entfernt ein »Kegel« oder ein »V« aus pastellfarbenen Lichtstrahlen zu sehen war.

---

12 Thomas E. Bullard, *On Stolen Time: A Summary of a Comparative Study of the UFO Abduction Mystery*, Mt. Rainier, Md., Fund for UFO Research, Juni 1987, S. 40.
13 Carpenter, *Double Abduction Case*, S. 100.
14 ibid., S. 110.

Jennifer: Dieser Kegel ... er ist weiß und weich wie Wolken ... Strahlen farbigen Lichts kommen herunter ... purpurn, blau, weiß und rosa ... so ähnlich wie Sonnenstrahlen ... sie dringen aus dem unteren Ende des »V« oder des Kegels.

Susan: Eine rote Lichtkugel kommt vom Himmel herunter ... zwei farbige Lichtstrahlen brechen gleichzeitig an beiden Seiten daraus hervor ... sie sehen aus wie ein »V«, das bis zur Erde hinunterreicht.

Jennifer: Dieser Kegel ... er war sehr nahe vor uns ... vielleicht hundert Fuß oder so ... er war dicht vor uns, auf der rechten Seite.

Susan: Nahe war er ... ungefähr hundert Fuß entfernt.[15]

Beide Frauen behaupteten, sie hätten nach dieser ersten Sichtung die Reise ohne Unterbrechung fortgesetzt, um erst später zu bemerken, daß ihnen zwei Stunden fehlten.

Unter Hypnose erinnerten sich beide daran, daß sie »gefangen« wurden, nachdem sie den kegelförmigen Lichtstrahl beobachtet hatten. Susan sah, wie sich zwei Wesen dem Auto näherten. Eines forderte sie auf, den Motor abzustellen und versicherte ihr, sie seien »Freunde«. Susan war wie gelähmt, als sie zusammen mit Jennifer in sitzender Position aus dem Auto gehoben wurde.

Die Frauen erinnern sich übereinstimmend, daß sie in Begleitung zweier Wesen durch die Luft geschwebt seien und sich dem runden Raumschiff genähert hätten. Sie wissen nicht, wie sie hineingelangt sind; an Türen können sie sich nicht erinnern.

Jennifer: Ich kann das Auto von oben sehen ... ich schwebe immer höher ... jetzt ist das Auto winzig klein geworden.

Susan: (Das Auto) ist weit unten ... es ist ganz klein ... es wird immer kleiner. Es kommt mir vor, als würde ich (das UFO) aus dem Himmel sehen ... Es ist, als würden wir nicht viel wiegen, als würden wir schweben.[16]

15 ibid.
16 ibid.

Die beiden Frauen gelangen in das Raumschiff und werden in einen kleinen, runden Raum mit geometrisch geformten Fenstern befördert, wo sie einen rötlichen Schein bemerken.[17] Durch die Fenster des Raumschiffs können sie die Sterne und einen blauen, erdähnlichen Planeten sehen.[18]

Dann erleben die Frauen die nächste Phase in Bullards Szenario: die »Untersuchung«. Sie erinnern sich, daß sie in einen großen Raum gebracht wurden, der sie an ein Amphitheater erinnerte. Jennifer wurde auf einen Tisch gelegt, über dem sich eine helle Lampe befand. Eine Berührung oder eine Geste eines Wesens habe sie beruhigt. Beide Frauen berichten, daß Jennifer während der Prozedur bekleidet war.

In dem großen Raum, der mit etwa sechs oder acht übereinander angeordneten Sitzreihen wie ein Vorlesungssaal eingerichtet war, hätten sie mehrere Wesen gesehen.

Jennifer: Ich kann erkennen, wie sich etwas bewegt, aber ich weiß nicht, was es ist. Es hat Arme und Beine … sie haben einfarbige Anzüge, die Hände oder Handschuhe sind weiß …
Susan: Kleidung kann ich eigentlich nicht sehen. Es sieht so aus, als ginge alles ineinander über … aber nackt sind sie auch nicht … sie sind hellgrau …[19]

Was die beiden Frauen übereinstimmend über das Aussehen der Körper und Köpfe der Wesen gesagt haben, paßt zu hellen kleinen Grauen. Auch die Bewegungen der Wesen haben die Frauen auf ähnliche Weise beschrieben.

Jennifer: Sie bewegen sich … es ist fast, als würden sie schweben … aber sie können es steuern. Als würden sie gleiten … ja, sie gleiten.

17 ibid.
18 ibid., S. 111
19 ibid.

Susan: Sie rutschen ... elegant und mühelos über den Boden.[20]

Auch die Augen, Nasen und Münder der Wesen wurden von beiden Frauen übereinstimmend beschrieben.

> Jennifer: Die Augen sind ziemlich groß, aber ganz anders als unsere Augen ... um den Kopf herumgezogen ... unten werden sie schmaler ... sie reichen fast bis zu den Ohren ... in der Mitte sind sie breiter, und nach unten verengen sie sich, fast wie Tränen ... neben der Nase etwas vorgewölbt ... sie sind dunkel ... einfarbig.
> Susan: Er hat riesige Augen. Sie sind ganz dunkel ... riesige Augen ... schräg angesetzte Augen. Keine Lider ... sie blinzeln nicht ... unheimlich. Riesig und schräg, sehr schräg. Sie heben sich vom weißen (Gesicht) stark ab ... die Augen sind riesig und dominieren das Gesicht.
> Jennifer: Zwischen den Augen ist ein wenig Platz ... aber da ist keine Nase, wie wir sie haben. Die Region da ist glatt ... keine ausgeprägte Nase ... nur eine gewölbte, glatte Region ...
> Susan: Nein, keine Nase ... die Augen dominieren das Gesicht ... die Nase ist flach, beinahe nicht vorhanden.
> Jennifer: Münder wie unsere eigenen sehe ich nicht. Es kommt mir fast wie ein Mechanismus vor ... ich sehe nicht, wie der Mund geöffnet wird.
> Susan: Zunge und Zähne sehe ich nicht ... der Mund öffnet sich nie ... ich sehe nicht, daß sie den Mund irgendwie benutzen.[21]

Hände und Finger wurden von den Frauen folgendermaßen beschrieben:

> Jennifer: Die Hände oder Handschuhe sind weiß ... es könnten drei oder vier Finger sein ... ganz weiß ... lange Finger. Ja, es könnten vier Finger sein.

20 ibid.
21 ibid., S. 112.

Susan: Die Finger sind sehr lang ... und schlank ... sie sind sehr geschmeidig, biegsam ... sie sind nicht weich, sondern, oh, eher knochenhart.[22]

Beide Frauen sagten, die Wesen seien unbehaart gewesen. Außerdem erwähnten beide, sie seien auf telepathischem Weg und durch Berührungen beruhigt worden.[23]

Jennifer wurde auf den Untersuchungstisch gelegt. Sie konnte Susan nicht mehr sehen, aber Susan konnte zusehen, wie die Wesen sich um Jennifer herum bewegten.[24]

Wenn die »Vorbereitungsphase« abgeschlossen ist, beginnt der nächste Abschnitt, die eigentliche »Untersuchung«. Beide Frauen haben bemerkt, daß Jennifers Finger und Hände von Interesse waren, denn dort wurden Elektroden oder Drähte befestigt. Beide Zeuginnen erinnern sich auch an eine Art elektronisches Steuerpult mit blinkenden Lichtern. Jennifers Fußgelenke wurden während der Prozedur mit einer Art Haltevorrichtung fixiert.[25]

Laut Bullards Modell kann die medizinische Untersuchung auch die Entnahme von Proben umfassen: Blut, Sperma, Eizellen oder Haar. Danach folgt eine »Untersuchung der Fortpflanzungsorgane«, wobei die Sexualorgane geprüft oder inspiziert werden. Weder Jennifer noch Susan können sich jedoch an eine derartige Untersuchung erinnern. Die nächste Phase entsprach wieder Bullards Modellszenario. Susan konnte beobachten, wie der offenbar betäubten Jennifer mit einer Art Zahnstocher ein winziges Objekt in die Nase geschoben wurde. Jennifer berichtet, sie habe danach starkes Nasenbluten gehabt.[26]

In Bullards Modell sollte auf die körperliche Untersuchung eine »Konferenz« folgen. Doch laut Carpenter haben Jennifer und Su-

22 ibid.
23 ibid.
24 ibid.
25 ibid.
26 ibid., S. 113

san berichtet, die meisten telephatischen Botschaften seien während Jennifers Untersuchung ausgetauscht worden. Jennifer konnte einige Geräusche hören, die offenbar von den Wesen stammten.

> Jennifer: Ich glaube, ich fragte: »Was macht ihr da mit mir?«
> Sie brauchten wohl Informationen über meine Körperchemie ...
> Susan: Sie arbeiten, um einen Fortschritt zu erzielen ... es hat mit Gencodes zu tun ... mit Lebewesen ... viele Wesen, auch wir, haben bestimmte genetische Codes, die es uns erlauben, mit ihnen zusammenzuarbeiten ... Etwas, das seit unserer Zeugung in uns ist ... Etwas, das wir zugelassen haben ... Es war ein kollektives Abkommen ... zwischen anderen Ebenen, anderen Existenzebenen. Das Abkommen wurde schon vor unserer Geburt geschlossen ... Es dient dem Fortschritt ihrer Spezies und der Entwicklung der Erde ... Es scheint, als könnten sie die Informationen telepathisch übermitteln, indem sie mit uns und durch uns wirken. Es gibt eine telepathische Verbindung. Sie können jetzt telepathisch mit uns arbeiten ...[27]

Die Frauen entsinnen sich, in mindestens zwei weitere Räume des Raumschiffs geführt worden zu sein, die sie detailliert beschreiben konnten – einschließlich eines, wie Carpenter bemerkt, erstaunlichen Fensters, das den Blick auf einen »tintenblauen« Himmelskörper freigab. Dem üblichen Szenario entsprechend, wurden die Frauen danach von zwei Wesen zur Erde und zum Auto zurückgebracht.

> Jennifer: Es scheint, als (hätte ich alles vergessen) sobald wir wieder eingestiegen sind – als wir wieder im Auto saßen. Es hat sich aufgelöst wie ein Traum ... Oh, dabei ist es doch so real! Ich war an einem Ort, an dem ich noch nie gewesen war. So etwas habe ich noch nie gesehen.
> Susan: Sie sorgen dafür, daß wir wieder einsteigen ... Sie le-

27 ibid.

gen uns die Hände auf – sie streichen uns mit der Hand über die Stirn, und wir erinnern uns an nichts mehr.[28]

Im letzten Abschnitt von Bullards Modell spüren die Entführten physikalische Effekte, sie leiden an unbestimmten, unerklärlichen Ängsten, zeigen phobische Reaktionen, haben Alpträume, blitzartige Erinnerungen, leiden an Schlaflosigkeit, oder ihre Persönlichkeit verändert sich. Manchmal wechseln sie den Beruf oder entwickeln neue Interessen. Mitunter kommen weitere UFO-Erfahrungen ans Licht, und Erinnerungen an frühere Entführungserlebnisse tauchen auf. Möglicherweise wird dem Betreffenden klar, daß auch andere Angehörige von Entführungen betroffen sind, bei denen nun ebenfalls lange verschüttete Erinnerungen freigesetzt werden können.

»Susan«, berichtet Carpenter, »litt unter Ängsten und Unruhe und fühlte sich erschöpft. Jennifer litt an Nasenbluten und Schlaflosigkeit und hatte auffällig stark gerötete, heiße Wangen. Nachdem die Amnesie behoben war, wechselte Susan im folgenden Jahr mehrmals den Job und suchte sich neue, befriedigendere Interessengebiete.« (Susan, die sich jetzt Star nennt, wurde schließlich Massagetherapeutin.)

»Unter Hypnose erinnerte Susan sich an einen Vorfall, der drei Wochen zurücklag«, fuhr Carpenter fort. »Im Jahr nach der Begegnung vom 7. November meldeten beide Frauen weitere Vorfälle. Susans Tochter erinnerte sich unter Hypnose ebenfalls an eine Entführung und konnte einen bemerkenswert detaillierten Bericht geben, der dem ›Entführungsszenario‹ entspricht.[29]

Die besondere Bedeutung dieses Falles ist nach Carpenters Ansicht darin zu sehen, daß »zwei erwachsene, äußerst glaubwürdige Frauen – die zuvor offenbar noch nie mit UFO-Berichten in Berührung gekommen waren – ein UFO nur 100 Fuß vor ihrem Auto sichten konnten. Keine der Frauen«, fuhr Carpenter fort,

28 ibid.
29 ibid., S. 108.

konnte sich die zwei fehlenden Stunden erklären. Beide haben unabhängig voneinander bekräftigt, daß sie weder das Auto verlassen, noch irgend etwas anderes bemerkt hätten. Getrennt in Hypnose versetzt, trugen sie komplexe und in vielen Details übereinstimmende Schilderungen ihrer Entführung in das außerirdische Raumschiff vor. In den Beschreibungen der Wesen, des Inneren des Raumschiffs, des Verhaltens der Wesen, der Prozeduren und des Ablaufs konnten mindestens vierzig Korrelationen entdeckt werden. Abgesehen davon, daß die Details der Berichte übereinstimmen, ergaben sich weitere Entsprechungen zu veröffentlichten sowie zu unveröffentlichten Forschungsergebnissen.[30]

1990, ein Jahr nach ihrem Erlebnis, sprach Star auf Carpenters Bitte vor einer großen Versammlung von Menschen, die sich für die Erforschung des Phänomens interessierten. »UFOs kamen vorher in meinem Denken eigentlich nicht vor«, erzählte sie dem Publikum. »Ich war keine Skeptikerin, sondern ich habe mich einfach nicht dafür interessiert, und ich wußte so gut wie nichts über UFOs. Seit ich das Erlebnis hatte, sagten mir viele Menschen, sie wünschten, es wäre ihnen geschehen. Meine Antwort darauf ist: ›Warum ist es dann ausgerechnet mir passiert?‹

Ich habe mich nie dafür interessiert und niemals ein Buch darüber gelesen«, fuhr Star fort. »Ungefähr vor einem Jahr hatte ich noch einen Tunnelblick. Es ist, als hätte ich in einer kleinen Kiste gelebt. Wenn Leute in bezug auf das UFO-Phänomen skeptisch sind, dann kann ich das gut verstehen. Ich habe ja selbst so gedacht, und ich weiß genau, woher dieses Denken kommt. Aber es ist eine Art Tunnelblick. Sobald man, abgesehen von dem, was man auf unserem Planeten sehen, berühren und fühlen kann, noch irgend etwas anderes zuläßt, werden all unsere vorgefaßten Ideen für das, was wir sind und wer wir sind, über den Haufen geworfen. Ich kann das hier aufrichtig sagen, weil mir genau dies passiert ist.

30 ibid., S. 102.

Ich glaube, es hat mir gutgetan, daß meine kleine Welt zerstört worden ist und daß ich mich für neue Möglichkeiten geöffnet habe.«[31]

Nach Carpenters Vortrag gehen wir in die Mittagspause.

In seinem Kommentar, der zusammen mit der Roper-Umfrage veröffentlicht wurde, verglich John Carpenter die Probleme, die Außenstehende damit haben, daß an den Entführungsberichten etwas dran sein könnte, mit den anfänglichen Zweifeln und dem Unglauben, als die ersten Berichte über Inzest und Mißbrauch von Kindern bekannt wurden. Geändert habe sich erst etwas, so schrieb er, als »die wachsende Zahl von Berichten die Behörden schließlich zwang, diese Dinge ernstzunehmen«.[32] Eine weitere Parallele könnte die Skepsis sein, auf welche die ersten Berichte über das Epstein-Barr-Syndrom (chronische Erschöpfungszustände) gestoßen sind.

»Psychologische Tests in den ganzen Vereinigten Staaten scheinen die klinischen Befunde zu bestätigen, daß die meisten Menschen, die über UFO-Entführungen berichten, im Grunde gesund sind und keine Anzeichen geistiger Störungen aufweisen«, schrieb Carpenter.»Hätten wir es lediglich mit Erfindungen zu tun«, kommentiert er weiter,

dann würden wir auf eine große Bandbreite sehr unterschiedlicher Szenarien mit uneinheitlichen Details stoßen, in denen jeweils der persönliche Hintergrund der Betreffenden zum Ausdruck kommt. Auch Träume können dem allgemeinen Thema nach ähnlich sein, während sie in der spezifischen Ausformung sehr unterschiedlich sind und der Charakteristik des Betreffenden und seiner Lebenssituation entsprechen. Doch die Daten vieler Forscher sind, was die

31 ibid., S. 102.
32 John S. Carpenter, Kommentar in *Unusual Personal Experiences: An Analysis of the Data from Three National Surveys*, durchgeführt von der Roper Organization, Las Vegas, Nev., Bigelow Holding Corporation, S. 52.

Entführungen, die Prozeduren, das Verhalten der Wesen, die Umstände und die Reihenfolge der Ereignisse angeht, verblüffend ähnlich. Signifikante Korrelationen gibt es auch hinsichtlich der beobachteten Schriftsymbole, der Abzeichen auf Uniformen, der anatomischen Details und anderer kleiner, präzise beschriebener Details, die nicht veröffentlicht wurden und daher der Öffentlichkeit nicht bekannt waren.[33]

Die Frage ist, ob die Betroffenen im Unterbewußtsein vergleichbare Entführungsszenarien entwerfen, weil sie bestimmte Publikationen, Filme oder Fernsehsendungen kennen. Doch Carpenter weist darauf hin, daß eine große Zahl der »Entführten« sich vorher nicht mit solchen Phänomenen beschäftigt und kein Interesse am Thema gezeigt hätte. »Die meisten würden Ihnen sagen«, schrieb Carpenter, »daß sie mit ihrem Leben ganz zufrieden sind und von diesen unerwarteten Eindringlingen überhaupt nichts halten. Wenn einfache Leute aus ländlichen Gegenden, wo es kein Fernsehen gibt, und kleine Kinder, die nicht lesen können, sehr ähnliche Entführungsszenarien beschrieben, wie soll da der Einfluß der Medien die Ursache sein?«[34]

Es stellt sich auch die Frage, welchen Einfluß die Hypnose und der Hypnotiseur auf die Entwicklung der Geschichte ausüben. Doch wie Carpenter berichtet, geht ungefähr ein Viertel der UFO-Entführungsfälle auf bewußte Erinnerungen der Betreffenden zurück, wurde also ohne Hypnose gewonnen. Diese Berichte fügen sich »ebensogut ins Bild ein wie die Erlebnisse, die erst nach einer Phase der Amnesie wieder aufgetaucht sind«. Carpenter räumt ein, daß er vorsätzlich versucht hat, »Menschen durch direkte hypnotische Suggestion zu plausiblen, logischen Aussagen zu bringen, doch die Betreffenden weigerten sich beharrlich, meinen Anleitungen zu folgen. Vielmehr berichteten sie über ihre eigenen

33 ibid.
34 ibid.

bizarren Erfahrungen, die, ohne daß sie es überhaupt bemerken, gut zu den Angaben anderer Menschen passen.«[35]

Natürlich bleibt immer die Befürchtung, es könne sich bei den Entführungsberichten um Schwindeleien handeln. Doch Carpenter weist darauf hin, daß weniger als fünf Prozent aller UFO-Berichte als Erfindungen statistisch erfaßt sind. Und dann stellt er die entscheidende Frage:»Welchen Sinn sollte es haben, einen Schwindel aufzuziehen, wenn der Betreffende Angst hat, überhaupt darüber zu berichten, und die Öffentlichkeit scheut? Wie sollte ein Farmer in Kentucky auf die gleichen Schwindeleien verfallen wie ein Geschäftsmann in New York oder ein Künstler in Paris? Und aus welchem Grund sollten sie es tun?«[36]

Am Montag nachmittag gehe ich mit Carol und Alice essen. Wir reden allgemein über den Verlauf der Konferenz, und Alice sagt: »Ich versuche immer noch, die Sache ganz rational und logisch anzugehen, soweit man dabei überhaupt rational und logisch sein kann. Ich will wissen, was dahintersteckt und was da vorgeht.«

»Vieles von dem, was wir für Kindheitserinnerungen gehalten haben«, erklärt Carol, »haben wir in kleine Kästchen eingeordnet. Wir haben daran festgehalten, bis wir die Kästchen, während die Konferenz ihren Verlauf nahm, herausholen und wegwerfen mußten.«

»Was meinen Sie damit?« frage ich sie.

»Die Narben beispielsweise«, erklärt Carol. »Der Mann mit dem Cowboyhut. Das war mein letzter Halt. Der Mann mit dem vier Fuß breiten Stetson.«

»Was für ein Mann mit einem vier Fuß breiten Stetson?« frage ich.

»Das ist eine lange Geschichte«, sagt Carol und lacht kurz und humorlos.

»Das ist ein Wesen, das Carol gesehen hat«, erklärt Alice.

35 ibid.
36 ibid.

»Ich habe gestern abend nicht alles erzählt«, fährt Carol fort. »Am 8. März hatte ich ein verrücktes Erlebnis mit einem Wesen, das ich zuerst für einen nackten Mann mit einem vier Fuß großen Stetson-Hut gehalten habe. Als ich heute morgen in der Pause mit Alice und dem Therapeuten Joe Nyman draußen saß, fragte ich Joe, ob er schon einmal von einem großen Grauen gehört hätte, ungefähr sechs Fuß groß, mit einem Cowboyhut. Er sagte: ›Oh, sicher. Ein Mann mit einem großen Cowboyhut, mit einem großen Stetson? Ja, davon habe ich gehört.‹ Und dann sagte er, es gäbe verschiedene Arten von Kostümen –«

»Beispielsweise ein Clown für Kinder«, wirft Alice ein.

»Genau«, sagt Carol. »Orangefarbenes Haar, damit die Kinder glauben, sie redeten mit einem Clown. Auf der Konferenz haben wir von einem anderen Erfahrenen gehört, er habe ebenfalls einen Mann mit einem Cowboyhut gesehen.«

Carol und Alice reden eine Weile über Kindheitserinnerungen, und dann erzählt mir Carol von dem Flashback, den sie am Vorabend hatte: Sie habe als Kind in Panik versucht, ein helles Licht daran zu hindern, in den Wandschrank einzudringen. »Ich konnte erkennen, daß ich selbst dieses Kind war, weil ich das Haus erkannt habe. Deshalb konnte ich das Erlebnis zeitlich ungefähr einordnen.«

»Aber das Frustrierende an diesen Flashbacks«, sagt Alice, »ist, daß sie immer nur kleine Bruchstücke ans Licht bringen, die nicht miteinander in Verbindung stehen.«

»In diesem Flashback sah ich niemanden, den ich erkannt hätte und den ich fragen könnte, was damals passiert ist«, sagt Carol. Sie sieht durchs Fenster des Restaurants nach draußen. »Es ist, als würde man nichts als eine Parkuhr sehen und versuchen, anhand der Parkuhr den ganzen Häuserblock im Gedächtnis zu rekonstruieren.«

»Und manchmal«, fügte Alice hinzu, »weiß man nicht einmal, in welcher Stadt die Parkuhr war.«

Der erste Redner nach dem Essen ist Budd Hopkins. Er spricht über »eine zweifach bezeugte Entführung«. Es geht um eine Frau namens Linda Cortile, die Ende November 1989 um 3 Uhr 15 morgens aus ihrer Wohnung in New York City entführt worden ist. Es ist die Episode, die gestern beim Frühstück erwähnt wurde.

»In Begleitung von drei Aliens«, erklärt Hopkins, »schwebte Linda elf Stockwerke über dem Boden aus einem Fenster heraus in ein wartendes UFO. Zwei Sicherheitsbeamte und der Politiker, den sie beschützten, sowie eine Frau, die über die Brooklyn Bridge fuhr, wurden Zeugen des Ereignisses. Man kann die Bedeutung dieses Falles kaum überschätzen«, erklärt Hopkins, »denn er belegt einerseits die objektive Realität der UFO-Entführungen und andererseits die Zuverlässigkeit der hypnotischen Regressionen, die bei diesem Entführungsfall durchgeführt wurden.«

Wie Hopkins berichtet, fuhren die Sicherheitsbeamten mit dem Politiker auf der South Street in der Nähe der Brooklyn Bridge, als das elektrische System des Wagens ausfiel. Sie ließen das Auto ausrollen. Durch die Windschutzscheibe konnten sie ein rötlich-orangefarbenes Glühen sehen. Zuerst glaubte einer der Sicherheitsbeamten, den Hopkins »Dan« nennt, der Lichtschein käme von der aufgehenden Sonne, aber dann fiel ihm auf, daß er nicht nach Osten, sondern nach Westen blickte. Dan und sein Partner Richard sahen ein etwa fünfzehn Meter großes, ovales Objekt, das an einer hundert Meter entfernten Kreuzung mit rotierenden Lichtern über einem fünfzehn Stockwerke hohen Wohnhaus schwebte.

Richard nahm ein Fernglas aus dem Handschuhfach und konnte beobachten, wie das Flugobjekt, das jetzt ein schwaches, tiefes Brummen von sich gab, herunterkam, bis es auf einer Höhe mit dem Dach des Wohnhauses war. Dann hörten die Geräusche auf, ein heller Strahl blauweißen Lichts drang aus der Unterseite des Objekts, und die drei Männer sahen entsetzt zu, wie eine Frau, die ein weißes Nachthemd trug, aus dem elften Stock des Gebäudes heraus und nach oben schwebte. Sie wurde von drei kleinen Wesen mit großen Köpfen begleitet.

Die drei Wesen und die Frau stiegen im blauweißen Lichtstrahl nach oben und verschwanden in einem Loch im Boden des Flugobjekts. Einen Moment später flackerte das Licht und erlosch, die Flugscheibe glühte wieder rötlich-orangefarben und stieg langsam auf, um über den FDR Drive und die Brooklyn Bridge hinwegzufliegen. Sie tauchte in den East River und nahm Linda Cortile offensichtlich mit.

Als ich die Geschichte hörte, ist mein erster Impuls einfach nur, mich darüber lustig zu machen; aber wie ich erfahre, fand Linda Cortile ihr Erlebnis überhaupt nicht komisch.

Als sich dies ereignete, stand sie bereits mit Budd Hopkins in Kontakt. Sie hatte sich schon sieben Monate vorher, im April 1989, an ihn gewandt, nachdem sie sein Buch *Eindringlinge* gelesen hatte. Er beschreibt dort eine Entführte namens Kathy Davis, an der geheimnisvolle Nasenoperationen durchgeführt wurden, woraufhin sie annahm, die Wesen hätten ihr irgendein Gerät in die Nase eingepflanzt. Auch Linda glaubte, sie wäre einer Nasenoperation unterzogen worden, deren Grund sie sich nicht erklären konnte. Vierzehn Jahre lang hatte sie eine Narbe tief in der Nase gehabt, die ein Arzt, den sie aufgesucht hatte, eindeutig als Folge eines Skalpell-Schnitts identifiziert hatte. Doch die einzigen Operationen, die Linda bislang erlebt hatte, waren die Behandlung eines Weisheitszahns und mehrere Jahre später ein Dammschnitt bei der Geburt ihres ersten Sohnes gewesen.

Zusätzlich zu der unerklärlichen Operationsnarbe in der Nase tauchten seltsame, bruchstückartige Erinnerungen an Episoden auf, die in Lindas Kindheit und später, im Alter von etwa zwanzig Jahren, stattgefunden hatten. Als Linda sich bei Hopkins meldete, ging sie davon aus, daß man sich vor allem auf die früheren Erfahrungen konzentrieren würde, denn sie war inzwischen Anfang Vierzig und hatte zwei Kinder, und es war seit Jahren nichts mehr vorgefallen.

Doch als sie am Morgen nach der Entführung aufwachte, konnte sie sich an den Beginn der Lähmung am Vorabend und an kleine

Graue erinnern, die in ihr Schlafzimmer eingedrungen waren. Sie weiß noch, daß sie ihren Mann, der neben ihr schlief, mit einem Ruf zu wecken versuchte, aber er wollte oder konnte nicht reagieren. Danach setzte ihre Erinnerung aus. Sie rief sofort am nächsten Tag Budd Hopkins an und sagte ihm:»Ich glaube, letzte Nacht ist etwas passiert.«

Drei Tage später kam bei einer Hypnosesitzung mit Hopkins das Entführungserlebnis ans Licht. Linda konnte sich nun erinnern, daß die Wesen sie aus dem Schlafzimmer ins Wohnzimmer geführt hatten, dessen Fenster zur Straße ging. Aus diesem Fenster sei sie hinaus- und ins wartende Raumschiff hinaufgeschwebt.

Erst vierzehn Monate später, im Februar 1991, hörte Hopkins zum ersten Mal von Richard, der zusammen mit Dan und dem Politiker Lindas Entführung beobachtet hatte.

»Bitte berücksichtigen Sie unsere berufliche Stellung«, schrieb Richard an Hopkins.»Wir dürfen unsere Identität nicht öffentlich preisgeben.« Er erklärte, er sei über das, was er beobachtet hatte, schockiert gewesen, und fügte hinzu:»Die Situation widerspricht allem, was ich bisher glaubte oder wußte.« Er schilderte seine Wut, seine Furcht und seine Ratlosigkeit.»Die Art und Weise, wie sie die Frau entführt haben, brachte uns fast um den Verstand. Was konnten wir tun, um ihr zu helfen? Wer war sie? War sie etwa eine von ihnen?«

Die letzte Frage, ob die Frau eine von ihnen gewesen sei, hielt Hopkins für besonders interessant.»Wenn sie auch nur ansatzweise glauben, die Frau könne zu den Wesen gehört haben, dann ist das ein Symptom dafür, daß die Männer die ganze Sache verdrängt haben«, sagte er mir später.»Es ist fast, als sagten sie: ›Ich will nicht glauben, daß sie ein Mensch ist, dem wir eigentlich helfen müßten.‹ Es ist einfacher zu glauben, sie hätte dazugehört.«

Die Agenten konnten natürlich nicht wissen, daß Hopkins bereits über die Entführung informiert war und daß die Frau, die ihnen selbst unbekannt war, längst mit Hopkins in Kontakt stand. Hopkins warnte Linda, die Männer könnten sie möglicherweise aufsuchen. In diesem Fall sollte sie keine Details preisgeben, sondern die Männer bitten, direkt mit Hopkins Kontakt aufzunehmen. »Versuchen Sie wenigstens«, sagte er zu Linda, »sie zu bewegen, mich ihre Schilderung aufzeichnen zu lassen.«

Hopkins wollte von den Männern unabhängige Informationen über die Details des Vorfalls bekommen.

Nicht lange danach suchten Dan und Richard, die sich als Polizeibeamte vorstellten, Linda Cortile tatsächlich auf.

Als Dan sich auf die Couch setzte, starrte er Linda an und sagte: »Mein Gott, sie ist es wirklich.«

»Gott sei Dank, Sie leben«, sagte Richard, während er Linda umarmte. Er hatte Tränen in den Augen. »Wir konnten nichts tun, um Ihnen zu helfen.«

Sie erklärten Linda, sie hätten den Vorfall durchs Fernglas beobachtet.

Linda leibhaftig vor sich zu sehen, beunruhigte die Sicherheitsbeamten sehr, doch das war noch gar nichts, verglichen mit Lindas Gefühlen, als sie hörte, wie die Leibwächter die Details ihrer Entführung bestätigten.

Mehrere Monate nach der Konferenz beim MIT konnte ich in Budd Hopkins' Atelier in New York ein Gespräch mit Linda führen. Linda Cortile, eine zierliche kleine Frau, hatte schon Platz genommen, als ich kam. Ich sagte ihr, ich hielte ihre Geschichte für äußerst »erstaunlich«.

Linda sprach mit deutlichem Brooklyn-Akzent. »Das ist in der Tat schwer zu schlucken«, sagte sie und lächelte leicht. »Ich war ja auch eine der Leute, die daheim vor dem Fernseher gesessen und die Entführten, die da gezeigt wurden, ausgelacht haben.«

»Weil Sie es nicht glauben wollten?«

»Ich habe mir wirklich große Mühe gegeben, es nicht zu glauben«, sagte sie. »Ich konnte nicht glauben, daß es wirklich geschah.«

»Was glaubten Sie denn, was dahintersteckt?« fragte ich.

»Als ich ein Kind war, glaubten wir, es wären Gespenster im

Haus. Wir haben nicht wirklich an Gespenster geglaubt, aber in unserer Wohnung hat es gespukt. Einmal sagte meine Mutter, die Erscheinungen wären direkt durch die Wand gekommen. Meine Mutter ließ zweimal in der Woche den Priester kommen und das Haus segnen. Er ist mit dem Kreuz und dem Weihwasser herumgelaufen, aber es hat nichts genützt. Dann habe ich geheiratet und bin umgezogen, aber es hat nicht aufgehört. Ich war in einer neuen Wohnung in einem anderen Bezirk, und es ging immer weiter!«

Ich fragte Linda nach ihren bewußten Erinnerungen an die Entführung.

»Ich erinnere mich, wie ich zu Bett ging«, sagte sie. »Es war ungefähr drei Uhr morgens. Ich war höchstens fünf Minuten im Bett, als ich das Gefühl hatte, jemand sei im Zimmer. Geschlafen habe ich nicht, ich hatte nur die Augen geschlossen, und dann hatte ich das Gefühl, daß außer meinem Mann und mir noch jemand im Schlafzimmer war. Ich spürte, wie meine Beine, von den Zehen ausgehend, betäubt wurden.«

»Fühlte es sich anders an als die Entspannung, die sich normalerweise beim Einschlafen einstellt?«

»Absolut«, sagte sie. »Kennen Sie das Gefühl, wenn Sie mit dem Ellenbogen irgendwo anstoßen, daß der ganze Arm kribbelt? So ähnlich hat es sich angefühlt, nur daß ich mich nicht mehr bewegen konnte.«

»Sind Sie sicher, daß es sich bei den Erinnerungen, die in der Hypnose aufgetaucht sind, um echte Erinnerungen handelt?« fragte ich. »Ist es denkbar, daß Ihnen die Erinnerungen erst von Budd eingegeben wurden?«

»Als ich im November 1989 die Wesen im Schlafzimmer gesehen habe, war ich wach, ich habe nicht geschlafen«, sagte Linda bestimmt. »Ich war nicht einmal im Halbschlaf. Ich hatte noch nicht geschlafen, und ich habe sie mit eigenen Augen gesehen. Sie waren im Zimmer, und ich hatte schreckliche Angst, aber es hat außerdem bestätigt, daß das, was ich unter Hypnose gesehen hatte, kein Traum war.«

»Hat Ihr Mann, der im Bett neben Ihnen lag, die Wesen nicht bemerkt?«

»Er ist einfach nicht aufgewacht! Ich konnte machen, was ich wollte, er wurde einfach nicht wach. Mein Mann schnarcht manchmal so laut, daß ich nicht schlafen kann. Es war sehr ungewöhnlich, daß ich ihn nicht wecken konnte, obwohl er überhaupt nicht geschnarcht hat. Ich wußte, daß etwas nicht stimmte. Die Lähmung kam von den Zehen herauf, es war totenstill. Und als ich die Augen öffnete und die Wesen sah, wußte ich sofort, wer sie waren. Ich kannte sie aus den Hypnosesitzungen. Es war die Bestätigung für das, was ich unter Hypnose gesehen hatte. Ich wollte nicht glauben, daß es wirklich geschah, aber es war wahr. Es war keine Hypnose, es war kein Traum, ich habe nicht geschlafen. Ich habe die Wesen mit eigenen Augen gesehen. Sie existieren wirklich. Ich sagte mir dann: ›Vielleicht bin ich auch verrückt. Vielleicht bilde ich es mir nur ein.‹ Es ist ja besser, verrückt oder geisteskrank zu sein, denn das kann man behandeln«, erklärte Linda. »Da hat man wenigstens die Chance, daß man geheilt wird. Aber diese Entführungen durch Außerirdische, das hört einfach nicht auf, man kann es nicht abstellen. Nach diesem Ereignis im November 1989 mußte ich erst einmal die Tatsache verdauen, daß ich die Wesen gesehen hatte. Ich redete mir also ein, ich wäre verrückt. Aber im Februar 1991 bekam Budd den Brief von diesem Sicherheitsbeamten namens Richard, und meine Theorie hat nicht mehr funktioniert.«

Seit der ersten Mitteilung von Richard hat Hopkins zahlreiche Briefe, auf Band aufgezeichnete Aussagen und Zeichnungen von den beiden Sicherheitsbeamten bekommen, aus denen hervorgeht, was sie gesehen haben, und zusätzlich besitzt er eine Bestätigung des Politikers.

Nach dem Treffen haben die Agenten Linda Cortile beobachtet. »Wir haben Sie beobachtet, um nicht durchzudrehen«, schrieb Richard an Hopkins. »Wenn ich sie sehe, zittere ich. Es ist real. Die ganze Situation ist real. Es war nicht ›interessant‹ oder ›aufregend‹. Es war entsetzlich.«

Im Juli 1991, fünf Monate nach Richards erster Kontaktaufnahme mit Budd Hopkins, bekam Hopkins einen Brief von einer sechzigjährigen Frau, die im Staat New York lebte. Sie war an jenem Novembermorgen um 3 Uhr 15 über die Brooklyn Bridge gefahren. Plötzlich hätte die Beleuchtung der Brücke geflackert, und die Elektrik ihres Autos und der wenigen anderen in der Nähe hätte versagt. Die Autos seien ausgerollt.

Vor ihnen, von ihrem Standort auf der Brücke aus deutlich zu erkennen, sei eine orangerote Scheibe zu sehen gewesen, die über dem Gebäude schwebte, in dem Linda Cortile wohnte. Die Frau sah, wie sich das Licht der Flugscheibe veränderte und wie ein blauweißer Lichtstrahl auf das Wohngebäude fiel.

»Mein Gott«, rief eine Frau, die im Wagen hinter ihr saß, »da schweben ja Leute durch die Luft!«

In ihrem Brief an Hopkins erklärte die Frau aus New York, sie habe im Fernsehen eine Sendung mit dem Titel »Visitors from the Unknown« gesehen, wo es auch um Entführungen gegangen sei. »Von diesem Abend an«, schrieb sie Hopkins, »mußte ich immer wieder an das denken, was ich anderthalb Jahre vorher in New York City gesehen hatte. Ich habe bisher nur ein einziges Mal darüber gesprochen«, fuhr sie fort,

und ich habe mich dabei lächerlich gefühlt. Danach habe ich nie wieder darüber geredet. Ich war auch nicht wieder in New York City, und ich werde nie wieder in die Stadt fahren, um keinen Preis ... Ich möchte anonym bleiben. Meine Angehörigen und meine Freunde halten nicht viel von UFOs. Ich habe Erfahrungen aus erster Hand gemacht, und ich will nicht wie eine Idiotin dastehen. Ich habe zwei Monate gebraucht, um Mut zu fassen und Ihnen diesen Brief zu schreiben, dem ich einige Zeichnungen beifüge. Ich möchte mit diesen unnatürlichen Vorgängen nichts zu tun haben, aber ich muß wissen, was da in New York City passiert ist und ob es oft passiert.

Eines Abends (sie nennt das Datum des Tages, an dem Linda entführt wurde) nahm ich in Brooklyn an der Abschiedsfeier für meine erkrankte Chefin teil. Die Party dauerte bis in die frühen Morgenstunden, und sie lud mich ein, bei ihr zu übernachten, aber ich wollte unbedingt nach Hause. Ich fuhr also zur Brooklyn Bridge, weil ich dort nach Manhattan hinüberwechseln wollte.

Ich kann mit Worten kaum beschreiben, was ich an diesem Morgen auf der Brücke sah, man muß das gesehen haben. Ich schicke Ihnen drei Zeichnungen mit. Vielleicht werden Sie mich für verrückt halten, nachdem Sie alles gesehen haben. Wenn ich verrückt bin, dann waren es die anderen Leute, die an diesem Morgen mit mir auf der Brücke anhalten mußten, ebenfalls. Wenn Sie mich aber nicht für verrückt halten und Fragen haben, dann kann ich nur sagen: Ich habe es *gesehen*, und ich *weiß*, was ich gesehen habe!

Die erste Zeichnung zeigt die orangerote Flugscheibe über dem Haus, in dem Linda wohnte, und das blauweiße Licht, das die Seite des Gebäudes beleuchtete. »Ich dachte an einen Brand, aber als ich dann erkannte, was es wirklich war, erschrak ich«, schrieb die Frau. »Das Licht war so grell, daß ich die Augen abschirmen mußte. Ich hatte Angst, ich fand das Flugobjekt sehr beängstigend.«

Die zweite Zeichnung zeigt die Position und Körperhaltung, in der Linda und die drei Wesen sich befanden, als die Zeugin sie bemerkte. »Sie kamen nacheinander aus einem Fenster. Auf dieser Seite des Gebäudes waren sechs Fenster, ich habe sie gezählt. Sie kamen aus dem zweiten von links. Es war hell genug, daß Tausende von Menschen es sehen konnten, und ich gehe jede Wette ein, daß Tausende von Menschen es tatsächlich gesehen haben. Was das für Wesen waren, die da aus dem Fenster kamen, kann ich aber nicht sagen ...«

Die dritte Zeichnung zeigt die Position und Körperhaltung, in der Linda und die drei Wesen sich befanden, als sie in die Flugscheibe aufstiegen.

Ich wollte gar nicht mehr hinsehen, als sie in das Raumschiff hochstiegen, aber irgendwie konnte ich den Blick nicht abwenden. Erst jetzt bemerkte ich, daß mitten in der Luft vier Kinder schwebten. Mitten in der Luft! Ich konnte hinter mir die Schreie der Leute in den anderen Autos hören. Bitte entschuldigen Sie, daß ich die Strichmännchen dazugemalt habe, aber genau so habe ich die drei Kinder gesehen. Für mich war klar, daß die Kinder rachitisch waren, denn die Köpfe waren riesig im Vergleich zu dem normal gewachsenen Mädchen, das zwischen ihnen stand. Das Geschlecht der drei kranken Kinder weiß ich nicht, aber das Kind, das größer war als sie, trug ein weißes Nachthemd und war deshalb als Mädchen zu erkennen. Vielleicht war es etwas älter. Dann rückten sie näher an das Raumschiff heran, und dann schossen sie alle in das Objekt hinein und verschwanden.

Das Flugobjekt stieg auf und flog mit hoher Geschwindigkeit weg. Es verschwand hinter dem Gebäude, das ich auf der rechten Seite eingezeichnet habe. Es flog über einen Highway und stieg mitten über der Brücke höher ... Ich weiß nicht, wie es dann weiterflog, denn über mir war eine andere Ebene der Brücke, und ich konnte das Objekt nicht mehr sehen. Ich weiß nur, daß mir die Kleider am Körper klebten und meine Haare zu Berge standen, als das Objekt über mich wegflog. Das Gefühl verschwand, als das Objekt sich entfernte, und dann sprang auch mein Auto wieder an.

Da die Frau ihre Wagentür nicht richtig geschlossen hatte, ging als erstes, nachdem die Flugscheibe verschwunden war, die Innenbeleuchtung an, und die Frau erschrak.

Sie beendete ihren Brief an Hopkins folgendermaßen:

Mr. Hopkins, ich wollte mit den Leuten reden, die hinter mir standen. Aber ich war erschüttert, und auch die Leute waren viel zu aufgeregt, und so konnte ich nicht mit ihnen sprechen. Einige liefen sogar schreiend, die Hände auf den Kopf gelegt, um ihre Autos herum.

Wissen Sie, was in dieser schrecklichen Stadt vor sich geht? Wird jemand dem ein Ende setzen?

Hopkins nahm sofort Kontakt mit der Frau auf und befragte sie eingehend. Um ihre Glaubwürdigkeit zu prüfen, vertauschte er absichtlich die Reihenfolge der Ereignisse oder versuchte, sie dazu zu bringen, ihre Schilderung abzuändern, aber sie ließ sich nicht beirren. Sie blieb bei ihrer Geschichte.

Wie Hopkins sagt, entsprechen die Einzelheiten, welche die Frau im Brief erwähnt, sowie ihre Zeichnungen und die Informationen, die in späteren Gesprächen ans Licht gekommen sind, exakt den Details, die von den Männern auf der South Street und von Linda selbst geschildert wurden.

Abgesehen von dieser Zeugin gibt es noch eine weitere Bestätigung für Linda Cortiles Bericht über ihre Entführung. Anscheinend hat sich in derselben Nacht zur selben Stunde ein Stück weiter nördlich in Manhattan eine weitere Entführung ereignet. Eine zweite Entführte berichtete, sie habe eine rot-orangefarbene Flugscheibe den East River hinunterfliegen sehen, und das Objekt sei ungefähr aus der Gegend gekommen, wo Linda Cortile wohnte.

John Miller, der Notarzt aus Los Angeles, spricht jetzt über »Mangelnde Beweise für das Missing Embryo/Fetus Syndrome (ME/FS)«.

Das ME/FS-Phänomen, bei dem es um aus unerklärlichen Gründen verschwundene Embryos geht, wird von Budd Hopkins und David Jacobs in ihren Büchern ausführlich behandelt. Miller ist nicht überzeugt, daß dieses Phänomen wirklich existiert. Jacobs schreibt in *Secret Life:*

> Das Problem der ungeplanten oder unerklärlichen Schwangerschaften ist eine der häufigsten physischen Folgewirkungen von Entführungserfahrungen. Normalerweise fühlt die betreffende Frau sich schwanger und zeigt alle Anzeichen einer Schwangerschaft. Sie ist verwirrt und verstört, weil sie entweder überhaupt keinen Sex hatte oder in bezug auf Verhütung sehr gewissenhaft war. Sie läßt Blutuntersuchungen und gynäkologische Tests durchführen und stellt fest, daß sie schwanger ist. Zwischen der Entdeckung der Schwangerschaft und dem Ende des dritten Monats bemerkt die Frau typischerweise, daß sie nicht mehr schwanger ist. Sie

hatte keine Fehlgeburt und keine schweren Blutungen. Der Fötus ist einfach verschwunden, ohne daß es Hinweise auf die bei Einzelföten sehr seltene »Absorption« gäbe; die Theorie besagt, ein nicht lebensfähiger Fötus könne vom Körper der Mutter absorbiert werden. Falls die Frau sich in den ersten drei Monaten zum Abbruch entschließt, stellt der Arzt fest, daß im Uterus kein Fötus zu finden ist ... das »Missing Fetus Syndrom« ist so oft aufgetreten, daß es inzwischen zu den bekannteren Folgewirkungen der Entführungserfahrungen gehört.[37]

Auch Miller weist darauf hin, daß »über das ›Missing Embryo/Fetus Syndrome‹ (ME/FS) inzwischen recht häufig von weiblichen Entführten berichtet wird. Eigentlich sollten wir mittlerweile einige medizinisch gut dokumentierte Fälle kennen, aber das ist nicht der Fall. Wirkliche Beweise für das ME/FS gibt es nicht.« Miller weist darauf hin, daß ein ME/FS-Fall, der nicht durch ärztliche Aufzeichnungen belegt werden kann, nicht als »bewiesen« gelten dürfe.

»Die Schwierigkeit, einen ME/FS-Fall nachzuweisen, beruht aber nicht nur auf dem Fehlen von Krankenakten«, sagt Miller. »Eine Zeugin mag aufrichtig glauben, ein ME/FS-Erlebnis gehabt zu haben, aber es gibt viele Möglichkeiten, in dieser Hinsicht Fehler zu machen, besonders in Zusammenhang mit jenen Schwangerschaften, die sich in den ersten zwölf bis sechzehn Wochen einfach in nichts aufzulösen scheinen.«

Miller legt eine Folie auf den Tageslichtprojektor:

Medizinische Ursachen für scheinbar
aufgehobene Schwangerschaften

1. Blighted Ovum (defekte Eizelle)
2. Spontaner Abort (Fehlgeburt)

---

37 David M. Jacobs, *Secret Life: Firsthand Accounts of UFO Abductions*, New York 1992, S. 246.

3. Unbemerkter Abort
4. Mola hydatidosa, Blasenmole
5. Sekundäre Amenorrhoe (Ausbleiben bzw. Fehlen der Menstruation)
6. Scheinschwangerschaft

»Die Punkte 1, 2 und 3 sind recht häufige Befunde«, erklärt Miller. »Ich kann sie in meiner Abteilung beinahe täglich beobachten. Die Punkte 4, 5 und 6 kommen seltener vor.«

Miller erklärt, daß mit der »defekten Eizelle« eine Schwangerschaft gemeint ist, bei welcher der Embryo degeneriert oder von Anfang an fehlt. Da aber das Plazentagewebe trotzdem die Hormone absondert, die ein moderner Schwangerschaftstest ermittelt, verlaufen die Tests positiv, obwohl kein Fötus vorhanden ist.

Auch wenn nach Spontanaborten das abgestoßene Gewebe untersucht wird, erklärt Miller, komme es »gar nicht so selten vor, daß im Gewebe kein Fötus gefunden wird«.

Von einem »unbemerkten Abort« spreche man, »wenn eine Schwangerschaft abstirbt, ohne daß ein Abort stattgefunden hätte. Obwohl der Fötus nicht mehr vorhanden ist, kann die ›Schwangerschaft‹ bis zu fünf Monaten scheinbar normal verlaufen.«

Miller meint, es sei nichts Geheimnisvolles daran, wenn eine Schwangerschaft aufgrund einer abnormalen Entwicklung noch Monate anzudauern scheint, obwohl der Fötus längst nicht mehr vorhanden ist. Dann erklärt Miller weiter, daß bei der »Blasenmole«, die ungefähr einmal unter tausendfünfhundert Schwangerschaften auftritt, das befruchtete Ei aus irgendeinem Grund zu einer rasch wachsenden Gewebemasse degeneriert, die ebenfalls Schwangerschaftshormone absondert. »So könnte die Zeugin von einem positiven Schwangerschaftstest und einem vergrößerten Uterus berichten«, erklärt Miller, »während der Arzt lediglich wucherndes Gewebe findet.« Auch in diesem Fall fehlt der Embryo.

»Sekundäre Amenorrhoe« bedeutet, daß eine Frau aus anderen Gründen als einer Schwangerschaft über sechs oder mehr Monate keine Regelblutung mehr hat.

Doch könnten all diese medizinischen Phänomene, fährt Miller fort,»nicht die Berichte über UFO-Begegnungen und das ME/FS-Syndrom erklären, die sehr spezifisch und recht konsistent erscheinen. Allerdings fehlen nach wie vor klare Beweise für das ME/FS-Syndrom.« Miller berichtet von einem Fall, in dem ein sieben Monate alter Embryo anscheinend über Nacht verschwand.»Ein verblüffendes Ereignis«, sagt er. Aber anhand der ärztlichen Unterlagen könne man vermuten, daß es sich um eine Scheinschwangerschaft gehandelt habe.

»Was ist also erforderlich, um zu *beweisen*, daß ein ME/FS-Fall tatsächlich anormal verlaufen ist?« fragt Miller. Um diese Frage zu beantworten, sagt er weiter, müßte man zunächst mit der Zeugin sprechen, um ihre Glaubwürdigkeit festzustellen. Man müßte Zugang zu den gesamten Krankenakten der Frau haben, die von erfahrenen Ärzten zusammengestellt sein sollten, und nach entsprechender Einwilligung der Frau müßten auch Gespräche mit den Ärzten stattfinden. Wenn der Fall dann immer noch anormal erscheint, solle nach Millers Ansicht der letzte Schritt in einer Bewertung des Falles durch»Nicht-Ufologen« bestehen. Es sollte sich dabei um eine Gruppe von Geburtshelfern und/oder Gynäkologen handeln, die über den Verdacht, es könnten UFOs im Spiel sein, nicht informiert werden dürften,»um jede Beeinflussung ihrer Bewertung zu vermeiden«. Damit wären beispielsweise auch Ärzte wie er selbst von diesem letzten Schritt ausgeschlossen.

»Da wir ohne entsprechende Bewertung unabhängiger Gutachter nicht ohne weiteres einen Fall als anormal bezeichnen können«, sagt Miller,»dürfte klar sein, daß auch ein Forscher, der kein Mediziner ist, nicht behaupten kann, er habe einen solchen Fall mit eigenen Mitteln nachgewiesen. Es ist beunruhigend zu sehen, daß über solche Fälle geschrieben wird, als handle es sich um eine Art etablierter, physischer Realität.«

»Klare und überzeugende Beweise« sind bisher Mangelware auf dieser Konferenz. Ich hoffe, Jenny Randles, die nächste Referentin, wird ein paar davon liefern. Dem Programm kann ich das Thema entnehmen, über das sie sprechen will: »Ein Entführungsfall, bei dem ein Wesen fotografiert wurde.«

»Am 1. Dezember 1987«, erzählt Randles, »bemerkte ein Polizeibeamter im Ruhestand eine Gestalt in einem Bachbett und ging der Sache nach …«

Der Polizist habe das Wesen fotografiert, bevor es hinter einem Felsvorsprung verschwand, um zu seiner fliegenden Untertasse zurückzukehren.

»Als der Polizist den Felsvorsprung erreichte«, erklärt Randles, »sah er einen klassischen UFO-Abflug. Daraufhin kehrte er zu seinem Auto zurück.«

Dort angekommen, entdeckte der Beamte, daß erstens seine Uhr nicht mehr ging, daß zweitens anderthalb Stunden Zeit fehlten und daß drittens sein Kompaß um 180 Grad verstellt war. Er ließ den Kompaß später überprüfen und fand heraus, daß er einem »pulsierenden Magnetfeld« ausgesetzt gewesen sei. Auch die Felsen, wo die fliegende Untertasse angeblich gestanden hatte, wurde untersucht, aber dort konnte man nichts Ungewöhnliches finden.

Randles schiebt das Foto in den Projektor. Es ist ein verschwommenes Schwarzweißbild, auf dem in etwa dreißig Meter Entfernung irgend etwas im Bachbett zu sehen ist. »Drei unterschiedliche Analysen des Fotos kamen übereinstimmend zu dem Ergebnis, daß man dort ein etwa viereinhalb Fuß großes, graues Wesen mit großem Kopf und nichtmenschlichen Proportionen sieht«, berichtet Randles. »Leider ist der Film mit 400 ASA zu grobkörnig, um Ausschnittsvergrößerungen zu machen.«

Wie kommt es eigentlich, daß trotz all der Autofocus-Kameras und der vielen Videokameras, die es gibt, immer noch keine klaren und überzeugenden Fotos von UFOs oder außerirdischen Wesen vorliegen?

In der Mittagspause spreche ich mit Linda Moulton Howe, einer Dokumentarfilmerin, die sich auf wissenschaftliche, medizinische und Umweltthemen spezialisiert hat. Sie nimmt jedoch als Referentin und nicht als Journalistin an der Konferenz teil. Ich frage auch sie, was ihrer Ansicht nach hinter alldem steckt.

»Zuerst würde ich gern erklären, wie es für mich angefangen hat«, sagt sie. Im Jahre 1979 habe sie in Denver für CBS eine Reihe von Dokumentarfilmen und Fernsehsendungen über Umweltthemen produziert, vorher habe sie in Boston an medizinischen Themen gearbeitet. Als im September 1979 Berichte über eigenartige, anscheinend ohne Blutungen verlaufende Viehverstümmelungen von amerikanischen, australischen und kanadischen Zeitungen eingingen – beispielsweise, daß das Ohr oder Auge eines Stiers oder seine Zunge entfernt worden sei, daß aus Genitalien und Rektum mit chirurgischer Präzision Gewebe entnommen worden war, daß am Kiefer der Knochen freigelegt worden sei –, konnte sie sich dank ihrer medizinischen Erfahrungen kritisch mit dem Thema auseinandersetzen.

Zunächst dachte sie, irgendeine Regierungsbehörde hätte auf diese seltsame Art und Weise Gewebeproben genommen und auf Umweltschäden hin untersucht. Aber als sie zu recherchieren begann, erfuhr sie von den betroffenen Farmern und den Behörden, bei denen die Vorfälle gemeldet worden waren, daß man nicht über Umweltschäden mit ihr reden wollte. Die Leute wollten ihr von orangefarbenen glühenden Scheiben in der Größe von Football-Feldern erzählen, die über den Wiesen geschwebt waren, und von Lichtkegeln, die aus unsichtbaren Quellen auf Weiden fielen, wo man danach manchmal verstümmelte Tiere fand. Je länger sie sich mit der Geschichte beschäftigte, desto stärker wurde ihr Gefühl, »in einem Spiegelkabinett mit einem Boden aus Treibsand« zu stecken.

Am Tag nach der Ausstrahlung von *A Strange Harvest*, Lindas Sendung über die geheimnisvollen Viehverstümmelungen, registrierte der Sender in Denver mehr als dreihundert Anrufe, bevor man zu zählen aufhörte. Linda bekam zahlreiche Zuschriften, in denen es hieß: »Ich habe bisher noch nie darüber gesprochen, aber ...« Und dann erzählten die Leute von ihren eigenen Erlebnissen mit Viehverstümmelungen und von den Begegnungen mit seltsamen Flugobjekten und Lichtern.

Linda hat sich danach ganz bewußt auch mit anderen Themen beschäftigt, aber: »Die Sache ließ mich nicht mehr los.«

Sie erklärt: »Alle hier auf der Konferenz haben die gleiche Erfahrung gemacht. Es ist, als würde man gleichzeitig in zwei Welten leben. Man verdient seinen Lebensunterhalt in einer Welt, in der das UFO-Phänomen seit fast einem halben Jahrhundert immer wieder Schlagzeilen macht. Gelegentlich wurden Fotos veröffentlicht, und die Regenbogenpresse hat sich des Themas angenommen. Aber dies ist immer noch eine Welt, in der es weitgehend heißt, das UFO-Phänomen existiere überhaupt nicht. Doch auf der anderen Seite stehen die Menschen, die auf die eine oder andere Weise in den Treibsand geraten sind, und wir haben Zugang zu jener anderen Welt, weil wir all diese Nachrichten auf dem Anrufbeantworter vorfinden: eine Viehverstümmelung in Kansas, die Sichtung einer Flugscheibe über einer Wiese. Oder man wird mitten in der Nacht von jemandem geweckt, der kleine Narben am Bein gefunden hat, die wie ein Dreieck angeordnet sind, oder er hat unerklärliche Prellungen am Arm und macht sich Sorgen, und auf einmal bekommt man es mit Entführungen zu tun. Und trotz aller Kritik an den Hypnosen, stößt man bei Entführungen auf Augenzeugen, die bei vollem Tageslicht etwas erlebt haben. Ein Rancher in Texas, der ein paar Kühe zusammentreiben wollte, begegnet zwei großen, graugrünen Wesen mit großen, schwarzen, schräg angesetzten Augen, die ein Kalb tragen. Er bekommt es mit der Angst zu tun, bringt sich in Sicherheit, kehrt drei Tage später mit seiner Frau und einem Sohn an die Stelle zurück und findet das verstümmelte Kalb.«

»Woher wissen Sie das?« frage ich.

»Ich habe mit dem Rancher und seinem Sohn gesprochen«, antwortet Linda. »Oder ein Ehepaar aus Missouri – Sie können ja selbst mit den Leuten reden –, das im Juli 1983 zwei kleine Wesen mit weißer Haut und silbernen Anzügen beobachtet, die auf einer

Weide mit einer Kuh in ein kegelförmiges Objekt geschwebt und weggeflogen sind.«

»Kann ich wirklich mit den Leuten reden?« frage ich.

»Ich kann Ihnen den Namen und die Adresse geben. Die Leute sind sicher bereit, mit Ihnen zu sprechen. Sie teilen sich ihre Brille und haben darüber gestritten, wer sie benutzen durfte, um das seltsame Ereignis zu beobachten.«

»Linda, Sie sind wissenschaftlich geschult und bestimmt nicht verrückt, oder?«

»Nein, bestimmt nicht«, sagt sie lachend.

»Aber was Sie mir sagen, klingt verrückt.«

»Ich weiß. Es muß Ihnen vorkommen wie Science fiction. Aber es gibt Leute, die bei hellichtem Tage Begegnungen mit etwas hatten, das nicht menschlich war. Doch es gibt ein ungeschriebenes Gesetz: Solche Dinge zählen einfach nicht. Das ist das seltsame an diesem Phänomen«, sagt sie. »Wir erforschen etwas, für dessen Existenz wir außergewöhnlich gute Beweise brauchen, weil allgemein angenommen wird, es existiere überhaupt nicht. Das ist das Dilemma, in dem wir stecken.«

»Aber Sie fordern schon einen enormen Vertrauensvorschuß«, sage ich. »Wenn Coyoten für die Viehverstümmelungen verantwortlich wären, dann würden wir das ohne weiteres akzeptieren. Aber wenn Sie sagen, die Organe wären ohne Blutverlust entfernt worden, die Einschnitte wären wie vom Skalpell gezogen und die kleinen grauen Männchen mit den großen Köpfen würden das Vieh mit Lichtstrahlen zu kegelförmigen fliegenden Untertassen befördern, dann strapazieren Sie das Vertrauen der Leute enorm.«

»Ich weiß, ich weiß«, sagt Linda. »Ich habe ja selbst mal so gedacht. Ich habe es einfach abgestritten. Wir verleugnen es alle.«

»Wie kam es dann, daß sich bei Ihnen etwas verändert hat?«

»Es ist die ständige Konfrontation mit dem Thema«, sagt sie. »Der ständige Strom von Briefen und Anrufen. Und wenn Sie öffentlich auftreten, bekommen Sie immer neue Rückmeldungen.

Wenn Sie hören, was die Entführten sagen, wie sie unablässig mit ihren Erlebnissen kämpfen ... Ich weiß natürlich genau, wie Ihnen eine Konferenz wie diese hier vorkommen muß«, fährt sie fort. »Das muß so ähnlich sein wie bei jedem anderen, revolutionären Paradigmenwechsel, wie bei Galileo, Kopernikus oder Darwin. Wir befinden uns mitten in der Umwälzung! Wir befinden uns in einer chaotischen Situation, denn wir müssen neu definieren, wo wir Menschen uns im Universum einordnen wollen. Wenn Sie sich mal die neuere Literatur zur Quantenphysik ansehen – Michael Talbots Buch *Das holographische Universum,* John Gribbins Werke *Auf der Suche nach Schrödingers Katze* und *Time Warps* –, dann hören Sie ganz ähnliche Dinge. Ich habe gestaunt, als ich gesehen habe, daß es in *Das holographische Universum* sogar ein Kapitel über das UFO-Phänomen gibt. Talbot und Gribbin und all die anderen setzen sich mit dem auseinander, was uns die theoretische Mathematik sagt: Es muß andere Dimensionen geben, und was wir als solide Realität wahrnehmen, ist im Grunde nichts weiter als eine quantenmechanische Wellenfunktion. In der theoretischen Physik und in einem holographischen Universum sind Ihre Aktentasche da neben Ihnen und meine Hand hier auf dem Tisch lediglich Interferenzen oder ein Austauschprozeß von Masse und Energie.«

»Was bedeutet das?«

»Theoretisch bedeutet das, daß wir uns einer neuen Definition des Universums annähern. Aber solange dies nicht wirklich ins Bewußtsein der Öffentlichkeit vorgedrungen ist, muß man damit rechnen, auf Gleichgültigkeit oder sogar Belustigung zu stoßen. Ich persönlich mußte dicke Mauern des Unglaubens und der Furcht in mir selbst überwinden«, erklärt Linda mir. »Aber nach und nach habe ich eines erkannt: Abhängig von der Entwicklung der Informationen verändert sich auch meine Perspektive. Ich glaube, was da vorgeht, kann in einem Jahr in dieser und im nächsten Jahr in ganz anderer Gestalt auftreten. Aus diesem Grund bin ich sehr vorsichtig geworden, wenn ich mich zu der Frage äußern soll, ob das, was passiert, negativ oder positiv oder irgendwo dazwischen ist. Ich kann nur sagen, daß wir es mit einer anderen Intelligenz zu tun haben.«

»Denken Sie dabei an eine außerirdische Intelligenz? Von einem anderen Planeten?« frage ich.

»Ich weiß nicht, woher sie kommt«, sagt sie. »Ich kann auch nicht sagen, was sie beabsichtigt. Aber nach und nach entwickelt man eine Perspektive, wie es auch die Entführten, die ich kenne, getan haben. Wenn Ihnen das alles noch neu ist, haben Sie noch keinen Überblick. Aber ich habe mich lange genug mit dem Thema beschäftigt, um zu erkennen, daß ein Entführter, der 1980 an einem schweren Trauma litt und erklärte, er sei vergewaltigt worden, absolut die Wahrheit gesagt hat. Zwölf Jahre später kam er dann zu der Ansicht, er habe es mit einer überlegenen Intelligenzform zu tun, die versucht, die blinde, kurzsichtige Menschheit aus dem Sumpf zu ziehen. Im April 1983«, fährt Linda fort, »habe ich an einem Dokumentarfilm für HBO gearbeitet. Der Kanal hatte *A Strange Harvest* gezeigt und mich gefragt, ob ich eine Fortsetzung drehen wollte, die über die Viehverstümmelung hinausginge. Ich nannte das Projekt *UFOs: The E.T. Factor.* Ich habe mit Peter Gerston gesprochen, das ist der Anwalt, der unter dem »Freedom of Information Act« zahlreiche Klagen gegen die National Security Agency, die Central Intelligence Agency, die Department of Defense Intelligence Agency und eine Reihe anderer Behörden eingereicht hat. Er hat versucht, als geheim eingestufte, unterdrückte und verborgene Informationen zu bekommen, die unsere Geheimdienste und die Regierung über UFOs gesammelt hatten. Im April 1983 saß ich dann im AFOSI-Büro (Air Force Office of Special Investigations) auf dem Luftwaffenstützpunkt Kirtland in der Nähe von Albuquerque und sprach mit einem Agenten ...«

Linda hält einen Moment inne und fährt dann fort: »Ich will jetzt als Journalistin sprechen. Man kann diese komplizierte Geschichte nur in den Griff bekommen, wenn man ihre Entwicklung über Jahrzehnte hinweg betrachtet.« Sie erzählt mir von Zeugen, die Ende der vierziger Jahre jeweils allein oder zu mehreren Lichter und Scheiben am Himmel gesehen haben. Die Moderne der fliegenden Untertassen habe mit Kenneth Arnolds Sichtung am 24. Juni 1947 begonnen.

Arnold, ein erfahrener Pilot aus Boise, Idaho, beteiligte sich in den Cascade Mountains mit seiner kleinen Privatmaschine an der Suche nach einem seit mehreren Tagen vermißten Transportflugzeug des Marine Corps. Als er nach Wrackteilen Ausschau hielt, bemerkte er »einen unglaublich hellen Lichtblitz«. Kurz danach sah er die Quelle: neun helle Objekte, die in lockerer Formation den Mount Rainier überflogen.

Arnold schätzte die Geschwindigkeit der neun Objekte auf 1700 Meilen pro Stunde, ein für damalige Verhältnisse unvorstellbares Tempo. Später reduzierte er seine Schätzung auf 1350 Meilen pro Stunde.

Nach der Landung in Yakima, Washington, berichtete Arnold dem Bodenpersonal, was er gesehen hatte. Als er nach Pendleton, Washington, weiterflog, war ihm die Geschichte bereits vorausgeeilt, und er wurde von skeptischen Reportern in Empfang genommen. Aber Arnolds guter Ruf – er war ein erfolgreicher Geschäftsmann, ein erfahrener Pilot und ein stellvertretender US-Marshal – zwang die Leute, ihm zuzuhören.

»Solche Flugzeuge habe ich noch nie gesehen«, sagte Arnold. »Ich konnte sie deutlich erkennen, wie sie vor dem Schnee und dem Himmel hin und her geflogen sind.« Arnold berichtete zunächst, die Objekte hätten Flügel gehabt, aber später, als er den Reportern zu beschreiben versuchte, daß die Objekte mit wellenförmigen Bewegungen geflogen seien, sagte er: »… wie eine Untertasse, die man über das Wasser hüpfen läßt.« Das war die Geburt des Begriffs »fliegende Untertasse«.[38]

Arnold war keineswegs der erste, der unidentifizierte Flugobjekte gesichtet hatte, aber da er bekannt war und als glaubwürdig

---

38 Kenneth Arnold, zit. n. David C. Knight, Hrsg., *UFOs: A Pictorial History from Antiquity to the Present*, New York 1979, S. 31–33.

galt, ermunterte sein Beispiel andere, die zuvor gefürchtet hatten, ausgelacht zu werden, nun auch mit ihren eigenen Geschichten und Berichten an die Öffentlichkeit zu gehen. Noch wichtiger ist vielleicht die Tatsache, daß durch Arnolds Geschichte der Begriff »fliegende Untertasse« geprägt wurde, der den Menschen ein Wort gab, um etwas Fremdartiges und Außergewöhnliches zu beschreiben, das eindeutig künstlichen Ursprungs war und möglicherweise nicht von der Erde stammte.

Arnolds Sichtung provozierte natürlich eine Reihe von Erklärungen: Er habe Reflexionen der Instrumente im Cockpitfenster gesehen, er sei schneeblind gewesen, nachdem er sich nach dem abgestürzten Flugzeug umgesehen hatte, er habe zu lange in die Sonne gestarrt oder Luftspiegelungen über den Bergen gesehen. Aber im Jahre 1947 wurden 850 UFO-Sichtungen gemeldet; der Höhepunkt kam einen Monat nach Arnolds Erlebnis. Die Presse hatte versucht, objektiv über derartige Geschichten zu berichten, aber als die Berichte immer zahlreicher wurden und die ersten Schwindeleien aufgedeckt wurden und da niemand einen klaren, überzeugenden Beweis für die Existenz der fliegenden Untertassen liefern konnte, kam die natürliche Skepsis der Journalisten wieder zum Vorschein und schlug sich in Form von Spott nieder, zu dessen Ziel natürlich auch Kenneth Arnold selbst wurde.

Arnold reagierte verbittert: »Nennt mich meinetwegen Einstein oder Flash Gordon oder meinetwegen auch nur einen Schwindler«, sagte er, »aber ich weiß genau, was ich gesehen habe! Doch ihr könnt mir glauben, wenn ich jemals wieder ein solches Phänomen am Himmel beobachte, selbst wenn ein einstöckiges Gebäude herumfliegt, ich werde kein Wort mehr darüber verlieren.«[39]

Am 7. Januar 1948 machte ein weiteres Ereignis Schlagzeilen. Vier Jagdflugzeuge der Nationalgarde im US-Bundesstaat Kentucky, es waren Propellermaschinen vom Typ F-51 Mustang, kehrten gerade zum Luftwaffenstützpunkt Godman nahe Fort Knox

39 ibid., S. 34.

zurück, als Zeugen in Louisville meldeten, ein kegelförmiges, silbernes Objekt von ungefähr dreihundert Fuß Durchmesser sei in südlicher Richtung vorbeigeflogen. Auch das Personal in Fort Knox konnte das Objekt beobachten, und nachdem man sich vergewissert hatte, daß es sich weder um ein Flugzeug noch um einen Wetterballon handelte, setzten die Flutlotsen in Godman die sich nähernden F-51 zur Aufklärung ein. Eine Maschine, die kaum noch Treibstoff hatte, mußte landen, die anderen drei stiegen unter Führung von Captain Thomas Mantell wieder auf, um das Flugobjekt abzufangen.

Mantell meldete kurz darauf über Funk nach Godman: »Das Objekt fliegt halb so schnell wie ich und direkt vor und über mir. Ich sehe es mir näher an.« Kurz danach berichete er: »Es ist über mir ... es scheint aus Metall zu bestehen und ist ungeheuer groß.«

Obwohl seine F-51 nicht mit einem Sauerstoffgerät ausgerüstet war, stieg Mantell bis auf zwanzigtausend Fuß, weil er hoffte, das Flugobjekt zu überholen. Doch er verlor in der dünnen Luft das Bewußtsein, seine Jagdmaschine stürzte ab, und er wurde beim Aufprall getötet.

Der erste Bericht über einen Militärpiloten, der bei der Verfolgung einer fliegenden Untertasse den Tod gefunden hatte, erregte großes Aufsehen. Gerüchte machten die Runde, daß Mantells Leiche voller Einschüsse gewesen oder durch Strahlenverbrennungen außerirdischen Ursprungs entstellt oder daß er von einem außerirdischen Raumschiff abgeschossen worden sei. Die Luftwaffe behauptete in ihrer Stellungnahme, Mantell hätte den Planeten Venus gejagt. Drei Jahre später erklärte die Navy, ein geheimer, für große Höhen konstruierter Aufklärungsballon vom Typ Skyhook habe sich zu jener Zeit in der betreffenden Gegend befunden, und Mantell sei offensichtlich bei dem Versuch gestorben, ihn zu erreichen. Das ist eine einleuchtende Erklärung.

Im Juli 1952 gab es in der Umgebung von Washington eine Reihe aufsehenerregender Sichtungen. Am 10. Juli meldete die Crew einer Maschine der National Airlines über Quantico, Virginia, also ein Stück südlich der Hauptstadt, ein geheimnisvolles Licht, das »zu hell für einen beleuchteten Ballon und zu langsam für einen großen Meteor« sei. Am 13. Juli flog etwa sechzig Meilen südlich von Washington ein Objekt mehrere Minuten lang links neben einer Zivilmaschine. Als der Pilot die Landelichter einschaltete, beschleunigte das Objekt und flog mit hoher Geschwindigkeit davon. Am 14. Juli wurden in der Nähe von Newport News, Virginia, von der Crew eines PanAm-Fluges acht UFOs gemeldet. Zeugen am Boden sahen am folgenden Tag in der gleichen Gegend ein UFO.

Vier Tage später, am 19. Juli um 23 Uhr 40, erfaßte die Radaranlage des Washington National Airport südöstlich der Andrews Air Force Base sieben UFOs. Nach Edward J. Ruppelt, dem ehemaligen Leiter des Projekts Blue Book (eine Sonderabteilung der Luftwaffe, die UFO-Berichten nachgehen sollte und die den Astronomen J. Allen Hynek als Berater beschäftigte), waren ein Langstreckenradar (einhundert Meilen Radius) der Luftverkehrskontrolle ARTC für den Raum Washington und ein Kurzstreckenradar auf dem Tower des National Airport, das der Überwachung der unmittelbaren Umgebung dient, an der Erfassung der Objekte beteiligt.

Der Luftwaffenstützpunkt Bolling liegt östlich des National Airport auf der anderen Seite des Potomac, und zehn Meilen weiter östlich, fast auf einer Linie mit dem Flughafen und dem Stützpunkt, liegt Andrews, wo es ebenfalls eine Radaranlage gibt. Die Flugfelder waren durch Sprechanlagen miteinander verbunden. Aus Ruppelts Bericht geht folgendes hervor:

Als im Radarraum der ARTC die neue Schicht begann, war der Luftverkehr schwach, so daß nur ein Mann den Radarschirm beobachtete. Der Leiter der Verkehrskontrolle und die sechs anderen Fluglotsen waren um 23 Uhr 40, als der Beobachter eine Gruppe von sieben Objekten auftauchen sah, nicht im Raum. Aus der Position auf dem Bildschirm konnte er entnehmen, daß sie sich östlich und etwas südlich des Luftwaffenstützpunkts Andrews befanden. Die Objekte sahen aus wie ein Verband langsam fliegender Maschinen, aber für diese Zeit waren keine Verbände angemeldet. Der Fluglotse konnte beobachten, wie die Objekte mit 100 bis 130 Meilen pro Stunde flogen, dann beschleunigten sie plötzlich, und zwei von ihnen verließen die Reichweite des Radars. Der Mann war überzeugt, daß es sich nicht um Flugzeuge handelte, und rief den Leiter der Verkehrskontrolle. Der Leiter zog nach einem Blick auf den Bildschirm zwei weitere Männer hinzu. Alle waren sich einig, daß es sich nicht um Flugzeuge handelte. Sie waren der Meinung, daß die Objekte möglicherweise nur aufgrund einer Fehlfunktion des Radars aufgetaucht seien, und bestellten einen Techniker, doch die Anlage war in Ordnung.

Daraufhin rief der Leiter den Kontrollturm im National Airport an, wo man bestätigte, daß man dort ebenfalls unidentifizierte Objekte auf dem Bildschirm habe. Von Andrews kam eine ähnliche Meldung. Auch dort waren die langsam fliegenden Objekte und die plötzliche Beschleunigung bemerkt worden. Ein Objekt war mit 7000 Meilen pro Stunde gemessen worden. Inzwischen hatten die Objekte die Flugverbotszone über dem Weißen Haus und dem Capitol passiert.

Im Laufe der Nacht näherten sich die Objekte mehrmals zivilen Flugrouten, und zweimal meldeten Piloten unidentifizierte Lichter, die sich an den Stellen befanden, wo laut Radar die UFOs sein mußten ...

Die erste dieser Sichtungen wurde kurz nach Mitternacht von einem Piloten der Capital Airlines gemeldet, der gerade vom National Airport gestartet war. Der Fluglotse der ARTC bat den Piloten, auf ungewöhnliche Lichter oder andere ungewöhnliche Dinge zu achten ... Kurz danach rief der Pilot: »Da ist ein Licht, rechts, aber jetzt verschwindet es.« Der Fluglotse hatte den Bildschirm beobachtet, und in der Tat war ein Objekt, das rechts neben der Maschine geortet worden war, verschwunden.

In den nächsten vierzehn Minuten meldete der Pilot sechs weitere, identische Lichter.

Ungefähr zwei Stunden später rief ein anderer Pilot, der

sich dem National Airport von Süden her näherte, aufgeregt den Tower und meldete, »auf acht Uhr« folge ihm ein Licht. Im Tower konnte man feststellen, daß links hinter der Maschine ein Objekt flog, was vom ARTC bestätigt werden konnte. Das UFO begleitete die Maschine bis vier Meilen vor die Landebahn. Als der Pilot meldete, das Licht sei verschwunden, konnte man auf den Radarschirmen sehen, daß das Objekt sich von der Maschine entfernte.

Der Höhepunkt kam am frühen Morgen, als ein Fluglotse der ARTC den Tower des Luftwaffenstützpunkts Andrews anrief und meldete, er hätte ein Objekt etwas südlich des Towers und unmittelbar über der Funkanlage von Andrews ausgemacht. Die militärischen Fluglotsen schauten hoch und sahen »eine riesige, orangerot glühende Kugel« direkt über der Funkanlage am Himmel schweben.[40]

Am 26. Juli um 22 Uhr 30, also am folgenden Wochenende, hatten die Fluglotsen der ARTC abermals sich langsam bewegende, unidentifizierte Objekte auf dem Langstreckenradar. Die Objekte, die in einem Bogen von Herndon, Virginia, zum Luftwaffenstützpunkt Andrews flogen, wurden aufmerksam verfolgt, und auch die Fluglotsen im National Airport und auf dem Stützpunkt Andrews konnten die Objekte beobachten.

Um 22 Uhr 30 wurden zwei F-94-Jäger vom Luftwaffenstützpunkt New Castle County in Delaware entsandt. Der zivile Luftverkehr wurde aufgefordert, das Gebiet zu verlassen, als die Düsenjäger kamen. Sobald die Jäger den Kurs zu den Objekten aufgenommen hatten, verschwanden sie von den Radarschirmen. Die Sicht war ausgezeichnet, und die Jäger suchten die Gegend ab, wo die Objekte zuletzt gesehen worden waren, aber weder visuell noch mit dem Radar konnten die Objekte wiedergefunden werden, und die Jäger kehrten zum Stützpunkt zurück. Obwohl die Objekte für die Piloten und das Radarpersonal nicht mehr sicht-

40 Edward J. Ruppelt in Jay David, Hrsg., *The Flying Saucer Reader*, New York, 1967, S. 17–25.

bar waren, riefen Zeugen aus der Gegend von Newport News, Virginia, den Luftwaffenstützpunkt Langley an und meldeten ein geheimnisvolles Licht, das »rotierte und in seltsamen Farben strahlte«. Ein paar Minuten später konnten auch die Fluglotsen in Langley entweder dieses oder ein ähnliches Licht ausmachen und forderten bei der Luftabwehrzentrale einen Abfangjäger an.

Ein weiterer F-94 wurde losgeschickt und von den Fluglotsen in Langley bis zu dem seltsamen Objekt geführt. Als der Pilot das Licht sehen konnte, hielt er darauf zu. Doch dann meldete der Pilot, als er sich dem Licht genähert habe, sei es auf einmal verschwunden, »als hätte jemand eine Lampe ausgeschaltet«. Er konnte das unsichtbare Objekt jedoch noch ein paar Minuten mit dem Radar verfolgen, ehe der Kontakt abbrach.

Danach schickten die Fluglotsen der Luftabwehr die Abfangjäger zu einer Gruppe von Lichtern nach der anderen. Die Piloten kamen oft nahe genug heran, um leuchtende Objekte sehen zu können, aber immer wenn sie sich ihnen weiter nähern wollten, verschwanden die Objekte mit hoher Geschwindigkeit. Eins der UFOs blieb allerdings, wo es war. Der Pilot meldete ein Licht genau dort, wo laut Radaranzeige der ARTC ein Objekt sein mußte. Der Pilot schaltete den Nachbrenner ein und jagte dem Objekt hinterher. Offenbar war er erfolgreicher, als er es sich selbst gewünscht hätte, denn kurz danach berichtete er den Fluglotsen am Boden, sein Flugzeug sei von Licht umgeben. Er fragte nervös, was er tun sollte. Bevor die Fluglotsen ihm Anweisungen geben konnten, verschwand auch dieses Licht.

Die naheliegende Frage ist, ob diese auf dem Radar sichtbaren Objekte durch das Wetter entstanden sein können. Eine leichte Inversionswetterlage kann zu falschen Radaranzeigen führen. Aber die Radarbediener in Washington National, Andrews und Langley waren erfahrene Leute. Falsche Anzeigen aufgrund von Inversionswetterlagen sind nicht ungewöhnlich, und im Laufe der Jahre hatten die Bediener alle möglichen falschen Anzeigen kennengelernt. Doch alle waren überzeugt, daß ihre Radarwellen tatsächlich von massiven, metallischen Objekten reflektiert wurden. Es gab auch durch das Wetter erzeugte Anzeigen auf den Schirmen, erklärten sie, doch seien diese leicht zu erkennen gewesen. Außerdem habe man ja visuelle Bestätigungen bekommen.

Die Sichtungen der unidentifizierten Flugobjekte über Washington durch Zeugen sowohl in der Luft als auch am Boden und die Bestätigungen durch Radaranzeigen machten im ganzen Land Schlagzeilen.[41]

Die zahlreichen Anfragen und Anrufe, die beim Pentagon und dem Projekt Blue Book eingingen, brachten die führenden Militärs des Landes in Verlegenheit. Um die Ängste und Gerüchte hinsichtlich der UFOs einzudämmen, hielt das Pentagon eilig eine Pressekonferenz ab. Am 29. Juli, drei Tage nach der zweiten Welle von Sichtungen in Washington, legte Generalmajor John A. Samford, der Leiter der Spionageabwehr der Air Force, in einer achtzigminütigen Erklärung einer großen Versammlung von Reportern den Standpunkt der Air Force dar: Die sogenannten fliegenden Untertassen stellten keine Bedrohung für die Vereinigten Staaten dar; in den letzten sechs Jahren habe kein einziger unter mehreren tausend von der Air Force überprüften UFO-Berichten Anzeichen dafür ergeben, daß solide Flugobjekte existierten, ausgenommen jene Fälle, in denen die Zeugen Flugzeuge oder Raketen der USA wahrgenommen und für UFOs gehalten hatten; die Vereinigten Staaten besäßen und entwickelten keine Waffe, die unbegrenzte Geschwindigkeit entwickeln könne und masselos sei (diese Eigenschaften wurden vielen UFOs zugeschrieben); und die große Mehrheit der Berichte könne durch natürliche Phänomene oder Täuschungen des Auges erklärt werden.

Ein großer Teil des Vortrages drehte sich darum, daß Inversionen unter bestimmten Bedingungen Lichtreflexionen erzeugen und auf Radarschirmen genau wie für das menschliche Auge zu fehlerhaften Eindrücken führen können.

41 ibid., S. 25; Jacobs, *Controversy.*

Linda Moulton Howe erwähnt einige weitere, klassische Sichtungen in den vierziger und fünfziger Jahren, unter anderem die berühmten »Lubbock-Lichter«. Diese Sichtungen ereigneten sich am Abend des 25. August 1951. Beobachter waren ein Mitarbeiter der Atomenergiekommission und seine Frau aus Lubbock, Texas; außerdem wurden vier Wissenschaftler in einem anderen Teil der Stadt Zeugen der Ereignisse. Ungefähr drei Dutzend bläuliche Lichter waren am Himmel zu sehen, die zusammengenommen den Eindruck erweckten, als würde ein riesiger Flügel über den Nachthimmel ziehen. Im Laufe der nächsten Tage konnten noch mehrere hundert weitere Zeugen aus der Gegend das Phänomen beobachten. Am 31. August fotografierte Carl Hart Jr. die Lichter, aber aus der Analyse der Bilder ging nicht eindeutig hervor, ob sie echt oder gefälscht waren.

Außerdem gab es zwei Filme angeblicher UFOs. Am 2. Juli 1950 um 11 Uhr 10 nahm der Oberstabsbootsmann Delbert C. Newhouse, ein Navy-Fotograf im Ruhestand, in der Nähe von Tremonton, Utah, ungefähr zehn Meter Film auf, der zehn oder zwölf seltsame, silberne Objekte zeigte. Als die Objekte nach Westen flogen, schwenkte eines von ihnen aus der Formation heraus und flog in die entgegengesetzte Richtung. Nachdem die Filmauswertungsstelle der Navy den Film eingehend untersucht hatte, kam man zu dem Schluß, die gefilmten Objekte seien weder Flugzeuge, Vögel oder Ballone noch Reflexionen, sondern sie seien »selbstleuchtend« gewesen. Das Robertson Panel – eine Kommission von fünf angesehenen, nichtmilitärischen Wissenschaftlern, die 1952 von der CIA zusammengerufen wurden, um die Daten des Projektes Blue Book zu analysieren – kam zu einem anderen Schluß: Die Objekte seien durch eine Formation von Vögeln erklärbar, auf deren Gefieder sich die grelle Wüstensonne gespiegelt habe.

Am 15. August 1960 nahm Nicholas Mariana um 11 Uhr 25 fast zwanzig Sekunden lang zwei scheibenförmige Objekte auf, die sich über den Himmel bewegten. Auf einigen der 250 Einzelbilder ist zu sehen, daß die Objekte hinter dem Gerüst eines Wasserturms vorbeiflogen, so daß die Analytiker einen Orientierungspunkt hatten, um die ungefähre Höhe, Geschwindigkeit, Flugrichtung, Entfernung und Größe der Objekte festzustellen. Mariana gab zu, daß er kurz vor seiner Sichtung gesehen habe, wie zwei Jäger der Air Force in der Nähe zum Landeanflug auf einen Stützpunkt angesetzt hätten, aber er beharrte darauf, den Unterschied zwischen Düsenjägern und den Objekten zu kennen. Das Robertson Panel entschied, Mariana habe den Unterschied nicht gekannt. Er habe die Düsenjäger gefilmt.

»Auf einmal war dann in den sechziger Jahren von Kontaktlern die Rede«, erzählt Linda Moulton Howe mir. »Die Leute berichteten, sie hätten Kontakt mit blonden Wesen gehabt, die sie vor Atomkriegen oder Umweltkatastrophen warnen wollten.«

»Meinen Sie jetzt ›Professor‹ George Adamski, ›Dr.‹ Daniel Frey, Truman Bethurum und ähnliche Leute?« frage ich.

»Das war schon in den fünfziger Jahren«, sagt sie, »und diese Leute wurden in Bausch und Bogen abgelehnt.«

»Lehnen Sie sie auch ab?«

»Die Leute, die ich kenne und die ihrerseits diese Personen kannten, tun das nicht; aber das ist eine ganz andere Geschichte«, sagt Linda. »Sehen wir uns doch mal die frühen sechziger Jahre an. 1961 hat sich die Entführung von Betty und Barney Hill ereignet. Auf einmal begannen die Entführungen, aber erst fünf Jahre später wurden sie bekannt. In das gleiche Jahrzehnt fallen Tierverstümmelungen, über die auf der ganzen Welt in der Presse berichtet wurde. Die ersten haben sich wohl 1967 in den USA und in Kanada ereignet. Dann die Zamora-Dexter-Hillsdale-Sichtungen ...«

Die Zamora-Sichtung ist eine der verwirrendsten überhaupt. Am 24. April 1964 verfolgte Deputy Marshal Lonnie Zamora um 17 Uhr 45 in der Nähe von Socorro, New Mexico, ein Auto, das zu schnell gefahren war. Irgendwann, während er durch die hügelige Wüstengegend fuhr, hörte er ein lautes Geräusch und sah auf der rechten Seite, wo in einer Hütte Dynamit gelagert war, eine blau-orangefarbene Flamme. Zamora gab die Verfolgung auf und fuhr zur Hütte.

Als er den Highway 85 verließ und auf einen Schotterweg einbog, konnte er die Flamme noch sehen. Sie war trichterförmig und schien allmählich kleiner zu werden. Zamora fuhr einen steilen Hügel auf, und als er die Hügelkuppe erreichte, sah er das Objekt zum ersten Mal. Es stand ungefähr 150 Meter entfernt auf dem Boden. Er hielt es für einen umgekippten, weißen Wagen, und er sah zwei Gestalten, wie er meinte in Overalls, die »sich nahe am Objekt aufhielten. Eine der Personen«, berichtete er, »schien sich umzudrehen und zu mir heraufzuschauen, und es kam mir vor, als wäre sie erschrocken ...«

Zamora funkte seine Wache an, daß er sich das vermeintliche Unfallauto ansehen würde, und fuhr weiter, bis er noch etwa dreißig Meter davon entfernt war. Jetzt, aus der Nähe, konnte Zamora sehen, daß das Objekt vier oder fünf Meter lang war und aus »etwas wie Aluminium bestand – es war heiß vor der dunklen Mesa im Hintergrund«. Es war eiförmig und hatte weder Fenster noch Türen. Zamora meldete über Funk, er wolle sein Auto verlassen und sich umsehen. Er war kaum ausgestiegen, als er drei »laute Schläge« hörte, »als hätte jemand eine Tür geschlossen«. Darauf folgte »ein lautes Dröhnen«, und unter dem Objekt war eine bläuliche Flamme zu sehen.

Aus Angst, das Objekt könnte explodieren, rannte Zamora zu seinem Auto zurück und prallte in seiner Panik gegen den Wagen, wobei er seine Brille verlor. Während das Dröhnen lauter wurde, hob Zamora die Brille auf, setzte sie wieder auf, schirmte das Gesicht mit den Armen ab und sah sich um. Er konnte beobachten, wie das Objekt langsam in den Himmel stieg. Dabei konnte er ein rotes »Abzeichen« an der Seite erkennen: ein vertikaler Pfeil zwischen einer horizontalen Linie und einem Bogen. Er rannte auf die andere Seite des kleinen Hügels, auf dem er sein Auto angehalten hatte, und ging in Deckung. Das Dröhnen wich einem schrillen Heulen, und als Zamora das nächste Mal nachzusehen wagte, flog das Objekt in ungefähr sieben Metern Höhe und entfernte sich rasch. Es flog gegen den Wind und war kurz darauf verschwunden. Zamora kehrte zu seinem Streifenwagen zurück und gab über Funk seinen Bericht durch, dann ging er zu dem kleinen Graben, in dem das Objekt gestanden hatte. Er fand mehrere Stellen, wo die Büsche noch brannten, und er sah die Abdrücke der »Landestützen« auf dem Boden. Einige Minuten später traf der Sheriff ein, der Zamora bleich und sichtlich erschüttert vorfand. Auch der Sheriff sah die glimmenden Büsche und die Abdrücke im Boden. Etwas später berichtete ein Tankstellenwärter, ein Kunde habe ihm von einem geheimnisvollen eiförmigen Objekt erzählt, das kurz vor Zamoras Begegnung mit dem Objekt in die betreffende Richtung geflogen sei.

Major Hector Quintanilla, Ruppelts Nachfolger als Leiter des Projektes Blue Book, leitete die Untersuchung von Zamoras Sichtung. Später nannte er sie »den wahrscheinlich am besten dokumentierten Fall in den Akten der Air Force«. J. Allen Hynek war von dem Fall so beeindruckt, daß er in seiner Eigenschaft als wissenschaftlicher Chefberater des Projektes Blue Book mehrmals zum Ort des Geschehens zurückkehrte, um das Gelände auf Spuren abzusuchen, Bodenproben zu nehmen und Zamoras Glaubwürdigkeit zu überprüfen. »Meiner Ansicht nach hat es an jenem Nachmittag am Rande von Socorro ein echtes, physikalisches Geschehen gegeben«, folgerte Hynek.[42]

Auch die Dexter-Hillside-Sichtungen schlugen hohe Wellen. Am 20. März 1966 beobachteten Frank Mannor und sein Sohn in der Nähe von Dexter, Michigan, ein Objekt in der Größe eines Autos, das geformt war wie ein Football. Es hatte eine zentrale Einstiegsluke und stieg, während an beiden Enden des braunen, wie ein Flickenteppich zusammengestückelten Rumpfes Lichter pulsierten, aus einer sumpfigen Gegend der Farm auf. Das Objekt

42 Lonnie Zamora, Hector Quintanilla und J. Allen Hynek zitiert nach Knight, *UFOs: A Pictorial History*, S. 114–118.

schwebte mehrere Minuten lang in etwa dreihundert Metern Höhe, bevor es verschwand. Am nächsten Tag behaupteten achtundsiebzig Schülerinnen und eine Lehrerin vom Hillsdale College in Hillsdale, Michigan, sowie ein Mitarbeiter des Zivilschutzes, sie hätten vier Stunden lang ein leuchtendes, wie ein Football geformtes Objekt über einem Sumpfgebiet schweben sehen, das ein paar hundert Meter vom Schlafsaal der Schülerinnen entfernt war. Einmal sei das Objekt in Richtung des Schlafsaales losgeflogen, habe sich dann aber wieder zurückgezogen. Bei einer anderen Gelegenheit habe man den Eindruck bekommen, als würde das Objekt »dem Suchscheinwerfer eines Flugplatzes« ausweichen. Das Leuchten ließ nach, wenn Polizeiautos sich näherten, und »es wurde heller, wenn die Autos wegfuhren«.

Auch in diesem Fall übernahm Dr. Hynek die Nachforschungen. »Als ich dort eintraf«, schrieb Hynek später, »war die Situation so emotionsgeladen, daß an ernsthafte Nachforschungen nicht zu denken war. Ich mußte mich durch Trauben von Reportern kämpfen, um die Zeugen interviewen zu können. Die Polizei jagte Sternen hinterher, die man für fliegende Untertassen hielt, und die Leute glaubten, überall in der Gegend Raumschiffe zu sichten.«

Hynek verbrachte eine Woche damit, die Zeugen zu befragen, und er zog sich sogar ein Paar Stiefel an, um in Frank Mannors Sumpfgelände herumzulaufen. Der Druck, möglichst bald eine Erklärung vorzulegen, nahm zu, und so fand am 27. März im Detroit Press Club die größte Pressekonferenz statt, die es dort je gegeben hatte. Hynek beschrieb die Versammlung von Fernsehreportern, Zeitungsleuten, Fotografen und anderen Teilnehmern, die eine spektakuläre Erklärung hören wollten, später als »Zirkus«.

Hynek sagte, er habe »die einzige Erklärung gegeben, die ich damals für richtig hielt ... Ich sagte, es sei ›Sumpfgas‹.« Dieses Phänomen wird durch faulende Pflanzen hervorgerufen, die beim Verwesen Gas erzeugen, das sich spontan entzündet. »Auch wenn ich hinzufügte, daß ich es nicht vor Gericht beschwören könnte, war dies meine Erklärung ... Nun«, sagte Hynek später, »die

Presse schnappte das Wort ›Sumpfgas‹ begierig auf ... und danach hörte man wochenlang nichts anderes mehr in den Medien.«[43] Hyneks »Sumpfgas«-Erklärung stieß auf Hohn und Spott und verstärkte nur noch den Verdacht, die Regierung habe etwas zu verheimlichen.

Eine Gallup-Umfrage kurz vor den Ereignissen in Dexter-Hillsdale zeigte, daß 96 Prozent der Befragten schon einmal etwas von fliegenden Untertassen gehört hatten. 46 Prozent hielten sie für real, 29 Prozent für Phantasiegebilde, und 5 Prozent glaubten, schon selbst einmal eine gesehen zu haben. Auf die Gesamtzahl bezogen, würde das bedeuten, daß um 1966 ungefähr neun Millionen Amerikaner glaubten, schon einmal ein UFO gesehen zu haben.

In den siebziger Jahren machten vor allem zwei Nahbegegnungen Schlagzeilen: der Pascagoula-Fall im Jahre 1973 und Travis Waltons »Entführung« im Jahre 1975.

In Pascagoula waren zwei Männer beteiligt, der neunzehnjährige Calvin Parker und der zweiundvierzigjährige Charles Hickson, beide aus Gautier, Mississippi. Sie angelten im Pascagoula River, als sie hinter sich ein Summen hörten. Sie drehten sich um und sahen zu ihrem Schrecken ein zehn Fuß breites, acht Fuß hohes, leuchtendes, eiförmiges Objekt mit blauen Lichtern, das ungefähr fünfzehn Meter vom Flußufer entfernt dicht über dem Boden schwebte. Die entsetzten Männer konnten beobachten, wie im Objekt eine Tür aufging, woraufhin drei seltsame Wesen über den Fluß hinweg in ihre Richtung schwebten.

Die Wesen hatten Beine, die sie jedoch nicht benutzten. Sie waren ungefähr einen Meter fünfzig groß, hatten kugelrunde Köpfe ohne sichtbare Hälse, schmale Schlitze als Münder, und wo Nasen und Ohren sein sollten, ragten nur dünne, kegelförmige Vorsprünge hervor, ähnlich den Mohrrüben im Kopf eines Schneemannes. Sie hatten keine Augen und graue, runzlige Haut, runde Füße und Klauenhände. Zwei der Wesen packten Hickson, und als

43 Hynek, zitiert in Knight, *UFOs: A Pictorial History*, S. 132–133.

das dritte Wesen Parker fassen wollte, verlor der junge Mann vor Angst das Bewußtsein. Hickson behauptet, als die Wesen ihm die Hände unter die Achseln schoben, sei sein Körper gelähmt worden, und er sei mit ihnen in einen hellerleuchteten Raum im UFO geschwebt, wo man ihn medizinischen Untersuchungen unterzogen habe. Eines der Geräte habe einem Auge geähnelt, das wie Hickson selbst in der Luft schwebte. Nach der Untersuchung hätten die Wesen Hickson einfach weiter schweben lassen. Er sei bis auf die Augen völlig gelähmt gewesen. Die Geschöpfe hätten dann, wie Hickson glaubte, Parker untersucht, der sich in einem anderen Raum befand. Zwanzig Minuten später sei Hickson schwebend nach draußen gebracht und freigelassen worden. Er habe Parker weinend und betend neben sich auf dem Boden gefunden. Direkt danach sei das Objekt aufgestiegen und mit hoher Geschwindigkeit weggeflogen.

Da sie damit rechneten, ausgelacht zu werden, beschlossen Hickson und Parker zunächst, die Geschichte für sich zu behalten. Aber als sie sich dann überlegten, daß die Regierung besser doch davon erfahren sollte, riefen sie beim Luftwaffenstützpunkt Kessler in Biloxi an. Ein Sergeant sagte ihnen, sie sollten sich mit dem Sheriff in Verbindung setzen. Unsicher, wie der örtliche Gesetzeshüter die Geschichte aufnehmen würde, fuhren sie zur Lokalzeitung, um mit einem Reporter zu sprechen. Als sie sahen, daß die Redaktion geschlossen war, dachten Hickson und Parker, nun bliebe ihnen nichts anderes übrig, als mit dem Sheriff zu sprechen.

Nachdem er sich ihre Geschichte angehört hatte, schickte der Sheriff Hickson und Parker in einen Raum, der mit einer Abhöranlage ausgerüstet war. Er dachte, wenn sie glaubten, sie wären unter sich, würden sie sich verraten. Aber das ist natürlich nicht geschehen. Die Lokalzeitung berichtete über die beiden, Agenturen übernahmen die Geschichte, und mehrere Tage nach der Nahbegegnung in Pascagoula wurden im ganzen Land Berichte veröffentlicht. Die 1952 gegründete Aerial Phenomena Research Organization (APRO) schickte Professor James Harder, der an der University of California als Lehrer für Ingenieurwissenschaften tätig war, nach Mississippi, und auch J. Allen Hynek kam im Auftrag der Air Force. Zusammen interviewten sie die Zeugen. Harder hypnotisierte Hickson, mußte aber die Sitzung abbrechen, weil Hickson Angst bekam.

Hickson und Parker unterzogen sich später Lügendetektortests. Hynek und Harder glaubten den beiden Männern, und Hynek wurde später folgendermaßen zitiert: »Dort war eindeutig etwas, das außerirdischen Ursprungs war.«[44]

Der Fall des Travis Walton ist noch bizarrer. Am 5. November 1975 war der zweiundzwanzigjährige Travis Walton damit beschäftigt, zusammen mit sechs Kollegen zehn Meilen südlich von Heber, Arizona, am Mogollon Rim einen Wald auszudünnen. Als sie nach getaner Arbeit mit ihrem Truck nach Hause fuhren, sahen sie neben der Straße ein leuchtendes Objekt etwa drei Meter über der Straße schweben. Sie hielten an, und Walton sprang aus dem Wagen, um es sich genauer anzusehen. Als er sich dem Objekt näherte, brach ein Lichtstrahl aus dem UFO heraus und traf Walton so hart auf die Brust, daß er drei Meter zurückgeschleudert wurde und bewußtlos liegenblieb. Seine Kollegen gerieten in Panik und rasten mit dem Truck davon. Als sie flohen, sahen sie noch, wie das UFO startete und wegflog. Später, als sie sich beruhigt hatten, wollten sie Walton holen, aber er war nicht mehr da.

Walton erklärt, er sei im Innern des UFOs wieder zu sich gekommen. Er habe auf einem Metalltisch gelegen und sei von drei kleinen Aliens mit großen, unbehaarten Köpfen, kreidebleicher Haut, riesigen ovalen Augen und kleinen, schlitzförmigen Mündern beobachtet worden. Ein anders aussehender Alien, der nach Aussage Waltons eher einem normalen Menschen glich, führte ihn später aus dem UFO in ein Gebäude, das einem Hangar ähnelte. Dort standen einige weitere, außerirdische Flugzeuge. Mehrere

44 Jacobs, *UFO Controversy*, S. 278–279; Knight, *UFOs: A Pictorial History*, S. 178–179.

andere, menschenähnliche Wesen hätten ihn dort begrüßt und zu einem zweiten Tisch geführt, auf den er sich legen mußte. Eine Maske wurde ihm über das Gesicht gezogen, und Walton verlor erneut das Bewußtsein. Als er wieder zu sich kam, lag er in der Nähe von Heber am Straßenrand und konnte beobachten, wie ein UFO in den Himmel aufstieg.

Walton, der glaubte, er sei nur ein paar Stunden unterwegs gewesen, stellte später fest, daß er fünf Tage verschwunden gewesen war.

»Als Travis Waltons Entführung Schlagzeilen machte«, erzählt Linda mir, »gab es bereits auf der ganzen Welt Meldungen über Viehverstümmelungen. In manchen Bezirken in Colorado wurden bis zu drei Fälle pro Tag angezeigt. 1976 wurde dann Jimmy Carter zum Präsidenten gewählt. Er hatte schon vorher über eine UFO-Sichtung berichtet, die er zusammen mit seinem Sohn erlebt hatte, und er hatte gesagt, wenn er Präsident würde, dann würde er die Regierungsakten über UFOs offenlegen. Aber als er dann gewählt war, ist etwas Außergewöhnliches passiert. Er war nur ein paar Monate im Amt, da wurden alle Daten in Zusammenhang mit UFOs offiziell an die National Security Agency übergeben.«

Einen Bericht über Carters UFO-Sichtung und die Bemühungen, die UFO-Akten der Regierung ans Licht zu bringen, hat der britische Autor Timothy Good in seinem Buch *Jenseits von Top Secret* veröffentlicht.[45]

»Auch im Jahre 1979 gab es wieder viele Viehverstümmelungen, und zu dieser Zeit wurde ich erstmals auf das Thema aufmerksam«, fährt Linda fort. »Ich habe *A Strange Harvest* gemacht und versucht, die Sache aufzuarbeiten. Der Dokumentarfilm führte dann 1983 zum bereits erwähnten Film: *UFOs: The E.T. Factor*. Und dies wiederum führte dazu, daß ich auf das Air Force

45 Timothy Good, *Jenseits von Top Secret*, Frankfurt am Main, 1991, *(Above Top Secret: The Worldwide UFO Cover-Up*, N.Y. Morrow & Co., 1988, S. 369).

Office of Special Investigations auf dem Luftwaffenstützpunkt Kirtland gestoßen bin. Eigentlich wollte ich in Kirtland nur Zeugen und Informationen in Zusammenhang mit einer angeblichen Landung eines außerirdischen Flugobjekts auf dem Luftwaffenstützpunkt Ellsworth in South Dakota im Jahre 1977 finden«, erzählt Linda. »Das ist eine lange Geschichte ...«

Angeblich soll am 16. November 1977 um 21 Uhr 30 ein »untertassenförmiges Flugobjekt« ungefähr fünfzig Meter vor dem Zaun, der einen Raketensilo umgab, gelandet sein. Das Wachpersonal der Air Force wurde alarmiert, als ein »Innenalarm« *unter* dem 120 Tonnen schweren Stahlbetondeckel des Silos anschlug. Der Alarm bedeutete, daß jemand oder etwas in die unterirdische Kammer eingedrungen war. Zwei Soldaten wurden geschickt, um die Sache zu überprüfen.

In dem angeblich »offiziellen« Bericht, den Linda mir später zur Verfügung stellte, heißt es:

Bei Eintreffen (23 Uhr 14) an Position L-9, LSAT, verließen JENKINS & RAEKE das SAT-Fahrzeug, um den Zaun der Anlage zu überprüfen. RAEKE bemerkte ein helles Licht, das bei L-9 hinter dem Zaun senkrecht nach oben strahlte. (Etwa fünfzig Meter hinter L-9 ist ein kleiner Hügel.) JENKINS blieb beim SAT-Fahrzeug, während RAEKE sich der Lichtquelle näherte, um nachzuforschen. Als RAEKE die Hügelkuppe erreicht hatte, sah er eine Person, die in eine leuchtendgrüne, metallische Uniform gekleidet war und einen Helm mit Sichtblende trug. RAEKE rief die Person sofort an, doch die Person weigerte sich, stehenzubleiben, und ging weiter zum hinteren Zaun bei L-9. RAEKE zielte mit seiner M-16 auf den Eindringling und befahl ihm, stehenzubleiben. Der Eindringling drehte sich zu RAEKE um und zielte mit einem Objekt, das einen hellen Lichtstrahl aussandte, auf RAEKE. Der Lichtstrahl traf RAEKES M-16-Gewehr, löste die Waffe auf und verursachte auf RAEKES Händen Verbrennungen zweiten und dritten Grades. RAEKE ging sofort in Deckung, versteckte sich und gab über Funk einen Lagebericht an JENKINS, der seinerseits einen Notruf an Lima

Control absetzte. JENKINS suchte RAEKE und trug ihn zum SAT-Fahrzeug zurück. Dann kehrte JENKINS zur Bewachung des hinteren Zauns zurück. JENKINS bemerkte zwei Eindringlinge, die sich weigerten, stehenzubleiben. JENKINS zielte und gab zwei Schüsse aus seiner 41-16 ab. Eine Kugel traf einen Eindringling im Rücken, eine Kugel traf einen Eindringling im Helm. Beide Eindringlinge gingen zu Boden, doch etwa fünfzehn Sekunden später richteten sich beide wieder auf und feuerten mehrere Lichtblitze auf JENKINS ab. JENKINS ging in Deckung, und das Licht verfehlte JENKINS. Die beiden Eindringlinge kehrten zur Ostseite des Hügels zurück und verschwanden. JENKINS folgte den beiden und beobachtete, wie sie in ein untertassenförmiges Objekt stiegen, das etwa zwanzig Fuß Durchmesser hatte und zwanzig Fuß dick war. Das Objekt strahlte ein grünes Leuchten ab. Als die Eindringlinge im Innern waren, stieg das Objekt vertikal nach oben und verschwand am östlichen Horizont. EAF 1 traf um 22 Uhr 30 ein und führte Absperrmaßnahmen durch. Untersuchungsteams trafen um 1 Uhr 20 ein und führten Strahlungsmessungen durch, die zwischen 1,7 und 2,9 Röntgen ergaben. Wartungstrupps untersuchten die Rakete und den Sprengkopf und stellten fest, daß nukleare Komponenten vom Sprengkopf verschwunden waren.[46]

»Ich dachte, das Treffen mit dem AFOSI-Agenten auf dem Stützpunkt Kirtland würde ungefähr fünfzehn Minuten dauern«, erzählt Linda, »aber es begann damit, daß er mir zunächst sagte, mein Dokumentarfilm *Strange Harvest* hätte einige Leute in Washington sehr beunruhigt. Sie wollen nicht, daß die Öffentlichkeit Viehverstümmelungen mit UFOs in Verbindung bringt. Später griff er dann in seinen Schreibtisch, holte einen neutralen Umschlag heraus, der ein paar Briefbögen enthielt, und sagte: ›Meine Vorgesetzten haben mich gebeten, Ihnen dies zu zeigen. Sie dürfen sich keine Notizen machen, aber Sie können mir Fragen stel-

46 Linda Moulton Howe: *An Alien Harvest*, Littleton, Colorado, 1988.

len.‹ Er gab mir die Papiere und fügte hinzu: ›Und erheben Sie sich bitte von dem Stuhl, auf dem Sie gerade sitzen. Man könnte durchs Fenster hereinschauen.‹ Er winkte mich in die Mitte des großen Büros. Ich war völlig verwirrt«, berichtet Linda mir.

»Auf dem Blatt stand: ›Informationspapier für den Präsidenten der Vereinigten Staaten von Amerika über *Identified Aerial Vehicles* (IAV). Identifizierte Flugobjekte«, sagt Linda lachend, »keine UFOs! Es ging um die Bergung abgestürzter Flugscheiben und toter und lebender Außerirdischer durch die Regierung. Ein Alien – sie bezeichneten ihn als ›extraterrestrial biological entity‹ oder kurz EBE – sei 1949 nach einem Absturz in New Mexico nach Los Alamos gebracht worden. Dem Papier zufolge hat die Regierung viel über die außerirdische Zivilisation gelernt.«

»Bezieht sich das auf den Absturz in Roswell, New Mexico?« frage ich.

Ufologen betrachten den Absturz im Jahre 1947 in Roswell als den am gründlichsten erforschten, am besten belegten und stabilsten Beweis dafür, daß die Regierung sich verschworen habe, der Bevölkerung die Wahrheit über UFOs vorzuenthalten. Bei diesem Absturz habe die Regierung Überreste einer »Flugscheibe« und Leichen von Außerirdischen geborgen und im Hangar 18 des damaligen Wright Field in der Nähe von Dayton, Ohio, untergebracht. Über den Vorfall wurden zahlreiche Bücher und Artikel geschrieben.

Ende September 1994 gab das Pentagon das Ergebnis einer erneuten Untersuchung bekannt, und in der *New York Times* konnte man folgendes lesen: »Das damals rasch von der Air Force beiseite geschaffte Wrack war ein System zur Überwachung atomarer Aktivitäten aus der Luft«, das den Namen »Projekt Mogul« trug. Bei dem in Roswell gefundenen Material habe es sich um die Reste eines Aufklärungsballons und der Geräte gehandelt, die er transportiert hatte. »Am 8. September«, hieß es weiter in der *Times*, »gab die Air Force nach achtmonatiger Untersuchung einen Bericht mit einer Reihe dicker Anhänge heraus, um ein für allemal die Verschwörungstheorien aus der Welt zu schaffen. Aber begeisterte Anhänger der fliegenden Untertassen behaupten natürlich, die Vertuschung gehe weiter.«[47]

Linda bezieht sich jedoch auf ein anderes Ereignis. »Es gab zwei unterschiedliche Abstürze in Roswell«, sagt sie. »Einer war 1947, der andere 1949. Wir reden jetzt über den von 1949. Dabei wurden sechs Wesen gefunden, fünf tote und ein lebendiges. Die Körper seien grau gewesen und hätten an Reptilien oder Insekten erinnert. Sie seien etwa neunzig bis hundertdreißig Zentimeter groß gewesen und hätten lange Arme und vier lange Finger ohne opponierbaren Daumen gehabt. Die Fingernägel hätten an Krallen erinnert, zwischen den Fingern hätten sich Schwimmhäute befunden. Anstelle von Nase und Ohren hätten sie nur Löcher gehabt. Ein Major der Luftwaffe übernahm den lebendigen Alien und ließ ihn ins Labor von Los Alamos nördlich von Albuquerque transportieren. Dem Papier, das ich lesen durfte, konnte ich entnehmen, daß das Wesen bis zum 18. Juli 1952 in Los Alamos gelebt habe, dann sei es aus unbekannten Gründen gestorben.«

Ich war sprachlos.

»Ich durfte dort auch eine Zusammenfassung über die Abstürze von silbernen Scheiben im Südwesten der USA lesen«, fährt Linda fort. »Meiner Erinnerung nach war das früheste Datum im Jahr 1946. Die Jahre 1947 und 1949 wurden erwähnt, außerdem ein paar Fälle Anfang der fünfziger Jahre. Abgesehen von den Abstürzen in Roswell, erinnere ich mich an Vorfälle in Aztec, New Mexico, Kingman, Arizona und einen weiteren Absturz südlich von der texanischen Grenze im Norden Mexikos. Nach dem Papier störte unser Radar das Steuersystem der Aliens. Aber das ist nur ein Aspekt unter vielen. Seit Urzeiten macht sich eine andere Intelligenz auf unserem Planeten bemerkbar. Und 1988 bis 1991 kamen dann die Kornkreise.«

»Meinen Sie die geometrischen Muster, die man auf englischen Äckern entdeckt hat?«

47 William J. Broad, »Wreckage in the Desert Was Odd but Not Alien«, in *New York Times*, 18. September 1994.

»Nicht nur in England«, korrigiert Linda mich. »Bis 1990 waren etwa zweitausend dieser Kornkreise entstanden. Den meisten Leuten ist überhaupt nicht klar, daß wir hier über weltweite Aktivitäten in mehr als einem Dutzend Ländern reden. Im letzten Sommer hat man in England, in Medina, New York und in Vancouver, British Columbia, Bodenproben von den Stellen genommen, wo sich die Kornkreise befanden. Ein Biophysiker aus Michigan untersuchte die Zellkerne der Pflanzen und stellte fest, daß sie auf eine Weise verändert worden waren, die nur den Schluß zuließ, daß von außen sehr schnell starke Wärme zugeführt worden war. Ein Labor in Oak Ridge, Tennessee, hat zwei Bodenproben analysiert – wir wissen natürlich, daß das keine große Stichprobe ist – und festgestellt, daß sich drei Isotope verändert hatten, und –«

»Was haben diese Veränderungen zu bedeuten?«

»Das hat mit der subatomaren Struktur der Materie zu tun. Wenn sich also in England im Boden Isotope verändern, dann ist das eigentlich nicht erklärlich. Einer der Atomingenieure hat es so ausgedrückt: Man hätte ein tragbares Zyklotron oder einen Fusionsreaktor dort arbeiten lassen müssen, um diese Veränderungen der Isotope herbeizuführen. Die Forscher, die versucht haben, das UFO-Phänomen zu ergründen, fragen sich angesichts der Kornkreise: ›Sind die Kornkreise etwa dazu gedacht, eine direkte Kommunikation mit der Intelligenz herzustellen, die sich auf diesem Planeten bemerkbar macht?‹ Die Leute, die sich intensiv mit dem Phänomen beschäftigen, sind davon überzeugt, daß eine andere Intelligenz dahintersteckt. Natürlich kann niemand uns ein Foto von einer silbernen Scheibe zeigen, die einen Kornkreis anlegt, aber irgendwie scheinen die Kornkreise ein Teil des UFO-Phänomens zu sein.«

»Also meinen Sie, es seien nicht einfach nur geometrische Figuren?«

»Wer sie untersucht hat, sagt, daß die Figuren ebenso eine mathematische wie eine musikalische Qualität haben. Wie man in einem Bericht der *Science News* lesen konnte, hat Gerald Hawkins, der früher beim Smithsonian Astrophysical Observatory in Cambridge, Massachusetts, tätig war, entdeckt, daß in elf von achtzehn der von ihm untersuchten Kornkreise ›kleine Ganzzahlen in einem Verhältnis vorkamen, daß jenem innerhalb der diatonischen Tonleiter entsprochen hat‹. Anders ausgedrückt, korrespondierten die Verhältniszahlen mit den acht Noten einer Oktave von C bis C.«

»Dies war die erste Überraschung«, habe Hawkins über den Artikel der *Science News*, den ich später selbst lesen konnte, gesagt. Die Existenz dieser Verhältniszahlen, hieß es weiter, »hat Hawkins veranlaßt, verstärkt nach geometrischen Beziehungen zwischen den Kreisen, Ringen und Linien, die man auf den Äckern gefunden hatte, zu suchen. Er ist überzeugt, daß die Anordnungen nicht durch bloßen Zufall entstanden sind.«

Aufgrund seiner Untersuchung der geometrischen Beziehungen zwischen den Mustern konnte Hawkins vier neue, geometrische Theoreme formulieren. Dann erkannte er, wie *Science News* berichtete, »daß diese vier Theoreme, die er aus den Kornkreisen gewonnen hatte, in Wirklichkeit nur Spezialfälle eines einzigen, allgemeineren Theorems waren. ›Ich fand allgemeinere Prinzipien oder einen roten Faden, der sich überall durchzog und der mich schließlich zu einem fünften Theorem führte‹, sagt Hawkins.«

Und weiter heißt es in diesem Artikel: »Bemerkenswert war, daß Hawkins keines der Theoreme in den Arbeiten Euklids finden konnte, jenes alten griechischen Geometrikers, der die Grundlagen und Techniken dessen entwickelt hat, was wir heute als euklidische Geometrie bezeichnen. Staunend stellte Hawkins fest, daß er auch in anderen mathematischen Lehrbüchern und Veröffentlichungen, ob älteren oder jüngeren Datums, keine Hinweise auf diese Theoreme finden konnte.«

»›Sie sind einfach nicht da‹, sagt Hawkins. ›Ich habe nichts gefunden, was dem auch nur nahe kommt. Ich weiß nicht mehr, wo ich sonst noch nachschlagen könnte.‹«[48]

48 Gerald Hawkins, zitiert nach Ivars Peterson, »Geometric Harvest: Euclid's Crop Circles«, *Science News* 141, Nr. 5, S. 76–77.

David Chorley und Douglas Bower, zwei ältere englische Landschaftsmaler, haben zwar zugegeben, in Südengland eine Reihe von Kornkreisen produziert zu haben, doch Hawkins ist der Meinung, daß solche Schwindler, wenn es denn wirklich in allen Fällen Schwindler waren, »eine ganze Menge über altmodische Geometrie wissen müssen«.

In den *Science News* wurde dieser Gedanke weiter ausgeführt: »Die Schwindler mußten ein ausreichendes Wissen besitzen, um nicht nur ein euklidisches Theorem zu beweisen, sondern auch ein neues Theorem zu finden, was eine viel schwierigere Angelegenheit ist.« Um zu zeigen, wie schwierig dies sein kann, weigert Hawkins sich gelegentlich, sein fünftes Theorem preiszugeben und fordert die Interessierten auf, das fünfte Theorem selbst zu entwickeln, bevor sie versuchen, es zu beweisen.

»Das ist ein guter Test«, sagt er. »Es ist leicht, das Theorem zu beweisen, aber es ist schwierig, es zu formulieren.‹«[49]

Es ist nicht das erste Mal, daß Gerald Hawkins sich mit umstrittenen Äußerungen hervortut. In seinem Buch *Merlin, Märchen und Computer*, das er zusammen mit John B. White schrieb, deutete Hawkins an, der große, geheimnisvolle Steinkreis aus dem Neolithikum sei ein kompliziertes Observatorium, mit dessen Hilfe man Sonnenwenden und Finsternisse vorhersagen konnte. Seine Theorie, schrieb Hawkins später, »wurde unfreundlich aufgenommen: ›Tendenziös, arrogant, schlampig und wenig überzeugend‹, ›ein aufdringliches Geschwätz‹ und ›wertloser Tand‹« sei sein Buch.[50] Aber seine Hypothese über Stonehenge scheint Bestand zu haben. Es wird interessant sein zu beobachten, wie es seiner Theorie über die Kornkreise ergeht.

»Wenn die Kornkreise mathematische und musikalische Komponenten haben – eigentlich ist das ja sogar ein und dasselbe«, fährt Linda fort, »dann müssen wir, wie manche Linguisten sagen,

49 ibid.
50 Gerald S. Hawkins, *Beyond Stonehenge*, New York, 1973.

mit der Möglichkeit rechnen, daß irgendeine Intelligenz auf eine gewissermaßen recht bodenständige Art und Weise mit uns zu kommunizieren versucht. Die Erde selbst dient als Kommunikationsmittel und spricht zu uns.«[51]

Wir reden noch eine Weile über die verschiedenen Fraktionen, die auf der Konferenz beim MIT vertreten sind, und dann sagt Linda, zwischen intuitiv arbeitenden Forschern und anspruchsvollen Akademikern werde die Spannung immer stärker.

»Die Akademiker verlangen harte physikalische Beweise und wissenschaftliche Methoden und Experimente«, sagt sie. »Und das wird ja auch wirklich Zeit. Ich bin sehr froh, daß Profis sich für dieses Gebiet interessieren. Aber es gibt eine große Gruppe von Leuten, die sich seit dreißig Jahren damit beschäftigen, und sie haben inzwischen eine Art von intuitivem Verständnis, das man nicht im Experiment zeigen oder beweisen kann, für gewisse Elemente des Phänomens gewonnen. Neben der strengen wissenschaftlichen Methode braucht man auch Leute, die dabei helfen, die Dinge in Schubladen einzusortieren. Einige der Entführten und Forscher glauben, die Schubladen seien zu eng. Manche, die diese engen Schubladen bevorzugen, meinen, man dürfe der Öffentlichkeit nur die wesentlichen Daten geben, also das, was sich häufig wiederholt, weil all die anderen, aus dem Rahmen fallenden Dinge viel zu bizarr sind und von den Leuten vermutlich nicht akzeptiert werden. Aber diejenigen, die versuchen, ein wirklich umfassendes Bild der Ereignisse zu gewinnen, haben das Gefühl, daß man wichtige Einsichten geradezu verhindert, wenn man die Schubladen zu eng anlegt. Es sind ja nicht nur die dreieinhalb bis vier Fuß großen Grauen mit den riesigen schwarzen Mandelaugen, sondern das Gesamtbild ist viel, viel komplizierter.«

Linda erzählt mir von einem Deputy Sheriff in Colorado, der wegen einer Viehverstümmelung ermitteln wollte und in einem

51 Einzelheiten zu Kornkreisen findet der interessierte Leser in Linda Moulton Howe, *Glimpses of Other Realities: Volume I: Facts and Eyewitnesses,* Huntingdon Valley, PA.

Wald auf ein geheimnisvolles, rot leuchtendes Rechteck stieß.»Er hatte schreckliche Angst!« sagt sie. »Er kehrte in die Stadt zurück, um einen Kollegen zu holen und fuhr wieder hinaus, und jetzt sahen beide Männer einen Wald und ein leuchtendes, rotes Rechteck und wußten nicht, was sie davon halten sollten.«

»Das leuchtende Rechteck befand sich also zwischen den Bäumen?« frage ich.

»Ja, und sie hatten schreckliche Angst. Sie kehrten wieder in die Stadt zurück, und am nächsten Morgen ist der Sheriff, weil es ihm keine Ruhe ließ, noch einmal hinausgefahren. Er fand die Reifenspuren an der Stelle, wo er am Vorabend mit seinem Kollegen gestanden hatte, aber er sah keinen einzigen Baum.«

»Was war denn dort?«

»Nichts!« sagt Linda. »Es war alles inszeniert. Erinnern Sie sich an das Wort, das auf der Konferenz benutzt wurde? Inszenierung? Es war alles nur eine Inszenierung. Dies ist ein wichtiger Aspekt, der die Sache so kompliziert macht, immer wieder und in unzähligen Fällen – dabei spielt es keine Rolle, ob Sie mit einem Flugkapitän sprechen, der in dreißigtausend Fuß Höhe fliegt, mit einem Farmer am Boden, mit einer Hausfrau in der Küche oder einem Reporter, der auf dem Freeway fährt und dieses riesige ›Mutterschiff‹ sieht, das an *Unheimliche Begegnung der dritten Art* erinnert. Ich meine, diese Dinge sind doch *real*. Ein Reporter in Colorado hat etwas gesehen, das so riesig war, daß er meinte, jetzt käme der Weltuntergang. Diejenigen, die lange genug dabei sind, haben Geschichten gehört über Güterwagen, die plötzlich von den Gleisen geradewegs nach oben steigen, oder über einen Hubschrauber, der keine Geräusche von sich gibt und sich auf einmal in eine Scheibe verwandelt, oder über ein kleines Flugzeug, das in eine Nebelbank fliegt und als Scheibe wieder herauskommt, oder über Ölfässer in Texas, die in den Himmel steigen –«

»Wurden denn all diese Phänomene tatsächlich gemeldet?«

»Ja, und es sind Inszenierungen. Auf jeder Ebene dieses Phänomens finden Sie etwas, das wie ein Schauspiel anmutet, oder es handelt sich um eine Art von Tarnung. Um mal auf das angebliche Informationspapier zurückzukommen, das man mir auf dem Luftwaffenstützpunkt Kirtland gezeigt hat – wenn das, was in dem Papier stand, auch nur annähernd der Wahrheit entsprach, dann bedeutet dies, daß es sich bei dem Alien-Phänomen nicht um eine Erscheinung des zwanzigsten Jahrhunderts handelt, sondern daß die Aliens schon seit Jahrhunderten die Erde heimsuchen, um die DNS von Primaten und vielleicht auch von anderen Lebensformen zu manipulieren.«

»An welche Zeitspanne denken Sie jetzt?«

»Meiner Erinnerung nach wurden in dem Papier Zeiträume von 25 000, 15 000, 5 000 und 2 500 Jahren vor unserer Zeit genannt. Das bedeutet, daß wir es nicht mit einem Phänomen nur des zwanzigsten Jahrhunderts zu tun haben, sondern mit einem jahrtausendealten Phänomen und daß wir vielleicht das Ergebnis eines Experiments von jemand anders sind.«

»Was ist mit Ihnen selbst, Linda?« frage ich. »Sie sind doch nicht entführt worden, oder?«

Sie schüttelt den Kopf.

»Also sind Sie – mit anderen Worten – so wie ich – nur, daß Sie zwölf Jahre Vorsprung haben.«

»Genau!« sagt sie.

In der Sitzung am Nachmittag soll das psychologische Profil der Entführten diskutiert werden. Das verspricht interessant zu werden, denn wenn es tatsächlich eine psychologische Erklärung für das Entführungsphänomen gibt, dann sollten hier die ersten Hinweise zum Vorschein kommen.

Mark Rodeghier, der Forschungsleiter von CUFOS, spricht als erster. Wie er berichtet, hat man von zweiunddreißig Personen, die nach den Kriterien von CUFOS als Entführte gelten können, Daten eingeholt. Bei dieser Probe lag das Verhältnis zwischen Männern und Frauen bei drei zu eins. Anhand des »Index of Childhood Memory and Imagination (ICMI), mit dem die Phantasie eines Menschen getestet werden kann, ergab sich für die Gruppe ein Wert von 24,0 auf der Skala, die von 0 bis 52 reicht. Der Bevölkerungsdurchschnitt liegt bei 20 bis 23. Die hypnotische Beeinflußbarkeit wurde mit 25,2 gemessen, im Bevölkerungsdurchschnitt liegt der Wert bei 20,8. Fünf der getesteten Personen lagen, wie Rodeghier erklärt, weit über dem Durchschnitt. Anders ausgedrückt, waren die untersuchten Entführten etwas phantasiebegabter und hypnotisch leichter beeinflußbar als der Durchschnitt.

Ungefähr 20 Prozent der Befragten sahen lebhafte Bilder und/oder hörten Töne, wenn sie einschliefen oder aufwachten.

Das Minnesota Multiphasic Personality Inventory (MMPI), mit dessen Hilfe verschiedene neurotische oder pathologische Charaktereigenschaften gemessen werden können, ergab bei der getesteten Gruppe Werte, die weitgehend im normalen Bereich lagen. Der MMPI-Test ist ein erprobtes Mittel, wenn man versucht, die bewußten Verhaltensweisen eines Menschen im Gegensatz zu den unbewußten Intentionen und Impulsen zu erfassen. Beispielsweise kann man damit herausfinden, ob ein Mensch dazu neigt, die Unwahrheit zu sagen.

Rodeghier faßt das Ergebnis der Studie zusammen: Entführte sind insgesamt nicht in höherem Maße phantasiebegabt als der Bevölkerungsdurchschnitt, noch sind sie in signifikanter Weise leichter beeinflußbar. Außerdem sind unter den untersuchten Personen keine offensichtlich pathologischen Fälle aufgetaucht. Eine Clusteranalyse ergab jedoch, daß es zwei deutlich unterscheidbare Gruppen von Entführten gibt, Cluster I und Cluster II. Die zu Cluster II gehörenden Personen haben auf den meisten Skalen des MMPI höhere Werte erreicht und zeigten auch bei der Messung des posttraumatischen Streßsyndroms (PTSS) nach Keane höhere Werte. Diese Personen fühlten sich eher einsam und waren in ihrem Leben weniger glücklich, sie hatten stärkere Schlafprobleme und sind in der Kindheit häufiger als die Angehörigen der anderen Gruppe sexuell mißbraucht worden.

Ich beuge mich zur Seite und frage einen der Psychologen, der neben mir sitzt: »Wer sind die Cluster-II-Leute?«

»Das sind die Verrückten«, erwidert er mit leichtem Lächeln.

Als nächstes berichten Joanne Bruno und Eric Jacobsen, zwei Psychologen aus Boston, über ihre Untersuchungen der Personen, die sich beim Mutual UFO Network in Massachusetts (Mass-MUFON) gemeldet haben, weil sie glaubten, sie wären entführt worden. Bruno und Jacobsen wollten herausfinden, inwieweit sich die Berichte der Betreffenden ähnelten und mit welcher Häufung bei ihnen psychiatrische Störungen festzustellen waren.

Bruno und Jacobsen haben nach Faktoren im Leben und in der Geschichte dieser Personen gesucht, die in irgendeiner Weise mit dem Entführungserlebnis zusammenhängen könnten. Die Untersuchung bestand aus einer Studie der Berichte, angereichert durch Angaben zur Kranken- und Lebensgeschichte der betreffenden Personen. Der erste Eindruck der Psychologen war der, daß die Berichte der Entführten keine Hinweise auf psychische oder organische Störungen ergaben. Allerdings bemerkten sie bei »einem signifikanten Anteil« der Entführten »bis in die Kindheit zurückreichende, dissoziative Episoden«, die sich jedoch nicht als normale, dissoziative Störungen einordnen ließen. Manche der Entführten berichteten über »klassische Entführungserlebnisse«, doch es gab eine zweite Gruppe, die von den Psychologen als »abgedreht« bezeichnet wurde. Diese Leute mochten zwar Entführungserlebnisse gehabt haben, doch sie berichteten außerdem auch von übernatürlichen Erfahrungen wie telepathischer Kommunikation mit Aliens und Geistern.

Die »abgedrehten« Personen, berichten Bruno und Jacobsen, sind für Hypnose äußerst empfänglich und neigen zu tranceähnlichen Zuständen sowie zu dissoziativen Störungen. Manche hatten ausgesprochen seltsame Geschichten zu erzählen. Eine Frau hatte eine Kindheitserinnerung an ein großes graues Kaninchen aus Stein, das neben ihrem Kinderbett gestanden habe, konnte sonst aber nichts Ungewöhnliches berichten. Einer der »Abgedrehten«

erzählte den Psychologen eine lange Geschichte mit zahlreichen Details über sein Leben als »Maskottchen einer Alien-Familie, die ihn aufgezogen hatte«. Er wurde als schizophren diagnostiziert. Eine andere »Abgedrehte« berichtete, sie habe vor ihrer Entführung, die eine Woche gedauert habe, gefastet; sie habe ihren Job und ihren Geliebten verloren. Sie glaubte, sie sei von Astronauten rekrutiert worden. Eine medizinische Untersuchung ergab, daß sie eine Schilddrüsenfehlfunktion hatte. Die Psychologen kamen zu dem Schluß, daß diese Störung eine Psychose ausgelöst hatte.

Man muß also festhalten, daß einige der Menschen, die über Entführungserfahrungen berichten, in Wirklichkeit an diagnostizierbaren, psychischen Störungen leiden. Dies sind die »Verrückten«, die Rodeghier in Cluster II gruppiert hat.

»Es ist aus mehreren Gründen sehr wichtig, diese Zusammenhänge zu registrieren und systematisch zu erforschen«, sagen Jacobsen und Bruno. »Diese Gründe sind: 1. Unsere Kritiker werden uns auf die Störungen der betreffenden Personen hinweisen. Die Störungen sind nachweisbar, und wenn wir dies nicht zur Kenntnis nehmen, verlieren unsere Argumente in den Fällen an Gewicht, in denen die Entführten nicht an identifizierbaren, psychischen Störungen leiden. 2. Es wäre verantwortungslos, wollten wir unterstellen, daß die Menschen, die über Entführungen berichten, niemals an psychischen Störungen leiden. 3. Die Auseinandersetzung mit psychischen Problemen kann durch die Entwicklung differenzierter Diagnosen nur profitieren, und unser Anspruch, daß wir »echte« Entführte von anderen unterscheiden können, würde sehr an Gewicht gewinnen, wenn wir fähig wären, unter den Menschen, die über Entführungen berichten, systematisch jene auszufiltern, die an geistigen Störungen leiden.«

»Wenn wir in diesem Punkt ausweichen«, sagen die Psychologen, »dann würden wir damit den Anschein erwecken, wir wollten die Entführungserfahrungen der Überprüfung und wissenschaflichen Kontrolle entziehen. Damit würden wir natürlich einen Kult und keine wissenschaftliche Forschung betreiben.«

Doch es bleibt die Frage, »wie wir zwischen echten Entführungsfällen und psychischen Störungen unterscheiden, in denen die Entführung nur vorgeschoben ist?« Sagt der Entführte die Wahrheit? Wie kann man feststellen, ob die Erinnerung der Entführungen nicht doch eine Deckerinnerung für etwas anderes ist? Manchmal dienen falsche Erinnerungen tatsächlich dazu, sexuellen Mißbrauch zu überdecken, und dies ist mitunter schwer zu bestimmen. Die drei häufigsten Aspekte bei Entführungen – auserwählt zu sein, invasive Eingriffe und Amnesie – sind, wie die Psychologen betonen, mit den Symptomen, die sich bei sexuell mißbrauchten Kindern einstellen, durchaus vergleichbar.

Jacobson und Bruno schließen den Vortrag mit dem Hinweis ab, daß das Gefühl, eine spirituelle Mission zu haben, den traumatisierten Menschen helfen kann, ihrem Leben wieder einen Sinn zu geben.

Jo Stone-Carmen, eine Psychologin aus Arizona, berichtet als nächste über ihre Untersuchung von Entführten, die bewußte Erinnerungen haben. Die betreffenden Personen wurden gebeten, sich selbst zu beschreiben und zu erklären, welches ihre fünf größten Ängste seien. Die Antworten drehten sich um Furcht vor Verletzungen, vor dem Alleinsein, vor großer Höhe, vor UFOs, vor Körperbehinderungen, um Fragen der Kontrolle, um Insekten und um Wasser.

Wo fühlten sie sich sicher? Die meisten Antworten lauteten: nirgends. Einer sagte: »Bei Gott oder im Grab.« Ein anderer: »Auf einem hohen Berg, wo alle Bäume abgeschlagen sind, so daß ich in jede Richtung mehrere Meilen überblicken kann.«

Gefragt, ob er irrationale Gedanken habe, antwortete einer: »Nein. Aber wenn ich welche hätte, dann ginge es um UFOs und Aliens.«

50 Prozent der Entführten mit bewußten Erinnerungen, die Stone-Carmen befragt hat, litten unter dem posttraumatischen Streßsyndrom. Sie zeigten Vermeidungsverhalten, hatten Schlaf-

störungen und Angst vor dem Alleinsein, sie fühlten sich gefährdet, hatten ein schwaches Selbstwertgefühl und Flashbacks.

Wie Stone-Carmen berichtet, gaben dreizehn von dreiundzwanzig untersuchten Entführten an, schon einmal einen Selbstmordversuch unternommen zu haben. Diese Zahl liegt 57 Prozent höher als der Bevölkerungsdurchschnitt. Offenbar besteht zwischen Selbstmordneigungen und Entführungen ein Zusammenhang, berichtet sie, aber um dies wirklich zu ergründen, seien weitere Untersuchungen nötig.

Die Gefahren, mit denen man vor dem Hintergrund dieser Studie rechnen muß, wenn unausgebildete Thearapeuten mit Entführten arbeiten, werden nicht erwähnt. Aber ein Psychologe bemerkt, wir dürften nicht vergessen, »daß wir es mit zerbrechlichen Menschen zu tun haben«.

Dr. Donald Johnson, ein Psychologe aus New Jersey, berichtet, die von ihm untersuchten Personen hätten einen durchschnittlichen Intelligenzquotienten gehabt und seien weder mißtrauischer noch naiver gewesen als der Bevölkerungsdurchschnitt. Sie neigten dazu, offener zu sein, und Ehrlichkeit sei ihnen wichtig. Die von Johnson untersuchte Gruppe erwies sich als deutlich intuitiver und gefühlsbetonter als die übrige Bevölkerung, doch er räumt ein: »Wenn die Außerirdischen daran interessiert sind, menschliche Emotionen zu untersuchen, dann ist es naheliegend, daß sie sich Menschen aussuchen, die stärker mit ihren Gefühlen in Kontakt sind.«

Seine Schlußbemerkung ist wichtig: »Keiner, der Gruppen von Entführten untersucht, kann sicher sein, daß wir tatsächlich nur eine Randgruppe untersuchen. Deshalb ist die wissenschaftliche Basis für diese Studien möglicherweise fragwürdig. Wir machen gerade die ersten Schritte, und wir müssen uns fragen, ob das, was wir als Ergebnis wahrnehmen, eine Folge der Entführung oder ein bereits vorher existierender Zustand ist.«

Die Pause zum Abendessen verbringen wir im »La Groceria«, einem kleinen und lauten, italienischen Restaurant, das nicht weit vom MIT-Campus entfernt ist. Ich sitze mit David Cherniack von der Canadian Broadcasting Company, Karen Wesolowski vom *Atlantic Monthly* und Dr. James Harder an einem Tisch.

Dr. Harder arbeitet schon lange auf dem Gebiet der UFOs. Im Juli 1968 sagte Harder bei einer Anhörung des »House Science and Anstronautics Committee«, an der auch der Astronom Carl Sagan, der Berater des Projektes Blue Book, J. Allen Hynek, und der Raumfahrtingenieur Robert M. Baker teilnahmen, daß »auf der Grundlage der Daten und der üblichen Regeln der Beweisführung, wie sie bei Zivil- oder Strafprozessen üblich sind, die physikalische Realität der UFOs über jeden vernünftigen Zweifel hinaus bewiesen worden ist«. Seiner Ansicht nach handele es sich um »interplanetarische« Objekte, deren Antriebssysteme auf einer »Anwendungsweise von Schwerkraftfeldern beruhen, die wir nicht verstehen«.[52]

Gegen 20 Uhr versammeln wir uns wieder im Vorlesungssaal. Budd Hopkins formuliert den Gedanken:»Wenn es unter den Entführten, mit denen wir zu tun haben, eine niedrigere Anzahl von sexuell mißbrauchten Menschen gäbe als im Bevölkerungsdurchschnitt, dann könnten wir vermuten, daß die Mißbrauchserfahrungen mit Hilfe der Entführungserlebnisse verdeckt werden. Aber auf die Frage: ›Haben Sie als Kind jemals sexuellen Mißbrauch erlebt, einschließlich Zärtlichkeiten, oralem Sex oder Geschlechtsverkehr?‹ haben 35 Prozent mit ›Ja‹ geantwortet.« Diese Zahl liegt beträchtlich höher als der Bevölkerungsdurchschnitt, wo wir mit einer Größenordnung von 20 bis 25 Prozent rechnen würden.

Den nächsten Vortrag hält Dr. Richard J. Boylan, ein gutaussehender, grauhaariger Psychologe und Sozialarbeiter aus Sacramento. Boylan widerspricht der Ansicht, die Begegnungen mit Außerirdischen und die Entführungserlebnisse müßten zwangsläufig die betroffenen Menschen traumatisieren. Hopkins und Ja-

52 James Harder, zit. n. Jacobs. *Ufo Controversy*, S. 236.

cobs hätten zwar, wie Boylan es ausdrückt, bei den Entführten »schwere Angstzustände, Panik, chronische Ängste und Symptome festgestellt, die dem posttraumatischen Streßsyndrom entsprechen«, doch andere wie die kalifornische Psychologin Edith Fiore und er selbst hätten »ein ganz anderes Muster entdeckt: In den Erlebnissen dieser Menschen war Angst – eher die Angst vor dem Unbekannten als vor einer Bedrohung – mit einem erhebenden Gefühl kombiniert; oft war es der Eindruck, das Bewußtsein sei erweitert worden und man habe eine kosmische Perspektive gewonnen.

Boylan legt eine Folie auf den Projektor:

Psychologische Charakteristika bei CE-IV
und die daraus resultierenden Emotionen

a) Begegnung mit erschreckenden Fremden = Angst
b) Ungewöhnliche Kommunikationsweise (Telepathie) = Unbehagen
c) Plötzliches Eindringen von Außerirdischen = Angst
d) Verlust der Kontrolle und der Bewegungsfreiheit = Angst
e) Eindringen ins Bewußtsein des Kontaktlers = Grenzverletzung
f) Erlebnisse, die physikalische Gesetze »verletzen« = Desorientierung
g) Angehörige sind an CE-IV-Erlebnissen beteiligt = Sorge
h) Invasive Untersuchungen, erotische/fortpflanzungstechnische Prozeduren = Abwehr
i) Konfrontation mit beunruhigenden Szenarien = Sorgen
j) Ankündigung, daß die Außerirdischen zurückkehren werden = Unsicherheit
k) Unterdrückung/Zersplitterung der Erinnerung = Desorientierung
l) Konfrontation mit fortschrittlicher Technologie = Neugierde
m) Konfrontation mit überlegenen Wesen = Ehrfurcht
n) Konfrontation mit übergeordneten Prinzipien der Außerirdischen = Ehrerbietung

Boylan geht die Liste rasch durch und erklärt, welche Faktoren notwendig sind, damit ein posttraumatisches Streßsyndrom entsteht: »Das Trauma wird durch außergewöhnliche, vorsätzliche Verletzungen oder ein verhängnisvolles Ereignis ausgelöst«, sagt Boylan. »Das Trauma wird durch angstvolles Erinnern, Träume, Flashbacks oder phobische Reaktionen auf Erinnerungen immer wieder neu erlebt ... eine psychische Betäubung setzt ein ... der Betreffende leidet unter Ängsten und Bewußtseinsstörungen ... und schließlich müssen die Symptome länger als einen Monat andauern.«

Boylan erläutert, daß manche Elemente, die notwendig sind, um ein posttraumatisches Streßsyndrom zu erzeugen, »bei den meisten CE-IV-Betroffenen nicht auftreten, und zwar das erste, die vorsätzlichen Verletzungen oder das verhängnisvolle Ereignis, und das dritte, die psychische Betäubung. Das Paradoxe bei den CE-IV-Erlebnissen ist, daß die Entführten ein Trauma haben, jedoch nicht am posttraumatischen Streßsyndrom leiden.«

Er erläutert die Hypothese, das Entführungssyndrom sei dem Syndrom ähnlich, das bei mißbrauchten Kindern auftauche, weist dann aber darauf hin, daß diese Hypothese sich nicht bestätigen läßt. Die CE-IV-Erfahrung löst im allgemeinen kein posttraumatisches Streßsyndrom aus, weil 1) die Aliens »keine Bösartigkeit an den Tag legen«; 2) die Entführten in bezug auf die Außerirdischen meist »ambivalente Gefühle haben: Sie sind bizarr/intelligent, distanziert/fortgeschritten usw.«; 3) die »Außerirdischen beruhigende Gefühle und den Eindruck vermitteln, es ginge um eine wichtige Mission«; 4) während der Entführung »kein großer Schaden entsteht«; 5) die Kontaktler nach einem Entführungserlebnis »im allgemeinen geistig aktiver werden«; 6) der Entführte sich danach stärker »auf die Gesellschaft oder die Natur einläßt«.

Bei einer »Minderheit von Kontaktlern«, die dennoch am posttraumatischen Streßsyndrom leiden, denkt Boylan an eine andere Erklärung. »Die medizinisch/gynäkologischen/urologischen Prozeduren wecken Erinnerungen an frühere sexuelle Belästigungen durch Menschen.«

Boylan meint, »seine« Entführten litten nicht am posttraumatischen Streßsyndrom, weil sie ihre Erlebnisse überwiegend positiv bewerteten: Die Wesen seien nicht bösartig und fügten den Entführten kein Leid zu, sondern schenkten ihnen manchmal auch etwas. Wenn einige Entführte am PTSS litten, dann liege dies wahrscheinlich daran, daß die Erlebnisse sie unbewußt an ältere Mißbrauchserfahrungen in der Kindheit erinnern.

Allmählich wird offensichtlich, daß hier im Vorlesungssaal des MIT nach und nach ein Ausgangspunkt der Konferenz weggeschliffen wird: das von Hopkins, Jacobs und Bullard entwickelte Szenario, in dem Entführungen bedrohlich sind. Diese Entwicklung teilt die Teilnehmer der Konferenz in zwei deutlich unterscheidbare Lager. Auf der einen Seite stehen diejenigen, die die Außerirdischen für »gut« halten, auf der anderen Seite jene, die glauben, die Aliens manipulierten die Menschen und seien »böse«.

Endlich ist John Mack an der Reihe. In dem Buch mit Zusammenfassungen, das Mack zur Vorbereitung auf die Konferenz herausgegeben hat, war die Grundlage seines Vortrags folgendermaßen umrissen: Zwar sei es nicht überraschend, daß Entführte als in irgendeiner Weise psychisch gestörte Menschen angesehen würden, aber:

Der Beweis, daß die Probleme des Entführten durch irgend etwas anderes entstanden sind als das, was er berichtet hat, ist bisher noch nicht geführt worden. (Hervorh. von mir)
  Dies ist natürlich ein Punkt, der uns Kopfzerbrechen macht. Entführte stellen sich als traumatisierte Menschen dar, aber da ein Trauma nach Definition das Resultat einer Interaktion zwischen dem Betreffenden und Ereignissen in der Welt ist, fragt man sich, was ihnen zugestoßen ist. Ich werde in diesem Beitrag die Auswirkungen der Entführungen auf die Psyche, die Persönlichkeitsentwicklung und allgemein das Leben der Entführten behandeln. Ich werde die tatsächliche und potentielle Bedeutung dieses Phänomens für die Entführten und ihre geistige Gesundheit, sowie für

die Wissenschaft und die menschliche Kultur allgemein diskutieren.[53]

Aber dann legt Mack zu meiner Enttäuschung sein Manuskript beiseite und beginnt mit der Bemerkung: »In unserer Sicht der Welt muß sich etwas verändern. Wir gehen aus von einem ›wir sind hier‹ und ›ihr seid da‹, von einem Zustand der Getrenntheit, in welchem außer der physikalischen Welt nichts existiert. Musik, Kunst und so weiter gehören der geistigen Welt an – aber sind sie real? Anders ausgedrückt, können wir nicht erwarten, etwas, das unsere eindimensionale, materialistische Weltanschauung zertrümmert, mit ebendieser Weltanschauung begreifen zu können. Das Entführungsphänomen stellt einen Angriff auf unsere Wahrnehmung der Realität dar«, erklärt Mack aufgeregt. Er spricht von Außerirdischen, die »wie Illusionisten durch Wände gehen oder Fernsehgeräte ein- und ausschalten, um ihre technische Überlegenheit zu demonstrieren. Dringt da wirklich etwas in unsere Welt ein, oder handelt es sich um ein psychisches Phänomen? Unsere materialistische Weltsicht verlangt, daß wir uns hier entscheiden: Gehören die Phänomene zur Welt des Geistes oder sind sie real? Wenn wir unser Bewußtsein öffnen, dann bekommen wir verifizierbare Informationen. Aber wir gewinnen auch Informationen über Wesen und Reptilien und so weiter, die in die Welt der Geister gehören. Sie sind gewissermaßen Wesen von ›da drüben‹, aus dem Reich der Phantasie. Aber trotz der Tatsache, daß sie zur Welt der Geister gehören *sollten,* tauchen sie in der realen Welt auf. Diese Grenzüberschreitungen sollte es doch eigentlich nicht geben. Doch sie geschehen, und sie zwingen uns, zu lernen und unsere Vorstellung von der Realität zu erweitern. Dies bedeutet, daß wir auch unsere Vorstellung von unserem Platz im Kosmos überdenken müssen.«

53 John Mack, »What is Psychologically Anomalous About Abductions: A Challenge for the Mental Health Field«, im vorbereitenden Band für die *Abduction Study Conference,* Hrsg. Andrea Pritchard, 1992.

Mack wird durch begeisterten Beifall unterbrochen, doch er spricht sofort weiter: »Die Wissenschaftler werden sich heute der Tatsache bewußt, daß wir bisher kein adäquates Modell gefunden haben, um den Begriff der Weltkräfte zu behandeln.«

Jemand erwähnt die »Superstringtheorie«, die besagt, es könnte sechs oder gar sieben Dimensionen geben, nicht nur die drei, die wir erkennen, und fügt hinzu, wir sollten die Notwendigkeit einsehen, unsere Sichtweise zu erweitern. Ann, eine Entführte, die »träumte«, sie habe ein zweisitziges UFO gesteuert und sei durchs Meer zu einem neongrünen Ufer geschwommen, sagt: »Wir können nicht alle Strings sehen.«

Jemand anders fragt: »Könnte es sein, daß im Bewußtsein der Entführten mehrere Raum/Zeit-Dimensionen zusammenfallen?«

Mary, die Entführte, mit der John Nyman gearbeitet hat, steht auf und sagt: »Ich freue mich sehr auf die bevorstehende Zusammenarbeit mit den Grauen. Ich fühle mich durch meine Erlebnisse nicht benachteiligt. Ich gebe ihnen meine Bereitschaft zur Zusammenarbeit und meinen Körper, und sie geben mir ihr Koan.«

»Zum ersten Mal in unserer Geschichte«, sagt Marilyn Teare, die kalifornische Therapeutin mit den silbernen Haaren, »untersuchen wir *etwas, das uns untersucht!*«

Gilda Moura, die brasilianische Therapeutin, stimmt John Mack zu. »Wir müssen wirklich unser Bewußtsein öffnen«, meint sie.

Boylan wendet sich ans Publikum: »Vertraut ihr den Aliens mehr als dem Militär?«

Ein Chor von »Ja«-Stimmen antwortet ihm.

Aber Mack warnt: »Wir kommen hier an einen Punkt, wo wir infolge des Phänomens gegenüber dem eigenen Establishment zynischer sind als gegenüber dem Phänomen. Wir sollten wirklich vorsichtig sein und nicht ohne Beweise davon ausgehen, daß es sich um etwas grundsätzlich Gutes handelt.«

Damit ist Macks Vortrag beendet. Während er gesprochen hatte, ging eine sichtbare Erregung durch den Raum, fast wie bei einem Treffen der Erweckungsbewegung.

David Hufford, ein Völkerkundler aus Pennsylvania, spricht als nächster über »Schlafparalyse und Entführungen aus dem Schlafzimmer«.

Die Schlafparalyse, erklärt er, bezeichnet eine vorübergehende Lähmung, die unmittelbar vor dem Erwachen oder beim Erwachen eintritt. »In der gängigen Literatur«, fährt er fort, »wird dieses Erlebnis stark unterschätzt, und in phänomenologischen Schilderungen kommt es überhaupt nicht vor. Die anomale Natur liegt in der Phänomenologie des Ereignisses und besonders in der Gegenwart eines fremden ›Besuchers‹.«

Es sei klar, fährt er fort, daß »a) die Schlafparalyse oft mit den frühen Stadien einer Entführung zusammenfällt oder b) die Ähnlichkeiten zwischen der Schlafparalyse und den Vorgängen bei der Entführung eine Verzerrung der Daten über Entführungen mit sich bringen. Ich will mit dieser Aussage keineswegs die Entführungen in irgendeiner Weise in Abrede stellen«, fügt er hinzu. »Derzeit ist die ›Schlafparalyse‹ keine hinreichende Erklärung, auch wenn einige der neurophysiologischen Mechanismen halbwegs bekannt sind. Vielmehr ist die Schlafparalyse selbst ein außergewöhnliches Phänomen, das es mit den Entführungen durchaus aufnehmen kann.«

Anschließend beschreibt Hufford den Fall eines Entführten, der »um einen Beweis dafür gebeten hat, daß er nicht träumte. Als er aufwachte, bemerkte er ein Dreieck auf der Brust. Schmerzen hatte er keine, es war keine Verbrennung. Auch acht oder neun Monate später ist die Figur noch nicht ganz verblaßt.« Er legt ein Foto auf den Projektor, das einen Mann mit nacktem Oberkörper zeigt. Auf der Brust ist deutlich ein ungefähr zehn Zentimeter großes, gleichseitiges Dreieck zu sehen.

Anschließend berichtet Hufford über seine Erforschung der Begegnungen mit »alten Hexen« oder »Nachtmahren«. Einige Monate nach der Konferenz stieß ich auf das Buch *Halluzinationen* von Ronald K. Siegel, der an der Fakultät für Psychiatrie und Verhaltensforschung der University of California in Los Angeles als

Professor tätig ist. Siegel, der sich auf Halluzinationen spezialisierte hat, kennt David Huffords Arbeit und erwähnt in seinem Buch in Zusammenhang mit den »Sukkuben« *The Terror That Comes in the Night* Hufford als Quelle. Siegel gibt in seinem Buch eine anschauliche Schilderung seiner eigenen Begegnung mit einer »alten Hexe«.

Er sei in der Nacht erwacht, als sich ein offenbar weibliches Wesen auf seine Brust gesetzt habe. Er sei wie gelähmt gewesen und habe vor Atemnot fast das Bewußtsein verloren. Als das Wesen sich zurückzog, sei er aufgesprungen, habe aber niemanden im Haus finden können.[54]

Siegel beschäftigt sich schon lange mit der Erforschung von Halluzinationen und der Frage, wie man sie von der Realität unterscheiden kann. Er ist der Ansicht, Halluzinationen hingen nicht davon ab, daß »das Gehirn mit Drogen überschwemmt oder von einer Schizophrenie gespalten wird ... von einer Halluzination, die real genug erscheint, ließe sich jeder täuschen. Schließlich haben manche Halluzinationen die gleiche sinnliche Qualität wie reale Wahrnehmungen und schließen auch Anblicke, Geräusche, Geschmackseindrücke und Gerüche ein. Sie wirken ebenso konkret und »äußerlich« wie reale Ereignisse.[55]

Die Frage, wer oder was seine »alte Hexe« war, beantwortet Siegel mit »einer Art Schlafparalyse«, die aufgrund von Sauerstoffmangel im Gehirn und verschiedener anderer, physiologischer Faktoren die Halluzination ausgelöst habe.[56]

»Sie müssen kein mittelalterliches Gehirn haben, um aus diesen Eckdaten einen Sukkubus entstehen zu sehen«, schließt Siegel seine Erläuterungen. »Die Vorstellung, etwas oder jemand würde auf dem Körper sitzen oder liegen, paßt wirklich gut zu den beschriebenen Sinneseindrücken. Aber das Wissen um diese Zusammenhänge wird die Wahrnehmung des Sukkubus und die mit

54 Siegel, Ronald K., *Halluzinationen*, Reinbek bei Hamburg, 1998.
55 ibid.
56 ibid.

ihm verbundenen Ängste nicht auf einen Schlag auflösen können.«[57]

Wie David Hufford schon ausführte, kommt das Phänomen der »alten Hexe« in allen Kulturen vor, und Siegel bestätigt dies in seinem Buch.[58]

So haben unzählige Menschen seit unzähligen Jahren auf der ganzen Welt im Grunde die gleichen Erfahrungen mit einer monströsen, weiblichen Gestalt beschrieben – alt, behaart, übelriechend –, die anscheinend immer auf die gleichen Weise dem Betreffenden auf die Brust steigt und auf ihn drückt, bis er kaum noch atmen kann. Es ist eine derart real wirkende, lebhafte halluzinatorische Erinnerung, daß einige der Betroffenen buchstäblich zu Tode erschrocken sind.

Ich finde die Stringenz der Ereignisse beim »Nachtmahr«-Phänomen ebenso prägnant wie die Stringenz der Phänomene bei Entführungsfällen, wie sie von Dave Jacobs und Budd Hopkins berichtet wurden. Aber dann spricht Gwen Dean, eine Therapeutin aus Kalifornien, die noch verblüffendere Parallelen ziehen kann. Ihr Thema sind die Berührungspunkte zwischen rituellen Mißhandlungen und Entführungsberichten.

»Zwar gibt es keine befriedigende Definition der rituellen Mißhandlungen«, beginnt Dean, »aber zwischen den Berichten über rituelle Mißhandlungen und denen über Entführungen durch Außerirdische gibt es erstaunliche Ähnlichkeiten.« Sie legt eine Folie auf den Projektor:

Entführungen	*Ritueller Mißbrauch*
Untersuchungstisch	Altar
Erzwungener Geschlechtsverkehr	Rituelle Vergewaltigung
Beängstigende Augen	Beängstigende Augen
Babys sind wichtig	Babys sind wichtig

57 ibid.
58 ibid.

192

Außerkörperliche Erfahrungen	Außerkörperliche Erfahrungen
Wunden, Narben, Prellungen	Wunden, Narben, Prellungen
Amnesie	Amnesie
Beobachter	Beobachter
Angst vor Hypnose	Angst vor Hypnose
Erzwungene Willenlosigkeit	Erzwungene Willenlosigkeit
Das Gefühl, unter Drogen zu stehen	Möglicherweise unter Drogen gesetzt
Man hört, man sei etwas Besonderes	Man hört, man wäre etwas Besonderes
Isoliert von anderen Menschen	Isoliert von anderen Menschen
In jungen Jahren entführt	In jungen Jahren entführt

Gwen Dean erklärt uns, sie habe alles in allem etwa 24 Parallelen finden können. Es ist inzwischen fast 22 Uhr, und Dean sagt uns, morgen früh wäre Zeit für eine Diskussion der Parallelen. Damit ist der dritte Tag der Konferenz vorbei.

Als ich über die Harvard Bridge in mein Hotel auf der zu Boston gehörenden Seite zurückkehre, ertappe ich mich dabei, wie ich zum Nachthimmel hochschaue, als rechnete ich damit, eine glühende, orangerote Scheibe zu sehen.

Im Hotelzimmer schalte ich den Fernseher an und höre mit halbem Ohr zu, während ich noch einmal durchgehe, was ich in den letzten drei Tagen auf der Konferenz notiert habe. Wieder staune ich über die psychologischen Profile der Entführten: Es gibt offenbar keine Beweise für psychische oder organische Störungen, die ihre Erlebnisse erklären könnten. Sie haben durchschnittliche Intelligenzquotienten und sind auch in anderer Hinsicht völlig alltägliche Menschen. Die unausweichliche Schlußfolgerung ist die, daß sie gewöhnliche Menschen sind, die außergewöhnliche Erfahrungen gemacht haben.

5. KAPITEL

Die Konferenz, vierter Tag

Am Dienstag morgen frühstückte ich wieder mit Dave Jacobs im Eliot Hotel. »Der wichtigste Ansporn für die UFO-Forschung waren bisher die UFO-Sichtungen«, sagt er. »Wir wußten alles, was es über die Sichtungen zu wissen gab. Es gab Untersuchungen am Boden, Spuren wurden verfolgt, und wir hatten Sichtungen von zahlreichen Zeugen und aus absolut glaubwürdigen Quellen. Die Sichtungen erfordern eine bestimmte Art von Nachforschungen – herumlaufen und suchen, mit Zeugen reden. Die Methodologie ist ausgearbeitet und bekannt. Deshalb haben wir Beweismaterial gesammelt, das uns schier zu erdrücken scheint. Es sind eindrucksvolle oder sogar überwältigende Beweise für die Existenz der UFOs. Aber die Entführungen erfordern eine ganz andere Vorgehensweise. Im Gegensatz zu den Sichtungen geht es hier um sehr persönliche Dinge. Im Umgang mit den Zeugen muß man sich am Verhalten eines Therapeuten orientieren. Oft muß Hypnose eingesetzt werden, aber dies stellt uns vor zahlreiche, neue Probleme. Man erhebt immer wieder den Vorwurf, es sei alles nur erfunden, es seien Suggestivfragen gestellt worden, die Dinge seien verzerrt worden. Eddie Bullard wird heute vormittag darüber sprechen.«

Jacobs beschreibt einige seiner Techniken: »Ein Alarmzeichen ist es für uns, wenn jemand sagt: ›Ich habe angehalten und bin ausgestiegen, um es mir anzusehen.‹ Wir wissen, daß dies im allgemeinen bei weitem nicht alles ist. Unter Hypnose erinnert sich der Betreffende dann: ›Ich bin ausgestiegen ... ich bin ausgestiegen ...‹

194

und Sie hören die Angst in seiner Stimme. Sie reden in der Gegenwartsform mit ihm: ›Sie steigen aus dem Wagen. Was geschieht jetzt? Was sehen Sie?‹ Und dann erzählt er, was er gesehen hat, und es ist ein Entführungsszenario.«

J. Gordon Melton, ein Theologe aus Santa Barbara in Kalifornien, ist der erste Referent des Vormittags. Er spricht über »Religiöse Perspektiven der Berichte: Kontaktler und Entführte.« Er behandelt die Art und Weise, wie die Entführten aufgenommen wurden. Zunächst, in den fünfziger Jahren, nannte man sie Schwindler, Betrüger und Fälscher. Dann aber habe das »Channeling«, das durch die Kontaktler aufgekommen ist, zum Entstehen der New-Age-Bewegung beigetragen.

»Die überwältigende Mehrheit der Kontaktler«, berichtet er, »hat den Kontakt nicht aus eigenem Antrieb gesucht. Die Kontakte haben sogar, als sie entstanden sind, das Leben der betreffenden Person gestört.«

Die Kontaktler waren überwiegend Menschen, die an keine Kirche gebunden waren. Es war für sie keine Suche nach religiösen Inhalten, und doch seien spirituelle Botschaften übermittelt worden. »Kein Ufologe war bereit, dies zu akzeptieren. Die Berichte wurden als kultisch-religiöse Spekulationen abgetan. Geschichten über Mißhandlungen in satanistischen Ritualen und Berichte über Entführungen durch Außerirdische«, fährt er fort, »sind in etwa zur gleichen Zeit aufgetaucht. Es gibt zwischen ihnen eine Reihe von Parallelen. Die Gestaltung der gewonnenen Erinnerungen ist ähnlich.« Gwen Dean hatte am Vorabend bereits von vierundvierzig Parallelen gesprochen.

Melton vergleicht die Wirkung der Geschichten über rituelle Mißhandlungen mit den Entführungen durch Außerirdische und meint: Wenn man genügend solcher Geschichten gehört habe, dann sei man irgendwann davon überzeugt, daß die Zeugen die Wahrheit sagen. In beiden Fällen gibt es eine große Zahl voneinander unabhängiger Berichte. Beide Gruppen von Opfern brauchen Hilfe, und es besteht die Gefahr, daß Forschung und Therapie nicht klar voneinander getrennt werden.

»Wenn wir beginnen, über die Gründe für die Entführungen zu spekulieren«, sagt Melton, »ist es verlockend, sich in den Bereich der Theologie zu begeben, die allerdings eine New-Age-Theologie wäre, denn das Okkulte ist die Wurzel des New Age.«

Jemand schlägt als Unterscheidungsmerkmal vor: »Kontaktlern geht es dabei gut, Enführten nicht.«

In der Fragerunde erkundigt sich John Mack: »Was sind die Kriterien, mit denen wir Informationen aus dem Kosmos auswerten können?«

Eddie Bullard ist der nächste. Er vergleicht die Berichte über Entführungen mit Erzählungen der Volkskunde. »Die Folklore ist voller Wesen, die aus fernen Welten kommen«, sagt er. Er erwähnt die Feen und sagt, »winzige übernatürliche Wesen sind universell.« Feen nehmen die Menschen in der Überlieferung in unterirdische Königreiche mit, es gibt »Feenhügel«, im Reich der Feen verläuft die Zeit anders als bei den Menschen, sie stehlen Kinder und Frauen und zeugen Nachkommen mit den Menschen. Diese Vergleiche hat er in dem Beitrag »Folkloric Dimensions of the UFO Phenomenon« in *Journal of UFO Studies* ausführlich behandelt. In diesem Aufsatz wies Bullard darauf hin, daß es bereits eine Reihe vergleichender Untersuchungen zwischen UFO-Begegnungen und älteren Geschichten von übernatürlichen Erscheinungen gebe: Jacques Vallée bemerkte (in *Passport to Magonia*), 1969), daß viele Phänomene in Zusammenhang mit UFO-Nahbegegnungen dem entsprechen, was aus Begegnungen mit Märchenwesen bekannt ist. Bullard fuhr fort:

> Das Bewußtsein, daß es zwischen UFO-Ereignissen und der Folklore Parallelen gibt, ist seit Vallées Pionierarbeit auf diesem Gebiet ein Fixpunkt in der Literatur geworden, der von Forschern ständig weiter ausgebaut wird. Die zwergenhaften Insassen, die in den meisten Berichten über UFO-Begegnungen erwähnt werden, finden ihre Parallele in dem

fast auf der ganzen Welt anzutreffenden Glauben an winzige übernatürliche Wesen. Die körperlichen und geistigen Folgen der Nahbegegnungen, wie Zeitverluste, Lähmungen oder nachfolgende Krankheiten, ähneln den Folgen der Begegnungen mit Geistern, Feen und Dämonen. Die Angst, von Zauberern in Motorwagen entführt zu werden, ließ in den vierziger Jahren Haitianer in Panik ausbrechen, was man als Vorläufer der heutigen Epidemie von UFO-Entführungen deuten könnte. Das Gefühl zu schweben, wie es von Entführten oft geschildert wird, entspricht den Ortswechseln in Zusammenhang mit Hexen im siebzehnten Jahrhundert. Fremde Wesen, die nachts ins Schlafzimmer eindringen, entsprechen Heimsuchungen durch Inkubi. Sogar das Versagen von Fahrzeugen, was elektromagnetischen Störungen durch UFOs zugeschrieben wird, ist nichts Neues, denn übernatürliche Wesen übten oft ähnliche Einflüsse auf Pferde und sogar Fahrräder aus ...

Die bizarren, surrealen Entführungsgeschichten sind ein ergiebiges Feld, um Parallelen zur Folklore zu finden. Die Vergleiche haben sich auf die Motive der Bilder, Erzählstruktur und das Vorkommen mythologischer Elemente erstreckt, wobei vor allem Initiationen und schamanische Reisen zu nennen wären (...)

Diese Ähnlichkeiten sind viel zu beeindruckend, als daß man sie leichthin verwerfen sollte, zumal sie uns wichtige Hinweise auf die wahre Natur der UFOs geben könnten. Abgesehen von den fragwürdigen Spekulationen über antike Astronauten, ergeben die Berichte, daß Außerirdische sich wie Feen oder Dämonen verhalten, keinen Sinn, aber sie werden sehr sinnvoll, wenn wir die UFO-Berichte als subjektive Erlebnisse übernatürlicher Fiktionen verstehen, die für ein modernes Publikum modifiziert wurden. Dies scheinen die Parallelen jedenfalls nahezulegen.[1]

Filme seien weitere Hauptverdächtige für die mögliche Herkunft von Entführungsberichten, sagt Bullard, denn Science-fiction-

1 Thomas E. Bullard, »Folkloric Dimensions of the UFO Phenomenon« in *Journal of UFO Studies* 3, 1991.

Filme wie *Invasion vom Mars, Fliegende Untertassen greifen an* und *Killers from Space* können mit entsprechendem Material aufwarten. Möglicherweise greifen die Leute die Ideen aus den Filmen auf und deuten sie für sich zu Entführungsszenarien um.

Wie Bullard in dem bereits erwähnten Artikel schrieb, bieten »Filme eine eindringliche Vorlage für das Implantat, für den kuppelförmigen Raum, den sterbenden Planeten und die Fortpflanzungsprobleme der Aliens. Kurz nachdem der Film *Begegnung aus dem Nichts*, der auf Barney und Betty Hills Erlebnissen beruht, gesendet worden war, trat Travis Walton mit seinem Entführungserlebnis an die Öffentlichkeit und machte im ganzen Land Schlagzeilen. Die Thematisierung von Entführungen in verschiedenen Medien, vor allem Whitley Striebers Fall (Strieber beschrieb seine Entführungserlebnisse in den Büchern *Die Besucher* und *Transformation*) machten große Teile der Bevölkerung mit diesem Phänomen vertraut.«[2]

Bullard vertritt auf der Konferenz die Ansicht, die Ähnlichkeiten seien zwar vorhanden, »aber sie werden hergestellt, indem man nur gewisse Elemente aus gewissen Teilen der Berichte heranzieht. Beispielsweise wird über Feen niemals berichtet, daß sie die Leute untersucht hätten.«

John Mack sagt erregt: »Ich bin überrascht, daß noch niemand hier aufgestanden ist und eingewendet hat, daß wir mit etwas völlig anderem konfrontiert sind, das mit Folklore nichts zu tun hat.«

Eddie Bullard spricht als nächster über »Die überschätzten Gefahren der Hypnose«. Dieses Thema interessiert mich besonders, weil es viel Kritik an den Informationen gibt, die mit dieser Methode gewonnen wurden.

Das Problem besteht darin, daß die Hypnose in vielen Fällen der einzige Weg ist, um zu den verschütteten Erinnerungen eines Entführten vorzudringen. Ungefähr 25 bis 30 Prozent der Entführten haben bewußte Erinnerungen an die Entführungen, doch

2 ibid.

sind diese Erinnerungen oft unvollständig und verwirrend. UFO-Forscher benutzen häufig die Hypnose, um zum Unterbewußtsein vorzudringen, wo angeblich die gesamte UFO-Begegnung des Entführten gespeichert sei. Die Hypnose war in der Tat äußerst erfolgreich, wenn es darum ging, den Betreffenden zu helfen, sich an ihre Erlebnisse zu »erinnern«, aber es gab auch viel Kritik, weil die Gegner oft betonen, der Hypnotiseur könne den Zeugen bewußt oder unbewußt beeinflußt haben.

»Die Experten sind sich allgemein darin einig, daß die Hypnose kein wirklich zuverlässiger Weg sei, um die Wahrheit herauszufinden«, sagt Bullard uns. »Dinge wie die Beeinflußbarkeit des Betreffenden, Rollenverhalten und die möglicherweise suggestiven Fragen des Hypnotiseurs sind hier von Bedeutung. Der Betroffene könnte sich etwas zurechtlegen, das wahr, unwahr oder nur teilweise wahr ist. Details mögen ans Licht kommen, aber der Zeuge vermag nicht zwischen Wahrheit und Irrtum zu unterscheiden. Die Experten sind sich darin einig, die Hypnose als Beweismittel abzulehnen. Aber wenn sie damit recht haben«, fragt Bullard, »müßten dann nicht alle Leute, mit denen Sprinkle gearbeitet hat, liebenswürdige Aliens sehen?* Und müßten nicht alle, die zu Hopkins kommen, gefährliche Aliens sehen? Aber wenn man die Gruppen untersucht, findet man bei beiden eine annähernd identische Mischung. In manchen Fällen kann durch Hypnose ein großer Teil der Vorgänge erhellt werden, aber in vielen anderen Fällen kommen auch ohne Hypnose Aussagen zustande, die verblüffende Ähnlichkeiten aufweisen«, schließt Bullard.

In der Kaffeepause nehme ich Mary, die Entführte, mit der Joe Nyman gearbeitet hat, beiseite und frage sie, ob ich mit ihr über

---

* Dr. Leo Sprinkle, ehemals Psychologieprofessor an der University of Wyoming, gründete 1980 die Rocky Mountains Conference on UFO Investigation. Im Jahre 1989 mußte er sein Lehramt aufgeben, weil in der Öffentlichkeit bekannt wurde, daß er behauptete, als Kind von Außerirdischen entführt worden zu sein.

den Kommentar sprechen dürfte, den sie am vergangenen Abend gemacht hat: »Ich freue mich sehr auf die bevorstehende Zusammenarbeit mit den Grauen. Ich fühle mich durch meine Erlebnisse nicht benachteiligt. Ich gebe ihnen meine Bereitschaft zur Zusammenarbeit und meinen Körper, und sie geben mir ihr Koan.«

Wir setzen uns draußen auf die Wiese, und Mary erzählt mir, daß sie an der Universität einen Abschluß in Kommunikationswissenschaften erworben hat und jetzt im Ausland arbeitet. Ihre erste bewußte Erinnerung an ihre Erfahrungen stammt aus dem Sommer 1989.

»Wie viele Erlebnisse hatten Sie denn?« frage ich. »Haben Sie eine Vorstellung, wann es begonnen hat?«

Mary holt tief Luft. »Das hat in diesem Leben begonnen, als ich ein paar Stunden alt war, und soweit ich es sagen kann, hatte ich Hunderte solcher Begegnungen.«

»Wann war die letzte?«

»Vor zwei Nächten.«

»Also während der Konferenz?« frage ich staunend.

»Ja«, bestätigt sie. »Es war nichts Ungewöhnliches für mich. Ich bin im Motel angekommen, und kurz bevor ich zu Bett gehen wollte, spürte ich eine Art Spannung oder Vorahnung, und das ist normalerweise ein Hinweis, daß etwas geschehen wird.«

»Was für eine Art Spannung war das?« frage ich Mary.

»Es ist das Gefühl, beobachtet zu werden, und das Gefühl, etwas werde geschehen. Manchmal ist es auch eine ungute Vorahnung, aber im allgemeinen würde ich es als leichte Furcht bezeichnen. ›Vorahnung‹ trifft es schon ganz gut«, fährt sie fort. »Es ist so ein bohrendes Gefühl in der Magengrube: ›Okay, jetzt muß ich mich darauf gefaßt machen.‹«

Als Mary ihre Nachttischlampe ausschaltete, sah sie durchs Fenster des Motelzimmers Licht hereinfallen. Sie stand auf und entdeckte, daß die Lichtquelle ein Haus auf der anderen Straßenseite war. Jemand hatte dort das Licht eingeschaltet. Sie ging erleichtert wieder zu Bett und fiel nach wenigen Minuten in einen Zustand, den sie als hypnagogischen Zustand erkannte – also die Benommenheit kurz vor dem Einschlafen.

»In dieser Phase«, sagt Mary, »hörte ich nahe links neben meinem Kopf Stimmen, die sich unterhielten. Ich bemerkte, wie sich Lichter im Raum bewegten. Weitere Erinnerungen habe ich nicht.«

»Sonst ist nichts weiter geschehen?« frage ich.

»Ich glaube, daß noch etwas anderes geschehen ist«, antwortet Mary, »aber ich bin darin geübt, die Erlebnisse auszublenden, für die ich noch nicht bereit bin.«

»Wie ist das möglich? Können Sie es einfach wegschieben?«

»Jeder hat Verdrängungsmechanismen. Das ist ein Teil des posttraumatischen Streßsyndroms. Jeder hat die Möglichkeit, sich vor Erinnerungen zu schützen, die eigentlich integriert werden müßten, die aber aufgrund des Bewußtseinsstandes oder der jeweiligen Wahrnehmung der äußeren Realität noch nicht ohne weiteres integriert werden können. Das nicht integrierbare Material bleibt einstweilen im Unbewußten. Sobald es bearbeitet werden kann, taucht es in Form bewußter Erinnerungen wieder auf«, sagt Mary mit wissendem Lachen. »Und von diesem Punkt an«, fährt sie fort, »findet ein Paradigmenwechsel statt … Das bewußte Anerkennen dieser Erfahrung bewirkt eine Veränderung im Leben. Damit meine ich, daß sich die Art und Weise, wie Sie die Realität wahrnehmen, unwiderruflich verändert. Dies ist ein sehr intensives und nicht immer angenehmes Erlebnis. Deshalb habe ich einen Mechanismus, der jene Teile der Erfahrung, die ich noch nicht in einen bewußten Bezugsrahmen stellen kann, ausblendet.«

»Inwieweit haben sich Ihre Wahrnehmungen denn verändert?« frage ich.

Mary lacht über meine Frage. »Ich bin ein recht gut angepaßter Mensch«, erklärt sie. »Das war ich schon immer. Und ich war immer eine Einzelgängerin, aber ich bin auf meinem Gebiet sehr erfolgreich, und ich kann mich als gut funktionierendes menschliches Wesen verkaufen. Aber bevor mir diese Erfahrungen bewußt wurden, hätte ich meine ›Realität‹ so beschrieben, als wäre sie ebenso fremdartig wie ein Acid-Trip. Jetzt muß ich mich noch mit einer Sache auseinandersetzen«, sagt sie. »Erinnern Sie sich an die Entführte namens Pat, die sagte, es käme ihr vor, als wollte man einem Blinden beschreiben, wie die Farbe Rot aussieht?«

Ich nicke.

»So habe ich mich mein Leben lang gefühlt. Ich wünschte, Sie könnten mir in den Kopf schauen und es selbst sehen. Meist ist es sogar recht schön. Aber ich sehe Dinge, die andere Menschen nicht sehen können, und ich erlebe Dinge, die andere Leute dadurch erklären würden, daß ich unter dem Einfluß einer halluzinogenen Droge stehe.«

»Könnten Sie das konkreter formulieren«, bitte ich sie. »Was für Dinge sehen Sie?«

Mary holt tief Luft, zögert einen Augenblick, starrt über meine linke Schulter hinweg und sagt leise: »Da drüben steht jemand am Baum.«

»Jetzt, in diesem Augenblick steht dort jemand?«

»Hmm-hmm«, macht sie nickend.

Ich drehe mich um, kann aber außer dem MIT-Campus und den Bäumen nichts erkennen. Ich wende mich wieder an Mary. »Können Sie dort immer noch etwas sehen?«

»Also, es ist eine Gestalt. Ich kann sie nicht deutlich ausmachen, aber es ist ein Umriß.«

Um mein ungutes Gefühl zu überspielen, frage ich rasch: »Haben Sie Angst vor dem, was Sie sehen?«

»Nein.« Sie streicht mit den Fingern über das Gras. »Körperlose Wesen sind für mich real, deshalb fürchte ich mich nicht vor ihnen.«

»Was glauben Sie, warum das Wesen dort am Baum steht?«

»Ich weiß es nicht. Sie stehen einfach herum«, sagt sie mit angespanntem, kleinem Lächeln. »Ich meine, was soll ich Ihnen schon darüber sagen?«

»*Sie* stehen dort herum? Meinen Sie, es ist immer mehr als einer?« Wieder drehe ich mich um.

»Diese Person – oder was es auch ist – steht dort.«

»Können Sie beschreiben, wie diese Personen aussieht?« frage ich Mary. »Offensichtlich kann ich sie überhaupt nicht wahrnehmen.«

»Ich kann sie nicht sehr deutlich sehen«, erklärt sie. »Es ist nur ein verschwommener Umriß.« Als sie meine Verwirrung bemerkt, lacht sie wieder.

»Also gut, dann lassen Sie uns über das reden, was Sie auf der Konferenz gesagt haben.«

»Okay«, sagt sie offensichtlich erleichtert.

»Sie sagten, Sie freuten sich darauf, mit den Aliens zusammenzuarbeiten.«

»Ja, so sehe ich das«, antwortet Mary nachdenklich. »Die bisherige Arbeit mit ihnen hatte viele positive und angenehme Auswirkungen auf mein Leben. Auch wenn ich das Gefühl, das ich kurz vor den Erlebnissen habe, als Furcht oder ungute Vorahnungen beschreibe, ist mir bewußt, daß es sich dabei nur um eine biologische Reaktion handelt, um das Tier in mir. Ich sollte fähig sein, mit Hilfe des Bewußtseins meine Ängste zu beherrschen. Diese Ängste unter Kontrolle zu bekommen«, sagt Mary, während sie wieder über meine Schulter schaut, »betrachte ich schon lange als meine Aufgabe. Je besser ich fähig bin, meine Ängste zu kontrollieren, desto besser werden meine Erfahrungen. Und daher kann ich Ihre Frage dahingehend beantworten, daß ich mich darauf freue, mit ihnen zusammenzuarbeiten, weil ...« Sie hält einen Moment inne, seufzt und fährt fort: »Weil es gut für mich war.«

Sehr überzeugend klingt das nicht. »Warum war es gut?« frage ich.

»Je mehr Kontrolle ich über diese Erfahrungen gewinne – über die Erfahrungen, die man eigentlich nicht kontrollieren kann –, desto besser bin ich in meinen alltäglichen Erfahrungen fähig, die Dinge zu regeln, mit denen ich in der einvernehmlichen Realität konfrontiert werde.«

»Einvernehmliche Realität?«

»Ja – das, was *Sie* als Realität bezeichnen würden.«

Ich beschließe, diesen Gedanken nicht weiter zu verfolgen, und bitte Mary, mir ein Beispiel für ein Koan zu nennen.

»»Wie klingt das Klatschen einer Hand?‹« antwortet sie.

»Ja, gut, das kenne ich«, sage ich. »Ich meinte aber eines, das die Wesen Ihnen gegeben haben.«

Sie denkt einen Augenblick nach. »Wenn ich sie frage, wie ich meiner kleinen Tochter Sarah helfen könnte, mit diesen Erfahrungen umzugehen, dann antworten sie etwas wie: ›Du mußt sehr genau achtgeben, was sie dir sagt.‹ Das ist ein Koan, weil Sara noch so klein ist, daß sie sich erst sehr unvollkommen mitteilen kann. Sie kann mir nicht erzählen, was mit ihr los ist. Und deshalb muß ich, wenn sie entsprechende Erfahrungen macht, nicht nur mit meinen physischen Sinnen zuhören, sondern auch mit etwas anderem. Das Koan fordert mich heraus, die Erfahrungen mit meiner Tochter auf einer anderen als der rein physischen Ebene zu erfassen.«

»Was meinten Sie, als Sie während der Konferenz gesagt haben, Sie hätten den Wesen Ihre Kooperation und Ihren Körper gegeben?«

»Ich habe mich von Anfang an damit einverstanden erklärt. Ich lebe mit einem mehrfachen Bezugssystem. Manche Leute nennen das Spinnerei, aber ich habe es erlebt, und es ist mir egal, wie sie es nennen. Ich identifiziere mich mit diesen Wesen, und das ist nicht unbedingt schlecht.«

»Ich habe das eigentlich ganz wörtlich gemeint, Mary. Haben Sie ihnen Ihren Körper gegeben?«

»Ja«, antwortet sie. »Ich habe dazu ja gesagt, im wörtlichen Sinn. Ich arbeite sowohl biologisch als auch spirituell mit ihnen zusammen.«

»Haben Sie bei Ihnen Proben genommen?«

»Ja.«

»Eizellen?«

»Ja, wahrscheinlich«, sagt sie beiläufig. »Einige Erlebnisse kamen mir so vor, als wäre genau dies geschehen.«

»Kennen Sie auch die klassischen ›medizinischen Untersuchungen‹, über die Dave Jacobs geschrieben hat?«

»Ja, das habe ich auch erlebt. Im Grunde mache ich die gleichen Erfahrungen wie alle anderen: die Entführung, das Raumschiff, der Untersuchungstisch, die Entnahme von Proben, die Deckerinnerungen, es ist alles da. Ja, ich würde sagen, daß es auch für mich eine recht alltägliche Erfahrung ist.«

»Wie alltäglich?«

»Es geschieht nicht jedes Mal, nicht bei jeder Begegnung. Ich stelle mir vor, daß es sich um etwas wie Inspektionen handelt.«

»Sie meinen, wie Wartungsintervalle bei einem Auto?« frage ich.

»Ja, wie die regelmäßigen Inspektionen, das beschreibt es ganz gut.«

Die Teilnehmer der Konferenz kehren allmählich wieder ins Gebäude zurück. Ich habe gerade noch Zeit für eine letzte Frage. »Glauben Sie, daß es eine Art großen Plan hinter alledem gibt?«

Mary denkt einen Augenblick nach. »Wenn ich mir das alles so ansehe, dann kann ich es mir eigentlich nicht vorstellen. Ich will es mal so sagen. Stellen Sie sich vor, Sie nehmen eine Nadel und stechen ein Loch in eine Karte. Sie halten sich die Karte vor das Auge und betrachten durch das Loch das Zimmer, in dem Sie sich befinden. So können wir den großen Plan wahrnehmen – oder besser, so kommt es mir vor. Der große Plan mag existieren, aber ich kann ihn mit meinen Mitteln nicht erkennen.«

»Haben Sie denn irgendeine Ahnung, worauf dieser große Plan abzielen könnte?«

Mary wird unruhig, sie will nicht zu spät in den Vorlesungssaal zurückkehren. »Wir sollen lernen, keine Angst zu haben«, sagt sie. »Und wir sollen lieben lernen.«

Als wir in den Vorlesungssaal zurückgekehrt sind, erörtert der Volkskundler Eddie Bullard Kenneth Rings Hypothese vom »Imaginalen Reich« und erwähnt dabei auch Rings Omega-Projekt, das sich darum drehte, die Erfahrungen von Entführten mit Nahtoderfahrungen (NDE) zu vergleichen. Ring glaubte, beide Gruppen von Betroffenen wiesen bemerkenswerte Ähnlichkeiten auf. Beide könnten eine ganze Reihe von außergewöhnlichen Erlebnissen berichten, die sich durch ihr ganzes Leben zögen; sie wären medial veranlagt, bemerkten Erscheinungen und hätten außerkörperliche Erfahrungen. Ring vermutete, diese beiden Gruppen von Menschen hätten etwas miteinander gemein: In der Entwicklung in ihrer Kindheit seien Streß und Offenheit für andere Realitäten in vergleichbarem Maße vorhanden gewesen.

Bullard berichtet, Ring habe außergewöhnliche Begegnungen auf das »imaginäre Reich« zurückgeführt, wobei mit Imaginationen jedoch nichts Irreales und Eingebildetes gemeint ist, sondern eine andere Realität, die objektiv existiert und die Dimensionen, Formen und eine eigene Population enthält. Das imaginäre Reich, sagt Ring, sei so real und vielfältig wie das Reich der Sinne, es sei aber nur für Menschen mit veränderten Bewußtseinszuständen sichtbar. Um es zu sehen, müsse man über imaginäre oder psychospirituelle Sinne verfügen. Bullard sagt uns, laut Ring seien bei den Menschen, die zu Begegnungen neigen, diese Sinne ungewöhnlich stark ausgeprägt, und sie könnten öfter einen Blick auf die imaginäre Realität erhaschen als ihre weniger begabten Zeitgenossen.

»Wie Schamanen, Mystiker und Visionäre«, fährt Bullard fort, »erleben diese Menschen eine reinere, kohärentere Realität als jene, die man empirisch oder intellektuell bestimmen kann. Eine UFO-Entführung hat alle Eigenschaften einer echten physischen Erfahrung, aber die Aliens entstehen durch den Kontakt nicht mit dem Weltraum, den wir kennen, sondern mit anderen Welt-Räumen.«

Ring meint, wie Bullard referiert, die imaginären Erfahrungen seien in irgendeiner Weise mit unserer Sorge um die Umwelt verknüpft. Entführte und Menschen mit Nahtoderfahrungen verkünden immer wieder Warnungen in bezug auf das Schicksal der Erde und kündigen drohende Katastrophen an. »Die Aliens behandeln uns, wie wir die Welt behandeln«, sagt Bullard. »Sie meinen, wir erlebten gerade eine Nahtoderfahrung des ganzen Planeten. Entführte stehen, was die Entwicklung des Bewußtseins angeht, an vorderster Front. Allmählich kommt eine globale Transformation in Schwung, die entweder von äußeren oder vielleicht auch von inneren Kräften gelenkt wird. In jedem Falle geht es aber darum, die engen Grenzen des heutigen Bewußtseins aufzubrechen und es zu öffnen, damit es ganzheitlich wahrnehmen kann. Die Entführten waren die ersten, denen dies offenbart wurde, und sie werden die Führung übernehmen und uns den Weg weisen. Die Reise des Schamanen und die Entführung durch UFOs sind Teile ein und desselben Prozesses. Sie stehen einfach nur für unterschiedliche Arten des Lebens auf der Welt. Die wachsende Zahl ungewöhnlicher Erfahrungen weist jedenfalls darauf hin, daß es eine höhere Bewußtseinsform geben könnte, welche die Erde und ihre Bewohner in Zeiten der Krise zu erlösen vermag.«

John Mack springt auf. »Ich möchte meine Rolle weiterspielen und auch hier versuchen, allzu starr gefügte Kategorien zu zerstören. Ich widerspreche diesem entweder/oder. Aliens können durchaus physisch existieren und unsere Welt besuchen, und wir können dennoch unterschiedliche Arten von Bewußtsein haben: Materie in einem, Partikel im nächsten Augenblick.«

Hinter mir rufen einige der Betroffenen, die mit John Nyman gearbeitet haben: »Ja, ja!«

Michael Papagiannis, ein dunkler, gutaussehender Astronom von der Universität Boston, spricht als nächstes über die »Wahrscheinlichkeit außerirdischen Lebens auf der Erde.« Er weist darauf hin, daß »das Universum für die Entwicklung von Leben und von Zivilisationen ein sehr günstiger Ort ist. Es gibt eine Milliarde Milliarden sonnenähnlicher Sterne«, sagt er. »Deshalb ist die Wahrscheinlichkeit, daß es irgendwo noch anderes Leben gibt, recht hoch. Die chemische Zusammensetzung der Erde und der Sterne ist gleich.«

Auf einmal höre ich nicht mehr zu. Ich denke daran, daß Astronomen mit optischen und anderen Geräten immer tiefer in den Raum da draußen blicken, in den Weltraum, während andere Wissenschaftler mit anderen Geräten immer tiefer in den inneren Raum schauen. Das Paradoxe daran ist, schrieb Susan Schiefelbein in *The Incredible Machine*, daß die Wissenschaftler dabei entdecken, daß »in unseren Körpern die gleichen Elemente existieren, die in den Sternen glühen. Ob die Geschichte des Lebens von einem Theologen erzählt wird, der glaubt, die Schöpfung sei das Werk Gottes, oder von einem Wissenschaftler, der darüber theoretisiert, daß es die gleiche Chemie und Physik sei, das Ergebnis ist doch immer das gleiche: Der Stoff, aus dem die Sterne sind, ist lebendig geworden. Unbelebte Chemikalien haben sich in Lebewesen verwandelt, die schlucken, atmen, knospen, blühen, denken und träumen.«[3]

Wie der verstorbene Essayist und Arzt Lewis Thomas schrieb, dies bleibt »... das größte Rätsel von allen«. Die Entwicklung der allerersten Bakterien vor Milliarden von Jahren bis hin zum »menschlichen Gehirn und dem Bewußtsein, das diesem Gehirn innewohnt, ist so erstaunlich, daß es uns den Atem verschlagen sollte.«[4]

Dies ist in der Tat erstaunlich. Noch erstaunlicher ist aber die Annahme, es müsse irgendwo auf anderen Planeten noch anderes intelligentes Leben geben.

Als ich mehrere Monate nach der Konferenz mit Budd Hopkins sprach, erwähnte er Michael Swords, einen Professor an der Western Michigan University, der – wie ich erst bei dieser Gelegenheit erfuhr – ebenfalls die Konferenz beim MIT besucht hatte. Swords habe, ließ Hopkins mich wissen, »intensiv über die extraterrestrische Hypothese geforscht. Die meisten Wissenschaftler akzeptieren die Vorstellung, es sei sehr wahrscheinlich, daß es irgendwo

3 Susan Schiefelbein, *The Incredible Machine*, Washington D. C., The National Geographic Society, 1986, S. 9.
4 Lewis Thomas, Vorwort zu *The Incredible Machine*, S. 7.

noch andere Planetensysteme gebe und daß viele verschiedene Sonnentypen Planetensysteme haben können. Außerdem ist die Wahrscheinlichkeit, daß hin und wieder einer dieser Planeten in der ›Lebenszone‹ um die Sonne kreist, also nahe genug, um nicht zu kalt zu werden, sehr hoch. Es gibt eine gewaltige Zahl solcher Sonnen«, fährt Hopkins fort, »und die Leute bei SETI (Suche nach extraterrestrischer Intelligenz) akzeptieren all dies. Als Biologe weiß Swords, daß man in North Dakota und in Nebraska garantiert das gleiche Ergebnis herausbekommt, wenn man zwei Elemente zusammenwirft. Das ist ein grundlegendes Gesetz der Wissenschaft: Unter identischen Umständen werden die gleichen Dinge geschehen. Sie bekommen die gleichen chemischen Verbindungen. Da wir aus Meteoreinschlägen wissen, daß die Grundbausteine des Lebens allgegenwärtig sind, ist es äußerst wahrscheinlich, daß sich irgendwo auch Leben entwickelt hat. Swords weist nun darauf hin«, erklärt Hopkins, »daß entsprechend Darwins Theorie der natürlichen Auslese etwas, das effizient ist, überdauern wird; ein Beispiel ist die Fähigkeit, mit zwei Augen zu sehen. (...) Ähnliches gilt für einen opponierbaren Daumen. Es gibt eine ganze Reihe von Biologen, die sich überhaupt nicht für UFOs interessieren, die aber durchaus der Meinung sind, irgendwo im Weltall könnte sich Leben entwickeln, und wenn dies geschehe, dann würde die Entwicklung einen ganz ähnlichen Verlauf nehmen wie bei uns. Das interessanteste Argument, das Sword in diesem Zusammenhang vorgetragen hat, betrifft das Atmen von Luft. Niemand glaubt, die Aliens würden Luft atmen wie wir – man sieht keine Bewegungen der Brust, man spürt keinen Atem –, aber sie müssen auf irgendeine Weise Sauerstoff benutzen. Swords wies darauf hin, daß es auf einem Planeten, der zuviel Sauerstoff hat, aufgrund von Blitzen unkontrollierbare Brände und alle möglichen anderen Probleme geben würde, welche die Entwicklung von Leben letzten Endes wieder zunichte machen würden. Wenn der Sauerstoffgehalt der Atmosphäre aber zu niedrig ist, dann können Brände gar nicht erst entstehen. Man muß also gerade genügend Sauerstoff haben, um Feuer kontrollieren zu können, denn ohne den Gebrauch von Feuer, folgert Swords, kann sich keine Technologie entwikkeln. Er hat daher die Theorie aufgestellt, daß intelligentes Leben sich auf Planeten entwickeln wird, in deren Atmosphäre der Sauerstoffgehalt in einer bestimmten Bandbreite liegt. Wenn dies so ist, dann bedeutet dies zugleich, daß es für Besucher von einem Planeten möglich ist, die Luft eines anderen Planeten zu atmen. Das hat alles mit Feuer zu tun. Das sind natürlich rein theoretische Überlegungen, die jedoch ein recht starkes Argument ergeben.«

Michael Swords »Lebenszone« ist ein schmaler Gürtel um einen Stern, in dem ein Planet auf seiner Umlaufbahn freies Wasser halten kann, das weder verkocht noch gefriert. Es ist natürlich genau jener Bereich, in dem auch die Erde die Sonne umkreist.

1993 erklärte jedoch Jack Wisdom, Astrophysiker am MIT, auf der Jahreskonferenz der American Association for the Advancement of Science, Leben auf anderen Planeten könnte erheblich seltener vorkommen, als wir glaubten. Es reicht nicht, daß ein Planet in dieser »Lebenszone« um die Sonne kreist, sondern er muß außerdem eine stabile Rotationsachse haben.

James Trefil, Professor für Physik an der George Martin University, hörte Wisdoms Vortrag und schrieb im *Smithsonian*:

Die Rotationsachse der Erde ist eine imaginäre Linie, die vom Nordpol zum Südpol verläuft. Sie ist im Augenblick um etwa 23,5° geneigt ... Dies bedeutet, daß viele klimatische Gegebenheiten der Erde – etwa der Wechsel der Jahreszeiten zwischen Sommer und Winter – schon immer vorhanden waren.

Auf dem Mars sieht die Sache ganz anders aus. Dr. Wisdom und der Student Jihad Tourma fanden heraus, daß die Rotationsachse des Mars starken Bewegungen unterworfen ist. Anscheinend hat unter den inneren Planeten des Sonnensystems nur die Erde eine stabile Rotationsachse.

Warum bewegt sich nicht auch die Erdachse? Laut einer Gruppe französischer Wissenschaftler, die unter Leitung von Jacques Laskar ... gearbeitet haben, ist die Erklärung recht einfach. Im Gegensatz zu den anderen Planeten hat die Erde einen Mond, der im Verhältnis zu ihr selbst recht groß ist ... Anscheinend stabilisiert der Mond die Rotationsachse der Erde. Ohne Mond würde unser Nordpol genauso herumirren wie der des Mars.

Wie wäre die Erde ohne Mond? Die geringen exzentrischen Abweichungen in der Erdrotation, die nur ein Grad betragen, hält man für die entscheidenden Faktoren, die das Aufkommen und Abflauen von Eiszeiten bewirkt haben. Wäre die Erdachse um 54 Grad oder mehr geneigt, dann würden die Pole mehr Sonnenenergie bekommen als der Äquator. Angesichts der großen Empfindlichkeit, mit der die Biosphäre der Erde auf kleine Veränderungen reagiert, muß man fragen, welche Auswirkungen solche starken Schwankungen auf das Klima hätten. Man kann sich leicht vorstellen, daß solche Veränderungen alles Leben auf dem Planeten auslöschen würden.

Wenn dies zutrifft, dann müssen wir unsere Ansichten über das Leben in der Galaxis drastisch verändern. Damit sich intelligentes Leben entwickeln kann, muß ein Planet auf seiner Umlaufbahn ... ständig in der Lebenszone seiner Sonne bleiben. Aber außerdem muß der Planet wahrscheinlich auch noch *einen großen Mond besitzen* (Hervorgehoben von Trefil).

Wie viele solcher Planeten mag es in der Galaxis geben? Im Augenblick gehen unsere Theorien dahin, daß sich der Mond durch die Kollision der Erde mit einem großen Asteroiden entwickelt habe. Solche Kollisionen sind während der Bildungsphase von Planeten sicher unwahrscheinlich, und ich vermute, daß die Erde durchaus der einzige Planet der Milchstraße sein könnte, auf den beide Voraussetzungen zur Entwicklung von Leben zutreffen.

Wenn dies wahr ist, dann sind die konventionellen Ansichten über Außerirdische falsch. Die Galaxis brodelt nicht vor intelligentem Leben, das nur darauf wartet, mit uns zu kommunizieren. Es kann sein, daß dort draußen wirklich niemand ist.[5]

5 James Trefil, »Phenomena, Comment and Notes«, *Smithsonian*, Juli 1993.

Michael Papagiannis schließt seinen Vortrag mit der Bemerkung: »UFO-Beobachtungen sind nicht reproduzierbar; deshalb gibt es keine harten wissenschaftlichen Beweise für dieses Phänomen. Aber das Fehlen von Beweisen ist nicht der Beweis des Fehlens.« Mir fällt ein, daß einige Teilnehmer der Konferenz Fermis Paradoxon erwähnt haben. Der Atomphysiker Fermi habe angeblich einmal die Frage gestellt: »Wenn sie da sind, warum sind sie denn nicht hier?« Anders ausgedrückt: Wenn auf anderen Planeten fortgeschrittene Zivilisationen existieren, warum haben sie uns dann nicht schon längst besucht?

Der Harvard-Physiker Paul Horowitz, der wie Fermi ein Skeptiker ist, sagt, wenn er an Außerirdische glauben solle, dann müsse man ihm schon »einen Zigarettenanzünder, ein Auspuffrohr oder ein Stück vom Landegestell eines UFOs zeigen. Etwas, das ich in die Hand nehmen kann!« Vielleicht etwas wie den »sprechenden« Roboter, den er als Jugendlicher gebaut hat und mit dem er einen Wissenschaftswettbewerb gewonnen hat. »Wir haben nur sehr dürftige Beweise für außergewöhnliche Ereignisse«, sagt Horowitz, »aber dagegen sehr klare Beweise für gewöhnliche Ereignisse.«

Vor mehreren Jahren, als er Anfang Vierzig war, baute Horowitz einen Spezialempfänger, der nur auf einem schmalen Frequenzband arbeitet. Das Gerät wurde in Verbindung mit einem Radioteleskop benutzt, um nach Funksignalen außerirdischer Intelligenzen zu suchen – eine erheblich billigere und effizientere Methode, als Sonden loszuschicken.

Es gibt im Umkreis weniger Lichtjahre eine Million sonnenähnlicher Sterne, erklärte Horowitz. Proxima Centauri, der unserer Sonne nächstgelegene Stern, ist nur 4 $^1/_3$ Lichtjahre entfernt. Andromeda, die Nachbargalaxis unserer Milchstraße, ist 2,2 Millionen Lichtjahre von der Erde entfernt. Mit unserer derzeitigen Raketentechnik könnten wir Proxima Centauri in 33 000 Jahren erreichen, ein Abstecher nach Andromeda würde fünfzehn *Milliarden* Jahre dauern. Horowitz' Annahme – daß es einfacher sei, SETI zu finanzieren und nach außerirdischen Funksignalen zu suchen, statt Raketen loszuschicken –, scheint im Augenblick nicht widerlegbar, auch wenn der Philosoph Terence McKenna einwandte:»Erwartungsvoll nach einem Radiosignal einer außerirdischen Quelle zu suchen ist wahrscheinlich eine genauso kulturgebundene Vermutung, wie die Galaxis nach einem guten, italienischen Restaurant zu durchsuchen.«[*][6]

Als John Mack zu Beginn der Mittagspause beim Hinausgehen kurz in der Tür stehenblieb, wird er sofort von Reportern umringt. Zuerst versuchte er, ihren Fragen auszuweichen:»Ich möchte gern jemand sein, der im Auge des Hurrikans steht«, sagt er,»und Weisheit ist zu wissen, wann man mit wem redet.«

Jemand ruft ihm eine Frage zu, die ich nicht verstehen kann, aber ich höre Mack antworten:»Aber da wir der Psyche nicht vertrauen, versuchen wir, die Wahrnehmungen der Psyche zu diskreditieren. Anders ausgedrückt, wir versuchen herauszufinden, was mit diesen Leuten nicht stimmt. Wir brauchen eine Epistemologie«, betont er,»in welcher die menschliche Psyche als Instrument des Wissenserwerbs berücksichtigt und geachtet wird. Es gibt keine Beweise dafür, daß die Berichte der Entführten auf Informationen beruhen, die sie sich gegenseitig gegeben haben. Es gibt nicht die geringsten Beweise dafür, daß dieses Phänomen irgend etwas anderes ist als das, was die Entführten vortragen. Ich vertraue darauf, daß sie etwas wirklich Wichtiges erlebt und daß sie es sich nicht eingebildet haben.«

»Was ist es sonst, wenn nicht ein Produkt ihrer eigenen Phantasie?« fragt jemand.

* Am 12. Oktober 1992, dreieinhalb Monate nach der Konferenz beim MIT, begannen Astronomen mit der ersten umfassenden, durch modernste Technik gestützten Suche nach Beweisen für außerirdische Intelligenz. Das Projekt hieß nicht mehr SETI (Search for Extraterrestrial Intelligence), sondern High Resolution Microwave Studies, doch trotz Einsatz modernster Elektronik und empfindlichster Empfänger konnten bisher keine Signale von intelligentem Leben auf anderen Planeten aufgefangen werden.

6 Terence McKenna, zit. n. John E. Mack, *Entführt von Außerirdischen*, S. 548.

»Ich habe keine Ahnung«, sagt Mack.

»Sie müssen doch eine Meinung dazu haben«, hakt jemand nach.

Der Harvard-Psychiater wirkt einen Moment lang betroffen. »Ich werde nicht darüber reden«, sagt er. Dann scheint er es für nötig zu halten, sich zu erklären. »Solange wir eine Epistemologie und eine Ontologie haben, die auf Zigarettenanzünder anspricht«, sagt Mack, auf Horowitz' skeptische Bemerkung anspielend, »gibt es keine legitime Realität, in der meine Realität einen Ausdruck finden kann.«

Ein anderer Reporter setzt an: »Wie unterscheidet sich denn Ihre Realität von –«, aber seine Frage wird durch Macks Erklärung unterbrochen, er werde öffentlich nichts weiter sagen, weil er nicht Gefahr laufen wolle, »für plemplem gehalten zu werden«.

Weitere Fragen werden ihm zugerufen, aber Mack hebt abwehrend beide Hände. »Das reicht«, sagt er. »Wenn man auf diesem Gebiet Fortschritte machen will, ohne vom Blitz erschlagen zu werden, dann darf man sich nicht mitten aufs Feld stellen und sich ein Stück Metall über den Kopf halten. Ich habe wirklich keine Lust, von der Presse zerrissen zu werden.«

Als Mack hastig nach draußen eilt, murmelt ein Reporter, der direkt neben mir steht, mürrisch: »Wenn eins dieser höheren Wesen mit mir und zwei Physikern ein Interview machen würde, dann hätte das erheblich mehr Substanz als alles, was wir hier zu hören bekommen.«

Ich bin geneigt, ihm zuzustimmen, aber da ist immer noch John Macks pointierte Aussage: »Es gibt nicht die geringsten Beweise dafür, daß dieses Phänomen irgend etwas anderes ist als das, was die Entführten vortragen.« Und da die Entführten behaupten, *Menschen würden von Wesen entführt, die mit UFOs von einer anderen Welt oder anderen Welten zu unserem Planeten kommen,* würde mich sehr interessieren, warum ein respektierter Harvard-Professor für Psychiatrie auch nur eine Minute lang so etwas glauben kann.

Im Herbst 1989 bot eine mit John Mack befreundete Psychologin ihm an, ihn mit Budd Hopkins bekanntzumachen. Mack, der noch nie von Hopkins gehört hatte, fragte, wer der Mann sei. Die Kollegin erklärte, Hopkins sei ein New Yorker Künstler, der mit Leuten arbeitete, die berichteten, sie wären von außerirdischen Wesen an Bord von Raumschiffen gebracht worden. Mack sagte, er sei nicht interessiert. Wie er später erklärte, hatte er angenommen, Hopkins und seine Klienten wären einer Art gemeinsamer »Sinnestäuschung oder Geistesverwirrung erlegen«.[7]

Mehrere Monate später, am 10. Januar 1990, als Mack aus ganz anderen Gründen in New York war, suchte er mehr aus Neugierde denn aus irgendeinem anderen Grund Hopkins auf. Nach dem Besuch zeigte er sich beeindruckt von Hopkins' ›Aufrichtigkeit, seinem profunden Wissen und seinem Mitgefühl für die Entführten, deren Zustand von Mitarbeitern der Gesundheitsbehörden oft falsch diagnostiziert und die unangemessen behandelt worden waren«.[8]

Was Mack bewogen hat, seine Ansicht über Hopkins und dessen Klienten zu ändern, war genau das, was auch viele andere, die Hopkins' Daten gesehen haben, in Erstaunen versetzt hat: »Die innere Konsistenz der detaillierten Berichte von ganz unterschiedlichen Menschen aus verschiedenen Teilen des Landes, die keine Möglichkeit gehabt hatten, sich ins Benehmen zu setzen, und deren Geschichten nur widerstrebend und begleitet von beunruhigenden Emotionen ans Licht gekommen waren.«[9]

Kurz nach dem Treffen mit Hopkins kehrte John Mack ins New Yorker Atelier des Künstlers zurück und lernte mehrere Entführte kennen. Abermals war Mack von der Konsistenz ihrer Berichte beeindruckt: der Transport ins Raumschiff und die spätere Freilassung, das Aussehen der Aliens, das Innere der Raumschiffe, die

7 John E. Mack, *The Abduction Phenomenon: A Preliminary Report*, Juni 1992, S. 15.
8 ibid.
9 ibid., S. 16.

Prozeduren, denen sie an Bord unterzogen worden waren, all dies wurde auf ähnliche Weise geschildert. Damals gab es in den Medien kaum detaillierte Informationen über diese Vorgänge. Von Angesicht zu Angesicht mit den Entführten konfrontiert, so sagte Mack später, sei er beeindruckt gewesen vom »Fehler aller Anzeichen offenkundiger Geisteskrankheiten oder emotionaler Störungen, abgesehen von den traumatischen Folgen der Entführung selbst. Es gab keine naheliegende Erklärung für die Entführungsberichte.«[10]

Aus der Überzeugung heraus, daß dieses Phänomen »ein Rätsel von mehr als nur klinischem Interesse war«, übernahm Mack einige Klienten, die Hopkins an ihn verwies.

»Die ersten Fälle, die mir im Frühjahr 1990 zugeleitet wurden«, schrieb Mack später, »bestätigten, was Budd Hopkins, David Jacobs, Leo Sprinkle, John Carpenter und andere Pioniere der Forschung auf dem Gebiet des Entführungsphänomens bereits vorher herausgefunden hatten. Diese Patienten erzählten mir, daß sie gegen ihren Willen von außerirdischen Wesen entführt worden seien – oftmals durch die Wände ihrer Häuser hindurch – und man sie ausgiebigen, unangenehmen Eingriffen unterworfen habe, die allem Anschein nach Fortpflanzungszwecken dienten. In einigen wenigen Fällen konnte ihre körperliche Abwesenheit zur Zeit der Einführung von unabhängigen Zeugen bestätigt werden. Alle diese Leute litten – abgesehen von den Auswirkungen ihrer traumatischen Erfahrungen – unter unklaren psychiatrischen Störungen und berichteten über das, was sie als wirklich erlebte Erfahrungen ansahen, nur unter starker seelischer Anteilnahme. Darüber hinaus standen ihre Erfahrungen bisweilen im Zusammenhang mit UFO-Sichtungen von Freunden, Mitgliedern der Familie und Gemeinde oder auch Reportern und Journalisten. Und es verblieben am Körper des Betreffenden oftmals physische Spuren, wie zum Beispiel Einschnitte oder kleine Geschwüre, die schnell wieder abheilten und augen-

10 ibid.

scheinlich keine psychodynamischen Ursachen hatten, wie es zum Beispiel bei religiösen Stigmata der Fall ist.«[11]

Als zweieinhalb Jahre und einige Fernsehauftritte und Zeitungsartikel später die Konferenz beim MIT stattfand, waren von den Leuten, die sich mit UFO-Entführungen beschäftigten, zahlreiche Betroffene an Mack verwiesen worden.

Sie kamen nur zögernd zum Vorschein, aber sie dachten sich, wenn dieser Harvard-Professor die Ansicht vertrat, man müsse das Phänomen ernst nehmen, dann könnten sie es immerhin riskieren, ihm von ihren Kindheitserfahrungen zu berichten, die ihre Eltern als »nur ein schlechter Traum« oder »Alptraum« oder als »lebhafte Phantasie« abgetan hatten. Die Betroffenen selbst hatten schon immer gewußt, daß ihre Erlebnisse keine Träume, sondern real gewesen waren, doch sie hatten nicht darüber zu sprechen gewagt, solange Mack nicht öffentlich erklärt hatte, daß die Erfahrungen, die sie in solche Angst versetzten, in der Tat wahr sein könnten.

Trotz seines anfänglichen Widerstrebens hatte Mack bis Mai 1992 mehr als fünfzig »mögliche Entführte« gesprochen. Achtunddreißig erfüllten die Kriterien, die von Mark Rodeghier, dem Forschungsleiter von CUFOS, am ersten Tag der MIT-Konferenz formuliert worden waren. Zwanzig dieser achtunddreißig Personen waren weiblichen Geschlechts, achtzehn männlich. Das Alter schwankte zwischen neunzehn und sechsundfünfzig Jahren, ein Betroffener war ein zweijähriger Junge. Auch wenn Mack den Entführten Unterstützung und Rat anbot, er hatte immer das Gefühl, »eher ein gleichberechtigter Forscher als ein Therapeut zu sein«.[12]

Weisheit, sagte Mack bei dieser Gelegenheit, sei das Wissen, mit wem man reden darf; aber trotz aller Vorsicht hat er eine Andeutung gemacht. Es gebe, sagte er, »keine legitime Realität, in der meine Realität einen Ausdruck finden kann«.

Er wollte damit andeuten, daß seine Realität weniger begrenzt sei als Horowitz' Realität oder die der Medien.

11 John E. Mack, *Entführt von Außerirdischen*, München 1992, S. 34.
12 John E. Mack, *The Abduction Phenomenon*, S. 16.

Nach dem Mittagessen spricht Dr. Ron Westrum aus Michigan über »Die soziale Dynamik der Entführungsberichte«. Er vergleicht die Schwierigkeiten der Gesellschaft, das UFO-Phänomen zu akzeptieren, mit der Skepsis und dem Spott, auf den Ende des achtzehnten und neunzehnten Jahrhunderts diejenigen stießen, die behaupteten, aus dem Weltraum fielen Meteoriten auf die Erde.

Am 24. Juli 1790 kamen in der Nähe von Agen in Südwestfrankreich mehrere Meteoriten herunter. Das Phänomen wurde von nicht weniger als dreihundert Menschen beobachtet und dokumentiert. Obwohl sogar Bruchstücke der Meteoriten ausgestellt wurden, verwarf Pierre Betholon, der Herausgeber des *Journal des Sciences Utiles,* die Berichte als substanzlos und physikalisch unmöglich.

Am frühen Morgen des 14. Dezember 1807 raste eine Feuerkugel über Neuengland und krachte in der Nähe von Weston, Connecticut, auf den Boden. Benjamin Silliman, damals Professor für Chemie am Yale College, untersuchte mit seinem Kollegen, dem Bibliothekar James L. Kingsley, Bruchstücke des Meteors.

In der Fragerunde meldet sich der Psychologe Richard J. Boylan zu Wort. Sein einleitender Satz verblüfft mich so sehr, daß ich seine Frage nicht mitbekomme: »Da ich selbst ein Erfahrener bin ...« Ich kann mich nicht erinnern, daß Boylan bisher etwas darüber gesagt hätte, daß er selbst entführt worden sei, und dem Murmeln im Vorlesungssaal nach zu urteilen war dies auch den anderen Teilnehmern bisher nicht bekannt. Ich nehme mir vor, so bald wie möglich mit ihm zu reden.

Als nächster spricht D.C. Donderi von der McGill University über »Wissenschaftliche Forschungen über die Beweise für Entführungen.« Er zeigt uns eine AT&T-Anzeige aus dem *Scientific American,* auf der Golfspieler zu sehen sind, die mit ihrem Golfwagen in ein wartendes UFO hinaufschweben. Im Text der Anzeige wirbt AT&T für Handys und stellt die Frage, wer denn in so unsicheren Zeiten bereit wäre, sich mit dem minderwertigen Modell einer Konkurrenzfirma zu begnügen.

Donderi meint, das Entführungsphänomen sei inzwischen ins Bewußtsein der breiten Massen vorgedrungen und werde kommerziell ausgebeutet. Er fügt jedoch hinzu, das Entführungserlebnis stehe nicht für sich allein; es werde »plausibel durch die Hypothese der ›Unheimlichen Begegnungen der dritten Art‹, die ihrerseits wieder durch die UFO-Hypothese plausibel wird. Zuerst kamen die Zeugenaussagen«, erläutert Donderi, »dann kamen die Ereignisse mit mehreren Zeugen, und dann kamen die Berichte, welche die vorherigen Aussagen bestätigt haben.«

Donderi benutzt hier eine Methode, die auf der Konferenz als Bayes-Analyse bezeichnet wurde: Wenn der erste Teil wahr ist (daß die UFOs existieren), dann ist der zweite Teil wahrscheinlich (daß CE-III-Erfahrungen existieren); und deshalb ist der dritte Teil (daß Entführungen tatsächlich stattfinden) noch wahrscheinlicher.

Allerdings hat der Journalist Keith Thompson in seinem Buch *Engel und andere Außerirdische* eingewendet, daß dann natürlich auch der Umkehrschluß gelten müsse: »Wenn nämlich auch nur ein Aspekt des Ufo-Phänomens *nicht* wahr ist, ist es denkbar, daß auch der Rest nicht wahr ist.«[13]

»Aber«, fragt Donderi, »welche Beweise haben wir dafür, daß sich das Phänomen mit der Zeit verändert hat? Wie können die Außerirdischen technisch hochstehende Wesen sein, wenn sie seit vierzig Jahren die gleiche Technologie benutzen? Wir sollten mit Leuten reden, die vor vierzig Jahren entführt worden sind.« Noch wichtiger scheint mir die Frage, warum diese Wesen über so lange Zeit immer wieder die gleichen Experimente wiederholen. Das ist eine Frage, die auch von den leidenschaftlichsten UFO-Anhängern kaum beantwortet werden kann.

Nach Donderis Referat steht John Mack auf und fragt: »Was hat es zu bedeuten, daß keine Fälle aus Afrika und Asien gemeldet werden? Liegt dies daran, daß dort zwischen dem physischen und dem paranormalen Bereich nicht so scharf unterschieden wird?«

13 Keith Thompson, *Engel und andere Außerirdische, Ufo-Phänomene in neuer Deutung*, München 1993, S. 104.

Ich erinnere mich, daß Bullard Fälle aus Asien erwähnt hat, und gehe meine Notizen durch. Richtig: Bullard erwähnte einen Fall aus Japan und drei aus China, die »unsicher« seien. Aber ich finde die Richtung, in die Macks Gedanken führen, interessant. Gesellschaften, die nicht so scharf zwischen der realen Welt und der Welt der Geister trennen, halten Entführungsphänomene möglicherweise nicht für wichtig genug, um sie groß herauszustellen.

In der Pause nach Donderis Vortrag eile ich hinaus, um Richard J. Boylan zu finden und mich mit ihm zu verabreden, damit er mir von seiner Entführung erzählt. Ich erfahre, daß der Psychologe aus Sacramento den Vorlesungssaal »in sehr schlechter Stimmung« verlassen habe. Offenbar bin ich nicht der einzige Journalist, der mit ihm sprechen will. Da Boylan nicht zu finden ist, suche ich John G. Miller, den Notarzt, der am ersten Tag der Konferenz die Unterschiede zwischen »außerirdischen« und »menschlichen« Untersuchungen beschrieben hat. Ich fand die Art und Weise, wie er die Beweise für das Phänomen nachdenklich und sorgfältig abgewogen hat, als ginge es um die Untersuchung eines Patienten, bewundernswert.

Als Miller und ich zusammen auf dem Rasen sitzen, stelle ich ihm als erstes die Frage, die ich mir unablässig immer wieder selbst stelle: »Was geht da Ihrer Meinung nach vor?«

»Ich habe keine vorgefaßte Meinung«, erwidert Miller. »Wie kann man auch zu derart geheimnisvollen Dingen eine fest gefügte Meinung haben? Die Ansichten der echten Gläubigen sind schwer zu akzeptieren, und die Ansichten der knallharten Kritiker beruhen ebenfalls auf der Realität. Irgendwo muß es einen Mittelweg geben.« Er denkt einen Augenblick nach, dann fährt er fort: »Es ist klar, daß dies eine sehr eindrucksvolle, subjektive Erfahrung ist. Aber ich weiß nicht, wie die objektive Realität beschaffen ist. Es ist, als führten uns die Spuren in zwei Richtungen gleichzeitig.«

Er sei auf das Phänomen aufmerksam geworden, erzählt Miller mir, weil ein Kollege zahlreiche Patienten hatte, die über Beschwerden klagten, die mit Entführungen zusammenhingen. Der Kollege fühlte sich überfordert und fragte Miller, ob dieser sich zwei Fälle ansehen wolle.

»Der erste Fall war der eines sehr vernünftigen Mannes, der eine äußerst eigenartige Geschichte erzählt hat«, berichtet Miller. »Ich habe keine Hypnose eingesetzt – das mache ich nie –, aber anhand der Dinge, die mir dieser Mann über seine Kindheit und Jugend erzählt hat, konnte ich sehen, daß er diesen Wesen begegnet ist. Außerdem«, fügt Miller energisch hinzu, »war er ganz eindeutig nicht geisteskrank – zumindest nicht, soweit ich es sagen konnte. Er wollte mir seine Geschichte erzählen, aber es ging ihm nicht um Geld und er wollte auch nicht berühmt werden. Er wollte einfach nur jemandem, der bereit war, ihm zuzuhören, seine Geschichte erzählen. Nicht mehr und nicht weniger.«

Dieser Patient, erzählt Miller weiter, wurde anschließend von Dr. Jo Stone-Carmen untersucht, die ihre Doktorarbeit über Entführte geschrieben hat. Sie ging, wie sie es nannte, phänomenologisch vor, unterzog Millers Patienten einem MMPI-Test und stellte anhand mehrerer anderer Verfahren die persönlichen Charakteristika fest. Es waren die gleichen Tests, denen sie auch die Versuchspersonen im Rahmen ihrer Dissertation unterzogen hatte. Stone-Carmen konnte bei Millers Patienten keine Anzeichen für psychopathologische Zustände finden.

»Ich glaube, der Kern des Problems ist, daß wir von glaubwürdigen Zeugen unglaubwürdige Geschichten hören«, sagt Miller. »Und die Tatsache, daß diese unglaublichen Geschichten von Zeuge zu Zeuge erstaunlich konsistent sind.«

»Und wie der ›Erfahrene‹ zeigt, den Sie zu Jo Stone-Carmen geschickt haben, haben die Zeugen nichts zu gewinnen, wenn sie ihre Geschichten erzählen«, sage ich.

»Richtig.« Miller nickt. »Ich kenne sogar eine ganze Reihe von Zeugen, für die es äußerst nachteilig wäre, wenn ihre Erlebnisse öffentlich bekannt würden.«

»Wurde bei den Begegnungen eigentlich schon einmal jemand

verletzt?« frage ich. »Vorübergehende Traumata kommen vor, aber wie ist es mit körperlichen Spuren?«

»Ich würde sagen, daß eine ganze Menge Leute traumatisiert wird, denn wenn sie keine Traumata hätten, würden sie sich nicht um Hilfe bemühen. Ich rede jetzt über geistige Traumata. Aber körperliche Traumata? Ich habe mal davon gehört, aber ich weiß es nicht genau.«

»Dr. Miller, haben Sie von diesen Leuten jemals harte Beweise bekommen?«

»Es kommt darauf an, was harte Beweise für Sie sind«, sagt Miller.

»Ich stelle mir etwas vor wie das, was Paul Horowitz erwähnt hat – einen Zigarettenanzünder, ein Stück vom Landegestell eines UFOs oder ein Implantat.«

»Nun, eine äußerst glaubwürdige Zeugin, mit der ich in L. A. gearbeitet habe, konnte im Hof hinter ihrem Haus eine plötzliche Veränderung feststellen, die dem entsprach, was Budd Hopkins über einen seiner Fälle berichtet hat. Boden und Gras hatten sich in einem kreisförmigen Bereich verändert. Aber ich kann nicht sagen, was dies zu bedeuten hat. Ich meine, ein Skeptiker würde einwenden: ›Alles, was Sie haben, ist trockene Erde und trockenes Gras – ich bin überwältigt.‹«

Als wir wieder im Vorlesungssaal sind, wollen die Entführten jedoch nicht über den Umgang mit den Medien, sondern über etwas anderes reden.

Eine Entführte sagt: »Es scheint bei den Nachforschungen eine gewisse Voreingenommenheit zu geben. Immer wird nach etwas gesucht, das die jeweiligen Theorien stützt, und was nicht paßt, wird verdrängt.«

»Wir fühlen uns verletzt und ohnmächtig, wir sind Opfer«, sagt eine andere Entführte. »Gebt uns die Kontrolle, helft uns, wieder selbstbewußt zu werden. Gebt uns etwas, das uns zeigt, daß wir keine Opfer sind, es sei denn die Opfer unserer eigenen Ängste.«

Richard Price, der Entführte, dessen »Implantat« untersucht worden ist, er fühlte sich »ausgenutzt, wenn die Leute über mich schreiben.« Er schlägt vor, eine 800er-Nummer einzurichten, über welche die Erfahrenen mit anderen Betroffenen in Kontakt kommen können.

Ein anderer Mann spricht mit leiser Stimme über seine Schwierigkeiten, in Maine »jemanden zu finden, mit dem ich reden kann. Ich habe Budd Hopkins geschrieben, der mich an Joe Nyman verwiesen hat. Es muß eine Anlaufstelle der Forscher geben, an die sich die Zeugen wenden können. Und wenn wir zu euch kommen, dann vergeßt nicht, daß es nicht viele andere Stellen gibt, zu denen wir gehen können. Kurz und gut«, schließt er, »ich weiß noch, wie ich manchmal mit anderen Erfahrenen zusammengesessen haben, und wir hatten alle das Gefühl, daß etwas wirklich Großes kommen wird. Und ich habe den Eindruck, daß es in diesem Augenblick beginnt.«

Virginia, die Entführte aus Boston, die mit Joe Nyman gearbeitet hat, spricht als nächste. Wir haben bereits gehört, daß sie im Schlafzimmer besucht wurde und als Kind ihrer geklonten Schwester vorgestellt wurde. »Die Leute, die traumatisiert sind, sollten nicht in Fernsehsendungen auftreten«, warnt sie. »Dorthin sollten nur die gehen, die sich besser unter Kontrolle haben. Wir sind am Anfang alle ängstlich und deprimiert und suchen nach Leuten, die uns auffangen. Wir brauchen gute Therapeuten, und die Therapeuten brauchen Richtlinien, wie man mit Entführten umgeht.«

Heute, am letzten Abend der Konferenz, ist kein gemeinsames Abendessen eingeplant. Einige Leute, die für verschiedene Publikationen tätig sind, haben beschlossen, zusammen essen zu gehen und ungezwungen ihre Gedanken auszutauschen. Mit von der Partie sind David Cherniack; Karen Wesolowski, die beim *Atlantic Monthly* für Sonderberichte zuständig ist; Margaret West vom National Public Radio in Washington; Steve Fishman, der Autor von *A Bomb in the Brain,* der für *Details* an der Konferernz teilgenommen hat, und ich.

Wir stehen gerade vor dem Vorlesungssaal und überlegen, wohin wir gehen wollen, als Richard Boylan allein vorbeikommt; wie mir scheint, etwas aufgewühlt. Obwohl er vorher dem Vernehmen nach keine gute Laune hatte, nimmt er unsere Einladung, mit uns zu kommen, dankbar und erfreut an. Und zu meiner Überraschung dreht sich das Tischgespräch dann um eine Reise, die Boylan zehn Wochen vorher »zu angeblichen geheimen Anlagen in sechs Staaten im Südwesten« unternommen hat und die ihn davon überzeugte, daß die Regierung in bezug auf UFOs tatsächlich seit langem vieles vertuscht.

Wie er uns beim Essen erzählt, hat er die Reise unternommen, weil »seit mehreren Jahren Artikel über geheime Stützpunkte erscheinen, auf denen von Amerikanern exotische Weltraumwaffen und fliegende Untertassen entwickelt und getestet würden. Aber die Zeugenaussagen über diese Anlagen waren immer vertraulicher und inoffizieller Natur oder kamen von Quellen, die nicht genannt werden durften. Deshalb wollte ich mich selbst umsehen. Meiner Ansicht nach hat die ganze Geschichte drei Stützen wie ein dreibeiniger Hocker: das UFO-Phänomen, das Phänomen der Kontakte mit Außerirdischen und das Phänomen der Vertuschung durch die US-Regierung.«

Mit »Vertuschung«, erläutert Boylan, sei »auch eine militärische Reaktion oder die Existenz von SDI-Waffen gemeint. Das ist das dritte Bein des Hockers. Ich habe auf meiner Reise umfassende Informationen darüber gewonnen, daß die US-Regierung mit Waffen wie aus dem ›Krieg der Sterne‹ viel weiter vorgedrungen ist, als ich es mir aus dem zusammenreimen konnte, was ich vorher in Veröffentlichungen gesehen hatte.«

»Welche Veröffentlichungen kennen Sie denn?«

»Es waren Artikel in der *L. A. Times* und in verschiedenen Zeitschriften wie *Aviation Week and Space Technology, Popular Mechanics, UFO Magazine* und *MUFON Journal.* Viele wertvolle

Hinweise habe ich auch in Howard Blums hervorragendem Buch *Out There* gefunden, und natürlich in Timothy Goods Klassiker *Jenseits von Top Secret.* Außerdem habe ich so gut wie möglich die Desinformationen ausgesiebt, die in *Cosmic Top Secret* von William Hamilton III. standen. Kennen Sie das Buch?«

»Leider nicht«, muß ich zugeben.

»Auf dem hinteren Einband ist ein computerverstärktes Foto, das Gary Schulz aufgenommen hat. Es zeigt eine helle, orangefarben glühende Scheibe mit einer Kuppel oben drauf. Die Aufnahme entstand an der Grenze der Area 51 auf dem Luftwaffenstützpunkt Nellis, den ich auch aufgesucht habe und wo ich ganz ähnliche Beobachtungen machen konnte.«

»Sie haben auch so eine Scheibe gesehen? Haben Sie Fotos gemacht?«

»Es waren mehrere«, korrigiert Boylan mich. »Ich habe mehr als eine gesehen. Aber aus der Entfernung, in der ich mich befunden habe, konnte ich keine Fotos machen. Im günstigsten Fall hätten die Objekte ausgesehen wie Sterne. Sie waren viel zu weit entfernt, und meine Ausrüstung war nicht gut genug. Schulz' Foto ist viel besser, und jemand anders, Issuro Isokawa, hat ebenfalls ein gutes Foto gemacht. Die hatten viel bessere Teleobjektive ... aber es sind ja nicht nur die Scheiben. Es sind auch die anderen Dinge, die ich unterwegs gesehen habe. Beispielsweise die Tatsache, daß wir Fusionskraftwerke haben, miniaturisiert und eingekapselt, die vollautomatisch laufen. Wir haben sie schon eine ganze Reihe von Jahren. Sieben Jahre ungefähr.«

»Dr. Boylan«, sage ich, »wie können Sie einen miniaturisiertes Fusionskraftwerk erkennen, wenn Sie es sehen?«

»Ich bin nicht sicher, ob ich das könnte«, antwortet er lächelnd, »ich nehme einfach nur die Informationen der Regierung so, wie sie sind. Die Behörden selbst haben diese Dinge aufgedeckt, ich ziehe hier keine Schlußfolgerungen. Wenn Sie zum National Academic Museum in Albuquerque fahren und aufmerksam die Beschreibungen aller Ausstellungsstücke lesen und sich alles merken und es zusammensetzen, dann finden Sie eine Reihe interessanter Dinge heraus. Unter anderem, daß man jetzt elektromagnetische Impulse von hundert Billionen Volt erzeugen kann. Das sind einfach nur die Daten, die man dort findet. Dann ist da die Einrichtung des Department of Energy (Energieministerium, kurz DOE) draußen auf dem Testgelände von Tonopa«, fährt Boylan fort.

»Und dann die extremen Sicherheitsmaßnahmen auf dem Luftwaffenstützpunkt Kirtland bei Albuquerque: Elektrozäune, kleine Kammern mit zwei Türen, in die man eintreten und wo man einen Code eingeben muß, damit man das Gebäude betreten darf. Und all die Warnschilder: Ein Jahr Gefängnis, 10 000 Dollar Strafe für unbefugtes Betreten. So strenge militärische Sicherheitsvorkehrungen für eine Einrichtung des Energieministeriums? Ich habe gestaunt, wie viele Informationen über exotische Waffen man auch ohne Sicherheitsfreigabe bekommen kann. Und dann die Untertassen, die auf dem Fabrikgelände hergestellt und auf dem militärischen Übungsgelände getestet werden. Das war für mich der Beweis, daß nicht nur UFOs herumfliegen, die abstürzen und wieder eingesammelt werden, sondern daß wir uns ihre Technik unter den Nagel gerissen haben, entweder aus eigener Kraft oder mit außerirdischer Hilfe, so daß jetzt unsere eigenen, primitiven UFOs in der Luft herumschwirren.«

»Wollen Sie damit sagen, die Scheiben, die Sie gesehen haben, wären *unsere eigenen* fliegenden Untertassen gewesen?« frage ich.

»Yeah«, sagt er, als wäre es nichts Besonderes. »Es gibt keinen Grund zu der Annahme, daß diese ungeschickt gesteuerten Maschinen ein Teil einer außerirdischen Desinformationskampagne sind, wenn sie in der Area 51 starten.«

Ich sehe die anderen an, die an unserem Tisch sitzen. »Vielleicht sollten Sie lieber ganz von vorn anfangen«, sage ich.

»Die Frage ist nur, wo der Anfang ist«, erwidert er.

»Fangen Sie doch mit dem Beginn Ihrer Reise an.«

Boylan erklärt uns, sein erstes Ziel sei die Kleinstadt Tonopah in Nevada gewesen:»Das Einfalltor für die Black-Budget-Projekte in Sachen Raumfahrt und SDI«, sagt er. Dann fügt er hinzu: »Natürlich ist auch Albuquerque ein Zugang. Wenn man zwischen den beiden Orten eine Linie zieht, dann liegen meinen Forschungen zufolge die meisten illegal finanzierten Geheimprojekte auf dieser Linie.«

Boylan zieht einen Stapel Farbfotos aus der Jackentasche und sieht sie rasch durch.»Tonopah lebt zwar hauptsächlich vom Bergbau«, sagt er, während er das gesuchte Foto herauszieht,»aber es gibt dort auch ein Hauptquartier des Luftverteidigungskommandos.« Er schiebt das Foto eines anonymen, nach einer Behörde aussehenden Gebäudes über den Tisch. Ein Schild am Gebäude besagt genau das, was Boylan gerade erklärt hat.»Das ist seltsam«, fährt er fort,»denn der Luftwaffenstützpunkt Nellis, die nächste offizielle Einrichtung der Luftwaffe, ist 180 Meilen weiter im Süden. Höchstens, daß es im Norden Nevadas eine geheime Einrichtung der Luftwaffe gibt.

Er schiebt ein zweites Foto herüber. Es zeigt einen dunkelblauen Schulbus mit der Aufschrift: Shuttle nach Sandia.

»Den habe ich gesehen, als ich in Tonopah in Nevada war. Das ist sehr interessant, denn die Sandia National Labs sind zwei Staaten weit weg in Albuquerque, New Mexico. Es sei denn natürlich, es gibt dort in der Nähe ebenfalls eine Einrichtung, die Sandia heißt. Ich bin von Tonopah aus auf dem Highway 6 fünfzehn Meilen nach Osten bis zum Testgelände gefahren.« Er schiebt ein drittes Foto herüber, auf dem das Schild an der Zufahrt zum Testgelände zu sehen ist. Man kann eine kleine Boden-Luft-Feststoffrakete erkennen.»Ihnen wird sicher auffallen, daß das Schild den irreführenden Eindruck erweckt, sie würden dort kleine Raketen testen. Aber nachdem ich auf der Zufahrtsstraße zwölf Meilen nach Süden gefahren bin, erreichte ich einen riesigen, weit ausgedehnten Stützpunkt, der nicht vom Verteidigungsministerium, sondern von den Sandia National Laboratories für das DOE betrieben wird. Nach Angaben des Pressesprechers der Sandia National Labs, mit dem ich sprach, ›gehören die Sandia National Labs der AT&T‹. Anders ausgedrückt, steckt die AT&T hinter der physikalischen Erforschung der SDI-Waffen. Wenn man AT&T in die Quere kommt, muß man wohl damit rechnen, mit elektromagnetischen Impulsen bekämpft zu werden«, sagt er mit sarkastischem Lächeln.

»In der Nähe des Haupttors stehen dreißig große, zweistöckige Gebäude, in denen die Mitarbeiter untergebracht sind«, fährt er fort. »Durch mein Fernglas konnte ich erkennen, daß etwa fünf Meilen tiefer im Gelände, ein weiterer großer Gebäudekomplex liegt. Nach Süden und Osten erstreckt sich dort über Hunderte von Quadradtmeilen ein Gelände, auf dem Energiewaffen wie elektromagnetische Pulsgeber, Partikelstrahler, taktische Atomwaffen und Laserwaffen getestet werden. Strategische Atombomben werden übrigens hundert Meilen weiter im Süden auf dem Testgelände in Nevada erprobt, das ebenfalls dem Department of Energy gehört. Die amerikanischen Untertassen machen ihre Testflüge hundert Meilen weiter im Südosten auf den Stützpunkten Groom Lake und Papoose Lake.«

Die Wachtposten vor dem Testgelände in Tonopah trugen Overalls in Tarnfarben, wie Boylan uns sagt, »und sie hatten seltsame Schulterstücke mit der Aufschrift ASI-SWAT«. Er zeigt uns ein Foto von einem Verband militärischer Zweieinhalbtonner, die gerade durchs Tor eingelassen werden.

»Als ich mich dem Haupttor zu Fuß näherte«, sagt Boylan, »waren die beiden Wachtposten wortkarg und aggressiv. Die Waffen sahen aus wie dicke, schwarze Zylinder, ähnlich wie übergroße Gewehrkolben, ungefähr zehn Zentimeter dick und knapp einen Meter lang, aber es war kein Lauf und keine Mündung am Ende zu sehen. Ich bin einigermaßen im Bilde, wie die Waffen von amerikanischen und internationalen Eliteeinheiten aussehen, aber solche Gewehre hatte ich noch nie gesehen. Da ich keine Lust hatte, die seltsamen Waffen auf mich gerichtet zu sehen, akzeptierte ich die Weigerung, mich einzulassen, und zog mich zurück.«

Boylan verließ Tonopah und fuhr ins achtzig Meilen weiter östlich gelegene Rachel, eine kleine Gemeinde in Nevada, die vor allem aus Wohnwagen bestand, in denen die Mitarbeiter der Area 51 des Luftwaffenstützpunkts Nellis lebten. Rachels beliebtestes Lokal ist die »Little A ›Le‹ Inn Bar und Restaurant.« Die Wände sind vollgehängt mit UFO-Fotos, Zeichnungen und Andenken und unterschriebenen Fotos von UFO-Forschern und Journalisten. Boylan berichtet, der Inhaber der Bar, Joe Travis, habe ihm erzählt, »eines Nachts nach Feierabend« sei »ein Ufo heruntergekommen« und habe »das ganze Innere des Restaurants erleuchtet«.

Von alledem, was Boylan mir erzählt hat, scheint mir nur dieses Lokal wirklich wichtig zu sein. Trotz aller strengen Sicherheitsvorkehrungen in den Einrichtungen des Militärs und der Regierung braucht man normalerweise nur in eine Bar zu gehen, die vom Personal frequentiert wird, um herauszufinden, was hinter den streng bewachten Toren des Stützpunktes wirklich vor sich geht. Wenn das Testgelände Tonopah wirklich nur Raketen testet, warum redet man im örtlichen Pub dann so oft über UFOs?

Boylan beschreibt, wie er fünfundzwanzig Meilen weiter nach Südosten gefahren ist und mit Hilfe geodätischer Karten und anhand der Hinweise aus Hamiltons Buch *Cosmic Top Secret* »die Abzweigung mit dem berühmten schwarzen Briefkasten« erreichte und auf unbefestigten Straßen vorsichtig weiter nach Westen bis zum Stützpunkt Groom Lake fuhr. Er befand sich zu diesem Zeitpunkt auf öffentlichem Gelände, etwa fünf Meilen vom militärischen Sperrgebiet entfernt, und daher »absolut auf der Seite von Recht und Gesetz«, wie Boylan sagt.

»Ich fuhr in Richtung der Area 51 und orientierte mich anhand der topographischen Karten. Ich hatte den Highway 375 verlassen und fuhr durch die Gegend, bis ich auf einmal einen ungekennzeichneten Ford Bronco mit Einsatzleuchten auf dem Dach sah. Drinnen saßen zwei Leute in Tarnanzügen ohne Rangabzeichen. Nun, dachte ich, dies ist ein freies Land, und wenn die hier draußen in der Wüste im Auto herumsitzen wollen, dann dürfen sie das tun. Aber als ich vorbeifuhr, sah ich, daß sie bewaffnet waren. Ich war absolut naiv«, erklärt Boylan.

»Ich habe damit gerechnet, daß sie Wachtposten hatten, aber nicht so weit draußen. Aber diese Männer hatten keine Dienstabzeichen an den Uniformen, und ich dachte mir, ich habe noch fünf Meilen Luft, ehe das Spiel abrupt enden wird. Ich rechnete damit, irgendwann vor einem verschlossenen Tor zu stehen und umkehren zu müssen, weil ich nicht die passenden Ausweise hatte. Aber so weit sollte es nicht kommen. Kurz nachdem ich an ihnen vorbeigefahren war«, sagt Boylan, »machte mein linker Hinterreifen schlapp. Ich hielt an und stieg aus und sah, daß der Reifen an der Seite ein Loch hatte. Er war noch ziemlich neu, und ich war über nichts gefahren, was dieses Loch verursachen können. Ich kam zu dem Schluß, daß die beiden Männer meinen Reifen kaputtgeschossen hatten.«

»Die haben auf Sie *geschossen?*« frage ich nicht sehr intelligent.

»Auf den Reifen«, bestätigt Boylan. »Ungefähr eine Minute später haben die beiden ihren Bronco gewendet und sind mir gefolgt. Einer stieg aus und sagte: ›Haben Sie Probleme?‹ Ich hatte inzwischen schon den Wagenheber ausgepackt und versuchte, den Reifen zu wechseln. ›Ja‹, sagte ich.

Er sagte: ›Wollten Sie da rauf?‹ Er nickte in Richtung Area 51. ›Ja‹, sagte ich.

Er hat mich gefragt, ob ich einen Passierschein hätte, aber den hatte ich natürlich nicht. ›Tja, dann ist es sinnlos, da hinaufzufahren. Sie kommen nicht durch‹, sagte er.

›Warum nicht?‹ fragte ich. ›Haben Sie da ein verschlossenes Tor?‹

›Ja, das haben wir‹, sagte er.

›Tja‹, sagte ich, ›ich komme sowieso nicht hin. Jetzt muß ich erstmal in die Stadt und mir einen Ersatzreifen besorgen. Der hier ist zerschossen.‹

›Yeah, so sieht es aus‹, sagte er. ›So was Dummes auch.‹ Dann hat er gehässig gekichert und ist wieder eingestiegen, und sie sind zu ihrer alten Position zurückgefahren.«

»Ich hatte auch schon einmal kaputte Reifen, bei denen das Loch an der Seite war«, sage ich. »Könnte Ihr Reifen nicht aus einem anderen Grund geplatzt sein?«

»Ich weiß, was Sie meinen«, sagt Boylan. »Sie fahren über irgend etwas, es wird hochgeschleudert und schlägt seitlich in den Reifen. Aber ich bin über keine Unebenheiten gefahren.«

»Aber Sie müssen die Männer doch im Rückspiegel beobachtet haben, als Sie vorbeigefahren waren«, sage ich. »Haben Sie nicht gesehen, wie die beiden ausgestiegen sind?«

»Das ist passiert, als ich gerade erst an ihnen vorbei war. Ich habe stur geradeaus geschaut. Ich wollte nicht angehalten werden und habe mir gedacht, Augen zu und durch.«

»Könnte es keine andere Erklärung dafür geben, daß sie Ihren Reifen zerschossen haben?«

»Oh, ich habe über andere Erklärungen nachgedacht«, sagt Boylan, »aber offengestanden mußte ich widerstrebend zu der Deutung kommen, die ich genannt habe, weil mir keine bessere eingefallen ist. Und die entschiedene und leicht drohende Haltung dieser beiden Männer, dann die beiden Wächter vor dem Testgelände in Tonopah ...«

»Was haben Sie dann gemacht?« frage ich.

»Ich habe mich zurückgezogen und habe gewartet, bis es dunkel wurde, dann bin ich zurückgekehrt und habe klugerweise eine Viertelmeile östlich der Stelle geparkt, wo ich den Bronco zuletzt gesehen hatte. Ich habe von 21 Uhr bis 22 Uhr 30 den Höhenzug vor den Areas 51 und S-4 mit dem Fernglas beobachtet und drei helle runde Lichter über die Hügelkette aufsteigen sehen. Das erste sah ich um ungefähr halb zehn, es war ein helles, orange-goldenes, rundes Licht, das hinter der Groom Range senkrecht aufstieg. Die Hügel sind dort nicht sehr hoch, ich schätze ungefähr zwölfhundert Fuß. Dieses Objekt stieg also fünfhundert Meter über die Hügelkette, flog ein Stück waagerecht und schien mehrere Minuten lang zu schweben. Dann flog es in ungefähr tausend Fuß Höhe langsam nach Süden. Das rot-orangefarbene Licht war sehr aggressiv, ein sehr helles Glühen, das mir vorkam wie ionisiertes Licht; so, als würde das Flugobjekt mit dem ganzen Rumpf Licht abstrahlen und nicht, als käme das Licht aus dem Innern heraus. Dann sank es langsam wieder und verschwand hinter den Bergen. Das Objekt hatte die gleiche Farbe und den gleichen Umriß und wurde in der gleichen Gegend beobachtet wie das von Gary Schulz beobachtete Objekt. Gary Schulz ließ sein Foto vergrößern und mit dem Computer verstärken, bis die Flugscheibe mit der Kuppel, umgeben von einem Schleier aus ionisiertem Licht, zum Vorschein kam. Schulz hat das Objekt als HPAC bezeichnet – ›human powered alien craft‹, ein von Menschen gesteuertes Alien-Schiff. Kurz danach stieg ein zweites, hell leuchtendes Objekt vertikal auf und schwebte ungefähr fünfhundert Fuß über dem Höhenzug. Dieses Objekt blinkte wie ein Stroboskop und strahlte ein helles, blauweißes Licht ab, das anscheinend ebenfalls aus der Hülle des Flugobjekts zu kommen schien. Dann führte es eine Reihe von unglaublich schnellen Flugmanövern durch, hin und her und im Zickzack. In Sekundenbruchteilen hat es Sprünge von schätzungsweise neunhundert Fuß gemacht! Ich habe gestaunt, wie etwas so schnell herumfliegen und so scharfe Haken schlagen kann. Danach schwebte es eine Weile, und dann fingen die Manöver wieder an. Diese Manövrierphasen dauerten jeweils länger als eine Minute. Schließlich schwebte das Objekt wieder bewegungslos, dann flog es mit konstanter Geschwindigkeit, ungefähr achtzig Meilen in der Stunde, nach Süden. Ich konnte es noch ungefähr dreißig Meilen weit mit dem Fernglas verfolgen, ehe es verschwand. Ungefähr eine halbe Stunde, nachdem es weggeflogen war, tauchte ein drittes helles Objekt auf, das rot-orangefarben glühte wie das erste. Es blinkte und schwebte hinter dem Hügel und flog dann mit ungefähr achtzig Meilen in der Stunde nach Süden, machte dabei aber einige unregelmäßige Sprünge.«

Boylan hält einen Augenblick inne, dann fährt er fort: »Seltsam war auch, daß sich zwischen den Lichtblitzen das Aussehen des

Objekts verändert hat. Erst war es ein heller Kreis aus orange-goldenem Licht, dann war es eine verschwommene goldene Kugel.«

Ich frage Boylan, ob er die Motoren hätte hören können, wenn es sich um konventionelle Maschinen wie Hubschrauber gehandelt hätte.

»Oh, ich glaube schon. Es war ganz still, man konnte alles hören. Beispielsweise ist irgendwann am Abend, als ich dort draußen stand, ein kleines zweimotoriges Flugzeug in größerer Entfernung vorbeikommen. Ich konnte es beinahe zwanzig Minuten lang hören. Sobald es am Horizont aufgetaucht war, konnte ich es hören, bis es am anderen Horizont verschwand.«

»Und die Flugobjekte, die Sie gesehen haben, gaben keine Geräusche von sich?«

»Nein«, sagte er. »Und die Haken, die sie im Flug geschlagen haben! So schnell und mit solchen Richtungswechseln könnte sich kein Düsenjet oder Hubschrauber bewegen, er würde dabei einfach zerrissen! So schnell kann man ein Fluggerät nicht steuern. Es ist ja praktisch gesprungen: Man konnte es sehen, dann war es weg und ist ein Stück weiter entfernt wieder aufgetaucht. Es war wirklich sehr merkwürdig.«

»Sie sagten vorhin, es wären primitive, von uns gebaute Flugscheiben. Wie kommen Sie darauf?«

»Die Flugobjekte haben sich eher konservativ und zögernd bewegt, das sah ganz anders aus als die zielgerichteten und äußerst schnellen Flugbewegungen, wie sie oft bei außerirdischen UFOs beschrieben werden. Ich schließe daraus, daß es sich entweder um in den USA hergestellte, primitive Realisierungen der UFO-Technologie handelt oder daß die Piloten noch nicht gut genug ausgebildet sind. Aber die Kunststücke, die das zweite Objekt vollführt hat, sagen mir, daß diese Flugobjekte die Trägheitskräfte und daher auch die Schwerkraft überwinden können.«

Boylan erzählt weiter. Am Archulete Peak, nördlich von Dulce, New Mexico, wo »die unterirdische Basis liegen soll, die Howard Blum in *Out There* erwähnt, bin ich auf der Mesa herumgefahren und habe eine geheimnisvolle Ranch entdeckt, die angeblich der Fleischproduktion diente. Aber vor der Ranch, zwischen den beiden Gebäuden und der Straße, standen vier seltsame, fünfundzwanzig Fuß hohe Wachtürme auf Stelzen.«

Howard Blum, ein preisgekrönter, ehemaliger Journalist der *New York Times*, berichtete lediglich, im Jahre 1981 sei ein gewisser Dr. Paul Bennewitz, ein »hervorragender Physiker ... mit einer Schwäche für UFOs«, zu der Überzeugung gekommen, zwei einander feindliche Gruppen von Aliens hätten die Vereinigten Staaten besetzt. Die weißen Aliens wollten die intergalaktische Bruderschaft verwirklichen und seien in Frieden gekommen. Die Bösen aber, die Grauen, hätten die Kontrolle.

Die Grauen, habe Bennewitz behauptet, »seien für die Viehverstümmelungen, die Entführungen und für die Implantation von Geräten zur Gedankenkontrolle der Menschen verantwortlich. Die Regierung wisse nicht nur davon, sondern habe auch einen Geheimvertrag mit den Eindringlingen geschlossen. Den Grauen sei das Recht gewährt worden, in der Nähe des Archulete Peak eine unterirdische Basis einzurichten ... und als Gegenleistung habe das Militär eine Schiffsladung außerirdischer Waffen bekommen. Aber dann sei ein atomgetriebenes Raumschiff auf dem Archulete Peak abgestürzt. Die Grauen vermuteten, es sei Sabotage gewesen. Bennewitz sei nach der Dekodierung von Funkbotschaften überzeugt, daß der Vertrag gebrochen werden würde. Die erzürnten Grauen bereiteten sich auf einen totalen Krieg vor.«

Trotz der Tatsache, daß die Regierung eine Desinformationskampagne gegen Bennewitz betrieben hat, um ihn »systematisch zu verwirren, zu entmutigen und zu diskreditieren«, läßt Blum nicht erkennen, daß an Bennewitz' Behauptungen irgend etwas Wahres sei.[14]

Vom Archulete Peak aus fuhr Boylan weiter zu den riesigen Los Alamos National Laboratories, wo, wie er sagt, »die theoretische

14 Howard Blum, *Out There*, New York, 1990, S. 257.

Erforschung neuer Waffen von der University of California im Auftrag des DOE« durchgeführt werde. Er hat Fotos vom Eingangstor gemacht, das mit entsprechenden Warnschildern versehen ist, sowie vom Laborgebäude T-10 und dem Center for Humane Genome Studies und der HIV-Datenbank.

»Es sieht schon seltsam aus, wenn bei so etwas eine militärische Anlage zur Erforschung von Waffen und nicht die nationale Gesundheitsbehörde beteiligt ist«, kommentiert Boylan. »Man fühlt sich unwillkürlich an die Gerüchte erinnert, daß AIDS eine außer Kontrolle geratene biologische Waffe sei. Noch seltsamer ist ein anderes Gebäude, in dem die Labors für die theoretische, biologische und biophysikalische Forschung untergebracht sind.«

Boylan schiebt mir ein Foto des Gebäudes herüber und fügt hinzu, es klinge vielleicht »nicht mehr ganz so seltsam, wenn die Gerüchte stimmen, daß die Leichen der Außerirdischen, die aus dem bei Corona, New Mexico, abgestürzten UFO geborgen wurden, nach Los Alamos zur Untersuchung gebracht worden sind.«

Berichte über abgestürzte, fliegende Untertassen und die heimliche Bergung der Leichen außerirdischer Besucher durch das Militär zählen zu den langlebigsten UFO-Verschwörungsgeschichten. Insbesondere die Ereignisse in Roswell, New Mexico, werden immer wieder aufgegriffen.[15]

»Abgesehen von Atomtechnik und exotischer Biologie«, sagt Boylan, »wird in Los Alamos im National High Magnet Field Laboratory auch die militärische Anwendung von starken Magnetfeldern erforscht, eine Voraussetzung für die Erforschung von Schwerkraft/Antischwerkraft-Geräten. Die theoretische Waffenphysik von Los Alamos wird in den Sandia National Laboratories in Albuquerque in funktionierende Prototypen von Hightech-Waffen umgesetzt ...«

Boylan hat den Luftwaffenstützpunkt Kirtland südlich von Al-

---

15 u. a. in Timothy Good, *Jenseits von Top Secret*, Frankfurt am Main, 1991, S. 290 ff.

buquerque besucht, wo er das Regionalbüro Südwest des Department of Energy ausfindig machte (er zeigt uns ein Foto), außerdem die Sandia National Laboratories (Foto), die Interservice Nuclear Weapons School (Foto) und das Atomenergiemuseum des Department of Energy (Foto).

Im Atomenergiemuseum konnte Boylan erfahren, daß die Vereinigten Staaten jetzt »Wasserstoffbomben hätten, die so klein sind wie der Propantank eines Campingbusses. Seit fünf Jahren produzierten die USA »kontrollierte, bewegliche Fusionsreaktoren, die von einem starken Magnetfeld gesteuert werden«, sagt er. »Sie benutzen Laser, um spaltbares Material implodieren zu lassen und die Fusion herbeizuführen. Das ist eine unerschöpfliche und ziemlich kompakte Energiequelle«, erklärt er, »und vielleicht auch die Energiequelle des Flugobjekts, das über der Area 51 diese unmöglichen Manöver durchgeführt hat.«

Im Atomenergiemuseum erfuhr Boylan auch, daß man in den Sandia National Laboratories einen Teilchenbeschleuniger entwickelt habe, der »mit einer Lithiumdiode von einem Zoll Dicke Ionenstöße von hundert Billionen Volt« abgeben könne. Die Sandia National Laboratories, sagt er uns, erstreckten sich südlich und östlich des Gebäudes des Energieministeriums über ein Gebiet von hundert Quadratmeilen und nähmen den größten Teil des Luftwaffenstützpunktes Kirtland ein. »Dort wird an der waffentechnischen Anwendung von Atomenergie, Magnetfeldern, Solarenergie, elektromagnetischen Impulsen sowie Laser- und Partikelstrahlen gearbeitet. Aber das Wichtigste, das ich fand, war das ›Projekt ARIES‹, eine Testanlage für Elektroimpulswaffen (EMP), wo EG&G ein zwei Block großes Gerät für die Defensive Nuclear Agency gebaut hat. Sagt Ihnen der Name was?«

»EG&G?« frage ich. »Nein.«

»Das steht für Edgerton, Germhausen & Greer, eine zwielichtige Firma, die genau wie die Wackenhut Corporation mit der Area 51 und S-4, mit den Black-Budget-Waffenforschungen wie dem Projekt Aries und der Wartung der Atomanlagen der US-Regierung zu tun hat. Die EMP-Waffe besteht aus einem anderthalb Block langen, horizontalen Lauf, der auf einem fünfundzwanzig Fuß hohen, nichtleitenden Holzgerüst steht und mit einem zweistöckigen Turm verbunden ist, welcher seinerseits mit einem riesigen, elektrischen Apparat mit großen Auslegern und dicken Kabeln verbunden ist. Das Ganze sieht aus wie ein gigantischer Vande-Graaff-Generator. Das ist der elektromagnetische Impulsgenerator, über den man schon so lange munkelt.«

Dieses Mal gibt es kein Foto.

Boylan meint, die hundert Billionen Volt starken Elektroimpulse sollten außeridische UFOs lahmlegen, denn ein so großes Gerät wäre sicher »ein Overkill für eine anfliegende, ballistische Rakete«.

Als er versuchte, den richtigen Weg zum Labor für Solarwaffen zu finden, berichtet Boylan, sei er »auf das berühmte Manzano Mountain Weapons Storage gestoßen. Das ist ein ganzer Berg, den man ausgehöhlt hat, um verschiedene, höchst geheime Dinge zu lagern, darunter Atomwaffen und, laut Timothy Good in *Jenseits von Top Secret,* auch geborgene UFOs.«

Good behauptet allerdings nicht, in Manzano seien UFOs gelagert. Er zitiert lediglich einen Brief, den ein namentlich nicht genannter Angehöriger der Luftwaffe Ende der achtziger Jahre an die Aerial Phenomena Research Organization (APRO) geschickt haben soll. In diesem Brief sei von Gerüchten über ein abgestürztes UFO die Rede, das in Manzano gelagert werde. Auch das Roswell-UFO befinde sich in Manzano.[16]

Boylan war von den strengen Sicherheitsvorkehrungen in Manzano beeindruckt. Der ganze Komplex, läßt er uns wissen, sei »von drei getrennten, hohen, mit rasiermesserscharfem Stacheldraht gesicherten Zäunen umgeben. Dazwischen ist nacktes Erdreich, wahrscheinlich mit Bewegungsmeldern ausgestattet. Stän-

---

16 Ein namentlich nicht genannter Luftwaffenangehöriger, zitiert in *Jenseits von Top Secret.* (*Above Top Secret;* in der erweiterten, amerik. Ausgabe S. 407/408).

dig patrouillieren bewaffnete Wachtposten mit Jeeps. Am nördlichen Ende befindet sich das Testgelände Coyote Canyon, wo streng geheime Forschungen der Air Force, des Department of Energy und der Sandia National Laboratories stattfinden. Dies ist das Gebiet, wo Angehörige der Luftwaffe 1979 ein niedrig fliegendes UFO gesichtet haben.«

Die Sichtung, auf die Boylan hier anspielt, fand in Wirklichkeit zwischen dem 8. und 22. August 1980 statt, wie man dem inzwischen freigegebenen Formular des Air Force Office of Special Investigations (AFOSI) entnehmen kann. Drei Zeugen, Wachleute im Manzano-Gelände, konnten ein unbekanntes, leuchtendes Objekt beobachten, das nach einigen merkwürdigen Flugmanövern, die einem Hubschrauber nicht möglich gewesen wären, im Coyote Canyon gelandet ist. Kurz danach sei das Licht wieder gestartet und mit hoher Geschwindigkeit weggeflogen. Der Vorgang habe sich später noch einmal wiederholt.[17]

»Als ich mit dem Fernglas den Coyote Canyon beobachtete«, fährt Boylan fort, »konnte ich eine seltsame Metallkugel zwanzig Fuß hoch über dem Boden sehen. Sie war mit einem flachen Blechdach bedeckt und stand auf vier Pfählen. Der Zweck dieses Objekts ist mir nicht bekannt. Was immer dort im Coyote Canyon erforscht wird, es hat dafür gesorgt, daß das Wasser in der Gegend nicht mehr trinkbar ist. Man darf sich nicht einmal mehr die Hände damit waschen.« Er zeigt uns ein Foto mit einer Tafel, die vor dem Genuß des Wassers warnt.

Vom Coyote Canyon aus fuhr Boylan nach Süden in Richtung Alamogordo zum National Solar Observatory in Sunspot. Das auf dem mehr als dreitausend Meter hohen Sacramento Peak gelegene Observatorium erforscht die Auswirkung von elektromagnetischen Strahlungen der Sonne und von geophysikalischen und geomagnetischen Störungen auf die Stabilität von Satelliten und den

---

17 Timothy Good, *Jenseits von Top Secret.* (*Above Top Secret;* in der erweiterten, amerik. Ausgabe S. 405/406).

Betrieb von Raumschiffen. Boylan merkt an, daß hinter dem Eingangsschild des Observatoriums ein »weiteres kleines Schild mit der Aufschrift ›umbra‹ steht – das ist die höchste Sicherheitsstufe der National Security Agency. Tausend Fuß östlich des Observatoriums«, erzählt Boylan, »befindet sich eine Funküberwachsungsstation der Army mit den üblichen Schildern, die den Eintritt verbieten und vor strengen Strafen warnen. Diese Station überwacht die elektromagnetische Kommunikation und die Telemetrie für das Raketentestgelände White Sands, den Luftwaffenstützpunkt Holloman und den geheimen NASA-Komplex namens Johnson Space City. Meine Hellseherin fand unterirdische Anlagen unter der Überwachungsstation sowie elektromagnetische Kräfte, was erklären könnte, daß es in der Nähe dieser Abhöranlage keine Geräusche von Grillen oder anderen Tieren gab. Wahrscheinlich wird die Anlage von der National Security –«

»Dr. Boylan, entschuldigen Sie«, unterbreche ich ihn, »aber wer, sagten Sie, hat die unterirdischen Anlagen gesehen?«

»Meine Hellseherin Nancy Matz. Sie lebt in Sacramento und berät mich manchmal. Sie hat mir auch gesagt, sie habe in der Archulete Mesa Höhlen in mehreren Etagen übereinander gesehen, aber im Innern des Berges gab es Erschütterungen, so daß einige Kammern zu den Etagen darunter durchgebrochen sind.«

»War sie bei Ihnen?«

»Nein, nein. Ich habe in Sacramento mit ihr gesprochen. Sie beherrscht das ›remote viewing‹, das heißt, sie ist ein Medium und kann Dinge sehen, die an anderen Orten geschehen. Anders ausgedrückt, sie kann sich konzentrieren und Sie zu Orten begleiten, an denen Sie waren, um Dinge zu sehen, die Sie gesehen haben, und vielleicht auch einige andere, an die Sie sich nicht richtig erinnern können.«

»Wie macht sie das?« will ich wissen.

»Haben Sie auf der Konferenz Subblebines Schützling gesehen, den ›Gespensterjäger‹? Dr. John oder so ähnlich … Dr. John Alexander von PsyCorp?«

»Ich glaube nicht«, sage ich.

»PsyCorp ist eine zivile Version der Abteilung für psychologische Kriegsführung bei der Army. Stubblebine, Alexanders Chef, hat einiges über das offengelegt, was er früher beim militärischen Geheimdienst gemacht hat. In Blums Buch (*Out There*) können Sie ebenfalls etwas darüber finden. Die haben Leute im Pentagon sitzen, die durch ›remote viewing‹ sowjetische U-Boote orten können, die im Atlantik untergetaucht sind. Stubblebine und Alexander haben sich selbständig gemacht und eine Firma mit Hellsehern gegründet, und ich kann Ihnen garantieren, daß ihr wichtigster Kunde nach wie vor die CIA ist. Die Frau, die mir geholfen hat, gehört nicht zu dieser Firma, aber sie besitzt diese Gabe ebenfalls. Und als ich meine große Tour durch den Süden machte, hat sie sehen können, was ich gesehen habe, und konnte einige zusätzliche Details herausfinden, die ich teilweise bestätigen konnte. Ein Beispiel sind die Höhlen.«

»Remote viewing«, sage ich, ohne eine Miene zu verziehen. »Hellseher.«

Boylan erklärt, daß er wegen der strengen Sicherheitsvorkehrungen den Luftwaffenstützpunkt Holloman, das Raketentestgelände White Sands und die Johnson Space City der NASA nicht »ausspähen« konnte, so daß er zum National Radio Astronomy Observatory (NRAO) mit seinen siebenundzwanzig Parabolantennen, die in Form eines ›T‹ angeordnet sind, weitergefahren ist.

Die Schüsseln sind auf einen Punkt knapp über dem Horizont im Norden gerichtet, erklärt Boylan. »Dem Vernehmen nach wollen sie damit schwache Radiowellen von Sternen auffangen. Anders ausgedrückt, sie erforschen angeblich den Himmel, indem sie die Position von Sternen und Gaswolken im Weltraum bestimmen, die elektromagnetische Wellen im Radioband abstrahlen. Aber genau wie die anderen Anlagen, die ich besucht habe, ist auch das National Radio Astronomy Observatory alles andere als ein langweiliges Observatorium. Direkt neben dem Verwaltungsgebäude war ein *Armee*laster mit den NRAO-Abzeichen geparkt, und dazu gab es zwei – *zwei!* – Krankenwagen mit den NRAO-Abzeichen, was mich auf den Gedanken gebracht hat, daß die paar Astronomen, die dort arbeiten, eine entsetzlich hohe Quote von Arbeitsunfällen haben müssen. Einen Hinweis, daß die Parabolantennen auch *senden*, bekam ich«, fährt Boylan fort,»als ich in einem Lokal dort in der Nähe beim Abendessen neben vier Astronomen vom NRAO saß. Einer beklagte sich, er bekäme nicht genug Beobachtungzeit für seine Forschungen. Aber während ich am Observatorium war, zeigten alle siebenundzwanzig Antennen auf einen Punkt, der nicht hoch am Himmel war, sondern irgendwo niedrig über dem Horizont im Norden. Ein Foto der Antennen im Verwaltungsgebäude des Observatoriums zeigt, daß die Antennen auch zu anderen Zeiten auf diesen Punkten im Norden gerichtet sind. Warum diese Konzentration auf einen Bereich des Himmels, wenn doch die Zeit so knapp ist? Es ist eine einsame, ruhige Gegend, die bewußt gewählt wurde, weil sie weit von Städten mit Radiosendern und elektromagnetischer Strahlung entfernt ist. Aber erst als ich das Gelände der NRAO verließ, bekam ich auch physikalische Beweise. Ich war zwei Meilen von der Anlage entfernt, als mein Radio und mein CB-Funkgerät ausfielen. Ich hörte das lauteste Kreischen, das ich je aus so einem Gerät gehört habe. Dieser schreckliche Lärm hielt mehrere Minuten lang an. Ich glaubte, ich könnte meinen Ohren nicht trauen. Wie konnte das NRAO nur zulassen, daß ein so starker Sender ihren Empfang der schwachen Radiosignale aus dem All störte? Als ich einundzwanzig Meilen weiter im Nordwesten, in Pie Town, beide Geräte wieder einschaltete, war das Kreischen immer noch zu hören. Es dauerte noch zwei Minuten, dann hörte es auf, danach funktionierten meine Geräte wieder einwandfrei. Aus dem, was ich dort gehört habe, schließe ich, daß das NRAO nicht nur Signale aus dem Weltraum empfängt, sondern auch sendet. Und wenn ich sehe, daß noch in einundzwanzig Meilen Entfernung CB- und Radiofrequenzen überlagert wurden, dann schließe ich, daß die vom NRAO abgestrahlte Sendeleistung ungewöhnlich groß sein muß, wie man es bei einem Signal, das in den Weltraum vordringen soll, auch erwarten kann. Meine Frage ist nun, wem die Regierung diese Signale sendet? Haben wir, was den Zweck von SETI angeht, bisher nur Lügen gehört?«

In Pie Town, erzählt Boylan weiter, habe er das Teleskop besucht, das dort gerade konstruiert wird. Dieses riesige Radioteleskop soll mit weiteren, bereits existierenden Anlagen in Puerto Rico, West Virginia und Hawaii zusammengeschaltet werden, um eine »Antenne« zu simulieren, die so groß ist wie ein Achtel der Erdkugel. Aber Boylan konnte nur ein paar Röhren von zehn Fuß Durchmesser sehen. »Was wirklich in Pie Town los ist, kann ich nicht sagen«, erklärt er, »also fuhr ich zu meinem letzten Ziel, zu der Black-Budget-Anlage in Palmdale/Lancaster.«

Sechzig Meilen nördlich von Los Angeles, in den Tehachapi Mountains östlich des Luftwaffenstützpunkts Edwards, stieß Boylan auf die Tejon Ranch, wo die Northrop Aircraft Corporation »laut *Cosmic Top Secret* von William Hamilton III. eine geheime Flugscheibenfabrik unterhält. Ich folgte Bills Wegbeschreibung und fuhr von Lancester aus sieben Meilen auf dem Highway 138 bis zur Landstraße 190, dann drei Meilen nach Norden bis zur Grenze des Kern County. Bill hatte recht. Mit einem Fernglas ausgerüstet, konnte ich am 15. April zwischen drei und fünf Uhr morgens Testflüge genau jener scheinbar brennenden, hell-orangefarbenen und goldenen Flugobjekte sehen, die ich auch in den Areas 51 und S-4 schon beobachtet hatte. Alle Flüge schienen kurze und vorsichtige Testflüge zu sein, mit denen man sich vergewissert hat, daß die Objekte tatsächlich fliegen konnten, bevor man sie zu den Areas und S-4 bringt, wo sie gründlich getestet werden, ehe sie in die wachsende Flotte amerikanischer Untertassen aufgenommen werden.«

»Und was denken Sie nun über alles?« frage ich. »Ich meine, wenn Sie wirklich paranoid wären, was würden Sie dann von dem halten, was Sie gesehen haben?«

»Ich bin nicht sicher, wer hier eigentlich paranoid ist«, sagt er.

»An wen denken Sie dabei?«

»An die Regierung. Oder warum sonst ist die SDI-Finanzierung in den letzten drei Jahren jeweils um 33 Prozent gestiegen, während die Bedrohung durch sowjetische Raketen nach dem Zusammenbruch der Sowjetunion praktisch weggefallen ist? Ist Ihnen Leonard Stringfields Kommentar bekannt, daß die SDI-Waffen, die angeblich als Verteidigung gegen russische Raketenangriffe gedacht waren, auch etwas mit der Abwehr von UFOs zu tun haben könnten? Die Union of Concerned Scientists hat erklärt, es gäbe keine Rechtfertigung mehr für ein SDI-System in der Größe, wie vom Kongreß oder der Bush-Administration vorgeschlagen worden ist. Das bringt mich auf die Idee, daß das SDI-Projekt einem ganz anderen Zweck dient als dem Schutz vor russischen Raketen, und dieser Zweck ist meiner Ansicht nach die Entwicklung von Gegenmaßnahmen gegen Außerirdische und ihre UFOs.«

»Was für Gegenmaßnahmen meinen Sie?« frage ich.

»Ich denke an die Dinge, die ich auf meiner Rundreise durch sechs Staaten gesehen habe«, erwidert Boylan. »Atomwaffen, Laserwaffen, elektromagnetische Impulse, Partikelstrahlwaffen. Die NASA hat ja versehentlich selbst dokumentarische Beweise dafür geliefert, als die Astronauten an Bord der *Discovery* eine Videoaufnahme eines UFOs zur Erde sendeten, das knapp außerhalb der Erdatmosphäre flog. Sie können auf diesem Band ein UFO in gerader Linie fliegen sehen, bis es auf einmal im Winkel von neunzig Grad abbiegt und mit hoher Beschleunigung im Weltraum verschwindet, als ein Hochenergiestrahl von der Erde genau zu der Stelle heraufschießt, wo das UFO gewesen wäre, wenn es nicht eine Millisekunde vorher abrupt den Kurs geändert hätte. Dieses Band wurde am 5. Juni 1992 in der NBC-Sendung *Hard Copy* gezeigt. Besorgen Sie sich eine Kopie und sehen Sie es sich selbst an.«

»Aber wenn auf dem Video wirklich das zu sehen ist, was Sie sagen, warum ist das dann nicht durch alle Nachrichtensendungen gegangen?«

»Weil die NASA natürlich sagt, daß man auf dem Film kein UFO sieht, sondern nur ein Stück Eis oder etwas Wasser. Es sei überhaupt kein UFO.«

»Und wer sagt, es sei eins?«

»Als es in *Hard Copy* lief, sagte Don Ecker, der Herausgeber des *UFO Magazine*, es käme ihm vor, als hätte eine SDI-Waffe auf ein UFO außerhalb der Erdatmosphäre geschossen. So sieht es für mich auch aus. Die Versammlung einer ganzen Flotte von UFOs in Nevada ist für mich der Versuch, mit außerirdischen UFOs auf gleicher Stufe zu kämpfen. Meine Frage ist also: Ist die aggressive und – um Ihr Wort zu benutzen – paranoide SDI-Initiative der US-Regierung die Reaktion, die in unserem Namen ergriffen werden soll, wenn intelligente Wesen von anderen Planeten die Erde besuchen? Ist das ein Zweck, für den wir Milliarden von Steuerdollars ausgeben wollen? Achtzig Milliarden, um es genau zu sagen; so hoch ist das SDI-Budget für 1993 bis 2005.«

»Und was sollen wir Ihrer Meinung nach tun?« frage ich.

»Wir sollten von unseren gewählten Volksvertretern verlangen, daß das sogenannte Black Budget, also die Schattenhaushalte, einer Überprüfung durch den Kongreß und die Öffentlichkeit zugänglich gemacht werden. Das schließt alle Etats der Geheimdienste ein, einschließlich der National Security Agency, der Central Intelligence Agency und der Defense Intelligence Agency. Außerdem sollten wir fordern, daß der Kongreß Gesetze verabschiedet, die es dem Präsidenten verbieten, geheime Anweisungen an die Exekutive zu geben, die nicht der Überprüfung durch den Kongreß unterliegen, wie etwa Trumans Geheimbefehl vom 24. September 1947, durch welchen MJ-12 eingerichtet wurde und der dafür gesorgt hat, daß dem amerikanischen Volk der Kontakt mit Außerirdischen verheimlicht wurde.«

Feierabend.

Hinter den MJ-12-Dokumenten steckt eine eigenartige Geschichte. Am 11. Dezember 1984 kurz nach Mittag saß Jaime

Shandera, ein fünfundvierzigjähriger Filmproduzent, der für Time-Life und RKO General Dokumentationen gedreht hatte und sich nicht besonders für UFOs interessierte, in seiner Wohnung in Los Angeles. Er hatte noch etwas Zeit, ehe er zu einer Verabredung zum Mittagessen gehen mußte. Auf einmal hörte er, wie die Fliegentür geöffnet und ein Gegenstand durch den Briefschlitz seiner Wohnungstür geschoben wurde. Es handelte sich um eine große, braune Versandtasche, die mit Klebeband verschlossen war. Im Umschlag befand sich ein zweiter, kleinerer brauner Umschlag, der ebenfalls mit Klebeband zugeklebt war. In diesem wiederum steckte ein noch kleinerer weißer Umschlag, und in diesem endlich war ein Behälter mit einer Filmrolle, die einen belichteten, aber noch nicht entwickelten 35-mm-Film enthielt. Shandera steckte den Film wieder in den Behälter und schob den Behälter in den Umschlag zurück, dann eilte er zu seiner Verabredung.

Shandera wollte sich mit Bill Moore treffen, dem Schriftsteller, der vier Jahre vorher zusammen mit Charles Berlitz (dem Autor des 1974 erschienenen Bestsellers *Das Bermuda-Dreieck*) das Buch *Der Roswell-Zwischenfall* geschrieben hatte, eine Untersuchung des angeblichen UFO-Absturzes im Jahre 1947 in New Mexico. Berlitz und Moore waren der Ansicht, in den Trümmern seien die Leichen von Außerirdischen gefunden worden und die Vereinigten Staaten hätten dies praktisch sofort vertuscht.

Moore wartete schon im Restaurant, als Shandera dort eintraf. Sie hatten sich kennengelernt, als darüber diskutiert wurde, einen Film mit einer fiktiven Geschichte zu drehen, in dem die Arbeit des UFO-Forschers und Atomphysikers Stanton Friedman in Zusammenhang mit dem Roswell-Absturz nachgezeichnet werden sollte. Der Film wurde nicht realisiert, aber Moore und Shandera freundeten sich an. Nach einiger Zeit wurde Shandera anscheinend in Moores kleinen Kreis von Gläubigen aufgenommen, die von einer Verschwörung der Regierung überzeugt waren. Im Restaurant erzählte Shandera seinem Freund Moore von dem geheimnisvollen Film. Sie warteten nicht einmal mehr auf ihr Essen, sondern stürmten sofort wieder aus dem Restaurant, um den Film anzusehen. Weder Moore noch Shandera hatten große Erfahrung in Dunkelkammern, aber es gelang ihnen, ein paar Kontaktabzüge zu machen, die sie an Moores Wohnzimmergardine zum Trocknen aufhängten.

Die Abzüge zeigten sieben Seiten eines mit Maschine geschriebenen Dokuments. Die ersten Worte, die Moore entziffern konnte, waren mit einem Stempel oben auf die Seiten gesetzt: »TOP SECRET / MAJIC / EYES ONLY«.*

Wie Moore mit der Lupe sehen konnte, handelte es sich um ein Informationspapier zu einer »Operation Majestic 12«, das dem neugewählten Präsidenten Dwight D. Eisenhower am 18. November 1952 übergeben werden sollte. Darunter stand die Warnung, das Dokument enthalte Material »von entscheidender Bedeutung für die nationale Sicherheit der Vereinigten Staaten«, und der Zugang zu ihm »nur zur Einsichtnahme« sei »streng auf Personen beschränkt, die eine Unbedenklichkeitsbescheinigung für Majestic 12 besitzen«. Auf der zweiten Seite war eine Liste der Angehörigen von Majestic 12 zu sehen. Die dritte Seite war die verblüffendste.

Nach einer kurzen Schilderung der berühmten Sichtung »fliegender Untertassen« durch Kenneth Arnold und der Bemerkung, daß noch Hunderte weiterer Sichtungen gemeldet worden seien, »viele von höchst glaubwürdigen, militärischen und zivilen Quellen«, und dem Hinweis, es habe »mehrere, erfolglos verlaufene Versuche gegeben, Flugzeuge einzusetzen, um die gemeldeten Flugscheiben zu verfolgen«, hieß es auf der dritten Seite weiter:

Trotz dieser Bemühungen ergab sich nur wenig Stichhaltiges über die Objekte, bis ein Rancher meldete, daß in einer abgelegenen Gegend von New Mexico, etwa 120 Kilometer nordwestlich der Roswell Army Base (heute Walker Field) ein Objekt abgestürzt sei.
Am 7. Juli 1947 lief ein Geheimeinsatz an, um die Ber-

* Streng geheim / Majic / Nur zur Einsichtnahme

gung dieses Objekts zu wissenschaftlichen Untersuchungszwecken sicherzustellen. Im Verlauf dieser Operation entdeckten Luftaufklärer, daß anscheinend vier kleine menschenähnliche Wesen aus dem Flugobjekt ausgestiegen waren, kurz bevor es explodiert war. Sie waren gut drei Kilometer östlich der Absturzstelle auf den Boden aufgeschlagen. Alle vier waren tot und stark entstellt durch Raubtiere und Witterungseinflüsse, ehe man sie fand. Eine spezielle Wissenschaftlergruppe besorgte den Abtransport dieser Leichen zur Untersuchung. (Siehe Anhang »C«.) Auch die Wrackteile des Flugobjekts wurden an verschiedene Orte gebracht. (Siehe Anhang »B«.) Es fand eine abschließende Besprechung mit zivilen und militärischen Zeugen statt, und den Reportern wurde zur Tarnung die wirkungsvolle Geschichte erzählt, bei dem Objekt habe es sich um einen abgetriebenen Wetterballon gehandelt.[18]

Moore hielt also zu seinem Erstaunen ein angeblich streng geheimes Dokument der Regierung in der Hand, aus dem hervorging, daß zwei Meilen östlich des Wracks einer abgestürzten, fliegenden Untertasse die Überreste von vier außerirdischen Wesen gefunden worden seien. Es überrascht nicht, daß Moores erste Reaktion auf die Dokumente in der Frage bestand: »Sind die auch echt?«[19] Genau diese Frage hat sich auch jeder andere gestellt, der die Dokumente danach zu sehen bekommen hat.

Ohne harte Beweise kann man die Frage, ob die MJ-12-Dokumente echt sind, genau wie die Frage nach dem Wahrheitsgehalt der Berichte über abgestürzte Untertassen, nicht beantworten. Aber da die Dokumente das Rückgrat vieler Vorwürfe bilden, die Regierung betreibe eine Verschwörung und eine Vertuschungspolitik, sind sie es wert, näher in Augenschein genommen zu werden.

Die Dokumente, die angeblich vom ehemaligen CIA-Direktor Roscoe Hillenkoetter vorbereitet wurden, beschreiben Majestic

18 zitiert nach dem Faksimile in Timothy Good, *Jenseits von Top Secret,* S. 551 ff.
19 William Moore, zit. n. Blum, *Out There,* New York 1991, S. 268.

12 als »streng geheimes Forschungs- und Entwicklungs-/Aufklärungsprojekt, das unmittelbar und ausschließlich dem Präsidenten untersteht«. Das Projekt wird in der UFO-Literatur gelegentlich auch als »Majic-12«, »Majority-12«, »Majesty«, »MAJI«, »MAJIC« oder »Country Club« bezeichnet.[20]

Operationen dieses Projekts, heißt es im Informationspapier, »unterstehen der Aufsicht der Gruppe Majestic 12 (Majic 12), die ... durch geheime Sonderverfügung Präsident Trumans vom 24. September 1947 eingerichtet wurde«. Dieses Datum liegt zwei Monate nach dem angeblichen UFO-Absturz in Roswell. Eingerichtet wurde das Projekt auf Empfehlung von Dr. Vannevar Bush und Minister James Forrestal. Als Angehörige der Gruppe Majestic 12 waren dem Dokument zufolge folgende Personen vorgesehen:

Admiral Roscoe H. Hillenkoetter
Dr. Vannevar Bush
Minister James V. Forrestal
General Nathan F. Twining
General Hoyt S. Vandenberg
Dr. Detlev Bronk
Dr. Jerome Hunsaker
Sidney W. Souers
Gordon Graue
Dr. Donald Menzel
General Robert M. Montague
Dr. Lloyd V. Berkner

Durch den Tod von Minister Forrestal am 22. Mai 1949 wurde ein Sitz frei, der bis zum 1. August 1950 unbesetzt blieb; zu diesem Zeitpunkt wurde General Walter B. Smith als permanentes Mitglied berufen.[21]

---

20 Linda Moulton Howe, *Alien Harvest*, S. 137.
21 Informationsdokument zur Operation Majestic 12, in Blum, *Out There*, S. 316; auch als Faksimile in Timothy Good, *Jenseits von Top Secret*, S. 551 ff.

Wer waren diese Männer und warum wurden sie in diese Gruppe berufen?

Der erste auf der Liste ist Admiral Roscoe H. Hillenkoetter. 1947 war Konteradmiral Hillenkoetter unter Truman der erste Direktor der CIA, die – wahrscheinlich tatsächlich nur zufällig – im gleichen Jahr ins Leben gerufen wurde wie Majestic 12. 1956, vier Jahre nachdem das Dokument angeblich geschrieben worden war, wurde vom ehemaligen Marinephysiker Thomas Townsend Brown das National Investigations Committee on Aerial Phenomena (NICAP) gegründet. Hillenkoetter wechselte nach seiner Verabschiedung aus der Marine im Juni 1957 ins Direktorium von NICAP. Während seiner Dienstzeit als Direktor von NICAP machte Hillenkoetter, wie Timothy Good berichtet, »eine Reihe außergewöhnlicher Aussagen, welche die Realität und den Ernst des UFO-Phänomens bestätigten. Er war davon überzeugt, daß UFOs von intelligenten Wesen gesteuert werden und daß die Air Force UFO-Beobachtungen immer noch zensiert. Hunderte authentischer Berichte von altgedienten Piloten und anderen technisch geschulten Menschen sind lächerlich gemacht oder als Irrtümer, optische Täuschungen oder Scherze wegerklärt worden. Es sei unerläßlich, daß wir erfahren, woher die UFOs kommen und welche Absichten sie verfolgen: ›Die Öffentlichkeit hat ein Recht, es zu erfahren.‹«[22]

Hillenkoetter war eine gute Wahl für die Leitung einer geheimen Regierungsstelle, die sich mit der Erforschung der UFOs beschäftigt hat. Aber wie der führende UFO-Skeptiker Philip Klass bemerkt hat, wäre dies natürlich auch einem gerissenen Schwindler bekannt gewesen.

Dr. Vannevar Bush, Trumans wissenschaftlicher Berater im Zweiten Weltkrieg und danach, war ebenfalls eine naheliegende Wahl. 1941 hatte Dr. Bush den National Defense Resources Council organisiert und 1943 das Office of Scientific Research and De-

22 Timothy Good, *Jenseits von Top Secret,* S. 508.

velopment gegründet, das beim Manhattan Project – dem Bau der ersten Atombombe – eine wichtige Rolle spielte. Aber 1948 hatte Dr. Bush an Truman geschrieben, es sei sein Wunsch, »letzten Endes frei von jeder Verpflichtung der Regierung gegenüber zu sein«, um sich »ausschließlich wissenschaftlichen Aufgaben widmen zu können«. Aus diesem Grund hatte er sich bereits aus dem Defense and Development Board, einer anderen Regierungsorganisation, zurückgezogen. Klass, dem diese Vorgänge bekannt sind, fragt, warum Bush dann noch weitere vier Jahre bei Majic-12 geblieben ist. Ich denke, die vernünftigste Antwort darauf ist eine Gegenfrage: Wenn Bush überhaupt so etwas wie wissenschaftliche Neugierde hatte, warum sollte er dann *nicht* bei Majic-12 bleiben?

Timothy Good zitiert eine streng geheime Aktennotiz von dem »höchst geachteten Wissenschaftler« Wilbert B. Smith, einem leitenden Ingenieur für Hochfrequenztechnik im kanadischen Verkehrsministerium, an den Leiter der Telekommunikationsabteilung. In dieser Aktennotiz vom 21. November 1950 schrieb Smith: »Wir sind unter Umständen einer Sache auf der Spur, die sich durchaus als Beginn einer neuen Technologie erweisen könnte. Daß es eine andersartige Technologie gibt, bestätigen die jüngsten Untersuchungen im Zusammenhang mit fliegenden Untertassen.«[23]

Smith berichtete, er habe durch diskrete Nachfragen bei der kanadischen Botschaft in Washington folgendes erfahren:

a. Die Angelegenheit ist das Thema mit der höchsten Geheimhaltungsstufe in den Vereinigten Staaten und rangiert sogar noch über der Wasserstoffbombe.
b. Es gibt fliegende Untertassen.
c. Ihre Funktionsweise ist unbekannt, aber eine kleine Gruppe unter Leitung von Doktor Vannevar Bush bemüht sich intensiv um Aufklärung.

23 Wilbert B. Smith, zit. n. Good, *Jenseits von Top Secret*, S. 601.

d. Die Behörden der Vereinigten Staaten messen der ganzen Angelegenheit äußerste Bedeutung bei.[24]

Es überrascht nicht, daß Good den Schluß zieht, die »kleine Gruppe« unter Bushs Leitung sei Majestic-12 gewesen. Und da Smiths geheime Aktennotiz von der kanadischen Regierung herausgegeben wurde, erhöhen ihre Glaubwürdigkeit, ihre Einstufung als streng geheim und ihr Inhalt die Wahrscheinlichkeit, daß das Majic-12-Dokument echt ist.

Unter den MJ-12-Dokumenten, die Moore in die Hände fielen, befand sich auch eine kurze, streng geheime, ebenfalls »nur zur Einsichtnahme« bestimmte Anweisung von Präsident Truman an den Verteidigungsminister Forrestal. In der Aktennotiz wurde das Verteidigungsministerium angewiesen, »mit aller gebotenen Eile und Vorsicht« den Aufbau von Majestic-12 voranzutreiben. Die Notiz schließt mit der Bemerkung, »daß alle zukünftigen Entscheidungen über die endgültige Regelung dieser Angelegenheit ausschließlich beim Präsidentenamt liegen sollten nach eingehenden Beratungen mit Ihnen, Dr. Bush und dem Director of Central Intelligence«.[25]

Im März 1949 ist James Forrestal nach einem Nervenzusammenbruch von seinem Amt als Verteidigungsminister zurückgetreten, zwei Monate später beging er Selbstmord. Sein Posten bei Majic-12 blieb bis August 1950 vakant, dann rückte General Walter Bedell Smith nach, der im Zweiten Weltkrieg als Eisenhowers Stabsoffizier gedient hatte. Als das Informationspapier zu Majic-12 angeblich geschrieben wurde, war Smith Direktor der CIA.

Der vierte auf der Liste der Mitglieder war General Nathan F. Twining. Als die Majic-12-Gruppe angeblich gebildet wurde, war er der Befehlshaber des Air Material Commands, das auf dem Wright Field in der Nähe von Dayton beheimatet war – genau jenes Luftwaffenstützpunktes also, zu dem, zwei Monate bevor Tru-

---

24 ibid., S. 602.
25 Harry S. Truman, zit. n. Good, *Jenseits von Top Secret*, S. 626.

man mit seiner geheimen Anordnung Majic-12 ins Leben rief, angeblich die Überreste der bei Roswell abgestürzten Flugscheibe gebracht worden waren.

Dem Vernehmen nach hat Twining »aufgrund einer plötzlichen, sehr dringenden Notwendigkeit« eine für den 8. Juli 1947 geplante Reise zur Westküste abgesagt. Dies war der Tag, an dem die ersten Stellungnahmen zur Bergung einer abgestürzten Flugscheibe in der Nähe von Roswell vom Presseoffizier auf dem Roswell Field veröffentlicht wurden. William Moore, dem die Papiere wahrscheinlich nicht ganz zufällig in die Hände gefallen waren, sollte später erfahren, daß man den Reportern damals gesagt hatte, Twining befinde sich »vermutlich in Washington, D. C.«, während er in Wirklichkeit nach New Mexico geflogen war, wo er bis zum 10. Juli blieb.[26]

Zehn Wochen später beantwortete Twining eine Anfrage des Leiters der Air Intelligence Requirements Division im Pentagon bezüglich der »fliegenden Scheiben« in einer geheimen Aktennotiz wie folgt:

Es ist unsere Ansicht, daß:
a. das berichtete Phänomen real ist und nicht erfunden oder eingebildet;
b. es Objekte gibt, die in der Form vermutlich einer Diskusscheibe nahekommen und von so erheblicher Größe sind, daß sie ebenso groß erscheinen wie ein von Menschen gebautes Flugzeug;
c. die Möglichkeit besteht, daß einige der Vorkommnisse durch natürliche Phänomene wie zum Beispiel Meteore verursacht sind;
d. die beschriebenen Flugeigenschaften wie zum Beispiel extreme Steiggeschwindigkeiten, Manövrierbarkeit (besonders beim Wenden) und ein Verhalten, das als *ausweichend* zu bezeichnen ist, sobald sie gesichtet werden oder von Flugzeugen oder Radarstationen eine friedli-

26 Good, *Jenseits von Top Secret*, S. 298.

che Kontaktaufnahme versucht wird, Grund zu der Annahme geben, daß einige der Objekte von Hand, automatisch oder ferngesteuert gelenkt werden;

e. die Objekte gemeinhin folgendermaßen beschrieben werden:

(1) metallische oder schwach reflektierende Oberfläche,

(2) Fehlen einer Kondensspur, außer in wenigen Fällen, in denen das Objekt offenbar im Höchstleistungsbereich arbeitete,

(3) runde oder elliptische Form, flache Unterseite und kuppelförmige Oberseite,

(4) mehrere Berichte sprechen von exakten Formationsflügen von drei bis neun Objekten,

(5) normalerweise keine Geräuschentwicklung, außer in drei Fällen, in denen ein lautes donnerndes Dröhnen bemerkt wurde,

(6) Reisegeschwindigkeiten wurden normalerweise auf über 550 Stundenkilometer geschätzt.

Twining schlug vor, man solle »eingehend über die Möglichkeiten nachdenken«, daß die Objekte unsere eigenen seien, nämlich »die Produkte eines höchst geheimen Verteidigungsprojekts«, von dem er nichts wisse, oder es könne »eine ausländische Macht eine Form der Düsenantriebstechnik entwickelt haben, möglicherweise nuklearer Natur, welche unser derzeitiges Wissen übersteigt«. Außerdem müsse man aber, merkte er an, auch die Tatsache berücksichtigen, daß greifbare »Beweise in Form geborgener Wrackteile aus Abstürzen, die unzweifelhaft die Existenz dieser Objekte belegen würden«[27], nicht vorhanden seien.

Klass berichtet, Twining sei nur wenige Wochen nach Einberufung des angeblichen Majestic-12-Komitees nach Alaska versetzt worden, was kaum sinnvoll erscheint, wenn man davon ausgeht, daß an seinem früheren Standort die Überreste einer abgestürzten Flugscheibe untersucht wurden. Warum hat Twining die Untersuchung nicht geleitet? Und warum ist nicht Twinings Nachfol-

27 ibid., S. 594.

ger auf dem Wright Field berufen worden, um Twinings Position zu übernehmen?

Bevor wir weitergehen, sollten wir noch auf einen wichtigen Teil von Twinings Aktennotiz hinweisen. Er empfahl dort, daß »das Hauptquartier der Army Air Forces eine Direktive erläßt, in der es unter Angabe der Sicherheitsstufe und eines Decknamens eine mit Vorrang zu behandelnde Studie dieser Angelegenheit (d. i. die Untersuchung der Flugscheiben) anordnet ...«[28] Diese Studie, die zwei Monate später in Angriff genommen wurde, führte zur Gründung des Projekts Sign, dem Vorläufer der Projekte Grudge und Blue Book, also jener Untersuchung des UFO-Phänomens durch die Luftwaffe der Vereinigten Staaten, bei der J. Allen Hynek als wissenschaftlicher Berater fungierte.

Der fünfte Mann war General Hoyt S. Vandenberg, zur Zeit der Einrichtung von Majestic-12 Stabschef der Luftwaffe. Von Juni 1946 bis Mai 1947 war er stellvertretender Direktor der Central Intelligence Group gewesen. Ein hoher Luftwaffenoffizier mit Geheimdiensterfahrung war ebenfalls eine gute Wahl für Majic-12. Klass meint, wenn General Vandenberg wußte, daß die UFOs real waren und im Sommer 1952, als sich die Sichtungen über der Hauptstadt Washington häuften, eine Bedrohung dargestellt haben, dann hätte die Luftwaffe die geheimnisvollen Sichtungen mit Radar oder mit bloßem Auge eigentlich ernst nehmen müssen und nicht als »Inversionswetterlage« abtun dürfen. Aber was, außer ihre Existenz zu verleugnen, hätte die Air Force mit Objekten tun können, die schneller und wendiger waren als ihre eigenen Flugzeuge und die höher fliegen konnten? Das Eingeständnis einer derartigen Unterlegenheit hätte entsetzliche Folgen für die nationale Sicherheit gehabt. Diese Schlußfolgerung wird durch Vandenbergs Verhalten vier Jahre vorher, ein Jahr nach dem angeblichen Absturz in Roswell, bestätigt. Zu dieser Zeit berichtete das Air Tactical Intelligence Center in einer »Lageeinschätzung«, die

28 ibid.

254

UFOs wären seiner Ansicht nach außerplanetarischen Ursprungs, woraufhin Vandenberg befahl, das betreffende Papier zu verbrennen.

Dr. Detlev Bronk, der sechste Mann auf der Mitarbeiterliste von Majic-12, war der Präsident des National Research Council, Mitglied des medizinischen Beraterstabes der Atomenergiekommission und wie Vannevar Bush wissenschaftlicher Berater von Präsident Truman. Dr. Bronk, ein international anerkannter Physiologe und Biophysiker, war auf die Übertragung von Nervenimpulsen an die Skelettmuskulatur, den Aufbau der Muskulatur und die Physiologie der Nerven spezialisiert. Er führte angeblich die Autopsien der »vier kleinen, menschenähnlichen Wesen« durch, die aus der in Roswell abgestürzten, silbernen Flugscheibe geborgen wurden. Dr. Bronk ist nach Ansicht des Skeptikers Philip Klass ebenfalls ein Kandidat, auf den auch ein Schwindler kommen könnte.

Dr. Bronk saß übrigens zusammen mit Dr. Edward Condon im Scientific Advisory Committee des Brookhaven National Laboratory. Condon leitete später im Auftrag der Luftwaffe eine Studie unidentifizierter Flugobjekte, die unter dem Namen »Condon-Report« bekannt wurde. Dieser 1968 veröffentlichte Bericht konnte niemanden zufriedenstellen. Die Reaktion von David M. Jacobs, dem Ausrichter der MIT-Konferenz, ist typisch für Ufologen: »Condons leichtfertige Art, sein Manager-Gehabe und interne Streitigkeiten über Verfahren und Beweise«, schrieb er in *Secret Life,* »haben die Untersuchungen der Kommission stark behindert. Trotz der Uneinigkeit der Mitglieder empfahl Condon im 1968 veröffentlichten Abschlußbericht, die Luftwaffe solle die UFO-Forschung aufgeben, weil ›ein weiteres, intensives Studium von UFOs wahrscheinlich nicht gerechtfertigt scheint, da wissenschaftliche Fortschritte nicht zu erwarten sind‹. Außerdem stellten UFOs ›kein Problem für die Landesverteidigung‹ dar. Für Condon war das ganze Thema der UFOs eine enorme Zeitverschwendung. Allenthalben stoße man auf Schwindler, falsche Kontaktler und unlogisch denkende UFO-Fans, die vom ›festen Willen zu glauben‹ beseelt seien.«[29] Auf der Grundlage von Condons Empfehlungen flaute das Interesse der Luftwaffe an UFOs ab, und die offizielle Position war fortan die, daß es sich bei UFOs um eine Modeerscheinung handele.

Seit Condons Gruppe ihre Ergebnisse veröffentlicht hat, erklärte Timothy Good, seien »zahlreiche Gerüchte in Umlauf gewesen, die CIA sei für deren einseitig negative Schlußfolgerungen verantwortlich«. Good meint, es »läßt sich nicht leugnen, daß Condon und die wichtigsten Mitglieder seiner Untersuchungsgruppe es sich bewußt zum Ziel gemacht hatten, in der Öffentlichkeit den Eindruck wissenschaftlicher Unparteilichkeit zu erwecken, während sie das Thema systematisch wegerklärten«.[30]

Good erwähnt auch die interessante Tatsache, daß Condon, während die Kommission tätig war, den UFO-Forscher Dr. James Harder gefragt hat, »was er tun würde, wenn er für einen Projektbericht verantwortlich wäre, der vielleicht den Schluß enthielte, daß UFOs eine Manifestation außerirdischer Intelligenz seien«. Harder hat seine Antwort in einem Mitteilungsblatt der Aerial Phenomena Research Organization veröffentlicht:

Ich sagte, ich sei der Ansicht, daß es noch andere Fragen als die wissenschaftliche gebe, nämlich internationale Auswirkungen und nationale Sicherheit. Er lächelte das Lächeln eines Mannes, der seine eigene Meinung von anderen bestätigt sieht, und erklärte, er habe sich die Sache gründlich überlegt und sei zu dem Entschluß gekommen, falls die Antwort die Hypothese außerirdischen Lebens eindeutig bestätigte, würde er das Ergebnis nicht veröffentlichen, sondern den Bericht in seinem Aktenkoffer zum wissenschaftlichen Berater des Präsidenten tragen und die Entscheidung Washington überlassen.[31]

29 David M. Jacobs, *Secret Life: Firsthand Accounts of UFO Abductions*, New York 1992, S. 37.
30 Good, *Jenseits von Top Secret*, S. 393f.
31 James Harder, zit. n. Good, *Jenseits von Top Secret*, S. 394.

Anders ausgedrückt, wäre Condon mit seinem Bericht zum wissenschaftlichen Berater und Majic-12-Angehörigen Detlev Bronk gegangen, wäre ein positives Ergebnis nicht veröffentlicht worden. Das Problem, das ich mit Harders Version dieser Unterhaltung mit Dr. Condon habe, ist das gleiche Problem, das ich mit Harder selbst habe. Auf der MIT-Konferenz hat sich bei mir der Eindruck verdichtet, daß er nicht unbedingt eine sehr zuverlässige Quelle ist; er neigte dazu, überall Verschwörungen zu wittern. Aber der Fairneß halber muß ich sagen, daß ich wahrscheinlich auch paranoid geworden wäre, wenn ich mich so lange wie Harder der Erforschung dieses Phänomens gewidmet hätte.

Der siebte Mann auf der Majic-12-Liste ist Dr. Jerome Hunsaker, ehemals Leiter der Abteilung für Luftfahrttechnik beim MIT. Als Majic-12 gegründet wurde, war Hunsaker der Vorsitzende des National Advisory Committee on Aerospace. Ufologen und Skeptiker stimmen darin überein, daß Hunsaker eine logische Wahl ist, wenn es darum geht, die Überreste einer abgestürzten Flugscheibe zu untersuchen.

Sidney W. Souers ist der achte. Von Januar bis Juni 1946 war er unter Truman der erste Direktor der Central Intelligence Group, der Vorläuferin der CIA. Als Majestic-12 im Jahre 1947 eingerichtet wurde, wurde Hunsaker zum leitenden Sekretär des Nationalen Sicherheitsrats bestellt. 1950 ging er in den Ruhestand, beriet den Präsidenten aber weiterhin in Sicherheitsfragen. Klass findet es merkwürdig, daß Souers noch zwei Jahre nach seiner Pensionierung bei Majic-12 war, und fragt, ob es nicht sinnvoller gewesen wäre, seinen Nachfolger beim NSC einzusetzen.

Noch überraschender ist der neunte Mitarbeiter, Gordon Gray. Bei der Bildung von Majic-12 war Gray nur Staatssekretär für die Armee, erst 1949 wurde er Heeresminister. Klass' Recherchen über Grays Hintergrund – Gray war Anwalt und hatte ein Jahrzehnt lang als Herausgeber einer Zeitung gearbeitet – ergaben keine Hinweise. Klass wußte keinen Grund, warum Gray dieser Gruppe hätte angehören müssen. Doch Grays Ruf als intelligenter, zuverlässiger Gentleman ohne politische Verpflichtungen und Bindungen machten ihn kurz nach dem Krieg in Washington für jede Geheimaktion der Regierung zu einem attraktiven Kandidaten. Außerdem war er aufgrund seiner juristischen und journalistischen Vorkenntnisse ein guter Ermittler. 1950 wurde Gray Sonderberater für Fragen der nationalen Sicherheit bei Präsident Truman und leitete nach Angaben des UFO-Forschers William Steinman das Psychological Strategy Board (Kommission für psychologische Kriegführung). Diese Kommission wird 1952 in einem Memorandum des Majic-12-Mitarbeiters und CIA-Direktors erwähnt, in dem es um die Bedeutung der UFOs für die psychologische Kriegführung geht.[32]

Dr. Donald Menzel, das zehnte Mitglied, war Direktor der Sternwarte in Harvard. Vor Klass war er der wichtigste UFO-Kritiker. Als Eisenhower das Informationspapier zu Majic-12 bekam, war Menzel bereits durch Bücher und öffentliche Erklärungen bekannt, in denen er behauptete, UFO-Sichtungen seien grundsätzlich durch ungenaue Beobachtung natürlicher, beziehungsweise von Menschen verursachter Phänomene zu erklären. Wie er selbst es ausdrückte, brachte ihm dies den Ruf ein, er sei »der Mann, der den Weihnachtsmann erschossen hat«.[33]

General Robert M. Montague, das elfte Mitglied, war an der U.S. Army Artillery School unter anderem für Raketenabwehr zuständig, und auf der Sandia Base in Albuquerque leitete er die Einrichtung der Atomenergiekommission. Wenn in New Mexico tatsächlich eine fliegende Untertasse abgestürzt ist, dann hätte er davon erfahren, und wenn es eine Operation mit dem Ziel gegeben hat, die Eindringlinge abzuschießen, dann hätte er sie organisiert.

Der letzte – zwölfte – Mann war der Naturwissenschaftler Dr. Lloyd V. Berkner, der als leitender Sekretär des Joint Research and Development Board unter Dr. Vannevar Bush tätig war.

32 Timothy Good, *Jenseits von Top Secret*, S. 296.
33 Donald Menzel, zit. n. David C. Knight, Hrsg., *UFOs: A Pictorial History From Antiquity to the Present*, New York, 1979, S. 91.

Außerdem saß er später im »Robertson Panel«, einem zivilen Beraterstab für UFO-Fragen, dessen Einrichtung vom Weißen Haus angeregt und der von der CIA bezahlt wurde. Das »Robertson Panel« untersuchte die spektakulärsten UFO-Berichte des Projektes Blue Book und kam nach nur vier Sitzungstagen zu dem Ergebnis, das UFO-Phänomen stelle keine unmittelbare Bedrohung der nationalen Sicherheit dar, doch dies könne sich ändern, wenn weiterhin große Zahlen von Sichtungen gemeldet würden. Wenn derartige Berichte nicht ausgemerzt oder wenigstens stark reduziert werden könnten, dann könnte die Moral der Nation leiden, woraus »durch geschickte Feindpropaganda hysterische Verhaltensweisen und ein schädliches Mißtrauen den Behörden gegenüber« entstehen könne. Es ist eine interessante Verlagerung der Zielrichtung, daß hier nicht die UFOs selbst, sondern die Berichte über die Phänomene als gefährlich angesehen werden. Die daraus resultierende Empfehlung des Robertson Panel ging dahin, daß ein aggressives, öffentliches Erziehungsprogramm aufgelegt werden sollte, das mit Hilfe von »Training und Widerlegung« zu einer »deutlichen Verringerung der Berichte« und in der Folge zu einem Nachlassen des öffentlichen Interesses an UFOs führen sollte.

Der Skeptiker Philip Klass kommentierte Berkners Berufung zu Majestic-12 mit der Frage, warum ein vielbeschäftigter Wissenschaftler wie Berkner sich auf ein zeitraubendes Unternehmen einlassen und danach auch noch seinen Namen unter einen Bericht setzen sollte, von dem er wußte, daß er nicht der Wahrheit entsprach.

Im Informationsdokument zu Majestic-12 findet sich der Hinweis, daß die nach dem Roswell-Absturz geborgene Flugscheibe »höchstwahrscheinlich ein Kurzstrecken-Aufklärungsflugzeug« war. Auf der Grundlage von Bronks Autopsie, hieß es weiter in diesem Dokument, zöge man den vorläufigen Schluß, »daß zwar die äußere Erscheinung dieser Wesen menschenähnlich sei, daß sich jedoch die biologischen und evolutionären Prozesse, die für ihre Entwicklung verantwortlich sind, erheblich von jenen unterscheiden, die beim Homo sapiens beobachtet oder angenommen werden«. Dr. Bronks Team habe die Bezeichnung »Extraterrestrische Biologische Entitäten« (EBE) vorgeschlagen, die benutzt werden könne, bis eine definitive Bezeichnung gefunden sei.

In dem Dokument hieß es, man habe in den Trümmern etwas gefunden, das man für Schriftproben hielt. Versuche, die Schrift zu entziffern, seien jedoch weitgehend erfolglos geblieben. Ohne Erfolg blieben auch die Versuche, herauszufinden, wie die Scheibe angetrieben worden war. »Die Ermittlungen in dieser Richtung wurden erschwert durch das völlige Fehlen erkennbarer Tragflächen, Propeller, Düsentriebwerke oder anderer konventioneller Antriebs- und Steuersysteme.«

Das Bedürfnis, über die Flugobjekte soviel wie möglich in Erfahrung zu bringen, mündete im Dezember in der Einrichtung des Projektes Sign der amerikanischen Luftwaffe. »Um Geheimhaltung zu wahren, beschränkte sich die Verbindung zwischen Sign und Majestic-12 auf zwei Abwehroffiziere im Air Material Command ... Im Dezember 1948 ging Sign in das Projekt Grudge über. Derzeit läuft das Unternehmen unter dem Decknamen Blue Book; der Air-Force-Offizier, der die Projektleitung innehat, ist gleichzeitig als Verbindungsmann tätig.«

Im letzten Absatz des Informationsdokuments heißt es, die Ereignisse seien für die nationale Sicherheit auch weiterhin von Bedeutung, da »die Motive und Absichten dieser Besucher völlig im unklaren bleiben.« Dann folgt noch ein Hinweis auf die »starke Zunahme« der Sichtungen ab Mai 1952, die Anlaß zu der ernsthaften Sorge gegeben hätten, »ob sich vielleicht neue Entwicklungen anbahnen.« (Dies bezieht sich auf die sensationellen Sichtungen in Washington.) »Aus diesen Gründen sowie aus naheliegenden, internationalen und technologischen Erwägungen und wegen der unbedingten Notwendigkeit, eine öffentliche Panik um jeden Preis zu verhindern, bleibt die Gruppe Majestic-12 weiterhin einstimmig der Ansicht, daß die strengsten Sicherheitsvorkehrungen fortbestehen sollten. Zugleich sollte der Eventualplan MJ-1949-04P/78 (Streng Geheim – nur zur Einsichtnahme) weiterhin

einsatzbereit gehalten werden, falls sich die Notwendigkeit ergeben sollte, eine öffentliche Erklärung abzugeben.«[34]

Im Laufe der Jahre gab es zahlreiche Auseinandersetzungen
über verschiedene Einzelheiten dieses Dokuments. Da ist beispielsweise die seltsame Schreibweise der Daten – das Komma in
der Datumsangabe »18. November, 1952« wirkt für amerikanische Augen etwas ungewöhnlich. Skeptiker haben auch gefragt,
warum »Admiral Roscoe H. Hillenkoetter« statt »Admiral R.H.
Hillenkoetter« auf der Teilnehmerliste steht, denn der Offizier
haßte seinen Vornamen und hätte es nicht geduldet, ihn gedruckt
zu sehen. Und weiter: Die Blätter tragen zwar die Aufschrift »Kopie 1 von 1«, doch es ist seltsam, daß sie nicht numeriert sind.
Nach meiner Erfahrung mit streng geheimen Dokumenten aus jener Zeit, Ende der fünfziger Jahre, müßten die Blätter mit Angaben wie etwa »Seite 1 von 18« numeriert sein.

Aber diese Kritik verblaßt gegenüber dem stärksten Argument
gegen die Echtheit der Majestic-12-Dokumente: Es ist die Art und
Weise ihres Auftauchens. Sie kamen auf einer nicht entwickelten
Filmrolle bei einem Dokumentarfilmer in Los Angeles genau an
dem Tag an, als dieser mit dem Co-Autor von *Der Roswell-Zwischenfall* zu Mittag essen wollte.

Moore selbst war derjenige, der durch eine Veröffentlichung der
Dokumente am meisten zu gewinnen hatte. Er könnte daher in
Verdacht geraten, sie gefälscht zu haben. Aber Moore hat sie nicht
veröffentlicht, sondern die nächsten zwei Jahre den Mund gehalten und zusammen mit Shandera versucht, die Echtheit der Dokumente zu überprüfen. Erst danach wandten sie sich mit einer
Presseerklärung an die Öffentlichkeit: »Aufgrund der bisher durchgeführten Recherchen und Interviews ... scheinen das Dokument
und sein Inhalt echt zu sein ...«[35]

Genau das ist das Problem. Das Dokument scheint echt zu sein.

34 Good, *Jenseits von Top Secret*, S. 622-625.
35 William Moore und Jaime Shandera in Blum, *Out There*, S. 270.

Es gibt weitere Hinweise, die diese Schlußfolgerung bestätigen, wie etwa die streng geheime Aktennotiz des kanadischen Wissenschaftlers, daß fliegende Untertassen existieren und daß »eine kleine Gruppe unter Leitung von Dr. Vannevar Bush« sich intensiv um die Aufklärung bemüht hat.

Da ist auch die anscheinend echte, geheime Aktennotiz von General Nathan Twining, in der es heißt, daß »das berichtete Phänomen real ist und nicht erfunden oder eingebildet«. Da ist auch die unbestreitbare Logik hinter der Zusammensetzung der Majestic-12-Gruppe.

Und dann ist da noch das eigenartige »Informationspapier für den Präsidenten der Vereinigten Staaten zum Thema der identifizierten Luftfahrzeuge (IAV)«, das Linda Moulton Howe nach ihren eigenen Angaben vorgelegt wurde, als sie sich im April 1983 auf dem Luftwaffenstützpunkt Kirtland mit einem Mitarbeiter der Air Force of Special Investigations traf. Im Oktober 1987 schrieb Linda in einem Brief an den Herausgeber und Verleger von *Just Cause:*

> Es wurde kein bestimmter Präsident genannt, und ich kann mich nicht an konkrete Datumsangaben erinnern. Agent Doty sagte, er sei von seinen Vorgesetzten gebeten worden, mir das Informationspapier zu zeigen. Ich dürfe Fragen stellen, mir aber keine Notizen machen. In dem Dokument ging es um eine Reihe von Flugscheiben, die bei Aztec und Roswell in New Mexico, in Kingman, Arizona, und in Mexiko abgestürzt waren. Aus den Trümmern wurden die Leichen von Außerirdischen geborgen und zur Untersuchung in Labors gebracht. Das Papier beschrieb auch Informationen, die aus direktem Kontakt mit den »Grauen« gewonnen worden waren und die sich auf die extraterrestrischen Eingriffe und die Manipulation der biologischen, soziologischen und religiösen Evolution der Menschheit bezogen. Das Papier umriß die Bemühungen der Regierung seit den vierziger Jahren, unter anderem durch die Projekte Sign, Grudge, Gleem, Pounce und Blue Book, die Herkunft, das Wesen und die Motive der Außerirdischen zu bestimmen, und schloß mit einer Liste einiger zur Zeit noch laufender Pro-

jekte: Sigma (Kommunikation mit Außerirdischen), Snow-
bird (Technik der außerirdischen Raumschiffe und der Versuch, eines zu fliegen), Aquarius (allgemeine Forschungs-
und Kontaktprogramme in bezug auf Außerirdische) und
ein »geschlossenes« Projekt mit einem Namen, der so ähnlich wie ›Garnet‹ klang und das die Verbindung zwischen
Außerirdischen und der menschlichen Evolution untersuchen soll.[36]

So eine Geschichte hätte Linda sich nicht ausgedacht.
Aber wohin führt das? Wir stehen vor einem großen Fragezei-
chen. Denn neben Richard Boylans Bericht über seine Rundreise
durch sechs Staaten gibt es auch noch einen beunruhigenden Artikel, der am 1. November 1993 in *Newsweek* erschien:

Testet die Air Force in Groom Lake in Nevada ein neues,
streng geheimes Flugzeug? Die Air Force bestreitet, daß ein
solches Projekt überhaupt existiert. Aber wie *Newsweek* in
Erfahrung brachte, hat die Luftwaffenministerin Sheila
Widnall am 30. September den Innenminister Bruce Babbitt
gebeten, im Lincoln County, Nevada, 3900 Acre öffentliches Land abzuperren, um »den sicheren und ordnungs-
gemäßen Ablauf der Aktivitäten auf der Nellis Range zu gewährleisten«.
Warum? In den letzten Monaten haben sich auf zwei Hügeln des Geländes, die den streng geheimen Bereich Groom
Lake überblicken, Reporter und Flugbegeisterte versammelt. Von dort aus können sie mit starken Ferngläsern die
Aktivitäten in dem Bereich beobachten, der intern in der
Air Force als »Area 51« bezeichnet wird. Die Beobachter
sagen, sie hätten bis zu sechs Charterflugzeuge am Tag ein-
fliegen sehen, mit denen Arbeiter aus Palmdale und Bur-
bank, Kalifornien, und Las Vegas zum Gelände gebracht
wurden. Nachts konnten sie die Flugbewegungen einer Maschine beobachten, die nach den Lichtern zu urteilen über
eine außergewöhnliche Manövrierfähigkeit verfügte.

36 Howe, *An Alien Harvest*, S. 253.

Widnall hat jetzt dafür gesorgt, daß vor Groom Lake die Jalousien heruntergehen. Eine Sprecherin der Luftwaffe bestätigte Widnalls Anfrage. Eine Sprecherin des Innenministeriums erklärte dazu: »Wir sind der Ansicht, die Air Force will das Land haben, um eine Sichtbarriere zu schaffen, damit die Öffentlichkeit nicht mehr in den Bereich der Nellis Range hineinschauen kann, der unter Geheimhaltung steht.«

Der Luftfahrtexperte Bill Sweetman, der ein Buch über »Aurora« geschrieben hat, merkt an, der Betrieb der entlegenen Anlage in Groom Lake sei sehr teuer, so daß die Air Force normalerweise andere Stützpunkte für Geheimprojekte benutzt. »Was geht also in Groom Lake vor, daß Widnall der Ansicht ist, sie müsse es verbergen?« fragt er.[37]

Nach dem Abendessen mit Boylan kehren wir in unsere Hotels zurück. Erst als ich mein Zimmer im Eliot betrete, wird mir klar, daß ich völlig vergessen habe, Boylan nach seiner Entführung zu fragen.

37 »The Mystery at Groom Lake, *Newsweek*, November 1993.

6. KAPITEL

Die Konferenz, fünfter Tag

Der erste Referent am Mittwoch, den 17. Juni, dem letzten Tag der Konferenz, ist Dr. David Gotlib, ein kanadischer Therapeut und der Herausgeber des *Bulletin of Anomalous Experience*, einer kleinen Publikation, die sich mit Entführungen durch UFOs und verwandten Themen beschäftigt und sich an medizinisch geschulte Leser und interessierte Wissenschaftler wendet. Dr. Gotlib spricht über »Ethische Fragen in Zusammenhang mit Entführungserlebnissen«.

»Die Daten, mit denen wir arbeiten, beruhen auf subjektiven Erfahrungen und nicht auf objektiven Beweisen«, erinnert Gotlib uns. »Das Problem ist der Mangel an physikalischen Beweisen.« Aufgrund dieses Mangels, sagt Gotlib, »kommen wir nicht von der Stelle. Unser wichtigstes Ziel ist es, den Erfahrenen zu helfen. Wir brauchen die Unterstützung von Medizinern«.

Gotlib schlägt vor, das Motto der Gruppe, die sich um die Entführten kümmert, sollte lauten: »Füge ihnen vor allem keinen Schaden zu.«

Gotlib umreißt, was im schlimmsten Fall passieren könne: »Ein Entführter hat einen Zusammenbruch. Ein Angehöriger ist der Ansicht, das Eingreifen des Ermittlers sei die Ursache des Zusammenbruchs und wirft ihm Fahrlässigkeit vor. Jeder Ermittler muß sich klarmachen, wie verletzlich die Entführten sind.« Ein Prozeß würde eine Büchse der Pandora öffnen, sagt Gotlib. »Denken Sie nur daran, wie die Medien sich auf die Geschichte stürzen würden.

Falls es wirklich eine Vertuschungsaktion der Regierung gibt, könnte eine solche Geschichte den Anlaß bieten, die Bewegung zu zerstören. Es wäre verhängnisvoll für die Zeugen, die Therapeuten und die Ermittler.«

Gotlib schließt mit der Bemerkung: »Es ist höchste Zeit, daß wir uns ein Regelwerk schaffen.«

Dr. Stuart Appelle, der in der State University of New York in Brockport an der psychologischen Fakultät tätig ist, stimmt mit Gotlib darin überein, daß ein Regelwerk nötig sei, weist jedoch darauf hin, daß die entsprechenden Maßstäbe bereits existieren. »Ich habe eine Botschaft«, sagt er den Konferenzteilnehmern. »Viele UFO-Forscher handeln nicht professionell. Es gibt Standards für professionelle Forscher, und diese Leute halten sich nicht daran. Der Umgang mit Menschen ist nicht immer einfach, und deshalb wurden Richtlinien aufgestellt. Diese Richtlinien können folgendermaßen durchgesetzt werden: Erstens bekommen die Leute, die sich nicht an die Richtlinien halten, kein Geld. Zweitens können Leute, die sich nicht an die Richtlinien halten, nicht veröffentlichen. Drittens werden gegen Personen, die sich nicht an Richtlinien halten, Sanktionen verhängt.«

Jenny Randles erhebt sich und weist darauf hin, daß sie im Anhang von *Science of UFOs* bereits vor zehn Jahren Leitlinien veröffentlicht hat.

Eine Diskussionsrunde mit Entführten ist der letzte Tagesordnungspunkt der Konferenz. Sie werden über die Frage sprechen: »Was uns geholfen und was uns nicht geholfen hat.«

Als erste ergreift Mary das Wort, die Kommunikationswissenschaftlerin, die mir gestern in der Kaffeepause anvertraut hat, sie habe den Aliens ihre Kooperation und ihren Körper gegeben und dafür ein Koan bekommen. »Die Aufklärung über die mehrfachen Bezugssysteme war für mich eine unschätzbar wertvolle Hilfe, als es darum ging, meine Erfahrungen zu steuern«, sagt sie. »Ich habe nichts zu befürchten, weil wir alle gleich sind. Dieses Wissen hat mir geholfen, meine Ängste zu beherrschen.«

Bob, ein älterer Entführter aus Maine, sagt: »Als Jugendlicher war ich immer sehr verunsichert und wußte nie, was als nächstes geschehen würde. Immer wenn ich in einer Therapie war und ins Reich des Unbekannten vorstoßen wollte, sagte der Therapeut: ›Darüber wollen wir jetzt nicht reden. Welche Gefühle hast du zu deinen Eltern?‹ Diese Leute haben gedacht: ›Das ist keine greifbare Realität, also können wir uns hier nicht damit beschäftigen.‹«

Einer der Entführten äußert die Ansicht, die Implantate wären womöglich Peilsender oder auch Keime, die aktiviert werden können, um Veränderungen und Wachstum auszulösen.

Eine Entführte, die Mutter zweier Kinder, bemerkt: »Mein Sohn wurde im Alter von acht Wochen aus der Wiege geholt, meine Tochter mit sechs Jahren. Sie wissen nicht, wie sehr ich auch selbst betroffen bin. Ich glaube, es ist ein spirituelles Geschehen, aber ich möchte, daß ihr Therapeuten fähig seid, meinen Kindern zu helfen, wenn die Erinnerungen in ihnen wieder hochkommen.«

Ein Entführter, der etwa Ende Dreißig ist, sagt: »Vor zwei Jahren kam ich endlich mit den richtigen Leuten in Kontakt. Die Selbsthilfegruppen haben mir sehr geholfen.«

Die letzte Entführte sagt: »Ich glaube, die Absichten sowohl der Menschen als auch der Wesen sollten sorgfältig geprüft werden.«

Mit einigen abschließenden Worten von Dave Pritchard und John Mack geht die Konferenz zu Ende.

Wir verlassen den Vorlesungssaal, draußen auf dem Gang oder auf der Wiese in der Sonne sammeln sich kleine Gruppen. Ich suche Alice und Carol, und sie erklären sich bereit, sich am Abend von mir interviewen zu lassen.

7. KAPITEL

Interview nach der Konferenz
Carol und Alice in Boston

Alice und Carol kommen um 18 Uhr in mein Hotelzimmer.
Carol Dedham beäugt meinen Bandrekorder, dann zündet sie
sich die erste von mehr als einem Dutzend Zigaretten an, die sie
in den nächsten drei Stunden rauchen wird. Auch Alice Bartlett ist
eine starke Raucherin. Sie wirft das lange, hellblonde Haar über
die Schultern und lehnt sich zurück.

»Da wir die ganze Geschichte besprechen wollen«, sage ich,
»wäre es wohl sinnvoll, mit dem zu beginnen, was mit Ihnen passiert. Was glauben Sie, was da eigentlich vorgeht?«

Alice und Carol wechseln einen Blick, dann sagt Carol: »Wir
wissen es nicht. Die Ursache unserer Probleme kennen wir
nicht.«

»Viele Dinge, die wir erleben, können wir nicht erklären«, ergänzt Alice. »Es ist schwer zu sagen, ob das, was wir sehen, fühlen
oder erleben, normal ist. Vor allem, wenn man doch im Hinterkopf
genau weiß, das es *nicht* normal ist und daß da etwas im Gange ist,
was man einfach nicht erklären kann.«

»Sie sagten, es fiele Ihnen schwer zu erkennen, ob das, was Sie
sehen, real ist«, sage ich. »Was sehen Sie denn?«

»Es ist die fehlende Zeit!« wirft Carol beinahe stöhnend ein.

»Wir sollten mit der fehlenden Zeit beginnen«, sagt Alice.

»Zuerst einmal müssen Sie verstehen, daß wir am Anfang nicht
das geringste über diese Entführungsgeschichten gewußt haben«,
erklärt Carol. »Natürlich hatten wir gehört, daß es UFOs gab ...«

268

»Wir hatten *Unheimliche Begegnung der dritten Art* gesehen«, erläuterte Alice.

»Genau«, sagt Carol. »Das war faszinierend. Aber dann, im September 1990, hatten wir das erste Erlebnis. Wir haben draußen hinter dem Haus ein Leuchten bemerkt, und wir gingen hinaus, um uns die Lichter anzusehen, die wir für Hubschrauber hielten ...«

Es war ein Freitag abend. Alice, Carol und Alice' jüngere Schwester Grace saßen nach dem Abendessen beim Kaffee im Eßzimmer des Farmhauses. Auf einmal bemerkten sie durch die gläserne Schiebetür, die auf die hintere Terrasse führte, eigenartige, strahlend helle Lichter am Nachthimmel. Die drei Frauen ließen den Kaffee stehen und gingen hinaus, um es sich anzusehen.

Im Westen flogen drei helle, weiße Lichter in einer Dreiecksformation. Im Süden, links vom Standort der Frauen, waren weitere Lichter. Es waren keine Sterne, wie die Frauen mit Gewißheit sagen konnten. Anfangs glaubten sie, es wären Hubschrauber mit eingeschalteten Suchscheinwerfern, denn in jenem Teil Marylands gibt es viele kleine Luftwaffenstützpunkte. Aber Carol erinnert sich noch, wie sie dachte, daß sich die Objekte für Hubschrauber ausgesprochen merkwürdig verhielten.

Die drei weißen Lichter schienen sich zu nähern, das Licht an der Spitze des Dreiecks schien etwas zurückzubleiben.

Mehrere Minuten lang konnten Carol und Alice zusehen, wie die Lichter heller und heller wurden, bis klar war, daß sie inzwischen das Geräusch der Rotoren hätten hören müssen, wenn es sich wirklich um Hubschrauber gehandelt hätte. Auf einmal brachen alle normalen ländlichen Geräusche rings um sie ab. Als die Lichter blendend hell waren, war es absolut still.

Plötzlich schwenkte einer der Lichtpunkte so schnell ab, daß die Frauen nur noch einen weißen Strich sahen.

»Mensch!« rief Carol. »Seht euch das mal an!«

»Habt ihr das gesehen?« fragte Alice aufgeregt.

»Ich gehe nach vorn«, sagte Grace. »Ich will sehen, wohin es fliegt.« Alice' Schwester rannte durchs Wohnzimmer zur vorderen Veranda.

Die anderen beiden Lichter blieben etwas auf einer Linie mit der Scheune und dem Schuppen stehen. Kurz danach kehrte Grace zurück und sagte: »Vorn ist nichts.«

Alice und Carol wundern sich darüber, daß ihre Erinnerungen an den Vorfall nicht zusammenpassen. Alice sagt, sie habe fünf Lichter gesehen: drei in Dreiecksformation und zwei weitere links davon. Carol erinnert sich, daß Grace eine Bemerkung über zwei Lichter weiter im Süden gemacht hat. Alice weiß, daß sie die Lichter eine Weile beobachtet hat, um dann ins Haus zurückzugehen, weil ihr kalt war. Carol dagegen erinnert sich, daß es ein warmer Abend war, und sie sagt, Alice sei die ganze Zeit, solange die Lichter zu sehen waren, draußen bei ihr geblieben. Carol meint, die Lichter wären etwa fünf Minuten lang zu sehen gewesen. Alice erinnert sich nicht, daß Grace überhaupt draußen war.

Die beiden Frauen stimmten jedoch darin überein, daß sie nie den Eindruck hatten, sie schwebten in Gefahr. Sie hatten keine Angst, sondern waren aufgeregt, weil sie, wie sie damals noch glaubten, etwas sehen durften, was nur wenige Leute jemals zu sehen bekamen.

»Wann im September hat sich dies ereignet?« fragte ich.

»Anfang September«, sagte Alice.

»Direkt nach dem Labor Day«, ergänzte Carol.

»Sie haben zwei Hunde? Stimmt das?« fragte ich.

»Ja«, bestätigte Carol.

»Wie haben sich die Hunde verhalten, als die Lichter zu sehen waren?«

Carol atmet scharf ein. Ihr ganzer Körper erstarrt, als hätte sie einen Anfall. Dann krümmt sie sich und birgt das Gesicht in den Händen. Alice nimmt sie in den Arm.

Carol hyperventiliert und bemüht sich, die Kontrolle zurückzugewinnen. »Es tut mir leid«, flüstert sie.

270

Plötzlich versteift Carol sich erneut und stößt einen Schrei aus. Sie hat offenbar Angst vor irgend etwas, das sie sieht.

»Ein Flashback«, erklärt Alice mir.

Carol wimmert noch, gewinnt aber nach und nach die Selbstbeherrschung zurück. Nach kurzer Zeit sagt sie:»Oh, okay. Okay.« Und dann, mit etwas festerer Stimme:»Es muß an dieser Stadt liegen. Manchmal hat die Umgebung eine schreckliche Wirkung auf mich.«

»Schon gut«, beruhigt Alice sie,»schon gut.«

»Okay«, sagt Carol mit festerer Stimme, und dann, mit gezwungenem Lachen, als hätte sie erst jetzt mein Aufnahmegerät bemerkt:»Schnitt!«

Alice und ich schweigen.

»Sie haben Killer angst gemacht.«

»Wem?« frage ich.

»Einem unserer Hunde«, erklärt Alice mir. Sie wendet sich wieder an Carol.»Wann war das?«

»Ich weiß nicht«, sagt Carol.

»Was hast du denn gesehen?« fragt Alice.

»Wir haben eine Hündin, an der ich sehr hänge, sie heißt Killer.« Carol keucht und hat sichtlich Mühe, die Worte herauszubekommen.»Sie ist zu uns gekommen, als sie etwa vier bis sechs Wochen alt war ... ist über den Hof gelaufen ... ein kleines weißes Pelzknäuel ... sie hat uns akzeptiert und ist bei uns geblieben. Wir haben sie Killer getauft, weil sie von Grillen gelebt hat. Sie war der Grillenkiller, bis wir sie an die Leine genommen haben. Ich ...« Sie schüttelt den Kopf, wie um sich zu besinnen.»Ich weiß nicht, was ich gesehen habe.«

Aber sie weiß es, und als die Erinnerung zurückkehrt, spricht sie weiter:»Killer hatte Angst. Sie hat geheult und ist weggerannt ... sie ist herumgelaufen und ...« Carols Stimme zittert.»Sie ist ums Haus gelaufen, zur anderen Seite. Vor der Küche ist sie dann ...« Carol verliert wieder die Fassung. Sie beginnt zu weinen, ihre Stimme wird lauter und etwas schrill.»Killer ist die

Treppe hinuntergelaufen und hat geheult und gewinselt ...« Jetzt weint Carol heftig. »Und ich weiß überhaupt nicht, warum!«

»Schon gut«, sagt Alice.

»War das im September 1990, an jenem Tag, an dem Sie die drei Lichter gesehen haben?« frage ich. »Oder sprechen Sie jetzt über ein anderes Ereignis?«

»Ich weiß es nicht!« sagte Carol.

»Damals hatten wir Killer noch nicht«, erklärt Alice. »Sie ist ungefähr zwei Wochen nach der Sichtung der Flugscheiben zu uns gekommen.« Sie wendet sich wieder an Carol. »Wie groß war Killer?« fragt sie. »War das erst vor kurzem?«

»Sie war ausgewachsen«, sagt Carol.

»Deshalb trauen wir Erinnerungen nicht mehr«, sagt Alice. Auch ihre Stimme klingt gequält. »Wir haben keine Ahnung, was passiert.« Jetzt füllen sich auch ihre Augen mit Tränen.

Soweit Carol und Alice sich erinnern können, ereignete sich das nächste UFO-Erlebnis nach den in Dreiecksformation fliegenden Lichtern etwa fünfzehn Monate später: Mitte Dezember 1991.

Am 15. Dezember hatte Carol ihre Eltern im etwa neunzig Kilometer westlich der Pferdefarm liegenden Hagerstown besucht. Sie fuhr mit Alice' altem Toyota am Sonntag abend wieder nach Hause. Es war etwa 20 Uhr 30 und stockdunkel. Es war relativ warm, und Carol fuhr ohne Mantel und mit herungergekurbeltem Seitenfenster. Sie war noch ungefähr sechs Meilen von der Einfahrt ihrer Farm am Highway 32 entfernt. Es war der Weg, den sie immer nahm.

Zeitweise herrschte auf dieser Strecke starker Verkehr, aber um diese Zeit am Sonntag abend waren nur einige wenige Leute aus der näheren Umgebung unterwegs. Carol hatte gerade eine Hügelkuppe hinter sich gelassen. Rechts war offenes Land, in einiger Entfernung von der Straße standen ein paar Häuser.

Kurz hinter der Hügelkuppe beschreibt die Straße eine weite Rechtskurve und führt durch einen Mischwald. Als Carol sich den

Bäumen näherte, erschrak sie, denn sie sah durch die Äste einer Kiefer auf der linken Seite drei helle, in einer Reihe angeordnete, weiße Lichter.

Sie bekam Angst und dachte: Mann, das sind sie wieder. Es sind dieselben Lichter.

Carol hielt am Straßenrand vor dem Briefkasten eines Hauses an. Sie überlegte, ob sie jemanden aus einem Haus holen sollte, damit die Leute ebenfalls die Lichter sehen konnten. Aber die Häuser in der Nähe waren dunkel, was für diese Tageszeit an einem Sonntag sehr ungewöhnlich war, auch wenn ihr dies in diesem Augenblick nicht auffiel.

Sie schaltete die Warnblinkanlage ein, kurbelte das Seitenfester herunter und beugte sich hinaus, um einen ungehinderten Blick auf die Straße und die Lichter zu bekommen. Jetzt im Winter waren die meisten Laubbäume kahl, aber es gab zahlreiche Nadelbäume, die ihre Sicht behinderten. Dennoch waren die Lichter so hell, daß die ganze Gegend erleuchtet war. Carol beschloß, den Wagen zu verlassen und sich die Sache aus der Nähe anzusehen.

Sie ging neben der Straße ungefähr dreißig Meter bis zu einer Stelle, wo ein unbefestigter Weg links in den Wald abzweigte. Sie dachte, sie könnte die Lichter von dort aus besser sehen. Sie blieb am Waldweg stehen und sah sich um. Es war absolut still, kein Geräusch war zu hören.

Die Lichter standen nach wie vor nebeneinander in einer Reihe über den Bäumen. Carol wollte unbedingt herausfinden, woher die Lichter kamen, aber sie war geblendet, das grelle Licht brannte ihr in den Augen. Auf einmal schoß, genau wie beim ersten Mal, eines der Lichter davon, dieses Mal aber direkt über ihren Kopf hinweg. Carol fuhr herum, um zu sehen, wo es geblieben war. Es war riesig und stand direkt über ihr, anscheinend so nahe, daß sie glaubte, hinaufgreifen und es berühren zu können.

Als sie dort allein auf dem Kies neben der Straße stand, konnte Carol nicht verstehen, warum sich nicht schon längst Menschen gesammelt hatten und – wie sie – zum Licht hinaufschauten.

Carol versuchte, Einzelheiten zu erkennen. Sie glaubte, neben dem starken weißen Licht zwei kleinere, blaue Lichter zu sehen. Dann fragte sie sich, ob die anderen beiden weißen Lichter noch über den Bäumen waren. Als sie sich umdrehte, mußte sie blinzeln, und als sie die Augen wieder öffnete, war sie fünf Meilen weiter und bog mit Alice' Toyota nach rechs in den Weg ein, der zur Farm führte.

Sie kann sich nicht erinnern, was in der Zwischenzeit geschehen ist. »Ich habe keine Ahnung!« sagt sie mir an diesem Abend im Hotel in Boston. »Ich weiß nicht, was passiert ist. Als ich auf der Farm ankam, war ich völlig desorientiert. Ich fühlte mich, als müßte ich mich übergeben. Meine Nase lief, in den Augen standen mir Tränen, als hätte ich stundenlang geweint, und ich hatte keine Ahnung, warum ich so reagierte.«

Carol stellte Alice' Toyota in die Garage, stieg aus und schaffte es bis zum Durchgang zur Waschküche zwischen Haus und Garage, bevor sie vor Alice' Schwester Grace zusammenbrach.

Grace kniete sich neben Carol. »Was ist nur mit dir passiert? Du *blutest* ja!«

»Ich blute?« sagte Carol benommen. »Wo denn?«

»Deine Ohren! Deine Ohrläppchen. Beide Ohrläppchen bluten.«

Carol betastete die Ohren. Links wurden ihre Finger feucht, und auch rechts blieb Blut an den Fingerspitzen kleben. Sie hatte Kopfschmerzen, und ihre Augen brannten, sie fühlte sich verwirrt, und ihr war übel.

Als Grace Carols Ohrläppchen abtupfte, bemerkte sie, daß die Ohrläppchen geschwollen waren und daß die Ohrringe verkehrt herum eingesteckt waren. Es sah aus, als hätte jemand Carol die Ohrringe herausgerissen und versucht, sie wieder einzusetzen, hätte sich dabei jedoch geirrt.

»Wo ist Alice?« fragte Carol.

»Sie schläft schon«, sagte Grace.

»Warum schläft sie? Wie spät ist es denn?«

»Viertel vor zehn.«

»*Viertel vor zehn?*« sagte. »Das kann nicht sein.«

Sie erinnerte sich, daß sie exakt um 20 Uhr 26 auf den Highway 32 eingebogen war, der zu ihrer Farm führte. Von dieser Abzweigung bis zu der Farm waren es noch etwa zehn Kilometer. Als sie die Lichter hinter dem Hügel gesehen hatte, konnten höchstens ein paar Minuten vergangen sein – vielleicht mochte es inzwischen 20 Uhr 32 geworden sein.

Spätestens um 20 Uhr 40 hatte sie am Waldweg gestanden und zu den Lichtern hinaufgeschaut. Sie hatte höchstens einige Minuten dort gestanden und vielleicht noch ein oder zwei Minuten zu den blauen Lichtern hinaufgesehen, bevor sie sich zu den anderen Lichtern umgedreht hatte. Als sie kurz danach in die Zufahrt der Farm einbog, hätte es höchstens 20 Uhr 50 bis 21 Uhr sein können. Wie konnte es auf einmal Viertel vor zehn sein? Wo war die Dreiviertelstunde geblieben?

Am nächsten Morgen erzählte Carol Alice in knappen Worten, was sich zugetragen hatte: daß sie die Lichter wieder gesehen hatte, daß ihr Zeit fehlte und daß mit ihren Ohrringen etwas Seltsames passiert war.

»Ich hatte Angst, sie würde mich feuern«, erklärte Carol mir im Hotel. Ich dachte: Mein Gott, wenn sie denkt, ich sei verrückt, verliere ich meine Wohnung.«

Da sie sah, wie aufgelöst Carol war, versuchte Alice, dem Vorfall nicht zuviel Bedeutung beizumessen. Sie sagte, Carol hätte möglicherweise einfach nur die Uhr im Auto falsch abgelesen, und was die Ohrringe anging, so hätte Carol vielleicht einfach vergessen, sie vor dem Zubettgehen abzunehmen.

»Aber beim nächsten Vorfall«, sagte Alice, »wurde uns allmählich klar, daß etwas nicht stimmte. Es war ungefähr zwei Wochen später, am 2. Januar 1992.«

An diesem Abend war Carol in die nächste Stadt gefahren, um zu Abend zu essen. Sie und Alice waren gerade dabei, eine Reitschule für behinderte Kinder einzurichten, und beim Abendessen in der Stadt wollte Carol mit einer Geschäftspartnerin einige Fragen besprechen.

Nach dem Abendessen verließen Carol und die Geschäftsfrau zusammen das Restaurant. »Wo steht Ihr Auto?« fragte die Frau.

»Hinter dem Gebäude.«

»Meines steht hier vorn. Begleiten Sie mich doch bitte noch zu meinem Auto, ich habe für Sie und Alice ein Weihnachtsgeschenk.«

Als sie den Wagen der Frau erreicht hatten, holte diese ein wundervoll mit teurem Papier und roter Schleife verpacktes Geschenk heraus.

»Mein Gott«, sagte Carol, als sie fühlen konnte, wie schwer das Paket war, »was ist denn da drin?«

»Nur etwas zu essen«, sagte die Frau lachend. »Kekse, Kuchen, Gebäck und Süßigkeiten.«

»Das ist schön«, sagte Carol strahlend. »Es ist schön, daß Sie an uns denken, vielen Dank.«

»Keine Ursache«, sagte die Frau, während sie einstieg. »Ach, sagen Sie – Sie wissen nicht zufällig, wie spät es ist?«

Carol wollte auf ihre Armbanduhr sehen, aber dann fiel ihr ein, daß sie die Uhr vergessen hatte. Carol sprach eine Kellnerin an, die gerade das Lokal verließ.

»Ungefähr halb neun«, sagte die Kellnerin.

Bevor sie das Restaurant verlassen hatte, hatte Carol eine neue Packung Zigaretten geöffnet und in ihr Etui gesteckt. Jetzt holte sie eine Zigarette heraus, zündete sie an und stieg in den schweren Pickup. Sie fuhr durch die Stadt, bis sie die vierspurige Straße erreichte, auf der sie ungefähr siebzehn Kilometer bleiben würde, um auf den Highway 91 abzubiegen, auf dem sie zurück zur Farm fahren würde. Der Truck hatte zwei Benzintanks. Einer war leer, der zweite zu einem Viertel gefüllt. Der Truck verbrauchte viel Benzin, und Carol fürchtete, das Benzin könnte auf dem Rückweg knapp werden.

Kurz nachdem sie auf den Highway 91 eingebogen war, erreichte sie einen offenen 7-Eleven-Laden, doch dort war niemand zu sehen. Sie wunderte sich, daß um 21 Uhr am Donnerstag abend niemand da war, um Bier zu kaufen.

Es kam ihr auch etwas seltsam vor, daß die beiden niedrigen Häuser auf der anderen Straßenseite dunkel waren; in keinem einzigen Fenster war Licht zu sehen. Sie fuhr noch eine Dreiviertelmeile weiter den Highway 91 hinunter, bis sie eine leichte Steigung erreichte, hinter der eine sanfte Rechtskurve begann.

Auf diesem Hügel, im ersten Teil der Kurve, sah sie wieder die drei Lichter.

Sie waren vor ihr, etwa dreißig Grad über dem Horizont und etwas links. Dieses Mal hatte Carol Angst. »Oh Gott«, schluchzte sie. »Ich weiß, was es ist, ich weiß es!«

Die drei Lichter kamen näher und wurden heller, bis Carol geblendet blinzeln mußte. Auf einmal war sie nicht mehr auf dem Highway 91, sondern auf dem Highway 32 und fuhr durch die Kurve kurz vor dem Wald, in dem sie zweieinhalb Wochen vorher die Lichter schon einmal gesehen hatte. Voller Angst trat sie das Gaspedal durch und fuhr so schnell wie möglich zur Farm und bog in die Zufahrt ein. Alice' jüngerer Bruder war zu Besuch gekommen. Er stand hinter dem Farmhaus und sah den Ford heranrasen, dann konnte er beobachten, wie der schwere Wagen auf dem Kies scharf abgebremst wurde. Carol stieß die Tür auf, stolperte heraus und eilte zum Haus. Greg half ihr und brachte sie in das kleine Büro neben der Küche. Alice' Schwester Grace sah, in welcher Verfassung Carol war, und fragte besorgt: »Was ist passiert?«

Carol hyperventilierte und zitterte am ganzen Körper. »Ich weiß es nicht«, keuchte sie. »Ich will nichts mehr damit zu tun haben, ich werde noch verrückt! Ich werde noch alle Autos kaputtfahren und mich selbst oder jemand anders umbringen.«

Alice' Bruder ging hinaus und stellte den Wagen in die Garage. Carols Aktenmappe, die Handtasche und das Weihnachtsgeschenk, das die Frau ihr gegeben hatte, lagen auf dem Boden des Fahrerhauses. Greg hob die Sachen auf, sah sich noch einmal um, ob noch etwas fehlte, und brachte Carols Sachen ins Haus.

»Hier«, sagte er und gab Carol das Zigarettenetui.

Carol öffnete es, aber es war leer. »Ich habe es doch gerade erst aufgefüllt!« sagte sie überrascht. »Die Zigaretten sind weg. Sie müssen auf den Boden gefallen sein.«

»Ich habe alles ausgeräumt«, widersprach Greg. »Auf dem Boden liegt nichts mehr. Deine Aktenmappe hatte sich geöffnet, die Handtasche und das Geschenk lagen auf dem Boden. Es sah aus, als hättest du eine Vollbremsung gemacht.«

»Habe ich auch«, sagte Carol. »Als ich hier den Weg heraufgekommen bin.«

»Nein, ich habe dich kommen sehen«, sagte Greg. »Du bist gerutscht, und um die Sachen so zu verstreuen, hättest du schärfer bremsen müssen. Und da ist noch etwas: Der Wagen riecht seltsam.«

»Seltsam? Was heißt das?« fragte Grace.

»Ich weiß nicht«, sagte Greg. Er dachte nach. »Ein schwerer Geruch, irgendwie dick und klebrig. Ich weiß nicht, wie ich ihn beschreiben soll.«

»Wo ist Alice?«

»Sie schläft«, sagte Grace.

Carol sah zur Küchenuhr, dann schloß sie die Augen. Es war halb elf. Irgendwo, wurde ihr klar, hatte sie erneut beinahe eine Dreiviertelstunde verloren. Sie begann unkontrolliert zu zittern.

Am nächsten Morgen, als Alice in Washington bei der Umweltbehörde arbeitete, bemerkte Carol, daß Band und Schleife vom Weihnachsgeschenk verschwunden waren. Das Geschenkpapier war an einer Seite weggerissen, und eine Ecke des Päckchens war unbeholfen mit Klebeband repariert. Sie wußte genau, daß vorher kein Klebeband an dem Päckchen gewesen war.

Ursprünglich hatte das Geschenk ausgesehen, »als wäre es von einem Profi« eingepackt worden, wie Carol mir sagt. »Jetzt aber sah es schrecklich aus, als hätte sich ein zweijähriges Kind, das nur Klebeband zur Verfügung hatte, daran versucht.«

Als sie das Päckchen hochhob, stellte sie außerdem fest, daß es praktisch nichts wog. Vorher war es schwer gewesen, jetzt fühlte es sich an, als wäre es leer. Als Grace ein paar Minuten später kam und das Päckchen öffnete, waren nur ein paar Plätzchen darin.

Carol wußte, daß weder Greg noch Grace das Geschenk geöffnet hatten, und Alice hatte keine Zeit gehabt, bevor sie zur Arbeit gefahren war. Wer hatte es geöffnet? Und wer hatte es wieder eingewickelt und so ungeschickt mit einem Klebeband verschlossen, das auf der Farm nicht benutzt wurde.

Carol ging zum Auto, um zu sehen, ob dort vielleicht eine Rolle dieses Klebebandes zu finden war. Sie suchte überall, konnte aber nichts finden. Jetzt bemerkte auch sie den seltsamen Geruch, der noch im Führerhaus hing.

Im Hotel in Boston beschreibt Carol den Geruch so: »Wie an einem warmen Sommerabend in einem geschlossenen Gewächshaus. Warm war es nicht, aber es roch nach Pflanzen, Wärme und hoher Luftfeuchtigkeit.«

Carol überprüfte noch etwas. Sie schaltete die Zündung ein und sah sich den Treibstoffstand an. Ein Tank war immer noch zu einem Viertel gefüllt. Sie wußte genau, daß sie unmöglich fünfundvierzig Minuten hätte herumfahren können, ohne das Benzin völlig zu verbrauchen.

Am nächsten Morgen, es war Sonnabend, sprachen Carol und Alice über die Ereignisse des vergangenen Donnerstag abend und über die Ereignisse an jenem Abend, als sie mit blutenden Ohrläppchen zurückgekehrt war. Bei diesem Gespräch kamen sie erstmals auf die Idee, daß zwischen den beiden Ereignissen und der Sichtung der Lichter ein Zusammenhang bestehen könnte.

»Ich glaube, wir sollten uns an irgend jemanden wenden«, sagte Alice. »Es gibt Organisationen, die solchen ungewöhnlichen Phänomenen nachgehen.«

»Alice hat eine Erklärung gesucht, die nicht darauf hinauslief, daß ich die Kontrolle verloren hatte«, erklärt Carol, »sondern darauf, daß mir die Kontrolle *genommen* worden war. Aber ich wußte, am Ende würde ich mich trotzdem mit der Tatsache auseinandersetzen müssen, daß ich einen Nervenzusammenbruch gehabt hatte und nicht wußte, was los war.«

Im Telefonbuch von Washington fand Alice unter »UFO« die Eintragung »UFO, Fund for Research«. Sie rief an. Don Berliner meldete sich. Abgesehen davon, daß er den Fund for UFO Research gegründet hat, ist Berliner auch ein UFO-Ermittler und ein produktiver Autor von Artikeln und Büchern über die Fliegerei und verwandten Themen, die mit dem Weltraum zu tun haben. Alice erklärte ihm, was Carol durchmachte, und Berliner sagte, es gäbe einige Leute, die sich mit solchen Dingen beschäftigten. »Wir glauben zu wissen, was da passiert ist«, sagte er. »Ich kann diese Leute bitten, Ihre Freundin anzurufen.«

»Ich weiß nicht, ob sie mit jemandem darüber reden will«, sagte Alice, »aber wir brauchen Hilfe.«

Als Alice Carol mitteilte, daß jemand vom Fund for UFO Research anrufen würde, sagte Carol: »Gut, ich werde mit ihnen reden, aber ich habe nichts zu sagen. Wenn du mir das Telefon ans Ohr hältst, so daß ich keine andere Wahl habe, werde ich nicht grob werden. Ich werde ihnen sagen, was passiert ist, und sie werden mir sagen, ich soll zum Psychiater gehen, und das war's dann.«

Als Rob Swiatek, ein Ermittler der Gruppe, einige Stunden später anrief, war das keineswegs das Ende, sondern Swiatek öffnete, wie Alice es ausdrückte, eine Büchse der Pandora.

Carol erfuhr, daß sie nicht die einzige war, die seltsame Lichter am Himmel gesehen hatte. Sie hörte, wie Swiatek von »Entführungen« sprach und »fehlende Zeit« erwähnte.

Diese Ideen waren für Carol neu, und sie »hielt das alles für ziemlich verrückt«.

»Ach, übrigens«, sagte Swiatek, »haben Sie das Geschenkpapier aufbewahrt? Ich würde es mir gern ansehen, und die Ohrringe auch.«

Im Eßzimmer lag etwas Geschenkpapier. Carol hob es auf. Klebeband konnte sie daran nicht entdecken, aber sie machte sich nicht die Mühe, sich zu vergewissern, ob es auch wirklich das richtige Papier war, denn sie war der Ansicht, daß es ohnehin keine Rolle spielte. Das ist sowieso alles Unfug, dachte sie, also ist es egal.

Sie wollte in die Küche gehen, um Alice das Geschenkpapier zu geben, damit sie es für Swiatek aufbewahren konnte, doch als sie die Küche betrat, bekam sie auf einmal ein eigenartiges Gefühl, halb körperlich und halb emotional. Es war eine Art Benommenheit und die Vorahnung, daß sie sich gleich an etwas erinnern würde. Als sie, das Papier noch in der Hand haltend, am Kühlschrank vorbeiging, war sie auf einmal nicht mehr in der Küche.

Vor ihrem geistigen Auge sah Carol nicht mehr die Küche vor sich, sie war übrigens auch nicht mehr auf der Farm. Sie saß in einem engen Raum, und sie war nackt.

Sie saß vorgebeugt, die Arme auf die Schenkel gestützt, die Handflächen nach oben gedreht. Irgend etwas drückte ihr in den Rücken, kein Brett und keine Lehne, sondern eher eine Art Stab. Carol wehrte sich nicht, sie war wie gelähmt.

Sie konnte nicht einmal den Kopf drehen. Nur die Augen ließen sich hin und her bewegen. Carol versuchte zu erkennen, wo sie war. Sie konnte nicht verstehen, was vorging. Dann wurde ihr bewußt, daß ihr sehr kalt war. Es war eine Art Kälte, die ihr bis in die Knochen kroch.

Plötzlich spürte Carol, daß sie nicht allein war. Irgend jemand war bei ihr – vielleicht mehr als eine Person. Aber sie konnte nichts sehen. Wenn sie versuchte, aufzublicken und nach vorn zu schauen, sah sie nur dichten, grauen Dunst – aber sie wußte, daß es kein Nebel war, denn er bewegte sich nicht. Kein Lüftchen regte sich. Carol fühlte sich gefangen, sie war gelähmt und hilflos. Und als sie dann auch noch aus dem Augenwinkel eine Bewegung wahrnahm, bekam sie Angst.

Im Hotel in Boston bestätigt sie mir gegenüber, daß sie Angst hatte, aber damals hatte sie noch nicht gewußt, wieviel Angst sie empfinden konnte. Sie versuchte, nach rechts zu schielen, und sah *Hände*, die das Päckchen mit dem Weihnachtsgeschenk hielten. Sie sah die Hände und konnte vor Angst kaum noch atmen, denn es waren keine menschlichen Hände. Sie sahen aus wie die riesige Pfote eines Frosches, aber die Finger waren dunkelbraun wie Schokolade. Und sie hatten keine Gelenke. Mein Gott, das ist doch verrückt! dachte Carol. Sie begann zu weinen, weil sie wußte, daß es real war – die Hände waren *real*! Sie gewann den Eindruck, die Hände hielten das Geschenk, als würde der Besitzer denken: »Oh, so etwas Schönes habe ich noch nie gesehen!«

Während Carol die Hände betrachtete, die das Geschenk hielten, dachte sie: Was ist hier nur los? Was ist das für ein Ding? Sie starrte unverwandt die Finger an, die aussahen, als wären sie aus einem Gummischlauch gemacht. Außer den leicht spatelförmigen Spitzen hatten die Finger keine Merkmale. Außerdem befanden sich an jeder Hand nur drei Finger, und es gab keine Daumen.

Das Wesen, was es auch war, hielt die Schachtel vor sich, als wollte es sie untersuchen. Es kippte sie nicht und schüttelte sie nicht. Den Körper, den Kopf oder das Gesicht des Wesens konnte Carol nicht erkennen. Sie sah nur die dreifingerigen Hände aus dem allgegenwärtigen Dunst ragen und das Weihnachtsgeschenk halten. Ihr Atem setzte aus, und sie dachte: Das kann ich nicht akzeptieren. Aber sie konnte nicht aufhören, die Hände anzustarren.

Je länger Carol die Hände des Wesens anstarrte, desto größere Angst bekam sie. Sie hyperventilierte, sie wollte schreien, aber sie bekam keinen Ton heraus. Dann kam eine andere dunkelbraune Hand mit drei Fingern aus dem Nebel, und zwei der abgeflachten Fingerspitzen berührten ihre Augenlider und drückten sie zu. Carol fühlte sich sofort besser.

Auf einmal, erklärt Carol mir, fühlte sie sich wie damals in den sechziger Jahren, als sie ein wenig Acapulco Gold geraucht hatte. Alles war einfach wundervoll, aber noch nicht komisch – es war der Punkt, direkt bevor das Gekicher einsetzt. Sie dachte: Warum habe ich eigentlich solche Angst? So schlimm ist es doch nicht. Ich fühle mich gut. Alles ist gut ... Dann spürte sie, wie jemand an ihrer Schulter rüttelte und ihren Namen rief.

»Ich fand Carol auf dem Küchenboden«, erzählt Alice mir im Hotel in Boston. »Auf einmal war alles aufgebrochen, und ich konnte sie nur halten und beruhigen.«

»Und ich habe immer nur gefragt: Was ist? Was ist? Was ist?« ergänzt Carol.

Sie beugt sich vor und klopft eine Zigarette aus dem Etui, zündet sie mit ruhigen Bewegungen an, inhaliert den Rauch, atmet langsam wieder aus und lehnt sich zurück. »Damit war diese Erinnerung oder der Flashback, oder wie es auch heißt, vorbei. Ich wußte nicht, wie mir geschah. Ich wußte nur, daß etwas passiert war, oder daß ich eine Erinnerung an etwas hatte, das passiert war – aber es war ja keine Erinnerung. Ich habe es noch einmal erlebt. Ich habe mich nicht erinnert, sondern bin noch einmal da durchgegangen, was es auch war ... Ich kam dann auf die Idee, daß dieser Flashback eine Erinnerung an das war, was ich am zweiten Januar im Truck erlebt hatte, aber das komische dabei – falls man es überhaupt komisch nennen kann – war, daß dieser Flashback durch das falsche Stück Papier ausgelöst worden war.«

»Es war nicht das Papier aus dem Truck«, erklärt Alice.

Als Don Berliner und Rob Swiatek vom Fund for UFO Research später das Klebeband auf dem richtigen Stück Geschenkpapier untersuchten, stellten sie fest, daß es sich in nichts von handelsüblichem Klebeband unterschied.

Am folgenden Wochenende war Carol in Pennsylvania. Sie war dort, um für etwa fünfundzwanzig Teilnehmer, die sich für Pferde interessierten, ein dreitägiges Seminar zu halten. Alice war nicht mitgekommen. Der Lehrgang sollte am Sonntag nachmittag enden. Carol wollte noch eine Nacht dort bleiben und am Montag morgen nach Maryland zurückfahren. Als sie am Sonntag, den 12. Januar, aufwachte, fand sie Blut auf dem Bettzeug. Ihre rechte Hand blutete, und als sie das Blut abspülte, entdeckte sie außen an der Handkante, knapp über dem Gelenk, eine Verletzung, die einer Brandwunde ähnelte. Sie versorgte die Wunde, beendete den Lehrgang, und fuhr am nächsten Tag wie geplant zu Alice' Farm zurück.

Die nächsten zwei Wochen lang pochte und stach die Wunde. Als Carol den Verband abnahm, sah sie eine schwarze Linie, die rings um die Verletzung ein gleichschenkliges Dreieck bildete. Außerhalb des Dreiecks sah sie eine zweite, schmalere, weiße Linie. Carol war besorgt, sie könnte eine Blutvergiftung bekommen, und beschloß, jemanden um Rat zu fragen.

Eine der Kundinnen, die auf der Pferdefarm ihre Tiere abgestellt hatten, war eine examinierte Krankenschwester aus einer nahegelegenen Klinik. Sie sah sich Carols Handgelenk an, drehte es im Licht hin und her und sagte: »Das sieht aus wie eine Verätzung durch Chemikalien. Wo haben Sie sich das zugezogen? Seltsam ist aber, daß die Wunde scharfe Ränder hat, wie mit dem Laserstrahl gezogen. Laserschnitte ergeben völlig gerade Linien und hinterlassen einen schwarzen Rand.«

Der Arzt, zu dem Carol auf Drängen der Krankenschwester ging, erklärte, die Verletzung könne nur durch eine stark ätzende Substanz entstanden sein, die am Ende eines dreieckigen Objekts lange genug auf Carols Hand gedrückt wurde, um drei Hautschichten durchzubrennen. Er sagte, er könne nicht begreifen, wie Carol dies entgangen sein soll, und meinte: »Das muß doch äußerst schmerzhaft gewesen sein. Selbst wenn Sie betäubt waren, wären Sie zu sich gekommen.«

»Es ist passiert, während ich geschlafen habe«, sagte Carol, »und offenbar bin ich dabei nicht wach geworden.«

Am 12. Februar, einen Monat nach dem Vorfall in Pennsylvania, erwachte Carol mitten in der Nacht, weil sie das Gefühl hatte, jemand zöge an ihrem Bein. Am nächsten Morgen entdeckte sie auf dem rechten Schenkel eine große Prellung und die blassen Abdrücke von drei Fingern. Auf dem rechten Daumen hatte sie drei frische Einstiche, die ein Dreieck bildeten. Sie hatte keine Vorstellung, was die Verletzungen verursacht haben könnte.

Der nächste Vorfall ereignete sich am 8. März um 19 Uhr 20. Es war ein Sonntag abend, und Carol kehrte von einem Besuch bei ihren Eltern in Hagerstown zurück. Sie fuhr mit Alice' kleinem rotem Toyota. Sie hatte den Interstate Highway 70 verlassen und überquerte auf dem Highway 32 eine Eisenbahnlinie. Sie war gerade hinter einem kleinen Ort eine Steigung hinaufgefahren, als die Warnleuchten im Armaturenbrett des Wagens zu blinken begannen. Der Motor starb ab, die Lenkhilfe und das Licht funktionierten nicht mehr. Carol lenkte den Wagen an den Straßenrand, zog die Handbremse an, stellte die Automatik auf »N« und versuchte, neu zu starten. Der Anlasser rührte sich nicht, aber die Scheinwerfer gingen wieder an.

Um die zu schonen, schaltete sie die Scheinwerfer aus und die Warnblinkanlage ein. Zuerst dachte sie, es würde sicher bald jemand kommen und ihr helfen, aber auf der Straße war kein anderes Auto zu sehen.

Carol stieg aus und öffnete die Motorhaube. Sie hatte keine Taschenlampe und konnte nicht viel erkennen, also ließ sie die Klappe offen und stieg wieder ein, um zu warten. Etwa fünf Minuten später kam ihr ein weißes Auto entgegen. Der Wagen fuhr langsamer, als er auf einer Höhe mit ihr war, hielt aber nicht an. Carol konnte nicht erkennen, wer im Auto saß. Ein paar Minuten später kam das weiße Auto von hinten heran, wurde wieder langsamer, als es vorbeifuhr, und beschleunigte dann, um hinter einem Hügel zu verschwinden.

»Du Idiot!« sagte Carol wütend.

Als das weiße Auto zum dritten Mal kam und langsam vorbeifuhr, wurde Carol etwas ängstlich. Sie sah im Rückspiegel, wie der Wagen in die kleine Stadt fuhr, vor einem Geschäft wendete und den Hügel wieder heraufkam. Dieses Mal blieb der Wagen mit aufgeblendeten Scheinwerfern hinter ihr stehen.

Das Licht war so hell, daß Carol den Spiegel wegklappen mußte. Sie verriegelte vorsichtshalber die Türen. Das Fenster auf der Fahrerseite war einen Spalt geöffnet, damit frische Luft hereinkam, die anderen Fenster waren geschlossen. Im Außenspiegel sah sie, wie jemand aus dem Wagen stieg. Er war groß, mindestens einen Meter achtzig, und er trug einen riesigen Stetson, der mindestens einen Meter zwanzig breit war.

Sie erinnert sich, daß der Mann zu ihr kam und sagte: »Ist Ihr Auto kaputt? Stimmt etwas nicht?«

»So ist es«, sagte Carol. »Der Motor ist ausgegangen. Ich weiß nicht, was los ist. Er springt nicht mehr an.«

Der Mann hatte eine Taschenlampe dabei. Er ging nach vorn, und Carol konnte sehen, wie er in den Motorraum leuchtete. »Starten Sie mal«, sagte er.

Carol versuchte es zweimal, aber der Wagen sprang nicht an.

Der Mann mit dem riesigen Hut kam zur Beifahrerseite und sagte etwas. Carol kurbelte das Fenster ein Stück herunter, weil sie ihn nicht verstanden hatte. »Ich weiß auch nicht, was mit dem Wagen los ist«, sagte er. »Sehen Sie das Licht da oben?«

Carol sah die Straße hinauf. Ein Stück weiter, zwischen einigen Bäumen, konnte sie ein Licht erkennen. »Ja, ich kann es sehen«, sagte sie.

»Gehen Sie am besten zu dem Haus da oben und fragen Sie, ob Sie telefonieren dürfen. Die Leute werden es Ihnen bestimmt erlauben.«

»Okay«, sagte sie. Sie bedankte sich, weil er versucht hatte, ihr zu helfen, und wartete, bis er wieder in sein Auto gestiegen und weggefahren war. Als sie einen Lastwagen näherkommen sah, stieg sie rasch aus, schloß den Wagen ab und wartete, um sicherzustellen, daß der Fahrer sie bemerkt hatte.

Normalerweise kann Carol nachts sehr gut sehen; sie hat bessere Augen als viele andere Menschen. Aber als sie an diesem Abend den Kiesweg hinauflief, konnte sie kaum den Straßenrand erkennen und fürchtete, auf dem losen Kies und in den zahlreichen Schlaglöchern zu straucheln, während sie die Zufahrt zum Haus hinauflief. Im Dunkeln sah sie nicht, daß vor dem Haus ein Auto geparkt war. Sie stieß sich an der Stoßstange das Schienbein an, tastete blind herum und erreichte endlich eine schmale Treppe, die zum Haus hinaufführte. Da Carol fürchtete, auf der Treppe zu stürzen, machte sie einen Umweg und lief über die Böschung hinauf zu der kleinen Lampe, die über der Hintertür brannte. Sie klopfte und erschrak, als fast augenblicklich eine ältere Frau öffnete. Neben ihr stand ein großer schwarzer Labrador, der mit dem Schwanz wedelte.

Carol entschuldigte sich, weil sie zu so später Stunde stören mußte, und sagte:»Ich weiß, daß es klingt wie aus einem billigen Film, aber mein Auto ist liegengeblieben. Darf ich mal telefonieren?«

»Oh, Sie Ärmste! Wie schrecklich!« sagte die Frau.»Natürlich dürfen Sie telefonieren. Kommen Sie herein, kommen Sie nur.«

Carol folgte der alten Dame ins Wohnzimmer. Alice nahm beim dritten Klingeln ab, und Carol erzählte ihr, was passiert war. Alice versprach, in zwanzig bis dreißig Minuten da zu sein.

Carol bedankte sich bei der alten Frau und ging wieder zur Hintertür. Die Frau mußte den Labrador, der Carol nach draußen folgen wollte, mühsam zurückhalten. Carol schloß die Tür, ging die Böschung hinunter und stellte fest, daß sie auf einmal wieder alles sehen konnte. Sie nahm an, ihre Augen hätten sich inzwischen an die Dunkelheit gewöhnt. Dann aber sah sie, daß sie nur einige Sekunden brauchte, um zum Highway 32 und zu ihrem Auto zurückzukehren. Jetzt konnte sie auch den Kies, die Schlaglöcher, die Büsche zu beiden Seiten des Weges und weiter hinten die Bäume sehen. Bis zur Straße waren es höchstens fünfzig Schritte, aber als sie zum Haus hinaufgelaufen war, hatte sie den Eindruck gehabt, die Zufahrt wäre mindestens einen Kilometer lang.

Carol ging zu ihrem Auto, setzte sich hinein und wartete auf Alice, die ihr etwa zwanzig Minuten später mit dem Pickup entgegen kam. Alice fuhr an Carol vorbei bis zum Geschäft unten am Fuß des Hügels, um dort zu wenden. Am Lagerhaus neben dem Geschäft bemerkte Alice ein weißes Auto, neben dem jemand stand. Als sie wendete, stieg der Mann in den Wagen und setzte sich hinter sie. Sie wartete einen Augenblick, ob er links oder rechts abbiegen würde, aber dann war das Auto nicht mehr hinter ihr, und Alice hatte keine Ahnung, wo es geblieben war.

Auf dem Rückweg zur Farm erzählte Carol, was passiert war und wie müde sie sei: »Mein Gott, ich fühle mich, als wäre es schon Mitternacht.«

»Es ist erst halb zehn«, sagte Alice, und Carol erkannte, daß ihr schon wieder Zeit fehlte.

Sie überlegte, daß sie den Interstate Highway etwa um 19 Uhr 30 verlassen hatte. Etwa zehn Minuten später war der Wagen liegengeblieben. »Ich habe höchstens fünfzehn Minuten im Auto gesessen«, sagte sie zu Alice. »Das bedeutet, daß der Mann mit dem großen Hut ungefähr um 20 Uhr vorbeigekommen ist. Ich habe dort mit Sicherheit nicht eine Stunde und fünfzehn Minuten einfach nur herumgesessen, das ist doch lächerlich! So dumm bin ich nicht, ich wäre längst ausgestiegen und hätte ein Telefon gesucht, selbst wenn ich zu dem Laden unten am Hügel hätte laufen müssen.« Carol überlegte, dann fragte sie: »Warum habe ich das eigentlich nicht gemacht? Dort muß es doch ein Münztelefon geben.«

»Weil der Mann dir gesagt hat, du sollst vom Haus aus anrufen«, sagte Alice.

»Aber warum hatte ich da nicht schon längst vom Geschäft aus angerufen? Und wieso war es, wie du sagst, bereits fünf nach neun, als ich angerufen habe?«

Am nächsten Nachmittag lotste Carol einen Abschleppwagen zu der Stelle, wo Alice' Toyota liegengeblieben war. Sie gab dem Automechaniker den Schlüssel, damit er aufschließen konnte. Er öffnete die Tür, setzte sich ins Auto und sagte: »Mensch, hat es hier drin gebrannt?«

Die Reparatur des Toyota dauerte anderthalb Wochen. Die gesamte Autoelektrik war zerstört.

Erst jetzt versuchte Carol zu rekonstruieren, was ihr zugestoßen war. Sie hatte schon in der Vergangenheit mit Selbsthypnose ge-

arbeitet, um sich zu entspannen, und beschloß nun, sich in Alice'
Gegenwart zu hypnotisieren, um sich an das zu erinnern, was nach
dem Kurzschluß passiert war.

Es war genau so, wie Carol es in Erinnerung hatte: Der Toyota
blieb liegen, sie fuhr an den Straßenrand, schaute unter die Haube,
stieg wieder ein, das weiße Auto kam einmal, zweimal, dreimal
vorbei, wendete und blieb mit aufgeblendeten Scheinwerfern hinter ihr stehen. Carol sah in den Seitenspiegel ... bis zu diesem
Punkt stimmte alles mit ihren Erinnerungen überein. Aber als sie
jetzt noch einmal den Mann im Rückspiegel sah, war er nackt; oder
wenigstens glaubte sie, daß er nackt war.

»Da steht also ein nackter Mann mit einem Cowboyhut mitten
auf der Straße im Licht seiner Autoscheinwerfer«, erklärt Carol
mir im Hotel in Boston, »und ich denke: Da bleibe ich mit dem
Auto liegen, und der einzige, der anhält, ist ein nackter Spinner.«

Carol erinnert sich, daß sie eher belustigt war und keine Angst
hatte. »Er kam zu mir und fragte mich, was los wäre, und ich sagte,
daß der Wagen nicht mehr anspringt. Alles war so, wie ich es in
Erinnerung hatte, nur, daß ich jetzt versuche, nicht zu lachen. Ich
kann mich kaum beherrschen und halte mir die Hand vor den
Mund, während er nach vorn geht und unter die Haube sieht.
Durch den Spalt unter der hochgeklappten Haube kann ich seinen
Bauch sehen, aber keinen Bauchnabel – ich sehe überhaupt nichts
– keine Konturen, und er trägt keine Kleidung. Und er ist weiß.
Nicht hellhäutig, sondern strahlend weiß. Und dann hörte ich die
Stimme: Starten Sie mal. Aber die Stimme kam aus meinem Kopf!
Es war, als hätte jemand in meinem Kopf gesprochen. Ich fuhr
herum, ob jemand hinter mir wäre, aber da war natürlich niemand,
und das wußte ich ja auch. Es klang fast wie ein Befehl. Also habe
ich den Wagen angelassen, aber er sprang nicht an. Da kam er zur
Beifahrerseite herum, beugte sich vor und schaute herein. Erst
jetzt konnte ich ihn wirklich sehen. Er trug einen riesigen Stetson,
aber der Kopf darunter war mindestens genauso gigantisch. Der
Kerl hatte einen Kopf in der Größe von drei Basketbällen und trug

einen Hut, der zu diesem Kopf paßte! Eine Seite seines Gesichts wurde vom Scheinwerfer seines Autos angestrahlt, die andere lag in tiefem Schatten. Es sah aus, als trüge er eine gebogene Sonnenbrille wie ein Pilot. Und er hatte tiefe Falten auf dem Nasenrücken, die bis zum Wangenknochen verliefen. Aber das Verrückteste war, daß er unter der kleinen Nase einen Schnurrbart hatte.«

Trotz der Selbsthypnose konnte Carol sich nicht an den Weg vom geparkten Auto zum Haus erinnern. Erst als sie eines Sonnabends wie gewöhnlich einen Vortrag über Pferde hielt, kam mitten in der Präsentation die Erinnerung zurück.

Als sie den Kiesweg zu dem Haus hinauflief, war jemand oder etwas links hinter ihr. Es ging wie eine Maschine mit kleinen, mechanischen Schritten: bumm-bumm-bumm …

Carol hatte das Gefühl, er – oder es – solle sie eskortieren, um sicherzustellen, daß sie dorthin ging, wohin sie gehen sollte. Sie konnte nicht verstehen, wie die Schritte so regelmäßig blieben, während sie selbst stolperte und taumelte.

Sie schaute zum Ende der Zufahrt, das, wie sie jetzt sah, in Wirklichkeit nicht sehr weit entfernt war. Oben war ein Auto geparkt, neben dem jemand stand, der aber kein Mensch sein konnte, weil er leuchtete.

Es war, als würde er von hinten beleuchtet, doch Carol wußte, daß hinter ihm kein Licht war. Sie konnte den Wagen deutlich erkennen: Es war ein dunkelbrauner Chrysler mit grau-blau gestreiften Sitzbezügen. Die Gesichtszüge des Wesens, das neben dem Wagen stand, konnte sie nicht erkennen. Sie sah nur, daß es klein war, höchstens einen Meter bis einen Meter zwanzig groß. Sie sah ihn an und ging zu ihm, und es sah aus, als ginge sie aus eigenem Antrieb, was aber ganz sicher nicht zutraf. Als sie vor dem kleinen, leuchtenden Wesen stand, hob es die rechte Hand. Sie konnte nicht sehen, ob etwas darin war. Es zielte mit dem Finger auf sie, und danach setzt ihre Erinnerung aus.

Carols Flashback wurde auf Video aufgezeichnet. »Wir nehmen alle unsere Seminare auf«, erklärt Carol, »und wenn man das

Band anschaut, dann sieht man, daß es in meinem Vortrag eine kleine Unterbrechung gibt. Sie können erkennen, daß ich die Hand zu den Augen hebe, als hätte ich den Faden verloren. Nach einer kleinen Pause spreche ich dann weiter. Es war so kurz, daß ich glaube, die Teilnehmer haben es überhaupt nicht bemerkt.« Danach fuhr Carol zu dem Haus zurück, von dem sie angerufen hatte. Sie fand es, und auf dem Kies davor stand tatsächlich ein dunkelbrauner Chrysler mit blau-schwarz gestreiften Sitzbezügen.

»Was, glauben Sie, ist wirklich passiert?« frage ich.

»Ich hätte nie gedacht, daß ich jemals so etwas sagen oder denken würde, aber meine Vernunft sagt mir, daß mir dort auf der Straße tatsächlich etwas zugestoßen ist. Meine Vernunft sagt mir, daß es alles inszeniert war, damit ich genau zu dieser Zeit genau diesen Weg hinaufging. Entweder, ich wurde in eine fliegende Untertasse eskortiert, oder ich … oder ich wurde entführt.« Sie hält einen Moment inne, dann lacht sie. »Das sagt mir meine Vernunft. Meine Gefühle sagen mir, daß es unmöglich ist und daß ich mir alles nur eingebildet habe.«

Alice, die neben Carol sitzt, fragt: »Was ist mit der fehlenden Stunde?«

Alice beschreibt jetzt ihre Probleme mit elektrischen Geräten: Straßenlaternen, die blinken, wenn sie vorbeikommt, beleuchtete Schilder auf den Highways, die dunkel werden, wenn sie darunter vorbeifährt, Lichter von Geschäften, die ausgehen, wenn sie sich ihnen nähert, Fernsehgeräte, die nicht mehr funktionieren, und Radios, die zischen und knistern. Vor kurzem sind auch ihre Computer zu Hause und im Büro »tödlich abgestürzt«.

Ich frage Alice, was ihr am meisten angst macht.

Sie schweigt einen Moment. Dann: »Ich glaube, am meisten ängstigt mich, daß ich mich nicht erinnere und nichts weiß.« Sie beginnt leise zu weinen. »Ich weiß nichts, aber ich weiß, daß irgendwo in meinem Hinterkopf schrecklich viel steckt, und davor habe ich Angst. Ich glaube, deshalb fürchte ich mich auch so vor der Hypnose.«

Alice wischt sich die Augen trocken. »Meine Erinnerungen sind ganz anders als Carols Erinnerungen. Ich habe nur wenig bewußte Erinnerungen«, erklärt sie. »In gewisser Weise hat Carol eine Bestätigung bekommen und weiß jetzt, was passiert ist. Ich weiß nur, daß ich viele unerklärliche Dinge erlebe, die mir zu sagen scheinen: Ja, dort ist etwas. Ich habe ähnliche Dinge erlebt wie Carol, aber statt der bewußten Erinnerungen habe ich nur Angst.«

»Wie kommen Sie darauf, daß Sie etwas Ähnliches erlebt hätten wie Carol?« frage ich.

»Die Narben. Ich habe eine Reihe von Narben, für die ich immer harmlose Erklärungen hatte. Bewußte Erinnerungen an fehlende Zeit habe ich nicht, aber es ist oft vorgekommen, daß ich morgens beim Aufwachen seltsame Dinge bemerkt habe, die teilweise auch hier auf der Konferenz zur Sprache gekommen sind: das verkehrt herum angezogene Nachthemd, für das es keine Erklärung gibt; oder man liegt morgens verkehrt herum im Bett. Es sind Kleinigkeiten wie diese, die mir den Gedanken nahelegen, daß etwas mit mir geschieht. Ich habe noch nie gut geschlafen, und als Kind hatte ich oft Alpträume, aber ich weiß nicht mehr, worum es dabei ging. Ich habe in der oberen Koje geschlafen, meine Schwester Grace unten. Es ist nicht selten vorgekommen, daß meine Eltern mich auf dem Boden vorgefunden haben, weil ich aus dem Bett gefallen war, ohne aufzuwachen. Und es gab noch andere Dinge, die ich wegerklärt habe ...«

»Dinge, die Sie in Ihrer Kindheit erlebt haben?« frage ich.

Alice nickt. »Ich hatte beispielsweise sehr oft Nasenbluten.«

»Glauben Sie heute, dies sei durch Implantate entstanden?«

»Nein, ich war einfach ein Kind, das oft Nasenbluten hatte. Aber ich bin manchmal morgens mit Abdrücken auf den Armen erwacht, Abdrücke von zwei oder drei Fingern auf dem Oberarm. Ich bekomme schnell blaue Flecken. Ich dachte einfach, jemand hätte mich fest angefaßt, und ich könnte mich nicht daran erinnern. Aber ich hatte auch blaue Flecken am Körper, die so groß waren, daß ich es eigentlich hätte bemerken müssen. Ich wußte keine Erklärung und habe es einfach verdrängt.«

»Die Alpträume, die blauen Flecken und die Abdrücke hätten auch Hinweise auf Mißbrauch oder Mißhandlungen sein können«, sage ich.

»Vielleicht war es so«, sagte Alice. »Vielleicht ist das eine einfachere Erklärung.«

»Welches Verhältnis haben Sie heute zu Ihren Familienangehörigen?« frage ich.

»Meine Schwester Grace und mein Bruder Greg wohnen jetzt bei mir«, sagt Alice. »Meine Mutter ist vor einigen Jahren an Krebs gestorben, und mein Vater lebt in Florida.«

»Stehen Sie ihm nahe?«

»Meinem Vater? Nein, eigentlich nicht«, sagt sie nach kurzem Zögern.

Ich schweige.

»Ich war ein seltsames Kind«, fährt Alice fort. »Ich war immer anders als die anderen. Meine Großmutter, die Mutter meines Vaters, hat mich nie akzeptiert. Sie war überzeugt, man hätte mich im Krankenhaus vertauscht. Ich konnte unmöglich ihre Enkeltochter sein, denn die anderen sind alle dunkel, auch meine Mutter hatte dunkle Augen und dunkles Haar. Ich dagegen bin blond und habe blaue Augen. Aber meine Mutter hatte zwei Schwestern, von denen eine blond und die andere rothaarig war.«

»Hatten Sie eine glückliche Kindheit?«

»Nein«, sagte sie. Ihre Augen füllen sich mit Tränen. »Ich fühlte mich als Kind alleingelassen. Ich war überzeugt, daß meine Eltern mich nicht geliebt haben. Mein Vater war sehr streng, er war beim Militär. Nur wenn er weg war, konnten wir richtig ausgelassen sein. Er war oft für ein ganzes Jahr im Ausland stationiert, aber es hieß immer: Warte nur, bis dein Vater nach Hause kommt. Wir haben dann zwei Paar Unterhosen oder Jeans angezogen, weil wir wußten, daß er uns mit dem Gürtel oder dem Wäscheklopfer schlagen würde.«

»Also wurden Sie körperlich mißhandelt?« Es folgt ein verwirrender Bericht über einen Angelausflug, den Alice mit ihrem Vater gemacht hat, als sie zwölf Jahre alt war. Sie hat den Verdacht, er habe sie am Ufer eines Kanals vergewaltigt. Sie hätte danach nicht mehr mit ihm gesprochen, in ihrem Schlüpfer sei Blut gewesen, und ihr Vater habe sehr erstaunt reagiert, als sie ihm sagte, sie würde nie wieder mit ihm angeln gehen.

Sofort danach erzählt Alice, daß sie sich auf der High School in einen Jungen verliebt habe. Einmal glaubte sie, sie wäre schwanger, aber dann setzte ihre Periode wieder ein. »Ich erkannte, daß ich Kinder haßte. Ich konnte sie nicht ertragen, ich wollte keine Kinder in der Nähe haben!« sagt sie und beginnt zu weinen.

Die Verbindung zwischen Kindern und den kleinen Grauen sticht ins Auge. Während ich mir überlege, wie ich diesen Punkt zur Sprache bringen kann, erzählt Alice von den seltsamen Träumen, die sie und Carol ungefähr einen Monat vor der Konferenz hatten.

»Es war sehr, sehr beunruhigend, und es paßt zu dem, was die Leute auf der Konferenz gesagt haben. Ich habe im Traum vier kleine graue Kerle links neben mir stehen sehen. Ich erkannte sie als Graue, geriet aber nicht in Panik. Ich war vielleicht etwas ängstlich, aber nicht sehr. Ich bin aufgewacht und habe auf die Uhr gesehen. Es war Viertel nach vier. Dann bin ich wieder eingeschlafen. Am nächsten Morgen habe ich Carol von dem Traum erzählt. Sie fragte nach der Zeit, denn sie haben ebenfalls einen seltsamen Traum gehabt. Sie hatte einen Traum im Traum; sie träumte, sie würde erwachen und einen kleinen Grauen hinter der Kommode in ihrem Zimmer hervorlugen sehen. Dann träumte sie, sie wäre wieder eingeschlafen, und wachte wieder auf –«

»Dieses Mal wußte ich, daß zwei Graue im Zimmer waren«, unterbricht Carol. »Ich habe mich aufgesetzt und die beiden am Fußende stehen sehen. Sie haben mich beobachtet. Ich wollte Alice rufen, aber ich glaube, ich konnte nichts weiter tun, als ein paarmal ihren Namen zu flüstern. Die beiden sind nicht näher gekommen, und so bin ich nach einer Weile wieder schläfrig geworden und habe mich wieder hingelegt. Aber dann, als ich am Morgen erwacht bin, sah ich den Wecker blinken, was bedeutet, daß irgendwann in der Nacht der Strom ausgefallen war. Ich habe auf den Knopf gedrückt, der den letzten Zeitpunkt direkt vor dem Stromausfall anzeigt, und die Uhr zeigte 4 Uhr 15.«

»Das war genau die Zeit, zu der ich meinen Traum hatte«, sagt Alice. »Aber das Seltsame war, daß ich nach dem Traum von diesen vier kleinen Kerlen Symptome entwickelte, als wäre ich schwanger.«

Ungefähr eine Woche nach dem Traum, erklärt Alice, wurden ihre Brüste empfindlich und schwollen an, sie hatte Krämpfe und Schmerzen in den Eierstöcken und im Bauch, der untere Rücken tat ihr weh, und ihre Periode verlief nicht normal. »Die Regel war schon nach zwei Tagen vorbei, und ich hatte große Schmerzen«, erklärt Alice. »Schließlich bin ich zum Arzt gegangen. Er war sicher, daß ich schwanger war, denn alle Symptome sprachen dafür. Er machte einen Schwangerschaftstest, der aber negativ verlief. Dann machte er eine Ultraschalluntersuchung. Ich dachte, es wäre Krebs, aber direkt nach der Untersuchung hatte ich, nur sechzehn Tage nach der letzten Periode, schon wieder eine Regelblutung. Dieses Mal hatte ich keine Krämpfe und keine Schmerzen. Ich wußte nicht, was das zu bedeuten hatte. Und dann hatte ich erotische Träume.«

»Hatten Sie denn während dieser Monate Geschlechtsverkehr?« fragte ich.

»Nur im Traum«, sagte Alice. »Aber in den letzten zwei Monaten hatte ich einen sehr erotischen Traum einschließlich Penetration. Und ich fühlte mich am nächsten Tag wund. Aber ich habe keine bewußten Erinnerungen, ich weiß einfach nicht, was passiert ist.«

Später frage ich Carol und Alice, welchen Eindruck die Konferenz bei ihnen hinterlassen hat.

»Zuerst einmal fühle ich mich überladen«, sagt Carol. »Es war sehr anstrengend.«

»Aber auch wundervoll«, fügt Alice hinzu. »Es war das erste Mal, daß wir mit anderen Menschen reden konnten und keine Angst haben mußten, über all diese Dinge zu sprechen. Es hat mir wirklich geholfen zu hören, daß auch andere Menschen ähnliche Dinge erleben, denn Carol und ich wissen jetzt, daß wir nicht allein sind. Das war eine wirklich gute Erfahrung, aber es gab auch Dinge, die mir angst gemacht haben.«

»Was denn?« frage ich.

»Einige der Themen, die diskutiert wurden«, antwortete Alice. »Wir haben uns angesehen und gedacht –«

»– schon wieder eine im Eimer«, wirft Carol ein.

»Was war denn im Eimer?«

»Eine unserer rationalen Erklärungen«, erklärt Carol. »Wir hören jemanden erzählen, daß anderen Leuten das gleiche passiert ist wie uns, und schon wieder ist eine rationale Erklärung im Eimer.«

»Können Sie ein Beispiel nennen?« frage ich.

»Ich glaube, die erste rationale Erklärung ging für mich den Bach runter, als Hopkins über Narben gesprochen hat«, erklärt Alice. »Ich habe mich an eine Delle in der Gesichtshaut erinnert, die ich seit meiner Kindheit habe, und ich dachte an die Erklärung, die ich mir als Kind für die Narbe zurechtgelegt habe.«

»Und diese Erklärung war verrückt«, unterbricht Carol lachend.

»Meine Erklärung war die, daß ich als ganz kleines Kind ein Windrad an einem Stock gehabt und mir die Achse ins Gesicht gehalten hätte, während sie sich gedreht hat. Daher käme die Narbe.«

»Ich würde gern noch einmal auf Ihren Eindruck von der Konferenz zurückkommen«, sage ich. »Wie war der erste Tag für Sie?«

»Beängstigend«, sagte Alice. »Ich hatte Angst vor den Leuten, die ich nicht kannte, und vor den neuen Dingen, die ich womöglich erfahren würde. Ich kannte ja niemanden außer Richard Hall. Es war eine große Erleichterung, ihn hier zu sehen.«

»Dabei hatte er noch mehr Angst als wir«, sagte Carol.

»Wie das?« frage ich.

»Weil in gewisser Weise diese Entführungen auch für ihn Neuland sind«, sagte Alice.

»Als ich Richard am ersten Tag gesehen habe, war ich sehr erleichtert«, sagt Alice. »Ich wußte, daß mit ihm jemand da war, dem wir trauen konnten.«

»Was ist mit den anderen Entführten?« frage ich.

»Da war noch Virginia«, sagte Alice. »Wir haben lange mit ihr telefoniert, bevor wir hergekommen sind. Die anderen kannten wir aber nicht. Manche Namen haben wir wiedererkannt, weil wir Bücher gelesen hatten.«

»Wen denn?« will ich wissen.

»Budd Hopkins, Dave Jacobs, John Carpenter und Brude Maccabee –«

»Wer ist Bruce Maccabee?« frage ich.

»Maccabee ist eine Art Fachmann für Bänder und Filme. Er analysiert sie«, erklärt Carol.

Wir reden noch eine Weile über die anderen Entführten und darüber, inwieweit sich deren Erfahrungen mit Carols und Alice' Erlebnissen vergleichen lassen.

»Es tut mir leid«, sagt Alice, »aber ich kann nicht glauben, daß diese grauen Wesen wirklich etwas Gutes tun, daß sie alte Brüder aus dem Weltraum sind, voller Güte und Licht und so weiter. Ich kann mir vorstellen, daß andere so etwas glauben, weil es ihnen hilft, mit den Erfahrungen zurechtzukommen, aber ich kann das nicht annehmen.«

»Ich denke da wie Alice«, bekräftigt Carol. »Ich glaube nicht, daß die anderen Erfahrenen sich irren, aber es fällt mir schwer, ihre Vorstellungen zu akzeptieren.«

Alice nickt und sagt: »Ich glaube, genau dies haben viele Erfahrene auch während der Konferenz gesagt. Sie haben gesagt, steckt uns nicht alle in die gleiche Schublade.«

Ich frage Alice, in welche Schublade sie selbst passen könnte.

»Ich glaube, ich halte mich da an Budd Hopkins und Dave Jacobs. Die Grauen sind nicht wohlwollend. Sie tun uns etwas gegen unseren Willen an, und das Erschreckendste ist, daß wir keine Kontrolle darüber haben.«

»Und ich glaube nicht, daß wir sie jemals haben werden«, fügt Carol hinzu.

»Bestimmt nicht«, sagt Alice bitter. »Ganz egal, was wir denken oder tun, sie werden einfach machen, was sie wollen.«

»Und ich glaube, sie werden es bald machen. Oh, das wollte ich eigentlich nicht sagen.« Carol legt sich die Fingerspitzen auf die Lippen. »Jedenfalls nicht laut. Ich weiß nicht, warum ich das denke, aber ich bin davon überzeugt, auch wenn ich den Grund nicht weiß. Ich glaube, uns steht sehr bald etwas Spektakuläres bevor. Ob gut oder schlecht, das vermag ich nicht zu sagen, aber es wird etwas sehr Wichtiges geschehen.«

»Ich glaube, es ist ein Teil der Desinformation«, sagt Alice ruhig. »Ich habe gelesen, daß es schon lange so gut geht: O ja, nächste Woche oder nächstes Jahr wird etwas geschehen. Aber die Aliens haben bisher noch jedes Mal gelogen.«

«Macht Ihnen das Sorgen?« frage ich.

»Ich bin nicht unbedingt begeistert von dieser Aussicht, aber es ist eben so, und wir können nichts dagegen machen.«

»Und Sie wissen nicht, woher es kommt und ob es gut oder schlecht ist?«

»Nein«, sagt sie einfach. »Ich höre keine Stimmen, aber das Gefühl hat sich von Anfang an nicht verändert.«

»Wann hat es denn angefangen?«

»Das erste Mal hatte ich dieses Gefühl nach der ersten Episode mit dem Auto, als ich mit blutenden Ohrläppchen nach Hause gekommen bin und glaubte, ich hätte einen Nervenzusammenbruch.«

Nach einer Weile sage ich: »Ich muß immer an Ihre Einsamkeit denken. Sie erleben etwas, das andere Menschen nicht verstehen können. Manche reagieren sogar feindselig auf das, was sie zu erzählen haben. Man will Sie nicht anhören, man will Ihnen nicht glauben, Sie finden kein Mitgefühl und werden sogar für verrückt gehalten.«

»Uns tun die vielen Leute wirklich leid, die es geben muß«, sagt Carol, »die niemanden haben, mit dem sie darüber reden können. Diese Leute glauben sicher oft, sie würden verrückt. Das ist verdammt hart. Wir haben wenigstens uns«, sagt sie mit einem raschen Blick zu Alice. »Gott sei Dank! Auch wenn wir nicht wissen, was uns da geschieht, haben wir wenigstens uns.«

»Nur, daß das manchmal nicht ausreicht«, ergänzt Alice.

»Nein«, stimmt Carol zu. »Manchmal reicht es nicht. Manchmal stecken wir uns auch mit unseren Ängsten gegenseitig an, manchmal machen wir uns selbst angst, oder wir tun so, als wären wir logisch, damit wir es nicht mehr sehen müssen. Wir versperren die Türen und sagen: Ich will das einfach nicht glauben, es ist zu bizarr, ich akzeptiere das nicht.«

»Was meinen Sie damit?«

»Ich denke an Dinge wie die schwarzen Hubschrauber«, sagt Alice.

In UFO-Zeitschriften gibt es immer wieder Berichte über »schwarze Hubschrauber«, die gelegentlich in den Gegenden gesehen werden, aus denen UFO-Begegnungen gemeldet worden sind. Niemand kann wirklich sagen, was hinter diesen Hubschraubern steckt. Sie sind nicht gekennzeichnet, die Scheiben sind getönt.

Als schwarze Hubschrauber über Alice' Pferdefarm geflogen sind, achtete sie zuerst nicht weiter darauf. Aber eines Tages, als Carol ihre Eltern in Hagerstown besuchte, sah Alice' Schwester aus dem Fenster und sagte: »Was macht denn der schwarze Hubschrauber da?« Alice ging hinaus und sah einen kleinen schwarzen Hubschrauber über dem Haus hin und her fliegen.

»Wie hoch ist er geflogen?« frage ich.

»Ungefähr hundert Meter«, antwortet Alice. »Er war sehr laut, die Fenster haben gescheppert. Wir haben ihn von der hinteren

Veranda aus beobachtet. Er ist quer über das Haus geflogen und blieb etwa zweihundert Meter entfernt in der Luft stehen. Dann ist er weggeflogen, wieder geschwebt, kam zurück und ist wieder geschwebt. Schließlich waren wir es leid und sind ins Haus gegangen. Ende März oder Anfang April haben wir ihn zum letzten Mal gesehen. Wir brauchen jemanden, der uns hilft, all dies zu sortieren«, sagte Alice. »Jemand, dem wir vertrauen können und der uns nicht automatisch sagt: Alles, was du denkst, ist real! So ein Mist, manches ist *nicht* real. Helft uns, es zu sortieren.«

»Ich bekomme manchmal böse Angstanfälle«, sagt Carol. »Ich sage mir selbst, es ist nicht so schlimm, es passiert schon nichts, das Haus ist sicher, alles ist normal, alles ist gut. Aber ich habe trotzdem Angstanfälle, die ich nicht unterdrücken kann.«

»Wir steigern uns manchmal gegenseitig hinein«, sagt Alice, »aber trotz allem sind wir nicht schlecht in Form.«

»Manchmal möchte ich einfach nur in den Arm genommen werden«, sagt Carol. »Und manchmal brauche ich auch jemanden, der mir einen Tritt verpaßt und sagt, laß dich nicht so hängen. Manchmal helfen wir uns selbst, setzen uns ins Auto, legen ein Band ein, drehen den Verstärker voll auf, kurbeln die Fenster herunter und singen, weil wir uns auf andere Gedanken bringen müssen.«

Am nächsten Morgen kehren Alice und Carol zu ihrer Pferdefarm zurück, und auch ich fahre nach Hause. Ihre Reise nach Maryland und meine Fahrt an die Küste von Connecticut dauern ungefähr so lange, wie sie dauern müßten. Es gibt keine fehlende Zeit.

In den Tagen unmittelbar nach der Konferenz wundere ich mich, wie sehr sich meine Vorstellungen vom Entführungsphänomen verändert haben. Ich halte es nicht mehr für einen Witz. Ich habe das Gefühl, daß etwas sehr Geheimnisvolles vorgeht. Und nachdem ich die Intelligenz und Klarheit der meisten Teilnehmer gesehen habe, kann ich die Möglichkeit, daß den Entführten doch genau das geschehen ist, was sie berichten, nicht völlig von der Hand weisen. Und falls dies so ist, dann kann man daraus, daß es bisher noch nicht gelungen ist, ein Auspuffrohr eines UFOs zu finden, nicht einfach schließen, daß UFOS nicht existieren. Vielleicht bedeutet es auch nur, daß UFOs keine Auspuffrohre haben. Michael Papagiannis, der Astronom von der Universität Boston, lag mit seiner Bemerkung sicher richtig: «Aber das Fehlen von Beweisen ist nicht der Beweis des Fehlens.»

8. KAPITEL

Interview nach der Konferenz
Dr. David E. Pritchard

Zwei Wochen nach meinem Gespräch mit Carol und Alice habe ich die Gelegenheit, Dave Pritchard zu interviewen. Ich bin neugierig, ob sich auch die Wahrnehmung dieses MIT-Physikers verändert hat.

»Ich muß sagen, daß ich auf der Konferenz in erster Linie den Wunsch hatte, mir die Hypothese näher anzusehen, daß Außerirdische mit einer überlegenen Technologie Experimente durchführen. Aber so einfach ist das nicht«, erklärt Pritchard fröhlich. »Ich meine, es *kann* nicht so einfach sein. In der Wissenschaft versucht man bei einem komplexen Phänomen immer, einen Zipfel zu packen, den man verstehen und erklären kann. Ich frage mich immer noch, ob es sich lohnt, weiter nach diesem Zipfel zu suchen.«

»Ich dachte, Sie hätten es in bezug auf die Implantate versucht, aber nichts gefunden – doch ein negatives Ergebnis muß ja in der Wissenschaft nicht unbedingt ein schlechtes Ergebnis sein.«

»Genau. Wer versucht, die extraterrestrische Hypothese zu bestätigen, wird natürlich sagen, daß ich nichts Brauchbares gefunden habe. Aber ich habe inzwischen verstanden, wie schwierig die Sache ist. Um etwas wie diese Implantate zu identifizieren, braucht man ein interdisziplinär zusammengesetztes Team: Biologen, Chemiker, Werkstoffexperten. So ein Team hatte ich einfach nicht.«

Eine Weile nach der MIT-Konferenz wurde Pritchards Wunsch erfüllt, und eine gründliche Untersuchung des »Implantats« wurde durchgeführt. Pritchard kam zu dem Ergebnis, das Material sei

»irdischen, biologischen Ursprungs« und daher müsse die Hypothese, das »Implantat« sei außerirdischen Ursprungs, »als sehr unwahrscheinlich« betrachtet werden.[1]

»Aber haben Sie nicht angedeutet, die Konferenz hätte Ihre Einstellung zu dem Phänomen verändert?«

»Ja«, bestätigt er. »Mir ist inzwischen klar, daß das Phänomen viel komplexer ist, als ich anfangs dachte. Wenn Sie mit Dave Jacobs oder Budd Hopkins sprechen, dann hören Sie nur die unerfreuliche Seite: die Untersuchungen auf dem Tisch, die rücksichtslosen Aliens. Aber wenn Sie dann mit den Entführten reden, erkennen Sie, daß sie eine erheblich kompliziertere Beziehung zu den Aliens haben, als es beispielsweise in Jacobs' Buch zum Ausdruck kommt. Ihre Gefühle sind sehr ambivalent. Sie erinnern sich vielleicht, daß Joe Nyman umstrittene Thesen zu den mehrfachen Bezugssystemen vorgetragen hat? Ich neige dazu, ihm zu glauben, denn ich halte ihn für einen sehr kompetenten, klugen Mann. Er sagte, mehrere Leute seien nach der Konferenz zu ihm gekommen und hätten seinen Standpunkt bestätigt. Und auch eine Frau, die das Gefühl hatte, eine Mission zu haben. Sie meinte, wenn die Mißbrauchserfahrungen zu schlimm geworden wären, dann hätten sie sie vielleicht zurückgeholt oder ihr die Möglichkeit geboten –«

»Warten Sie mal«, unterbreche ich. »Wie war das mit dem Mißbrauch?«

»Sie müssen wissen, daß zwischen sexuellem Mißbrauch von Kindern und den Erfahrenen eine Korrelation besteht«, sagt Pritchard.

»Ich dachte, das wäre auf der Konferenz widerlegt worden«, widerspreche ich. »Man hat uns doch erzählt, Kindesmißbrauch trete unter Erfahrenen geringfügig häufiger auf als im Bevölkerungsdurchschnitt, so daß die Entführungsszenarien nicht als Deckerinnerung für den Mißbrauch angesehen werden können.«

1 David E. Pritchard in *Alien Discussions: Proceedings of the Abduction Study Conference*, S. 295.

»Diese Ansicht teile ich nicht«, sagt Pritchard. Er meint, diese Aussage sei zwar auf der Konferenz gemacht worden, aber sein Eindruck sei der, daß der Prozentsatz von Erfahrenen, die als Kinder sexuell mißbraucht wurden, um etwa 25 Prozent über dem Bevölkerungsdurchschnitt liege. Er erwähnt ein Gespräch mit Joe Nyman, der gesagt habe, in seinen letzten Untersuchungen, in denen er explizit nach Mißbrauchserfahrungen gefragt habe, sei herausgekommen, daß mehr als 35 Prozent der Betroffenen als Kinder mißbraucht worden seien. Pritchard sieht hier eine eindeutige Korrelation.

»Auf jeden Fall«, fährt er fort, »ist eine Frau, die gestern zu uns kam, als Kind mißbraucht worden, und die Aliens haben sich bei ihr entschuldigt, weil sie sie in diese Familie gesteckt hatten.«

»Die Aliens haben sich bei der Frau entschuldigt?« frage ich.

»Ja. Und ich habe solche Geschichten auch früher schon gehört. In einem Fall«, erläutert Pritchard, »hätten sie gesagt: Wenn es zu schlimm für dich wird, dann holen wir dich wieder heraus. Ich weiß aber nicht, was das bedeuten sollte. Wenn Joe den Erfahrenen die Frage stellt, warum ihnen ein Wesen bekannt vorkommt, dann spricht er eine Zeit an, in der sich die Betroffenen mit den Aliens eins gefühlt haben.«

»Hielten Sie das für glaubwürdig?«

Es gibt eine Pause, dann beginnt Pritchard zu lachen. »Ich weiß gar nicht, was ich darauf antworten soll. Ich wäre ja so gern bereit, diesen Leuten nichts zu glauben, aber wenn man mit ihnen redet, dann fegen sie einfach alles weg. Ich meine, es ist ja nicht eine Art objektiver Bericht wie: Ich habe ein UFO gesehen, das so groß war wie ein Haus und das in fünfzig Fuß Höhe geflogen ist. Wir haben es vielmehr mit Leuten zu tun, die sagen, sie seien Gott begegnet und hätten mit ihm im Kontext ihrer UFO-Erfahrungen ein Gefühl des Einsseins erlebt.«

Pritchard fährt fort: »Ich war immer ein Agnostiker, aber wenn ein Physikerkollege mir gesagt hat, ›In diesen schweren Zeiten hilft es mir, zweimal die Woche in die Messe zu gehen. Das hilft mir, die Probleme zu bewältigen‹, dann habe ich ihm nicht gesagt: Hast du sie nicht alle? Das ist doch nur Aberglaube, wo ist die objektive Grundlage deines Glaubens? Und ich muß sagen, daß die Erfahrenen sehr ähnliche Geschichten erzählen.«

»Das ist einer der beunruhigendsten Aspekte des Phänomens«, sage ich.

»Die Frau, die gestern abend bei uns war, hatte noch nie Kontakt zu Ermittlern. Ihr wurde nichts von Joe Nyman suggeriert, sondern sie hat einfach nur bei uns gesessen und ihre Geschichte erzählt.«

»Wissen Sie, ob diese Frau UFO-Bücher und Filme kennt?«

»Das weiß ich nicht«, sagt er. »Aber das wirklich Wichtige waren für mich diese mehrfachen Bezugssysteme und daß sie die Implantation des Embryos gesehen hat. Dies kommt in den Büchern und Filmen, die ich kenne, nicht vor.«

Ich lenke unsere Unterhaltung wieder auf die Konferenz zurück, die Pritchards Haltung verändert hätte. Er sei zu der Ansicht gekommen, man müsse das Entführungsphänomen als Gebiet betrachten, das interdisziplinär erforscht werden müsse. »Wir brauchen nicht nur mehr medizinisch geschulte Mitarbeiter und Wissenschaftler – ich habe mich übrigens gefreut, daß auch Theologen anwesend waren –, sondern die Konferenz hat für mich auch ergeben, daß derzeit keine physikalischen Analysen von Implantaten, fehlenden Embryos und anderen Spuren vorgenommen werden. Gerade aus solchen Spuren könnte man aber entscheidende Hinweise auf die Gegenwart von Außerirdischen und ihre Technologie gewinnen. Ich glaube, wir brauchen auch Freiwillige in gerichtsmedizinischen Labors, Radiologen, Chemiker und Werkstoffexperten, um die wenigen Beweise, die wir haben, angemessen zu verarbeiten.«

Auch die Erkenntnis, daß in den USA möglicherweise bis zu zweieinviertel Millionen Menschen entführt worden sind, hat Pritchards Sichtweise verändert.

»Die Leute, die in medizinischen Berufen arbeiten, sind in einer

Klemme«, sagt Pritchard. »Das wurde mir erst bewußt, als Dave Gotlib, der Arzt aus Toronto, darauf hinwies: Es scheint, als wäre die beste Therapie für die Entführten, möglichst genau herauszufinden, was sie erlebt haben, und dies zu bewältigen, statt sich mit der Frage zu beschäftigen, ob ihre Erlebnisse real waren. Aber wenn Sie als professioneller Therapeut damit zu tun bekommen, dann könnten Sie vor der Frage stehen, ob Sie einen Patienten in seinen Täuschungen auch noch bestärken dürfen, und das darf man natürlich nicht. Wie soll man also damit umgehen?«

»Sehr vorsichtig, würde ich meinen«, antwortete ich.

9. KAPITEL

Interview nach der Konferenz
Dr. Richard J. Boylan

Eine Woche nach meinem Gespräch mit Pritchard bekomme ich Post von Richard J. Boylan, dem klinischen Psychologen aus Sacramento, mit dem ich nach der Konferenz zu Abend gegessen habe.

Er schreibt:»Ich bin inzwischen weit genug vorangekommen, um Ihnen erlauben zu können, mich öffentlich zu zitieren. Die Fakten der MIT-Konferenz und über Kontakte mit Außerirdischen müssen an die Öffentlichkeit. Sie sind am Zug.«

Ich rufe ihn an, bevor er es sich anders überlegen kann.

Boylan hat 1961 an einem kleinen privaten College in Kalifornien den Bachelor of Arts erworben. 1966 bekam er seinen Master's Degree, 1984 seinen Doktor in anthropologischer Psychologie von der University of California in Davis. Seit er 1947 als Achtjähriger von Kenneth Arnolds Berichten über die Sichtung von neun, hell leuchtenden Objekten über dem Mount Rainier gehört hat, interessiert er sich für UFOs.

Als Jugendlicher hat Boylan jedes Science-fiction-Buch gelesen, das er in seiner Stadtbücherei finden konnte, die, wie Boylan meint,»eine ganz anständige Sammlung hatte.«

1975, als Boylan sechsunddreißig war, sah er auf einer Wanderung in den Hügeln nördlich von San Francisco zusammen mit einem Freund eine Flugscheibe. Die Scheibe flog nicht sehr schnell, als Boylan sie bemerkte. Er und sein Freund sahen ihr ungefähr dreißig Sekunden nach, bis sie verschwand.

»Wenn ich schätzen sollte«, sagte Boylan, »dann würde ich annehmen, daß sie ungefähr zehn Meter breit war. Es hat sich offenbar nicht um ein von Menschen hergestelltes Objekt gehandelt: kein Rumpf, keine Tragflächen, kein Leitwerk, kein Hubschrauberrotor, keine Auspuffgase, kein Lärm, nichts. Man konnte es gut erkennen, es war ein rundes, dunkelgraues Objekt aus Metall, etwas abgeflacht. Also keine Kugel, sondern eher eine Scheibe. Wir konnten es gut eine halbe Minute lang sehen, und wir wußten nicht, was wir davon halten sollten. Ich sagte zu meinem Freund: Weißt du, was? Wir haben gerade eine fliegende Untertasse gesehen.«

»Warum sind sie so sicher, daß es kein Ballon war?« frage ich.

»Ich bin auf die Idee gekommen, es könnte ein Ballon sein, also habe ich den Wind geprüft, aber das Objekt hat sich gegen den Wind bewegt.«

»Sie standen auf einem Hügel«, sage ich. »Könnte es nicht sein, daß es am Hügel eine Thermik gab, die weiter oben in die entgegengesetzte Richtung geströmt ist?«

»Nein, es sind niedrige Hügel mit sanften Konturen.«

»Und es war auch nicht die Sonne, die sich auf einem großen Passagierflugzeug oder einer Militärmaschine gespiegelt hat?«

»Dazu war es nicht hoch genug«, widersprach Boylan. »Dort an der Küste ist genug Wasserdampf in der Luft, damit ein hoch fliegendes Objekt flimmert und verschwimmt. Da das Objekt aber scharf umrissen war, halte ich etwa tausend Meter für eine gute Schätzung der Höhe.«

Die Sichtung fachte Boylans Interesse an UFOs erneut an, und 1978 stieß er zur kalifornischen Abteilung von MUFON und half als Berater und ehrenamtlicher Ermittler aus.

»Ebenfalls von Interesse«, sagte Boylan, »ist vielleicht, daß ich damals beim Gesundheitsamt des County für psychisch Kranke zuständig war und die anderen Abteilungsleiter in der Verwaltung kannte. Der Leiter der Sozialabteilung war früher bei der Air Force gewesen, wo er am Langstreckenradar von NORAD unter den Bergen in Cheyenne gearbeitet hatte. Ich habe ihn gefragt, und er sagte: ›Wissen Sie, als ich damals am Radar saß, haben wir oft Objekte im Luftraum gesehen, die weder uns noch den Russen gehört haben und die mit unmöglicher Geschwindigkeit und in ungewöhnlicher Höhe geflogen sind. Wenn Sie mich jetzt also nach UFOs fragen, dann werde ich Ihnen nicht widersprechen, weil ich auf meinem Radarschirm Objekte gesehen habe, auf die diese Beschreibung eindeutig paßt.‹ Also hatte ein NORAD-Offizier«, betont Boylan mir gegenüber, »Objekte auf dem Radarschirm gesehen, deren Herkunft er sich nicht erklären konnte und die er für sich als UFOs bezeichnet hat.«

1986, zwei Jahre nach Erhalt der Doktorwürde, begann Boylan sich wieder intensiver mit UFOs zu beschäftigen. »Aber nur«, sagte er mir, »als eine Art Hobby.« Als Ende der achtziger Jahre die ersten »wissenschaftlich einigermaßen fundierten Berichte über Kontakte mit Außerirdischen« die Runde machten, bekam sein Interesse neue Nahrung.

»In der UFO-Literatur war immer öfter die Rede von Außerirdischen, die landeten, ausstiegen, herumliefen und von Leuten gesehen wurden, und man erzählte sogar von Aliens, die mit den Leuten geredet hätten«, sagt Boylan. »Aber ohne unabhängige Bestätigung waren diese Geschichten wirklich schwer zu glauben. Außerdem hatte ich genug UFO-Ermittlungen gesehen, um zu wissen, daß die Rechercheure nicht immer Leute sind, von deren Aussage man sein Leben abhängig machen sollte. Ich wollte also herausfinden, was von den Berichten zu halten war, und mein Interesse wurde besonders stark, als die ersten Hinweise auch in meiner beruflichen Arbeit aufgetaucht sind.« Boylan erklärt, er habe immer wieder, wenn er mit Patienten über ihre persönliche Geschichte sprach, Hinweise auf Kontakte mit Außerirdischen bekommen.

»Ein wichtiges Ereignis war das Erscheinen des Buches *Encounters* von Dr. Edith Fiore. Endlich kümmerte sich jemand mit wissenschaftlichem Hintergrund um das Phänomen der Kontakte mit Außerirdischen. Sie schrieb in ihrem Buch über die Patienten, die ihr von solchen Kontakten berichtet hatten«, erzählt Boylan. »Vor ihr hatte auch Dr. Leo Sprinkle schon einmal die Erfahrungen in seiner klinischen Arbeit an der University of Wyoming beschrieben. Als Dr. Fiore als zweite Psychologin über das gleiche Phänomen berichtete, mußte ich die Sache ernst nehmen, denn es schien jetzt ja tatsächlich Beweise zu geben.«

Die Veröffentlichung des Buches *Secret Life* von David Jacobs bestärkte Boylan in der Überzeugung, daß er »aufwachen und sich um die Sache kümmern mußte«. So begann er im Jahre 1992 mit einem eigenen Forschungsprojekt, um herauszufinden, ob das Phänomen der Kontakte mit Außerirdischen seinen eigenen »strengen Kriterien, was die Glaubwürdigkeit angeht, genügt«.

Bis Anfang Juli 1992 hat Boylan einundvierzig mögliche Entführte interviewt. Alle berichteten über die gleiche Abfolge der Ereignisse beim Kontakt mit den Aliens, über die Lähmung und über den Transport in ein Raumschiff oder an einen anderen Ort, wo sie untersucht wurden und mit kleinen Grauen und anderen Wesen sprachen, genau wie es die anderen Entführten Budd Hopkins und Dave Jacobs berichtet hatten. Aber jeder weitere Vergleich zwischen Boylan und diesen beiden läßt Boylan zusammenzucken. Seiner Ansicht nach haben Hopkins und Jacobs viel zu viele Ähnlichkeiten gefunden.

»Ich glaube, Hopkins und Jacobs sind einfach scharf darauf, Entführungen aufzudecken«, sagt Boylan mir. «Ich habe gehört, daß es nicht immer zu Entführungen kommt. In manchen Fällen findet der Dialog auch ohne Ortsveränderung statt – beispielsweise im Schlafzimmer, wenn es dort zur Kontaktaufnahme gekommen ist. Wenn jemand mit dem Auto fährt, anhält und aussteigt, dann wird er nicht zwangsläufig ins Raumschiff gehoben und auf den Tisch gelegt. In einer ganzen Reihe von Fällen ist dies ganz eindeutig *nicht* geschehen. Ich glaube, Jacobs und andere neigen dazu, das Ereignis zu sehr ihren Denkmodellen anpassen zu wollen. Trotzdem habe ich Gemeinsamkeiten gefunden, die es nicht gegeben hätte, wenn die Leute sich einfach nur interessante Geschichten ausgedacht hätten.«

Außer den sehr ähnlichen Beschreibungen der Wesen – an erster Stelle nennt Boylan die »einen Meter großen grauen Wesen mit großen Köpfen, schwarzen Pupillen und schrägen Augen, in denen kein Weiß ist« –, erwähnten Boylans Zeugen auch spezifische Instrumente, die zur Untersuchung benutzt wurden: einen etwa dreißig Zentimeter langen silbernen Stab, ungefähr so dick wie ein Bleistift, der manchmal in den Körper des Betroffenen eingeführt und manchmal nur darübergezogen wird. »Anscheinend ist das eine Art Diagnoseinstrument, das die Daten drahtlos übermittelt«, erklärt Boylan. »Oft befindet sich an einem Ende des Stabes ein Licht, und mit dieser Seite wird der Stab bei den Untersuchungen auch eingeführt. Die Beschreibung wurde mir übereinstimmend von mehreren Zeugen gegeben, die sich mit Sicherheit nicht untereinander kennen und denen auch die Literatur nicht geläufig ist.«

Boylan weist darauf hin, daß nicht jeder, den er interviewt hat, hundertprozentig glaubwürdig gewesen sei. Manche hätten sich seiner Ansicht nach getäuscht, oder ihre Erinnerungen seien ungenau. »Aber trotzdem«, sagt er, »scheint die große Mehrheit, sicher mehr als 90 Prozent, frei von psychologischen Problemen zu sein, die Anlaß zum Verdacht geben könnten, die Berichte seien eine Folge der Probleme und keine realen Erfahrungen.«

Wie Boylan erklärt, sind die Klienten oft zu ihm gekommen, weil sie beispielsweise Eheprobleme hatten oder an Depressionen litten. Die Sichtung hatte nichts mit den jeweiligen Problemen zu tun und wurde auch nicht in ein System eingebunden, das dazu diente, die Eheprobleme zu erklären. Das seien, sagt Boylan, »unabhängig nebeneinander existierende Ereignisse«. Die psychischen Probleme, mit denen man diese Berichte erklären könnte, würde man bei einer Person vorfinden, die »ein dreister Lügner ist, eine Borderline-Persönlichkeit. Andere psychologische Probleme könnten eine paranoide Schizophrenie sein. Manche Störungen sind schwer zu erkennen, weil die betreffenden Menschen nur in einem Bereich an Täuschungen leiden und in allen anderen Bereichen völlig normal erscheinen. Wenn jemand ausgerechnet die Kontakte mit Außerirdischen in sein Täuschungsmanöver einbaut, dann ist er nur schwer von jemandem zu unterscheiden, der nicht an Täuschungen leidet und etwas Ähnliches berichtet. »Ich bin einigen solcher Menschen begegnet«, erklärt Boylan. »Sie waren ganz anders als die üblichen Breitband-Schizophrenen. Diese Leute haben ein stark begrenztes Täuschungssystem entwickelt, das sich nur um Kontakte mit Außerirdischen dreht, und sie sind harte Brocken. Beim ersten Gespräch mit einem Vertreter dieser Gruppe ist es mir nicht aufgefallen. Ich mußte ihn eine Weile reden lassen, ehe er sich verraten und mir genügend Hinweise gegeben hatte, denen ich entnehmen konnte, daß er einer Täuschung erlegen war und keine Fakten berichtete.«

»Dr. Boylan«, sage ich, »wenn Sie selbst einer der Menschen mit einem eng begrenzten Täuschungssystem wären, wie könnten Sie es wissen?«

Boylan lacht erschrocken. »Oh, ja ... das ist eine schwierige Frage.« Er überlegt, dann sagt er: »Es ist vielleicht einfacher, mit jemand anderem zu beginnen. Ich habe bei den Menschen mit dieser Störung eine Reihe von Eigenschaften gefunden, die sich von dem unterscheiden, was man bei Leuten vorfindet, die die Wahrheit sagen. Leute, die unter Täuschungen leiden, neigen dazu, sehr großartig daherzukommen. Sie nehmen sich selbst sehr wichtig und sagen zum Beispiel: ›Doktor, ich möchte ein paar Minuten Ihrer kostbaren Zeit in Anspruch nehmen und Ihnen mitteilen, was die Aliens mir gesagt haben.‹ Ihnen fehlt die Distanz zu der Tatsache, daß es sich um bizarre Geschichten handelt. Sie nehmen sich nicht die Zeit, sich mit ihrem Gegenüber abzustimmen und zu prüfen, ob man ihnen auch glaubt. Sie sind von dem Material und ihren Informationen derart eingenommen, daß sie nicht das zögernde, verwunderte, forschende, fragende und zweifelnde Verhalten zeigen, das man bei Menschen sieht, die über echte Eindrücke berichten. Ein weiterer Punkt ist, daß sie oft mit sehr eigenartigen Interpretationen kommen. In einem Fall war es die Überzeugung, nicht irgendeine außerirdische Macht, sondern das satanische Böse wäre am Werk. In einem anderen Fall sah sich der Mensch, der an der Täuschung litt, im Besitz besonderer Informationen, die kein anderer Kontaktler hatte. Auch die echten Kontaktler sprechen über eine Art Botschaft, aber sie wissen nicht alles, sie sind verwirrt und legen größten Wert darauf, ihre Erlebnisse mit denen anderer Menschen zu vergleichen. Sie haben das Gefühl, daß es ein größeres Gesamtbild gibt, von dem sie nur einen Teil kennen. Sie können also meinetwegen die Kriterien an mich anlegen und selbst sehen, wie ich Ihnen vorkomme«, schließt Boylan.

Die Bandbreite von Boylands Klienten reicht von Menschen, die schon seit frühester Kindheit, seit bis zu vierzig Jahren, Erfahrene sind, bis zu jemandem, der sein erstes Erlebnis erst im letzten Jahr hatte. Boylan meint, die Zeiträume seien für die Fähigkeit, die Erlebnisse zu verarbeiten, weniger wichtig als die jeweilige Persönlichkeitsstruktur.

»Manche besitzen eine ungewöhnliche, innere Kraft und sind fähig, auch ohne professionelle Unterstützung damit zurechtzukommen«, sagt Boylan. »Andere brauchen Hilfe, um die richtige Perspektive zu gewinnen und zu klären, was das Phänomen für sie bedeutet.« Die Hilfe, die Boylan den Klienten bieten kann, besteht unter anderem darin, daß er ihnen erklärt, wie verbreitet (und wie verborgen) das Phänomen ist.

»Sobald man die Informationen hat und das Erlebnis in die richtige Perspektive rücken kann«, erklärt Boylan, »ist es meiner Ansicht nach gar kein so schwer zu integrierendes Erlebnis. Aber wenn die Leute innerlich nicht stark sind, oder wenn sie an jemanden geraten, der ihnen einredet, es wäre ein traumatisches, verletzendes und möglicherweise gefährliches Erlebnis, dann kann es schwierig werden.«

Ich frage Boylan, wie er die Entführungen einschätzt.

Nach kurzem Nachdenken sagt er, es sei ein Zusammenprall von Kulturen, »die nicht durch einen Ozean, sondern durch ganze Sonnensysteme voneinander getrennt sind. Wir stoßen auf Wesen, die nur entfernt wie Menschen aussehen ... den Kontaktlern wird rasch klar, daß die Aliens intelligente Wesen sind und aus einer technologisch und in vielerlei Hinsicht auch philosophisch überlegenen Zivilisation kommen. Die Folge davon ist, daß die Begegnungen zugleich traumatisch und aufbauend wirken. In den meisten Fällen werden die Kontaktler nicht schwerwiegend verletzt. Sobald sie über den ersten Schock der Begegnung hinweg sind, entsteht oft ein Austausch auf hohem Niveau, der den Eindruck hinterläßt, man sei privilegiert, weil man zu den ersten gehört, denen ein solcher Kontakt erlaubt wird.«

Indem er das Phänomen in einen anthropologischen Zusammenhang stellt, versucht Boylan, der Erfahrung etwas von ihrer bizarren Qualität zu nehmen.

»Ich erwähne dann immer das Bild eines Anthropologen aus Harvard«, sagt Boylan, »der im Regenwald in Brasilien mit Klemmbrett, Videokamera und Galgenmikrophon aus dem Hubschrauber steigt, um einem Indianerjungen mit dem Bleistift auf die Brust zu tippen und zu sagen: ›He, wie ist dein Name und was eßt ihr hier?‹«

Die Kontaktler nehmen dieses Bild gern an, erklärt Boylan, »denn es erlaubt ihnen, ihr Erlebnis neu zu deuten und nicht mehr als Angriff aufzufassen, sondern als vorbildloses Geschehen, das nur als aggressiv empfunden wird, solange der Anthropologe noch nicht deutlich gemacht hat, was er will. Wenn die Leute sich beruhigt haben, achten sie stärker auf den Informationsaustausch, der für die Außerirdischen der wichtigste Aspekt bei der Kontaktaufnahme zu sein scheint. Nur eine Minderheit scheint vor allem an Gewebeproben interessiert zu sein.«

»Das ist aber nicht der Eindruck, den man aus Dave Jacobs' Buch gewinnt«, sage ich.

»Nein, dort sieht es aus, als wären die Grauen scharf auf Ei- und

Samenzellen, weil sie intergalaktisch säen und ernten wollen«, sagt Boylan. Er hält einen Augenblick inne, dann fügt er hinzu: »Ich will ja Dr. Jacobs nicht psychoanalysieren, aber ich finde die Gleichförmigkeit seiner Berichte erstaunlich. Aus der psychologischen oder anthropologischen Literatur ist mir dergleichen nicht bekannt, und ich denke, diese beiden Sparten sind die bedeutsamsten für dieses Phänomen.«

Ich bitte Boylan, mir über seine persönlichen Erfahrungen mit Außerirdischen zu berichten.

Es geschah, erzählt er, nach seinem Besuch beim National Radio Astronomy Observatory in der Nähe von Alamogordo, New Mexico. Er hatte Alamogordo am Abend des 12. April um etwa 21 Uhr verlassen, war nach Las Cruces hinunter und dann auf dem Interstate Highway 10 in Richtung Deming gefahren. In Deming war er auf den US-Highway 180 in nördlicher Richtung zum Gila National Forest abgebogen, wo er in seinem Zelt übernachten wollte. Der zweispurige Highway 180 verläuft über etwa achtzig Kilometer fast schnurgerade durch die Wüste.

Boylan hatte sein CB-Funkgerät eingeschaltet. Auf dem Interstate Highway hatte er sich hin und wieder mit Truckern über Funk unterhalten, aber in Deming, als er auf den kaum befahrenen Highway 180 einbog, ließ der Funkverkehr nach und erstarb schließlich ganz. Doch er ließ den Empfänger weiter eingeschaltet.

Um etwa 23 Uhr 10 glaubte Boylan, im Funkgerät jemanden sagen zu hören: »Achtet auf den Smokey Bear«, die übliche Warnung der Trucker vor Streifenpolizisten mit Radargeräten. Er wunderte sich allerdings, weil er seit mehreren Kilometern kein anderes Fahrzeug mehr gesehen hatte. Er fuhr in diesem Augenblick etwas schneller als die erlaubten siebzig Kilometer pro Stunde.

Boylan nahm das Mikrophon und sagte: »Wo ist der Smokey?«

Er bekam keine Antwort; auch das war seltsam. Boylan hatte noch nie eine Warnung vor Highway-Polizisten gehört, auf die nicht detaillierte Angaben, wo der Streifenwagen stand, gefolgt wären.

Inzwischen fuhr Boylan ungefähr dreißig Kilometer von der Abfahrt in Deming entfernt leicht bergauf durch einen Pinienwald. Plötzlich sah er im Schein der voll aufgeblendeten Scheinwerfer vor sich auf der Straße etwas, das er für Rauch hielt.

»Wo ist das Feuer?« fragte Boylan über sein CB-Funkgerät. »Kann sonst noch jemand den Rauch oder das Feuer sehen?«

Wieder bekam er nur Schweigen zur Antwort. Inzwischen war Boylan in die vermeintliche Rauchwolke hineingefahren.

Das war seine letzte Erinnerung, bis er auf der anderen Seite wieder auftauchte.

Boylan fuhr zum Campingplatz im Gila National Forest weiter. An den Rauch konnte er sich nur noch verschwommen erinnern. Am nächsten Morgen fand er die Erinnerung an die Wolke jedoch beunruhigend, weil er dachte, es könne weder Rauch noch Nebel gewesen sein. Als er sich anzog, bemerkte er einige Dellen am großen Zehn des rechten Fußes. »Da fügten sich die Dinge allmählich zusammen«, sagt Boylan mir, »und ich wurde mißtrauisch. Ich überprüfte den Zeitablauf und stellte fest, daß mir ungefähr eine Stunde fehlte. Das subjektive Gefühl nach der Reise, es sei etwas Eigenartiges passiert, und ein Druck hinter den Augen und in der Nase ließen in mir den Verdacht keimen, daß ich auf der Reise mehr erlebt hatte als die Dinge, an die ich mich bewußt erinnern konnte.«

Boylan beschloß, sich hypnotisieren zu lassen, um herauszufinden, ob ihm etwas zugestoßen war, das er nicht mehr wußte. In der Hypnose »kamen weitere Einzelheiten über mein Eindringen in die Dunstwolke und mein Verlassen der Wolke heraus«.

Sobald Boylan in die Wolke eingedrungen war, bremste er ab, hängte das CB-Funkmikrophon auf die Gabel und legte beide Hände ans Lenkrad. Der Rauch schien vom Hügel auf der linken Seite herunterzutreiben und quer über die Straße zur rechten Seite zu wehen. Als er tiefer in die Wolke hineinfuhr, wurde der Dunst so dicht, daß er die Straße und die weißen Begrenzungslinien nicht mehr sehen konnte. Er fuhr nicht auf den Randstreifen, sondern blieb mitten auf der rechten Fahrspur stehen. Er wußte, daß es auch kein Nebel war. Er befand sich in New Mexico in der Wüste, es war April, und die Nacht war trocken. Über sich konnte er Sterne sehen. Die Luft war kristallklar, er konnte keine Feuchtigkeit spüren, aus der eine Nebelbank hätte entstehen können. Gewässer waren keine in der Nähe. Die Straße war langsam angestiegen, also konnte er sich auch nicht in einer Bodensenke befinden, in der sich Feuchtigkeit hätte sammeln können.

Boylan stieg aus, um sich die Sache anzusehen, und ging zum linken Straßenrand, stieg über den Graben und begann, im Wald neben der Straße den Hügel hinaufzusteigen. Als er die ersten Bäume erreichte, blieb er stehen, um sich zu orientieren. Als er danach weitergehen wollte, gelang es ihm nicht.

Boylan war gelähmt.

In diesem Augenblick spürte er, daß zwei »Personen« sich ihm näherten. Sie nahmen ihn zwischen sich, packten seine Oberarme und führten ihn zu ihrem nicht weit entfernt wartenden Raumschiff.

»Das komische an ihren Händen«, erzählt Boylan mir, »war, daß die Finger sehr lang waren und sich überhaupt nicht wie menschliche Finger angefühlt haben. Sie hatten drei Finger an jeder Hand, einen opponierbaren Daumen konnte ich nicht sehen. Die Finger waren nicht viel breiter als menschliche Finger, aber sie waren länger und ziemlich kräftig. Ich wurde ein Stück geführt – ich kann nicht sagen, ob ich gelaufen oder geschwebt bin –, bis wir ihr Fahrzeug erreichten. Es bestand aus Metall und sah aus wie eine Kreuzung aus einer fliegenden Untertasse und einem Luftschiff.«

Das Objekt, erklärt Boylan weiter, sei nicht wie eine klassische fliegende Untertasse geformt gewesen, sondern es sei dicker gewesen, und habe keine Kuppel gehabt. Boylan nahm an, es würde im Querschnitt aussehen wie eine plattgedrückte Zigarre, auch wenn die Einzelheiten der Unterseite schwer zu erkennen waren, weil das Objekt wie nach einer Bruchlandung ein Stück weit in den Wüstensand eingedrungen war.

Außer den zwei Wesen, die Boylan zum Objekt führten, war noch ein drittes zugegen, das anscheinend bei der Landung verletzt worden war. Aus dem Flugobjekt drang ein grauer oder weißer Dampf. Boylan vermutete, der Dampf sei durch den Absturz entstanden.

In der Seite des Flugobjekts wurde eine Tür geöffnet, und die Wesen führten Boylan hinein. Sie brachten ihn zu einem Sitz und ließen ihn allein. Erst jetzt, als er allein im trüb beleuchteten Raumschiff saß und die schale Luft einatmete, die an die Luft in einem Langstreckenflieger erinnerte, fiel Boylan auf, daß er nicht einmal wußte, wie die Wesen aussahen. Er konnte nicht sagen, ob sie außerhalb seines Sichtfeldes geblieben waren oder ob er zeitweise sogar die Augen geschlossen hatte.

Eine Weile später kehrten die beiden Wesen zurück, und Boylan konnte eines der Gesichter sehen: ein ovaler Kopf, keine sichtbare Nase, schwarze und für einen Menschen viel zu große, ovale Augen. Den Mund konnte Boylan wegen der schlechten Beleuchtung nicht erkennen. Da er saß, konnte er auch die Größe des Wesens nicht schätzen. Aber er hatte das klare Gefühl, daß die Wesen ihn in ihr Raumschiff gebracht hatten, um ihn zu untersuchen, weil sie sich Sorgen machten, er könnte durch das Einatmen der Dämpfe Schaden nehmen.

Die Wesen führten Boylan nach nebenan und setzten ihn in eine Art Pilotensitz. Er saß weit zurückgelehnt, lag aber nicht flach auf dem Rücken. Er hatte das Gefühl, seine Füße würden durch eine Art Kraftfeld festgehalten, und dann spürte er einen starken Druck, als würde ihm etwas tief in die Nase hineingeschoben. Als das Objekt eingesetzt war, wurden Boylans Fußgelenke wieder freigegeben, und er konnte gehen.

Boylan erinnert sich, daß die Luft draußen kühler und frischer war, als er in liegender Position zu seinem Auto zurückschwebte. Im Auto angekommen, blieb er einen Augenblick sitzen, startete den Motor, beschleunigte und tauchte hinter der Wolke in der dunklen, sternenklaren Nacht wieder auf.

»An diesem Punkt setzen meine bewußten Erinnerungen wieder ein«, sagt Boylan mir. »Vom Abbremsen bis zum Beschleunigen habe ich eine Gedächtnislücke. Die Details wurden durch Hypnose zurückgeholt.«

»Wie weit konnten Sie sehen, als Sie in die Wolke eingedrungen sind?« frage ich.

»Meine Erinnerung setzt mit dem Eindringen in die Wolke aus«, erklärt er. »Hätte ich einigermaßen klar denken können, dann hätte ich von der Straße herunterfahren müssen, sobald mir bewußt wurde, daß ich kaum noch etwas sehen konnte.«

»Ist es überhaupt denkbar, daß Sie Ihr Auto so lange mitten auf einem Highway haben stehen lassen?«

»So etwas würde mir im Traum nicht einfallen«, sagt Boylan. »Ich halte das für sehr gefährlich. Aber es war so, wie es schon viele Leute berichtet haben; es war, als wäre der Highway auf beiden Seiten gesperrt worden und als hätte keine wirkliche Unfallgefahr bestanden. Das war mir damals natürlich nicht klar, aber so stellt sich die Situation jetzt dar, und aus diesem Grund ist es kein Wunder, daß mir niemand in den Wagen gefahren ist.«

Der starke Druck, den Boylan in der Nase gespürt hat, als er im Flugobjekt saß, hielt danach noch vier oder fünf Tage an, und er hatte leichte Kopfschmerzen. Nicht zuletzt diese Faktoren haben ihn veranlaßt, sich einer Hypnose zu unterziehen, um herauszufinden, was mit ihm passiert war.

»Sind Sie sicher, daß die Details der Erinnerungen auch wirklich von Ihnen selbst stammen und Ihnen nicht vom Hypnotiseur eingegeben wurden?« frage ich.

»Ja«, sagt Boylan. «Leo Sprinkle hat ebenfalls mit mir gearbeitet. Mehrere Hypnotiseure haben ein paar Details aus mir herausgeholt, und die Details sind entweder identisch oder passen gut zusammen und widersprechen sich nicht. Ich war kritisch genug, um die Fragen zu verfolgen und mich zu vergewissern, daß ich nicht in eine bestimmte Richtung gedrängt wurde. Ich bin sicher, daß es meine eigenen Erlebnisse sind.«

»Was glauben Sie, ist dort auf der Straße zum Gila National Forest wirklich passiert?« frage ich.

»Ich glaube, ich hatte eine Begegnung mit außerirdischen Wesen, deren Flugzeug neben der Straße stand«, sagt Boylan gelassen. »Sie schienen sehr wohlwollend zu sein und waren offenbar daran interessiert, mich wohlbehalten wieder ins Auto zu setzen und weiterfahren zu lassen.«

Ich schweige.

»Was sich für mich aus dieser Reise und diesem Erlebnis ergeben hat«, fährt Boylan fort, »ist der dringende Wunsch, alle Leute über das geheime UFO-Projekt der Regierung und die immer noch aktuellen SDI-Vorhaben zu informieren. Ich vermute, dieser dringende Wunsch, die Informationen zu verbreiten, ist ein Teil der Botschaft, die ich erhalten habe.«

»Dr. Boylan, was meinen Sie, warum sie sich Ihnen gezeigt haben?« frage ich.

Boylan denkt einen Augenblick nach. »Ganz sicher kann ich da natürlich nicht sein, aber ich glaube, angesichts der Informationen, über die ich verfüge, war ich vielleicht keine schlechte Wahl für jemanden, der entsprechend instruiert werden und die Informationen verbreiten soll. Ich weiß nicht, vielleicht hätte ich das ja sowieso gemacht.«

»Lassen Sie mich noch einmal auf den Brief zurückkommen, den Sie mir geschrieben haben. Sie schrieben dort: Ich bin inzwischen weit genug vorangekommen, um Ihnen erlauben zu können, mich öffentlich zu zitieren. Die Fakten der MIT-Konferenz und über Kontakte mit Außerirdischen müssen an die Öffentlichkeit. Dort klingt schon ein wenig das dringende Bedürfnis an, das Sie erwähnt haben. Aber was meinen Sie mit der Bemerkung, daß die Fakten an die Öffentlichkeit müssen?«

»Ich meine, dieses Phänomen zahlreicher Kontakte mit Außerirdischen, die im allgemeinen wohlgesonnen sind, diese Kontaktaufnahmen zwischen zwei unterschiedlichen Zivilisationen, das ist so wichtig, daß jeder Mensch darüber im Bilde sein sollte. Wir müssen dieses Phänomen in unsere Erfahrungen integrieren. Die Regierung hat nicht das Recht, uns dabei im Weg zu stehen oder es gar zu verhindern. Was hier geschieht, ist ein wichtiges Ereignis der Menschheitsgeschichte, und es wäre noch zurückhaltend ausgedrückt, wenn man sagt, daß man hier versucht, uns unsere Geschichte zu rauben.«

»Was glauben Sie, woher die Wesen kommen?« frage ich. »Wenn Sie von Außerirdischen sprechen, dann implizieren Sie damit, daß sie von den Sternen kommen, aber viele Leute, mit denen ich gesprochen habe, denken, sie kämen aus einer anderen Dimension.«

»Vielleicht«, sagt Boylan. »Ich weiß es nicht. Vielleicht ist es innerdimensional. Wenn Sie das Raumzeitgefüge krümmen, dann können Sie einfach so an einer Stelle auftauchen, wo vorher nichts war. Ich vermute, die Physik dieser Wesen – im Vergleich zu unseren – entspricht dem Abstand zwischen Einstein und Newton. Ich nehme an, und dies entspricht den Botschaften, die sie Kontaktlern vermitteln, daß sie von einem anderen Sternensystem kommen und daß wir so etwas wie Spätentwickler unter den intelligenten Lebensformen sind.«

»Ich habe noch eine letzte Frage«, sage ich. »Was glauben Sie, wie Ihr bodenständiger Vater aus Missouri, der nur das glaubt, was er sieht, darauf reagieren würde?«

»Er ist gestorben, als ich noch sehr jung war, ich kann das also nur hypothetisch beantworten«, erwidert Boylan. Er denkt einen Augenblick nach. »Ich glaube, er würde mir einige kritische und ernste Fragen stellen, und wenn ich die so gut überstanden hätte wie Ihre Fragen, dann würde er vermutlich sagen: ›Tja, vielleicht ist da ja doch was dran.‹

10. KAPITEL

Interview nach der Konferenz
Pat

Am Mittwoch, den 15. Juli, knapp eine Woche nach meinem Gespräch mit Richard J. Boylan, bekomme ich einen Anruf von »Pat«, der hübschen blonden Erfahrenen aus dem Mittleren Westen, die auf der Konferenz berichtet hat, wie ihr Mann, der Zahnarzt, mitten in der Nacht aus dem Bett gefahren sei, um einen Alien anzugreifen. Pat will mir von ihrer wichtigsten Erfahrung erzählen. Sie sagt, sie sei »durch die Augen eines Außerirdischen« gezogen worden.

Am Telefon erzählt sie mir, dies habe sich vor vier Jahren zugetragen, als sie an einer viertätigen Meditationsgruppe in Missouri teilgenommen habe. Am letzten Abend des Seminars nach dem offiziellen Ende des Programms, habe es in der Haupthütte noch eine Tanzveranstaltung gegeben. Als es kühl wurde, wollte Pat die paar hundert Meter durch die Bäume bis zu ihrer Hütte laufen, um sich eine Jacke zu holen.

Als sie im Mondlicht dahineilte, spürte sie eine sanfte Brise und hörte die Blätter rascheln. »Ich sah nach rechts, und ich wußte, da war etwas«, sagt Pat mir. »Aber ich hatte keine Angst.«

Sie hatte das Gefühl, einen unsichtbaren Tunnel zu betreten. Die Luft war jetzt dicht und bewegungslos. Zwei kleine Graue erwarteten sie im Tunnel und führten sie zu einer von der Witterung stark angegriffenen Holzhütte. Als Pat sich der Hütte näherte, konnte sie jedoch durch Spalten zwischen den Planken ins Innere sehen.

»Es war, als hätten sie ein Hologramm projiziert«, erzählt Pat mir. »Sie hatten irgendwie ein Energiefeld stabilisiert und dieses Abbild einer Hütte entstehen lassen – aber fragen Sie mich nicht, *wie* sie das gemacht haben«, sagt sie lachend. »Es war ziemlich dunkel, und ich konnte nicht genau erkennen, was dahinter war, aber ich wußte, es war eine Art Schleier.«

Die beiden kleinen Grauen führten Pat um die Hütte herum, wo sie nach oben schaute und das außerirdische Raumschiff direkt über sich schweben sah. Pats nächste Erinnerung ist, daß sie sich auf einmal im Inneren der Flugscheibe befand.

»Wie sind Sie hineingekommen?« frage ich.

Pat denkt einen Augenblick nach, bevor sie antwortet. »Ich glaube, ich wurde schräg nach oben gezogen«, sagt sie. »Die ganze Zeit über haben meine Füße den Boden nicht berührt, so daß ich nicht sicher bin, ob dort eine Rampe war. Ich habe gar nicht auf die Füße geachtet.«

Im Raumschiff, links von Pat, befand sich ein Tisch, auf dem mehrere Objekte lagen. Sie ist sicher, daß dort kein Mensch zu sehen war. Ungefähr sechs Meter vor ihr, ebenfalls zu ihrer Linken, waren die beiden Grauen, die sie eskortiert hatten, und neben ihnen mehrere größere Wesen, wahrscheinlich Hybrid-Geschöpfe, die lange Gewänder trugen, breitschultrig waren und hellblonde Haare hatten. Sie wirkten menschlicher als die anderen Wesen und hatten eine helle Haut von natürlicher Farbe.

»Die Augen standen nicht hervor und waren nicht mandelförmig. Sie sahen eher so aus wie unsere Augen, höchstens ein wenig größer.« Pat konnte die in den Gewändern verborgenen Hände und Füße nicht sehen.

Die Hybridwesen sahen Pat unentwegt an. »Wenn ich in den Gesichtern überhaupt Emotionen entdecken konnte«, erzählt Pat mir, »dann waren es Liebe und Wohlwollen. Ich konnte das spüren. Diese Wesen sind so weit entwickelt, daß sie ihre Emotionen durch eine Energie übermitteln, die man spüren kann. Man weiß ohne jeden Zweifel, was sie fühlen, weil man selbst das gleiche fühlt. Wenn sie traurig sind, dann spürt man die Trauer, die sie empfinden.«

Das dominierende Wesen im Raum war ein sehr großer Alien, der mit dem Rücken zu ihr gestanden hatte, als Pat ins Raumschiff eskortiert worden war. Die kleinen Grauen hätten sich an ihn gewandt, und dann »hat er sich langsam zu mir umgedreht«. Sie lacht ein wenig verlegen. »Die meisten solcher Begegnungen scheinen nicht sehr dramatisch zu verlaufen«, sagt sie, »aber ich kann Ihnen sagen, ich bekomme jetzt noch jedesmal eine Gänsehaut, wenn ich daran denke. Es wirkte sehr theatralisch, wie er sich langsam herumdrehte und mich angesehen hat.«

Auch er trug ein Gewand, aber im Gegensatz zu den Hybridwesen trug der große Alien noch eine Haube, die das spitze Kinn, den schmalen, schlitzförmigen Mund und die winzige Nase einrahmte. Das auffälligste an diesem Wesen waren jedoch die Augen: mandelförmige, riesige Augen, völlig schwarz und ohne Iris. Neben den dunklen Augen wirkte das helle Gesicht fast kalkweiß.

»Die Augen waren unbeschreiblich tief«, erzählt Pat. »Es war, als würde man mitten in der Nacht zum Himmel hinaufschauen: völlig dunkel. Er drehte sich langsam zu mir herum, und die Augen schienen meine ganze Persönlichkeit zu erfassen: alles, was ich wußte, alle meine Gefühle, all meine Liebe für die Menschen auf dieser Erde und für die Erde selbst. All diese Emotionen kamen zum Vorschein, und er wußte, wer ich war und was ich war, und dann begann ich am ganzen Körper zu zittern. Jedes Molekül meines Körpers begann zu zittern, und als nächstes kam etwas wie eine lautlose Explosion. Mein ganzer Körper zerplatzte einfach in eine Million von Lichtpunkten, und ich schaute auf mich selbst hinunter und konnte sehen, daß ich viel größer war, als ich gedacht hatte, und soviel heller! Es war, als wäre meine Seele aus dem Körper geflohen. Und dann«, fährt Pat fort, »zog er mich durch die Augen in sich hinein, und wir waren frei – frei von den physikalischen Beschränkungen auf der Erde und frei von den körperlichen Schmerzen, die eine Mauer um unsere Seelen legen.«

Pat lachte etwas verlegen. »Es war ein wundervolles Erlebnis! Einfach wundervoll! Ich kann gar nicht sagen, wie spirituell es war. Ich weiß nur, daß der menschliche Körper im Vergleich mit der Seele eine erbärmliche Maschine ist. Aber wenn die Menschen ihre Seelen sehen könnten ...«

Ich frage Pat, woher die Wesen ihrer Meinung nach gekommen sind.

»Das Wort ›Eule‹ ist irgendwie zu mir durchgedrungen, und dann ›Der Große Bär‹. Sie sagten mir, ich sollte im Großen Bären nachsehen, und ich habe meine Astronomiebücher durchgesehen und festgestellt, daß es in der Mitte des Großen Bären einen Eulennebel gibt. Das wußte ich vorher nicht.«

Ich frage Pat, wie die Wesen mit ihr kommuniziert hätten, und sie sagt:»Gelegentlich, wenn man in diesem eigenartigen Zustand kurz vor dem Einschlafen ist, dann ist die Kommunikation sehr klar. Sie reden mit mir, aber sie sind nicht bei mir; sie reden telepathisch. Manchmal höre ich die Unterhaltungen, und manchmal wache ich auch auf, und die Erinnerungen sind da, aber manchmal dauert es auch eine Woche, bis es hochquillt wie ... wie Blasen vom Grund eines Sees. Und dann erinnere ich mich plötzlich in einem Sekundenbruchteil an eine Unterhaltung, die vielleicht zwanzig Minuten gedauert hat. Telepathie ist sehr wichtig, wenn man wirklich verstehen will«, fährt Pat fort.»Wenn die Wesen, mit denen ich zu tun habe, Telepathie benutzen, dann ist das die reinste Form der Kommunikation. Mir liegt viel daran, daß Sie dies verstehen, denn bei der Telepathie gibt es keine Lügen. Sie kennen den anderen, jede Faser seines Seins, und Sie fühlen sich mit diesen Leuten völlig wohl – ich sage lieber Leute als Aliens, das möchte ich betonen. Ich will nicht, daß Nicht-Erfahrene Angst bekommen. Ich würde sagen, seid vorsichtig, aber flieht nicht vor dem Erlebnis. Es ist ja so, daß Budd Hopkins und David Jacobs nach der Konferenz gesagt haben, sie müßten sich auch mal mit solchen friedlichen Begegnungen beschäftigen. Und ich war froh«, sagt Pat.»Ich war so glücklich, weil ich dachte, ich wäre nur eine winzige Stimme in einem riesigen Wald und niemand würde auf mich hören.«

11. KAPITEL

Interview nach der Konferenz
Dr. John E. Mack

Dr. John E. Mack, der zweite Leiter der MIT-Konferenz, verließ Cambridge direkt nach dem letzten Programmpunkt, um in der Tschechoslowakei einen Vortrag über »Die Bedeutung des UFO-Phänomens für die Erweiterung des menschlichen Bewußtseins« zu halten. Ich verabredete mich mit ihm, sobald es sein Terminkalender erlaubte.

Am Tag, bevor wir uns treffen wollen, telefoniere ich mit ihm, um mir die Wegbeschreibung zu seinem Haus geben zu lassen. Bei dieser Gelegenheit bringe ich meine Befürchtungen hinsichtlich der Stabilität mancher Forscher zum Ausdruck.

»Wenn Sie in solche Randbereiche vorstoßen«, sagt Mack, »dann haben Sie – wie soll ich sagen? – Löcher in Ihrer Psyche. Es ist schwer, diese Arbeit zu tun und völlig unberührt zu bleiben. Und es ist verlockend, die Instabilität des Forschers dahingehend umzumünzen, daß das Phänomen nicht existiere. Ich hatte selbst damit zu kämpfen. Ich fragte mich: Befriedigt mein Interesse an diesem Phänomen irgendein persönliches Bedürfnis? Gibt es eine Dimension in mir selbst, die es erlaubt, daß ich von etwas überzeugt bin, von dem ich nicht überzeugt sein dürfte? Aber jedesmal, wenn ich mit den Menschen selbst arbeite, überzeugt mich ihre Ernsthaftigkeit und Glaubwürdigkeit.«

Ich erinnere Mack an seinen Kommentar auf der Konferenz, daß die Entführten an einem posttraumatischen Streßsyndrom litten, dessen Ursache nicht bekannt sei.

»Wir werden morgen darüber reden«, sagt Mack. »Aber wenn Sie sich die Geschichte der westlichen Philosophie und Wissenschaft ansehen und dann einen Blick in Richard Tarnas' Buch *Idee und Leidenschaft* werfen, dann werden Sie feststellen, daß das zentrale Thema die Dominanz und Kontrolle der Natur ist, damit wir keine Angst mehr vor ihr haben müssen. Das Ergebnis dieses Strebens nach Dominanz ist natürlich ein toter Planet, weil wir den Planeten nur kontrollieren können, indem wir ihn völlig unterwerfen, was wir in weiten Teilen anscheinend bereits getan haben. Es gibt einen Punkt, von dem an die Beherrschung der Natur ins Gegenteil umschlägt, und ich glaube, dies beginnt sich gerade jetzt in der Begegnung mit dem Unbekannten zu zeigen, denn dabei wird unsere Kontrolle in Frage gestellt und in Zweifel gezogen.«

Die Zerstörungskraft des menschlichen Geistes, der die Natur kontrollieren will, ist ein Thema des Papiers, das Mack auf der Konferenz in Prag vorgetragen hat. Er sagte dort, die psychologischen Kräfte hinter diesem Bedürfnis gingen auf zwei Dimensionen des menschlichen Bewußtseins zurück: dualistisches Denken und Materialismus.

Das dualistische Denken, sagte er in Prag, sei die Neigung, die Welt in Extremen zu sehen: gut oder böse, schwarz oder weiß. Eine spezifische Eigenschaft dieses dualistischen Denkens sei etwas, das Mack als »Polarität der Getrenntheit« bezeichnete. »Wir haben unsere Vorstellung von der Getrenntheit derart übersteigert, daß wir uns als völlig von der Natur und von anderen Menschen losgelöste Wesen sehen«, erklärte Mack. »Die Konsequenz dieser extremen Trennung ist die Ausbeutung der Natur und die Behandlung der Erde als etwas, das zu benutzen wir das Recht haben und das wir sogar zerstören würden, wenn wir es wollten. Wir haben uns so weit von anderen Menschen abgesetzt, daß wir ohne weiteres Selbstmord begehen oder Völkermord verüben können. Wir sehen die anderen nicht als Teil von uns selbst.«

Mack stellte die Hypothese auf, es sei »die Hilflosigkeit angesichts der Pest und anderer Krankheiten oder die Angst vor der natürlichen Welt und das Bedürfnis, sie zu beherrschen und zu dominieren«, das die »extreme Entwicklung und Übertreibung des Dualismus und Materialismus« im Westen begünstigt habe, »und diese Weltanschauung ist inzwischen inkompatibel mit dem Fortbestand des Lebens auf diesem Planeten.«

Wir seien jetzt, sagte Mack in Prag, »mit neuen Bedingungen konfrontiert, die eine neue Psychologie und eine andere Wissenschaft erfordern, deren Epistemologie sich nicht auf die an Sinne gebundenen, empirischen Methoden des Wissenserwerbs beschränkt. Wir haben unsere Beziehung zur Natur und zu unserer eigenen menschlichen Natur verloren«, erklärte Mack. »Und damit auch unser Gefühl für das Heilige, das im Grunde schon der Definition nach mit einer tiefen Verbundenheit mit der Natur gleichbedeutend ist, mit einer Verehrung für die natürliche Welt als höchstem Ausdruck der göttlichen Schöpfung.«[1]

Der Verlust unserer Beziehung zur Natur und die Vernachlässigung unserer spirituellen Sinne ist ein Thema, auf das Mack in unserem Gespräch immer wieder zurückkommen sollte.

Ich treffe Mack am 16. Juli in seiner Wohnung in einem Vorort von Boston. Ich berichte ihm von meinem Gespräch mit David Pritchard, dessen konservativste Schätzung auf eine Zahl von 900 000 möglicherweise Entführten allein in den USA hinauslief. Ich frage Mack, wie viele Amerikaner seiner Ansicht nach in Frage kommen.

Mack meint, er habe keine besseren Daten als Dr. John Miller, auf den sich auch Pritchard bezieht. Er warnt jedoch, es sei besser, konservativ zu bleiben, und weist darauf hin, daß sich die Schätzungen stark unterscheiden und »irgendwo von ein paar Hunderttausend bis zu mehr als drei Millionen reichen, je nach angelegten Kriterien«. Aber dann erklärt Mack, daß »wir vor allem

---

1 John E. Mack, »The UFO Phenomenon: What Does It Mean for the Expansion of Human Consciousness«, Vortrag bei der International Transpersonal Association Conference, Prag, Juni 1992, S. 3 ff.

den auslösenden psychologischen Faktor im Auge behalten müssen. Wie ich es sehe, würden viele Leute bei den Umfragen an gewissen Punkten herausfallen, weil sie sagen würden: Nein, ich wurde nicht entführt. Und dann führen wir ein Interview durch, das ihre Erinnerungen in Gang bringt, oder sie sehen etwas oder lesen einen Artikel, oder sie hören Budd Hopkins oder mich im Radio und sagen: Oh, yeah, das ist mir doch auch passiert. Und dann erinnern sie sich an etwas. Und dann würden sie bei der nächsten Umfrage von der Nein- in die Ja-Rubrik wechseln.«

Auf der Konferenz in Prag hatte Mack erklärt, daß »einige Hunderttausend bis zu vielleicht mehr als einer Million Menschen allein in den Vereinigten Staaten solche Erfahrungen gemacht haben ...«[2]

Ich frage ihn, ob er damit sagen wollte, daß selbst seiner konservativen Schätzung nach mindestens einige hunderttausend Amerikaner entführt worden seien.

»Ja. Ich meine, ich weiß nicht, was ich in statistischer Hinsicht davon halten soll«, antwortet Mack. »Es ist eigenartig, wie das Phänomen unser lineares Denken zu verspotten scheint.« Er hält einen Augenblick inne und erklärt dann: »Ich als Psychologe, der sich für das menschliche Bewußtsein interessiert, staune immer wieder, wie dieses Phänomen die Macht hat, all unsere epistemologischen Kategorien über den Haufen zu werfen. Nehmen Sie beispielsweise die Frage, ob etwas real sei, und dagegen die Frage, ob etwas in der physikalischen Welt real sei. Die Antworten in bezug auf das UFO-Phänomen lauten ja und nein. Es gibt einen Ermessungsspielraum. Manchmal tauchen knallharte Beweise in unserer physikalischen Welt auf wie beispielsweise in Linda Cortiles Fall, wo mehrere Zeugen unabhängig voneinander das gleiche Objekt gesehen haben. In solchen Fällen scheinen die objektiven, empirischen Kriterien erfüllt zu sein, weil das Wissen aus direkter Beobachtung und praktischer Erfahrung und nicht aus theoretischen

2 ibid.

Überlegungen gewonnen wurde. Aber zu anderen Zeiten ist das Wissen schwer zu fassen. Manchmal gibt es Zeugen, die tatsächlich beobachten konnten, daß der Entführte zur fraglichen Zeit nicht anwesend war. Ich bin selbst auf Beispiele dafür gestoßen. Bei anderen Gelegenheiten aber hat der Betroffene das Gefühl, er würde entführt, er glaubt, die Gegenwart der Wesen zu spüren, und meint, er würde mitgenommen, aber der Körper bleibt an Ort und Stelle, und jemand sieht dies sogar. Wir wissen aber nicht, ob der Zeuge, während er den Entführten zu beobachten glaubte, abgeschaltet wurde, wie wir es nennen. Wir wissen nicht, ob der Entführte tatsächlich körperlich verschleppt wurde, während die Zeugen nur der Ansicht waren, er wäre noch da, weil es in ihrem Bewußtsein eine Lücke gibt. Unsicherheiten wie diese sind sehr oft zu beobachten. Die Ebene der physikalischen Beweise ist voller Stolpersteine – nicht nur für die Forscher, sondern auch für die Skeptiker. Aus meiner Perspektive als Psychiater kann ich nichts darüber sagen, ob irgendein Phänomen in der physikalischen Welt wirksam ist – das ist nicht mein Gebiet. Anders ausgedrückt, physikalische Beweise sind für mich immer nur unterstützende Beweise. Wenn jemand aufwacht oder nach einem Erlebnis einen Schnitt oder ein Mal am Körper hat, oder er blutet aus der Nase oder weist irgendwelche anderen Anzeichen auf, dann ist das für jemanden wie mich, der in dieser physikalischen Welt doch ziemlich stark verhaftet ist, ein deutlicher Hinweis. Aber das ist nicht der Punkt, um den es mir letzten Endes geht, es ist nicht das, was ich anzubieten habe. Solche Beweise zeigen zwar, daß dieses Phänomen Auswirkungen auf die physikalische Welt haben kann – vom Standpunkt der klassischen westlichen Wissenschaft aus gesehen, wäre dies sogar das Hauptargument –, aber für mich ist dies eben nicht das wichtigste Argument.«

»Aber ist nicht gerade der Mangel an harten, physikalischen Beweisen das Hauptargument, das benutzt wird, um die mangelnde Glaubwürdigkeit des Phänomens aufzuzeigen?« frage ich.

»Es könnte das Hauptargument für jemanden sein, der mich

angreifen will«, stimmt Mack zu. »Aber an dem Punkt, an dem ich jetzt mit meiner Arbeit gerade bin, wäre es dumm von mir, mich auf diesen Streit einzulassen. Denn oft läuft es nur darauf hinaus, daß Sie über die Realität eines Ereignisses sprechen, für das es nur *einige* unterstützende Beweise gibt, und die Wegerklärer beziehen sich dann *ausschließlich* darauf, daß die Beweislage, gemessen an den Maßstäben der westlichen Wissenschaft, unzureichend sei.«

Ich frage Mack, ob er damit sagen will, daß die Forderung nach harten Beweisen seiner Ansicht nach irrelevant sei.

»Nein, nicht irrelevant – diese Beweise bestätigen, untermauern und belegen, was wir sagen wollen«, erwidert Mack. »Nein, irrelevant sind sie nicht. Sie sind sogar wichtig. Wenn jemand wie Budd Hopkins oder David Pritchard oder sonst jemand, der die Pathologie der Verletzungen untersucht, zeigen könnte, daß diese Verletzungen auf eine Art und Weise abheilen, die in der westlichen Medizin normalerweise nicht vorkommt, dann wäre das ein starkes Argument. Die Leute arbeiten bereits daran. Aber das ist nicht die Ebene, auf der ich einen Beitrag leisten kann. Wenn jemand sagt: Woher wollen Sie wissen, daß diese kleine Narbe während der Entführung und nicht danach entstanden ist? dann kann ich meine Auffassung nicht beweisen. Aber es sind die Wiederholungen, die zählen.«

»Was hat Sie denn nun überzeugt, dieses Phänomen ernst zu nehmen?« frage ich. »Ist es –«

Mack unterbricht mich, ehe ich die Frage ausgesprochen habe. »Es sind die vielen Fälle von insgesamt eher schüchternen Menschen – wobei ich mit schüchtern keinen Charakterzug meine, sondern das Verhalten dieser Leute, wenn es darum geht, über ihre Erlebnisse zu berichten –, von Menschen, die sich nur widerstrebend äußern, weil sie ehrlich über sich und ihre Erlebnisse berichten wollen. Diese Leute besitzen Integrität, und sie sind besorgt, weil in ihren Erlebnissen etwas verborgen ist, das ihnen zu schaffen macht. Das Wichtigste für mich ist die Ehrlichkeit der

Leute«, erklärt Mack. »Die Glaubwürdigkeit ihrer Berichte, die Tatsache, daß sie voneinander isoliert sind ...«

Er hält einen Moment inne und weist dann darauf hin, daß die Isolation der Leute in den letzten Jahren abgenommen hat, weil immer mehr Entführte sich aufgrund der Behandlung des Themas in den Medien gemeldet haben. Aber das Nachlassen der Isolation könne nicht darüber hinwegtäuschen, daß auch früher, bevor die Medien sich um dieses Thema gekümmert haben, die Betroffenen, die nicht miteinander in Kontakt standen, weitgehend die gleichen Einzelheiten berichtet haben. Mack hält es für unvorstellbar, daß »diese Geschichten irgendwie aus dem verfügbaren, kulturellen Treibgut zusammengebraut wurden. Danach sieht es nicht aus. Wichtig ist für mich also das *Wesen* dieser Leute, und ich habe in meiner ganzen psychiatrischen Praxis keinen Befund kennengelernt, der erklären könnte, was diese Leute mir erzählen. Für mich war das sehr beeindruckend: Da waren eher durchschnittliche, wenig bemerkenswerte Menschen, die voller Aufrichtigkeit und Ehrlichkeit über ihre außergewöhnlichen Erlebnisse berichtet haben, an die sie selbst nicht recht glauben wollten. Menschen mit gutem Bezug zur Realität, die, wenn ich sie und ihre Geschichten kritisch unter die Lupe nahm, antworteten: Doktor, ich wünschte, es wäre nicht wahr. Ich wünschte, ich könnte es wegschieben, weil es alles erschüttert, was ich je gedacht habe.«

Der erste Aspekt des Phänomens, der John Mack beeindruckt hat, ist also nach seinen eigenen Angaben *die Ehrlichkeit, Glaubwürdigkeit und das Wesen der Entführten selbst.*

»Und noch etwas«, fügt Mack hinzu. »Wenn Sie tiefer eindringen und näher an den Kern des Erlebnisses kommen, ob mit oder ohne Hypnose, dann stoßen Sie auf extrem starke, emotionale Widerstände. Das sind Hinweise auf tiefe traumatische Erlebnisse. Sie bekommen es mit Alpträumen, psychosomatischen Veränderungen, Ängsten, Mißtrauen und Zweifeln zu tun. Diese Menschen wollen sich nicht gern einer Situation aussetzen, in der sich ihre Erlebnisse wiederholen können.«

Ich erinnere mich an John Carpenter, der am zweiten Tag der Konferenz eine Frau erwähnt hat, die als Kleinkind eine Phobie gegenüber ihren Puppen entwickelt hat, weil sie glaubte, sie würden sich nachts bewegen. In einer hypnotischen Rückführung erinnerte sie sich dann daran, an Bord eines UFOs Hybrid-Kinder gesehen zu haben. In Übereinstimmung mit dem, was Mack über die Isolation der Entführten gesagt hat, wußte auch diese Frau vor der Hypnose noch nichts über Hybrid-Kinder.

Mack beschreibt die starken Emotionen, die manchmal während der Hypnose ans Licht kommen: »Wenn sie nahe daran sind, die Erfahrungen noch einmal durchzumachen, schreien sie förmlich vor Angst und zittern am ganzen Körper.«

Der zweite Aspekt ist also *die emotionale Intensität der Erinnerungen der Entführten, die auf ein Trauma hinweist.* Diese Intensität läßt Mack fragen, was die Ursache des Traumas sei.

Mack erzählt mir, er sei alle Möglichkeiten durchgegangen: Gab es irgendein anderes Trauma? War es eine Vergewaltigung? Durchlebt der Patient noch einmal seine Kriegserlebnisse? Gibt es Hinweise auf Mißbrauch in der Kindheit? Wurden die Betroffenen in der Kindheit körperlich schwer verletzt und haben sie die Erinnerung daran unterdrückt? Hat jemand versucht, sie zu ersticken? Hat ihre Mutter oder ihr Vater versucht, sie als Baby zu töten?

»Man geht alle Traumata durch, die ein Mensch erleiden kann und die eine deutliche, körperliche Komponente haben«, erklärt Mack, »und es stellt sich heraus, daß ihn keinem einzigen Fall, den ich untersucht habe – was meines Wissens auch für Budd, Dave und John Carpenter gilt –, irgendein anderes Trauma zum Vorschein kam, das diesen emotionalen Zustand erklären könnte. Und das ist der entscheidende Punkt«, sagt Mack. »Dies und die Tatsache, daß die Schilderungen der Erfahrungen sowohl in der zeitlichen Abfolge als auch in bezug auf die Ereignisse selbst bis in die Details übereinstimmen. Nicht, daß alle Berichte völlig identisch wären; *aber die grundlegende Struktur stimmt erstaunlich genau überein.* Und es ist wichtig, in diesem Zusammenhang noch einmal darauf hinzuweisen, daß die Struktur der zeitlichen Abfolge bereits von den Patienten geschildert wurde, bevor die Medien auf das Thema aufmerksam wurden.«

Demnach wäre die *Konsistenz* der dritte Aspekt des Phänomens, der John Mack beeindruckt hat.

Der vierte Aspekt ist *das Fehlen jeglicher Art von Geisteskrankheit, die als Erklärung dienen könnte.* In seiner Schrift »The Abduction Phenomenon: A Preliminary Report« formulierte Mack zu der Frage: »Wer sind die Entführten? Psychopathologie und Persönlichkeit« folgende Gedanken:

> In bezug auf diese wichtige Frage können wir zu diesem Zeitpunkt aufgrund der spärlichen Daten und der ungewöhnlichen Natur des Phänomens nur wenige allgemeingültige Aussagen machen. Mehrere Forscher haben das Fehlen psychopathologischer Befunde als *Vorbedingung* formuliert, die erfüllt sein muß, wenn sie die Fälle in ihre Sammlung aufnehmen wollen. Doch bisher hat noch keiner der Entführten, mit denen ich gearbeitet habe, offensichtliche psychopathologische Befunde, wie etwa schizophrene Psychosen, schwere Depressionen oder andere psychische Störungen gezeigt, welche die berichteten Erfahrungen erklären könnten. Ganz im Gegenteil, mir ist vor allem die »Alltäglichkeit« dieser Menschen aufgefallen. Unter meinen Patienten befinden sich beispielsweise ein Restaurantbesitzer, zwei Musiker, Sekretärinnen, ein Autor, ein Gefängniswärter, Studenten und mehrere Hausfrauen. Einige Patienten haben Widerstände entwickelt, wurden mißtrauisch oder fühlten sich als Opfer oder zeigten andere posttraumatische Symptome. Die meisten schienen durch ihre Entführungserlebnisse belastet.
>
> Manche ... berichteten von schwierigen Beziehungen in der Kindheit mit einem oder beiden Elternteilen, von Alkoholismus in der Familie oder von Mißbrauchserfahrungen in der Kindheit oder Jugend. Einige erwähnten auch Einsamkeit, schwierige Beziehungen als Erwachsene und Probleme, die mit dem Zeugen, Gebären und Aufziehen von Kindern zu tun haben ... In manchen Fällen scheint die Ein-

stellung zur Sexualität und zur Frage, ob die Betreffenden Kinder bekommen wollten oder nicht, durch die Entführungserlebnisse beeinflußt worden zu sein. In keinem einzigen Fall habe ich bisher feststellen können, daß die Entführungserlebnisse mit anderen Aspekten in der Geschichte und im Gefühlsleben der Betreffenden in Verbindung gebracht worden wären.[3]

John Macks »Preliminary Report« enthält einige interessante Anmerkungen zu den Tests, die von der Psychologin Elizabeth Slater mit neun Personen, die Budd Hopkins vorgeschlagen hatte, durchgeführt wurden. Slater wußte anfangs nicht, daß es sich bei diesen Personen um Entführte handelte.

»In ihrem ersten Bericht, den sie verfaßt hat, bevor sie erfuhr, wer die Probanden waren«, schreibt Mack,

bemerkt Slater, daß die Betreffenden von überdurchschnittlicher Intelligenz waren und »über ein reichhaltiges Innenleben verfügten«. Einige fand sie »exzentrisch« oder »seltsam«, und sie neigten zu »Spontanität und Originalität im Denken und Fühlen«. Ihr innerer Reichtum war verbunden »mit der Gefahr, von den eigenen Impulsen überwältigt zu werden«. Die Betreffenden befanden sich »in einem ständigen Kampf, (ihre Impulse) zu bändigen und im Zaum zu halten ... Unter Streß zeigten mindestens sechs der neun Personen ein Potential für mehr oder weniger schnell vorübergehende, psychotische Episoden einschließlich Realitätsverlust und verwirrtem und ungeordnetem Denken, das bizarr, eigenartig oder sehr primitiv und emotional befrachtet sein kann.« Sie bemerkte auch ein gewisses Maß an Identitätsstörungen (besonders Verwirrung hinsichtlich der sexuellen Identität und »Überhöhung des eigenen Selbst«), Dämpfung des Selbstwertgefühls, relative Ichbezogenheit und/oder Mangel an emotionaler Reife und kleine, aber häufige »Grenzverletzungen« beim Zeichnen von Figuren.

3 John E. Mack, »The Abduction Phenomenon: A Preliminary Report«, Juni 1992, S. 4–5, Fotokopie.

Slater bemerkte bei einigen Personen auch »gewisse Störungen in zwischenmenschlichen Beziehungen« und »Probleme mit Nähe« sowie »einen gewissen, leicht paranoiden und mißtrauischen Zug bei vielen Testpersonen«, und neben übergroßer Wachsamkeit auch »eine deutliche Neigung, sehr aufmerksam auf feinste Nuancen und Details zu achten« sowie »argwöhnisch und vorsichtig« zu sein.

Nachdem Slater erfahren hatte, daß die neun Testpersonen über UFO-Entführungen berichtet hatten, formulierte sie ihren Bericht vor diesem Hintergrund neu. »Die erste und wichtigste Frage«, schrieb sie, »ist die, ob die Erlebnisberichte unserer Testpersonen allein auf der Grundlage der Psychopathologie erklärt werden können, also aufgrund von geistigen Störungen. Die Antwort ist ein entschiedenes Nein ... Wenn die berichteten Entführungen reine Phantasieprodukte wären, dann hätten sie nur von pathologischen Lügnern, paranoiden Schizophrenen und schwer gestörten und außergewöhnlich seltenen, hysteroiden Charakteren, die zu Fugue-Episoden neigen, und/oder Menschen mit multiplen Persönlichkeitsstörungen kommen können ... Keine einzige Testperson fällt, basierend auf den erhobenen Daten, in eine dieser Kategorien.«

Slater diskutierte anschließend die mögliche Auswirkung der berichteten Entführungen. »Ein unerwartetes, willkürliches und außergewöhnliches Erlebnis wie eine UFO-Entführung«, erklärte sie, »über deren Verlauf man nicht die geringste Kontrolle hat, setzt ein nicht unbedeutendes Trauma.« Erwähnenswert findet sie auch die »soziale Stigmatisierung« und die »Entfremdung«, mit der die Opfer rechnen müssen. Sie schloß, daß die zwischenmenschlichen Probleme, das beschädigte Identitätsgefühl und die Probleme mit dem körperlichen Selbstbild, die emotionale Unruhe sowie die Ängste und das Mißtrauen »die logische Folge der invasiven und verletzenden Natur der berichteten UFO-Erfahrungen« seien. 1991 sagte Slater mir, sie habe sich zuvor für eine »realitätsbezogene, bodenständige« Person gehalten, aber diese Studie »hat meinen engen Horizont aufgebrochen« und »mein Denken grundlegend verändert«.[4]

4 ibid., S. 9–12.

Der fünfte Aspekt des Phänomens, der John Mack beeindruckt hat, ist *das häufige Vorkommen von unterstützenden, physikalischen Beweisen.* Wie Mack in seinem »Preliminary Report« geschrieben hat, »gehören die greifbaren Merkmale wie Veränderungen physikalischer oder chemischer Eigenschaften des Bodens, die oft mit UFO-Sichtungen und UFO-Landungen einhergehen, zu den interessantesten und rätselhaftesten Aspekten des Phänomens«.[5]

Der sechste Aspekt des Phänomens ist *die Existenz zahlreicher Fälle von gemeinsamen Wahrnehmungen.* Während eine Person entführt wird, sehen zugleich andere Menschen in der Umgebung UFOs. Diese Zeugen können Menschen sein, die der Entführte kennt, sie können ihm aber auch völlig unbekannt sein. Ein Beispiel für die zweite Möglichkeit ist Linda Cortiles Entführung in Manhattan, die von einem Diplomaten, seinen beiden Leibwächtern und einer älteren Frau auf der Brooklyn Bridge beobachtet wurde. »Viele Entführungen«, schrieb Mack im »Preliminary Report«, »scheinen zwar unabhängig von UFO-Sichtungen durch den Entführten oder andere Zeugen stattzufinden, aber eine enge Beziehung zwischen UFO-Begegnungen und Entführungen konnte immer wieder beobachtet werden.«[6]

Der siebte und womöglich überraschendste und kaum erklärliche Aspekt des Phänomens ist *die Beteiligung sehr kleiner Kinder* – manche nicht älter als zwei Jahre –, die, so gut es ihnen mit ihren sprachlichen Fähigkeiten möglich ist, von kleinen Männern berichten, die sie in den Himmel gehoben hätten, die ihnen Dinge in den Körper gesteckt oder sie in die Nase »gebissen« hätten. Entführungsberichte von kleinen Kindern könnten von besonderem wissenschaftlichem Interesse sein, schreibt Mack in seinem Papier, denn »kleine Kinder waren noch nicht in großem Maße den Berichten in den Medien oder Diskussionen in der Familie oder mit Gleichaltrigen und Freunden ausgesetzt«.

5 ibid., S. 40.
6 ibid., S. 49.

John Mack beschrieb den Fall eines kleinen Kindes:

Jill und Mike Ward haben mir berichtet, daß mit ihrem inzwischen drei Jahre alten Sohn Ned beunruhigende Dinge geschehen sind. Als Ned zwei Jahre alt war, sah Jill, wie Ned mit dem Alien-Gesicht auf Whitley Striebers Buch »Die Besucher« sprach. Er küßte das Bild und nannte das Wesen »Pi«. Ein paar Monate später erwachte der Junge aus einem Angsttraum und erzählte Jill: »Ich fliege im Himmel ... zum Raumschiff.« Sechs Monate später hatte Ned nachts Nasenbluten. Die Eltern fanden eine Schnittwunde am Hinterkopf. Als Jill den Jungen fragte, ob jemand in seinem Zimmer gewesen wäre, sagte Ned: »Kleine Männer kommen durchs Fenster.«
Als Ned zwei Jahre und sieben Monate alt war, befragte ich ihn in Gegenwart von Jill. Er war ein lebendiger, aufgeschlossener und spontaner Junge. Ich bat ihn, sich die zehn Karten des Hopkins Image Recognition Test (HIRT) anzusehen, die Budd Hopkins entworfen hat, um Entführungserlebnisse von Kindern aufzuklären. Ned hat die Karten bereitwillig und mühelos identifiziert. Als ich ihm den Alien zeigte, sagte Ned: »Ich schreibe es an die Tafel.«
Jill erklärte, daß sie einmal zusammen »so einen Kringel« auf eine Tafel gemalt hätten.
Ich fragte Ned, ob er so einen Kerl schon einmal gesehen hätte.
»Mache Tür auf und fahre mit dem Raumschiff«, sagte Ned. Das Raumschiff hätte »dem Mann da gehört, sein Raumschiff«. Er schien sich nicht wohl zu fühlen und sagte: »Habe meine Decke. Ich stecke mir den Daumen in den Mund.«
Nachdem wir uns eine Weile entspannt darüber unterhalten hatten, wo er einige andere Figuren gesehen hatte, kam ich wieder auf den Alien zurück und fragte: »Wo hast du diesen Kerl gesehen?«, und ob er ihn mochte oder nicht.
»Mag ihn nicht«, sagte er.
»Was macht er?« fragte ich.
Meine Assistentin, die ebenfalls anwesend war, bemerkte, daß »Ned bis zu diesem Punkt recht gesprächig und

aufmerksam war und ohne Aufforderung erzählt hatte«.
Jetzt antwortete er oft überhaupt nicht mehr oder erst nach
langem Schweigen.

JM: »Ist er nett, oder macht er dir angst?«

Ned: »Ich habe Angst vor ihm.«

JM: (versucht, den Jungen zu beruhigen, dann:) »Kommt
er machmal in dein Zimmer?«

Ned: »Yeah.«

JM: »Und du steckst dir den Daumen in den Mund?«

Ned: »Yeah. Der Mann macht mein Fenster kaputt. Ich
kann es nicht reparieren.«

Ned wurde einsilbiger und rutschte zu seiner Mutter hin-
über, um sich auf ihren Schoß zu setzen. »Mann ist in mein
Zimmer gekommen«, sagte Ned. »Der Mann hat eine große
Taschenlampe auf mein Auge gehalten.« Danach hat Ned
erzählt, wo der Mann ihm weh getan hat: »Am Hals.«

Ned erzählt, daß er gern *Star Trek* sieht und gegen den Mann
kämpft. »Der Mann rennt hinter mir her, aber ich renne schneller«, sagte er.[7]

Kurz danach kam das Kind zu Mack, um sich auch von ihm trösten zu lassen.

»Eltern können natürlich die Erfahrungen ihrer Kinder beeinflussen«, schreibt Mack. »Aber wenn wir die Theorie des Entführungsphänomens vervollständigen wollen, müssen wir einen
Weg finden, um die aufwühlenden und anscheinend authenti-
schen, detaillierten Berichte von kleinen Kindern wie Ned zu
erklären, deren Zugang zu äußeren Informationsquellen eingeschränkt ist.«[8]

Eine konventionelle Erklärung des Entführungsphänomens, erzählt Mack mir, müsse »das ganze Paket« erklären können:

– die Authentizität, Glaubwürdigkeit und das Wesen der
Entführten,

7 ibid., S. 37–39.
8 ibid., S. 50.

- die auf ein Trauma hinweisende, emotionale Intensität, wenn die Entführten sich erinnern;
- die Konsistenz in den Berichten der Entführten;
- das Fehlen von Geisteskrankheiten, welche die Erfahrungen erklären könnten;
- die bestätigenden physikalischen Beweise;
- die enge Verbindung des Phänomens zu UFO-Sichtungen;
- die Berichte über Entführungen von sehr kleinen Kindern.

»Meines Wissens hat noch niemand, der eine skeptische oder kritische Haltung hat, ein Modell angeboten, das auch nur ansatzweise dieses Syndrom anhand anderer, konventioneller Ursachen erklären könnte«, sagt Mack. »Ich bin allerdings vorsichtig, wem ich das in welchem Kontext sage. Ich bin damit erst an die Öffentlichkeit gegangen, als ich genügend Fälle gesehen hatte, in denen ich sagen konnte: Dort ist etwas im Gange. Ich will damit allerdings nicht behaupten, daß es etwas *Außerirdisches* sein muß, denn ich glaube, dieses Phänomen trotzt unseren bekannten Kategorien. Außerirdisch, bedeutet ja, daß es in der physikalischen Welt existiert, wie wir sie kennen.

Manche Leute sagen, dieses Phänomen käme aus einer anderen Dimension«, fährt Mack fort. »Oder die Wesen hätten eine Physik entwickelt, die es ihnen erlaubt, sich beliebig in der Galaxis zu bewegen. Daher stellt dieses Phänomen meine Ansichten von dem, was als real gilt, auf die Probe.«

Ich frage Mack, welche psychologische Störung die Kritiker unter seinen Kollegen möglicherweise nennen könnten, um wenigstens einen Teil des Phänomens zu erklären.

»Die Psychiater? Ihr Hauptargument ist, daß dieses Syndrom irgendwie mit Dissoziationen zu tun hätte.« Er beugt sich vor und verschränkt die Finger. »Man wird irgendwie traumatisiert, jemand tut einem etwas an. Eine Vergewaltigung oder eine andere sexuelle Erfahrung überwältigt sie. Ihre Psyche kann die Ängste, den Schrecken, die Wut und das Trauma nicht verarbeiten. Da die Erfahrung das Ich zerstören und zerschmettern könnte, tritt eine Spaltung ein. Der Inhalt des Erlebnisses wird irgendwie weggeschoben oder dissoziiert. »Aber die Behauptung, die Dissoziation habe den *Inhalt* der Erlebnisse erst erzeugt, geht zu weit. Sehen wir uns noch einmal die beiden Teile der Psyche an.« Mack hält die linke Handfläche ausgestreckt vor sich. »Ein Teil, der gegenwärtig ist«, sagt er, während er die Hand hebt und senkt, als wolle er ein unsichtbares Objekt abwiegen, »und ein dissoziierter Teil. In dem Teil, der gegenwärtig ist, finden Sie vage Erinnerungen, Ängste, Alpträume und einige andere Dinge, die eine gewisse symbolische Beziehung zu diesem Teil hier drüben haben«, er schaut kurz zur rechten Hand, »aber Sie werden dort nicht die gesamten Erinnerungen finden, weil die Dissoziation ja gerade dazu führt, daß nur Andeutungen, Träume, Nervosität, Sorgen und einige andere Symptome zurückbleiben. Vielleicht sind es auch körperliche Symptome oder Phobien vor Krankenhäusern, als wäre im Krankenhaus ein Trauma entstanden. Die Aufgabe der Dissoziation ist es, das Trauma aus dem Bewußtsein herauszuhalten.«

Er blickt wieder zur rechten Hand. »Wenn Sie aber aufdecken, was dort passiert ist«, sagt er, »dann erreichen Sie eine immer genauere Annäherung an die wirklichen Erinnerungen, auch wenn es Verzerrungen geben kann. Möglicherweise sehen Sie im Traum als erstes ein Ungeheuer, bevor der Vergewaltiger auftaucht. Aber nach und nach, auch wenn die eigentliche Erinnerung vielleicht nie zutage tritt, erkennen Sie verschiedene Verzerrungen des Traumas: Jemand versucht, Sie zu erwürgen, Sie sehen eine Operation in der Kindheit, was auch immer. Ich kenne aber keine einzige Arbeit über Dissoziationen, in der die Rede davon gewesen wäre, daß eine völlig falsche, komplexe, detailreich ausgeformte, komplizierte Geschichte erfunden worden sei, die überhaupt keine Beziehung zu den wirklichen Erfahrungen hatte, welche die Dissoziation erst ausgelöst haben. Das Wort Dissoziation bezeichnet nur eine Struktur, aber nicht deren Inhalt. Sie müßten also die Dissoziation durch einen Mechanismus ergänzen, der dazu führt, daß eine Geschichte erfunden wird.«

Mack macht eine kurze Pause, um sich zu vergewissern, daß ich ihm folgen kann, und fährt fort: »Bei Entführten sind in der Tat dissoziative Mechanismen zu beobachten. Die Tatsache, daß ich außergewöhliche Bewußtseinszustände benutzen muß – Hypnose oder was auch immer –, um die Erinnerungen aufzudecken, bedeutet, daß die Erinnerungen bereits dissoziiert *sind*. Denn sonst würden die Betroffenen genauso reden, wie wir uns jetzt unterhalten, und sie würden sich an alles erinnern. Die Tatsache, daß ich verdrängte Erinnerungen mit einem Hilfsmittel zurückholen muß, bedeutet also, daß es Dissoziationen gibt, doch sind die Dissoziationen als *Reaktion auf etwas eingetreten, das diese Menschen erlebt haben.* Der Mechanismus erklärt also nicht, was geschehen ist, und genau dort liegt das Rätsel. Was ist der Ursprung der Erinnerungen, die diese Leute verdrängen?«

Ich frage Mack, warum seiner Meinung nach unter Psychiatern und Wissenschaftlern ein so großer Widerstand dagegen besteht, die Möglichkeit ins Auge zu fassen, daß die Ursache des Traumas genau das sein könnte, was die Entführten berichten. Er denkt einen Augenblick über meine Frage nach und sagt mir dann, daß in den sechziger Jahren, als er mit den Recherchen für seine psychoanalytische Biographie von T. E. Lawrence begann, für die er den Pulitzerpreis bekam, der charismatische »Lawrence von Arabien« im Ruf stand, »eine Art Possenreißer gewesen zu sein, ein Rudolf Valentino, der mit wallenden Gewändern durch die Wüste schwebte«. Die Mentalität der Wegerklärer, meint Mack, habe sich damals auf Lawrence gerichtet, wie sie sich heute auf das Phänomen der Entführungen und der UFOs richtet.

Mack hält einen Augenblick inne, dann fährt er fort: »Im Augenblick kann man eigentlich nur sagen, daß wir es hier mit einem echten Geheimnis zu tun haben. Weiter sollte man meiner Ansicht nach nicht gehen. Aber es ist schon ein großer Schritt, wenn man überhaupt bis an diesen Punkt gelangt. Die meisten Menschen, die mit meiner Arbeit vertraut sind, stimmen mir in dieser Hinsicht zu. In gewisser Weise versuche ich gar nicht mehr, die Mainstream-Kultur von der Echtheit des Phänomens zu überzeugen. Ich glaube, es wird Zeit, daß wir erwachsen werden und sagen: Okay, da geht etwas vor. Wir sollten nicht mehr darüber streiten, ob es real oder nicht real ist. Es ist ganz in Ordnung, wenn man fragt: Was ist überhaupt real? Aber dann sollten wir den nächsten Schritt tun und fragen: Was hat dies wirklich für uns zu bedeuten? Für unsere Kosmologie? Was bedeutet es für die Kategorien, mit denen Psychiater arbeiten? Was bedeutet es in bezug auf die Ökologie und die Umweltkrisen? Was bedeutet es in bezug auf Ebenen der Realität? Kommen sie aus unserer physikalischen Realität, oder müssen wir unsere Kategorien der Realität verändern? Ich spreche oft mit Dave Pritchard darüber. Kann er all dies innerhalb unseres Raum/Zeit-Kontinuums erklären, oder müssen wir es vergessen?«

Mack unterbricht sich kurz, zuckt die Achseln. »Es gibt einen gewissen Jack Sarfatti in Kalifornien, der sagt, sie kämen aus einem anderen Raum/Zeit-Gefüge durch eine Art von schwarzem Loch zu uns herüber und könnten hin und her reisen. Ich verstehe nichts davon, aber wir müssen uns fragen, was dieses Phänomen uns darüber sagt, wer wir im Kosmos eigentlich sind. Wenn andere Wesen einfach herkommen, uns ihrem Willen unterwerfen und mit uns machen können, was sie wollen, wenn wir nicht mehr wie in Tom Wolfes *Jahrmarkt der Eitelkeiten* die Herren des Universums sind, was bedeutet das dann für unser Selbstbild?«

In seinem »Preliminary Report« nannte Mack das Phänomen »nach Kopernikus, Darwin und Freud eine Art vierten Schlag gegen unseren kollektiven Egoismus«, der uns zu der Erkenntnis bringen könne, daß »wir keineswegs physikalisch im Zentrum unseres Universums stehen, anderen Lebensformen überlegen und rationale Herren unserer Psyche sind. Wir sind womöglich nicht einmal die vorherrschende oder dominierende Intelligenz im Kosmos und nicht imstande, unsere psychologische oder physikalische Existenz wirklich zu kontrollieren. Es scheint, als könnten wir be-

343

setzt oder übernommen werden, wenn schon nicht buchstäblich von anderen Wesen, dann aber doch von einer anderen Form des Seins oder Bewußtseins, die fähig ist, nach Belieben und zu einem Zweck, den wir nicht ergründen können, mit uns zu verfahren.[9] Was richtet diese Erkenntnis mit unserem arroganten Glauben an, wir seien die wichtigsten Geschöpfe?« fragt Mack mich.

Ich erwähne das Informationspapier, von dem Linda Moulton Howe mir erzählt hat. Dort wurde vermutet, diese Wesen hätten uns seit Zehntausenden von Jahren genetisch geformt, damit wir dem gerecht werden, was sie für uns vorgesehen haben.

»Genau«, sagt Mack. »Ich weiß nicht, ob man an uns herumgepfuscht hat, aber entweder gibt es tatsächlich Kreuzungsversuche, oder es gibt Technologien und Informationen, die uns ins Gehirn gesetzt werden und die dafür sorgen, daß wir dies glauben. Wenn es eine mächtige Verbindung zwischen Energien gibt – ich will nicht einmal von Spezies reden, weil der Begriff unterstellt, es sei real und mit unserer Taxonomie faßbar –, wenn sich also eine Art von Energie aus irgendeiner Quelle, andere Wesen oder eine andere Intelligenz, die wir nicht verstehen, mit uns verbinden, was bedeutet dies dann für uns? Manche Menschen erleben so etwas als sehr traumatisch. Und es gibt noch eine weitere interessante Dimension«, fährt Mack fort, »über die ich oft mit Budd Hopkins und Dave Jacobs streite. Mich verblüfft die Tatsache, daß Ermittler und Erfahrene immer so gut zusammenzupassen scheinen. Die archetypische Struktur einer Entführung sieht für Dave Jacobs ganz anders aus als für Joe Nyman oder John Mack oder sonst jemanden. Und die Erfahrenen scheinen sich die Ermittler zu suchen, die zu ihren Erfahrungen passen.«

»Könnte man das auch anders herum ausdrücken?«

»Ja«, antwortet Mack freundlich.

»Es scheint mir, als würden Jacobs, Hopkins und Nyman aus ihren Erfahrungen das herausholen, was sie sehen wollen.«

9 ibid., S. 59–60.

»Die Leute haben das zwar auf der Konferenz über diese Forscher gesagt, doch ich kann das nicht bestätigen«, erwidert Mack. »Ich habe Respekt vor ihrer Arbeit. Aber ich erinnere mich an ein Treffen von zwanzig Leuten bei mir zu Hause, unter denen sich eine Frau befand, die Budd Hopkins einmal mitgebracht hatte und die im nächsten Monat von sich aus in meine Selbsthilfegruppe gekommen ist. Die Anwesenden haben über ihre Nachforschungen und Erlebnisse und über ihre Traumata gesprochen, meinten aber, sie wären inzwischen auf eine andere Ebene vorgestoßen.

Nach einer Weile hat sich diese Frau eingeschaltet und gesagt: ›Ich verstehe das nicht! Ich bin mißhandelt und verletzt worden, und ihr redet darüber, als gäbe es irgendwo doch noch ein heilsames Element?‹ Sie ist nicht wiedergekommen. Manche Ermittler – ich meine jetzt nicht Budd oder Dave«, fügt Mack rasch hinzu, »wollen alles gleichzeitig haben. Sie wollen das Phänomen als etwas real Existierendes ansehen, als würden in unserer physikalischen Welt tatsächlich Hybridwesen gezüchtet und genetische Manipulationen vorgenommen. Aber wenn die Forscher das Phänomen auf dieser Ebene angehen, dann übersehen sie, welche Bedeutung dies für das Wesen unserer Realität hat, und sie vernachlässigen die Tatsache, daß wir damit in einer Beziehung stehen würden, deren Bedeutung über diese Ebene hinausgeht. Man kann nicht einerseits sagen, das Phänomen zerstöre unsere Vorstellungen von der physikalischen Realität, um es andererseits ausschließlich in Begriffen unserer physikalischen Realität zu behandeln.«

»Können Sie dies«, sagte ich, »mit dem in Verbindung bringen, was Sie mir gestern am Telefon über die westlichen Ideen über die Beherrschung der Natur über Richard Tarnas' Buch *Idee und Leidenschaft* gesagt haben?«

»Ja!« antwortet er aufgeregt. »Ich habe großen Respekt vor der westlichen Wissenschaft. Sie hat Wunder vollbracht, als es darum ging, Krankheiten loszuwerden. Sie hat uns in die Lage versetzt, Leute zu ernähren, die sonst verhungert wären. Sie hat uns die

Möglichkeit geschenkt, einander mit Hilfe neuer Transportmittel und elektronischer Kommunikation besser kennezulernen und damit unser Leben bereichert. Wir können nachts warm und trocken schlafen und sind vor wilden Tieren sicher. Die physikalischen Triumphe der Wissenschaft sind fühlbar und verdienen größten Respekt. Sie haben zu einer gewissen Beherrschung der Natur geführt, und diese Beherrschung ist die große Leistung der westlichen Wissenschaft. Aber wie ich schon sagte, liegt in dieser Dominanz über die Natur und in den intellektuellen, kognitiven Schulen, die uns geleitet haben, bis wir dies vollbringen konnten, auch eine gewisse menschliche Arroganz. Und genau diese Arroganz hat uns aus dem natürlichen Gleichgewicht geworfen.«

»Haben Sie denn den Eindruck, das Entführungsphänomen und die UFOs könnten eine Rolle dabei spielen, das Ungleichgewicht zu beheben?« frage ich.

»Ich will nicht sagen, daß dieses Phänomen irgendwie bewußt erschaffen wurde, um das Gleichgewicht wiederherzustellen«, antwortet Mack. »Aber es scheint mir genau dieser Arroganz entgegenzuwirken, indem es eine Situation schafft, in der wir eindeutig *nicht* die Herren der Natur sind. Wir haben hier *nicht* die Kontrolle, und es ist sehr interessant, daß ausgerechnet in einem Moment, wo wir durch Gifte, Zerstörung des Regenwaldes und Verschmutzung der Meere kurz davor zu stehen scheinen, dem Leben auf diesem Planeten ein Ende zu setzen, ein Phänomen auftaucht, das in gewisser Weise den Erfahrenen direkt – und den Beobachtern indirekt – demonstriert, daß wir *nicht* die Kontrolle haben. Wenn wir also zulassen, daß dieses Phänomen wahrgenommen wird, dann müssen wir berücksichtigen, daß es das Potential hat, unsere menschliche Arroganz zu zerstören«, schließt Mack.

»Wenn es ein dringendes Bedürfnis gibt, die ökologische Katastrophe abzuwenden, die wir unserem Planeten beschert haben, warum kommen sie dann nicht einfach zu jemandem, der rasch etwas ändern kann?« frage ich.

»Nun, das ist eine interessante Frage«, sagt Mack. »Ich habe oft darüber nachgedacht. Zuerst einmal sind ja die Informationen selbst geheimnisvoll. Jacques Vallée sagt, er würde den Berichten über Entführungen nicht unbedingt glauben wollen, weil es ihm sinnlos vorkommt, daß sie für ihre Experimente derart viele Menschen entführen müssen. Aber das setzt voraus, daß er weiß, was sie machen, wenn sie die Experimente durchführen. Wir wissen aber *nicht*, was sie machen!« betont Mack.

»Vielleicht untersuchen sie das Energiesystem von Zellen auf eine Art und Weise, von der wir nicht die geringste Ahnung haben ... Es könnte sein, daß aus Gründen, die für uns im Dunkeln bleiben, die Zerstörung der Erde nicht erlaubt ist«, sagt Mack. »Und der Agent, der dies in Ordnung bringen muß, ist vielleicht die Menschheit selbst. Es könnte sein, daß es hier um unsere eigene Transformation geht. Vielleicht tun *sie* ja überhaupt nichts. Es könnte sein, daß diese Realität auf irgendeine Weise in unsere Köpfe und Seelen eindringt und daß wir es sind, die etwas verändern und die Zerstörung aufhalten müssen. Dies ist genau das, was die Erfahrenen berichten – daß sie zu diesem Schluß gekommen sind. Diese Leute sind nicht unbedingt politisch oder philosophisch sehr gebildet, und das macht die Sache so interessant. Es sind eher durchschnittliche Menschen. Ich bin weit davon entfernt, das Phänomen zu einer globalen, politischen oder spirituellen Veränderung umzudeuten«, fährt Mack fort. »Aber wenn ich seine wissenschaftlichen und philosophischen Implikationen genauer betrachte, dann finde ich es hinsichtlich unserer Vorstellungen von dem, was im Kosmos existiert, sehr interessant. Zunächst einmal glaube ich, unsere Vorstellung von uns und ihnen ist grundsätzlich falsch. Es entspricht dem westlichen Denken, daß es etwas da draußen gibt, das uns hier drinnen beeinflußt, und wir sehen nicht, daß es eine innere Verbindung unserer sich entwickelnden Psyche zur äußeren Welt gibt. Ich glaube, die Vorstellung, es handele sich um Außerirdische ist für sich genommen schon ein Ausdruck des dualistischen Denkens. Wir sind ja in gewisser Weise selbst Außerirdische, denn unsere Seele ist nicht auf die Erde beschränkt.«

In seinem »Preliminary Report« hat Mack versucht, einigen Problemen im Zusammenhang mit der extraterrestrischen Hypothese nachzugehen: »Beinahe wie durch einen Prozeß der Elimination sind viele Forscher, wenigstens in den Vereinigten Staaten, zu der Schlußfolgerung gelangt, UFOs seien Raumschiffe, die von Außerirdischen gesteuert werden, und die Wesen existierten in unserer materiellen Realität und seien für die Entführungen verantwortlich.« Es trifft wohl zu, daß bisher noch niemand überzeugend darlegen konnte, daß den Entführten irgend etwas anderes geschehen ist als das, was sie selbst sagen.

»Aber«, meint Mack,

auch die extraterrestrische Hypothese wirft Probleme auf, besonders wenn sie zu streng genommen wird. Wir stehen unter dem Druck, Phänomene wie jenes zu erklären, daß Menschen durch Wände und geschlossene Türen gehen, während potentielle Zeugen »abgeschaltet« werden, oder daß Entführte das Schiff betreten und wieder verlassen, ohne von anderen Menschen (die nicht entführt wurden) beobachtet zu werden. Es ist auch schwierig, sich vorzustellen, wo die UFO-Insassen leben, wenn sie nicht in den irdischen Luftraum eindringen, wie sie also auf irgendeinem unwirtlichen Planeten unseres Sonnensystems leben können, wie sie von fernen Sternen oder Galaxien zu uns kommen oder warum die Wesen so menschenähnlich sind und warum ihre Prozeduren so stark an unsere medizinischen und chirurgischen Prozeduren erinnern. Wenn es sich tatsächlich um außerirdische Raumschiffe und Wesen handelt, warum gibt es dann so wenige, verläßliche Informationen? Und warum haben wir keine besseren Fotos von landenden UFOs gesehen, warum gibt es keine Fotos der Wesen selbst? Warum, höchstens mit Ausnahme des umstrittenen Vorfalls in Roswell, haben wir keine Artefakte, welche die Gegenwart der Außerirdischen bestätigen könnten? Und wo werden die Hybrid-Kinder aufgezogen, und wo halten sich die Raumschiffe auf, während die Entführten ihre Erfahrungen machen?

Somit steht jede Theorie vor unversöhnlichen Widersprüchen. Wenn das Entführungsphänomen vom Standpunkt der Psyche aus betrachtet wird, dann sehen wir uns mit extrem bizarrem Material konfrontiert, das von geistig gesunden Menschen glaubwürdig dargestellt wird, und die begleitenden physikalischen Manifestationen können wir auf diese Weise nicht erklären. Andererseits strapaziert das wörtliche Akzeptieren der extraterrestrischen Hypothese unsere Vorstellungen vom physikalischen Universum und seinen Eigenschaften und sprengt die allgemein akzeptierten Grenzen der Realität. Angesichts dieses Dilemmas haben manche Ufologen, namentlich Jacques Vallée und Karl Brunstein, über das Eindringen von Parallelwelten oder gar anderen Universen in unsere Realität geschrieben. Vallée beispielsweise schreibt: »Ich glaube, das UFO-Phänomen ist ein Beweis für die Existenz anderer Dimensionen jenseits unseres Raum/Zeit-Gefüges. Die UFOs kommen möglicherweise nicht aus dem gewöhnlichen Raum, sondern aus einem Multiversum, das uns überall umgibt ...«

Interessanterweise, erklärt Mack, seien es die Entführten selbst, die

häufig und obwohl sie wissenschaftlich nicht vorgebildet und mit solchen Schriften nicht vertraut sind, unter Hypnose das Gefühl erwähnen, in ihr Bewußtsein sei aus anderen Dimensionen jenseits unseres bekannten Raum/Zeit-Gefüges etwas eingedrungen. Viele Entführte, mit denen ich gesprochen habe, geben ihrem Gefühl Ausdruck, neben der unseren sei noch eine andere Intelligenz am Werk, die neue Lebensformen züchte, das Bewußtsein der Entführten verändere und ihre grundlegenden Vorstellungen von der Realität beeinflusse.[10]

Ich frage Mack, ob er unabhängig davon, ob die extraterrestrische Hypothese zutrifft oder nicht an eine Verschwörung der Regierung glaubt, die das Ziel hat, die Öffentlichkeit daran zu hindern, mehr über das UFO-Phänomen herauszufinden.

10 ibid., S. 55–56.

Er denkt einen Augenblick nach und sagt: »Wenn ich mir vorstelle, ich wäre ein führender General der Luftwaffe und es wäre mein Job, den Himmel, SDI oder was auch immer zu schützen, und ich würde mit einer Technologie konfrontiert, der gegenüber alles, was wir haben, zum Spielzeug wird, dann würde ich den Präsidenten irgendwie darüber informieren müssen. Und der Präsident würde mich dann fragen, was man dagegen tun könnte. Angesichts unserer derzeitigen Technologie, Sir, würde ich dem Präsidenten sagen, können wir überhaupt nichts tun. Und was noch schlimmer ist, sie versuchen ständig, Informationen zu bekommen.

Dann lassen Sie mich mal sehen, sagt der Präsident. Es liegt auf der Hand, daß wir nicht öffentlich erklären können, daß in diesen komischen Flugobjekten Außerirdische sitzen, die nach Belieben in unserem Luftraum herumschwirren und Menschen entführen, ohne daß wir etwas dagegen tun können. Die Leute würden in Panik geraten. Also würde der Präsident sagen: Wir dürfen nicht zugeben, daß es real ist, wir müssen es verleugnen. Das bringt die Regierung natürlich in eine Klemme. Einerseits müssen sie es verleugnen, andererseits müssen sie dafür sorgen, daß die Leute keinen Zugang zu den Informationen bekommen, die bereits verfügbar sind. Und das führt dazu, daß man glaubt, es handele sich um eine Verschwörung.«

Mack gesteht, daß er sogar ein gewisses Verständnis für die Regierung hat. »Wenn es mein Job wäre, unseren Luftraum zu beschützen, und ich könnte nichts ausrichten, dann würde ich das auch nicht zugeben. Ich würde gern mal mit Ihnen über die Politik der Ontologie und darüber reden, wer in einer Kultur entscheidet, was real ist. Diese Entscheidung trifft nur ein sehr kleiner Teil der Bevölkerung. Es ist der Situation ähnlich, als die christliche Kirche die heidnischen Religionen Europas besiegt hat. Das Christentum wurde zwar zur offiziellen Religion erklärt, aber privat hingen die Leute weiter dem alten Glauben an. So ähnlich ist das auch jetzt. Siebzig bis achtzig Prozent der Leute glauben vielleicht an UFOs, aber die Wissenschaft sagt, UFOs existieren nicht. Also existieren sie nicht.«

»Und daher der Widerstand?« frage ich.

»Der Widerstand hat damit zu tun, daß sich jede Kultur auf eine Sichtweise festlegt. Wir haben uns von der spirituellen Welt abgeschnitten. Wenn Sie Gott wären und versuchen wollten, das westliche Bewußtsein zu erreichen«, sagt Mack, »dann könnten Sie dies nur im Rahmen der konventionellen Physik erreichen, denn wir haben nicht die Sinne, irgend etwas anderes wahrzunehmen. Wir haben diese Sinne verloren und einen hohen Preis für die Rolle als Herren des Universums bezahlt. Wir haben unsere gottgegebenen Fähigkeiten verloren, und es ist ironisch, daß die rohe, grobe Invasion des Entführungsphänomens in die Welt unserer Sinne manche Leute zwingt – ich meine die Entführten –, sich voller Angst einer neuen Realität zu öffnen. Aber wenn *die* schon solche Angst haben, dann stellen Sie sich erst die Nicht-Erfahrenen vor, die, mit diesem Phänomen konfrontiert, antworten: Das ist Unfug! Weil sie keine Möglichkeit haben, es mit ihrer Vorstellung von der Realität in Einklang zu bringen. Es gelingt ihnen nicht, weil es nicht hineinpaßt.«

12. KAPITEL

Interview nach der Konferenz
Dr. John G. Miller

Am 27. Juli höre ich wieder von John G. Miller, dem Unfallarzt aus Los Angeles, mit dem ich am vierten Tag der Konferenz draußen auf der Wiese gesprochen habe. Bei jener Gelegenheit sagte er, es sei ihm zwar klar, daß das Entführungsphänomen eine Art machtvoller, subjektiver Erfahrung darstelle, daß seine objektive Realität aber noch nicht geklärt sei. Mehr als einen Monat später knüpft unser Gespräch wieder dort an, wo wir es unterbrochen haben. Wir sprechen über Budd Hopkins' Bericht über die Entführung Linda Cortiles aus ihrer Wohnung in New York, die von mehreren unabhängigen Zeugen beobachtet wurde. Miller äußerst den Verdacht, dieser Bericht sei womöglich »zu schön, um wahr zu sein«.

Aber trotz seiner Zweifel hinsichtlich des Cortile-Falles will Miller Hopkins' Ergebnisse nicht in Bausch und Bogen verwerfen: »Budd hat zwar seine festen Überzeugungen über das, was vor sich geht, und dies färbt in gewisser Weise auch seine Datensammlung, aber ich konnte feststellen, daß die Patienten, die ich ohne Hypnose untersucht habe und die meines Wissens durch die Ansichten von Hopkins und Jacobs nicht beeinflußt worden sind, unabhängig voneinander sehr ähnliche Angaben gemacht haben.«

»Was für Angaben waren das?« frage ich.

»Nun, als eine Patientin mir erzählte, sie sei aus dem Bett und durch ein geschlossenes Fenster nach draußen und hinauf zu einem UFO geschwebt, dachte ich zunächst, das sei ein einzigarti-

352

ges Erlebnis, eine Art außerkörperlicher Erfahrung«, antwortet Miller. »Später fand ich dann heraus, daß Hopkins so etwas schon oft gehört hat und daß meine Patienten immer wieder die spezifischen Angaben bestätigen, die Hopkins erhoben und aufgezeichnet hat. Außerdem habe ich mit ihm über einige Dinge gesprochen, die nicht in seinen Büchern erwähnt werden, die aber bei seinen genau wie bei meinen Patienten aufgetaucht sind. Ein Beispiel sind die Symbole, die manche Zeugen gesehen und beschrieben haben. Ich will das jetzt nicht weiter ausführen, weil darüber noch nichts veröffentlicht wurde, aber es sind sicher keine Symbole, die jemand erfinden würde. Es sind einzigartige und ungewöhliche Symbole.«

Miller war überrascht, daß auch seine Patienten über das Fehlen von Vorrichtungen zur Zubereitung von Speisen, Schlafplätzen, Bädern und Schmuckgegenständen berichtet haben, wie es von anderen Ermittlern auf der Konferenz erwähnt worden ist. »Stellen Sie sich nur vor, was die menschliche Phantasie beispielsweise aus den Küchen und Bädern von Aliens machen könnte«, sagt Miller mit leisem Lachen. »Wir Amerikaner sind ja geradezu besessen von Küchen und Badezimmern. Aber diese Besessenheit spiegelt sich nicht in den Berichten der Entführten wider. Das Fehlen mancher Elemente ist für mich mindestens so wichtig wie das, was vorhanden ist – wie viele Finger haben die Wesen? Haben sie Fingernägel oder nicht? Es ist, als würde man sich eine Röntgenaufnahme anschauen: Oft sucht man, ob irgend etwas *nicht* auf ihr zu sehen ist. Das ist etwas, was jeder Radiologe und jeder Arzt lernen muß. Und wenn man dieses Phänomen erforschen will, dann muß man nach Dingen suchen, die nicht vorhanden sind. Wenn man also an die Möglichkeit denkt, daß die Berichte nur Produkte menschlicher Phantasie wären, dann muß man fragen, warum die Außerirdischen denn keine extravaganten Küchen und Badezimmer haben.«

»Und was uns das erst über die Anatomie dieser Wesen verraten könnte«, füge ich hinzu. »Ich meine, da sie anscheinend keine

Genitalien haben, dürften sie keinen Bedarf an normalen Urinalen haben.«

»Wissen Sie, in meinem Papier über die medizinischen Prozeduren der Außerirdischen habe ich erwähnt, daß ihre Untersuchungen das kardiopulmonale System mehr oder weniger auslassen, obwohl dies für Patienten im Westen und ganz sicher für Amerikaner ein wichtiger Bereich ist. Wenn Sie als Arzt jemanden mit Beschwerden untersuchen, die irgend etwas mit inneren Erkrankungen zu tun haben könnten, und Sie untersuchen nicht routinemäßig auch Herz und Lungen mit dem Stethoskop – selbst wenn Sie überzeugt sind, daß es nicht viel bringt –, dann denken die Patienten, sie wären überhaupt nicht untersucht worden. Aber wenn man die Berichte über die Untersuchungen durch Aliens hört, dann stellt man fest, daß Herz und Lungen so gut wie keine Rolle spielen. Ich war etwas schockiert, als ich sah, wie unterschiedlich die Untersuchungsmethoden von Menschen und Aliens sind, aber andererseits denke ich auch, daß es gewisse Gemeinsamkeiten gibt.«

Miller hält einen Moment inne und fügt dann hinzu: »Ich glaube, ich habe das in meinem Papier nicht deutlich genug herausgearbeitet.«

Miller erwähnt Parallelen zwischen der Entnahme von Gewebeproben aus der Haut und der Untersuchung der Fingernägel, durch welche man Hinweise auf Krankheiten bekommen kann. »Das ganze Phänomen ist sehr bizarr, nicht wahr?« sagt er. »Und es gibt Geheimnisse. Ich glaube, das ist der Kern von alledem: *Es gibt Geheimnisse.*«

13. KAPITEL

Interview nach der Konferenz
Carol und Alice auf ihrer Pferdefarm

Ende Oktober fahre ich nach Maryland, um noch einmal mit
Carol und Alice zu sprechen. In den vier Monaten, die seit der
Konferenz in Boston vergangen sind, hatte Carol drei »lebhafte
Träume«, von denen sie einen anscheinend gemeinsam mit Alice
erlebt hat, sowie zwei angebliche Entführungen durch UFOs, die
sich kurz nacheinander um den Labor Day ereignet haben. Außerdem kann sie sich jetzt an eine geheimnisvolle, frühere UFO-Sichtung und eine Begegnung erinnern, und sie hat entdeckt, daß
wahrscheinlich auch ihre vierjährige Enkelin ein weiteres Erlebnis
mit Aliens hatte.

Alice versorgt gerade die Pferde, als ich ankomme, und so setze
ich mich mit Carol an den Eßtisch des Farmhauses. Von diesem
Tisch aus haben Carol, Alice und Alice' Schwester Grace im September 1990 die drei eigenartigen, strahlend hellen, weißen Lichter am Nachthimmel gesehen.

Die Sichtung und Begegnung, an die sie sich erst in letzter Zeit
erinnern konnte, fand am 10. Dezember 1991 in Maryland statt,
nur fünf Tage vor der Episode mit den falsch herum eingesetzten
Ohrringen. Sechs Wochen nach der MIT-Konferenz, so berichtet
Carol mir, fuhren Alice, der UFO-Forscher Richard Hall und sie
selbst von Frederick aus über den Interstate Highway 70 zur Farm.
An der Ausfahrt Hoods Mill Road verließ Carol plötzlich den
Highway und hielt den Wagen an. Hall saß vorn neben Carol,
Alice saß hinten.

»Warum hast du hier angehalten?« fragte Alice. »Wir nehmen doch sonst immer die nächste Ausfahrt.«

Carol antwortete nicht. Sie saß wie in Trance auf dem Fahrersitz, die Hände aufs Lenkrad gelegt.

»Carol!« sagte Alice etwas lauter. »Was ist los?«

Benommen legte Carol einen Gang ein und fuhr langsam wieder auf die Straße zurück. Als sie weiterfuhr, wurde ihr bewußt, daß Alice beinahe schrie: »Wohin willst du, Carol? Wohin fährst du?«

»Was? Ich fahre nach Hoods Mill«, antwortete Carol. Dann stutzte sie. Warum fahre ich nach Hoods Mill? fragte sie sich. Sie riß sich zusammen und fuhr ohne weitere Zwischenfälle zur Farm zurück.

Später kamen Carol und Alice auf die Idee, nach Hoods Mill zu fahren, um herauszufinden, ob dies eine Erinnerung auslöste.

Dieses Mal fuhr Alice, und Carol gab ihr Anweisungen. An der Ausfahrt Hoods Mill Road, erinnerte Carol sich, sei sie eines Nachmittags, als es bereits dämmerte, zuerst nach rechts und dann nach links gefahren. Die Nebenstraße sei schmal und überwachsen gewesen, und der Schotter sei bald nacktem Erdboden gewichen. Als sie bei Tageslicht mit Carol noch einmal den gleichen Weg fuhr, erinnerte Carol sich an ein Ziegelhaus, an dem sie auf der Nebenstraße vorbeigefahren war. Dahinter war sie einer Kurve gefolgt, und dann hatten ihre Scheinwerfer einen Briefkasten erfaßt, der auf einem schmiedeeisernen Pfosten stand. »Es müßte gleich hinter der Ecke sein«, sagte Carol zu Alice.

Alice folgte der Kurve, und, richtig, dahinter war der Briefkasten.

»Noch ein Stück«, sagte Carol, »dann müssen wir nach links auf eine andere Nebenstraße abbiegen.«

Carol war nicht sicher, ob es sich um eine Zufahrt zu einem Haus handelte oder um eine öffentliche Straße. Sie wußte nur noch, daß sie ein paar hundert Meter bis zu einer Lücke im dichten Gebüsch gefahren war, durch welche die landwirtschaftlichen

Fahrzeuge die Felder erreichen konnten. Alice und Carol fanden die Lücke und bogen ab. Direkt vor ihnen lag ein Feld mit hohem Mais. Links sahen sie ein langes, schmales Nebengebäude, dahinter stand ein hoher Silo. Links neben dem Gebäude stand ein windschiefer, offener Schuppen.

Carol war überrascht, denn das Nebengebäude war in ihrer Erinnerung ein Wohnhaus gewesen. Außerdem hatte auf dem Feld kein Mais gestanden, sondern etwas, das Carol später als riesiges UFO bezeichnete.

Was nun folgt, ist eine Rekonstruktion der Ereignisse jenes Abends, an dem die Begegnung stattfand. Der Bericht beruht auf Carols bewußten Erinnerungen, Flashbacks und einer hypnotischen Rückführung, die einen Monat nach meinem Besuch in Maryland von Budd Hopkins durchgeführt wurde.

10. Dezember 1991, Spätnachmittag. Carol kehrte von einem Besuch bei ihren Eltern in Hagerstown zurück. Statt wie üblich an der Ausfahrt Sykesville den Interstate Highway 70 zu verlassen, nahm Carol wie unter Zwang die Ausfahrt davor.

Einen Moment später, ein wenig wütend auf sich und ein wenig beunruhigt, erkannte Carol, daß sie sich verfahren hatte. Sie wußte nur, daß sie noch nie auf dieser Straße gewesen war und in die falsche Richtung fuhr. Es dämmerte schon, und sie konnte offene Felder und hier und dort die Lichter von Häusern sehen, die ein Stück von der schmalen, asphaltierten Straße entfernt standen. Dann fuhr sie an einem größeren Haus vorbei, dessen Zufahrt von der Straße bis zur Garage beleuchtet war, so daß der Weg Carol vorkam wie die Startbahn eines Flughafens.

Links von ihr war ein Kiesweg, in den sie einbog, weil sie hoffte, eine Stelle zu finden, wo sie wenden konnte. Sie mußte dann nur noch über die schmale Asphaltstraße bis zum Highway zurückfahren. Aber als sie die asphaltierte Straße erreichte, fuhr sie nicht nach rechts zum Highway, sondern nach links. »Verdammt«, sagte Carol laut, »was mache ich da?«

Vor sich sah Carol eine weitere Straße und beschloß, dort einzubiegen. Das Auto holperte durch Schlaglöcher und Rillen, und sie bekam allmählich Angst. Die Straße schien lange nicht mehr befahren worden zu sein, zu beiden Seiten standen dichte Büsche. Es gab nur eine Fahrspur, die immer schmaler wurde, und zwischen den Reifenspuren wuchs Gras. Was für eine Straße ist das nur? fragte Carol sich.

Es gab hier keine Häuser mehr und daher auch keine Zufahrten, in die sie abbiegen konnte. Sie beugte sich vor und starrte ins Zwielicht. Vor sich zwischen den Büschen und Bäumen sah sie etwas leuchten. Da muß ein Haus sein, dachte Carol. Das ist aber hell beleuchtet ... seltsam ist das, so weit draußen.

Als Carol sich dem beleuchteten Bereich genähert hatte, bremste sie ab und fuhr nur noch mit Schrittgeschwindigkeit. Die Lichtquelle wurde teilweise von einem Silo verdeckt, den Carol inzwischen neben der Straße erkennen konnte. Das ist riesengroß, dachte sie. Was mag das sein? Sieht aus wie ein großes Gebäude oder so. Die Außenwand des vermeintlichen Gebäudes strahlte wie eine gewaltige Glühbirne, und rings um das Objekt waren die Felder und weiter zurück sogar die Hügel beleuchtet. Jetzt sah Carol auch, daß rechts neben dem großen ein zweites, kleineres Objekt, das wie ein Fisch geformt war, mitten in der Luft hing. Es tanzte langsam auf und ab, als wiegte es sich in einem Luftzug. Das kleinere Objekt leuchtete nicht. Es war dunkel und bestand aus mattem Metall. Während Carol es anschaute, hob und senkte es sich mehrmals. Carol verstand nicht, wie das Objekt frei in der Luft schweben konnte.

Dann sah sie, daß sich im hellen Licht vor dem größeren Objekt die Umrisse von Menschen abzeichneten. Sie schienen wie gebannt ein Stück weiter rechts zu stehen. Es waren ungefähr sechs Personen. Ein Mann in einer Denimjacke hatte ein Kind an der Hand und ein zweites, kleineres Kind auf dem Arm, das sich an seine Brust drückte. Neben ihm stand eine Frau, nicht weit von ihnen waren noch einige andere Männer zu erkennen.

Bis auf einen, der eine Baseballmütze trug und rechts neben den anderen stand, schauten alle das riesige, hell leuchtende Gebilde an. Der Mann mit der Baseballmütze schaute zu den anderen Personen. Carol wunderte sich, daß er nicht auch das leuchtende Objekt ansah.

Die Leute schienen Carol nicht bemerkt zu haben. Sie überlegte, ob sie rufen und sie auf sich aufmerksam machen sollte.

Sie fragte sich, ob das Objekt womöglich eine Art Maschine war – eine industrielle Produktionsanlage vielleicht –, und ob die Leute dort beschäftigt waren. Aber dann konnte sie sehen, daß das Objekt auf schweren Landestützen ruhte. Zwei metallisch wirkende, einziehbare Stützen schienen aus Buchten unten im Objekt herausgefahren und arretiert worden zu sein. Am Ende des Objekts, das hinter dem Silo herausragte, waren schräge Fenster zu sehen, aus denen man zum Boden hinunterschauen konnte. Doch es stand niemand hinter den Fenstern. Es war eine Art Gebäude, anders konnte es gar nicht sein. Carol war sich jetzt sicher.

Das Gebäude war mindestens zwei Stockwerke hoch, oben und an den Seiten abgeflacht und langgestreckt wie eine Zigarre. Plötzlich fiel Carol ein, daß es vielleicht doch keine so gute Idee wäre, die Leute zu rufen. Sie hatte Angst, sie wäre vielleicht versehentlich auf eine geheime Anlage gestoßen, die sie eigentlich nicht hätte sehen dürfen.

Jetzt bemerkte sie auch, wie warm ihr war. Im Licht war es ungemütlich heiß. Vorsichtig entfernte sie sich von ihrem Auto, um aus dem Lichtschein herauszukommen. Hinter dem Farmgebäude war ein niedriger Viehstall. Carol beschloß, in den Stall zu schleichen und sich umzusehen. Ein summendes, pochendes Geräusch erfüllte plötzlich den Schuppen und wurde schmerzhaft laut. Eilig verließ sie den Stall und ging zur anderen Straßenseite, wo sie sich hinter Büschen und kleinen Bäumen verstecken konnte, um weiter zu beobachten.

Von diesem Standort aus konnte Carol nur noch den oberen Teil des Gebildes sehen. Jetzt flammte an dem vom Silo entfernten

Ende des Objekts ein Licht auf, das zu pulsieren begann. Der Takt schien dem pochenden Geräusch zu folgen, das hinter dem Stall entstand. Das Licht blinkte immer schneller, und das pochende Geräusch wurde lauter, bis Carol den Eindruck hatte, ein stehendes Licht und ein kontinuierliches Summen wahrzunehmen. Sie legte die Hände über die Augen, um sich vor dem Licht zu schützen, und dann erlosch es plötzlich. Auch das Geräusch war abgebrochen. Carol öffnete die Augen und sah, daß das Objekt verschwunden war. Ihr wurde klar, daß das Objekt doch kein Gebäude gewesen war. Aber wenn kein Gebäude, was dann?

Carol tauchte aus ihrem Versteck auf und trat auf die Straße. Es war niemand mehr da, die Leute waren verschwunden. Ängstlich stieg sie ins Auto und fuhr eilig nach Hause.

Später, in der hypnotischen Rückführung, der ich in Budd Hopkins New Yorker Studio beiwohnen darf, sagt Budd zu Carol, die sich noch in Hypnose befindet: »Es war sicher sehr überraschend, daß das Objekt verschwunden ist, ohne daß Sie sich erinnern können, wie es verschwunden ist.«

»Also, ich habe es nicht wegfliegen sehen.«

»Es war riesig ...« sagt Budd fragend.

»Ich habe mir die Augen zugehalten«, erklärt Carol, »aber nicht völlig. So schnell hätte es nicht verschwinden können.«

»Carol, ich werde Sie gleich aufwecken«, sagt Budd leise. »Aber vorher möchte ich Ihnen noch sagen, daß alle Erinnerungen in Ihrem Kopf stecken, in Ihrem Unterbewußtsein. Wenn Sie wollen, daß die Erinnerungen wieder auftauchen und wenn der richtige Augenblick dafür gekommen ist, dann werden Sie sich auch erinnern, wie das Objekt verschwunden ist. Sie müssen es gesehen haben«, erklärt Budd, »weil es dort war, während Sie dort waren. Wann immer Sie sich daran erinnern wollen, werden Sie erlauben, daß die Erinnerungen wieder auftauchen, und dann werden Sie alles verstehen, was Sie bisher nicht verstanden haben.«

Die Rückführung findet Ende November 1992 statt, aber danach tauchen keine weiteren Erinnerungen an diesen Vorfall auf.

Carol weiß keine Antwort auf die Frage, warum sie zu diesem Ort »gerufen« wurde.

Am Sonnabend, dem 5. September, sieben Wochen vor meinem Besuch bei Carol und Alice, hatte Carol ein weiteres Erlebnis, bei dem sie anscheinend zu einem bestimmten Ort »gerufen« wurde. Als wir darüber sprechen, hat sie bereits in einer Hypnosesitzung mit Budd Hopkins an dieser Erfahrung gearbeitet. Es war, sagt sie, »die erste Erinnerung daran, daß ich an Bord eines Schiffes war. Ich wurde hochgehoben und wieder abgesetzt.«

Hier folgt eine Zusammenfassung von Carols bewußten und durch Hypnose wiedergewonnenen Erinnerungen.

Es begann an einem dunstigen, regnerischen und düsteren Nachmittag etwa gegen 14 Uhr. Carol wollte übers Wochenende ihre Eltern besuchen. Am Montag wollte sie zurückfahren und die Nacht von Montag auf Dienstag in einer Blockhütte in einem State Park in West Virginia verbringen. Alice wollte am Dienstag zur Hütte kommen.

»Normalerweise fahre ich direkt über die Sykesville Road zum Interstate 70, auf dem ich bis Hagerstown bleibe«, berichtet Carol, als wir am Tisch im Eßzimmer sitzen. »Aber an diesem Sonnabend bin ich nach rechts auf den Highway 26 eingebogen, dann links auf eine unbefestigte Straße, in die ich etwa fünfzehn Meter weit hineinfuhr. Ich hielt rechts am Straßengraben, stieg aus und sah vor mir eine kleine Gestalt. Es war sehr dunstig. An die Gestalt kann ich mich nicht richtig erinnern, ich will wohl noch nicht.«

»Könnte es ein kleiner Grauer gewesen sein?« frage ich.

»Ja, das könnte sein«, sagt Carol. »Aber als Budd mich gebeten hat, mich auf ihn zu konzentrieren, ist es mir nicht gelungen. Ich glaube, ich war noch nicht bereit.«

Als Carol ausstieg, stand das Wesen jenseits des Straßengrabens an einem Zaun. Sie wollte zu ihm gehen, doch auf einmal, als sie noch mehrere Meter entfernt war, wurden sie beide in einem Winkel von dreißig Grad in die Luft gehoben. Das Wesen flog vor ihr. Während sie aufstiegen, kippten sie leicht nach vorn, so daß Carol unter sich durch den Nebel die Wipfel der Bäume am Straßenrand sehen konnte. Carol versuchte, die Augen zu schließen, aber sie konnte nicht. Sie konnte nicht einmal blinzeln.

Arme und Beine waren gelähmt und fühlten sich schwer an. Nur den Kopf konnte sie noch bewegen, und sie bog den Kopf so weit wie möglich zurück und richtete die Augen nach oben. Dadurch konnte sie über sich ein riesiges dunkles Objekt schweben sehen »wie eine schwarze Wolke«, sagte sie mir.

»War es *wie* eine Wolke, oder *war* es eine Wolke?« frage ich.

»Ich glaube nicht, daß es eine Wolke war, denn ich bemerkte es erst, als wir kurz davor waren, und dann sind wir direkt hineingeflogen. Es war riesig, mindestens dreißig Meter groß. Und es fühlte sich massiv an. Lichter gab es nicht. Wir flogen durch eine dunkle Öffnung hinein, und dann hat sich der Boden geschlossen.«

Auch im Innern des Schiffs schwebte Carol durch die Luft, aber jetzt in vertikaler Richtung. Dann wurde sie von einer unsichtbaren Kraft herumgedreht, bis sie in die entgegengesetzte Richtung sah. Der kleine Graue war verschwunden, und sie stand allein vor einer Art Wand, die ein sehr helles, weißes Licht abstrahlte. Es war allerdings ein diffuses Licht, das aussah, als würde es durch Gaze leuchten.

Fünfundzwanzig Zentimeter über dem Boden und direkt vor Carol, zwischen ihr und der Wand, schwebte eine anderthalb Meter hohe und knapp einen Meter breite Platte aus einem dunklen Material. Auf dem Boden vor diesem Raumteiler war eine Tafel mit einem erhabenen Symbol angebracht, das Carol an die Anzeige eines EKG oder EEG erinnerte. Außer der Tafel, dem Raumteiler und der Wand war nichts zu sehen.

Carol war es nicht nur übel, ihr wurde auch kalt. Sie wurde nach vorn bewegt, bis ihre Brust die dunkelgraue Platte berührte und sie direkt über der Tafel schwebte. Die Platte kippte zurück, bis Carol auf ihr lag.

Die Platte war wie der Raum eiskalt. Carol lag auf dem Bauch, das rechte Auge, den Wangenknochen und den Mundwinkel unbequem auf die kalte Fläche gepreßt. Da sie sich nicht bewegen konnte, vermochte sie die unangenehme Position nicht zu verändern.

»Waren Sie noch angekleidet?« frage ich.

»Ja«, sagt sie, »aber ich war nicht mehr allein. Als erstes bemerkte ich eine Gestalt links neben mir, ungefähr am Kopfende des Tischs. Daneben stand eine weitere Gestalt. Einfarbig graue, eng anliegende Uniformen. Schmuck, Gürtelschnallen oder Rangabzeichen konnte ich nirgends entdecken. Die Gesichter konnte ich nicht sehen, weil auf einmal dieses silbrigweiße Zeug heruntergekommen ist.«

Ein silbriges Material schwebte über Carol und bedeckte sie wie eine Decke vom Kopf bis zu den Füßen. Sie wußte allerdings genau, daß es keine Decke war, weil das Material viel sachter herunterkam als eine Decke aus Stoff. Die Plane legte sich nach und nach eng um Carols Körper. Zuerst geriet sie in Panik, weil sie zu ersticken fürchtete, als sich das Material auch über den Hinterkopf und die linke Gesichtshälfte legte.

Sie hatte keine Ahnung, was für ein Material das war, aber es fühlte sich fast lebendig an, weich wie ein Schwamm. Dann wurde sie herumgedreht, bis das Material unter ihr und die »Tischplatte« über ihr war. Als die graue Platte nach oben schoß und in der Decke verschwand, wurde ihr klar, daß sie von dem weichen Material gehalten wurde. Das Wesen, das zuerst links von ihr gestanden hatte, war durch die Drehung jetzt rechts. Soweit Carol es sehen konnte, war es ein großer Grauer. Er hatte ein sehr langes, schmales Gesicht mit spitzem Kinn, und wenn er Knochen gehabt hätte, dann hätte man sagen müssen, daß er hochstehende Wangenknochen hatte. Die großen ovalen Augen, die keine sichtbaren Pupillen hatten, waren schwarz und spiegelten das Licht nicht wider. Er kam näher zu ihr und veranlaßte das Material, Carols eingewickelte, rechte Hand zu drehen, bis die Handfläche nach oben zeigte und der Daumen zugänglich war. Er hielt etwas, das Carol als Spritze mit zwei Kolben deutete. Sie bezeichnete das Wesen für sich als »Aliendoktor«.

»Aus jedem der beiden Kolben kam eine Nadel«, erzählt Carol mir, »und jeder Kolben wurde durch einen Schlauch gespeist. In den Spritzen war eine gelbliche oder goldene Flüssigkeit, die er mir in den rechten Arm injizierte.«

Sie hebt die Hand, damit ich die beiden Einstiche im rechten Daumen sehen kann.

»Die Stiche sind jetzt vernarbt«, sagt sie, »aber er hat mir die ganze Flüssigkeit in den Daumen gespritzt, und es hat furchtbar weh getan. Sprechen konnte ich nicht, aber ich dachte: Das tut weh, das tut weh! Warum macht ihr das? Hört auf!

Die Nadeln waren kurz und V-förmig, nur ungefähr anderthalb Zentimeter lang. Carol spürte die Einstiche und dann ein Reißen in der Haut, als der breitere Teil der Nadeln eindrang, und dann ein scharfes Brennen, als die Flüssigkeit injiziert wurde. Es tat schrecklich weh, und Carol erinnert sich, daß ihr Tränen über den Nasenrücken gelaufen sind.

Das tut nicht weh, teilte der große Graue ihr telepathisch mit.

Doch, es tut weh! antwortete Carol auf dem gleichen Weg.

Es tut nicht weh, wiederholt der Aliendoktor. *Ich würde dir niemals weh tun.*

Es tut weh! protestierte sie noch einmal. *Nimm den Schmerz weg, das mußt du machen. Es muß aufhören.*

Der große Graue legte die Hand auf Carols Stirn und sagte noch einmal: *Es tut nicht weh.* Und der Schmerz verschwand.

Carol erkannte, daß es Suggestion war, aber es war ihr egal.

Ist es jetzt besser? fragte sie der Aliendoktor. *Wie fühlst du dich?*

Ich würde mich besser fühlen, wenn ich gehen könnte.

Carol spürte, wie die Nadeln herausgezogen wurden. Das große Wesen beugte sich über sie, so nahe, daß es ihr unangenehm wurde. Er schien sie prüfend anzusehen, und dann auf einmal hörte sie ihn sagen, daß sie gehen konnte.

»Hatten Sie das Gefühl, das große Wesen mit der Spritze schon einmal gesehen zu haben?« frage ich Carol.

»Oh, aber gewiß doch«, sagt sie beiläufig.

»Sie haben ihn wiedererkannt?«

»Es ist nicht so sehr ein Wiedererkennen, sondern vielmehr das Gefühl, daß man diesem Wesen schon einmal in einer anderen Situation begegnet ist«, erklärt sie. »Die großen Grauen unterscheiden sich nicht voneinander. Sie haben keine individuellen Merkmale. Man kann es also nicht sehen, sondern man fühlt es. Und ich hatte das Gefühl, daß ich ihn kannte.«

»Wie hat seine Hand ausgesehen, als er Ihren Kopf berührt hat?« frage ich.

»Er hat keine Knochen, es war eher wie Knorpel. Er hatte vier Finger, aber keinen Daumen. Der Kopf war breiter, als er hoch war, aber das Gesicht war sehr langgezogen, ein wirklich langes Kinn, der Mund war ein Schlitz. Ich habe übrigens noch nie gesehen, daß sie die Münder bewegt haben. Und der Kopf saß auf einem winzigen, kleinen Hals. Er war viel größer als ein kleiner Grauer. Ich bin fast einen Meter achtzig groß, und er reichte mir bis zum Kinn. Im Gegensatz zu den großen Grauen haben die kleinen Grauen drei Finger, die aussehen wie kleine Würste, die an der schmalen, langen Hand hängen. Und sie sind ganz klein. Ihre Körperform ist anders. Die Gesichter sind etwas runder, manche haben ein spitzes Kinn, aber manche auch nicht.«

Wir werden von Alice unterbrochen, die mit einem Kunden hereinkommt, der einen Einstellplatz für sein Pferd gemietet hat. Weder Alice noch Carol wollen, daß ihre Erlebnisse bekannt werden. Sie sprechen nie darüber, wenn jemand in der Nähe ist.

Später erzählt Carol mir dann, nach den Injektionen und als der Aliendoktor ihr gesagt hatte, daß sie gehen könne, habe sich das Material, das sich um sie gelegt hatte, von ihrem Körper gelöst. Es schien zu kippen, und dann begann es unter ihr zu wallen. Sie wurde von dem Material geschoben, bis sie wieder stand oder eher über dem Boden schwebte.

Dann tauchte der kleine Graue wieder auf und stellte sich vor Carol.

»Glauben Sie, es war derjenige, der Sie auf dem Hinweg begleitet hat?« frage ich sie. »Der, den Sie auf der Straße gesehen haben?« »Ich glaube schon«, sagt sie. Dann lacht sie. »Aber sie sehen für mich alle gleich aus. Er stand jedenfalls vor mir, und dann haben wir uns wieder bewegt.«

»Wie hat sich die Bewegung angefühlt?« frage ich.

»Ich habe mich nicht von selbst bewegt. Man spürt es nicht«, sagt sie. »Es gibt kein Schwindelgefühl. Es ist nicht so, wie wenn man ins Raumschiff gebracht wird oder es wieder verläßt. Es ist, als würde der ganze Körper in einer Hülle stecken und mit ihr zusammen bewegt, so daß man nicht einmal einen Luftzug spürt.«

»Ist es so ähnlich wie die Laufbänder in Flughäfen?«

»Nein, denn die Laufbänder bewegen sich ja unter Ihnen, und Sie müssen darauf achten, das Gleichgewicht zu halten, damit Sie nicht rückwärts umfallen. Dort war es anders, ich hatte überhaupt nicht das Gefühl, mich zu bewegen.«

»Wohin hat der kleine Graue Sie gebracht?«

»Zu dieser Stelle im Boden«, sagt Carol.

Und dann verschwand auf einmal der Boden unter ihr, und Carol hing hundert Meter hoch in der Luft und begann langsam zu sinken. Sie wurde nahe der Stelle, wo sie abgeholt worden war, auf der Straße abgesetzt. Aber da sie zu schwach war, gaben ihre Knie nach, als sie landete, und sie fiel rückwärts auf den feuchten Schotter. Carol blieb einen Augenblick mitten auf der Straße sitzen, dann stand sie auf, ging zum Auto und fuhr, ohne sich an die Entführung, die sie gerade erlebt hatte, erinnern zu können, zu ihren Eltern nach Hagerstown.

Erst als Carol in Hagerstown eintraf und bemerkte, daß der Hosenboden ihrer Jeans naß war, kam sie auf die Idee, daß etwas nicht stimmte. Als sie dann mit ihren Eltern am Eßtisch saß und zur Küchenuhr sah, fragte sie, ob die Uhr richtig ginge. Ihr Vater sah sie fragend an und meinte: »Aber sicher, warum fragst du?«

366

»Es kommt mir später vor, als es sein dürfte«, sagte Carol. »Ich muß erst spät losgefahren sein.« In diesem Augenblick hielt sie das noch für die richtige Erklärung. Was sonst hätte die fehlenden anderthalb Stunden erklären können?

Aber dann nahm ihre Mutter Carols Hand, drehte sie herum, sah sie an und sagte: »Was ist mit deinem Daumen passiert?« Erst jetzt sah Carol die Wunde am Daumen. »Es waren zwei Löcher mit einem weißen, geschwollenen Rand. Es sah aus wie ein Schlangenbiß. Geblutet hat es nicht, es tat auch nicht weh. Ich habe mir keine Sorgen gemacht, aber ich hatte keine Ahnung, woher die Löcher gekommen waren. Also erzählte ich meiner Mutter, daß so etwas auf einer Farm eben passieren könne, aber da es nicht weh tue, sei es schon in Ordnung. Meine Eltern bestanden aber darauf, die Wunde zu versorgen: Zuerst eine Salbe, dann ein Pflaster. Mein Vater hat immer wieder gefragt, ob auch alles in Ordnung sei. Aber da ich mich an nichts erinnern konnte, sagte ich, es sei weiter nichts, ich sei nur müde.«

Am Montag morgen beschlossen Carol und ihre Eltern, beizeiten mit zwei Autos zum State Park in West Virginia aufzubrechen, damit sie in der Hütte früh zu Abend essen konnten. Sie kamen gegen 15 Uhr 30 im Park an. Doch als sie die Vorräte ausladen wollten, weigerte Carols Mutter sich, die Blockhütte zu betreten. Erst nach längerem Zureden betrat sie die nur aus einem Raum bestehende Hütte, und als sie drinnen war, weigerte sie sich, allein dort zu bleiben. »Das ist kein guter Ort«, sagte Carols Mutter. »Hier ist etwas Böses.«

Eine derartige Bemerkung paßte überhaupt nicht zu Carols Mutter, die eigentlich sehr praktisch veranlagt war.

Vater und Tochter konnten die Mutter schließlich überreden, sich vor der Hütte in einem Schaukelstuhl niederzulassen. Von dort aus konnte die Mutter ihren Mann und ihre Tochter ständig im Auge behalten, während sie die Vorräte aus dem Auto ausluden. Aber kaum waren die letzten Vorräte in der Hütte verstaut, da stand Carols Mutter schon wieder auf und wollte weg. »Ich will hier raus«, sagte sie störrisch, »nicht mehr und nicht weniger. Ich will hier weg, und du solltest auch weggehen, Carol. Ich glaube, du solltest hier lieber nicht allein bleiben.«

»Ich werde nicht allein sein«, sagte Carol. »Alice wird morgen kommen, und außerdem gefällt mir die Hütte. Ich habe hier überhaupt keine unguten Gefühle.«

»Carol, komm doch mal her«, schaltete sich ihr Vater ein. »Wir müssen ein Stück Holz suchen und unter den Kühlschrank stecken, er steht schief.«

Der schiefe Kühlschrank war, wie Carol genau wußte, nur ein Vorwand, weil ihr Vater allein mit ihr sprechen wollte. Als sie außer Hörweite waren, sagte ihr Vater, auch ihm wäre es lieber, wenn Carol nicht allein in der Hütte übernachten würde.

»Aber warum denn?« fragte Carol.

»Weil hier tatsächlich etwas nicht stimmt«, sagte ihr Vater. »Ich will nicht, daß du hier bleibst. Nicht in dieser Hütte. Die Feiertage sind vorbei, alle anderen Hütten sind frei. Wir können dir eine andere suchen.«

»Ich will aber nicht in eine andere Hütte umziehen«, widersprach Carol. »Mir gefällt diese hier.«

Carols Vater wußte, daß er seine Tochter nicht würde umstimmen können. Kurz danach fuhren Carols Eltern wieder nach Hause, und sie versuchte, ihre unguten Gefühle in bezug auf die Hütte zu verdrängen. Die Besorgnis ihres Vaters beunruhigte Carol mehr als die Einwände ihrer Mutter. Auch Carols Vater hatte einige seltsame Erlebnisse gehabt, wie Carol auf der MIT-Konferenz berichtet hatte.

Als Carols Eltern den Park in West Virginia wieder verließen, war es etwa 17 Uhr 30. Es war noch nicht dunkel. Carol zündete in der hochgelegenen Hütte ein Feuer an, um die Feuchtigkeit zu vertreiben, nicht, weil ihr kalt war. Sie versuchte, etwas zu essen, aber sie hatte immer noch keinen großen Appetit. Sie setzte sich auf die Veranda und trank einige Tassen Kaffee, während sie den Mondaufgang beobachtete, dann ging sie etwa um 22 Uhr 30 zu Bett und schlief fest. Trotz der Warnungen ihrer Eltern hatte Carol in der Nacht, die sie allein in der Hütte verbrachte, keine Probleme. Am nächsten Morgen, es war der Dienstag nach dem Labor Day, wachte Carol etwa um 7 Uhr 30 auf. Sie blieb noch eine Weile im Bett liegen, ehe sie aufstand und sich anzog: ein langärmeliges gelbes T-Shirt, weiße Leinenschlüpfer, Bluejeans, bequeme Schuhe. Sie hatte seit vierundzwanzig Stunden fast nichts gegessen, aber sie hatte immer noch keinen Hunger. Sie machte sich eine Tasse Kaffee und setzte sich draußen in den Schaukelstuhl, um auf Alice zu warten.

Es war ein schöner, wolkenloser Spätsommertag. Sie hatte sich kaum gesetzt, da erschrak sie, als sie ein riesiges, gelbes Insekt sah, das sie nicht kannte. Der Käfer, oder was es auch war, hatte etwa fünfzehn Zentimeter breite Flügel und einen ovalen, neun Zentimeter langen Körper, der mit einem weichen, goldenen Flaum bedeckt zu sein schien. Über den Augen hatte das Tier zwei Fühler. Es war plötzlich um die Ecke der Hütte gekommen und schwebte summend sehr nahe vor ihrem Gesicht in der Luft. Carol bekam schreckliche Angst. Das Insekt blieb einen Moment dort, dann schoß es seitlich neben Carols Gesicht und blieb in der Luft stehen, danach flog es zur anderen Seite und schwebte wieder, dann kehrte es erneut zu der ersten Position vor ihrem Gesicht zurück.

Das Insekt summte dicht vor ihrem Kopf herum, berührte sie aber nicht. So ging es eine Weile, und um etwa neun Uhr hatte Carol sich so weit an das Insekt gewöhnt, daß sie es »Goldie« nannte. Sie fand nicht heraus, was für ein Tier es war, aber da sie so etwas noch nie gesehen hatte, nahm sie an, es wäre von einem Sturm herangeweht worden.

Carol hatte angenommen, Alice würde die Pferde füttern und danach sofort losfahren, so daß sie gegen Mittag ankommen würde. Alice wollte über Nacht bleiben und dann, da sie in Washington arbeitete, früh am nächsten Morgen aufbrechen. Als Alice aber um 15 Uhr immer noch nicht angekommen war, wurde Carol unruhig.

Der Himmel verdunkelte sich, während dicke Sturmwolken aufzogen. In der Ferne grollte der Donner. Carol vermutete inzwischen, Alice würde vielleicht überhaupt nicht kommen, weil es mit den Pferden auf der Farm Probleme gegeben hatte, aber Carol wagte nicht, zum Haupthaus hinunterzugehen, weil sie fürchtete, Alice könnte genau in diesem Augenblick ankommen und sie im weitläufigen Park verfehlen.

Carol beschloß, ein kurzes Stück bis zu der Zufahrtsstraße zu laufen, von der aus alle Blockhütten erreicht werden konnten. Auf diese Weise konnte sie Alice nicht verpassen, falls sie gerade jetzt käme. Es stellte sich heraus, daß ihre Hütte tatsächlich die einzige war, die zur Zeit bewohnt war.

Sie blieb nicht lange draußen. Der Donner wurde lauter, und als es zu regnen begann, kehrte Carol zu ihrer Veranda zurück, um zu warten, bis das Gewitter vorbei wäre.

Es goß ungefähr eine Stunde, die Carol im Schaukelstuhl sitzend verbrachte. Danach, als der Regen aufgehört hatte, breitete sich Bodennebel aus.

Ein paar hundert Schritt oberhalb von Carols Hütte und ein Stück nach rechts versetzt lag eine weitere Hütte. Sie befand sich auf der anderen Seite der Einbahnstraße, von der im Halbkreis die Zugänge zu den Hütten abzweigten. Von ihrem Standort aus hatte Carol die Hütte und die Straße beobachten können, über die Alice kommen mußte, aber jetzt lag dichter Nebel über dem Boden, und Carol konnte weder die Straße noch die benachbarte Blockhütte sehen.

Der Nebel rollte langsam den Hügel herunter in ihre Richtung. Irgend etwas an der Wolke beunruhigte sie. Der Nebel schien sich überhaupt nicht zu verändern, sondern zog knapp über dem Boden dahin und kam immer näher. Carol stand auf und ging zum Rand der Veranda, um den Nebel näher in Augenschein zu nehmen. Inzwischen war es ungefähr 16 Uhr 30. Das Gewitter war vorbei, und es war wieder heller geworden. Als Carol am unteren Rand der Wolke zwei dünne graue Beine sah, geriet sie in Panik und floh in die Hütte.

Ihr erster Gedanke war, die Wesen auszusperren. Aber dann dachte Carol: Das ist dumm. Man kann sie nicht aussperren. So schnappte sie sich die Autoschlüssel und rannte hinaus. Sie wollte einfach wegfahren.

Die Schlüssel in der Hand, sprang Carol von der Veranda herunter und rannte den Weg zu ihrem Auto hinunter. Sie sah sich noch einmal rasch um und konnte jetzt zwei Wesen erkennen, dahinter womöglich noch ein drittes, das gerade aus dem Nebel auftauchte. Die drei kleinen Grauen schwebten hintereinander den Hügel herunter in Carols Richtung. Sie bewegten weder Arme noch Beine, sondern glitten langsam herunter wie auf Skiern.

Carol rannte zum Auto, das ein Stück tiefer auf einem mit Kies bestreuten Parkplatz stand. Sie stieg eilig ein und schob den Schlüssel ins Zündschloß. Der Motor sprang sofort an. Sie trat einmal aufs Gas und schaute auf.

Die drei kleinen Grauen waren jetzt direkt vor ihr, nur wenige Meter entfernt. Zuerst spielte sie mit dem Gedanken, den Vorwärtsgang einzulegen und sie zu überfahren, aber dann dachte sie: Nein, geht weg, geht da weg!

Sie legte den Rückwärtsgang ein und stieß hastig auf die einspurige Zufahrtsstraße zurück, daß der Kies nur so spritzte. Dann sah sie noch einmal zu den kleinen Grauen. Der erste hatte den Arm gehoben und deutete auf die Kühlerhaube. Oh, verdammt! dachte sie, und dann sprang der Gang heraus.

Sie rollte immer noch rückwärts, und so setzte sie den Fuß auf die Bremse und versuchte, wieder den Rückwärtsgang einzulegen. Doch der Wählhebel des Automatikgetriebes glitt ohne Widerstand durch die verschiedenen Positionen. Sie wußte nicht, was sie tun sollte. Wenn sie keinen Gang einlegen konnte, dann konnte sie das Auto nicht bewegen. Der Wagen stand jetzt mitten auf der Straße, aber sie konnte nicht fahren.

Wieder sah Carol durch die Windschutzscheibe zu den Grauen. Der erste hob noch einmal den Arm, und Carol nahm die Hände vom Lenkrad. *Bitte macht nichts mehr mit dem Auto*, dachte sie.

»Ich steige aus«, sagte sie laut zu den Wesen. «Ich komme freiwillig mit, wenn ihr mein Auto in Ruße laßt.«

Sie ließ das Auto auf der Straße stehen und steckte die Schlüssel ein. »Ich werde keinen Widerstand leisten und nicht weglaufen«, sagte sie. »Aber ich muß mich an diese Entführung erinnern. Bitte, ich muß mich daran erinnern.«

Carols nächste Erinnerung ist, daß sie einem kleinen Grauen den Weg hinauf folgte. Die anderen beiden waren hinter ihr. Sie lief nicht, sondern Carol und die Wesen schwebten. Dann auf einmal war sie im Innern des Raumschiffs.

Die drei kleinen Grauen ließen Carol zu einem Liegestuhl schweben, in dem sie abgesetzt wurde. Der Stuhl paßte sich ihrer Körperform an. Er wäre, dachte Carol, äußerst bequem, wäre die Oberfläche nicht so kalt.

Carol wollte sich umsehen, aber der einzige Körperteil, der sich bewegen ließ, waren ihre Augen, und außer der leeren, geschwungenen und fugenlosen Wand konnte sie nichts sehen. Die drei kleinen Grauen hatten sich zurückgezogen, und Carol blieb allein, bis rechts von ihr drei große Graue auftauchten.

Einer der großen Grauen trat dicht neben Carol, die anderen beiden hielten sich rechts neben ihr ein Stück zurück. Besonders große Angst hatte sie nicht; sie hatte mehr oder weniger resigniert und war bereit, alles über sich ergehen zu lassen. Macht nur, dachte sie. Es ist mir egal, was ihr tut, weil ich mich an jede Einzelheit erinnern werde.

Als sich der große Graue über Carol beugte und sie ansah, erwiderte sie seinen Blick und bekam das Gefühl, sie müßte ihn eigentlich kennen und sollte entsprechend auf ihn reagieren. Irgendwo in ihrem Hinterkopf gab es einen kleinen Stich, als wollte ihr etwas sagen: Du hast hier etwas zu tun. Aber zur gleichen Zeit dachte sie: Ich will nicht. Ich will nicht.

Später wurde ihr dann klar, daß sie ihn von ihrer letzten Entführung her hätte kennen müssen, die am Sonnabend, vor drei Tagen, stattgefunden hatte. Er war der Aliendoktor, der ihr die Injektionen gegeben hatte. Aber in diesem Augenblick konnte sie sich an die Entführung vom Sonnabend noch nicht erinnern, und so dachte sie nur: Wer seid ihr überhaupt? Was geht hier vor? Warum bin ich hier?

Daraufhin hörte sie den großen Grauen in ihrem Kopf sagen: *Du wirst verändert werden.*

Was? rief Carol in Gedanken.

Wir müssen dies tun. Es ist wichtig, daß wir es tun, sagte der Doktor. *Ich werde es dir erklären, und du wirst es verstehen.*

Nein, ich verstehe es nicht, dachte Carol. *Warum macht ihr das?*

Weil es wichtig ist.

Warum ist es wichtig? fragte Carol.

Das brauchst du nicht zu wissen, antwortete der Aliendoktor.

»Die Wesen erzählen nicht alles«, erklärt Carol mir an jenem Nachmittag in Maryland. »Sie beantworten Fragen mit Gegenfragen, oder ihre Antworten haben nichts mit der Frage zu tun, oder sie weigern sich, überhaupt zu antworten.

Die Gefühle der Menschen sind ihnen egal. Manchmal machen sie zwar seltsame Dinge, wie etwa die Hände auf die Stirn zu legen, um die Schmerzen zu lindern, aber das ist eine Art Reflexbewegung. Sie tun das nicht, weil sie besorgt sind, sondern weil sie unsere Kooperation gewinnen wollen, ohne daß wir uns zur Wehr setzen. Deshalb müssen sie sich um uns kümmern, und daher tun sie so, als würde ihnen etwas an uns liegen.«

Der Aliendoktor wollte Carols Fragen nicht beantworten. Sie erfuhr von ihm nur, daß die Wesen bestimmte Dinge tun mußten und daß es wichtig sei. Dann wandte er sich an die anderen beiden großen Grauen, die Carol für Techniker hielt, und nickte kurz. Einer von ihnen kam sofort herein. Er hatte eine Spritze mit einem Kolben, die durch einen Schlauch gespeist wurde. Vorn ragte eine lange, dünne Nadel hervor. Da Carol nur die Augen bewegen konnte, konnte sie nicht sehen, wohin der Schlauch, mit dem die Spritze verbunden war, führte.

Carols gestreckte Arme lagen mit den Handflächen nach oben auf den Lehnen des Liegestuhls. Der Aliendoktor zog sich zurück, als der Techniker rechts neben Carol schwebte. Er zog ihr die Ärmel des gelben T-Shirst hoch und injizierte ihr knapp unter der Impfnarbe ihrer Pockenschutzimpfung eine rostrote Flüssigkeit in den Oberarm. Dann verschwand er hinter Carol und tauchte links neben ihr mit einer anderen Spritze mit zwei Kolben, zwei Nadeln und zwei Schläuchen wieder auf.

Die Flüssigkeit in einem Kolben war goldfarben, die im anderen war gelb. Die Nadeln waren länger und dünner als jene, die der Aliendoktor am Sonnabend bei ihr benutzt hatte. Carol spürte zwar den Einstich und ein Brennen, als die Flüssigkeiten injiziert wurden, aber es war bei weitem nicht so schmerzhaft wie die erste. Nach dieser Injektion verschwand der Techniker wieder für einen Augenblick und kam rechts von ihr mit einer dritten Spritze erneut zum Vorschein. O nein, dachte Carol. Es war die große Spritze mit den zwei Kolben und den dicken Nadeln. Der Techniker richtete die Nadeln sorgfältig über den Einstichen in ihrem Daumen aus. Die Injektion war weniger schmerzhaft, als Carol befürchtet hatte. Die Löcher waren schon da, die Nadeln brauchten nur noch den dünnen Schorf zu durchstoßen. Trotzdem tat es weh, und sie beklagte sich.

Nein, es tut nicht weh, sagte der Aliendoktor.

Der Techniker beendete seine Arbeit, zog sich aus ihrem Sichtfeld zurück und kehrte dann mit dem zweiten Techniker zurück. *Dürfen wir deine Kleidung entfernen?* fragten sie.

Was? fragte Carol überrascht. *Nein, ich glaube nicht. Nein, ich will das nicht, es ist zu kalt.*

Sie achteten nicht auf ihre Einwände.

Der Stuhl, auf dem Carol saß, wurde sanft nach vorn geneigt, und die Techniker, jeder auf einer Seite, griffen hinter ihren Rücken und zogen ihr das Hemd über den Kopf. Dann entfernten sie die weißen Segeltuchschuhe, als nächstes war die Bluejeans an der Reihe. Carol konnte fühlen, wie die Finger ihre Hose öffneten, dann spürte sie die Finger am Hosenbund. Die Finger des Technikers drückten rechts in ihre Seite, weil er versehentlich den Hosenbund ihres Schlüpfers zusammen mit der Jeans erwischt hatte. Die Finger schienen kühl zu sein, aber es war nicht die Temperatur, die sie überraschte, sondern die Textur. Es war, als würden Lederbänder über ihre Haut reiben. Der Techniker bemerkte seinen Irrtum und faßte nur den Bund ihrer Jeans. Dann zogen ihr die beiden großen Grauen zusammen die Bluejeans aus. Als sie ihr dann auch noch den Schlüpfer auszogen, wurde Carol wütend. *Das könnt ihr nicht machen!* dachte sie.

Doch, wir können, erwiderte der Aliendoktor.

Sie war wütend, es war ihr peinlich, vor den Wesen nackt zu sein, und ihr war kalt. Inzwischen hatte einer der Techniker eine vierte Spritze geholt. Sie hatte nur einen großen Kolben, aber dafür zwei lange, dicke, gefährlich aussehende Nadeln im Abstand von ungefähr zwei Zentimetern. Der Techniker beugte sich über sie und stieß Carol beide Nadeln direkt unter dem Bauchnabel in den Bauch, um ihr eine rot-orangefarbene Flüssigkeit in den Bauch zu injizieren. Sie hatte starke Schmerzen und schrie innerlich: *Es tut weh! Das tut weh.*

Der Aliendoktor sagte: *Es tut nicht weh.*

Doch, es tut weh! sendete Carol zurück. *Es tut weh!*

Der Aliendoktor legte Carol die Fingerspitzen auf die Stirn, und der Schmerz verschwand. Carols Dankbarkeit und Erleichterung waren so groß, daß sie alles getan hätte, was er von ihr verlangte, nur um den Schmerzen zu entgehen.

Es sollte nicht weh tun, sagte der Aliendoktor zu ihr. *Es hätte nicht weh tun sollen.*

Hat es aber, erwiderte Carol.

Ich habe dir noch nie weh getan, sagte der Aliendoktor.

In diesem Augenblick wurde Carol klar, daß sie diesen großen

Grauen wahrscheinlich schon lange Zeit kannte. Allerdings spielte sich ihr Begreifen nicht auf einer bewußten Ebene ab. Sie wußte nur, daß zwischen dem Aliendoktor und ihr eine langfristige Beziehung bestand.

Der Techniker zog ihr die Spritzen aus dem Bauch. Schmerzen hatte sie nicht, aber sie konnte spüren, wie die Nadeln herausgezogen wurden. Dann wurde ihr übel – nicht von den Injektionen, sondern infolge der Schmerzen.

Jetzt müssen wir dich testen, sagte der Aliendoktor. Er und die beiden großen Grauen ließen Carol im Sessel zurück. Sie war immer noch nackt. Die Beine waren leicht gespreizt, und sie wunderte sich, daß ihr nicht mehr kalt war. Sie wollte den Kopf bewegen, mußte aber feststellen, daß sie nach wie vor gelähmt war.

Nach einer Weile kehrte der Aliendoktor mit einem Techniker zurück, der eine weitere Spritze mitbrachte. Diese Spritze hatte nur einen Kolben und einen Schlauch, dessen anderes Ende Carol nicht sehen konnte. Sie hatte eine Art kleinen Becher oder einen Trichter statt einer Nadel, und der Kolben war leer.

Der Aliendoktor stand neben Carols rechter Schulter, während der Techniker, der auf der gleichen Seite stand, sich vorbeugte und ihren linken Arm ergriff. Es war das erste Mal, daß sie die Hände der Wesen sah. Die Finger waren wie Ranken um die Spritze geschlungen. Carol war viel zu erstaunt, um sich Sorgen zu machen und sich zu fragen, was die Wesen mit ihr vorhaben mochten.

Der Techniker setzte das becherförmige Ende der Spritze auf die große Vene innen in Carols linkem Arm und drückte leicht. Sie spürte den Einstich einer Nadel, aber dann ging etwas schief. Es brannte, der Becher fiel herab, und die Spritze schien direkt vor ihrem Gesicht hochzuspringen. Sie konnte sehen, daß die Nadel blutig war. Dann schob sich der Aliendoktor in ihr Gesichtsfeld. Er sah den Techniker an, der auf einmal hinten an der Wand stand. Er schien von den Augen des Doktors zurückgeschleudert worden zu sein.

Aber es war so schnell gegangen, daß Carol ihrer Sache nicht sicher war.

Der zweite Techniker kam mit einer Ersatzspritze. Er drückte sie auf Carols Vene, es zischte leise, und sie konnte ihr Blut in die Spritze und durch den Schlauch strömen sehen. Nachdem die Wesen eine kleine Probe entnommen hatten, wurde die Spritze herausgezogen und weggebracht.

Als der Doktor wieder zu ihr kam, fragte sie ihn: *Warum habt ihr mein Blut genommen?*

Wir müssen das tun, antwortete das Wesen telepathisch.

Warum müßt ihr das tun?

Es ist nicht wichtig, daß du es erfährst.

Doch, es IST wichtig, daß ich es erfahre! sagte Carol zu ihm. *Ihr habt mir Blut abgenommen!*

Das Wesen sah sie an und sagte dann: *Wir müssen uns vergewissern, ob alles in Ordnung ist.*

Warum müßt ihr euch vergewissern? Was muß in Ordnung sein? Was macht ihr mit mir? fragte Carol.

Warum willst du das wissen? gab der Aliendoktor zurück. Carol hatte den Eindruck, daß er frustriert klang. *Warum mußt du das alles wissen? Du brauchst das nicht zu wissen.*

Wozu braucht ihr mein Blut? fragte Carol. *Was war in den anderen Spritzen? Was macht ihr –*

Das Wesen unterbrach Carol. *Du wirst verändert werden,* sagte es zu ihr. *Du veränderst dich.*

Carol verstand nicht, was damit gemeint war. *Was heißt das, ich werde mich verändern? In was werde ich mich verändern?*

Du wirst verändert, sagte das Wesen.

In WAS verändert? dachte sie heftig.

Carol verstand es immer noch nicht. Doch auf einmal sagte der Aliendoktor: *Du wirst nur Kuh-Dinge essen.*

Carol lachte innerlich über die absurde Vorstellung.

Das Wesen hörte es und wiederholte: *Du wirst nur Kuh-Dinge essen.*

Menschen können nicht nur Rindfleisch essen, protestierte Carol. Normalerweise aß sie meist Geflügel. *Wir brauchen auch andere Dinge. Von Rindfleisch allein können wir nicht leben.*

Du kannst, antwortete das Wesen. *Du bist verändert.*

»Er sagte es auf eine Art, die keinen Widerspruch duldete«, erklärt Carol mir am Eßtisch der Pferdefarm. »Wenn die Wesen eine entschiedene Bemerkung machen oder bei einer Sache hart bleiben, dann klingt es anders als sonst. Man hört eigentlich keine einzelnen Wörter, sondern eher alles auf einmal. Deshalb dachte ich, ich hätte ihn nicht richtig verstanden. Aber wenn sie sich nicht weiter streiten wollen oder ungeduldig werden, dann klingt es wie eine scharfe Bemerkung im Kopf. Äußerlich zeigen sie es nicht, aber es kommt in den Kopf herein, als hätten sie ein Ausrufezeichen dahintergesetzt. Und so kam auch seine letzte Bemerkung bei mir an, daß ich Rindfleisch essen müßte, weil ich verändert sei. Ich wußte, daß es nichts nützen würde, ihm zu widersprechen, also beschloß ich, ihn lieber nach den Pferden zu fragen.«

»Welche Pferde?« frage ich Carol.

Einen Monat zuvor, erzählt Carol, hatte sie einen so lebhaften und detaillierten Traum, daß sie Zweifel hatte, ob es nicht doch ein reales Erlebnis war. Als ihre Erinnerungen sich nach einer Weile nicht verflüchtigten, schrieb sie es auf.

Sie erinnert sich nicht, wie sie in ihrem Traum ins Innere des außerirdischen Raumschiffs gelangt ist, aber als sie drinnen war, wurde sie nackt auf einen Stuhl gesetzt, der jenem ähnlich war, auf den die Techniker sie gesetzt hatten, als sie die Spritzen bekommen hatte. Rechts hinter dem Stuhl sah sie eine rechteckige, weiße Kiste mit abgerundeten Ecken und einem schwarzen, wie Glas wirkenden Deckel. Auf der Kiste waren zwei Symbole zu sehen: vorn eine violette Darstellung eines Objekts, das aussah wie eine Gartenhacke mit Flügeln, an der Seite eine rosafarbene, adlerähnliche Figur mit zwei Flügeln auf schwarzem, metallischem Hintergrund. Carol hatte solche Symbole noch nie gesehen und wußte nicht, was sie bedeuten sollten. Den Stuhl fand sie bemerkenswert, weil hinten im Stuhlrücken eine Schalttafel befestigt war, aus der Kabel kamen.

Das Innere des Raumschiffs wurde von einer großen Röhre erhellt, die unter der Decke hing und ein gleichmäßiges weißes Licht erzeugte. Unter der Lampe, an der Wand, wo man Bullaugen erwartet hätte, waren Rahmen befestigt, die aussahen wie Panoramafenster, doch sie enthielten kein Glas, sondern eine Art von Stäben. Diese Stäbe waren ständig in Bewegung. Carol hatte keine Ahnung, was sie zu bedeuten hatten. Doch in erster Linie richtete sich ihre Aufmerksamkeit auf den Stuhl, dessen eiskalte Oberfläche sich ihrer Körperform anpaßte, und einen Drahtkäfig mit vier sehr jungen Pferden, der direkt vor dem Stuhl stand.

Eins der Fohlen wirkte verängstigt, das zweite leicht beunruhigt, das dritte neugierig und das vierte gelangweilt.

Neben Carol stand ein kleiner Grauer, der ihr immer wieder sagte: *Schau die Pferde an. Schau die Pferde an.* Aus dem Augenwinkel konnte sie sehen, wie der Graue die Hand über die schwarze Glasplatte der Kiste bewegte. Sie konnte nicht sehen, was er tat. Allerdings bemerkte sie, daß seine Hand vier Finger und keinen Daumen hatte.

Sie gehorchte den Anweisungen und betrachtete die Fohlen. Auf den ersten Blick schienen sie einander völlig zu gleichen: einfarbig braun, ohne weitere Zeichnungen, zwischen drei und vier Monaten alt. Das seltsame an ihnen, erzählt sie mir, waren jedoch die Füße. Die Tiere hatten keine Hufe, sondern Polster – weiche, runde, nachgiebige Polster, die sich eindrückten und sich ausdehnten, wenn sie belastet wurden.

Ich muß an andere Entführte denken, die berichtet haben, in eine Wüstenlandschaft mit einer sterbenden roten Sonne gebracht worden zu sein, und frage Carol, ob die Füße dieser Fohlen für einen weichen, sandigen Untergrund besser geeignet wären als Hufe.

»Ja«, sagt sie. »Als ich sie sah, dachte ich an die Füße von Kamelen, nur daß die Fohlen keine Zehen hatten.«

»Waren die Fohlen möglicherweise eine holographische Projektion?« frage ich.

»Ich weiß nicht«, sagt sie. »Sie haben real ausgesehen.«

Sie sahen real aus, erzählt sie weiter, aber sie gaben keine Geräusche von sich, und sie rochen nicht – und außerdem waren da ja die seltsamen Polster anstelle von Hufen. Aus diesem Grund, erzählt Carol, habe sie den Aliendoktor nach den Pferden gefragt, als er ihre Fragen, warum sie sich verändern würde und nur noch »Kuh-Dinge« essen sollte, nicht beantwortet hatte. Sie hatte wissen wollen, ob ihr Traum vielleicht doch real gewesen war.

Der Aliendoktor hatte die gleiche Antwort gegeben wie ich: *Welche Pferde?*

Habt ihr Pferde hier? An Bord dieses Schiffes? fragte Carol.

Nein, wir haben hier keine Pferde, antwortete das Wesen telepathisch.

Okay, dachte Carol, *kennt ihr Pferde?*

Pferde ja, sagte er. *Was ist mit Pferden?*

Ihre Füße, sagte Carol. Als das Wesen nicht antwortete, fügte sie hinzu: *Die Hufe?*

Ja, sagte er. *Pferde werden verändert.*

Geht das schon wieder los! dachte Carol. *Unsere Pferde*, erklärte Carol, *haben harte Füße. Ihre Hufe sind hart.*

Nein, nein, nein, sagte der Aliendoktor zu Carol. *Pferde haben sich verändert.*

Werden ihre Füße verändert?

Pferde sind verändert.

Carol dachte, sie käme so nicht weiter. Aber dann glitt der Aliendoktor aus ihrem Sichtfeld und kehrte einen Augenblick später mit einem dünnen, quadratischen, durchsichtigen Bildschirm von etwa einem halben Meter Größe zurück.

Ich zeige dir Pferde, sagte das Wesen.

Endlich, dachte Carol aufgeregt. Damit kenne ich mich wenigstens aus.

Das Wesen hob den Bildschirm, bis er vor Carol in der Luft hing, und ließ ihn los. Der Bildschirm zeigte ein scharfes Farbbild von einem Dutzend erwachsenen, braunen Pferden, die sich gemächlich bewegten. Es waren anscheinend völlig normale, braune Pferde. Es gab keine Schimmel, keine Schecken, keine Rotbraunen. Die Pferde hatten keine Zeichnungen, keine Blessen, keine weißen Stiefel, keine schwarzen Beine. Und es gab keine Vergleichsmaßstäbe, mit denen man ihre Größe hätte bestimmen können. Der Hintergrund war völlig ausgeblendet. Carol sah nichts weiter als Dutzende völlig gleichartiger Pferde mit dunkelbraunen Mähnen, die sich hin und her bewegten. Vom linken oder rechten Bildrand kamen keine neuen Tiere dazu, und keine Tiere verließen das Bild, wie es eigentlich hätte geschehen müssen, wenn eine fest aufgestellte Kamera eine wandernde Tierherde beobachtet. Als würden sie vom Rahmen des Bildes selbst festgehalten, wanderten die Pferde einfach hin und her, und Carol konnte ihre Füße nicht sehen.

Das sind Pferde, sagte das Wesen.

Ja, ich weiß, gab Carol zurück. *Aber ich kann die Füße nicht sehen.*

Warum willst du ihre Füße sehen?

Carol versuchte noch einmal zu erklären, daß die Pferde, die sie im Traum gesehen hatte, Kissen anstelle von Hufen gehabt hatten.

Nein, nein, nein, nein, sagte das Wesen. *Pferde sind verändert. Pferde sind immer verändert.*

Nein, das sind sie nicht! beharrte Carol. *Unsere Pferde haben noch Hufe.*

Der große Graue hob rasch den Arm, pflückte den Bildschirm mitten aus der Luft und verschwand damit hinter Carol. Kurz darauf kehrte er mit einem anderen Schirm zurück, der genauso aussah wie der erste.

Kühe, sagte das Wesen.

Das Bild zeigte ein Dutzend herumwandernder Kühe. Es waren schwarzweiße, große Tiere, an deren Seiten zwei große, biegsame

Schläuche heraushingen. Ein Schlauch entsprang unten, kurz hinter den Vorderläufen, zwischen den Rippen, der zweite kurz vor den Hinterläufen etwas höher am Rumpf der Tiere. Die Schläuche, die ungefähr doppelt so dick waren wie Getränkedosen, waren grau und geriffelt wie der Schlauch eines Wäschetrockners und am Ende mit einer Art schwarzer Kappe verschlossen. Carol konzentrierte sich auf die Schläuche und wollte herausfinden, ob sie aus den Kühen gewachsen oder chirurgisch eingesetzt worden waren. *Haben alle Rinder solche Schläuche?* fragte sie.

Kühe werden verändert, sagte der Aliendoktor. *Kühe sind verändert. Pferde sind verändert. Menschen sind verändert.* Damit riß er den zweiten Bildschirm wieder weg, und sie hörte ihn hinter sich sagen: *Du darfst nur Kuh-Dinge essen.*

Schon wieder, dachte Carol.

Du darfst nur Kuh-Dinge essen, wiederholte er.

Ich kann nicht nur Kuh-Dinge essen, sagte Carol wütend.

Der Aliendoktor schoß um ihren Stuhl herum, bis er rechts neben Carol schwebte. Er beugte sich vor, bis sein Oberkörper waagerecht lag, und bog den Kopf in den Nacken. Er kam mit seinem Gesicht so nahe an ihres, daß sich ihre Nasen hätten berühren können und sie seinen Atem hätte spüren können. Aber der große Graue hatte keine Nase, und es war kein Atem zu spüren. Er roch auch nach nichts, sie spürte nicht einmal eine Veränderung der Lufttemperatur.

Carol starrte in die riesigen schwarzen Augen. Sie wollte zurückweichen, den Blick abwenden oder die Augen schließen, aber sie konnte nicht. Sie fühlte sich hilflos und bekam Angst, als das Wesen durch sie hindurch zu starren schien.

Sie weiß nicht, wie lange das Wesen sie anstarrte; es war, als wäre die Zeit stehengeblieben. Sie meint aber, sie habe Kopfschmerzen bekommen, als der große Graue die intensive Verbindung zwischen ihnen abbrach und den Raum verließ.

Kurz darauf kehrte der Aliendoktor mit den beiden Technikern zurück. *Du wirst nicht verrückt spielen,* sagte er zu Carol.

Okay, sagte Carol, *ich werde nicht verrückt spielen*.

Und wieder sagte das Wesen zu ihr: *Du darfst nur Kuh-Dinge essen*.

Es schien Carol, als wären sie nun mit ihr fertig. Die beiden Techniker zogen Carol das T-Shirt wieder an, aber mit der Hose hatten sie Schwierigkeiten, und den Schlüpfer ließen sie gleich weg.

Schließlich sagte Carol: *Kann ich mich selbst anziehen?*

Die Techniker wichen zurück und nahmen ihre Jeans mit. Der Doktor trat zu ihnen. Was gesprochen wurde, konnte Carol nicht verstehen, aber sie konnte den nickenden Köpfen entnehmen, daß eine angeregte Diskussion geführt wurde. Dann kam einer der Techniker mit Carols Bluejeans und ließ sie vor ihr fallen.

Du kannst dich selbst anziehen, sagte der Aliendoktor.

Carol versuchte, sich aufzusetzen. Sie spannte die Bauchmuskulatur an, aber nichts geschah. Sie konnte sich nicht bewegen. Der Aliendoktor hob den Arm und machte eine nach unten gerichtete Bewegung, als wollte er einem Hund befehlen, sich zu setzen. Carol wußte nicht, was die Geste bedeuten sollte. Er wiederholte die Bewegung, und Carol erkannte, daß er ihr zu verstehen gab, sie solle mit den Beinen nach unten stoßen. Sie drückte sich so fest wie möglich ab, und der Stuhl kippte nach vorn und entließ sie.

»Ich war aufgestanden!« erzählt Carol mir. »Es war wundervoll! Ich stand und konnte mich langsam bewegen. Alles geschah wie in Zeitlupe. Ich zog die Jeans und die Schuhe an, aber ich stand nicht auf dem Boden. Ich schwebte knapp darüber. Das war seltsam, weil es sich angefühlt hat, als würde ich auf etwas stehen, doch ich konnte nichts sehen, auf dem ich gestanden hätte.«

»Was haben die Wesen gemacht, während Sie sich angezogen haben?« frage ich.

»Sie waren sehr erregt, sie waren besorgt, ich ...« Carol hält inne, überlegt einen Moment. »Ich würde nicht sagen, daß sie Angst hatten, aber sie schienen besorgt, es wäre vielleicht doch keine gute Idee gewesen, mich frei herumlaufen zu lassen.«

Ein Techniker, ein großer Grauer, führte Carol zur Wand. Der zweite Techniker und der Aliendoktor folgten ihnen. Auf einmal hob sich eine Platte, die Carol vorher noch nicht bemerkt hatte, und verschwand in der Decke. Durch die Öffnung schwebten sie in einen hell erleuchteten, weißen Flur. Carol hörte einen Luftzug, als die Platte hinter ihnen wieder herunterkam und sich luftdicht schloß. Vor ihr standen fünfundsiebzig Zentimeter große, quadratische Kisten aufgereiht an der linken Wand des Flurs.

Sieh die Kisten an, sagte der Aliendoktor zu ihr.

Die Kisten hatten abgerundete Ecken, sie waren gleichförmig weiß und hatten keine sichtbaren Markierungen.

Sieh die Kisten an, wiederholte der Doktor.

Es waren mindestens fünfundzwanzig, alle von der gleichen Größe, vollkommene Würfel. Sie berührten einander nicht, sondern waren in gleichmäßigen Abständen über den ganzen Flur verteilt.

Erinnere dich an die Kisten, sagte das Wesen zu ihr.

Carol hielt die Augen auf die Kisten gerichtet, als sie durch den Korridor schwebten. Am Ende des Ganges stand eine Kiste, die sich in nichts von den anderen unterschied.

Sieh die Kiste an, sagte das Wesen zu ihr.

Carol gehorchte, und im nächsten Augenblick wanderte sie allein in West Virginia den Hügel hinunter zu ihrer Blockhütte.

»Ich weiß nicht mehr, wie ich aus dem Schiff gekommen bin«, erzählt Carol mir. »Ich wußte nicht, wie spät es war, weil ich nicht mehr wußte, daß überhaupt etwas geschehen war. Der ganze Vorfall war aus meinem Gedächtnis getilgt, als ich wieder auf dem Hügel war. Ich konnte mich erinnern, daß ich versucht hatte, zu Abend zu essen, daß ich nach dem Sturm auf der Veranda gesessen, den Bodennebel beobachtet und mit Goldie gespielt habe. Es wurde dunkel, und ich machte mir Sorgen um Alice, die noch nicht eingetroffen war. Und ich fragte mich, was ich den ganzen Tag über getrieben hatte. Ich weiß noch, daß ich in die Hütte ging und mir Hot dogs und gebackene Bohnen und eine Tasse Kaffee gemacht habe – und dann mußte ich mich übergeben«, erzählt Carol mir.

»Ich dachte mir nichts dabei, denn ich wußte ja nicht mehr, was der Aliendoktor mir gesagt hatte: Du darfst nur Kuh-Dinge essen. Ich dachte einfach nur, ich hätte etwas gegessen, das mir nicht bekommen ist. Um halb zehn oder zehn Uhr abends zog ich mich dann aus und ging ins Bett. Zu diesem Zeitpunkt wußte ich noch nicht, daß mir überhaupt etwas passiert war.«

»Wann ist Ihnen aufgefallen, daß der Schlüpfer fehlte?« frage ich.

Carol lacht. »Das habe ich erst am nächsten Morgen gemerkt, am Mittwoch. Da ist mir alles wieder eingefallen. Ich hatte vorher überhaupt nicht darüber nachgedacht, und das war seltsam. Denn so, wie meine Jeans geschnitten sind, muß ich Unterhosen darunter tragen, weil sie sonst kneifen.«

Als Carol am Mittwoch morgen im Doppelbett der Blockhütte aufwachte, hing Goldie draußen vor dem Fliegengitter des Fensters. Das riesige, seltsame Insekt war wahrscheinlich die ganze Nacht dort geblieben. Carol stieg aus dem Bett, betrachtete das Fliegengitter und sagte: »Guten Morgen, Goldie.« Goldie flog um die Hütte herum, um Carol auf der Veranda zu erwarten.

Als sie sich die Zähne putzen wollte, stellte sie fest, daß das Wasser nicht lief. Auch in der Dusche und in der Küche war das Wasser abgestellt. Da keine andere Hütte in der Nähe belegt war, beschloß sie, mit dem Auto zum Hauptgebäude zu fahren und Bescheid zu sagen.

Carol zog sich an, nahm die Autoschlüssel und ihre Geldbörse und ging hinaus. Goldie flog dicht neben ihrem Ohr. Als sie den Weg hinunterlief, sah Carol zu ihrem Erstaunen das Auto mitten auf der Straße stehen. Sie nahm an, der Gang wäre herausgesprungen, und der Wagen wäre in der Nacht rückwärts auf die Straße gerollt. Doch als sie den Türgriff berührte, kehrten schlagartig alle Erinnerungen an das Entführungserlebnis des vergangenen Tages zurück.

»Auf einmal war alles wieder da«, erklärt sie mir. »Blitzartig, als hätte man mir einen Stock auf den Kopf geschlagen.«

Um 15 Uhr 30 oder 16 Uhr begann es, genau wie am Vortag, zu regnen. Carol saß auf der Veranda und wartete darauf, daß der Regen aufhörte. Gegen 17 Uhr nieselte es nur noch, und Carol sah zur Nachbarhütte, die ein Stück höher den Hügel hinauf stand. Es war dunstig, aber sie konnte die Umgebung deutlich sehen. Vor einer der unbewohnten Hütten stand eine Gestalt im Gras, die aussah wie ein Grauer.

Aus der Ferne konnte sie nicht sicher sein, ob es ein kleiner oder ein großer Grauer war, aber es war eindeutig eines der grauen Wesen, und Carol fürchtete, sie wollten sie wieder holen. Aber dann hörte sie den Grauen in ihrem Kopf sagen: *Spiel nicht verrückt. Denke nichts Verrücktes.*

Erleichtert, daß sie nicht abgeholt werden sollte, dachte Carol: *Na gut. Ich spiele nicht verrückt.* Dann verschwand das Wesen, und es war für den Augenblick vorbei.

Ungefähr eine Woche später, als sie wieder bei Alice auf der Farm war, fand Carol eines Morgens zwei frische Einstiche knapp unterhalb des Bauchnabels, aus denen eine durchsichtige Flüssigkeit sickerte. Wieder eine Woche später erwachte sie mit Blut am Arm und kleinen blutigen Punkten, wo die Einstiche im Bauch gewesen waren. Außerdem bekam sie jedesmal, wenn sie versehentlich etwas anderes als Rindfleisch oder Molkereiprodukte aß, einen Ausschlag und Magenkrämpfe.

Am 21. September, einen Monat vor meinem Besuch auf der Pferdefarm, wurde Carol in Washington von Budd Hopkins hypnotisiert. Abgesehen von der Möglichkeit, einige Gedächtnislücken zu schließen, sollte die Hypnosesitzung auch die Möglichkeit bieten, den Befehl des Wesens, Carol dürfe nur »Kuh-Dinge« essen, aufzuheben. Danach gingen Carol, Alice, Hopkins und Dick zusammen essen. Carol freute sich darauf, wieder etwas anderes als Rindfleisch zu sich zu nehmen. Sie war ihrer Sache so sicher, daß sie sich im Restaurant ihre Lieblingsvorspeise bestellte, eine dicke Muschelsuppe. Schon nach dem ersten Löffel krümmte sie sich, weil sie schwere Magenkrämpfe hatte. »Die Krämpfe waren schlimm, ich konnte nichts mehr essen«, erzählt Carol mir. »Ich konnte nicht einmal am Tisch sitzen bleiben. Es ging mir so schlecht, daß auch alle anderen am Tisch darunter litten. Die Krämpfe setzten sich auf dem ganzen Heimweg fort, bis wir zu Hause waren, und am nächsten Morgen hatte ich einen Ausschlag.«

Den zweiten Tag auf der Pferdefarm verbringe ich damit, zusammen mit den beiden Frauen die Stellen in Maryland zu besuchen, wo Carols Entführungen stattgefunden haben. Alles ist so, wie sie es beschrieben hat, und die betreffenden Orte haben nichts Ungewöhnliches an sich. Natürlich sieht es an einem warmen, sonnigen Tag anders aus als in einer nebligen Nacht, aber es fällt mir immer noch schwer zu glauben, daß so seltsame Dinge, wie Carol sie beschrieben hat, inmitten so lieblicher weiter Felder und sanfter Hügel stattfinden sollten.

Als wir zur Farm zurückgekehrt sind, kümmert Carol sich um die Pferde, während ich mit Alice rede. Seit Mitte Juli, so erzählt sie mir, werde sie von Kopfschmerzen geplagt, die ihrer Meinung nach mit ihrer Kurzsichtigkeit zusammenhingen. In den letzten neun Monaten hat sich die Kurzsichtigkeit jedoch gebessert, und da auch Carol eine Verbesserung ihrer Sehfähigkeit registriert und mit den Entführungen in Verbindung gebracht hat, fürchtete Alice, die Veränderung ihrer eigenen Sehfähigkeit könnte ein Hinweis auf ähnliche Erlebnisse sein. Doch sie hatte weder Flashbacks noch bewußte Erinnerungen und ist viel zu analytisch, um ohne weitere Beweise zu akzeptieren, daß auch sie Begegnungen mit außerirdischen Wesen haben könnte.

Dave Jacobs hat unter Entführten ein Verhalten festgestellt, das er als »Tunnelblick« beschrieben hat. Dieses Phänomen äußert sich darin, daß Entführte oder Menschen, die glauben, sie wären entführt worden, beginnen, alltägliche Ereignisse als Folge der Intervention von Außerirdischen zu deuten. Es ist ein ähnlicher Effekt wie bei den Opfern von Überfällen, die nach dem Ereignis jedes nächtliche Krachen und Poltern im Haus auf Einbrecher zurückführen.

Carol und Alice sind jedoch über vierzig Jahre alt, und in diesem Alter setzt die Altersweitsichtigkeit ein. Die Veränderungen ihrer Sehfähigkeit kommen mir nicht besonders bemerkenswert vor.

Ich frage Alice, ob es noch andere Hinweise dafür gibt, daß sie entführt worden sein könnte.

»Nein«, antwortet sie. »Ich weiß nur von vielen Dingen, die ich früher immer wegerklärt habe. Wir haben schon darüber gesprochen; ich meine jetzt die Narben, auf die ich nie geachtet habe, oder Episoden mit fehlender Zeit, nach denen ich einfach nur dachte, ich hätte die Uhr falsch abgelesen. Heute bin ich überzeugt, daß es tatsächlich Zeitlücken waren.«

»Welche Episoden mit fehlender Zeit meinen Sie?« frage ich.

»Ich glaube, das beeindruckendste Erlebnis hatte ich letztes Jahr im Juli«, erzählt Alice. »Ich habe aus beruflichen Gründen einige Kollegen in den Südstaaten besucht. Ich bin nach Nashville geflogen und dann nach Huntsville, Alabama, gefahren. Die Kollegen sagten mir, die Fahrt würde etwa anderthalb Stunden dauern, und die Straßen waren frei. Ich habe drei Stunden gebraucht und hinterher geglaubt, ich wäre einfach nur langsam gefahren.«

»Können sich die Leute in Nashville verschätzt und Ihnen in bezug auf die Fahrzeit nach Huntsville etwas Falsches gesagt haben?« frage ich.

»Nein, denn auf dem Rückweg habe ich bei gleichen Verkehrsverhältnissen nur anderthalb Stunden gebraucht.« Alice schiebt sich das lange, blonde Haar aus der Stirn.

»Glauben Sie, es hat auf dieser Reise noch weitere Episoden mit fehlender Zeit gegeben?« frage ich.

»Ja. Der schlimmste Vorfall hat sich in Tuskegee, Alabama, ereignet«, sagt Alice. »Ich hatte den Tag dort mit Leuten vom College verbracht und mußte wegen eines Termins am nächsten Morgen noch am gleichen Abend nach Tallahassee weiterfahren. Die Leute haben mir gesagt, ich würde drei oder höchstens vier Stunden unterwegs sein. Ich bin etwa um 16 Uhr 30 in Tuskegee aufgebrochen. Das nächste klare Bild, das ich habe, war nach der Durchfahrt durch eine Kleinstadt in Georgia. Ich wurde angehalten und mußte eine Strafe zahlen, weil ich zu schnell gefahren war. Der Polizist fragte mich, wohin ich wollte, und ich sagte es ihm. Ich fühlte mich desorientiert, und mir war übel, als würde ich eine Grippe bekommen. Als er mir die Quittung gab, sah ich, daß es schon 19 Uhr 30 war. Ich war seit drei Stunden unterwegs, aber höchstens hundert Meilen von Tuskegee entfernt. In Tallahassee bin ich um 22 Uhr 30 eingetroffen. Ich fühlte mich immer noch nicht besser und habe im Hotel kalt geduscht, was für mich sehr ungewöhnlich ist, und bin sofort ins Bett gegangen. Auch am nächsten Tag war mir noch übel. Ich mußte mich nicht übergeben, aber ich hatte immer noch so ein komisches Gefühl im Bauch wie bei einer Grippe. Jedenfalls habe ich sechseinhalb Stunden für einen Weg gebraucht, der nur dreieinhalb Stunden hätte dauern dürfen, und ich weiß bis heute nicht, was in der fehlenden Zeit passiert ist. Aber etwas *ist* passiert.«

14. KAPITEL

Interview nach der Konferenz

Carol und Alice – Erste Hypnosesitzung in Budd Hopkins' Studio

Am 20. November treffe ich vor Alice und Carol in Budd Hopkins' Studio in der Canal Street ein. Während Budd und ich auf die beiden Frauen warten, unterhalten wir uns über Carols Erlebnisse im State Park in West Virginia. Ich erwähne, wie seltsam ich es finde, daß Carol ohne Schlüpfer zurückgekehrt ist, aber Budd versichert mir, so etwas sei überhaupt nicht ungewöhlich. Auch andere Frauen hätten nach Entführungen keine oder sogar die falschen Unterhosen getragen – also die von jemand anders. Linda Cortile habe einmal, als sie nach einem Erlebnis aufwachte, das Oberteil des Schlafanzugs an den Beinen gehabt. Sie sei aufgestanden, über die Ärmel gestolpert und hingefallen.

Ich frage Budd, ob er irgendwelche Hinweise darauf hat, daß nicht etwas Außerirdisches, sondern irgend jemand anders für das Entführungsphänomen verantwortlich sei.

»Also, wenn ich von extraterrestrischen Wesen spreche, dann ist das eigentlich nur ein sehr allgemeiner Begriff, der alles da draußen umfassen soll, was nicht von hier ist«, antwortet er. »Es gibt ja manchmal Auseinandersetzungen, ob es nun interdimensionale oder meta-terrestrische Wesen seien. Alles mögliche wurde da schon gesagt. Jedenfalls bin ich absolut sicher, daß die Erlebnisse im allgemeinen nicht von den Leuten selbst produziert werden, auch wenn das in Einzelfällen so gewesen sein mag. Bei Carol habe ich nicht den geringsten Zweifel. Was ich zu Alice sagen soll, weiß ich nicht, außer, daß es angesichts der Umstände wahrscheinlich ist, daß auch sie es sich nicht nur eingebildet hat. Ein wichtiger Punkt sind die Selbstzweifel der Leute, die über derartige Erlebnisse berichten. Wenn jemand sich getäuscht hat ... stellen Sie sich beispielsweise jemanden vor, der paranoid ist. Ein Paranoider ist seiner Sache absolut sicher, er *weiß* einfach, was vor sich geht.

Budd erzählt mir von einem Gespräch mit J. Allen Hynek. Eines Morgens, als die beiden Männer zusammen frühstückten, beschrieb Hopkins einen seiner Fälle und sagte zu Hynek:»Wissen Sie, ich führe mein Leben eigentlich so, als wäre nichts davon wahr.« Hynek hätte darauf geantwortet:»Oh, ich lebe auch so, als wäre nichts davon wahr. Wie könnten wir sonst auch nur einen Tag im Bewußtsein dessen, was wirklich vor sich geht, überstehen?«

Es klingelt an der Tür, Carol und Alice sind angekommen. In den ersten dreißig Minuten klären Budd und die beiden Frauen, was sie untersuchen wollen. Budd beschließt, Carol als erste zu hypnotisieren. Er möchte der Frage nachgehen, warum sie sich als Kind im Schrank versteckt hat.

»Ich glaube, damit müssen wir uns beschäftigen, weil es uns zum Anfang der Dinge zurückbringt«, erklärt Budd.»Manchmal kann man, wenn man ganz zum Anfang zurückgeht, eine Struktur erkennen, mit deren Hilfe sich viele andere Dinge einordnen lassen.«

Carol ist etwas ängstlich. Sie sagt Budd, sie habe Angst, weil»alles andere dann auf einen Schlag mit einstürmen könnte, und dann werde ich auseinanderfliegen«.

»Nein, ich denke nicht«, widerspricht Budd.»Bisher haben Sie sich zwar an viele Dinge erinnert, die sehr plötzlich hochgekommen sind, aber es war eigentlich nicht viel dabei, das Sie hätte überwältigen können.«

»Außer in West Virginia«, sagt Carol.»Das war beinahe –«

»Daran haben Sie sich ja bewußt erinnert«, sagte Budd.

»Ja, es war auf einen Schlag wieder da«, sagt Carol.»Ich habe mit Alice darüber gesprochen, wie alles hochgekommen ist, als ich den Türgriff des Autos anfassen wollte. Ich habe mir gedacht, daß es die Wesen so eingerichtet haben.«

»Nun ja, dann haben sie sich ausnahmsweise mal rücksichtsvoll gezeigt«, meint Budd sarkastisch.

»Ich weiß nicht, ob es Rücksichtnahme war, oder ob sie aus irgendeinem anderen Grund Wert darauf gelegt haben, meine geistige Gesundheit zu erhalten«, sagt Carol.

Sie berichtet, daß sie sich innerlich schon von ihren Erlebnissen in West Virginia distanziert hatte, doch dann, als sie aus der Hypnose wieder erwachte, sei ihr alles sehr real vorgekommen. Sie könne es immer noch fühlen, erklärt sie. Aber da inzwischen einige Zeit vergangen ist, seien bestimmte Begebenheiten und die Reihenfolge mancher Ereignisse, wie sie sagt, »sehr verschwommen«, geworden.

Budd sagt ihr, dafür gebe es drei oder vier mögliche Erklärungen: »a) Es war sehr traumatisch; b) Sie waren in einem veränderten Bewußtseinszustand, als es geschehen ist; c) in der Hypnose, die ebenfalls ein veränderter Bewußtseinszustand ist, wurden die Erinnerungen wieder sehr lebendig; d) es gibt ein starkes Bedürfnis, die Eindrücke zu verleugnen.«

»Ich komme immer wieder darauf zurück, daß ich sage, es sei wahrscheinlich überhaupt nicht passiert«, antwortet Carol. Sie denkt einen Augenblick nach, dann fragt sie: »Wenn Sie wählen müßten zwischen dem, was Sie bewußt erinnern können, oder dem, was in der Hypnose herausgekommen ist, oder dem, was Sie später erfahren, was würden Sie für die genauesten Berichte halten?«

»Ich neige natürlich zu der Ansicht, daß hypnotische Rückführungen sehr aussagekräftig und real sind«, erwidert Budd, »weil der Zustand der Hypnose jenem Zustand, in dem Sie sich während der Erlebnisse befunden haben, sehr ähnlich ist.«

John Mack hätte ihm sicher zugestimmt. In einem informellen Vortrag bei Interface, einem Zentrum für ganzheitliche Bildung in Cambridge, sagt er fünf Monate später:

Es gibt immer wieder Kontroversen in Zusammenhang mit der Hypnose: Ist sie akkurat? Berichten die Menschen korrekt über ihre Erinnerungen? Die Forschungen auf diesem Gebiet zeigen, daß die Exaktheit der Erinnerungen zunimmt, je bedeutsamer das betreffende Ereignis ist. Wenn es sich also, anders ausgedrückt, um etwas handelt, das der betreffenden Person sehr wichtig ist – ein Trauma, eine Vergewaltigung, eine Mißhandlung –, und wenn das Erlebnis affektgeladen und begleitet von Emotionen vorgetragen wird, dann bringt die Hypnose Dinge ans Licht, an die sich die Betreffenden auch mit anderen Mitteln erinnern könnten. Nicht exakt ist die Hypnose dort, wo es um Dinge geht, die für die betreffende Person unwichtig sind.[1]

Bevor er Carol hypnotisiert, erkundigt Budd Hopkins sich, welche Personen außer Carol in der Nähe waren, als sie sich im Schrank versteckt hat. Carol sagt, ihre achtzehn Monate jüngere Schwester Mary und ihre Eltern seien im Haus gewesen.

Budd findet heraus, daß der Wandschrank, um den es geht, in Carols und Marys gemeinsamem Kinderzimmer im ersten Stock stand. Carol erinnert sich, daß an den Kleiderbügeln Kindersachen hingen, und im Regalfach darüber waren Kisten und Pullover verstaut. »Der Wandschrank war nicht sehr groß«, sagt Carol.

Budd fragt Carol, ob sie jemals im Schrank gespielt habe.

»Nein, dorthin habe ich mich nur in Sicherheit gebracht«, erwidert Carol. Sie erzählt, wie ihr Vater sie manchmal morgens schlafend im Wandschrank gefunden hat, alle Kleider von den Kleiderbügeln heruntergerissen und um sich gewickelt. »Er sagte, er hätte mich immer wieder aus dem Stapel von Kleidern und Kleiderbügeln herauswühlen müssen. Für mich war der Schrank eine sichere Zuflucht.«

»Und Sie hatten das Gefühl, sich dort vor dem Licht in Sicherheit bringen zu können?« fragt Budd.

1 John E. Mack, Transkription der Bandaufnahme seines Vortrags bei »Interface« in Cambridge, Massachusetts, am 23. April 1993.

»Ich kann mich nicht erinnern, daß da außer dem Licht noch irgend etwas anderes war, vor dem ich Angst hatte«, erwidert Carol. »Ich hatte Angst, wenn das Licht mich berührte, dann würden sie mir etwas tun – was es auch sein mochte. Ich fühlte mich nur sicher, wenn ich es vermeiden konnte, vom Licht erfaßt zu werden, also habe ich versucht, es auszusperren.«

»Ich glaube, wir sollten uns die Sache mit dem Wandschrank näher ansehen«, schlägt Budd vor.

Carol zuckt die Achseln, dann nickt sie. Carol sagt, sie stellt sich einen »runden, unterirdischen Raum vor«, wenn sie sich entspannen will. »Ich steige auf einer Leiter hinunter, und der Raum hat Vorhänge. Es gibt dort auch ein breites, bequemes Sofa, auf das ich mich setze, und wenn ich etwas nicht sehen will, dann drücke ich auf einen Knopf und schließe die Vorhänge.«

Budd denkt einen Augenblick darüber nach, dann sagt er: »Einige Elemente darin gefallen mir nicht: der runde Raum, Knöpfe und auf dem Sofa liegen ...« Carols »sichere Zuflucht« hat zu viele Ähnlichkeiten mit dem Inneren einer Flugscheibe. »Wir wäre es mit einem Garten?« fragt er sie.

»Ich liebe Rosengärten«, sagt Carol.

»Gut«, sagt Budd, »dann lassen Sie uns einen Rosengarten mit einer Hecke an einem schönen sonnigen Tag nehmen.«

Sie sprechen über den Garten und klären, ob sich im Verlauf der Hypnose möglicherweise Probleme ergeben könnten.

Nach einer kurzen Pause legt Carol sich auf Budds schwarze Couch. Ihr Kopf ruht auf einem Kissen, der Körper ist mit einer weichen, rosafarbenen Wolldecke bedeckt. Das Licht wird gedämpft. Budd sitzt neben Carols Kopf auf einem harten Holzstuhl. Alice sitzt mit untergeschlagenen Beinen neben Carols Füßen. Ich sitze rechts neben Budd Hopkins in einer Position, von der aus ich Carols Reaktionen gut beobachten kann.

Budd fragt Carol, wann sie die High School abgeschlossen habe. Sie sagt, das sei 1964 gewesen, und nennt ihm den Namen der Schule und den Ort, in dem sie sich befand.

Budd notiert sich etwas auf dem gelben Schreibblock, den er auf dem Schoß liegen hat. »Okay, wir wollen genauso beginnen wie beim letzten Mal«, sagt er. »Sie werden keine Schwierigkeiten haben, Sie kennen es ja schon. Gehen Sie jetzt in sich selbst hinein. Gehen Sie in Ihr Bewußtsein und Ihren Körper, entfernen Sie sich von der Außenwelt ...«

Budd beugt sich vor, das Kinn auf die Hände gestützt. Er spricht langsam und mit leiser Stimme, während er Carol hypnotisiert. Nicht ganz zehn Minuten später, als er sicher ist, daß Carol »schläft«, führt er sie zum Rosengarten, ihrem Zufluchtsort. »Es ist ein sonniger Morgen im Sommer, die Rosen sind voll aufgeblüht«, sagt er zu ihr. »Sehen Sie sich selbst im Garten, genießen Sie den herrlichen blauen Himmel, die Wärme der Sonne auf der Haut, den Duft der Rosen.

Alles um Sie her ist lebendig, lebendig wie Sie selbst ...«

Wieder ein paar Minuten später sagt Budd zu Carol, sie solle sich einprägen, daß sie jederzeit zu diesem »schönen, abgeschirmten, duftenden, wundervollen Rosengarten« zurückkehren könne.

»Behalten Sie jetzt Ihren entspannten, aber geistig wachen Zustand bei und gehen Sie in der Zeit zurück. Gehen Sie viele Jahre zurück bis in die Zeit, als Sie ein kleines Mädchen waren, ein sehr kleines Mädchen, das in jenem Haus in Cornwall, Maryland, lebt. Sehen Sie sich als ganz kleines Mädchen vor einem Spiegel stehen. Ein Mädchen von ungefähr drei oder vier Jahren. Sie leben in diesem Haus und haben mit Mary ein gemeinsames Zimmer. Sehen Sie im Spiegel, wie klein Sie sind, wie klein und unschuldig. Betrachten Sie Ihr Gesicht, Ihre Augen und sehen Sie das verspielte kleine Mädchen. Aber in diesem Gesicht ist noch etwas anderes zu sehen, weil nicht alles in Ordnung ist. Wie bei jedem anderen gibt es auch bei diesem Kind Dinge, die nicht schön sind. Sie sehen in Ihren Augen und in Ihrem Gesicht die anderen Dinge, die nicht schön sind ... denken Sie jetzt, während Sie Ihr Gesicht betrachten, an das Gefühl, das Sie in diesem Haus haben. Sie gehen nach oben in Ihr Zimmer. Alles ist so groß. Sie gehen in Ihr Zimmer, das

Sie mit Mary teilen. Sie bleiben in der Tür stehen und sehen, wie der Raum eingerichtet ist. Sie können sprechen, wenn Sie wollen«, sagt Budd zu Carol.

»Betrachten Sie Ihr Zimmer und beantworten Sie mir bitte einige Fragen dazu. Sehen Sie ein Bett, oder sind es zwei?«

»Zwei«, sagt Carol.

Ihre Stimme verblüfft mich. Sie klingt wie die eines vierjährigen Mädchens.«

»Sind es Etagenbetten?« fragt Budd.

»Nein.«

»Also Einzelbetten, die auseinander stehen?«

»Ja«, sagt sie leise.

»Wie viele Fenster gibt es im Zimmer?«

»Zwei sind da.«

»Zwei Fenster sind da«, sagt Budd. »Gibt es auch einen Wandschrank?«

»Hm-hm.«

»Wo ist der Schrank, wenn Sie in der Tür stehen? Ist er links oder rechts oder vor Ihnen?«

Carol denkt einem Moment nach. »Er ist auf der Seite da«, sagt sie mit der Kinderstimme. Sie macht eine ruckhafte Bewegung nach links.

»Auf der linken Seite also. Okay. Sie gehen jetzt in den Raum und können den Schrank, Marys Bett und Ihr eigenes Bett sehen. Lassen Sie es jetzt langsam dunkel werden. Es wird Abend. Abends müssen kleine Mädchen ins Bett gehen. Mary muß ins Bett gehen ...«

Budd macht eine Pause, um Carol Zeit zu geben, sich auf die veränderte Situation einzustellen.

»Erinnern Sie sich an das Gefühl, zu Bett zu gehen«, fährt Budd fort. »Ihre Mommy und Ihr Dad kommen und bringen Sie ins Bett und packen Sie ein, und dann sind Sie allein im Zimmer. Nur Mary ist noch da, und es ist ganz still. Irgendwann aber wird etwas geschehen, das Sie erschrecken oder verängstigen wird. Wir wissen das, weil wir wissen, daß Sie sich im Schrank in Sicherheit gebracht haben. Wir wissen noch nicht, was Sie erschreckt hat. Aber Sie wissen, was Sie erschrecken und veranlassen wird, sich zu verstecken. Sie liegen also im Bett, und ich werde jetzt bis drei zählen, denn jeder Traum und jede Erinnerung hat einen Anfang, einen ersten Augenblick, in dem Sie spüren, daß etwas anders ist. Etwas wird sich verändern, und Sie werden es spüren ... Ich lege die Hand auf Ihre Hand, und Sie werden meine Hand durch die Decke spüren. Das ist das Signal«, weist Budd sie an. »Wenn Sie die Wärme meiner Hand spüren, dann werden Sie wissen, daß alles in Ordnung ist und daß Sie wohlbehalten bei mir sind. Es ist völlig in Ordnung, sich an das zu erinnern, was das kleine Mädchen damals so erschreckt hat. Eins: Wir sind jetzt am Rande der Erinnerung, wir sind an ihrem Anfang ...«, erklärt Budd ihr.

»Zwei, ich lege jetzt meine Hand auf Ihre Hand ... Drei!«

Carol sagt nichts. Sie wirft den Kopf auf dem Kissen hin und her. Ihr Atem geht schneller, sie keucht fast.

»Sagen Sie mir, was geschieht«, sagt Budd leise. »Alles ist gut ... fühlen Sie meine Hand ... alles ist gut.«

»Iiieeeh!« Carol kreischt so laut, daß wir alle zusammenzucken. »DADDY!«

»Schon gut«, beruhigt Budd sie. »Du bist in Sicherheit. Meine Hand liegt auf deiner Hand. Kannst du meine Hand spüren?«

»Daddy? DADDY?« Ihre Stimme bebt vor Angst.

»Kannst du meine Hand auf deiner Hand spüren, Carol?« fragt er leise. »Spürst du meine Hand?«

»Ooooh! Ooooh! Daddy?«

»Schon gut, dein Daddy kommt gleich. Dein Daddy wird bald kommen«, sagt Budd. »Was siehst du jetzt? Warum rufst du deinen Daddy?«

»Die Katzen kommen rein«, sagt Carol voller Panik.

»Erzähle mir, was geschieht.«

»Die Katzen sind wieder da ... Daddy? Ooooh!«

»Du kannst es deinem Daddy erzählen, wenn er wieder da ist«, sagt Budd leise. »Aber jetzt erzähle es doch erst einmal mir. Wie sehen die Katzen aus?«

Carol hat zu große Angst, um zu antworten.

»Halte meine Hand. Fühle meine Hand«, sagt Budd beruhigend. »Erzähle mir von den Katzen.«

»Sie sind im Fenster«, sagt sie.

»Die Katzen sind im Fenster?« fragt Budd. »Wie sehen sie aus? Haben sie große Schnurrbärte?«

Carol stöhnt und drückt sich Budds rosafarbene Decke ans Gesicht.

»Okay, Carol. Hole tief Luft. Entspanne dich und hole tief Luft ...«

Carol atmet tief durch.

»Gut so. Atme tief und ruhig«, sagt Budd. »Spürst du meine Hand? Okay. Beruhige dich ...«

Carols Atem wird langsamer, und als sie die Kontrolle zurückgewinnt, sagt Budd: »Die Katzen schauen also zum Fenster herein. Du bist ein sehr kluges kleines Mädchen, das sehr genau beobachten kann, und du bist hier bei mir in Sicherheit. Sag mir, ist es eine Katze? Sind es zwei? Wie viele Katzen sind es?«

Carols Atem wird wieder schneller.

»Du kannst heimlich hinsehen«, sagt Budd. »Sie müssen nicht erfahren, daß du hinschaust. Öffne die Augen nur ein kleines bißchen, und sie merken nicht, daß du sie ansiehst.«

Carol wirft den Kopf auf dem Kissen hin und her.

»Ich will sie nicht ansehen«, sagt Carol.

»Okay, du mußt sie nicht ansehen. Mach einfach die Augen zu. Erzähle mir, wie sich dein Körper anfühlt. Sei einfach nur ein kleines Mädchen, das im Bett liegt und etwas Beängstigendes erlebt hat. Wie fühlt sich dein Körper an?«

»K-kalt«, sagt die Mädchenstimme.

»Dir ist kalt? Was hast du an? Hast du denn nicht genug Decken?«

»Es ist Sommer, es ist heiß.«

»Es ist Sommer, es ist heiß, aber dir ist kalt?«

»Mir ist kalt«, sagt Carol. »Hab das rosa Nachthemd an.«

»Okay, du hast das rosa Nachthemd an, und dir ist kalt. Aber wie fühlen sich deine Arme und Beine an?«

Carol hält inne und denkt nach, dann antwortet sie mit der Kinderstimme, die ein wenig frustriert klingt: »Weiß ich nicht.«

»Bleib einfach nur dort liegen«, sagt Budd sanft. »Du wirst die Augen geschlossen lassen und einfach nur lauschen. Ich weiß, daß es dir angst macht, aber wir wissen, daß am Morgen alles wieder gut war und daß du in Sicherheit warst.« Budd hält inne, dann fragt er: »Was passiert? Hörst du etwas? Oder spürst du etwas?«

»Sie sind am Fenster«, sagt Carol voller Angst. »Und – und – und ich kann Mary nicht wach machen.«

»Rufst du sie?«

Carol antwortet mit kleiner, gebrochener Stimme: »Ich habe geschrien.«

»Hast du wirklich laut geschrien?«

»Ich – ich habe ganz laut geschrien«, sag sie keuchend. »Und – aber mein Daddy kommt nicht.«

»Also, dein Daddy wird bestimmt gleich kommen«, versichert Budd ihr. »Du wirst deinen Daddy bald sehen. Vielleicht erst morgen früh, aber du wirst ihn bestimmt sehen.«

»Warum wird keiner wach?« fragte Carol bedrückt.

»Was glaubst du, wo die Katzen jetzt sind?« fragt Budd sie.

»Drinnen!«

»Drinnen? Was meinst du mit drinnen?«

»Sie sind im Fenster!« antwortet Carol panisch.

»Also sind sie hereingekommen«, sagt Budd. »Sind es große oder kleine Katzen?«

»Große Katzen!«

»Laufen Sie auf allen vieren?« fragt Budd.

»Ich weiß nicht.« Sie will nicht hinsehen.

»Aber du weißt, daß es große Katzen sind. Die dürfen eigentlich nicht da sein, nicht wahr?«

»Nein!« sagt sie entschieden. »Die sind reingekommen!«

»Warum sagst du nicht einfach etwas zu den Katzen? Was möchtest du ihnen sagen?« fragt Budd.

»Geht weg!« ruft Carol. »GEHT WEG!«

»Wir wissen, daß sie bald weggehen werden«, versichert Budd ihr. »Wir wissen das. Aber jetzt laß uns mal sehen. Sind sie jetzt im Fenster? Laß uns mal sehen, was jetzt passiert.«

Carol grunzt ein paarmal. »Hrm – hrm – es ist hell hier drin. Das Licht kommt durchs Fenster rein.«

»Kommt das Licht von einer Straßenlaterne?«

»Nein, nein!« sagt sie. »Da draußen sind keine Laternen, da darf überhaupt kein Licht sein. Es kommt durchs Fenster rein, und« – ihre Stimme wird schrill vor Angst – »es will mir weh tun!« Sie wimmert vor Angst.

»Okay, laß uns das Licht mal ansehen«, sagt Budd. »Ist es bunt? Oder ist es weiß? Ich weiß, du kannst sehr gut beobachten.«

»B-blau«, sagt Carol mit der Kinderstimme.

»Es ist ein blaues Licht, okay. Gibt es Geräusche? Kannst du etwas hören? Miauen die Katzen?«

»Nein«, sagt sie bestimmt.

»Sprichst du mit ihnen?«

»NEIN!« Carols Atem wird schneller.

»Fühle meine Hand, fühle meine Hand«, sagt Budd beruhigend. »Und jetzt laß uns noch einmal tief durchatmen. Wirklich ganz tief.«

Carol holt tief Luft.

»Okay, das ist gut … du hast jetzt Angst, aber wir wissen, daß morgen alles wieder in Ordnung sein wird.« Er wartet, bis Carol sich beruhigt hat.

»So, und was passiert jetzt mit diesen Katzen?« fragt er. »Wir wissen ja, daß sie am Morgen wieder verschwunden sind, aber jetzt wollen wir uns ansehen, was sie machen.«

»Will nicht hinsehen«, sagt Carol, den Tränen nahe.

»Du mußt sie auch nicht direkt ansehen«, sagt Budd. »Laß es uns nur fühlen. Sag mir, wie sich dein Körper anfühlt.«

»Angst«, sagt Carol ganz leise.

»Du hast Angst ... weißt du«, sagt Budd, »manchmal springen Katzen aufs Bett und –«

»D-Daddy!« ruft Carol und beginnt zu weinen.

»Dein Daddy ist am Morgen wieder da. Wenn du am Morgen aufwachst, sind die Katzen dann noch da?«

»Sie sind weg«, sagt Carol, immer noch weinend.

»Vergiß das nicht«, sagt er. »Im Augenblick ist es beängstigend, aber jetzt wollen wir sehen, was passiert ...«

»Sie stecken mir was ins Ohr«, protestiert Carol und schreit vor Schmerzen auf.

»Sie stecken dir was ins Ohr?« fragt Budd.

»Ins Ohr!« heult Carol. »Er hat mir was ins Ohr gesteckt, und das tut weh!«

»Okay, jetzt hör gut zu. Wenn ich bis drei gezählt habe, dann ist das mit dem Ohr vorbei. Eins ... du fühlst es im Ohr ... zwei ... und drei! Jetzt ist es vorbei. Das mit dem Ohr ist vorbei, und die Katze ist weg. Sie hat es herausgenommen.«

Budd wartet einen Augenblick, dann fährt er fort: »Und jetzt wollen wir sehen, daß wir die Katzen loswerden. Willst du die Katzen loswerden?«

»Ja!« sagt Carol schniefend.

»Gehen sie wieder durchs Fenster hinaus? Ist das der Weg, auf dem sie verschwinden?«

»Weiß ich nicht«, sagt sie mit dünnem Stimmchen.

»Sie sind weg. Wir sind die Katzen los. Was passiert, wenn sie weggehen?«

»Ich gehe in den Schrank.«

»Du gehst in den Schrank.«

»Und dann wache ich auf.«

»Du wachst im Schrank auf? Fühlst du dich dort besser?«

»Ja!« sagt Carol weinend. Dann fügt sie hinzu: »Beim nächsten Mal werden sie Mary mitnehmen!«

»Also, du bist jetzt im Schrank. Wir brauchen uns im Augenblick keine Sorgen um Mary zu machen, wir müssen sehen, was mit Carol ist. Die kleine Carol ist also im Schrank. Macht sie sich da drinnen ein kleines Bett? Was macht sie?«

»Sie zieht sich alle Sachen auf den Boden runter«, sagt sie immer noch weinend. »Und schiebt sie vor die Tür.« Ihr Atem geht unregelmäßig.

»Schläft die kleine Carol dort auch ein?« fragt Budd.

»Nein, ich schlafe nicht ein. Muß auf die Tür aufpassen.«

»Die Schranktür?«

Carol nickt.

»Okay, dann laß uns weitergehen. Es wird Morgen, und die Sonne geht auf«, fährt Budd fort. »Die Sonne geht auf, und jetzt kommt dein Dad. Kommt er am Morgen herein und findet dich?«

»Ja«, antwortet Carol mit winzigem Stimmchen.

»Und deine Mom?«

»Meine Mom kommt, weil Mary weint.«

»Mary weint?« fragt Budd. »Warum weint sie?«

Carol flüstert: »Weil ich nicht da bin.«

»Das verstehe ich«, sagt Budd. »Also kommt deine Mommy herein … ich möchte wetten, daß du froh bist, sie zu sehen?«

»Nein!« sagt sie entschieden.

»Nein? Warum nicht?« fragt Budd überrascht. »Weil du lieber deinen Dad sehen willst?«

»Ich will Daddy!« sagt Carol schnüffelnd. »Es ist so kalt!«

»Warum willst du deine Mommy nicht sehen?«

»Weil sie nicht kommt!« sagt sie trotzig. Sie kämpft die Tränen zurück und wiederholt: »Weil sie nicht kommt.«

»Ich verstehe«, sagt Budd. »Wenn du jetzt deiner Mom etwas sagen könntest, was würdest du ihr sagen?«

»Warum kommst du nie und hilfst mir?« sagt Carol halb wütend und halb verletzt.

»Es ist schlimm, daß sie dir nicht hilft, nicht wahr?« fragt Budd.

»Sie kommt nie, wenn die Katzen kommen«, sagt Carol mit bebender Stimme. »Sie kommt einfach nicht!« schluchzt sie.

»Vielleicht halten die Katzen deine Mommy und deinen Daddy davon ab, zu dir zu kommen«, erklärt Budd ihr sanft. »So etwas kann passieren. Das passiert manchmal.«

»Mein Daddy kommt aber«, sagt Carol vorwurfsvoll. »Nur meine Mommy kommt nie.«

»Okay«, sagt Budd beruhigend, »okay ... und jetzt geht die Sonne auf, und es ist schön hell in deinem Zimmer. Du kommst aus dem Schrank. Was sagt deine Mom jetzt zu dir?«

Nach kurzer Pause sagt Carol: »Meine Mommy sagt, ›was machst du nur da?‹«

»Und was sagst du zu deiner Mommy?«

»Daß es immer noch kalt ist.«

»Du sagst ihr nichts von den Katzen?« fragt er.

»Nein«, sagt sie, und wieder wird ihr Ton vorwurfsvoll. »Sie weiß nichts von den Katzen.«

»Aber warum erzählst du ihr nicht einfach davon?«

»Weil sie mir sowieso nicht helfen kann«, sagt Carol, als wäre es das selbstverständlichste der Welt.

»Aber vielleicht kann sie dir beim nächsten Mal helfen, wenn du es ihr erzählst«, sagt Budd. Dann fragt er: »Hast du deinem Daddy von den Katzen erzählt?«

»Ja, das hab ich meinem Daddy gesagt.«

Ich habe eine Idee. Ich gebe Budd einen Zettel, auf den ich geschrieben habe: »Fragen Sie Carol, ob ihr Vater bei ihr war, als die Katzen gekommen sind.« Budd liest den Zettel und nickt. »Okay«, sagt er, »laß mich wieder deine Hand halten. Und jetzt hole ganz tief Luft. Du bist ganz entspannt.« Er wartet einen Augenblick, dann fragt er: »Tut das Ohr noch weh, nachdem die Katzen etwas damit gemacht haben?«

»Ein bißchen«, sagt sie.

»Okay, du bist ganz entspannt. Du siehst die Sonne durchs Fenster scheinen. Es ist ein schöner Tag im Sommer. Gehst du heute raus und spielst?«

»Nein«, flüstert sie. »Es regnet draußen.«

»Es regnet?« fragt Budd überrascht.

»Kann nicht rausgehen.«

»Also gut, dann scheint an einem anderen Tag die Sonne«, sagt Budd lächelnd. »Gut, du bist jetzt sehr entspannt und atmest ganz tief und ruhig ... wir gehen jetzt in die Zeit, als du auf der High School warst ... du wirst älter ... jetzt sind Sie wieder die erwachsene Frau von heute. Wenn Sie von heute aus als Erwachsene zurückschauen: Glauben Sie, Ihr Daddy war da, als die Katzen gekommen sind?«

»Manchmal«, antwortet Carol, jetzt wieder mit ihrer normalen Frauenstimme.

»Er war wirklich dabei, als die Katzen gekommen sind?« fragt Budd noch einmal. »Glauben Sie, er hat die Katzen gesehen?«

»Ja«, flüstert sie.

»Wie hat er ausgesehen, als er die Katzen gesehen hat? Hat er mit Ihnen gesprochen?«

»Nein«, antwortet sie, immer noch flüsternd.

»Wie hat er ausgesehen?« fragt Budd. »Hat er irgendwo im Zimmer gesessen?«

»Er hat in der Tür gestanden.« Immer noch die Stimme der erwachsenen Frau.

»Hat er gelächelt? Wie war sein Gesichtsausdruck?«

»Ich weiß nicht.« Carol denkt nach. »Er hatte keinen Gesichtsausdruck.«

»Sind Sie sicher, daß er die Katzen gesehen hat?«

»Ja.«

»Wie groß waren die Katzen im Vergleich zu ihm? Gingen sie ihm bis zu den Knien? Waren sie größer?«

»Bis zu den Rippen.«

»Bis zu den Rippen«, wiederholt Budd nickend. »Hatten sie einen dicken oder einen dünnen Pelz?«

»Sie hatten überhaupt keinen Pelz.«

Budd sieht sich über die Schulter zu mir um, als wollte er sagen: »Da, sehen Sie!« Dann wendet er sich wieder an Carol und sagt:

»Haben Sie schon einmal gesehen, daß Ihr Vater mit den Katzen weggegangen ist? Haben sie miteinander geredet? Sind sie die Treppe hinuntergegangen? Oder waren sie einfach nur zusammen im Kinderzimmer?«

Carol mußte lange nachdenken, ehe sie antworten kann. »Er hat mich mit hinausgenommen«, sagt sie. »Er hat mich aus dem Bett gehoben ...«

»Okay«, sag Budd. »Und was ist passiert, nachdem er Sie aus dem Bett gehoben hat?«

»Wir sind einfach rausgegangen.«

»Hat er dabei mit Ihnen gesprochen?«

»Nein.«

»Haben Sie etwas gesagt? Haben Sie über das gesprochen, was passiert ist?«

»Ich konnte nichts sagen.« Es klingt, als müßten wir wissen, daß sie nicht sprechen konnte.

»Und als Sie hinausgegangen sind, wohin sind Sie da gegangen? Die Treppe hinunter?«

»Nein, er hat mich getragen. Er ist durch –« Sie unterbricht sich.

»Dann lassen Sie uns gehen, wohin er gegangen ist, wohin Sie gehen.«

»Wir gehen einfach –« Wieder bricht sie ab. »Wir gehen – wir gehen einfach raus –« Carol schnappt nach Luft.

»Geht ihr in den Flur?«

»Nein!« Ihre Stimme klingt wieder gepreßt, sie atmet schneller.

»In welche Richtung geht ihr?«

»Einfach raus«, sagt Carol. »Durchs Fenster.«

»Okay, ihr geht durchs Fenster«, sagt Budd ruhig. »Und die Katzen? Sind sie bei euch?«

Carol antwortet nicht, sondern atmet nur scharf ein: »Puh!«

»Was ist draußen vor dem Fenster, als ihr hinausfliegt? Ist da ein Baum? Was ist da?«

Carol schwebt in den Armen ihres Vaters aus dem Fenster im ersten Stock heraus und über das Dach der hinteren Veranda hinweg. Vater und Tochter gleiten nach unten auf den Boden, wo zwischen Haus und Garage ein großes Raumschiff wartet. Die kleinen Grauen, die Carol mit einer Deckerinnerung zu Katzen umgeformt hat, steigen als erste ins Raumschiff, die vierjährige Carol und ihr Vater folgen ihnen. Carols Vater läßt sie sinken, bis ihre Füße den Boden berühren. Dabei sieht Carol ihren Vater an. Sie erschrickt und ist aufgeregt, als sie sieht, daß er weint.

Im Raumschiff sind noch andere Menschen. Carol sieht auch eine Reihe von Kindern in verschiedenem Alter, manche in Schlafanzügen, andere voll bekleidet. Sie kennt keines der Kinder und glaubt nicht, daß sie aus der Nachbarschaft sind. Die Kinder stehen schweigend da, als warteten sie auf irgend etwas.

Auch die Erwachsenen stehen nur herum, ohne zu sprechen. Außerirdische kann Carol in diesem Augenblick nicht sehen.

Das einzige Mobiliar des Raumes, in den man sie gebracht hat, sind einige weiße Tische, die geformt sind wie Bügelbretter. Die Tischflächen sind leer.

Während Carol sich umsieht, verlassen einige Erwachsene und Kinder den Raum. Carol bemerkt besorgt, daß sie nicht zurückkehren. Sie will ihren Vater fragen, wohin die Leute gegangen sind, aber sie kann nicht sprechen. Und dann sind sie selbst an der Reihe.

Carol und ihr Vater schweben einen runden Korridor mit einem Geländer entlang, der sie in einen weiten, hohen Raum bringt. Mitten im Raum steht eine Reihe durchsichtiger Röhren, die zu hoch sind, um die Oberkante zu sehen. Jedes der Kinder wird in eine der Röhren gesteckt. Als Carol in ihrer Röhre ist, kann sie ihren Vater durch die durchsichtige Wand sehen. Er weint wieder, weil sie ihn nicht mit ihr hineinlassen wollen. Und dann, als sie allein in der Röhre steht, bekleidet mit ihrem rosa Nachthemd, beginnt es zu schneien – aber es ist kein Schnee. Die Substanz, die herunterrieselt, ist trocken und warm, und statt an ihr zu kleben, dringen die Flocken durch ihr Nachthemd und in ihren Körper ein. Der Schauer hört auf, als ein Wesen ihr telepathisch befiehlt, die Augen zu schließen.

Ich will die Augen nicht zumachen! protestiert Carol.

Schließe die Augen!

Es beginnt wieder zu schneien, dieses Mal ist es eine andere Substanz.

Au! Das sticht! Das brennt! Ruft Carol in Gedanken.

Schließe die Augen! Schließe die Augen!

Sie gehorcht, und das Brennen verschwindet. Die zweite Substanz riecht nach Zitronen und ist klebrig.

Du kannst jetzt gehen, wird ihr gesagt. Carol öffnet die Augen und sieht ihren Vater. Er wirkt nicht mehr so verängstigt wie zuvor. Carol und ihr Vater verlassen das Raumschiff durch einen Tunnel. Carols Ohr tut weh, und als sie laufen will, fühlt sie sich steif und unbeholfen.

Carol und ihr Vater steigen die Treppe zur hinteren Veranda hoch und gehen ins Haus. Er bring sie zum Bett, wo Mary liegt, die die ganze Zeit geschlafen hat.

Als hätten sie es vorher abgesprochen, führt Carols Vater sie zum Schrank, und sobald sie an ihrem Zufluchtsort ist, schließt er die Tür. Carol beginnt sofort, Kleider in die Spalten und Ritzen der Tür zu stopfen.

Nach Carols Hypnose sitzen wir in Budds Studio, nehmen einen Drink und essen Cracker. Carol erinnert sich, wie ihr Vater sie ins Raumschiff getragen hat. »Ich weiß noch, daß er Tränen in den Augen hatte, als er mich abgesetzt hat.«

Budd wendet sich an mich. »Alles an diesem Bericht wirkt absolut plausibel. Ein vierjähriges Kind und ihr hilfloser Vater hätten sich genau auf diese Weise verhalten können, wenn es wirklich geschehen wäre. Da ist nichts, was unglaubwürdig geklungen hätte.«

Ich sage ihm, daß ich den Teil mit den »Katzen«, die im ersten Stock durchs Fenster geschaut hätten, besonders beunruhigend fände.

»Es waren ja auch keine Katzen«, sagen Alice und Budd gleichzeitig.

»Ja, aber wenn ich mir vorgestellt habe, es wären Katzen«, sagt Carol, »dann müßte ich doch für immer und ewig Katzen mit etwas in Verbindung bringen, das mir angst macht. Mein Sohn John liebt ebenfalls Katzen, aber er hatte gräßliche Angst, als ihn vermeintliche Katzen durchs Fenster angestarrt haben.«

»John wurde auch von Katzen durchs Fenster angestarrt?« frage ich.

Budd und Carol haben bei ihrer ersten Hypnosesitzung Carols Erinnerungen an Johns Alpträume aus einer Zeit bearbeitet, als John vier Jahre alt war und mit Carol in Savannah lebte. Sie konnte sich erinnern, daß ihr Sohn geschrien hatte, und weil sie glaubte, er hätte schlecht geträumt, ging sie in sein Zimmer. »Da sind lauter Katzen im Haus«, rief der kleine Junge. »Wir müssen die Katzen verjagen!«

Carol versuchte, John zu erklären, daß Katzen manchmal über Spaliere ins kühle Haus klettern, wo sie ihre Jungen bekommen können. Sie sagte ihm, sie könne nicht viel dagegen tun, denn sie wollte die Tiere nicht töten oder Fallen aufstellen. Sie fragte John, warum die Katzen ihn so ängstigten.

»Weil sie nachts aufs Fensterbrett springen«, erwiderte er. »Sie machen mir angst. Sie sehen durch die Fenster herein, sie starren mich die ganze Nacht an, und ich kann nicht schlafen.«

Carol konnte nicht verstehen, warum die Katzen für ihn ein so großes Problem waren. Unter Hypnose konnte sie sich dann aber erinnern, daß sie ins Schlafzimmer ihres Sohnes gegangen war, wo sie einige »Katzen« sah, die denen glichen, die auch sie als kleines Mädchen heimgesucht hatten. Sie erinnerte sich, wie sie versucht hatte, das Zimmer ihres Sohnes zu betreten, jedoch unfähig war, über die Türschwelle zu gehen. John saß auf der Bettkante und kreischte: »Die Katzen, die Katzen! Bring die Katzen weg!«

Der kleine Junge weinte hysterisch, aber er konnte nicht aus dem Bett heraus, und Carol konnte nicht zu ihm gehen. Und dann hörte sie im Kopf eine der »Katzen« sagen: *Sage ihm, daß du mit ihm gehen kannst.*

Sie sagte John, es sei gut und sie würde bei ihm bleiben. Dann schwebten die beiden durchs Fenster hinaus. An Bord des Raumschiffs wurde John auf einen Tisch gelegt, der zu klein für ihn war. Daraufhin brachten die Grauen ihn zu einem größeren Tisch, wie Carol beobachten konnte.

Der Aliendoktor, den Carol während ihrer Entführung im Park in West Virginia gesehen hatte, stand rechts neben ihr.

Was macht ihr mit meinem Sohn? fragte sie ihn.

Ich will ihn untersuchen, erwiderte das Wesen.

Ich will nicht, daß ihr ihm weh tut, sagte sie. *Ich will ihn jetzt mit nach Hause nehmen.*

Aber er gehört dir nicht!

Doch, er gehört mir. Er gehört zu MIR!

Er gehört nur teilweise zu dir, sagte der Doktor. *Er gehört uns.*

Die Wesen nahmen John Blut- und Hautproben ab und ließen ihn anschließend mit seiner Mutter nach Hause zurückkehren.

Als sie am nächsten Morgen John nach seinem Alptraum fragte, erklärte er, er hasse das Haus wegen all der Katzen.

Carol versprach ihm, sie würde die Katzen verscheuchen.

»Die Katzen müssen immer alles zurückholen«, sagte John.

»Woher weißt du das?« fragte Carol.

»Weil«, antwortete der Vierjährige, »weil ich irgendwann bei ihnen bleiben muß, aber ich will nicht hingehen.«

»Oh, das klingt aber albern«, erwiderte Carol leichthin.

»Weiß ich«, sagte John. »Aber es ist wahr.«

Johns Tochter ist Stacy, die kleine Vierjährige, deren Zeichnung eines Raumschiffs, in dem sie mit ihrem Freund Nu geflogen ist, Carol bei der Konferenz gezeigt hat.

15. KAPITEL

Interview nach der Konferenz

Brenda, Erica, Terry und Linda Cortile – Treffen der Entführten-Selbsthilfegruppe in Budd Hopkins' Studio

Budd Hopkins hat es Carol, Alice und mir ermöglicht, am Freitag abend eine seiner Selbsthilfegruppen zu besuchen. Anwesend sind mehrere Frauen, die sich an Budd um Hilfe gewandt haben, um ihre Entführungserlebnisse zu bewältigen. Unter ihnen ist auch Linda Cortile.

Ich kenne noch ein weiteres Mitglied der Gruppe von der Konferenz: Brenda, die Künstlerin, die ihre Erfahrungen in mehreren Fernsehsendungen offenbart hat und »Alien-T-Shirts« nach eigenen Entwürfen verkauft. Sie ist vierzig und hat dunkles, widerborstiges Haar und ein attraktives Gesicht.

Brenda berichtet, sie sei im Alter von zwanzig Jahren vom Dach ihres Hauses in der Bronx entführt und mit einer zwanzig Meter breiten Scheibe in einen unterirdischen Stützpunkt im Südwesten gebracht worden. Im Stützpunkt sah Brenda Hybridwesen, Graue und Nordische.

Erica ist eine weitere Teilnehmerin der Gruppe. Sie ist Anfang Dreißig, hat schwarzes, lockiges Haar und zarte Gesichtszüge. Sie arbeitet als Designerin in einem teuren New Yorker Modegeschäft. Erica glaubt, alle ihre Angehörigen – nicht nur die engsten Verwandten, sondern auch ihre Onkel und Cousinen – würden schon seit Generationen entführt.

Vor nicht sehr langer Zeit, erzählt Erica, habe sie nach einem Entführungserlebnis in New York eine schwache Erinnerung gehabt, ihren achtundsiebzigjährigen Großvater umarmt zu haben, der zu jener Zeit jedoch in Florida hätte sein müssen. Sie rief ihn mehrere Tage nach dem Erlebnis an und fragte, ob in der betreffenden Woche »etwas Ungewöhnliches« geschehen sei. Ihr Großvater habe gesagt: »Warum fragst du?«

»Am Dienstag morgen«, sagte Erica, »was ist da passiert?«

»Ja«, sagte er, »da hatte ich einen Traum, in dem ich drei groteske Gestalten gesehen habe. Er war wie im Fernsehen.«

»Opa, wie haben sie ausgesehen?«

»Asiatisch«, sagte er. »Sie hatten große, schräge Augen.«

Erica fragte ihn, wann genau er den Traum gehabt habe. Der Zeitpunkt fiel mit ihrer Entführung zusammen.

»Ich bin daher ziemlich sicher, daß es auch ihm passiert«, sagt Erica, »und er hat mir erzählt, daß er als kleiner Junge eine Menge verrückte Erlebnisse mit Telepathie und so weiter gehabt hat.«

An diesem Treffen der Selbsthilfegruppe nehmen sieben Frauen teil: Außer Carol und Alice sind Erica und Brenda, Linda Cortile und zwei weitere Frauen gekommen. Da die letzten beiden durch meine Gegenwart etwas verunsichert scheinen, frage ich, wie sie sich im Umgang mit jemandem fühlen, der verständnisvoll ist, aber nicht unbedingt alles glaubt.

Erica antwortet an ihrer Stelle. »Es ist mir egal, ob Sie mir glauben oder nicht«, sagt sie. »Ich erlebe all dies, und ich habe hier Freunde, die es ebenfalls erleben. Wir sind wie Ausgestoßene, stille Opfer, weil wir nicht öffentlich diskutieren können, was wir durchmachen.«

Terry, eine der beiden Frauen, die bisher noch nichts gesagt haben, nickt. »Man fühlt sich verraten und verkauft«, sagt sie.

»Was für eine Art von Verrat meinen Sie?« frage ich.

»Man hat für den Rest seines Lebens das Gefühl, daß es da draußen nichts gibt, was sicher ist«, antwortet Terry. »Niemand, dem man vertrauen kann, kein Ort, zu dem man gehen kann, und wenn man nicht zufällig einer der Glücklichen ist, die in einer Selbsthilfegruppe wie dieser hier landen, dann ist man mutterseelenallein.«

»Wann sind Sie eigentlich auf die Idee gekommen, daß das, was Ihnen passiert ist, weder Halluzination noch Traum war und daß die ganz normalen Ausflüchte, mit denen man sich selbst etwas vormacht, nicht helfen? Was hat Sie überzeugt, daß es real war?«

»Das war, als ich die Aliens zum ersten Mal bewußt gesehen habe«, sagt Linda Cortile. »Als ich sie in meinem Zimmer am Fußende des Bettes gesehen habe. Vorher hatte ich immer Zweifel, denn ganz egal, wieviel man von der Hypnose hält, es besteht ja immer die Möglichkeit, daß nur alte Träume ans Licht kommen. Aber als ich 1989 die Aliens mit eigenen Augen vor meinem Bett habe stehen sehen, da habe ich nicht geschlafen. Ich weiß, was ich gesehen habe. Sie waren da, es war real.«

»Ich hatte nach den Entführungen physische Spuren am Körper«, sagt Brenda, »aber das macht es nicht real. Ich habe in Flashbacks Graue gesehen, aber das hat es nicht real gemacht. Keine meiner Erinnerungen brachte mich darauf, daß es real war. Der Umschwung kam erst, als ich las, was Betty Andreasson in ihrem Buch über die Schuhe schrieb, die die Aliens ihr angezogen hatten. Sie bestanden aus einem durchsichtigen Material, Glas oder Plastik, und waren siebeneinhalb Zentimeter hoch. Und mir haben sie die gleichen Schuhe angezogen! Als ich das in ihrem Buch las, brach ich in Tränen aus. Es war eines von diesen kleinen Details, bei denen man denkt: Mein Gott, wie können nur zwei Leute auf exakt das gleiche Bild kommen?«

Bei Erica war es ähnlich. Sie träumte, sie sei mit ihrem Vater im Haus und sehe auf der linken Seite in der Wohnzimmertür einen kleinen weißen Gorilla stehen. Der Traum war so lebhaft, daß sie ihn mit einem Film verglich. Nach einer hypnotischen Rückführung mit Budd hatte sie eine lange Serie von Flashbacks, in denen es ausnahmslos um ihren Vater ging. Um zu begreifen, was da vor sich ging, besuchte sie ihren Vater in Brooklyn. Er war überrascht und fragte sie nach dem Anlaß des Besuchs.

»Dad«, sagte Erica, »ich hatte einen Traum, in dem du vorgekommen bist. Wir waren im Wohnzimmer, die Tür ging auf –«

412

»Und in der linken Ecke stand ein kleiner weißer Gorilla«, sagten Erica und ihr Vater gleichzeitig.

Dann starrten sie sich fassungslos an. Wie konnte das sein? dachte Erica.

»Wie ist das möglich?« fragte ihr Vater.

Erica ist sicher, daß sie und ihr Vater nicht den gleichen Traum hatten. Hinzu kam bei Erica noch eine physische Spur. Erica hat eine Hautkrankheit, die dazu führt, daß Schnittwunden nicht glatt verheilen, sondern auffällige Narben hinterlassen.

Vor kurzem ging Erica zu einem Dermatologen und wollte von ihm wissen, ob er etwas gegen unschöne Narben am Daumen tun könne. Er sagte, man könne nichts machen, die Narbe würde eben so aussehen. Dann zeigte sie ihm die haardünne Narbe auf dem Bein und sagte: »Und was ist damit?«

»Das ist eine hervorragende Arbeit«, sagte er bewundernd.

»Wer hat das gemacht?«

Was hätte sie ihm sagen sollen?

Gegen Ende des Treffens der Selbsthilfegruppe erzählt Brenda von einem Ereignis, das nur einen Monat zurückliegt. Sie saß allein in einem Straßencafé in der Battery Park City, als sich ihr, wie sie sagt, ein kleiner Grauer näherte. Zuerst war die Gestalt nur als verschwommener Umriß zu sehen, als würde sie von hinten beleuchtet. Erst als er vor ihrem Tisch stand, wurde er völlig sichtbar. Er sagte: *Wir müssen gehen.*

»Okay«, sagte Brenda.

Sie stand auf und folgte dem Wesen und flog plötzlich über den Hudson River. Es war dunkel und kalt, und sie hatte Angst vor dem schwarzen Wasser tief unter ihr, und sie klammerte sich unwillkürlich an das Wesen, um nicht hinunterzustürzen.

Das Wesen brachte sie zu einem riesigen, unbeleuchteten UFO, das hoch über dem Fluß schwebte. Sie sah das Flugobjekt erst, als sie sich direkt unter ihm befand. Zusammen mit Brenda, die sich an den Alien klammerte, flog das Wesen ins Schiff hinein, und drinnen war es dann hell genug, daß sie ihn sehen konnte.

»Ich habe ihm auf die Schulter geklopft«, sagte Brenda, »und ihm gesagt: Gott sei Dank, ich hatte Angst, in den Fluß zu fallen. Ich hatte viel größere Angst vor dem Wasser als vor dem Alien, denn ich wußte, daß er im Gegensatz zum Wasser nicht meinen Tod verkörpert hat. Eigentlich hätte ich ihm Vorwürfe machen sollen, weil er mich entführt hat, aber ich war ihm sehr dankbar, daß er mir über das Wasser geholfen hat. Dann sind auf dem Schiff einige Dinge passiert, und ein paar der anderen Grauen mochte ich nicht, aber diesen einen …« Brenda hält inne, fährt dann fort: »Auch wenn es mir nicht ähnlich sieht, aber diesen einen Grauen mochte ich.«

16. KAPITEL

Interview nach der Konferenz

Carol und Alice – Zweite Hypnosesitzung
in Budd Hopkins' Studio

Am Samstag morgen erklärt Alice zur Vorbereitung ihrer Hypnosesitzung, was es mit ihrer Fahrt nach Tallahassee, bei der ihr Zeit zu fehlen schien, auf sich hatte.

Sie erwähnt, wie sie in Georgia angehalten worden war, weil sie zu schnell gefahren war. »Auf dem Highway war ich praktisch allein, und ich hatte Verspätung«, berichtet sie.

Sie sei ungefähr um 19 Uhr 30 von dem Polizisten angehalten worden und um 22 Uhr 30 im Hotel eingetroffen. Für die drei bis vier Stunden lange Fahrt nach Tallahassee hatte sie etwa sechs Stunden gebraucht. Alice meint, sie habe höchstens an einem Schnellrestaurant kurz vor Tallahassee eine Rast eingelegt.

»Also haben wir hier ein Zeitproblem«, sagt Budd und macht sich eine Notiz.

Alice bezog ihr Hotelzimmer in Tallahassee und nahm eine kalte Dusche. Sie erwähnte schon, dies sei ungewöhnlich für sie, aber sie habe es getan, weil sie sich »einfach schrecklich fühlte«.

»Warum keine warme Dusche?« fragt Budd.

»Das weiß ich nicht.«

»Wann haben Sie das letzte Mal kalt geduscht?«

»Noch nie«, erwidert Alice. »Mir war einfach so heiß. Im Motel war es heiß, und am ganzen nächsten Tag fühlte ich mich komisch, mir war übel.« Sie war sicher, erklärt sie, sich eine Erkältung geholt zu haben.

Alice hat sich beim Einchecken im Hotel sehr desorientiert gefühlt. Sie hatte den Aufzug mit dem Rufknopf geholt, um zu ihrem Zimmer hochzufahren, aber die Tür hatte sich zu schnell geöffnet und geschlossen, um hineinzukommen.

Es folgt eine Diskussion über die Frage, was in Alice' Hypnosesitzung untersucht werden sollte. Alice ergänzt noch, sie habe als Kind Alpträume gehabt, ohne sagen zu können, woher sie gekommen wären.

Alice spricht über ihre Kindheit: Sie fühlte sich verlassen, die Eltern hätten sie nicht geliebt, sie hätte sich nachts in den Schlaf geweint. Sie redet auch über ihren sehr autoritären Vater, der sie mit einem Gürtel oder dem Wäscheklopfer verprügelt hat.

»Hatten Sie als Kind besondere Ängste oder Phobien?« fragt Budd.

»Nein«, antwortet Alice.

Ich hatte angenommen, Alice würde an diesem Punkt ihren Verdacht erwähnen, daß ihr Vater sie, als sie zwölf war, während eines Angelausflugs vergewaltigt hat, aber sie sagt kein Wort darüber.

»Wie sieht es heute mit Ängsten oder Phobien aus?«

»Kinder«, sagt sie. »Kleine Kinder. Wenn sie älter werden, ist es in Ordnung.«

»Wenn jemand Ihnen ein zwei Monate altes Baby geben würde, das Sie halten sollen, was würde passieren?« fragt Budd.

Alice seufzt. »Ich würde das Kind nicht fallen lassen, aber ich würde es nicht nehmen wollen.«

»Sie können also nicht damit umgehen, okay«, sagt Budd. Er macht sich eine Notiz auf dem gelben Block.

»Waren Sie schon einmal schwanger?«

»Abgesehen vom letzten Sommer höchstens ein- oder zweimal«, sagt sie. »Einmal dachte ich auf der High School, ich wäre schwanger. Meine Periode kam ein paar Wochen zu spät, und als sie dann kam, haben wir gefeiert. Einmal, vor etwa zehn Jahren, dachte ich ebenfalls, ich wäre schwanger, und ich sagte mir: Oh, mein Gott, ich bin schwanger! Das war zuviel für mich. Es wäre möglich ge-

416

wesen, aber ich war dann doch nicht schwanger. Ich ließ mir daraufhin die Eileiter verschließen. Ich wollte keinesfalls noch einmal das Risiko eingehen. Das ist schon komisch. Ich dachte immer, es wäre schön, schwanger zu sein und dieses Gefühl zu erleben, aber das Kind selbst wollte ich nie haben. Ich dachte nur, es wäre schön, herauszufinden, wie es sich anfühlt, wenn man schwanger ist.«

«Hatten Sie mal eine Abtreibung?« fragt Budd.

»Nie. Warum?«

»Man sagt manchmal, daß ambivalente Gefühle in bezug auf Kinder auf eine Abtreibung zurückgehen«, erklärt Budd.

»Nein, es ist absolut sicher, daß dies auf mich nicht zutrifft«, sagt Alice entschieden.

Budd macht sich eine Notiz. »Dann lassen Sie uns weiter über Kinder reden. Beginnen wir mit einem kleinen Baby, das völlig hilflos ist. Dann ein Kind, das ein Jahr alt ist, dann ein Kind, das laufen kann, dann ein zwei Jahre altes Kind, das zu sprechen beginnt, dann ein Schulkind. Gibt es irgendeine Phase, in der Ihre Abscheu größer ist als in anderen Phasen?«

»Wenn sie ungefähr so groß sind.« Alice hält die Hand etwa einen Meter über den Boden.

»Was ist mit Neugeborenen?«

»Das ist nicht so schlimm.«

»Ich würde mir diese Phobie gern näher anschauen«, sagt Budd. »Sie kann alle möglichen Probleme in der realen Welt auslösen, denn Sie stoßen ja immer wieder auf Freunde, die Babys haben.«

»Ich weiß«, sagt Alice. »Ich gehe ihnen aus dem Weg. Wenn meine Freundinnen Kinder bekommen, dann –«

»Aber mit Stacy bist du doch gut zurechtgekommen«, wirft Carol ein.

»Sie ist schon größer«, erklärt Alice. Wenn ein Kind ungefähr einen Meter dreißig groß sei, sagt sie, dann könne sie dessen Gegenwart ertragen. Aber als Stacy noch kleiner war, mußte Alice das Haus verlassen. Selbst jetzt, wenn die kleinen Kinder der Nachbarn auf die Pferdefarm kommen, flieht Alice vor ihnen.

Budd fragt Alice: »Sehen Sie sich selbst anders, wenn Sie diese Abscheu und Angst empfinden? Sehen Sie sich selbst als Kind? Erinnert Sie die Situation an irgend etwas in Ihrer eigenen Kindheit?«

»Nein«, sagt Alice. »Als ich auf der High School mit diesem Jungen zusammen war, sprachen wir darüber, zu heiraten und ein Dutzend Kinder zu bekommen. Das war für mich völlig in Ordnung. Aber irgendwann auf dem College ...«

»Also haben Sie, als Sie jünger waren, noch nicht so empfunden?«

»Nein«, sagt Alice. »Das ist erst nach der High School aufgetaucht.«

Alice erklärt, sie habe auf dem College experimentelle Psychologie belegt, weil sie mit geistig und körperlich behinderten Kindern arbeiten wollte. Sie war tatsächlich sechs Monate in diesem Bereich tätig, doch dann stellte sie fest, daß sie die Arbeit nicht länger ertragen konnte.

Budd, der offenbar glaubt, zwischen dem Einsetzen ihrer Phobie und dem Umgang mit gestörten Kindern bestehe möglicherweise ein Zusammenhang, fragt sie, welche Kinder ihr am stärksten in Erinnerung geblieben seien. Alice erwähnt ein vierzehnjähriges Mädchen mit der Mentalität einer Fünfjährigen. Alice und die anderen Studentinnen haben das Kind bei den Eltern zu Hause aufgesucht, um mit ihm zu arbeiten.

Sie erinnert sich auch an ein autistisches Kind, das »völlig leer« war, wie Alice es ausdrückt. »Man konnte sie einfach nicht erreichen. Sie war ungefähr vier oder fünf Jahre alt.«

Dann gab es noch ein drittes Kind, das »in gewisser Weise ebenfalls autistisch, aber auch gewalttätig« gewesen sei. »Sie war ebenfalls vier oder fünf Jahre alt, aber winzig und trotzdem stark. Wenn sie einen ihrer gewalttätigen Ausbrüche bekam, dann waren mehrere Leute nötig, um sie festzuhalten.«

Budd bittet Alice, sich vorzustellen, das erste autistische Kind sei hier bei uns im Studio. »Was würde das Mädchen tun?«

»Das Kind würde sich in eine Ecke verkriechen«, meint Alice.
»Sie würde uns das Gesicht zuwenden, aber abwesend wirken.«

»Tat Ihnen das Kind leid, oder hatten Sie Angst vor ihm?« fragt
Budd.

»Ich weiß nicht, wie es damals war, aber heute wäre mein Gefühl, daß es sich in Sicherheit gebracht hat.«

»Weil es sich abgeschirmt hat?« fragt Budd.

»Ja.« Alice denkt einen Moment nach, dann sagt sie: »Ich habe
auf dem College einige seltsame Dinge gemacht. Wir hatten dort
Selbsterfahrungsgruppen, und ich erinnere mich noch, daß wir
mal beschlossen haben, jemand solle ein autistisches Kind spielen.
Die anderen mußten versuchen, ihn da herauszuholen. Ich war das
autistische Kind, und ich habe mich dabei sehr sicher gefühlt.«
Alice beginnt zu weinen. »Ich wollte da nicht wieder herauskom-
men.«

»Dann haben Sie jenes Kind in gewisser Weise beneidet?« fragt
Budd.

»Ja.«

Alice erklärt, das kleine Mädchen sei sicher gewesen, weil es immer jemanden gehabt habe, der sich um es gekümmert habe, der
es herausholen und mit ihm reden wollte. Sie habe dann aufgehört, mit dem Kind zu arbeiten, weil sie emotional zu sehr betroffen war.

»Was denken Sie, wenn Sie ein Kind als abstoßend empfinden?«

»Einfach nur, daß ich weg muß«, erwidert Alice.

»Also bezieht sich das auf das ganze Kind.« Budd macht sich
wieder eine Notiz. »Was glauben Sie, was das Kind im schlimmsten Fall tun könnte?«

»Das Kind klammert sich an mich, an meine Beine.«

»Wären mehrere Kinder schlimmer als ein einzelnes?«

»Ja. Wenn es sechs wäre, dann würde ich …« Alice bricht ab
und schaudert.

»Wenn ein Kind Ihre Beine umklammert, könnten Sie dann
nicht einfach die Arme des Kindes lösen? Was würden Sie tun?«

»Ich würde weglaufen.«

»Und wenn das Kind sich weiter festklammert?« fragt Budd.

Alice scheint betroffen. »Ich würde es mit einem Tritt wegschieben. Ich würde es nicht verletzen wollen, aber ...«

Budd macht sich wieder einige Notizen und fragt Alice anschließend, ob sie vor der Hypnose noch etwas wissen wolle.

»Nein, ich vertraue Ihnen«, sagt sie. Dann fügt sie hinzu: »Aber ich habe Angst.«

»Ich weiß«, sagt Budd sanft.

»Stellen Sie sich also vor, daß das Schlimmste geschehen ist, das Sie sich nur vorstellen können. Na und? Sie sind immer noch da.«

»Ja, das sage ich mir auch immer.«

»Okay«, sagt Budd.

Alice' sicherer Zufluchtsort wird wie bei Carol ein Rosengarten sein. Budd drängt Alice, nicht zu analysieren, was unter Hypnose geschieht. »Seien Sie wie ein Reporter, nicht wie ein Gelehrter«, sagt er ihr.

Das Licht im Studio wird gedämpft, Alice legt sich auf die schwarze Couch, deckt sich zu und macht es sich bequem.

Die Hypnosesitzung beginnt. Zehn Minuten später ist Alice tief entspannt. Zunächst führt Budd sie an ihren Zufluchtsort, wie er es bei Carol gemacht hat.

Dann lenkt er sie nach Florida: »Und in Ihrem sehr entspannten Zustand, während Ihr Geist wach und klar ist, sehen Sie sich, wie Sie vor etwas mehr als einem Jahr im Sommer in den Süden gefahren sind. Sie haben einen Wagen gemietet und waren in Tuskegee. Es wird spät, es ist schon Nachmittag, und es ist Zeit, aufzubrechen ...«

Budd läßt Alice Zeit, damit sie innerlich in diese Zeit und an diesen Ort zurückkehren kann. »Finden Sie zu dem Gefühl zurück, das Sie im Auto hatten. Sie sind nach Tallahassee unterwegs. Auf dieser Reise sind mehrere Dinge geschehen. Erinnern Sie sich an das Gefühl zu fahren und beschreiben Sie die Landschaft. Sie können sprechen, wann immer Sie wollen.«

»Es sind Farmen«, sagt Alice fast flüsternd. »Eine arme Gegend, Erdnußfelder. Es ist flach.«

»Sehen Sie aus dem Fenster, während Sie weiterfahren.«

»Bäume. Pfirsichbäume.«

»Alles mag ganz normal scheinen, aber irgendwann bemerken Sie, daß sich etwas verändert hat. Sehen Sie, ob etwas anders ist. Es könnten ganz verschiedene Dinge sein ...«

Nach einer Pause sagt Alice leise: »Es ist einfach nur langweilig.«

»Langweilig? Hm.« Budd lächelt mich an. »Sehen Sie sich einfach um, während Sie weiterfahren. Wir wissen, daß es mindestens eine Überraschung auf dieser Reise gab. Wenn es aber eine gab, dann kann es auch mehrere gegeben haben. Irgend etwas durchbricht die Eintönigkeit. Ich werde jetzt bis drei zählen und die Hand auf Ihre Hand legen. Sie werden sich sicher und geborgen fühlen. Wenn ich bis drei gezählt habe, dann werden Sie eine Ahnung bekommen, daß es eine Überraschung oder einen Schock gegeben hat. Ich lege jetzt die Hand auf Ihre Hand. Eins ... Sie fahren auf der Straße ... etwas wird die Monotonie unterbrechen ... zwei, jetzt steht es unmittelbar bevor ... drei!«

Es gibt ein langes Schweigen, dann flüstert Alice: »Es ist wie eine Krone aus Licht ... wie Feuer.«

»Wie ein Feuer?« sagt Budd. »Schauen Sie es sich weiter an.«

»Wie ein Gasbrenner«, flüstert Alice.

»Ist es irgendwo draußen auf einem Feld?«

Alice' Stimme klingt verwundert. »Ja.«

»Wo ist es auf dem Feld?«

»Ich weiß nicht – es ist rechts von mir.«

»Schauen Sie es sich weiter an.«

Nach einer kurzen Pause sagt Alice: »Es ist weg.«

»Es ist weg? Meinen Sie, Sie sind vorbeigefahren?«

»Nein, es ist verschwunden.«

»Sehen Sie Verkehr auf der Straße?« fragt Budd. »Sind dort noch andere Leute, die etwas bemerken könnten?«

»Nein, ich bin allein«, sagt Alice.

»Sehen Sie irgendwo Hinweisschilder? Können Sie sehen, wo Sie sind?«

»Ein Stoppschild«, sagt sie. »Ich biege rechts ab.«

Wieder eine lange Pause, dann sagt Budd: »Sie fahren weiter. Sagen Sie mir, was Sie sehen. Sehen Sie eine Kleinstadt?«

»Nein, nur Nußbäume. Große Bäume.«

»Wie fühlen Sie sich?« fragt Budd sie.

»Ganz gut«, meint Alice.

»Gelangweilt vielleicht?«

»Ja, es ist eine lange Fahrt.«

»Eine lange Fahrt«, wiederholt Budd. »Und Sie fahren ... wie läuft das Auto? Haben Sie Probleme mit dem Auto?«

»Es ist in Ordnung«, sagt sie. Dann fügt sie fast beiläufig hinzu: »Ich habe das Gefühl, es hat angehalten.«

»Was hat angehalten?« fragt Budd. Er beugt sich vor.

»Das Auto. Ich kann es nicht mehr sehen, ich fühle es nur.«

»Hat es mit einem Ruck angehalten oder langsam abgebremst?«

»Langsam.«

»Ihre Sinne sind äußerst aufnahmefähig. Wie fühlen Sie sich?«

»Mir ist kalt«, sagt Alice schaudernd.

»Ihnen ist kalt? Läuft die Klimaanlage des Autos?«

»Ich glaube nicht«, sagt Alice seufzend.

»Sagen Sie mir, was Sie fühlen«, sagt Budd. »Ihr Körper ist sehr wach und spürt alles, was Sie fühlen. Ihnen ist kalt ...«

Nach einem Moment sagt Alice: »Ich warte.«

»Sie warten? Wie warten Sie?«

»Ich sitze da.«

»Bewegt sich das Auto noch, oder hat es angehalten?«

»Es hat angehalten.«

»Sind Sie an den Straßenrand gefahren, oder stehen Sie auf einer Fahrspur?«

»Halb auf der Fahrspur und halb auf dem Seitenstreifen.«

»Sind Sie noch auf der Hauptstraße, auf der Sie vorher waren?«

»Nein«, sagt Alice. »Es ist eine kleine Straße.«

»Warum sind Sie am Stoppschild rechts abgebogen?« fragt Budd.

Die Frage scheint Alice nicht weiter zu beeindrucken. »Ich bin eben abgebogen«, sagt sie.

»Was geschieht jetzt?« fragt Budd.

»Da ist jemand am Fenster!« sagt Alice überrascht.

»Am Fenster des Autos? Auf der Fahrerseite?«

»Ja.«

»Wer ist da am Fenster?«

»Das weiß ich nicht«, sagt Alice. Sie konzentriert sich. »Ein langes Gesicht.«

»Ein langes Gesicht«, wiederholt Budd.

Alice' Atem geht schneller. »Es ist kein Mensch«, sagt sie gepreßt.

»Beschreiben Sie ihn.«

Alice atmet scharf ein und schreit auf.

»Alles ist in Ordnung«, sagt Budd beruhigend. »Sie sind bei mir. Spüren Sie meine Hand. Fassen Sie meine Hand fester, wenn Ihnen das hilft. Sagen Sie mir, was geschieht, Alice. Sie sind jetzt nur eine Reporterin. Sie werden es nur ansehen. Es ist vor langer Zeit geschehen. Beschreiben Sie mir, was geschieht.«

Nach einer kurzen Pause sagt sie: »Ich soll mit ihm gehen.«

»Sagt er Ihnen das?«

»Nein, ich *weiß* es einfach.«

Alice atmet tief ein und aus.

»Sie sind in den Südstaaten«, sagt Budd. »Dort gibt es viele Schwarze. Sehen Sie jetzt einen Menschen mit dunkler Hautfarbe?«

»Nein«, flüstert Alice. »Er ist grau.«

»Grau. Gut«, sagt Budd ungerührt. »Also sehen wir weiter. Verriegeln Sie die Türen des Autos?«

»Nein.«

»Was machen Sie?«

»Ich steige aus ...« flüstert Alice. Und dann, mit verzweifeltem Stöhnen, sagt sie: »Warum mache ich das nur?«

»Darüber können wir uns später Gedanken machen«, sagt Budd zu ihr. »Was sehen Sie, als Sie aussteigen?«

»Viele Bäume ... große Bäume. Keine Pfirsichbäume.«

»Stehen Sie neben der Person, als Sie ausgestiegen sind?« fragt Budd sie.

»Ja.«

»Ist er groß?«

»Ja«, sagt sie. Wieder atmet sie tief ein. »Aber wir schweben weg.« Alice atmet langsam aus.

»Konzentrieren Sie sich auf das Gefühl zu schweben.«

»Das ist verrückt«, sagt Alice mit einer Mischung aus Sorge und Staunen. »Es ist ... es ist schön.«

»Wohin schweben Sie? Sagen Sie uns, wohin es geht.«

»Ich weiß es nicht«, sagt Alice. »Ich stehe aufrecht.«

»Okay, lassen Sie uns sehen, wohin Sie schweben.«

»Ein Achteck. Scharfe Kanten. Ooh!« ruft sie. »Da sind Lichter.«

»An dem Ding, das aussah wie eine Gasflamme?« fragt Budd.

»Ja. Wie ein Gasbrenner ... da ist ein Ding am Boden«, sagt sie und hält inne. »Ein großes Achteck! Mit einem Loch.«

»Sie meinen, in der Mitte des Achtecks ist ein Loch?«

»Ja«, sagt Alice staunend. »Aber da unten ist es wie ein Radkranz.«

»Stellen Sie sich vor, Ihre Augen wären eine Kamera, und sehen Sie es sich an. Was geschieht als nächstes?«

»Wir fliegen direkt nach oben«, flüstert Alice. »Nach drinnen ...«

Es gibt eine Pause.

»Was geschieht jetzt?« fragt Budd.

»Ich stehe einfach nur da.«

»Wo stehen Sie?«

»Ein weißer Raum ... ooh!«

»Was passiert?«

»Es windet sich. An der Wand winden sich Linien wie auf einem schwarzen Bildschirm.«

»Ist da noch etwas außer den Linien?«

»Es ist weich«, flüstert Alice.

»Sie können es mir später aufzeichnen.«

»Weichheit kann man nicht zeichnen«, widerspricht Alice.

»Aber die Linien können Sie aufzeichnen.«

»Okay«, sagt sie freundlich.

»Sind Sie allein im Raum? Oder ist die Person bei Ihnen, die Sie geholt hat?«

»In gewisser Weise«, sagt sie. Ihr Atem wird wieder schneller.

»Augen.«

»Was?«

»Augen, immer mehr Augen …«

Es gibt wieder eine lange Pause.

»Wo sehen Sie die Augen jetzt?« fragt Budd.

»Rings um mich herum.«

»Hm-hm«, macht Budd. Er beugt sich vor und stützt das Kinn auf die Hand. »Stehen dort viele Leute herum und starren Sie an?«

Alice holt tief Luft. »Ja«, sagt sie. »Es sind drei oder vier.«

»Mal sehen«, sagt Budd. »Stehen Sie vor Ihnen, oder sind sie links oder rechts?«

»Einer ist da drüben.« Alice deutet nach links. »Zwei sind da.« Sie deutet über die linke Schulter.

»Okay, wir müssen jetzt herausfinden, was sie tun werden«, sagt Budd. »Hat Ihnen einer von ihnen gesagt, was geschehen soll? Haben Sie danach gefragt?«

»Warum macht ihr das?« sagt Alice offenbar zu einem der Aliens.

»Was haben sie gesagt?«

»Wir brauchen dich«, erklärt Alice. Dann, flüsternd: »Warum?« Ihre Stimme klingt verärgert und traurig: »Das brauchst du nicht zu wissen.«

Es gibt eine lange Pause, dann fragt Alice die Aliens: »Kann ich jetzt nach Hause gehen?«

»Meinen Sie mit ›nach Hause‹ zurück zum Auto?« fragt Budd.

Alice seufzt schwer. »Wohin auch immer«, sagt sie. »Aber sie sagen, ich darf nicht.«

Wieder eine Pause.

»Was passiert jetzt?« fragt Budd sie. »Stehen Sie noch dort?«

»Ich lege mich hin.«

»Hm-hm.«

»Das ist verrückt«, sagt sie. Dann schreit sie überrascht. »Ooooh! Der sieht aber seltsam aus.«

»Wie sieht er aus?« fragt Budd.

»Fast wie eine Libelle. Da ist etwas über seinen Augen«, sagt sie und seufzt wieder.

»Hat er Flügel?«

»Nein, Flügel hat er keine … er sieht verrückt aus.«

»Er sieht verrückt aus«, wiederholt Budd. »Sagt er denn etwas, das Sie auf diese Idee bringt?«

»Nein«, haucht Alice.

»Okay, ich möchte, daß Sie jetzt nicht mehr hinschauen. Lassen Sie die Augen geschlossen. Aber Sie müssen wissen, Alice, daß Ihr Körper äußerst empfindsam ist und eigene Erinnerungen hat. Beispielsweise kann er die Fläche fühlen, auf der Sie liegen, und was die Haut berührt, Ihre Kleidung. Was tragen Sie?«

»Nichts.«

»Nichts«, antwortet Budd tonlos.

»Es ist kalt!« sagt Alice. Sie schaudert, dreht sich nach rechts und krümmt sich.

»Ihr Körper erinnert sich genau an das Gefühl«, sagt Budd sanft. »Sie liegen dort, Ihnen ist kalt, und Sie haben nichts an. Wir werden jetzt mit den Füßen beginnen und durch Ihren ganzen Körper systematisch nach oben gehen, um herauszufinden, wie Ihre Körpererinnerungen aussehen. Was fühlen Ihre Füße? Konzentrieren Sie sich auf die Füße. Fühlen Sie sich irgendwie anders an?«

426

»Meine Fersen sind kalt«, sagt Alice schwer atmend. Budd lenkt Alice' Aufmerksamkeit nach und nach von den Füßen auf die Fußgelenke, die Unterschenkel, die Knie und die Oberschenkel. »Okay«, sagt er. Wir gehen jetzt systematisch weiter. Wir kommen jetzt zu Ihren Genitalien. Fühlt sich dort etwas anders an als sonst?«

»Es fühlt sich eng an«, sagt Alice. Sie liegt immer noch auf der rechten Seite, zu Budd gewandt. »Krämpfe«, sagt sie beinahe verwundert. »Ooooh!« Sie zieht die Knie vor Schmerzen an die Brust. »Auuuh!«

»Sind die Schmerzen im Bauch oder tiefer?«

»Weiter unten«, sagt Alice, die sich jetzt vor Schmerzen windet.

»Also im Genitalbereich?«

»Ja!« zischt sie unbehaglich. »Krämpfe!«

»Ihr Körper hat ein sehr, sehr gutes Gedächtnis und kann sich erinnern, was geschieht«, sagt Budd ihr. »Er kann spüren, was diese Gefühle hervorruft. Was spüren Sie in diesem Teil Ihres Körpers?«

»Schmerzen!« schreit Alice. »Schmerzen! Oooh … Ooooh!«

»Sie spüren Schmerzen. Im Innern?«

Alice stöhnt gequält.

»Okay, wir werden den Schmerz abstellen«, sagt Budd beruhigend. »Die Schmerzen sind zu hoch eingestellt. Das ist wie bei einem Lautstärkeregler, der auf der Sieben steht. Wir werden jetzt die Hand auf den Regler legen und etwas herunterdrehen auf sechs … der Schmerz läßt nach. Wir drehen weiter herunter auf fünf … er ist noch da, aber er läßt nach. Noch weiter herunter …«

Als Budd bei der Zwei ist, seufzt Alice erleichtert.

»Gibt es irgendwelche Bewegungen, während dies geschieht, oder ist alles ruhig? Wie fühlt es sich an? Was könnte so etwas verursachen?«

»Au! Schreckliche Schmerzen!« Alice schreit wieder auf.

»Wir wollen den Regler unten lassen. Wir wollen das nicht wieder hochkommen lassen. Aber es ist noch da. Was müßte man tun, um so etwas hervorzurufen?«

»Ooooh!« stöhnt Alice.

»Sie sagten, es sei in der Gegend der Vagina gewesen. Kommt es Ihnen so vor, als wäre etwas in Ihnen? Oder ist es eher draußen? Was für …«

»Nein, es ist, als würde alles zu einem kleinen Knoten zusammengepreßt«, stöhnt Alice.

»Und von außen kommt ein Druck?«

»Ja … von draußen … aber auch von innen.«

»Ist es gleichmäßig, oder kommt und geht es?«

»Es kommt und geht.«

»Hat es mit einem Gefühl zu tun, daß sich irgendwo etwas bewegt?« fragt Budd. »Oder ist einfach etwas da, das weh tut?«

Auf einmal hören wir Alice entsetzt flüstern: »Oh, mein Gott!«

»Passiert es jetzt wieder?« fragt Budd besorgt.

Alice bricht in Tränen aus, sie kann nicht antworten.

»Sagen Sie mir, was Sie empfinden«, fordert Budd sie sanft auf. »Alles ist gut, meine Hand liegt jetzt auf Ihrem Kopf. Spüren Sie die Wärme meiner Hand auf der Stirn. Sagen Sie mir, was geschieht. Erzählen Sie es mir wie eine gute Reporterin.«

»Ich fühle mich, als hätte ich gerade ein Kind bekommen!« schreit Alice mit brechender Stimme.

»Sie fühlen sich, als hätten Sie gerade ein Kind bekommen.«

»Dabei war ich überhaupt nicht schwanger!« schluchzt sie. »Das kann doch nicht sein!«

Ich sehe zu Carol. Auch sie hat Tränen in den Augen.

»Keine Sorge«, beruhigt Budd sie. »Wir wollen uns deshalb keine Sorgen machen. Wir wissen nicht, was diese Erfahrung zu bedeuten hat, und wir werden nicht raten. Aber vielleicht können Sie die Augen ein klein wenig öffnen, um zu sehen, was passiert ist. Können Sie etwas erkennen? Sehen Sie einfach in die Richtung, ob Sie etwas erkennen können.«

»Es ist winzig, ganz winzig«, sagt Alice mit leichter Abscheu.

»Wie winzig ist es?« fragt Budd.

»Ungefähr so groß wie eine Birne … ooh!«

»Und was passiert mit dem birnengroßen Ding, das Sie sehen?«

»Sie bringen es weg.« Der beiläufige Tonfall überrascht mich.

»Können Sie es ansehen, während es weggebracht wird?« fragt Budd sie. »Können Sie sehen, wie es aussieht?«

»Es ist rosa und faltig«, flüstert Alice.

»Hat es Gliedmaßen? Sie fühlen sich, als hätten Sie ein Kind bekommen. Sieht es aus wie –«

»Es ist sehr klein, wirklich winzig.«

»Hören Sie kleine Schreie?«

»Nein.«

»Okay, es wird also hinausgebracht. Wie fühlen Sie sich jetzt? Sind Sie froh, daß es fort ist? Fühlen Sie sich jetzt besser?«

»Ja!« sagt Alice offenbar erleichtert.

»Okay, gut. Sagen die Wesen etwas darüber?«

Nach einer kurzen Pause sagt Alice: »Sie sagen, es gehört ihnen.«

»Es gehört ihnen? Das sagen sie zu Ihnen?«

»Ja.«

»Fragen Sie, wie das möglich war? Was sagen Sie zu den Wesen?«

»Ich frage, wie kann das sein? Woher ist es gekommen?«

»Alice, ich möchte, daß Sie sich jetzt ein Stück von dem Erlebnis entfernen, weil Ihr Körper sehr empfindlich auf seine eigenen Erinnerungen reagiert. Lassen Sie uns einige Monate zurückgehen. Ich möchte, daß Sie jetzt sehr genau Ihren Körper fühlen. Wenn Sie irgendwann schwanger waren – wir wissen nicht, ob Sie es waren –, aber wenn Sie schwanger waren, dann muß Ihr Körper wissen, daß irgendwann ein Same eingepflanzt wurde, aus dem ein Baby hervorgehen konnte. Es gibt mehrere Möglichkeiten, wie so etwas geschehen kann. Etwa durch normalen Verkehr, also durch einen Penis. Menschen können auch künstlich befruchtet werden. Ihr Körper kann sich erinnern, ob in den Monaten davor irgend etwas geschehen ist. Ich möchte, daß Sie sich ganz auf Ihre Genitalien konzentrieren. Ich werde bis drei zählen, und dann wird Ihr Körper sich an das Ereignis erinnern, das mit diesem hier in Verbindung steht. Eins«, sagt Budd. »Konzentrieren Sie sich auf die Genitalien ... zwei, jetzt sind wir unmittelbar davor ... drei ...«

»Ein Schlauch«, sagt Alice sofort. »Ein Schlauch, wie Dr. Fulton sie benutzt.« Fulton ist ihr Tierarzt.

»Ein langer Schlauch?«

»Ja.«

»Wo sind Sie, als der Schlauch benutzt wird?«

Alice hält inne, überlegt. »Ich weiß nicht«, sagt sie. »In einem weißen Raum.«

»Sind Sie allein, oder ist noch ein Arzt bei Ihnen?«

»Nein, nur sie sind da.«

»Nur sie«, wiederholt Budd.

»Oooh! Warum machen die das?« fragte Alice überrascht. »Oooh!«

»Tut es weh?«

»Es ist so komisch.«

»Welchen Durchmesser hat der Schlauch? Beginnen wir mit einem Bleistift. Ist er dicker oder dünner?«

»Dünner.«

»Dünner«, wiederholt Budd.

»Er ist biegsam und durchsichtig«, sagt Alice, eher erstaunt als beunruhigt.

»Ist das andere Ende irgendwo befestigt?«

»Da ist etwas wie eine Spritze. In der Spritze ist ein weißes Zeug. Ich glaube, das ist Sperma«, sagt Alice.

»Alice, Sie wurden irgendwie an diesen Ort gebracht. Gehen Sie bitte in der Zeit zurück, als würden Sie einen Film zurückspulen. Die Erinnerungen sind völlig klar. Gehen Sie zurück. Wo sind Sie?«

»Ich bin in der Scheune«, sagt Alice. Dann korrigiert sie sich. »Nein, ich bin auf einem Feld und jäte Unkraut. Oh, mein Gott!«

»Was geschieht?«

430

»Ich jäte Unkraut auf dem Feld, es ist Sommer. Das Unkraut ist fast vertrocknet.«

»Wo ist das Feld?« fragt Budd.

»Es ist das Feld an der Blockhütte.« Alice meint damit ein Feld auf der Pferdefarm, wo die Ruine einer alten Blockhütte steht.

»Sie sind auf dem Feld. Es ist ein kleines Raumschiff.«

»Wie groß ist es?«

»Ungefähr so groß wie ein Lieferwagen. Etwa sechs Meter lang«, sagt sie. »Sie kommen zu mir, und ich muß mit ihnen gehen.«

»Versuchen Sie, vor ihnen wegzulaufen?«

»Nein«, sagt sie. Dann lächelt sie auf einmal. »Wir schweben zum Schiff hinauf. Es ist schön!«

»Wer ist bei Ihnen?« fragt Budd.

»Es sind drei. Auf jeder Seite einer, und einer vorn.«

Die Wesen bringen Alice ins Raumschiff, das nur aus einem einzigen großen, runden und weißen Raum zu bestehen scheint. Mitten im Raum steht ein Tisch.

»Ich muß mich auf den Tisch legen«, erklärt Alice. »Ich will das nicht mehr machen«, sagt Alice besorgt, als spräche sie mit den Aliens. »Können wir nicht damit aufhören?« Es gibt eine kurze Pause, dann ruft sie »Nein« und schüttelt den Kopf.

»Was passiert jetzt?« fragt Budd.

»Oh, ich bin müde. Sie wollen mich nicht gehen lassen.«

Alice wird nackt auf den Tisch gelegt.

»Sie benutzen wieder den Schlauch«, sagt sie ängstlich. »Sie stecken ihn in mich hinein.«

»Wie weit?«

»Ungefähr fünfzehn Zentimeter.« Alice schreit vor Schmerzen auf und krümmt sich.

Der Schlauch wird durch den Gebärmutterhals in den linken Eileiter geschoben.

»Haben Sie das schon einmal gemacht?« fragt Budd.

»Ja!« Alice bricht in Tränen aus. »Ich war noch ein kleines

Mädchen«, ruft sie empört und verletzt. »Ich war erst zwölf! Mein
Gott, ich hasse euch!« sagt sie zu den Aliens. »Laßt mich in Ruhe!
Sucht euch doch jemand anders!«

»Wo waren Sie, als es schon einmal geschehen ist?«

»Es war der Abend, als ich mit meinem Vater den Angelausflug
gemacht habe«, erwidert Alice. »An einem Kanal.«

Budd und ich wechseln einen Blick.

»Wer war sonst noch dort?« fragt er Alice.

»Nur ich und mein Dad.«

»Was macht Ihr Dad?«

»Er steht einfach nur da«, sagt Alice zornig.

»Versucht er Ihnen zu helfen?«

»Das kann er nicht«, sagt sie mit einer Mischung aus Sorge und
Resignation. »Er kann mich nicht beschützen.«

»Was macht er denn?«

»Er hat Angst. Er steht nur da. Er kann sich nicht bewegen.«

»Was empfinden Sie für Ihren Vater?«

»Ich hasse ihn«, sagt Alice wütend. »Er kann mich nicht beschützen!«

Budd erklärt ihr, daß ihr Vater nichts tun konnte, weil die Aliens ihn gelähmt hatten, und daß sie ihren Zorn nicht auf ihren Vater, sondern auf die Wesen richten sollte. »Was machen die Außerirdischen mit Ihnen?« fragt er Alice.

»Sie tun mir weh«, sagt sie und beginnt wieder zu weinen.

»Wo tun sie Ihnen weh?«

»Drinnen tun sie mir weh«, sagt sie und ruft: »Es ist zu groß!

»Wo ist drinnen?«

»In der Vagina. Es ist groß.«

Budd kann bestimmen, daß das Objekt dicker als ein Bleistift ist.
Er fragt, was sie empfindet.

»Es ist ein reißendes Gefühl«, schluchzt sie. »Ich blute aus der
Vagina.«

Budds sanfte Fragen enthüllen, daß sich die ganze Episode am
Ufer eines Kanal in Anwesenheit ihres Vater abspielt.

432

»Hat Ihr Vater alles beobachtet?«

»Er war da, aber ich weiß nicht, ob seine Augen offen oder geschlossen waren.«

Budd führt die immer noch hypnotisierte Alice zu ihrer Fahrt nach Tallahassee zurück und fragt sie, was sich ereignet hat, nachdem die Wesen ihr das birnengroße Baby weggenommen hatten.

»Danach haben sie das Baby und mich gesäubert.«

»Haben sie Ihnen das Baby gezeigt?«

Alice schaudert. »Ich will es nicht sehen!« sagt sie.

»Warum wollen Sie es nicht sehen?«

»Ich hasse Babys, sie sind nicht menschlich!« sagt sie voller Abscheu. »Sie sehen nicht richtig aus.«

»Haben Sie denn solche Babys noch bei anderen Gelegenheiten gesehen?«

»Oh, ja!«

»Sagen Sie mir, wie sie aussehen.«

»Es sind keine Babys«, erklärt Alice. »Sie laufen nur herum. Es sind dreißig oder vierzig. Sie haben große Köpfe und größere Körper als die grauen Kerle. Einige haben kleine Flecken mit blondem Haar.«

»Sagen sie etwas? Sprechen sie mit Ihnen?«

»Sie machen Geräusche.«

»Was für Geräusche?«

»Sie quietschen.«

»Warum hat man Sie zu den Kindern gebracht?« fragt Budd.

»Ich soll sie hochheben«, sagt sie und verzieht angewidert das Gesicht. »Igitt! Jemand gibt mir eines. Ich soll es halten. Ich will nicht … ich hätte es fast fallen lassen.«

Die Begegnung mit den Babys ist für Alice so beunruhigend, daß Budd sie aus dieser Szene herausholt und nach England führt, wo ihr Vater in ihrer Kindheit stationiert war.

Diesen Teil der Sitzung finde ich wenig überzeugend. Unter Hypnose berichtet Alice, sie habe im Alter von neun Jahren auf dem Land ein Mädchen kennengelernt, das sie von früher kannte.

»Wir kannten uns schon vorher«, sagt sie.

»Woher kannten Sie sich?«

»Wir sind uns begegnet, als wir kleiner waren.«

»Wie klein waren Sie?«

»Ich war in einem Laufstall, sie war draußen.«

»Wo ist der Laufstall?«

»Drinnen … in einem Schlafzimmer. Da steht ein Einzelbett.«

»Wer ist noch im Zimmer?«

»In einer Ecke sitzen zwei kleine Kinder mit dunklen Haaren auf dem Boden. Sie sind sehr klein. Warum sind sie nicht eingesperrt?«

»Eingesperrt?« fragt Budd.

»In einem Laufstall, genau wie ich«, erklärt Alice.

»Warum sind Sie im Laufstall?«

»Weil ich immer in Schwierigkeiten komme.«

Budd bittet Alice, die anderen Kinder zu beschreiben, und auf einmal kann Alice sie erkennen: »Da in der Ecke sind mein Bruder und meine Schwester!« sagt sie aufgeregt. »Ich glaube, wir sind in England!«

Alice' Schwester Grace ist erst zwei Jahre alt, also ist Alice ungefähr drei. »Ich kann noch nicht sprechen«, sagt Alice, »aber das nette Mädchen kann sprechen.«

Budd sagt Alice, er werde sie aufwecken, weil das eine gute Erinnerung sei. Aber bevor er dazu kommt, beginnt Alice zu weinen. Als Budd sie fragt, was sie so traurig macht, antwortet sie: »Ich habe Schuldgefühle wegen meines Vaters.«

Als Alice aus der Hypnose erwacht ist, stellt Budd das Licht wieder heller und spricht mit ihr über ihre Therapie. Er weist darauf hin, daß sich die Beratung auf das konzentriert hat, was Alice als Problem benannt hat: die vermeintliche Vergewaltigung durch ihren Vater, als sie zwölf Jahre alt war. Budd erklärt, daß alles, was sie über die Vergewaltigung gesagt und angemerkt hat, »dem Alter angemessen« gewesen sei und daß »Jahrzehnte falscher Behandlung nach und nach aufgehoben werden müssen. Jetzt, da herausgekommen ist, daß es sich um eine Begegnung mit Außerirdischen handelt«, sagt Budd, »sollte sich das Trauma auflösen.«

Die vermeintliche Vergewaltigung durch ihren Vater, erklärt Budd, war nicht das Problem. Ihr Vater hat das Trauma nicht verursacht, er war nicht der Grund des Traumas.

»Es ist keine verborgene Erinnerung«, sagt Budd zu Alice. »Sie sind einfach nur falsch behandelt worden. Ihre chronischen Kopfschmerzen werden jetzt nachlassen, die Depressionen werden zurückgehen. Sie werden sich befreit fühlen.«

Alice scheint nicht überzeugt. Ich frage sie, wie sie sich fühlt.

Sie lächelt traurig: »Ich glaube«, sagt sie, »ich kann jetzt meinen Kontakt mit den kleinen grauen Mistkerlen nicht länger verleugnen.«

17. KAPITEL

Interview nach der Konferenz

Carol und Alice – Dritte Hypnosesitzung
in Budd Hopkins' Studio

Nach der Mittagspause beschließt Budd, Carol noch einmal zu hypnotisieren. Er will den »Klartraum« untersuchen, den sie am 15. Juli hatte und in dem auch Alice aufgetaucht ist. Dr. Jayne Gackenbach definiert »Klarträume« oder luzides Träumen als »Traum, bei dem man während des Träumens weiß, daß man träumt«.[1]

Der Physiker Fred Alan Wolf erklärte, der wichtigste Unterschied zwischen einem gewöhnlichen und einem luziden Traum sei »das außerordentlich starke Wirklichkeitsgefühl ... Hauptkennzeichen sind die bewußte Wahrnehmung, daß man träumt, während der Traum weitergeht, sowie die lebhafte, detaillierte Erinnerung nach dem Traum. Beim Erwachen erinnert sich der Träumer unmittelbar an den Traum sowie daran, daß er die Ereignisse des Traumwesens im Griff hatte. Das Wort ›Wesen‹ wähle ich, weil ich zwar weiß, daß ich dieses Wesen bin, ich es gleichwohl aber in mehrerer Hinsicht anders empfinde als meine normale wache Person. Der auffälligste Unterschied ist die Wahrnehmung einer Spaltung in ein doppeltes Bewußtsein. Neben der schlafenden Person zu Hause im Bett gibt es die Person, die den Traum erlebt und dabei ständig weiß, daß sie zu Hause im Bett liegt.«[2]

Am 15. Juli hatte Carol das Gefühl zu träumen, aber zugleich den starken Verdacht, das, was in ihrem Traum geschah, sei real.

---

1 Dr. Jayne Gackenbach, »Frameworks for Understanding Lucid Dreaming: A Review«, *Dreaming* 1, Nr. 2, 1991, S. 109.
2 Fred Alan Wolf, *Die Physik der Träume*, Berlin, 1997, S. 221.

»Das Wort ›Traum‹ oder die Vorstellung, die man darüber hat, liefert ein gutes Beispiel dafür, wie man einen vertrauten Ausdruck genauer betrachten oder sogar neu definieren muß«, schrieb John Mack. Er fuhr fort:

Wenn die Entführten ihre Erlebnisse als Träume bezeichnen, was sie oft tun, kann eine genaue Fragestellung zutage bringen, daß es sich nur um eine Beschönigung handelt, die etwas verdecken soll, von dem sie wissen, daß es nicht sein kann – nämlich ein Ereignis, das in einer anderen Dimension auftrat und aus dem es kein Erwachen gab. (…) Das Problem wird noch durch die Tatsache kompliziert, daß Träume einen wichtigen Weg darstellen, über den wir normalerweise Erlebnisse während der Nacht verarbeiten und integrieren. Es ist deshalb nicht verwunderlich, daß Entführungen, weil sie von sich aus mächtige und verwirrende Erlebnisse sind, regelmäßig richtige Alpträume und Träume hervorrufen, die in modifizierter Form das Entführungserlebnis wiedererschaffen – mitunter sogar in derselben Nacht, in der die Entführung aufgetreten ist.[3]

Budd Hopkins möchte herausfinden, ob Carols Traum irgendeine »reale« Grundlage hat. Ein Weg dazu ist die Prüfung, ob einige der Sequenzen, die Carol gemeinsam mit Alice erlebt zu haben glaubt, auch in Alice' Unterbewußtsein vorhanden sind. Aber um eine »Kontamination« zu vermeiden, ist es wichtig, daß Alice nicht anwesend ist, wenn er mit Carol über den Traum spricht. Alice wird nach nebenan geschickt, wo sie sich ausruhen soll.

Als Alice draußen ist, erklärt Carol, sie habe im Traum auf der hinteren Veranda des Farmhauses gestanden, als eine fliegende Untertasse geräuschlos heranschwebte, kurz innehielt und nach Nordwesten weiterflog.

Es war am Abend, aber draußen war es noch hell. Carol erzählt uns, sie habe gespürt, wie das Flugobjekt sie und Alice aufzufor-

3 Mack, *Entführt von Außerirdischen*, S. 541 f.

dern schien, ihm zu folgen. So sei sie mit Alice im Nachthemd über die hintere Weide und durch den Wald gelaufen, um dem Licht zu folgen. Nach einer Weile erreichten die beiden Frauen ein großes offenes Feld, wo das Flugobjekt lautlos in etwa zwanzig Metern Höhe schwebte.

Als nächstes sah Carol in ihrem Traum Alice und sich selbst draußen vor einem »Hangar« stehen, wo sich eine Reihe von Leuten versammelt hatten. Einige, sagt Carol, waren Pferdehalter, die sie aus Maryland kannte, einige andere kannte sie von der Konferenz beim MIT.

»Wächter«, die Helme und Masken trugen, aus denen sie anscheinend mit Sauerstoff versorgt wurden, eskortierten Carol und Alice durch eine große Doppeltür aus Metall in eine unterirdische Halle. In diesem Hangar stand eine um dreißig Grad gekippte fliegende Untertasse.

Die Scheibe, sagt Carol, »sah aus wie die, der wir gefolgt waren, war aber länger«.

Auf der anderen Seite des Hangars standen schätzungsweise einhundert Leute, von denen Carol und Alice viele kannten. Inzwischen waren die Anwesenden beinahe ehrfürchtig verstummt. Carol erinnert sich, daß sie sich im Traum gefragt hat, was all die Leute dort wollten.

Weit über ihnen öffnete sich das Kuppeldach der Halle, und Carol konnte hören, wie Grassoden vom Dach fielen und auf das gekippte Raumschiff prallten.

Alice bekam Angst, sagt Carol. Sie packte Carols Ärmel, bis Carol ungeduldig wurde und sagte: »Schau hin!«

Als die Kuppel ganz geöffnet war, blickte Carol nach oben und war erstaunt, wie pechschwarz der Himmel war.

Zwei Wächter winkten den ersten fünf oder sechs Anwesenden, zur riesigen Untertasse zu laufen. Alice und Carol waren in der zweiten, ebenfalls fünf oder sechs Menschen umfassenden Gruppe. Die Wächter führten sie an den Ketten des Raupenschleppers vorbei zum hinteren Teil des Flugobjekts.

Carol erinnert sich, daß sie droben einige gläserne Kugeln ge-
sehen hat, als sie mit Alice unter dem Raumschiff entlangging.
»Sie sahen aus wie Kristallkugeln, aber sie waren trüb«, erzählt
Carol uns.

Carol konnte im hinteren Teil des Raumschiffs eine Tür erkennen, zu der aber keine Rampe oder Treppe hinaufführte. Doch
dann wurden sie und die anderen aus ihrer Gruppe zum hinteren
Ende der riesigen Scheibe »hochgesaugt«. Sie dachte noch: »Wie
machen die das?« Dann erwachte sie aus ihrem Traum.

Jetzt wird es Zeit für die Hypnosesitzung. Budd führt Carol
zunächst in der Hypnose zur hinteren Veranda des Farmhauses
zurück.

Carol atmet ruhig und gleichmäßig.

»Was geschieht, Carol?« fragt Budd. »Sagen Sie mir, was dort
geschieht.«

Sie atmet scharf ein. »Mann, das muß ein Flugzeug sein ... nein,
das ist kein Flugzeug ... oh, wie hübsch! Das ist eines von *ihren*.«
Sie lacht fröhlich. »Das muß ich Alice zeigen ... Alice! ALICE! Das
wirst du nicht glauben.«

Es gibt eine Pause von zwanzig Sekunden, dann sagt Carol:
»Weißt du, was ich glaube? Ich glaube, das ist eines von *ihren*! Sieh
nur, wie groß es ist! Es ist riesig!«

»Wo ist Alice?« fragt Budd sie. »Ist sie jetzt draußen bei Ihnen?«

»Ja. Wir sind beide auf der Veranda.«

»Was trägt sie?«

»Ein rosafarbenes Nachthemd. Wir tragen beide unsere Nacht-
hemden.«

»Was tragen Sie an den Füßen?«

»Nichts. Wir sind beide barfuß.«

»Ist es warm draußen? Oder kalt? Welche Tageszeit ist es?«

»Es ist Abend. Es ist kühl ... man kann nicht einmal die Sterne
sehen, so groß ist das Ding! Es hat am Ende etwas wie einen Fisch-
schwanz ... Oooh!«

»Was passiert jetzt, Carol?«

Carols Stimme klingt amüsiert und verwundert. »Es macht sich *wichtig*! Das glaubt uns kein Mensch. Komm schon, Alice, laß uns gehen!« Es gibt eine kurze Pause, dann sagt Carol noch einmal ungeduldig zu Alice: »Nun komm schon! So eine Chance werden wir nie wieder bekommen ... Oh, Mann! Schau nur, schau!«

»Was sehen Sie, Carol?«

»Es winkt uns irgendwie. Nun komm schon! ... Alice will nicht mitkommen«, erklärt Carol ärgerlich. »Wir werden es noch verpassen. Nun komm schon!«

Budd fragt Carol, was Alice sagt.

»Sie sagt, es sei kalt«, antwortet sie. Aber dann spricht sie wieder mit Alice: »So kalt ist es doch gar nicht! Das ist wirklich dumm von dir.« Es gibt eine Pause, dann sagt sie scharf: »Und ich sage, jetzt oder nie! Wir sind *eingeladen*! Was willst du noch, brauchst du eine Extraeinladung? Du benimmst dich wie ein Baby«, sagt Carol ungeduldig. Dann wird ihre Stimme weicher: »Es tut mir leid, aber ich muß einfach gehen, ich muß.« Sie beginnt zu weinen. »Es ist wichtig, Alice. Bitte versteh doch, bitte komm mit mir«, fleht Carol. »Wir gehen doch immer zusammen.«

Wieder gibt es ein langes Schweigen, dann fragt Budd: »Was geschieht jetzt, Carol?«

Sie antwortet nicht.

»Wo sind Sie jetzt?«

»Nirgends«, sagt sie gepreßt.

»Wo ist Alice?«

»Sie ist nicht da.«

Irgend etwas in Carols Stimme veranlaßt Budd, sich vorzubeugen. »Wo ist sie denn?«

»Das kann ich nicht sagen.«

»Was können Sie mir nicht sagen?«

»Ich darf nicht darüber reden«, sagt Carol angespannt. Sie steht offenbar unter Streß. Auch ich beuge mich jetzt vor. Hier passiert etwas, mit dem Budd nicht gerechnet hat.

»Warum dürfen Sie nicht darüber sprechen?« fragt Budd leise.

440

»Es ist nur ein Traum.«

»Worüber dürfen Sie nicht reden?«

»Das kann ich nicht sagen.«

Budd sieht sich zu mir um. Wir sind beide der Meinung, daß Carol nicht mehr über den Vorfall mit dem Raumschiff spricht. »Wer hat Ihnen gesagt, daß Sie nicht darüber sprechen dürfen?« fragt er. Er drängt sie sachte, um zu sehen, wohin es führt.

»*Sie* haben das gesagt.«

»Sie wissen, daß Sie ihnen nicht gehorchen müssen, wenn Sie nicht wollen, Carol«, sagt Budd. »Sie können mir sagen, was immer Sie wollen.«

»Zwingt mich nicht!« sagt Carol. Sie wird immer erregter. »*Zwingt mich nicht!*«

Unsicher, ob Carol mit ihm oder mit den Wesen spricht, wartet Budd, ob sie noch mehr zu sagen hat.

Plötzlich erklärt Carol: »Ich will in den Garten.« Sie meint den Rosengarten, ihren Zufluchtsort.

»Warum wollen Sie in den Garten?« fragt Budd sie.

»Weil ich nicht über einen Traum reden kann. Ich kann darüber nicht reden.«

»Warum können Sie darüber nicht reden, Carol?« drängt Budd sie weiter.

»Weil es ein Geheimnis ist.«

»Was ist das Geheimnis?«

»Daß ich gehen sollte«, sagt sie.

»Wohin?«

»Da drüben hin. Und Alice sollte mitkommen. Wir sollten alles gemeinsam machen.«

Ihre Antwort scheint mir darauf hinzudeuten, daß sie vielleicht doch noch über die UFO-Begegnung spricht. Aber Budd beschließt, es auf einem anderen Weg zu versuchen. »Wie lange müssen Sie schon die Dinge zusammen tun, Carol?«

Carol bricht in Tränen aus. »Wir waren noch Babys!« ruft sie. »Wir waren noch ganz kleine Babys!«

»Sie und Alice?«

Carol nickt. »Ich habe sie gehalten. Sie konnte kaum aufrecht sitzen. Wir müssen zusammenbleiben und aufeinander aufpassen.«

»Wie alt ist Alice?«

»Sie kann noch nicht sprechen. Sie hat Angst«, sagt Carol. Sie hat sich wieder unter Kontrolle und weint nicht mehr. »Sie weiß nicht, was sie sind.«

»Wen meinen Sie, Carol?«

»Sie sind auf dem Boden, es ist ein gekachelter Boden. Auf dem Küchenboden auf einer Decke.«

»Sind es andere Kinder?«

Carol nickt.

»Wie sehen die Kinder aus?«

»Sie haben keine Farbe. Sie sind nicht grau und nicht weiß.«

»Wie alt sind Sie, Carol?« fragt Budd leise.

»Ich bin vier«, sagt Carol. Auf einmal spricht sie wieder mit der Mädchenstimme. »Sie ist noch ein Baby.«

»Sind Erwachsene in der Nähe?«

»Eine Frau ist da.«

»Wie sieht sie aus?« fragt Budd.

»Sie ist klein«, sagt Carol mit der Kinderstimme. »Sie hat komische Haare.«

»Komische Haare? Was heißt das?«

»Strähnig. Als würde sie bald eine Glatze haben.«

»Welche Farbe haben ihre Haare?«

»Gelb.«

»Warum hat das kleine Mädchen dort Angst?«

Carol überlegt einen Moment, dann sagt sie: »Hat keine Mami.«

»Sie hat keine Mami, und deshalb muß jemand auf sie aufpassen?«

Carol spricht jetzt fast wie ein Kleinkind. Sie schnappt zwischen den Wörtern nach Luft. »Jemand (Atemzug) muß (Atemzug) auf sie (Atemzug) aufpassen (Atemzug), wenn sie herkommt. Ich passe auf sie auf.«

»Und wie kommt sie her?« fragt Budd. »Wie kommst du hin?«
Carol atmet unregelmäßig, weil die Frage ihr angst macht. »Wir fliegen hierher«, sagt sie.

»Ihr fliegt dorthin? Wo seid ihr denn, wenn der Flug beginnt? Seid ihr zu Hause oder draußen im Hof? Seid ihr bei Mommy und Daddy?«

»Weiß nicht«, sagt sie. Dann fügt sie nervös hinzu: »Manchmal bin ich im Wandschrank.«

»Du bist im Wandschrank? Und wann kommst du aus dem Schrank heraus?«

»Wenn ich glaube, daß alle weg sind«, sagt sie. Wieder wird sie unruhig.

Carol beginnt zu hyperventilieren. Budd legt die Hand auf ihre Hand und sagt beruhigend: »Alles ist gut.«

Carol legt den Zeigefinger auf die Lippen.

»Müssen wir still sein?« fragt Budd.

Carol nickt.

»Sage mir einfach, was du fühlst«, sagt Budd.

»Sie hat Angst – still!« flüstert Carol. »Sie will, daß ihre Mommy kommt.«

»Und du bist jetzt ihre Mommy? Bist du ihre kleine Mommy?«

»Ja«, antwortet sie atemlos mit der winzigen Kinderstimme.

»Schon gut, du kannst sie beruhigen. Es ist schön, wie du sie beruhigst. Sie braucht ihre Mommy. Ist sie ein hübsches kleines Mädchen? Ein kleines Baby?«

»Ja.«

»Welche Farbe haben ihre Haare?«

»Sie hat auch gelbe Haare.«

»Jetzt laß uns mal sehen, was passiert. Sagt die Frau mit den komischen Haaren etwas zu dir?«

»Die redet nicht«, sagt Carol.

»Was trägt die Frau? Hat sie ein Kleid an?«

»Nein, sie hat … sie hat …« Carol atmet tief ein. »Sie hat lockere Haut!«

»Sie hat lockere Haut«, sagt Budd ruhig. »Hm-hm.«

»Die Haut ist komisch. Sie hat hier so ein Ding«, sie berührt eine Stelle über ihrer linken Brust, »wie eine Nadel?«

»Was ist auf der Anstecknadel zu sehen?« fragt Budd.

»Ich weiß nicht. Vielleicht ihr Name.«

»Steht etwas darauf geschrieben? Sieht es aus wie Schrift?«

»Ich weiß nicht, ich habe so was noch nie gesehen«, sagt Carol mit der Kinderstimme.

»Ist es ein Bild?«

»Nein«, sagt Carol. Sie konzentriert sich. »Aber da ist etwas.«

»Sagt sie dir, daß du auf das kleine Mädchen aufpassen mußt?«

»Ja«, sagt Carol. Und dann, als hätte sie Angst, bestraft zu werden, fährt sie fort: »Ich wollte das aber sowieso machen. Ich wollte auf sie aufpassen, ich wollte sie nicht allein lassen.« Carol verzieht den Mund und beginnt wieder zu weinen. »Sie ist doch noch ein Baby!«

»Sie ist noch ein Baby, und du bist ihre kleine Mommy«, sagt Budd. »Und du kannst auf sie aufpassen wie eine kleine Mommy.«

»Das mache ich«, sagt Carol immer noch weinend.

»Du bist ein sehr, sehr liebes kleines Mädchen, und du kannst gut auf sie aufpassen.«

Budd möchte seine Hypothese überprüfen, daß zwischen Alice und Carol schon seit ihrer Kindheit eine Verbindung besteht, und tastet sich weiter in diese Richtung vor. »Und nun wollen wir weitergehen und uns ansehen, wie du sie das nächste Mal gesehen hast. Ist sie da immer noch ein kleines Baby? Oder ist sie etwas älter?«

Carol atmet scharf ein.

»Was ist passiert?«

»Vorsicht!« sagt Carol. Ihre Stimme klingt jetzt anders: älter und zornig.

»Was ist passiert?«

»Manchmal ist sie dumm«, sagt Carol. Sie spricht jetzt wie eine überhebliche Neunjährige, die sich im Vergleich mit dem Kind, auf das sie aufpassen muß, für eine Erwachsene hält.

»Was macht sie, wenn sie dumm ist?«

»Sie hat mich gekniffen!«

»Sie hat dich gekniffen? Ich wette, das tut weh.«

»Es wird ihr auch gleich weh tun«, droht Carol.

»Wie alt ist sie jetzt?«

»Weiß ich nicht.«

»Kann sie sprechen?«

»Yeah, manchmal kann sie nicht den Mund halten.«

»Was für Sachen hat sie an?«

»Ein kleines Kleidchen. Es ist gelb ... und weiß. Weiß und gelb.«

»Kann sie laufen?«

»Yeah, und wie. Sie rennt dauernd herum, ich komme kaum mit.«

»Wie sieht das Zimmer aus, in dem sie herumrennt?«

»Da sind noch andere Kinder, die ich schon vorher gesehen habe.«

»Erzähle mir von den Kindern. Wie sehen sie aus?«

»Sie sind häßlich«, sagt Carol leise.

»Was sind sie?«

»Häßlich. Häßliche Kinder«, sagt sie etwas lauter. »Aber man gewöhnt sich daran.« Sie spricht immer noch wie eine Neunjährige.

»Sehen die kleinen Kinder so aus wie das Baby, wie das kleine blonde Mädchen? Oder sind sie anders?«

»Welches kleine blonde Mädchen?« fragt Carol.

»Was?« fragt Budd erschrocken.

»Welches kleine blonde Mädchen?« wiederholt sie. »Mein kleines blondes Mädchen?«

»Ja, das kleine blonde Mädchen, auf das du aufgepaßt hast«, sagt Budd. Er ist erleichtert, wieder auf der richtigen Spur zu sein.

»Sieht die Kleine aus wie die anderen, oder sieht sie anders aus?«

»Nein, die anderen sind häßlich. A. J. ist hübsch.«

Budd und ich wechseln einen Blick. A. J.?

»A. J. ist hübsch? Warum nennst du sie A. J.?« fragt Budd. »Was heißt das?«

»Ich weiß nicht. Das ist ihr Name.«

»Okay, also nennst du sie A. J. Wie nennt sie dich?«

Carol denkt einen Augenblick nach. »Sie sagt meinen Namen nicht. Manchmal nennt sie mich Mommy.«

»Glaubt sie, du bist ihre Mommy?«

»Nein, das glaubt sie nicht.« Es klingt ungeduldig, als wundere sie sich über Budds Albernheit. »Sie nennt mich Mommy, weil – ich weiß nicht, warum sie das macht.«

»Vielleicht macht sie das, weil du auf sie aufpaßt wie eine kleine Mommy.«

»Aber sie macht mich auch wütend. Wenn ich ihre richtige Mommy wäre, dann würde ich sie versohlen, weil sie nicht zuhört. Sie schmeißt immer Sachen herum und stellt alles mögliche an.«

»Auch ihre Puppen?«

»Sie spielt nicht mit Puppen. Wir spielen nicht mit Puppen. Puppen sind für Babys«, sagt Carol. Ihre Stimme klingt jetzt noch jünger. Wenn sie anfangs nach einem neun Jahre alten Mädchen klang, dann ist sie jetzt fünf.

»Sie mag keine Puppen«, sagt Budd. »Womit wirft sie dann?«

»Sie hat einen Klotz, den haben sie ihr zum Ansehen gegeben.«

»Wie sieht der Klotz aus?«

»Ein Klotz mit Farben drauf. Er ist weich. Sie weiß, was man damit machen muß. Ich weiß es nicht«, sagt Carol sichtlich genervt. »Ich soll ihr damit helfen, aber ich weiß nicht, wie ich das machen soll.«

»Wie groß ist das Ding? So groß wie eine Packung Kleenex?«

»Nein, es ist wie … wie ein Klotz mit Buchstaben.«

»Du meinst die Bauklötze, auf die Buchstaben gemalt sind?« fragt Budd.

»Ja, nur daß da keine Buchstaben drauf sind, sondern Farben, und sie soll etwas damit machen, aber ich kann ihr dabei nicht helfen. Ich kann doch nicht *alles* machen!« sagt sie, als fühlte sie sich unfair behandelt. »Sie wird wütend und wirft alles herum. Und dann werden sie wütend auf sie, und deshalb haben wir alle Ärger.«

»Was passiert, wenn ihr Ärger bekommt? Brüllt euch die Frau an?«

»Sie brüllen nicht. So was machen sie nicht. Sie nehmen dich einfach mit und bringen dich woanders hin«, sagt sie, offensichtlich beunruhigt. »Sie muß wirklich brav sein, sonst nehmen sie sie mir weg.«

»Hm-hm«, sagt Budd nickend. »Du hast gesagt, daß dort häßliche Kinder sind. Gibt es da außer dir und dem kleinen Mädchen auch noch andere Kinder, die nicht häßlich sind?«

»Nein, nein.«

»Nur ihr zwei und die häßlichen Kinder?«

»Die anderen sind häßliche Kinder. Sie sehen ganz anders aus als wir ...« Carol hält einen Moment inne, dann fügt sie sarkastisch und überheblich hinzu: »Und sie sind auch nicht sehr klug.«

»Du weißt ja, daß Kinder manchmal weinen und manchmal lachen«, sagt Budd. »Siehst du eines von den Kindern lachen oder weinen?«

»Nein. Sie machen überhaupt nichts. Man kann sie aber dazu bringen, was zu machen«, sagt sie. Jetzt klingt Carols Stimme, als wäre sie noch jünger als fünf Jahre. »*Ich* kann sie dazu bringen, was zu machen«, sagt sie keck.

»Wie machst du das?«

»Ich gehe hin und ziehe sie an den Haaren.«

»Oh! Du ziehst sie an den Haaren?« sagt Budd. Er wendet sich lächelnd zu mir um. »Und was passiert dann?«

»Dann werden alle wütend. Die Frau kommt und holt mich und zieht mich weg.«

»Sagt sie etwas zu dir?«

»Sie sagt nur, ich soll das nicht mehr machen.«

»Ich verstehe. Gibt es irgendwelche Spiele, die du mit diesen Kindern spielst?«

»Wir sollen mit diesen Klötzen spielen«, sagt sie. »Aber manchmal wollen sie nicht, und dann kann man überhaupt nichts mit ihnen anfangen.« Und dann, zornig und ungeduldig: »Ach, hör auf damit, A. J.! Das reicht jetzt!«

»Laß uns ein wenig weitergehen. Ich möchte, daß du ungefähr fünfzehn Jahre alt bist«, sagt Budd. »Du bist jetzt ein älteres Mädchen, du bist auf der High School. Du bist fünfzehn oder sechzehn Jahre alt. Siehst du A. J. in deiner High School?«

Carol scheint nachzudenken. Als sie dann spricht, klingt ihre Stimme wieder etwas älter. »Nein«, sagt sie.

»Wann hast du sie das letzte Mal als kleines Mädchen gesehen?«

Wieder muß Carol überlegen. »Sie war neun. Sie sagte, sie wäre neun.«

»Und wo siehst du sie?«

»Oooh!« macht sie angewidert.

»Was ist los?«

»Viecher!« Carols Stimme hat sich verändert, klingt wieder nach einem kleinen Mädchen. Budds Formulierung »Wo *siehst* du sie«, anstatt »Wo hast du sie gesehen« hat Carol anscheinend wieder in der Zeit zurückgeschickt.

»Fliegen die Viecher herum? Bist du draußen?« fragt er.

Sie atmet tief ein. »Yeah«, schnauft sie. »Meine Güte, ist das heiß!«

»Wo bist du?«

»Draußen im Wald. Da ist ein Feld … wo sind die nur alle?« Carol macht kleine Geräusche mit den Lippen: *puh, puh.*

»Wie alt bist du jetzt? Dreizehn oder vierzehn?«

»Nein, ich bin …« Sie seufzt schwer. »Ich bin zwölf. Bald werde ich dreizehn.«

»Gut. Laß uns beobachten. Ich möchte, daß du genau beobachtest, wie A. J. kommt und wann du sie zum ersten Mal bemerkst.«

»Ts«, macht sie mit der ganzen Verachtung einer Zwölfjährigen.

»Vielleicht kommt sie durch den Wald«, schlägt Budd vor.

»Nein.«

»Schau dich um, wo A. J. ist.«

»Oh!« sagt Carol überrascht. »Laß das ... die Hexe!«

»Was macht sie?«

»Sie kommt von hinten«, sagt Carol gereizt.

»Also hast du sie nicht kommen sehen?«

»Ich weiß nicht, woher sie gekommen ist«, sagt Carol ungeduldig. »Sie kommt einfach – warum macht sie das immer?«

»Was sagt sie?«

»Wo warst du? Wo hast du gesteckt?« fragt Carol A. J., immer noch ungeduldig. Und dann, fast ein Sprechgesang: »Du mußt *aufpassen*, wirklich *aufpassen*, ich *weiß*, wovon ich rede ... du mußt *aufpassen*. Mache *ja* nichts, was sie wütend macht. Wenn du etwas *machst*, dann wird es nur *schlimmer*. Ich weiß *genau*, wovon ich rede, hör mir nur gut zu.«

»Was sagt sie zu dir?«

»Sie glaubt, es wäre schön, aber es ist *nicht* schön. Sie lassen sie die Babys halten, und die sind überhaupt nicht schön.«

»Was für Babys?« fragt Budd. »Ich verstehe das nicht. Was hat sie über die Babys gesagt?«

»Sie lassen sie die Babys halten.«

»Sie lassen A. J. die Babys halten?«

»Yeah. Du Idiotin, A. J., ich sag's dir doch. Laß sie das nicht machen. Laß dir nicht die Babys zum Halten geben.«

»Haben sie das auch mit dir gemacht?« fragt Budd.

»Oh, yeah«, sagt Carol gelangweilt. »Schon oft.«

»Du hast auch die Babys halten müssen?«

»Yeah, ich hab's auch nicht gemocht.«

»Wie fühlen sich die Babys an?« fragt Budd. Und um Carol auf die Probe zu stellen, versucht er, ihr etwas zu suggerieren: »Ich wette, die zappeln und schreien, was?«

»Nein, machen sie nicht«, antwortet Carol ohne zögern. »Die machen das nicht. Es ist, als würde man etwas *Totes* halten. Es ist *widerlich* !«

»Alle Babys zappeln«, wendet Budd ein.

»Die hier nicht«, sagt Carol entschieden. »Die sind genau wie die anderen winzigen Babys, die immer da waren. Sie machen überhaupt nichts. Sie sind wie tot. Ich glaube, die sind überhaupt nicht echt. Ich weiß nicht, was sie sind, aber richtige Babys sind das nicht.«

»Und wenn du die Babys hältst –« beginnt Budd.

»Gott!« sagt Carol, als fände sie schon den Gedanken daran abstoßend.

»Sind sie schwer?« fragt Budd. »Ich wette, sie sind für ein kleines Mädchen schwer zu halten.«

Carol läßt sich nicht berirren. »Nein, sie wiegen überhaupt nichts«, sagt sie. »Sie sind wie Papier.«

»Wie Papier, hm-hm. Wie sollst du sie denn halten? Auf der Schulter?«

»Nein, ich soll sie …« Sie bricht ab.

»Auf dem Schoß?«

»Nein, ganz nahe vor mir«, sagt sie unbehaglich. »Und ich soll mit ihnen herumlaufen. Einmal haben sie mir gesagt, ich solle das Baby stillen … aber das wollte ich nicht machen.«

»Hattest du denn überhaupt Brüste, um ein Baby zu stillen?«

»Ich wußte, daß ich es konnte, ich hatte das schon einmal gemacht.«

Budd ist so verwirrt wie ich. Wir wissen nicht, wie alt Carol jetzt ist.

»Du hast gewußt, daß du es konntest? Hattest du denn Milch für die Babys?«

»Ja«, flüstert Carol.

»Woher wußtest du, daß du Milch für die Babys hattest?«

»Ich wußte es, weil Bobby es mir gesagt hat.«

»Wer hat dir das alles erklärt?«

»Bobby.«

»Wer ist Bobby?« fragt Budd.

»Bobby Murphy. Er hat mir alles beigebracht, als ich elf war«, sagt Carol.

»Hm-hm. Bist du mit Bobby zur Schule gegangen?«

»Oh, nein«, sagt Carol lachend. »Bobby hat eine Schwester, Maureen. Maureen hat im letzten Jahr ihren Abschluß gemacht. Sie ist fünf Jahre älter als ich.«

»Er wußte also von all diesen Dingen.«

»Yeah, und Maureen hat ihm geholfen, und ... und ich wußte das auch alles.«

Mein Gott, denke ich, wohin führt das nur?

»Ist Bobby auch zur Schule gegangen?«

»Nein«, sagt Carol mit einer Stimme, als wäre Budds Frage zu albern, um ernstgenommen zu werden.

»War er zu jung, um zur Schule zu gehen?«

»Oh, nein! Er war fünfundzwanzig.«

»Er war *fünfundzwanzig*?« fragt Budd. Er hat Mühe, sich seine Überraschung nicht anmerken zu lassen. »Oh«, sagt er. »Hm-hm ... ich möchte dir jetzt eine sehr persönliche Frage stellen: Wann hat ein Junge das erste Mal etwas mit dir gemacht, das mit Sex zu tun hatte? War es Bobby? Oder war es jemand anders?«

»Ich möchte nicht darüber sprechen«, flüstert Carol unbehaglich.

»Hm?« macht Budd, der sie wohl nicht ganz verstanden hat. »Der erste Junge?«

»Ich möchte nicht darüber sprechen«, sagt Carol etwas energischer.

»Du mußt nicht darüber sprechen, wenn du nicht willst.«

»Bobby war gut, er war nett zu mir«, sagt Carol, den Tränen nahe. »Er hat mir nie weh getan. Er hat mir Bücher zu lesen gegeben, und er war sehr, sehr gut zu mir.«

»Und er hat versucht, dir zu helfen und dir etwas beizubringen?« fragt Budd mitfühlend.

»Er hat mir alles beigebracht, und er hat mir nie weh getan.«

»War es ein Junge, der zum ersten Mal etwas mit dir gemacht hat?«

Carol kann die Tränen nicht länger zurückhalten. »Das war ge-

mein«, schluchzt sie. »Er wußte es einfach nicht … wahrscheinlich
wußte er nicht, wie alt ich war … ich glaube, ich war zu jung.«

»War es ein Junge, mit dem du zur Schule gegangen bist?«

»Nein«, sagte Carol immer noch weinend.

»Wo hast du ihn getroffen?«

Es gibt eine Pause, dann sagt Carol: »In einem Schlafzimmer.«
Plötzlich erstarrt sie, und ich kann sehen, wie sie tief einatmet.

»Schon gut, alles ist gut«, sagt Budd beruhigend.

»*Er ist so kalt! Er ist ganz kalt!*« sagt Carol. Ihre Stimme klingt
etwas panisch. »*Nein!*« sagt sie, als sie Budds Hand auf der Schulter spürt.

»Ich will Sie zudecken, Carol«, sagt Budd.

Ängstlich sagt Carol: »Sag ihm – sag ihm, er ist *kalt*!«

»Ich will Sie zudecken, okay?« Budd zieht die Decke unter Carols Kinn und stopft sie um ihre Schultern fest. »Wo sind Sie, als
er es tut?«

Carol wirft sich unter der Decke hin und her.

»Lassen Sie mich Ihre Hand halten«, sagt Budd. Er nimmt Carols Hand. »Drücken Sie meine Hand ganz fest.«

Carol keucht vor Angst.

»Halten Sie meine Hand und sagen Sie mir, wo es ist und wer es
ist.«

Sie hat immer noch Angst. »In einem Schlafzimmer«, sagt sie
weinend.

»Wer ist er? Sehen Sie ihn an. Lassen Sie uns –«

»Ich will ihn nicht ansehen«, sagt sie entschieden. »Ich weiß,
wie er aussieht.«

»Wie sieht er aus?«

Tränen laufen ihr über die Wangen. »*Ich weiß, wer er ist!*«, sagt
sie, von Schluchzen unterbrochen. »Ich habe ihn schon oft gesehen. *Ich weiß, wer er ist!*« Sie versucht, wieder zu Atem zu kommen. »Igitt! Er macht etwas mit mir! Und er steht immer nur da
und sagt mir, ›Alles ist in Ordnung, alles ist gut‹, aber es ist *nicht*
in Ordnung, weil –«

Plötzlich beginnt sie, sich wild auf dem Sofa hin und her zu werfen und zu treten. »*Geh weg von mir! Geh weg!*«

»Macht er etwas mit Ihnen?«

»Er ist auf mir!« antwortet Carol. »*Geh weg!*« Sie wehrt sich immer noch und versucht, das Phantom von sich herunterzuschieben.

»Lassen Sie mich Ihre Hand halten«, sagt Budd leise und beruhigend. »Ich bin es, der Ihre Hand hält, Carol. Spüren Sie meine Hand? Drücken Sie meine Hand, damit Sie merken, daß ich es bin. Okay ... was sagt er zu Ihnen?«

Sie antwortet nicht.

»Ist es jemand, den Sie kennen?« fragt Budd.

»Nein. Ich meine, ich weiß, wer er ist, aber ...«

»Hat er einen Namen?«

»Nein, er hat keinen Namen.«

»Wie sieht er aus?«

»Er sieht aus wie *sie*«, sagt sie voller Abscheu. »So wie sie alle.«

»Welche Farbe haben seine Haare?«

»Er hat –« Carols Atem ist abgerissen, sie hat Mühe, überhaupt genug Luft zum Sprechen zu bekommen. »Er hat keine Haare. Er hat nirgends Haare. Er ist wie Gummi. Er ist kalt. Immer wenn er mich berührt, ist er kalt. *Laß das*!« kreischt sie.

»Was macht er jetzt mit Ihnen? Carol, holen Sie jetzt tief Luft. Ruhen Sie sich einen Augenblick aus und holen Sie tief Luft ... Gut so ... Wird Ihnen wärmer?«

»Es tut weh.«

»Was tut weh?«

»Da unten«, sagt sie.

»Zwischen den Beinen? Tut es da weh?«

Sie schweigt, ihr Atem ist unregelmäßig.

»Ist es unten an Ihren Genitalien?« fragt Budd. »Tut es dort weh?«

Wir können ihre Antwort nicht verstehen.

»Was hat er mit Ihnen gemacht? Sagen Sie mir einfach, was er gemacht hat«, sagt Budd.

453

Mit einer Stimme, die so müde klingt, als würde dies sehr oft geschehen, antwortet sie: »Er hat noch ein Baby gemacht.«

»Wie tut er das?« fragt Budd. »Hat er einen Penis, den er in Sie hineingesteckt?«

»Nein ... nein.«

»Er macht das also nicht. Was macht er dann?«

»Er kommt über mich«, sagt sie immer noch müde, »und steckt etwas, das er hat – er steckt es da unten hin und kommt über mich, und es geht alles da rein. Und dann nimmt er das Ding heraus, und es tut nicht mehr weh. Es ist keine große Sache.«

Budd braucht einen Moment, um zu verdauen, was Carol ihm gesagt hat. Dann fordert er sie auf: »Ich möchte, daß Sie ihm jetzt, gerade so, als würde er in diesem Augenblick genau vor Ihnen stehen, sagen, was Sie von ihm halten.«

»Ich will ihn nicht ansehen«, sagt Carol.

»Sehen Sie ihn direkt an, nicht indirekt«, drängt er sie und drückt ihre Hand. »Sehen Sie ihn an. Was möchten Sie ihm jetzt sagen? Sie können ihm sagen, was immer Sie wollen. Alles, was Sie ihm schon immer sagen wollten und noch nie gesagt haben. Sagen Sie ihm, was Sie ihm sagen möchten.«

»Ich glaube, das sollte ich nicht machen«, erwidert sie mit beängstigend ruhiger Stimme.

»Carol, es ist *Ihr* Körper und *Ihr* Bewußtsein. Sie können tun, was immer Sie tun wollen –« Budd unterbricht sich, als sie wieder heftig zu weinen beginnt.

»Die können das jederzeit machen«, schluchzt sie. »Sie können kommen und etwas machen. Sie können kommen und Dinge reinstecken und wieder rausnehmen. Sie können alles machen, was sie wollen.«

»Sprechen Sie direkt mit ihm«, sagt Budd. Er beugt sich näher zu Carol. »Was ist, wenn er sagt: Ich habe deine Erlaubnis ...«

Carol reagiert, indem sie heftig mit den Fäusten auf das Sofa schlägt. Ein wilder Wutschrei bricht aus ihr heraus.

»Okay, okay, Carol. Holen Sie jetzt tief Luft«, sagt Budd sanft.

»Holen Sie ganz tief Luft. Sie wissen, daß er lügt, wenn er das sagt. Sie wissen, daß er lügt. Und jetzt holen Sie ganz tief Luft ...«

Carol schlägt immer noch mit den Fäusten auf das Sofa, aber die Wucht ihrer Schläge läßt nach.

»Niemand hat das Recht, so etwas mit Ihnen zu machen«, fährt Budd fort. Niemand hat das Recht, irgend etwas mit Ihnen zu machen, das Sie nicht erlaubt haben. Und Sie haben es ihm nicht erlaubt. Er nimmt also etwas von Ihnen, das Sie ihm nicht geben wollen. Sie haben allen Grund, auf ihn wütend zu sein. Sie haben allen Grund zu sagen: *Tu mir das nie wieder an! Laß mich in Ruhe!*«

Carol beruhigt sich langsam.

»Wenn Sie wütend werden, wie Sie es gerade geworden sind«, sagt Budd, »dann ist es am besten –«

Carol sagt: »Ich habe es in Ordnung gebracht.«

»Die können es jetzt nicht mehr tun, nicht wahr?«

Es gibt eine Pause, dann sagt Carol mit viel kräftigerer Stimme: »Sie können es nie wieder machen.«

»Okay, geht es Ihnen besser?« sagt Budd. »Holen Sie tief Luft. Sie haben es ihnen gezeigt! Haben Sie das Recht, selbst über Ihren Körper zu bestimmen, Carol?«

»Ja«, sagt sie leise.

»Sie haben eine kleine Enkeltochter. Wenn die Ihnen sagt: Oma, diese Leute machen etwas mit mir, soll ich sie lassen? Was würden Sie ihr sagen?«

»Ich weiß nicht, was ich sagen würde«, antwortet Carol. »Man kann sie nicht daran hindern.«

»Würden Sie nicht sagen: Es ist richtig, sich gegen sie zu wehren?«

»Ja«, schluchzt sie.

»Dann müssen Sie das auch tun. Sie müssen versuchen, sich gegen sie zu wehren. Und jetzt entspannen Sie sich, holen Sie ganz tief Luft. Lassen Sie uns noch einmal zu dem anderen kleinen Mädchen zurückkehren, zu A. J. Wann haben Sie A. J. zum ersten Mal als erwachsene Frau gesehen?«

»Ich weiß nicht, ob sie es ist«, sagt Carol unsicher.

Carol berichtet, sie habe zehn Jahre zuvor in einem Kaufhaus zwei Frauen gesehen, von denen eine vielleicht Alice war. Die zweite Frau hätte Alice' Schwester Grace sein können. Alice war damals schätzungsweise dreißig. Carol glaubte, sie wiederzuerkennen, und flüsterte: »A. J.? A. J.?« Diese »Alice« habe sie angesehen, aber Carol meint, die Frau habe sie nicht erkannt. Das nächste Mal sahen sie sich, als Carol auf Alice' Farm als Managerin eingestellt wurde. Sie glaubt, Alice sei das kleine Mädchen, das sie schon vorher kennengelernt hatte, aber genau wie bei der Frau im Kaufhaus ist sie nicht sicher.

»Kommen wir jetzt zur Gegenwart«, sagt Budd. »Lassen Sie uns zu dem Erlebnis auf dem Feld zurückkehren, als Sie wütend geworden sind, weil Alice zu langsam war und nicht mitkommen wollte. Es gab da etwas, über das Sie nicht sprechen wollten.«

»Oh, Mann!« sagt sie widerwillig, »müssen wir wirklich noch einmal damit anfangen?«

»Ja. Lassen Sie uns herausfinden, was da passiert ist.«

»Ich weiß nicht, ob ich das will«, sagt Carol nervös.

»Sie haben mir schon eine Menge darüber erzählt. Es hat etwas mit … mit Soldaten zu tun, glaube ich? Was ist mit den Soldaten?«

»Das sind keine Soldaten, sondern Wächter.«

»Wo treffen Sie auf die Wächter?«

»An der Tür am Eingang des Tunnels.«

»Wo ist der Tunnel?«

»Unter der Erde, unter der Erde!« antwortet sie scharf und beginnt wieder, schneller zu atmen. »Wir sind unter der Erde! Oh, ich mag es nicht, wenn man mich hierherbringt. Es ist schrecklich! Es ist unheimlich *kalt* hier unten! Oh!«

»Wie sind Sie dorthin unter die Erde gekommen?«

»Ich weiß es nicht. Wir sind tief unter der Erde, und Alice geht es überhaupt nicht gut, es geht ihr beschissen.«

»Okay, es geht ihr beschissen. Was passiert dort unter der Erde?«

»Wir müssen in diesen großen Raum gehen, in diesen Hangar

oder was es auch ist. Ein riesengroßer Hangar«, seufzt sie mit bebender Stimme. Es gibt eine kurze Pause, dann fährt sie fort: »Ein Kerl legt etwas auf mich. Er leg etwas auf mich.«

»Was legt er auf Sie?«

»Einen Apparat oder so. Ich weiß nur, daß es ein Apparat ist ... und es klingelt mir in den Ohren. Im rechten Ohr. Es summt oder klingelt oder so ...« Ihr Atem geht schwer. »Da drüben in der Ecke sind ein paar Leute.«

»Lassen Sie uns die Leute anschauen. Wie sehen sie aus?«

»Es sind viele, und ich kenne viele Leute hier. Ich glaube, Alice kennt auch einige.«

»Das ist interessant«, sagt Budd. »Lassen Sie uns die Leute anschauen und sehen, wer sie sind.«

»Oh, da ist ja Ruth, die habe ich seit einer Ewigkeit nicht mehr gesehen. Ich bin mit ihr zur Schule gegangen ... und da ist LuAnne Morris. Aber sie heißt jetzt natürlich nicht mehr so. Sie war meine beste Freundin.«

»Erkennt sie Sie?«

»Yeah, und Jack ist auch bei ihr. Du meine Güte«, sagt sie mit leisem Lachen, »das ist ja ein Ding, Jack ist auch da!« Sie lacht wieder und ruft: »He, Jack!«

Budd findet heraus, daß Jack LuAnnes Mann ist. Er träg ein kurzärmliges blaues Hemd und Hosen, LuAnne ein rotes Kleid.

Carol ist aufgeregt, als hätte sie LuAnne zufällig auf einer Cocktailparty getroffen.

»Kennen Sie alle dort oder nur ein paar?« fragt Budd.

Carol sagt, daß sie nicht alle kennt.

»Schauen wir uns mal um, wer noch da ist«, sagt Budd zu ihr. »Ist Jane dort?«

Jane ist die Regierungsangestellte mit hoher Sicherheitseinstufung, die während der Podiumsdiskussion im MIT gesagt hat, es sei schwierig, ein Leben voller Geheimnisse zu führen.

Carol bestätigt, daß Jane im unterirdischen Hangar ist, »aber sie redet mit niemandem«.

»Schauen wir uns Jane an«, sagt Budd. »Was trägt sie?«

»Sie trägt einen blauen Pullover, darunter eine blaue Bluse oder so etwas, ich sehe den Kragen herausragen. Und sie hat einen Hosenrock an und Kniestrümpfe ... die Füße kann ich nicht sehen. Sie und Alice sollten sich kennenlernen. Jane scheint sehr erregt. Ich will nicht mit ihr reden, weil sie sich immer so aufregt.«

Budd fragt, ob noch andere Teilnehmer der Podiumsdiskussion anwesend sind.

»Nein«, sagt Carol. Sie habe eine Frau wiedererkannt, die sie schon einmal gesehen hat, aber sie weiß nicht, wo sie sich begegnet sind. Lansing und Amanda, zwei Frauen, die ihre Pferde auf der Farm untergestellt haben, sind ebenfalls da. »He, Amanda«, sagt sie leise, »es ist alles in Ordnung, okay? ... Ich glaube, Amanda hat große Angst«, erklärt Carol uns.

»Lansing hat überhaupt keine Angst. Lansing ist ganz aus dem Häuschen, sie findet es nett ... Schon gut, Amanda, schon gut. *Ich weiß nicht, was hier los ist!*« sagt sie ungeduldig. »Was fragst du mich?« Carol schnaubt empört. »Ich bin einfach nur hier, okay? Wir sind eingeladen. Du bist gekommen, ich bin gekommen.«

»Wie sehen die Stühle aus, auf denen die Leute sitzen?« fragt Budd sie.

»Es sind Klappstühle aus Metall, aber da sitzen nicht viele Leute drauf. Oh!« macht Carol aufgeregt. »Da kommen sie! Jetzt kommen sie! Was sind das nur für Typen? Junge, das ist hübsch. Mit so was würde ich gern reiten, dann würde ich nicht immer Sägemehl in die Augen kriegen.«

»Was meinen Sie?« fragt Budd.

»Die Helme der Wächter«, sagt sie. »Sie bedecken den ganzen Kopf. Ich glaube, sie können innen atmen.« Sie fragt einen der Wächter: »He, könnt ihr da drin atmen?« Sie scheint jedoch keine Antwort zu bekommen. »Oh, da fällt so ein Zeug von der Decke! Der Himmel fällt uns auf den Kopf!« sagt sie und lacht in sich hinein.

»Was fällt herunter?« fragt Budd.

»Der Himmel fällt uns auf den Kopf«, wiederholt sie. »Das ist wirklich ein verrückter Traum.«

Die schweren Stahltüren des Hangars werden mit lautem Knall geschlossen, und dann, als die Decke sich öffnet, hallt das tiefe Rumpeln und Knirschen großer Maschinen durch den riesigen Hangar. Als Carol an der Reihe ist, zum riesigen UFO geführt zu werden, sagt sie zu Budd: »Ich glaube, ich will gehen. Ja, ich will gehen. Ich bin neugierig. Ich will sehen, was da drin ist.« Aber dann wird sie unsicher und fügt hinzu: »Ich – ich frage mich nur, ob ich auch zurückkommen werde ... ich weiß nicht, ob ich zurückkommen werde.«

Der Wächter führt Carols Gruppe zwischen die riesigen Stützen der Raupenschlepper nach hinten unter die Flugscheibe. »Es ist riesengroß, nichts auf der Welt ist so groß. Was für ein verrückter Traum!«

Aber während Carol die Glaskugeln unter der Untertasse betrachtet, macht sich bei ihr wieder Unsicherheit bemerkbar. »Ich glaube, ich will das nicht tun«, erzählt sie uns. »Ich glaube, ich habe es mir anders überlegt.«

»Vielleicht bleibt Ihnen gar nichts anderes übrig«, sagt Budd.

»Doch, ich könnte – ich könnte jetzt einfach wegehen. Ich muß das nicht machen«, sagt Carol. »Ich kann weggehen. Sie können mich nicht dazu zwingen. Es ist ja nur ein Traum. Ich muß das nicht machen.« Sie atmet scharf aus: »Mann!«

»Wollen Sie jetzt weggehen?« fragt Budd.

»Nein«, sagt sie widerstrebend, »ich glaube, ich kann es ertragen. Ich bin so neugierig! Oh, Mist! Ich werde jetzt hineingeholt.«

Budd fragt sie, wie die Maschine im Innern aussieht.

»Sie ist einfach riesig!« antwortet Carol. »Es sind mehrere Etagen übereinander, die man alle sehen kann, in den Wänden sind Löcher, es gibt Röhren, und man kann durch manche Dinge hindurchsehen. Es ist – da ist eine ganze Stadt drin!« Es gibt eine Pause. Carol atmet überrascht und sagt: »Mann, ist das groß!«

Sie erzählt, sie sei mit ungefähr zwanzig oder dreißig Leuten im

Raumschiff, aber sie macht sich Sorgen, weil sie Alice nirgends sieht. »Mein Gott, ich hoffe, Alice ist mitgekommen. Ich will hier nicht allein sein.«

Carol wird mit einigen anderen einen schrägen, halbkreisförmigen Tunnel hinuntergeschickt, der von einer Art Leuchtstoffröhren erhellt ist. Vor sich sieht sie Lansing und einen Mann, den sie als Rudd identifiziert. Rudd trägt nur Pantoffeln und eine Unterhose.

»Ich dachte immer, Rudd wäre besser gebaut«, sagt Carol. Sie bemerkt, daß er eine Narbe am Bein hat.

»Wo ist die Narbe?« fragt Budd.

»Genau hier.« Carol deutet auf die Rückseite ihres linken Oberschenkels. »Es ist eine große Narbe. Ich frage mich, woher er sie hat.«

»Als Sie sagten besser gebaut, meinten Sie damit muskulöser?«

»Nein, er sieht einfach bleich aus wie ein Hähnchen. Aber es ist egal, wie er aussieht, es überrascht mich einfach.«

»Okay«, sagt Budd. »Sie gehen also den geneigten Gang hinunter. Ist er lang?«

»Ja. Es dauert eine ganze Zeit, dort hinunterzulaufen.«

»Und was passiert, als Sie unten ankommen?«

Carol gelangt in einen Raum, der stark und unangenehm riecht: »Nach verbranntem Fleisch. Wir müssen alle da durch, aber es stinkt ganz schrecklich.« Sie seufzt und sagt: »Oh, okay, da drüben sind Dinge wie Tabletts, aber es sind keine, sie ... sie ...« Sie hält entnervt inne, weil sie es nicht beschreiben kann. »Sie sind wie ... wie Metalltabletts mit Griffen an den Seiten.« Sie zählt acht dieser Gegenstände. »Sie stehen da drüben, und wir stehen dort, wo die Wand neben dem Eingang des Tunnels, durch den wir gekommen sind, gekrümmt ist. Oh, verdammt, dieser Geruch bringt mich um.«

Carol schüttelt den Kopf. »Auf einem Tablett liegt etwas, das mir bekannt vorkommt. Da ist so ein Ding, das etwas wie eine klitzekleine Schere am Ende hat. Wenn man irgendwo drückt, kommen zwei Spitzen wie eine Klaue heraus und können etwas festhalten. Sie können damit Dinge herausnehmen und hineinstecken. Oh«, sagt sie, auf einmal nervös werdend. »Ich weiß jetzt, was das ist. Das sind die Dinger, die sie in den Ohren benutzen.«

Sie macht kleine Ploppgeräusche mit den Lippen. »Oh, ich bin doch nicht nur deshalb den ganzen Weg hergekommen«, sagt sie. Dann lacht sie sarkastisch. »Die Chance meines Lebens, was?«

»Was geschieht dann?« fragt Budd sie.

»Okay, yeah, okay. Wir gehen an diesen Dingern vorbei. Ich versuche, das Tablett im Auge zu behalten, aber nach einer Weile kann ich es nicht mehr sehen«, berichtet sie. »Da drüben sind noch andere Sachen, ich kann aber nicht sagen, was es ist. Oh, Mann«, sagt sie und ihre Stimme zittert wieder. »Wir müssen an diesen Tischen und den Dingern vorbei, und ich weiß, wozu sie benutzt werden.«

»Liegt etwas auf den Tischen?«

»Nein, da liegt nichts drauf, aber ich weiß, wozu sie benutzt werden«, sagt sie unbehaglich. »Ich habe diese Tische schon einmal gesehen. Da sind diese Kisten, und in den Kisten sind Sachen drin. Die Sachen kommen aus den Kisten heraus.« Sie spricht jetzt schneller, als wollte sie diesen Teil möglichst rasch hinter sich bringen. »Die Kisten haben lange Anhängsel, Schläuche. Das schieben sie dir in den Magen. Und von der Decke kommen Dinger herunter ... oh, Gott, ich hasse diesen Raum!«

Carol wirft sich unruhig auf dem Sofa hin und her. »Wir sollen hier bleiben«, sagt sie. »Ich weiß nicht, warum sie das machen. Warum machen die das? Ich hätte nicht mitkommen sollen«, seufzt sie. »Ich hätte nicht mitkommen sollen. Oh, Mann, das ist wirklich dumm, ich bin so eine Idiotin!« Es gibt eine kleine Pause, dann flüstert sie: »Oh, Gott ...«

»Was passiert?« fragt Budd.

»Ich weiß, wohin wir gehen«, sagt sie. »Wir gehen zu den Babys hinauf! Sie haben hier alle Sorten Babys, Menschenbabys, Pferdebabys, Känguruhbabys, Babymäuse. Überall Babys.« Sie seufzt.

»Gibt es da auch ausgewachsene Känguruhs und Mäuse?« fragt Budd.

»Nein, nur Babys.« Sie atmet müde aus. »Oh, jetzt reicht es aber mit den Babys, ich will das nicht mehr sehen.«

Budd, der Carols Erschöpfung spürt, fragt sie: »Soll ich Sie wieder nach Hause führen, Carol, und sollen wir morgen noch einmal hingehen?«

»Ja«, sagt sie.

»Ich werde Ihnen jetzt die Hand auf die Stirn legen«, sagt Budd. »Spüren Sie meine Hand? Wir werden Sie jetzt nach Hause bringen, und Sie können zu Bett gehen. Fühlen Sie sich besser?«

»Hmmmmm«, macht Carol leise.

Und dann weckt Budd sie aus der Hypnose.

»Fünf, Sie beginnen aufzuwachen«, sagt er. »Vier, Sie wachen auf … drei, Sie sind beinahe wach.« Mit jeder Zahl wird seine Stimme lauter. »Zwei … eins, Sie sind völlig wach.«

Carol öffnet die Augen. Die Sitzung am Samstag abend ist vorbei.

18. KAPITEL

Interview nach der Konferenz

Carol und Alice – Vierte Hypnosesitzung in Budd Hopkins' Studio

Alice ist in Tränen aufgelöst, als ich am Sonntag morgen in Budd Hopkins' Studio eintreffe. Sie macht sich Vorwürfe, weil sie ihren Vater beschuldigt hat, sie auf dem Angelausflug vergewaltigt zu haben, als sie zwölf Jahre alt war. Andererseits ist sie trotz der hypnotischen Rückführung des vergangenen Tages immer noch nicht ganz überzeugt, daß es der Alien war, der sie penetriert hat. »Das neue Bild hat das alte noch nicht verdrängt«, gesteht sie. »Das neue Bild ist da, aber es steht neben dem alten.«

Alice sagt uns, nach der vermeintlichen Vergewaltigung habe ihr Vater sich gewundert, daß sie nie wieder mit ihm zum Angeln gehen wollte. Sie erwähnt auch, daß sie danach Angst vor Landkrabben hatte. Nach den Erlebnissen am sandigen Ufer des Kanals wollte sie nicht mehr aus dem Auto steigen, wenn Landkrabben in der Nähe waren. Budd formuliert die Hypothese, dies könne daran liegen, daß die Augen von Landkrabben genau wie die des außerirdischen Vergewaltigers weit auseinanderstehen.

Er sagt Alice, er wolle sie an diesem Morgen hypnotisieren, um Carols »Traum« mit dem UFO im unterirdischen Hangar und den möglichen Verbindungen der beiden Frauen in ihrer Kindheit nachzugehen.

»Das wichtige dabei ist die Architektur des Ablaufs«, erklärt Budd mir. »Carol und Alice kannten sich schon als Kinder und wirken aufeinander wie Magnete.« Dies entspreche seiner Hypothese, daß die Aliens »Freundschaften und Beziehungen planen«,

und Menschen »aufgrund eines größeren Plans« zusammenbrin-
gen. »Aber«, fügt er hinzu, »ein Teil des Problems ist die Frage,
was dies in bezug auf Beziehungen und Kontrolle zu bedeuten
hat.«

Alice sagt, sie glaube nicht, daß die »kleinen grauen Mistkerle«,
wie sie sie nennt, »fähig sind, eine absolute Kontrolle auszuüben«.
Sie vergleicht die Kontrolle, die sie über Menschen haben, mit der
Kontrolle, die Menschen über ihre Haustiere haben.

Alice war nicht anwesend, als Budd unter Hypnose Carol in
ihren Traum zurückgeführt hat, also kann Alice keine Details über
die mögliche Verbindung zwischen ihr und Carol aufgeschnappt
haben.

Ich fürchte allerdings, Alice könnte inzwischen soviel über Carols Traum vom unterirdischen UFO erfahren haben, daß die Informationen, die sie unter Hypnose zu diesem Punkt gibt, möglicherweise nicht brauchbar sind. Mir ist bekannt, daß Carol und
Alice ständig über ihre Erfahrungen sprechen und die Frage ist
hier, ob Carol mit Alice über den Traum gesprochen hat, wenn ja,
wieviel sie ihr erzählt hat.

Aber Alice sagt, da Carol nicht sehr ausführlich über den Traum
gesprochen habe, wisse sie – Alice – »nicht gerade viel. Ich weiß
nur, daß Carol an irgendeinem Ort unter der Erde gelandet ist, wo
viele Leute waren, aber sie sagte nicht, wer es war. Sie meinte,
diese Höhle könnte unter dem Alfalfafeld hinter dem Haus sein,
mehr nicht.«

Alice legt sich auf die schwarze Couch, und Budd hypnotisiert
sie. Als sie »schläft« sagt er: »Wir wollen in den Sommer zurückgehen, in die warmen Sommermonate, als Sie und Carol auf der
Farm in Maryland gearbeitet haben. Alles ist in bester Ordnung.
Und wenn ich bis drei zähle, werden Sie hören, wie Carol Sie an
jenem Abend im Juli ruft. Sie sind oben und wissen noch nicht,
was vor sich geht. Carol wird Sie nach dem Abendessen von unten rufen. Eins, Sie werden gleich den Ruf von unten hören …
zwei … drei …«

Alice gibt keinen Ton von sich. Ihr Atem geht ruhig und mühelos.

»Sie ruft Sie«, wiederholt Budd. »Sagen Sie mir, wie ihre Stimme klingt. Was sagt sie?«

»Sie hat Angst«, flüstert Alice.

Nach einer langen Pause fragt Budd: »Und was machen Sie?«

»Ich renne runter zur Veranda ... *Lichter*!«

»Sie sehen Lichter?«

Alice scheint verwirrt: »Einen umgekehrten blauen Ring wie bei einem Gasbrenner.«

»Die Lichter sehen aus wie ein umgedrehter Gasbrenner, hmhm«, sagt Budd. Er macht sich eine Notiz. »Wo sehen Sie diesen umgedrehten Gasbrenner?«

»Zwischen dem Hühnerstall und der Esche ... über dem Obstgarten.«

»Was sagt Carol zu Ihnen?« fragt Budd. »Hören Sie, was sie sagt?«

»Wir sollen gehen«, sagt Alice. »Sie hat meine Hand genommen.«

»Was tragen Sie?«

»Mein blaues Nachthemd.«

»Ihr blaues Nachthemd?« In Carols Traum trug Alice ein rosafarbenes Nachthemd.

»Sie führt mich von der Veranda herunter«, sagt Alice. Dann schweigt sie.

»Beschreiben Sie mir, was geschieht. Wohin gehen Sie?«

»Nach hinten zu den Bäumen«, sagt sie seufzend. »Wir gehen hinters Haus zum Tor und an dem kleinen Teich vorbei. Zum Wald. Ich glaube, es ist über uns, und wir folgen ihm.«

Carol hatte gesagt, Alice habe sich zurückfallen lassen, und sie habe Alice mehrmals angetrieben. »Sind Sie aufgeregt und gespannt?« fragt Budd.

»Yeah, es ist ein Abenteuer. Es ist aufregend ... Oooh!«

»Was für Schuhe tragen Sie?«

»Ich habe keine Schuhe an«, sagt Alice. Carol hat ebenfalls berichtet, daß sie barfuß waren.

Es gibt eine lange Pause. Dann fragt Budd: »Was passiert jetzt?«

»Ein Stollen einer Mine«, sagt Alice überrascht. »Balken!«

Budd versucht zu bestimmen, wo sich der Stollen befindet. »Ist er in der Nähe des Hauses, wo der Postbote wohnt, oder wo ist es?«

Alice holt tief Luft. »Ringsum ist Wald«, sagt sie. »Ich glaube, es ist hinter seinem Haus. Am Rand des Waldes auf seiner Seite.«

»Sind Sie müde, nachdem Sie so weit gelaufen sind?« fragt Budd.

»Oh … nein«, sagt Alice. »Wir sind aufgeregt wie Kinder, ich könnte hüpfen.«

»Sie könnten hüpfen? Gut. Also, dieser Stollen.«

»Da gehen Gleise rein, wie von einer kleinen Grubenbahn.« Alice verstummt wieder.

»Warum gehen Sie in diesen Stollen hinein?«

»Ich weiß nicht«, sagt Alice. »Carol führt mich.«

»Ist der Gang hoch genug, um zu stehen, oder müssen Sie sich bücken?«

»Carol bückt sich. Ich kann aufrecht gehen.«

»Ich möchte wetten, daß es beängstigend ist, nachts und ohne Taschenlampe in ein Bergwerk einzudringen.« Budd stellt ihr bewußt eine Suggestivfrage.

»Nein«, sagt Alice, die sich nicht beirren läßt.

»Wie können Sie in diesem Stollen etwas sehen?«

»Die Wände sind grün und leuchten«, sagt sie seufzend.

»Was sehen Sie jetzt?« fragt Budd sie. »Was passiert? Ich wette, es ist ein kleiner, enger Ort, oder?« Wieder stellt er sie auf die Probe.

»Nein, es ist groß«, sagt Alice entschieden. »Auf dem Boden ist Lehm. Wo kommt hier unter der Erde der Lehm her?«

Der Stollen ist eine neue Information. Carol wußte nicht, wie sie unter die Erde vorgedrungen war.

466

»Ich wette, es ist ziemlich dunkel«, sagt Budd.

»Nein, es gibt hier viel Licht.«

Alice kann nicht sagen, woher das Licht kommt, und Carol konnte sich überhaupt nicht an die Beleuchtung erinnern. »Sehen Sie sich um«, fordert Budd sie auf. »Lassen Sie uns einen Moment innehalten. Ich werde Ihre Hand nehmen. Wir werden zusammen hier unten bleiben.« »Es ist verrückt«, sagt Alice nach einem Augenblick. »Das sieht aus wie Kunstrasen. Auf braunen Klappstühlen aus Stahl sitzen Leute, aber sonst setzt sich niemand.« Alice meint damit vermutlich, daß sich niemand auf den Boden setzt. Auch Carol hat Leute auf metallenen Klappstühlen sitzen sehen.

»Sehen wir uns die Leute an«, sagt Budd. »Können Sie jemanden entdecken, den Sie kennen?«

»Die meisten sind Fremde«, sagt Alice. Dann fügt sie hinzu: »Lansing und Amanda sind da. Und Lansings kleine Kinder.«

Carol hat die beiden Frauen erwähnt, nicht aber Lansings Kinder. Carol hatte Amanda als verängstigt und Lansing als aufgeregt beschrieben. Als Budd Alice fragt, welchen Gesichtsausdruck die beiden Frauen haben, sagt Alice, sie schienen erleichtert, daß sie jemanden kennen. Dann sagt sie aufgeregt: »Oh! Tiffany ist ja auch da!«

»Woher kennen Sie Tiffany? Wer ist Tiffany?«

Alice seufzt und sagt: »Wir waren zusammen in der Schule. Auf dem College. Ich habe sie seit zwanzig Jahren nicht gesehen. Ein Mann ist bei ihr. Er hat dunkle Haare ... wie ist sie nur hierhergekommen?«

Auch Carol hat eine frühere Schulkameradin wiedererkannt, die sie lange nicht gesehen hatte.

Budd fragt Alice, wie viele Leute dort sind.

»Oh, mindestens hundert. Eine Menge Leute«, sagt Alice.

»Okay, sehen wir uns weiter um, ob Sie noch jemanden erkennen«, sagt Budd.

Alice atmet langsam aus, während sie sich »umsieht«. Sie erkennt mehrere Personen, deren Namen uns nichts sagen und die von Carol nicht erwähnt worden sind. Budd bittet sie, sich noch weiter umzusehen. Er versucht, weitere Gemeinsamkeiten zwischen Carols und Alice' Berichten zu finden.

Alice sieht Erica nicht, aber sie entdeckt Terry, die Frau aus der Selbsthilfegruppe.

»Terrys Haare sind länger«, sagt Alice. »Und sie ist kleiner; ich habe sie größer in Erinnerung.«

Budd bittet Alice zu beschreiben, was Terry trägt, und dann versucht er festzustellen, warum Alice und Carol verschiedene Personen sehen. »Stehen Sie noch neben Carol und halten ihre Hand?«

»Nein … Carol ist auf der anderen Seite und spricht mit jemandem.«

»Wie weit ist sie weg? Ein paar Meter?«

»Nein, zwanzig oder dreißig Meter.«

»Glauben Sie, daß Carol andere Leute sieht als Sie?« fragt Budd.

»Ja«, sagt Alice.

Auch Carol hatte berichtet, daß sie sich von Alice getrennt hatte.

»Jetzt wollen wir uns noch einmal die Leute ansehen«, sagt Budd. »Tragen alle ihre alltägliche Kleidung, oder gibt es auch Leute, die seltsam angezogen sind. Gibt es auch Leute, die nackt sind?« fragt Budd. Er sucht nach Rudd, den Carol in Pantoffeln und Shorts gesehen hat.

»Nein, die meisten sind bekleidet«, sagt Alice.

»Reden die Leute miteinander? Reden Sie mit den Leuten? Reden Sie mit Tiffany, Ihrer alten Schulfreundin?«

»Ja«, sagt Alice.

»Was sagt Tiffany, was sie in all den Jahren gemacht hat?«

»Sie sagt, sie sei Kinderärztin. Als wir uns in Colorado kennengelernt haben, hatte sie noch nicht einmal mit dem Medizinstudium angefangen.« Alice wußte allerdings, daß Tiffany die Absicht hatte, Ärztin zu werden.

468

»Hat sie Ihnen gesagt, wo sie lebt?«

Nach einer Pause antwortet Alice:»In Kalifornien.«

»Hat sie auch die Stadt genannt?«

»Sacramento.« Dann fügt sie hinzu:»Wir haben aber nicht viel Zeit zu reden.« (Zehn Tage nach der Sitzung kann Alice Tiffany ausfindig machen und mit ihr telefonieren. Tiffany lebt nicht in Sacramento, sondern in Cleveland, und sie ist nicht Kinderärztin geworden, sondern Anästhesistin. Sie hat nie in Sacramento gelebt und in der Zeit, in die Carols »Traum« fällt, Ohio nicht verlassen.)

Budds nächste Frage scheint mir ebenfalls eine Suggestivfrage zu sein.»Ich möchte, daß Sie sich nach einem Mann umsehen, der praktisch nackt ist.«

»Ja«, sagt Alice überrascht.»Er trägt Shorts, behaarte Brust. Er ist groß, er hat auch auf den Schultern Haare.«

»Kennen Sie ihn, oder ist er Ihnen fremd?«

»Ich weiß nicht.« Alice scheint ihn sich näher anzusehen. »Hm«, macht sie.»Er hat Pantoffeln an. Das ist verrückt.«

Auch Carol sah Rudd in Shorts und Pantoffeln. Sie bemerkte ihn erst, als sie schon im Raumschiff war, und sagte, er hätte eine große Narbe hinten am linken Oberschenkel gehabt.

Budd fragt, ob der Mann außer den behaarten Schultern noch irgendwelche besonderen Merkmale hat.

»Er hat eine große Narbe innen an der linken Wade, einen langen Schnitt. Eine verwachsene, ziemlich üble Narbe, etwa fünfzehn Zentimeter lang.«

Budd wirft mir einen Blick zu. Alice *und* Carol haben einen Mann in Shorts und Pantoffeln gesehen, der eine Narbe am linken Bein hatte. Die Tatsache, daß für Carol die Narbe am Oberschenkel und für Alice am Unterschenkel war, spielt keine Rolle.

Auch Alice beschreibt den Mann als nicht gut gebaut, aber kräftig. Obwohl Budd sie drängt, kann sie den Mann jedoch nicht als Rudd identifizieren. Später erfahren wir, daß sie Rudd nicht kennt.

»Noch ein Punkt«, sagt Budd.»Sie sagen, dort wären Klappstühle aufgebaut. Sind sie braun?«

»Ja, sie stehen auf dem Kunstrasen.«

»Wir wollen uns die Stühle anschauen, ob jemand darauf sitzt.«

»Ja, da sitzen Leute.« Nach einer kurzen Pause fährt Alice fort: »Von oben kommt ein Lichtstrahl herunter. Es ist sehr hell. Aber es ist doch Nacht, oder? Woher kommt nur das Licht?«

»Betrachten wir die Leute, die sitzen«, drängt Budd sanft. Alice seufzt. Trotz Budds Hoffnung kann sie Jane nicht entdecken.

Ich frage mich, ob Alice und Carol womöglich unterschiedliche Vorfälle beschreiben. Ich schreibe meine Frage auf und gebe Budd den Zettel, damit er ihr die Frage stellen kann: »Sind Sie zum ersten Mal hier? Kommt es Ihnen bekannt vor? Oder haben Sie es noch nie gesehen?«

»Es kommt mir bekannt vor ... aber es sind jetzt andere Leute da«, sagt sie.

»Dann glauben Sie, daß Sie schon einmal hier waren?«

»Ja.«

»Okay«, sagt Budd. »Lassen Sie uns wieder zu dem Licht zurückkehren. Sie sagten, von oben habe ein Licht heruntergeleuchtet? Vom Dach?«

»Es sieht aus wie eine Öffnung«, sagt Alice, »durch die die Sonne scheint. Wie ein Sonnenstrahl.«

Carol hat beschrieben, die Kuppel habe sich geöffnet, aber sie erwähnte kein Licht. Alice hat das Raumschiff bisher überhaupt noch nicht erwähnt.

»Was ist sonst noch in diesem Raum?« fragt Budd sie.

»Da kommt etwas aus den Wänden heraus. Es sieht aus wie ein halber Bogen oder eine Art Führung, als sollte etwas darauf gleiten. Es sieht aus, als sollte es die Wand abstützen.«

In der Pause, die darauf folgt, denke ich darüber nach, daß der »halbe Bogen« möglicherweise das um fünfundvierzig Grad gekippte Raumschiff sein könnte. »Es ist dunkel in den Ecken«, sagt Alice. »Der Raum scheint sehr groß zu sein, alles ist schwarz ...«

»Kommen wir wieder zu Ihnen«, sagt Budd. »Sie und Carol haben sich ein Stück voneinander entfernt, nicht wahr? Jetzt lassen

Sie uns anschauen, was als nächstes passiert. Wenn ich bis drei zähle, gehen wir weiter zum nächsten Ereignis. Eins«, zählt Budd. »Wir bereiten uns darauf vor, daß die Geschichte gleich weitergeht ... zwei ... drei!«

Alice sagt verwundert: »Die meisten Leute sind weg!«

»Wohin sind sie gegangen?«, fragt Budd. »Haben Sie sie irgendwohin gehen sehen?«

»Nein.« Alice überlegt, dann sagt sie: »Ein Schacht.«

»Haben Sie Carol gesehen? Ist sie in Ihrer Nähe?«

»Ja«, sagt Alice.

»Also sind nur Sie und Carol noch da, und alle anderen Leute sind fort?«

»Ja. Es sind noch sechs oder acht andere Leute in der Nähe. Tiffany ist nicht mehr da ...« Und dann, mit einer Mischung aus Erstaunen und Überraschung: »Ein grüner Aufzugsschacht mit *Augen*?«

Budd will sich nicht ablenken lassen. Ich will wissen, was aus den Leuten geworden ist. »Bevor wir dazu kommen«, sagt er, »wollen wir noch ein Stück zurückgehen. Sie waren in einem großen und gut beleuchteten Raum. Vorher waren viele Leute anwesend. Zu irgendeinem Zeitpunkt haben Sie gesehen, was mit den Leuten geschehen ist. Die Leute müssen fortgegangen sein, weil sie jetzt nicht mehr da sind.«

»Sie müssen sich in einer Reihe aufstellen«, sagt Alice. »In kleinen Gruppen. Wir marschieren weg.«

»Jeder einzeln?«

»Nein, in einer langen Schlange«, sagt Alice. Carol hat erzählt, sie wären in Gruppen von jeweils einem halben Dutzend Personen zum Raumschiff gebracht worden.

»Wohin gehen die Leute?« fragt Budd.

»Nach links, um die Ecke herum, zu diesem Bogen ...«

Meint sie, die Leute sind zur großen Flugscheibe gegangen?

»Ist es möglich, daß auch Sie dorthin mitgehen, wo die anderen Leute sind?« fragt Budd. »Vielleicht gehen Sie mit, vielleicht auch nicht. Was meinen Sie? Sind Sie mit den Leuten mitgegangen? Vielleicht gehen Sie auch woanders hin.«

Budd scheint mir Alice zu sehr in die gewünschte Richtung drängen zu wollen, und ich frage mich, ob Alice nicht unbewußt ihre Antworten so formuliert, daß herauskommt, was er ihrer Meinung nach hören will.

Ich finde Alice' Bericht nicht so überzeugend wie Carols Schilderung. Aber das könnte auch an ihren unterschiedlichen Persönlichkeiten liegen. Alice hat selbst erwähnt, daß Carol besser in der Lage ist, Details aufzunehmen, während sie eher Strukturen und Gefühle aufschnappt. Carol ist eher visuell, Alice eher analytisch orientiert. Carols Berichte sind voller komplizierter, subjektiver Bilder und werden schlüssig vorgetragen. Alice spricht distanzierter, immer wieder von Pausen und Anmerkungen unterbrochen, als hielte sie bewußt Distanz zu den Erlebnissen.

Alice berichtet, sie sei mit einer Gruppe »zu diesem Aufzug« gegangen. »Er ist hinter dem Bogen.« Ich frage mich, ob sie den Hintereingang der Flugscheibe meint.

»Sie gehen also zu diesem Aufzug«, sagt Budd. »Beschreiben Sie nun, wie es weitergeht. Sind Sie und Carol noch zusammen, oder haben Sie sich wieder voneinander getrennt?«

»Nein, wir sind zusammen.« Sie murmelt etwas in der Art, daß sie Carol wiedergefunden habe, dann sagt sie: »Oh, das ist komisch. Es kommt mir so vor, als würden wir in ein schwarzes Loch gehen.«

»Es muß einen Grund dafür geben, daß Sie an diesen Ort gegangen sind«, sagt Budd. »Sagen sie uns, was Sie jetzt sehen.«

»Da … da ist ein Schiff wie aus *Unheimliche Begegnung der dritten Art*«, sagt Alice ehrfürchtig. »Es ist riesig, wenngleich nicht ganz so groß wie das im Film … Ich weiß gar nicht, wie sie das in diesen unterirdischen Raum bekommen haben.«

»Steht es auf dem Boden? Oder schwebt es? Was macht es?«

»Es schwebt«, sagt Alice. »Es macht überhaupt keine Geräusche. Ein paar Lichter blinken.«

»Und was geschieht, als Sie den Raum mit diesem riesigen Objekt betreten?«

Alice glaubt, drüben beim Schiff seien jetzt möglicherweise einige Wesen, doch sie seien zu weit entfernt, als daß sie sicher sein könnte. Die »Wächter« tragen bei Alice dunkle Straßenanzüge, weiße Hemden und Krawatten – und sie sind barfuß. »Das ist aber dumm«, kichert Alice.

»Manchmal haben Leute, die andere Leute vor sich herschieben, etwas wie eine Taschenlampe oder so, mit der sie den anderen die Richtung zeigen«, sagt Budd zu ihr. »Haben sie etwas in dieser Art, oder sind ihre Hände leer?« Er will wissen, ob sie das stabförmige, elektronische Gerät gesehen hat, das Carol als »Rechenmaschine« bezeichnet hat, die dazu gedient hätte, die Leute zu identifizieren.

Alice scheint über Budds Frage nachzudenken. »Ich glaube nicht, daß sie irgend etwas in der Hand haben«, sagt sie. »Sie sagen einfach nur: ›Kommt mit‹, und wir gehen mit. Derjenige, der uns geführt hat, kommt nicht mit in die Röhre.«

»Wir wollen das Gesicht des Wesens ansehen, das Sie geführt hat. Wie sieht es aus?«

»Er hat ein spitzes Kinn und – oh, *verdammt*! Er hat so seltsame Augen … eigentlich ist es gar nicht so übel. Er hat ein Gesicht wie ein Wolf.«

»Hat er auch ein Fell wie ein Wolf?« fragt Budd.

»Nein.«

Sie setzt ihren Bericht fort, und wir erfahren, daß die »Leute irgendwie nur herumlaufen«. Sie meint, sie bekäme allmählich Angst, und sie spürt einen leichten Geruch nach Essig, den sie ihrer Angst zuschreibt.

»Können Sie zum Schiff gehen? Könnten Sie mit der Faust darauf schlagen, wenn Sie es wollten?«

»Ich kann es nicht erreichen, es ist zu groß. Vielleicht könnte ich gerade eben die Unterseite erreichen.« In Carols Bericht wurde das Schiff von riesigen Raupenschleppern angehoben.

Auf einmal sagt sie: »Eine Tür! Eine Rampe. Hoppla, jetzt geht es los!«

»Wie bewegen Sie sich? Schnell oder langsam?«

»Wir schweben. Schnell. Man wird einfach hochgehoben, und es geht hinauf ... aber man verliert nicht das Gleichgewicht.«

Ich vermute, daß dies der Augenblick ist, in dem Alice ins Schiff gesaugt wird.

»Sie schweben also hinauf ... Ist Carol bei Ihnen? Können Sie Carol sehen, wie sie auch nach oben fliegt?«

»Ich kann sie nicht mehr sehen.«

Carol hatte erzählt, sie habe Alice im Innern des Schiffs nicht mehr gesehen und sich Sorgen gemacht, sie müsse das Erlebnis allein durchstehen.

»Okay«, sagt Budd. »Was können Sie sehen, als Sie oben ankommen? Wo sind Sie? Sind Sie jetzt allein, da Sie Carol nicht mehr sehen können?«

»Ja.« Nach einer Pause sagt sie: »Eine Art Spirale.« Sie scheint es sich anzusehen. »Eine Spiralfeder?« Ich frage mich, ob mit der »Spiralfeder« das Innere des Schiffs gemeint ist.

Dann meint Alice überrascht: »Da sind Bullaugen, und draußen sieht man die Sterne! Das kann doch nicht sein.« Dieses Mal ist die Pause länger. »Der Krabbennebel? Wie kann das sein?«

»Warum erwähnen Sie den Krabbennebel?« fragt Budd.

»Der soll doch dort auf der rechten Seite sein.«

»Haben Sie ihn wiedererkannt, oder hat es Ihnen jemand erklärt?«

»Sie haben es mir gesagt ... oh, verdammt«, sagt Alice. »Jo ist hier.«

»Jo?« fragt Budd. »Wer ist Jo?«

Ich hatte bereits auf der Pferdefarm erfahren, daß »Jo« Alice' alter Bekannter ist: ein großer grauer Doktor, jenem Wesen ähnlich, das auch in Carols Erlebnissen eine Rolle spielt. Die Erinnerungen an dieses Wesen sind aufgetaucht, als Alice bei einer Psychologin in Maryland eine hypnotische Rückführung gemacht hat.

Sie hatte vorher ihren Verdacht erwähnt, ihr Vater könnte sie vergewaltigt haben. Als Alice in der Hypnose das große Wesen beschrieb, dessen Augen und Kinn direkt vor ihrem Gesicht waren, glaubte die Psychologin angesichts Alice' zunehmender Angst, es handele sich dabei um eine Deckerinnerung für ein Kindheitstrauma. Als die Psychologin Alice aufforderte, den Namen des Wesens zu nennen, rechnete sie damit, Alice würde den Namen ihres Vaters nennen. Doch Alice antwortete ohne Zögern:»Jo.«

Jo, erklärt Alice jetzt Budd,»ist ein Grauer. Einer dieser Mistkerle ... Warum erzählt er mir etwas über den Krabbennebel?«

»Wie sieht der Raum aus, in dem Sie sich befinden?« fragt Budd. »Wie groß ist er? Ist er geräumig oder klein?«

»Ich bin da vorn, wo die Sterne sind«, sagt sie mit leicht verwirrtem Lächeln.

»Was passiert jetzt?«

»Sie wollen mir etwas zeigen«, seufzt Alice. Dann dreht sie den Kopf nach links.

»Was sehen Sie sich jetzt an?« fragt Budd. »Können Sie dort drüben auf der linken Seite etwas sehen?«

»Löcher in der weichen Wand«, sagt sie. »Unregelmäßige Löcher in der weichen Wand. Manchmal kann man in die Löcher hineinschauen ...« Es gibt eine lange Pause, dann holt Alice tief Luft und schnauft:»Mann!«

»Was passiert?«

»Brüste«, sagt Alice verwundert.»Jemand hat kleine Brüste.«

»Wer?« fragt Budd.

»Ein hellhäutiges, großäugiges ...« Sie bricht ab.

»Und sie hat Brüste?«

»Ja, kleine Brüste.«

»Mit Brustwarzen?«

»Ja, die fallen auf. Ganz rot, wie kleine Milchflaschen.«

Ich komme nicht mehr mit. Ein Wesen mit auffälligen Brustwarzen, die aussehen wie kleine, ganz rote Milchflaschen? Was hat das zu bedeuten?

»Woher kommt diese Person?« fragt Budd.

»Ich weiß es nicht. Aus der Wand? Aus einem der Löcher in der weichen Wand?«

Alice erzählt uns, das Wesen sei nackt bis auf ein Cape, das »sie« sich um die Schultern gelegt habe. Die Brüste blieben jedoch frei. »Sie« habe keine Haare und keine erkennbaren weiblichen Genitalien.

»Hoppla!« sagt Alice. »Sie hat sich auf alle viere niedergelassen und ist weggelaufen, einfach zur Tür hinaus. Das war verrückt. Sie ist einfach verschwunden. Ich habe keine Ahnung, was das war.«

»Konnten Sie die Füße sehen?«

»Nein«, sagt Alice. Dann verändert sich ihre Stimme, als spräche sie mit jemand anders. »Ich will mich nicht auf den Stuhl setzen. Ich muß? Na gut.«

»Sie setzen sich also auf den Stuhl?«

»Ja.«

»Ist es einer dieser Klappstühle aus Metall?«

»Nein, es ist ein weicher, weißer Stuhl«, sagt Alice. »Verdammt, ich kann nicht aufstehen!« Sie verstummt wieder, dann seufzt sie und sagt: »Kleine Kugeln.«

»Was?«

»Kleine Kugeln. Ja, sie sind wie …« Sie macht eine flatternde Handbewegung. »Vor dem Bildschirm … sie sind wie Lichtkugeln. Ja, Kugeln aus Licht.« Sie seufzt wieder. »Macht doch, was ihr wollt«, sagt sie mit einem leicht gereizten Unterton. »Es ist mir egal. Ich bleibe einfach hier sitzen. Ich werde jetzt überhaupt nichts mehr machen.«

»Ist Ihr Nachthemd denn warm genug?« fragt Budd.

»Es ist weg«, sagt sie. Jetzt flüstert sie beinahe. »Gott, können die das nicht richtig herumdrehen? Diese Idioten.«

»Wollen Sie, daß es richtig herum gedreht wird, weil es manchmal falsch herum angezogen wird?«

»Die sind nicht besonders helle«, sagt Alice. »Kann ich jetzt nach Hause gehen? Ich bin es leid ... es ist mir egal.« Sie scheint wieder mit den Wesen zu reden. »Wißt ihr, das geht mir allmählich auf die Nerven«, sagt sie ungeduldig. »Wenn ihr nichts weiter machen wollt, dann laßt mich nach Hause. Ich muß morgen arbeiten! Ich muß schlafen. Macht weiter mit der Show, oder schickt mich nach Hause.«

»Tanzen die kleinen Lichter noch herum?« fragt Budd.

»Nein, die sind weg.«

»Glauben Sie, daß sie lebendig waren, oder waren es einfach nur Lichter?«

Alice schüttelt den Kopf. »Sie waren einfach nur da«, sagt sie. »Sie waren einfach nur da.«

»Und jetzt läßt man Sie nach Hause gehen? Oder geschieht noch etwas anderes?«

»Yeah, ich glaube, ich muß noch eine Weile sitzen bleiben. Es ist so langweilig!«

»Wie fühlen Sie sich ohne Kleider?«

»Das ist mir verdammt egal«, sagt Alice.

»Dann lassen Sie uns jetzt weitergehen. Lassen Sie uns zum nächsten Ereignis kommen«, sagt Budd. »Sie sitzen also dort, und es wird etwas geschehen. Ich werde jetzt bis drei zählen, und dann werden wir zum nächsten Ereignis gehen ... Eins, Sie sitzen noch auf dem Stuhl und werden gleich sehen, was als nächstes geschieht ... zwei, gleich ist es so weit ... drei!«

Schweigen. Alice atmet regelmäßig, ihr Körper ist ruhig. »Wolken«, sagt sie auf einmal.

»*Wolken*?« wiederholt Budd überrascht.

»Ein Vulkan?« sagt Alice fragend. »Ozeane? ... Mann! Wir fliegen so schnell!«

Budd ist verwirrt. »Wo sehen Sie diese Dinge?« fragt er.

»Verrückt, aber es ist wahr«, sagt Alice beinahe belustigt. »Ich schwebe einfach nur dahin.«

»Schauen Sie doch mal aus dem Augenwinkel, ob Sie irgendwelche anderen Leute sehen.«

»Ja«, sagt Alice fröhlich.

»Wo sind sie?«

»Zu beiden Seiten.«

»Was machen sie?« fragt Budd.

»Sie halten meine Hände ... Gott«, flüstert sie staunend, »das ist wie in *Superman* ...«

»Schauen die anderen in Ihre Richtung oder von Ihnen weg?«

»Sie sehen nach vorn. Ich kann mich aber umsehen. Ich meine, ich kann nach unten sehen. Das ist ganz in Ordnung so, es ist wirklich schön.«

»Sehen Sie Städte oder Straßen?«

»Ja, ich kann Städte sehen – New York City. Aber so habe ich es noch nie gesehen. Sie sagen mir jedenfalls, daß es New York City ist ...« Nach einer kurzen Pause fragt sie: »Warum müssen wir hier landen, obwohl ich keine Kleidung trage?« Ihre Stimme klingt ein wenig besorgt.

»Wo landen Sie?« fragt Budd.

»Irgendwo in New York.«

Es gibt eine längere Pause, dann seufzt Alice wieder. »Ich soll mich hier mit jemandem treffen«, erklärt sie.

»Lassen Sie uns zu diesem Treffen weitergehen«, sagt Budd. »Erkennen sie denjenigen, den Sie treffen sollen, oder ist es ein Fremder?«

»Ein Fremder«, sagt Alice. Es klingt zugleich überrascht und verwirrt. Es ist, als hätte sie erwartet, jemand anders zu sehen. »Er trägt einen Hut und einen Mantel«, berichtet sie.

»Was hat er zu Ihnen gesagt?«

»Er hat mich angeschaut«, sagt Alice gelassen.

»Sie meinen also, er hat Sie angesehen, weil er Sie anziehend findet?« fragt Budd.

Alice nickt. »Gott, er sieht wirklich gut aus.« Sie seufzt. »Ich will jetzt nicht gehen.«

Die Grauen wollen Alice offenbar zum Gehen bewegen, aber sie will nicht. Sie fühlt sich zu dem Fremden hingezogen und will ihn kennenlernen. Sie sagt uns, sein Name sei Derek, er sei Mitte Vierzig, mehr als 1 Meter 80 groß und glattrasiert. Er habe hellbraunes Haar, fast blond. Seine Stimme klingt kultiviert und voll, als hätte er eine Sprechausbildung gemacht. Er spricht mit europäischem Akzent.

»Sieht er Sie an? Sie sind ja nicht bekleidet. Sieht er Sie an, als wäre etwas Erotisches im Spiel?«

»Ja«, sagt Alice fröhlich. »Das ist okay.«

Alice ist sicher, ihn noch nie gesehen zu haben.

»Können Sie sich vorstellen, wie er aussehen könnte, wenn er ...« Budd hält inne. »Wenn er sechzehn wäre?«

»Oooh«, macht Alice enttäuscht. »Ich dachte, Sie sagen, wenn er nackt wäre.«

»Na gut, dann sehen wir ihn uns an«, sagt Budd.

»Ja, nicht übel.« Sie holt tief Luft. »Hmmmmmm«, macht sie.

»Sehen Sie ihn nackt, oder raten Sie nur?«

»Ich rate nur.«

»Berührt er Sie?«

»Er umarmt mich«, erklärt Alice. »Er sagt mir, es sei in Ordnung, wenn ich jetzt gehe. Wir werden uns wiedersehen ... woher weiß er das nur?«

Budd bittet Alice, sich den Fremden als Sechzehnjährigen vorzustellen. Alice überlegt, dann sagt sie, er habe hellblondes Haar und Sommersprossen und trage ein grün und weiß gestreiftes Rugby-Hemd.

»Wo sind Sie?« fragt Budd.

Ohne zu zögern sagt Alice spontan: »In England.«

Alice erzählt, sie habe ihn bei einem Fußballtraining auf der Tribüne kennengelernt. Sie sei vierzehn, er sei erheblich älter. »Er hält mich wohl für ein Kind«, sag sie.

»Glauben Sie, Sie sind ihm vorher schon einmal begegnet?« fragt Budd.

Alice sagt, sie wisse es nicht.

»Okay, kehren wir zurück. Er ist dort und hat Ihnen gesagt, daß

Sie ihn wiedersehen werden. Die kleinen Grauen wollen Sie jetzt wieder mitnehmen. Gehen Sie mit ihnen zusammen weg?«

»Gott, das ist ein schönes Gefühl!« ruft Alice. «Wir schweben nach oben.«

Budd versucht noch einmal zu bestimmen, wo in New York Alice sich befindet, aber sie kann keine Straßen oder Namen von Geschäften und keine Neonreklame wiedererkennen. Am Straßenrand sind Autos geparkt, deren Alter sie jedoch nicht bestimmen kann. »Es sind eben Autos«, sagt sie. Sie meint aber, es sei ein Flughafen in der Nähe.

Budd fragt sie, ob die Straße irgendwie ungewöhlich wirkt.

»Yeah«, sagt Alice. »Es kommt mir so ruhig vor. Normalerweise ist in New York mehr Betrieb.«

»Wohin geht es jetzt, wohin fliegen Sie?« fragt Budd. »Sie fliegen jetzt weiter. Wo kommen Sie am Ende des Fluges an?«

Alice scheint sich umzusehen. »Irgendwo im Wald«, sagt sie schließlich. »Es sind Kiefern.«

»Sind Sie immer noch nackt?«

»Ja«, sagt Alice. Dann erkennt sie den Ort, an dem sie sich befindet. »Oh, mein Gott«, sagt sie. »Das ist die Kiefer, unter der ich das Fohlen begraben habe. Es ist hinten auf dem Grundstück.« Carol ist nicht in der Nähe. Alice atmet heftig ein. »Ich habe mein Nachthemd wieder an.«

»Und Sie stehen immer noch draußen im Gelände?«

»Yeah, es ist einfach aufgetaucht.«

Alice geht zum Farmhaus zurück und stellt überrascht fest, daß Carol schon im Bett ist.

»Ich möchte, daß Sie sich selbst jetzt genau ansehen«, sagt Budd. »Ihren Körper, die Hände, die Füße, die Knie. Gibt es irgend etwas ...«

»Meine Füße sind schmutzig«, sagt Alice. »Oh, und ich bin müde. Ich glaube, ich gehe auch ins Bett.«

»Okay. Ich werde Sie gleich wecken, aber vorher möchte ich mit Ihnen noch eine kleine Szene konstruieren«, sagt Budd. »Vor ein paar Jahren haben Sie in einem Geschäft eingekauft. Ich werde bis drei zählen, und dann werden Sie hören, wie jemand Sie ganz leise ruft. Vielleicht sind Sie etwas verwirrt, aber Sie werden hören, daß jemand Sie mit einem ganz besonderen Namen ruft. Sie werden hören, wer Sie ruft. Eins, Sie sind im Geschäft, es ist ein paar Jahre her ... zwei, Sie werden gleich hören, wie jemand Sie ruft ... drei.«

Alice schweigt. Budd versucht offenbar, Carols Bemerkung, sie sei damals möglicherweise Alice und vielleicht auch Grace begegnet, zu überprüfen. Carol habe damals Alice leise gerufen: »A. J. ...? A. J. ...?« Aber Alice habe nicht geantwortet.

»Was hören Sie?« fragt Budd.

Alice runzelt die Stirn. »Didi Kätzchen.«

»Wie war das?« fragt Budd.

»Didi und Kätzchen.«

»Was heißt das?«

Alice lacht. »Ich weiß es nicht, aber da drüben spielt jemand unter den Kleidern. Ein kleines Mädchen ist im Laden.«

Das kleine Mädchen ist ungefähr sechs Jahre alt und blond. Es trägt Schnallenschuhe und weiße Baumwollsocken.

»Und das Mädchen sagt Didi Kätzchen? Wissen Sie, was das zu bedeuten hat?« fragt Budd.

»Ich glaube, sie will mit mir spielen«, sagt Alice mit einer Kinderstimme.

»Sie will mit Ihnen spielen? Ruft Sie sie, als wären Sie eine Katze?«

»Ja«, flüstert Alice.

»Was heißt ›Didi‹? Ist das nur ein Kinderwort, oder hat es für Sie eine Bedeutung?«

»Ich weiß nicht«, sagt Alice. Dann erklärt sie: »Meine Mutter zieht mich zu schnell weg.«

»Okay«, sagt Budd. »Lassen Sie uns weitergehen, bis Sie ungefähr dreißig und wieder in einem Laden sind. Lassen Sie uns sehen, ob wieder jemand mit Ihnen flüstert. Vielleicht bemerken Sie etwas, Sie hören, wie jemand mit Ihnen flüstert ... wir wissen nicht, was ...« Es gibt eine lange Pause, dann sagt Budd: »Vielleicht hören Sie aber auch gar nichts.«

»Ich kann nicht einmal den Laden finden!« sagt Alice frustriert. Ihre Stimme klingt wieder normal. »Sind Sie sicher, daß ich mit dreißig in einem Laden war?«

Budd sagt, der Laden sei in Washington gewesen, Alice müsse zwischen fünfundzwanzig und fünfunddreißig gewesen sein, und um die Möglichkeit weiter einzugrenzen, fügt er auf meinen Vorschlag hin noch Alice' Schwester Grace ins Szenario ein. »Okay«, sagt er. »Ich werde jetzt meine Hand in Ihre Hand legen. Ich möchte, daß Sie jetzt mit Ihrer Schwester Grace im Laden sind. Es ist schon eine Weile her. Es spielt keine Rolle, wie alt Sie sind. Sie sind eine erwachsene Frau, irgendwo zwischen Ende Zwanzig und Ende Dreißig, Sie sind in einem Laden, und jemand flüstert etwas ...«

Alice schweigt.

»Was ist los? Sie können sich nicht erinnern. Schon gut.«

Budd beschließt, die Sitzung zu beenden.

Als Alice aus der Hypnose erwacht, ist sie ruhig, als wäre sie gerade nach einem tiefen Schlaf wieder zu sich gekommen.

»Das war aber mal ein verrückter Traum«, sagt sie schließlich.

Später, als wir über die Sitzung reden, erzählt Carol, sie habe als kleines Mädchen ihre Plüschkatzen Didi Kätzchen genannt, und sie habe oft Schnallenschuhe getragen.

Am nächsten Morgen fahren Carol und Alice mit dem Zug nach Washington, um auf die Farm zurückzukehren. Auch ich fahre nach Hause, nach Connecticut.

19. KAPITEL

Verschiedene Theorien

Nichts existiert außer Atomen und lee-
rem Raum;
alles andere ist Meinung.

Demokrit, 362 v. Chr.

Neue Ansichten sind stets verdächtig
und stoßen gewöhnlich aus keinem anderen Grund auf Widerstand als dem,
daß sie noch kein Allgemeingut geworden sind.

*John Locke, An Essay Concerning
Human Understanding, 1690*

Die Realität? Wir haben nichts am Hut
mit der verdammten Realität.

*Der Physiker Nick Herbert
in einem Gespräch, 1990*

»Die zentrale Paradoxie der Interaktion zwischen Menschen und
Aliens liegt in der Tatsache, daß sich das UFO-Phänomen mit konventionellen Mitteln und Modellen nach wie vor nicht erklären
läßt. Hinzu kommt die andauernde Manifestation des Phänomens
in zunehmend bizarren Formen.«[1] So faßt Keith Thompson, der
zurückhaltendste und gelehrteste Journalist unter denen, die über

1 Keith Thompson in *Spirituelle Krisen*, Hrsg. Stanislav und Christina Grof,
München 1990.

das Phänomen schreiben, das Dilemma zusammen, mit dem jeder konfrontiert wird, der sich heute mit diesem Thema befassen will. Der Ursprung der Debatte, ob UFOs außerirdische Raumschiffe seien oder nicht, liegt in Kenneth Arnolds Sichtung im Jahre 1947. Arnold hat damals neun hell leuchtende Objekte beobachtet, die geflogen seien »wie eine Untertasse, die man über das Wasser hüpfen läßt«.[2] Seit nunmehr einem halben Jahrhundert halten Gläubige wie Skeptiker fast unverändert an ihren Standpunkten fest.

Die Gläubigen gehen davon aus, daß die UFOs in physikalischem Sinn reale, massive, metallische Flugobjekte seien, die von überlegenen Geschöpfen gesteuert werden, welche dank der Beherrschung fortschrittlicher (und von uns noch nicht entdeckter) Antriebssysteme fähig sind, mit einer Geschwindigkeit, die allen physikalischen Gesetzen des uns bekannten Universums trotzt, aus ihrer Galaxis durch den Weltraum zu uns zu fliegen. Auf der Erde sind diese Flugobjekte dann zu derart akrobatischen Richtungswechseln fähig und können auf eine Weise beschleunigen und bremsen, daß sie, wären sie aus irdischem Material hergestellt, in unserer Atmosphäre verglühen oder zerbrechen müßten.

Die Skeptiker sagen, das sei alles Unfug. Die unumstößlichen Gesetze der Physik verlangen, daß kein materielles Objekt sich der Lichtgeschwindigkeit nähern kann, und aufgrund der Größe des Universums könnten uns keine außerirdischen Wesen erreichen, ohne Zehntausende von irdischen Jahren unterwegs gewesen zu sein.

Ursprünglich waren viele Teilnehmer der MIT-Konferenz damit zufrieden, daß das, was vor sich geht, mehr oder weniger dem entspricht, was die Erfahrenen geschildert haben: Menschen werden von außerirdischen Wesen in UFOs verschleppt, wo man sie medizinischen Prozeduren unterzieht, um sie anschließend wieder zur Erde zurückzubringen. Was diese Wesen von uns wollen, sei –

---

2 Kenneth Arnold, zit. n. David C. Knight, Hrsg., *UFOs: A Pictorial History from Antiquity to the Present*, New York, 1979, S. 33.

ob freiwillig oder nicht – unsere Mitwirkung bei einem Zuchtpro-
gramm, dessen Ziel eine zwischen Menschen und Außerirdischen
angesiedelte Hybridspezies sei.

Die Skeptiker verlangen harte Beweise, die Gläubigen zeigen
ihnen verschwommene Fotos, Brandspuren an Landestellen, Einstiche in der Haut, Dellen und Narben.

Philip J. Klass, Herausgeber des *Sceptics U.F.O. Newsletter*
(und offizieller Kritiker in den Medien) glaubt, alle Entführten
seien »Leute, die berühmt werden wollen ... kleine Niemande«[3]
Der Psychiatrieprofessor und Arzt John E. Mack (der offizielle
»Harvard-Spinner« der Medien: Timothy Leary im Doppelpack
mit Wilhelm Reich) betont nachdrücklich, welch große Mühe sich
die Entführten geben, um ihre Anonymität zu wahren.

Was auch immer den Entführten geschieht, es ist etwas, das sich
den konventionellen Erklärungen entzieht.

In seinem Buch *Eindringlinge* hat Budd Hopkins eingeräumt,
sein eigenes Glaubenssystem sei durch die Entführungsfälle, die er
untersucht hat, auf eine harte Probe gestellt worden. »Wir können
das Grauen nur bis zu einem bestimmten Punkt aufnehmen; danach setzt eine Art Selbstzensur ein«, schrieb er.[4]

Kritiker des Phänomens behaupten, die Entführten wollten dem
Hypnotiseur einen Gefallen tun und erzählten ihm nur, was er
hören will. Aber diese Annahme, widerspricht Mack, ziehe »nicht
in Betracht, wie beunruhigend die Entführungen für die Betroffenen sind und wie stark das Widerstreben ist, sich das Phänomen
ins Bewußtsein zurückzurufen und zu akzeptieren, daß das, was
man durchgemacht hat, tatsächlich geschehen ist.« Im übrigen, so
Mack, seien Entführte ausgesprochen unempfänglich für Sugge-
stionen. »Um der oben genannten Kritik zu begegnen, haben ich
und andere Forschungskollegen wiederholt versucht, Entführte
durch Suggestion spezifischer Details – beispielsweise einer Kör-

3 Philip J. Klass, zit. n. Stephen Rae, »John Mack«, *New York Times Magazine*, 20. März 1993, S. 33.
4 Hopkins, *Eindringlinge*, S. 235.

perbehaarung der Außerirdischen oder Ecken im Inneren der Raumschiffe – auszutricksen, jedoch nur mit dem Ergebnis eines jeweils direkten Widerspruchs. Im großen und ganzen wissen Entführte, was sie erlebt haben, und davon können sie trotz ihrer eigenen Skepsis gegenüber diesem Ereignis nicht abgebracht werden.«[5]

Weiterhin müsse jede Theorie, die das Entführungsphänomen zu erklären sucht, das berücksichtigen, was Mack als »die fünf Grundkomponenten« bezeichnet hat:

1. Der hohe Grad der Übereinstimmung bei detaillierten Entführungsdarstellungen, von denen der Betroffene mit einem der jeweiligen Erfahrungen angemessenen Gefühlsaufwand berichtet und die allem Anschein nach von einem zuverlässigen Beobachter wiedergegeben werden;
2. eine psychische Erkrankung oder andere psychologische oder emotionale Faktoren, die für das Berichtete verantwortlich gemacht werden könnten, müssen auszuschließen sein;
3. die physischen Veränderungen und Verletzungen auf den Körpern der betroffenen Personen, die keinem offensichtlichen, psychodynamischen Muster folgen;
4. der Zusammenhang mit UFOs, der von unabhängigen anderen Zeugen (die selbst keinen Kontakt mit dem Entführten haben) für den Zeitraum, in dem die Entführung stattgefunden hat, bezeugt worden ist;
5. die Berichte, die Kinder im Alter von zwei oder drei Jahren über Entführungen gegeben haben.[6]

John Mack scheint mit Budd Hopkins und David Jacobs übereinzustimmen, wenn er in *Entführt von Außerirdischen* schreibt, »daß das Entführungsphänomen auf zentrale Weise in ein Züchtungsprogramm eingebunden ist, das in die Erschaffung von

5 Mack, *Entführt von Außerirdischen*, S. 40 f.
6 ibid., S. 64.

außerirdisch-menschlichen Mischlingsnachkommen mündet.«[7] Aber dann sagt Mack, die Hybridisierung wurde »den meisten Entführten gleichzeitig mit einer Erleuchtung offenbart, die ihnen von den Außerirdischen gewährt wurde und die ihnen schockhaft das Versagen des menschlichen Experiments in seiner gegenwärtigen Form nahebrachte.«

John Macks Entführte haben berichtet, die Außerirdischen seien »aus einer anderen Dimension durchgebrochen«, sie seien »durch eine Art Schlitz oder Spalt in einer Barriere gedrungen und hätten unsere Welt durch die Schleier betreten«. Mack glaubt jetzt, daß die Erweiterung des Bewußtseins und die persönliche Transformation ein grundlegender Aspekt des Entführungsphänomens sei.[8]

Die beharrlich vorgetragene Forderung der Entführten, es müßten in bezug auf das menschliche Bewußtsein und unser Verhältnis zur Erde Veränderungen stattfinden, brachte viele interessierte Wissenschaftler und Forscher auf den Gedanken, das Phänomen der Entführungen durch Außerirdische könne eine Art Anstoß sein, der die Evolution vorantreiben soll – »ein Stoß, der uns auf die nächste Bewußtseinsstufe heben soll«, vermutet Thompson, »genau wie die rasch aufblühenden, sexuellen Antriebe dafür sorgen, daß sich ein Jugendlicher von der Kindheit verabschiedet und erwachsen wird. Beides geht mit dem Absterben früherer, naiverer Daseinsformen einher. Das Privileg der Jugend – sei es ein junger Mensch, ein junger Planet oder eine junge Seele – ist der Glaube, wir könnten ewig unschuldig bleiben.«[9]

Praktisch alle Entführten, mit denen Mack gearbeitet hat, »haben sich zu der Verpflichtung bekannt, sich selbst oder ihr Verhältnis zur Erde zu ändern, um rücksichtsvoller oder in größerer Harmonie mit den anderen Geschöpfen zu leben.«[10] Eine solche Verpflichtung ist natürlich nichts Neues, und die von Außerirdi-

7 Mack, *Entführt von Außerirdischen*, S. 553.
8 ibid., S. 447.
9 Thompson, in *Spirituelle Krisen*.
10 Mack, *Entführt von Außerirdischen*, S. 523 f.

schen induzierte Sorge um die Zerstörung des Planeten ist auch während der MIT-Konferenz schon zur Sprache gekommen.

Der Bewußtseinswandel, den das UFO-Phänomen uns abverlangt, ist schwierig, weil wir möglicherweise anerkennen müßten, daß neben der unseren gleichzeitig noch andere Realitäten existieren und daß die Entführungen durch Außerirdische sich ereignen, während sich diese Realitäten gewissermaßen überlappen. Diese Hypothese wirft uns zurück und stellt uns abermals vor die Frage, die sich schon von Anfang an in Zusammenhang mit dem UFO-Phänomen gestellt hat: Woher kommen sie?

Die ersten Ufologen waren gleichmäßig in zwei Lager gespalten: Die einen haben sich auf den Versuch konzentriert, »harte Beweise« zu entdecken und zu analysieren, während die anderen sich mit den Berichten von Augenzeugen über Nahbegegnungen der dritten und vierten Art beschäftigt haben.

Aber dann ist in den sechziger Jahren eine dritte Gruppe von Ufologen aufgetaucht, die teilweise Historiker, teilweise Volkskundler, teils Gelehrte und teilweise vielleicht sogar Träumer waren. Sie haben den Verdacht geäußert, es könne Parallelen zwischen zeitgenössischen UFO-Berichten und den ältesten Geschichten über Begegnungen zwischen Menschen und geheimnisvollen Wesen geben.

In diese dritte Gruppe gehört Jacques Vallée, damals ein junger französischer Student und Computerwissenschaftler. Und überraschenderweise gehörte auch der langjährige Air-Force-Berater J. Allen Hynek, mit dem Vallée in den sechziger Jahren an der Northwestern University in Kontakt kam, in diese Gruppe.

Mitte der sechziger Jahre schrieb Vallée *Anatomy of a Phenomenon*, das immer noch als eines der wissenschaftlich fundiertesten Bücher über das UFO-Phänomen gelten darf. Er zeigte dort, daß er weniger daran interessiert war, die UFOs zu erklären, sondern vielmehr daran, sie zu analysieren. Keith Thompson schreibt Vallées Entscheidung, aus dem »Mainstream« der UFO-Forschung auszubrechen, wo es darum geht, eine einfache, unkomplizierte

Erklärung für die UFOs zu finden, einem Ereignis zu, das sich 1961 zugetragen hat, als Vallée für das französische Satellitenbeobachtungsprogramm tätig war:

Eines Nachts spürten er (d.i. Vallée) und seine Arbeitskollegen ein Objekt auf, das immer wieder von seiner Bahn abzuweichen schien, untypisch für einen Satelliten, das aber auch kein Flugzeug oder Ballon sein konnte. Vallée wurde sich voller Erregung bewußt, daß er und seine Kollegen etwas *Besonderem* auf der Spur waren. Bevor sie jedoch ihre Daten über das Objekt zur Analyse in den Computer eingeben konnten, beschlagnahmte ihr Vorgesetzter das Band und löschte es. (...) Angesichts der absichtlichen Unterdrückung von wissenschaftlichem Beweismaterial, deren Zeuge er soeben geworden war, verblaßte für Vallée sogleich die Bedeutung des unbekannten (und nun für immer verlorenen) Objekts auf dem Radarschirm. Weil er die bewußte Handlungsweise seines Vorgesetzten zu verstehen versuchte – der sich nicht weniger als Wissenschaftler verstand als Vallée und die anderen im Team –, begann sich Vallée ernsthaft für das UFO-Phänomen zu interessieren. Und mit dem Fortschreiten seiner Studie gelangte er zu der Überzeugung, »daß man nicht versuchen sollte zu beweisen, daß UFOs ein neues Phänomen von unbekannter und möglicherweise künstlicher Beschaffenheit darstellen, bevor man nicht den Versuch unternommen hat zu verstehen, weshalb der Gedanke so heftige Reaktionen auslöst, ... daß unsere Zivilisation in Kontakt kommt mit nichtmenschlichem Wissen für nichtmenschliche Zwecke, möglicherweise ausgelöst von nichtmenschlichen Gefühlen und Wahrnehmungen.«

1969 verblüffte der hingebungsvolle Wissenschaftler Vallée viele seiner Fachkollegen mit der Hypothese, die UFOs stellten möglicherweise gar kein »wissenschaftliches« Problem dar: denn, so meinte er, »die moderne Wissenschaft beherrscht ein eng begrenztes Universum, eine einzige, bestimmte Variation eines unendlichen Themas«. Zudem sagte Vallée: »... die Ufologie ist ein so hochspezialisierter Bereich geworden, daß die Experten keine Zeit haben, sich um allgemeines Kulturgut zu kümmern.« Er rief die Fachleute dazu auf, es ihm gleichzutun und über die beschränkte – und immer zwanghafter geführte – Fragestellung, ob UFOs extraterrestrischen Ursprungs seien, hinauszugehen und die Auswirkungen des UFO-Phänomens auf unsere Kultur insgesamt und die kollektive Psyche auszuloten.[11]

Vallées Aufforderung, in eine neue Richtung zu blicken, war ein Ergebnis seiner Zusammenarbeit mit J. Allen Hynek, der später erklärt hat: »Es begann uns so vorzukommen, als könnten die UFOs, statt in einem einfachen Sinn extraterrestrisch zu sein, gut auch Teil derselben höheren Intelligenz sein, die den Stoff unserer Religionen und Mythologie seit Menschengedenken geformt hat.«[12]

In seinen Büchern *Passport to Magonia* (1969) und *Dimensionen* (1994) ging Jacques Vallée über die Diskussion der internationalen Geschichte der UFOs hinaus und analysierte die anthropologischen, religiösen, folkloristischen und mythischen Aufzeichnungen, also jenen »größeren gesetzmäßigen Zusammenhang«, wie Thompson ihn nennt, »der religiöse Visionen, mystische Verzückung, Erscheinungen übernatürlicher Wesen und eben auch fliegende Untertassen hervorbringt, Vorkommnisse, die alle auf denselben Vorgängen und Abläufen beruhen und sich in ihren Merkmalen und in der Wirkung auf Menschen, die sie beobachten, ähnlich sind und *die von der vorherrschenden Glaubensstruktur einer bestimmten Kultur abhängen*. (Hervorh. v. Thompson)[13]

Anders ausgedrückt sehen die Beobachter das, was ihrer Zeit und ihren Lebensumständen entsprechend sie zu sehen vorbereitet sind. Nehmen wir beispielsweise die im Alten Testament beschriebene Vision Hesekiels:

> Und ich sah, und siehe, es kam ein ungestümer Wind von Norden her, eine mächtige Wolke und loderndes Feuer, und

11 Keith Thompson, *Engel und andere Außerirdische*, S. 153 f.
12 J. Allen Hynek, zit. n. Thompson, *Engel und andere Außerirdische*, S. 127.
13 Thompson, *Engel und andere Außerirdische*, S. 155.

Glanz war rings um sie her, und mitten im Feuer war es wie blinkendes Kupfer.
Und mitten darin war etwas wie vier Gestalten, die waren anzusehen wie Menschen.
Und jede von ihnen hatte vier Angesichter und vier Flügel.
Und ihre Beine standen gerade, und ihre Füße waren wie Stierfüße und glänzten wie blinkendes, glattes Kupfer.[14]

Mit etwas Phantasie kann man Hesekiels Vision so deuten, daß er außer dem riesigen Mutterschiff und den kleinen Begleitschiffen noch einige große Flugscheiben mit Kuppeln gesehen hat, über deren rotierenden Rändern Fenster eingelassen waren. Wenn sie sich bewegten, gaben sie tiefe, dröhnende Geräusche von sich, doch wenn sie schwebten, dann geschah dies geräuschlos; und die ganze Zeit, während diese Scheiben und die Erkundungsboote hin und her flogen, schwebte das riesige, gewaltige Mutterschiff hoch über ihnen, und aus seinem Innern drang ein derart hell strahlendes, orangefarbenes Licht, daß Hesekiel sich voller Ehrfurcht zu Boden warf und uns berichtet:

Und er sprach zu mir: Du Menschenkind, tritt auf deine Füße, so will ich mit dir reden. Und als er so mit mir redete, kam Leben in mich und stellte mich auf meine Füße, und ich hörte dem zu, der mit mir redete.
Und der Geist hob mich empor, und ich hörte hinter mir ein Getöse wie von einem großen Erdbeben …
Und es war ein Rauschen von den Flügeln der Gestalten, die aneinander schlugen, und auch ein Rasseln der Räder neben ihnen wie das Getöse eines großen Erdbebens.
Da hob mich der Geist empor und führte mich weg …[15]

1830 schrieb ein Amerikaner über eine religiöse Vision, die er erlebt hatte: »… sah ich unmittelbar über meinem Haupt eine Lichtsäule, heller als der Glanz der Sonne, allmählich auf mich

14 Hesekiel 1, 4–7.
15 Hesekiel 2, 1–2, 3, 12–14.

herabkommen, bis sie auf mir ruhte … Als das Licht auf mir ruhte, sah ich zwei Gestalten, deren Glanz und Herrlichkeit jeder Beschreibung spotteten, über mir in der Luft stehen. Eine von ihnen sprach zu mir.«[16] Der Erfahrene, der Joseph Smith hieß, gründete später die Kirche der Mormonen.

Im Mittelalter glaubten die Menschen fest daran, sie würden von Luftwesen, die im Himmel lebten, beobachtet. In seiner *Introduction to Plutarch's Lives* schildert A. H. Clough, wie Agobard, der Erzbischof von Lyon, sich für drei Männer und eine Frau eingesetzt hat, die von einer aufgebrachten Menge beschuldigt wurden, soeben mit einem »Wolkenschiff« aus dem sagenhaften Himmelsland Magonia eingetroffen zu sein:

> Es geschah, daß in Lyon eines Tages drei Männer und eine Frau gesehen wurden, die … wunderbar gebauten Luftschiffen entstiegen, deren Staffel nach dem Willen der Zephyre umherschweifte … Die ganze Stadt hatte sich um sie versammelt und schrie laut, es seien Zauberer … Die vier Unschuldigen versuchten vergeblich, sich zu verteidigen; sie sagten, sie seien Leute vom Lande und vor kurzem von vier wunderlichen Männern weggetragen worden, die ihnen unerhörte Wunderdinge gezeigt hätten … Die rasende Menge schenkte ihrer Verteidigung keine Beachtung und wollte sie eben ins Feuer werfen, als … Agobard, der Bischof von Lyon … durch den Lärm herbeigerufen, herbeigeeilt kam und, nachdem er die Beschuldigungen der Leute und die Verteidigung der Beschuldigten gehört hatte, verkündete … es sei nicht wahr, daß diese Leute vom Himmel gefallen seien, und das, was sie dort gesehen zu haben behaupteten, sei unmöglich.[17]

Während der Schlacht zwischen den Sachsen und Franken bei Sigisburg im Jahre 776 sind am Himmel Erscheinungen aufgetaucht, welche das Aussehen brennender Schilde hatten.

16 Joseph Smith, zit. n. Thompson, *Engel und andere Außerirdische*, S. 114.
17 A. H. Clough, *Introduction to Plutarch's Lives*, zit. n. Thompson, *Engel und andere Außerirdische*, S. 182.

1118 beobachtete Kaiser Konstantin am Himmel ein brennendes Kreuz und sah die Botschaft:»Unter diesem Zeichen wirst du siegen.«

Der deutsche Gelehrte Hartmann Schaeden veröffentlichte 1493 einen Bericht über eine bemerkenswerte Feuerkugel, die in gerader Linie von Süden nach Osten durch den Himmel flog, um dann nach Westen zu wenden und direkt in die untergehende Sonne zu fliegen. (Eine zeitgenössische Illustration des Phänomens zeigt ein zigarrenförmiges Objekt, das von Flammen umgeben ist, vor einem blauen Himmel.)

Einmal in Nürnberg (1561) und dreimal in Basel (1566) wurden mehrere große, schwarze Scheiben am Himmel beobachtet, die »in der Luft tanzend zu streyten anfingen.[18] Andere Zeugen erzählten, sie hätten große Zylinder durch die Luft fliegen sehen, aus welchen Kugeln und Scheiben hervorgekommen wären, um gespielte Luftkämpfe zu veranstalten.

Viele dieser Sichtungen wurden von Tausenden von Menschen bezeugt, die sie als religiöse Wunder oder Omina interpretierten.

Das erste »geheimnisvolle Luftschiff« wurde im November 1896 in Kalifornien am Himmel beobachtet. Während der nächsten fünf Monate berichteten Tausende von Menschen, sie hätten solche Luftfahrzeuge beobachtet, an denen teilweise beleuchtete Passagierzellen zu hängen schienen. Die Beobachter erzählten auch, einige dieser seltsamen Fahrzeuge hätten farbige oder bunte Lichter gehabt, während andere mit roten oder weißen Suchscheinwerfern ausgerüstet waren. Unter den zahlreichen, geheimnisvollen Sichtungen von Luftschiffen, die sich zwischen November 1896 und Mai 1897 im Westen und Mittleren Westen in ländlichen Gebieten und über Städten ereignet haben, ist die vom Abend des 19. April 1897 in Leroy, Kansas, von besonderem Interesse, wenn man an die heutigen Berichte über Viehverstümmelungen denkt. An diesem Abend wurde der Farmer Alexander

18 Thompson, *Engel und andere Außerirdische*, S. 113.

Hamilton, ein ehemaliger Kongreßabgeordneter, von Geräuschen geweckt, weil sein Vieh unruhig war. Er zog sich rasch an, ging hinaus und sah zu seinem größten Erstaunen, wie er später berichtete, »ein Luftschiff auf meine Viehweide herabsinken«.

»Es war von innen hell beleuchtet«, schrieb Hamilton, »und alles war deutlich zu sehen.« Er fügte hinzu, daß sich in der durchsichtigen Kabine »sechs seltsame Wesen befunden haben, wie ich sie noch nie gesehen habe. Sie unterhielten sich eifrig, aber wir konnten kein Wort verstehen ... Dann erregte ein Geräusch ihre Aufmerksamkeit, und sie richteten ein Licht direkt auf uns.«

Hamilton, sein Sohn und der Knecht hörten ein Summen »wie von einer großen Turbinenschaufel«, und das riesige Objekt begann »so leicht wie ein Vogel« wieder aufzusteigen. Dann schwebte es genau über einer von Hamiltons Färsen. Das Kalb schien sich im Zaun der Weide verfangen zu haben. Als Hamilton das junge Tier retten wollte, sah er, daß es an ein Seil gebunden war, das vom Luftschiff herunterhing. Dann, so berichtet Hamilton, sei das Luftschiff »samt Kalb und Seil langsam aufgestiegen, um in nordwestlicher Richtung zu verschwinden.«

Am nächsten Tag brachte ein Nachbar, der Hamiltons Vieh kannte, die Überreste des Kalbs: Kopf, Haut und Beine.

»Ich weiß nicht, ob sie Engel oder Teufel oder sonst etwas sind«, bemerkte Hamilton, »aber wir haben sie alle gesehen ... und ich will nichts mehr mit ihnen zu tun haben.«

Alexander Hamiltons Bericht über seine Begegnung mit dem geheimnisvollen Luftschiff war eine eidesstattliche Erklärung beigelegt, die von elf »prominenten Bürgern« unterzeichnet war, die Hamilton seit fünfzehn bis dreißig Jahren kannten und bereit waren, ihm seine Glaubwürdigkeit zu bescheinigen. Sie waren überzeugt, daß seine Aussage »wahr und zutreffend« sei.[19]

Die letzte Sichtung des geheimnisvollen Luftschiffs ereignete sich am Morgen des 30. April 1897. Das Objekt wurde beobach-

19 Knight, *UFOs: A Pictorial History from Antiquity to the Present*, S. 25.

tet, wie es über Yonkers, New York, schwebte und lautlos nach Nordosten in Richtung auf den atlantischen Ozean flog. Die seltsamen Sichtungen gingen weiter. Im Zweiten Weltkrieg meldeten Jäger- und Bomberpiloten und Mannschaften beider Seiten, sie hätten seltsame, glühende und leuchtende Kugeln gesehen, die ihre Flugzeuge verfolgt und Fangen mit ihnen gespielt hätten und die sogar dicht neben ihren Flügelspitzen mit ihnen in Formation geflogen wären. Die Alliierten Piloten nannten die Erscheinungen »Foo-Jäger«.

Später, zwischen 1946 und 1958, konnten Tausende von Menschen in skandinavischen Ländern »Geisterraketen« beobachten, die über den Himmel flogen oder schwebten und plötzlich in eine andere Richtung davonschossen.

Zu den verblüffendsten visionären Erfahrungen der Moderne zählt sicher das »Wunder von Fátima«, bei dem religiöse Erscheinungen mit solchen in der Luft zusammengefallen sind.[20]

Nach dreizehn Jahren gewissenhafter Nachforschungen veröffentlichte die katholische Kirche die folgende Stellungnahme: »Dieses Phänomen, das kein Observatorium registriert hat und das deshalb nicht natürlichen Ursprungs war, wurde von den verschiedenen Menschen aller Gesellschaftsschichten, von Gläubigen wie Ungläubigen, von Presseleuten der wichtigsten portugiesischen Zeitungen, ja sogar von Personen, die sich in einigen Kilometern Entfernung befanden, bezeugt. Dies sind Tatsachen, die jegliche Erklärung, es habe sich um eine kollektive Halluzination gehandelt, ausschließen.[21]

Abgesehen von einem Ereignis in China, wo eine Million Menschen im Jahre 1981 gleichzeitig ein spiralförmiges UFO sahen[22], ist die Sichtung von Fátima mit siebzigtausend Zeugen diejenige

20 vgl. Thompson, *Engel und andere Außerirdische*, S. 226.
21 Thompson, *Engel und andere Außerirdische*, S. 228.
22 H. Chiang, »UFO Sightings and Research in Modern China« in MUFON 1993 International UFO Proceedings; vgl. auch Mack, *Entführt von Außerirdischen*, S. 24.

mit der größten Zahl von Zeugen, die je bei einem Einzelereignis zugegen waren. Was von der katholischen Kirche und den Gläubigen als Wunder betrachtet wird, ist für Jacques Vallée nur einer unter zahlreichen Aspekten des UFO-Phänomens: »Das letzte Wunder war der Höhepunkt einer ganzen Reihe von Erscheinungen, von einer Reihe von Kontakten und Botschaften, die die ganze Angelegenheit für mich in die Nähe der UFO-Phänomene rücken. Nicht nur, daß immer wieder eine fliegende Scheibe oder Kugel beteiligt war, sondern auch ihre Bewegung, die Flugbahn, die mit einem fallenden Blatt verglichen werden konnte, die Lichteffekte, die Donnerschläge, die summenden Geräusche und der seltsame Duft, das fallende ›Engelshaar‹, das sich auflöst, bevor es den Boden erreicht, die Hitzewellen, die in der Nähe der Scheibe zu spüren waren – all dies sind häufig auftauchende Parameter aller UFO-Sichtungen. Ebenso die Lähmung, die Amnesie, die Bekehrungen und die Heilungen.«[23]

Vallées wissenschaftliche Vorgehensweise und seine Forschungen sind so überzeugend, daß jeder, der in bezug auf das UFO-Phänomen über die eindimensionale Frage »Gibt es sie wirkich?« hinausgehen will, früher oder später anfängt, Vallée zu lesen und zu zitieren.[24]

Vallée überlegt, ob »eine fortgeschrittene Rasse irgendwo im Universum, vielleicht auch aus der Zukunft, der Menschheit seit zweitausend Jahren dreidimensionale Seifenopern vorführt, um unsere Zivilisation zu lenken? Und wenn, verdient sie dann unsere Anerkennung?« Und weiter fragt er sich:

Oder haben wir es etwa mit einem Paralleluniversum zu tun, mit einer anderen Dimension, in der menschenähnliche Wesen leben? Können wir womöglich nie mehr in unsere Gegenwart zurückkehren, wenn wir einmal in diese Dimension gewechselt sind? Sind diese Wesen uns nur entfernt

23 Jacques Vallée, *Dimensionen*, Frankfurt/Main, 1994, S. 232 f.
24 vgl. etwa Thompson, *Engel und andere Außerirdische*, S. 153 ff.

ähnlich, so daß sie mit Männern und Frauen von unserem Planeten Kinder zeugen müssen, um den Kontakt mit uns zu halten? Ist dies der Ursprung der vielen Geschichten und Legenden, in denen genetische Faktoren eine so wichtige Rolle spielen? Beispiele sind die Symbolik der Jungfrau im Okkultismus und in der Religion, die Märchen, in denen menschliche Hebammen und Wechselbälge vorkommen, sexuelle Anspielungen in Berichten über Heiraten zwischen den Engeln des Herrn und irdischen Frauen, aus denen Riesen hervorgingen. Projizieren höhere Wesen aus einem geheimnisvollen Universum Dinge, die nach ihrem Belieben materialisieren und wieder verschwinden können? Sind die UFOs eher »Fenster« als »Objekte«?

Es gibt nichts, was diese Vermutungen stützen würden, und doch sind angesichts der historischen Kontinuität des Phänomens Alternativen schwer zu finden, es sei denn, wir leugnen die Realität aller Fakten, wie wir es um unseres Seelenfriedens willen gern tun würden.[25]

Die »vorherrschende Meinung« der westlichen, wissenschaftlichen und philosophischen Ideologie, so schreibt der Philosoph Richard Tarnas, sei die, daß »jede Bedeutung, die die menschliche Seele im Universum wahrnimmt, eigentlich nicht wirklich im Universum existiert, sondern von der menschlichen Seele dort hineinprojiziert worden ist« Die Konsequenz ist für Tarnas »diese vollkommene Entleerung des Universums, diese absolute Privilegierung des Menschen« und die vielleicht »ultimative, anthropozentrische Projektion, die subtilste und doch gewaltigste Form der menschlichen Selbsterhöhung«, die nach Tarnas' Ansicht eine intellektuelle »Hybris von kosmischen Ausmaßen« sei.[26]

Das Paradoxe ist, daß man sich immer weiter von den Debatten über die Realität oder Irrealität des Phänomens entfernt, in die sich Gläubige und Skeptiker so häufig verwickeln, je tiefer man in das UFO-Phänomen eindringt. Der Grund dafür ist, daß sich diese

25 Vallée. *Dimensionen*, S. 187 f.
26 Tarnas, zit. n. Mack, *Entführt von Außerirdischen*, S. 561.

Auseinandersetzungen meist auf die Diskussion darüber beschränken, was man als »real« definiert. Keith Thompson gibt sich damit nicht zufrieden: »Und über die Jahre haben mich weder die Beteuerungen von UFO-Anhängern noch jene von UFO-Entlarvern von der Notwendigkeit zu überzeugen vermocht, zu verbindlichen Schlußfolgerungen über das elementare Wesen und die Ursprünge dieses verwirrenden Phänomens zu gelangen.«[27]

In seinem kleinen Buch *Ein moderner Mythus*, das 1958 erschienen ist, schrieb C. G. Jung: »Es wird etwas geschehen, aber man weiß nicht, was. Es ist sogar schwer, ja fast unmöglich, sich eine richtige Vorstellung von diesen Objekten zu machen, denn sie benehmen sich nicht wie Körper, sondern schwerelos wie Gedanken.«[28] Der damals über achtzig Jahre alte Schweizer Psychiater und Philosoph fragte sich, ob UFOs nicht »materialisierte Psychoides« seien – reale physische oder paraphysikalische Objekte, die vom kollektiven Unbewußten erschaffen würden.

Jung war der Ansicht, UFOs könnten »materialisierte(s) Psychische(s)« sein; er ging von einem kollektiven Unbewußten aus, in dem gewisse grundlegende, ursprüngliche Bilder oder Strukturen existieren, die der ganzen Menschheit bekannt sind. Die Grundlage dieser universellen Strukturen nannte Jung »Archetypen«.

Wie Thompson erläutert, verstand Jung die Archetypen »ursprünglich als die am tiefsten liegenden Muster der Psyche, als die Wurzeln der instinktiven Verhaltensmuster. Indem er sein Gedankengebäude allmählich weiterentwickelte, begann er, Archetypen jedoch mehr und mehr als das *allen* Strukturen innewohnende Potential zu sehen, das dem Sein aller lebendigen Organismen zugrunde liegt. Im Laufe der Zeit wurde der Archetypus für Jung zur Brücke zum Stofflichen überhaupt.«[29]

27 Thompson, *Engel und andere Außerirdische*, S. 11.
28 C. G. Jung, *Ein moderner Mythus*, zit. n. Thompson, *Engel und andere Außerirdische*, S. 73 f.
29 Thompson, *Engel und andere Außerirdische*, S. 76 f.

»Das größte aller Geheimnisse, dem wir uns gegenübersehen«, schrieb der theoretische Physiker Fred Alan Wolf, »ist die Frage, wie Materie zu Bewußtsein gelangt. Schlicht und einfach gesagt: Wenn es stimmt, daß wir aus Materie bestehen, wie gelingt es dann dieser Materie, Bilder und Gedanken zu produzieren? Oder noch gröber gefaßt: Wie kann Fleisch träumen?«[30]

Jung stellt die Hypothese auf, es existiere eine Daseinsebene zwischen dem Physischen und dem Psychischen. Wolf sah diese Ebene als eine Art »dritte Realität«, die »zwischen der irdisch-alltäglichen und der gänzlich abstrakten, begrifflichen Welt« angesiedelt sei.[31] Andere – unter ihnen der Islamist Henri Corbin, der Psychologe Kenneth Ring, der Völkerkundler Peter Rojcewicz und der Physiker Werner Heisenberg – haben diese dritte Realität auch als »mittleres Reich« oder »imaginales Reich« bezeichnet.

»Der Bereich des Imaginalen«, schreibt Wolf, »ist wirklich, aber nicht physisch und daher der Jungschen Vorstellung vom psychoiden Archetyp und der damit zusammenhängenden Idee des Unus mundus nicht unähnlich. Es ist ein Ort, wo Psyche und Natur sich in einer Dualität darbieten, die sich in keinen ihrer beiden Pole auflösen läßt.«[32] Rojcewicz, der an der New Yorker Juillard School als Dozent für Geisteswissenschaften tätig ist, erklärt dieses Konzept wie folgt:

> Die psychoide Natur des Unus mundus ist ein unscharfer Realitätsmodus. Sie ist eine Sache der Wahrnehmung und des Erkenntnisvermögens. Von unserer Tradition her sind wir abgerichtet auf eine einäugige Sicht, mit der wir nur das Physische sehen. Haben wir eine unscharfe Realität vor uns, etwas mit zweideutigem ontologischem Status, würden dann die meisten von uns nicht lediglich das oberflächliche Physische daran sehen? Würden nicht manche von uns rein gar nichts sehen? Nach dem, was wir über die Wahrneh-

30 Fred Alan Wolf, *Die Physik der Träume*, S. 40.
31 ibid., S. 263.
32 ibid., S. 263.

mung wissen, schaltet sich das Gehirn in jedem Augenblick neu ein – in jedem Moment der Wahrnehmung zieht das Gehirn Bilanz und synthetisiert das gerade draußen Geschehene mit dem bereits Gespeicherten. Die Frage ist, ob ein Ereignis in einem Zwischenreich stattfindet, das nicht in physikalisch objektiver Weise manifest wird oder Spuren hinterläßt.[33]

»Psychoide Ereignisse«, spekuliert Wolf, »spielen sich in einem Realitätsbereich ab, der sich mit der Physik der Materie nicht fassen läßt. Gleichwohl gelangen psychoide Ereignisse zu räumlicher wie zeitlicher, physischer Erscheinung.«[34]

Michael Grosso, Künstler, Philosoph und College-Professor, der für seine UFO-Forschungen bekannt ist, hat nach Wolf die Hypothese aufgestellt, »daß UFOs und andere außergewöhnliche Phänomene in Wirklichkeit Manifestationen einer Störung im kollektiven Unbewußten der Menschheit sind. Ursache dieser Störung ist der zerstörerische Einfluß der modernen Wissenschaft auf das menschliche Leben und die Ökologie unseres Planeten.«[35]

Henry H. Price, in Oxford als Professor für Logik tätig und der ehemalige Präsident von Britains Society for Psychical Research, hat seine Ansicht bekundet, jede »Idee« sei ihrem Wesen nach eine psychokinetische und habe daher, anders ausgedrückt, das Potential, sich in irgendeiner Form zu materialisieren. Grosso deutet an, daß wenn unsere Ideen telepathisch übermittelt werden – auch wenn uns die Übermittlung nicht bewußt ist –, gedankliche Prozesse in der Gruppe entstehen, die das psychokinetische Potential erhöhen. »Demnach«, erklärt Wolf, »könnte ein Mythos wie das UFO sich von Zeit zu Zeit unter bestimmten Voraussetzungen in Raum und Zeit vergegenständlichen und bestimmte, allgemein erfahrbare, physikalische Eigenschaften annehmen.«[36]

33 ibid., S. 263.
34 ibid., S. 264.
35 Michael Grosso, zit. n. Wolf, *Die Physik der Träume*, S. 259.
36 Wolf, *Die Physik der Träume*, S. 259.

Der Psychologe Kenneth Ring deutete in *The Omega Project: Near-Death Experiences, UFO Encounters, and Mind at Large* (1992) an, die Menschen, die UFO-Begegnungen erleben oder Nahtoderfahrungen haben, könnten »begegnungsveranlagt« und aufgrund ungewöhnlicher Erfahrungen in der Vergangenheit für weitere entsprechende Erlebnisse offener sein. Das hindere diese Menschen aber »keinesfalls daran, mit der Realität fertigzuwerden«, schreibt Wolf. »Im Gegenteil, sie verfügen über Intelligenz, spirituelle Empfänglichkeit und eine visionäre Psyche, die allesamt für einen evolutionären Trend, für eine neue Entwicklungsstufe der Menschheit stehen könnten.« Dieser Entwicklungsschritt könne in der Erkenntnis bestehen, »daß der menschliche Geist nicht auf einzelne und voneinander getrennte Menschen beschränkt, sondern universell, singulär und jenseits der von uns gesetzten, begrifflichen Grenzen – wie etwa der Bindung an die Raum-Zeit – angesiedelt ist. Meiner Ansicht nach stellen also Sterbeerlebnis, UFO-Begegnung und eine Reihe anderer Einbrüche des Imaginalen in unser Bewußtsein einen evolutionären Trend dar, der uns zu einer einheitlichen Erfahrung unseres Selbst, das heißt, letztlich des gesamten Universums, in einem einzigen Bewußtsein verhilft.«[37]

Der britische Biochemiker Rupert Sheldrake vertrat die Ansicht, daß, wenn eine neue organische Verbindung kristallisiert, »die Kristallisation beim ersten Mal nicht eben mühelos vor sich geht, daß aber bei den folgenden Gelegenheiten die Kristallisation immer leichter geschieht, weil immer mehr frühere Kristalle dank morphischer Resonanz zu dem morphischen Feld beitragen.«[38] Sheldrake berichtet, dies sei in der Praxis überprüft worden, und er stellt die Hypothese auf, sein Experiment gebe Hinweise auf eine unbewußte, kollektive und kumulative Erinnerung, die der ganzen Natur zur Verfügung stehe. Nach Sheldrake fällt den Men-

37 ibid., S. 282.
38 Rupert Sheldrake, zit. n. Stephen Clarks Besprechung von Sheldrakes Buch *A New Science of Life* in *Times Literary Supplement*, 12. März 1982, S. 279.

schen, die nachts das Kreuzworträtsel der Londoner *Times* lösen, die Lösung leichter als denen, die es am Morgen versuchen, weil durch morphische Resonanz die Antworten schon ins kollektive Unbewußte eingedrungen seien. Wenn dies zutrifft, dann könnte es die Ähnlichkeit der Entführungsberichte erklären.

Fred Alan Wolf berichtet auch über die interessante Verbindung zwischen elektrischer Aktivität im Gehirn und Nahtod- und UFO-Erfahrungen, die von den UFO-Forschern Paul Devereux und Michael Persinger entdeckt wurde: »Devereux entdeckte, daß die ungewöhnlichen Lichterscheinungen, von denen die Leute erzählen, im allgemeinen in der Nähe von Verwerfungen, Hochspannungsleitungen, Sendemasten, Berggipfeln, allein stehenden Gebäuden, Landstraßen und Eisenbahnlinien sowie Wasserflächen einschließlich Wasserfällen beobachtet werden.«[39]

Die UFO-Forscher Devereux und Persinger, letzterer ist zugleich Professor für Psychologie und klinischer Neurophysiologe, sind, wie Wolf berichtet, der Ansicht, daß »UFO-Phänomene nichts anderes sind als natürliche Begebenheiten, begleitet ... von elektromagnetischen Impulsen mit großer Amplitude, die direkt durch ein Nachlassen der Spannung in den Erdplattenbewegungen der Erdkruste verursacht werden. Persingers statistische Untersuchungen zeigen, daß es einen klaren Zusammenhang zwischen Erdbeben und UFO-Berichten gibt. Anders gesagt, es ist mehr als reiner Zufall, wenn bei Erdbeben mehr UFOs gesichtet werden.«[40]

Lassen Sie uns mal einen Moment annehmen, dies sei wahr. Wenn Devereux und Persinger recht haben, dann könnte, wie Wolf meint, ein Mensch, der sich in der richtigen Entfernung befindet, wenn tektonische Spannung abgebaut wird – nicht zu nahe daran und nicht zu weit weg –, aufgrund des elektromagnetischen Energieausbruchs genau jene Lichtphänomene sehen, die bei Nahbegegnungen der ersten und zweiten Art berichtet werden. Und

39 Wolf, *Die Physik der Träume*, S. 286.
40 Wolf, *Die Physik der Träume*, S. 287.

wenn der Betreffende, meint Wolf weiter, sich dem Licht nähert oder sich zufällig nahe genug befindet,»dann könnte er die Auswirkungen des Energieausbruchs verspüren. Dazu kann etwa gehören, daß sich Körper- und Kopfhaar aufrichten, daß Hautprickeln, Stöße in den Rücken und andere Zeichen nervöser Erregung zu spüren sind. Eine noch größere Annäherung könnte demnach durchaus zu Hirnstörungen und letzten Endes zu psychischen Störungen und Halluzinationen führen.«[41]

Michael Persinger berichtet im *Journal of Near-Death Studies*, daß alle wichtigen Komponenten der Nahtoderfahrungen (eingeschlossen der Blick hinunter auf den eigenen Körper, das Fliegen, die gespenstisch schöne Musik, das Gefühl, zu einem strahlenden Licht gezogen zu werden, ein tiefes Gefühl der Sinnhaftigkeit) heute im Labor dupliziert werden können, indem man dem Patienten schwachen Strom in den Schläfenlappen leitet.

»Angesichts dieser Entdeckungen«, schreibt Wolf,»kann wohl kein Zweifel bestehen, daß Imaginal-Erlebnisse durch elektrische Störungen im Temporallappen hervorgerufen werden. Induziert werden können diese Störungen durch anomale elektromagnetische Phänomene, wie … die tektonische Spannungsabfuhr der Erdkruste, durch Gehirnoperationen und sogar durch den Laborversuch. Aber was ist mit uns übrigen? Was ist mit sogenannten normalen Menschen, die ohne jedes eigene Zutun solche Phänomene erleben, auch wenn keine zusätzliche Reizung im Spiel ist?«[42]

Persinger scheint, wie Wolf schreibt, mit Kenneth Ring übereinzustimmen: Manche Menschen seien besonders »begegnungsanfällig«. Aus welchen Gründen auch immer, sagt Wolf, diese Menschen reagieren »überempfindlich auf die normale elektrische Aktivität des Temporallappens.«[43]

Ring hat eine Untersuchung mit Menschen durchgeführt, die Nahtoderfahrungen oder UFO-Begegnungen erlebt haben. Als

41 ibid.
42 Wolf, *Die Physik der Träume*, S. 289.
43 ibid.

Kontrollgruppe hat er Menschen genommen, die solche Erfahrungen nicht gemacht haben, die sich aber für diese Phänomene interessiert haben. Er konnte feststellen, daß die Angehörigen der ersten Gruppe nicht »phantasieanfälliger« waren, als die Angehörigen der zweiten Gruppe, was durch die Berichte der Forscher auf der MIT-Konferenz bestätigt wurde. Allerdings waren sie, offenbar schon seit ihrer Kindheit, offener für alternative Wirklichkeiten.

Was führt dazu, daß ein Kind offener für alternative Wirklichkeiten ist? Was hatten diese Menschen als Kinder gemeinsam, fragt Wolf, das sie für derartige Erfahrungen empfänglich macht? »Die Antwort ist irritierend und erhellend zugleich«, schreibt Wolf. »Es besteht offenbar eine starke Korrelation zwischen Kindesmißhandlung und Empfänglichkeit für das Imaginale.« Und dann zitiert Wolf den Psychologen Ring wie folgt: »Diese Menschen gehören nicht zu den Phantasieanfälligen, sie kommen aus den Reihen mißhandelter Kinder; sie sind Opfer von sexuellem Mißbrauch, seelischer Grausamkeit und Zusammenbruch der Familienstrukturen.«[44]

Michael Persinger deutet die Möglichkeit an, körperliche Mißhandlungen könnten das Gehirn physisch dergestalt beeinflussen, daß das Bewußtsein für alternative Realitäten offener wird. Vielleicht sind »begegnungsveranlagte« Menschen solche Personen, die in der Kindheit mißhandelt wurden und daher Gehirne haben, die auf Reize reagieren, die von anderen nicht wahrgenommen werden.

David Jacobs warnt: »Wir müssen erkennen, daß das Entführungsphänomen viel zu wichtig ist, um es die Willkür der Wortverdreher oder psychisch gestörten Menschen zu überlassen. Ich hoffe, der bisherige Mangel an wissenschaftlicher Aufmerk-

44 Wolf, *Die Physik der Träume*, S. 290.

samkeit erweist sich nicht auf lange Sicht als Fehler, der Konsequenzen nach sich zieht, von denen wir nicht zu träumen wagen.«[45]

Budd Hopkins meint, daß »Entführungsberichte wegen ihres ähnlichen Inhalts und ihrer Übereinstimmung in vielen Details aus einem von zwei Gründen akzeptiert werden müssen: Entweder sind sie das Ergebnis eines neuen, bis heute nicht erkannten und nahezu weltweit verbreiteten, psychologischen Phänomens – eine Theorie, die vorliegende *materielle* Beweise nicht in Betracht zieht – oder sie sind der ehrliche Versuch, tatsächliche Ereignisse wiederzugeben.«[46]

John Mack sagt, »keine bekannte Theorie oder Erklärung kann auch nur annähernd die grundlegenden Elemente des Entführungsphänomens erklären. Kurz und gut, es ist, was es ist, auch wenn die Quelle letztendlich im dunklen bleibt.«

Keith Thompson meint, es handele sich um einen Anstoß, die nächste Bewußtseinsebene zu betreten.

Whitley Strieber ist der Ansicht, daß wir möglicherweise etwas ganz anderes sind, als wir glauben, und uns aus Gründen auf der Erde befinden, die wir noch nicht kennen.

C. G. Jung schrieb, UFOs bewegten sich schwerelos wie Gedanken, und fragte sich, ob sie materialisiertes Psychisches sein könnten.

Jacques Vallée fragt, ob UFOs eher »Fenster« als »Objekte« seien, und hält die Insassen der UFOs nicht für Außerirdische, sondern für die Bewohner einer anderen Realität.

Fred Alan Wolf meint, psychoide Ereignisse spielten sich in einem Bereich der Realität ab, der mit der materiellen Physik nicht zu fassen sei, der sich aber in die Quantenphysik einfügt, »die weder das Reich subjektiver noch das Reich objektiver Erfahrung be-

45 Jacobs, *Secret Life: Firsthand Accounts of UFO Abductions*, New York 1992, S. 317.
46 Hopkins, *Eindringlinge*, S. 251.

schreibt«, sondern vielmehr »den Bereich der Imaginal-Erfahrung, also einer potentiellen materiellen Erfahrung.«[47]

Als Václav Havel, der Präsident der Tschechischen Republik, am 4. Juli 1994 in der Independence Hall in Philadelphia die »Liberty Medal« überreicht bekam, erwähnte er in seiner Rede zwei Beispiele aus der postmodernen Wissenschaft: das »anthropozentrisch-kosmologische Prinzip«, wie es der englische Physiker Brandon Carter im Jahre 1974 beschrieb, und die »Gaia-Hypothese«, die der Brite James Lovelock zwei Jahre vorher formuliert hatte.

Das anthropozentrische Prinzip, erklärte Havel, »führt zu der Idee, die vielleicht so alt ist wie die Menschheit selbst, nämlich daß wir nicht nur eine zufällige Anomalie sind, eine mikroskopisch kleine Laune der Natur, die durch die endlosen Weiten des Universums treibt. Vielmehr sind wir auf geheimnisvolle Weise mit dem Universum verbunden. Wir spiegeln uns in ihm, wie sich die ganze Evolution des Universums auch in uns spiegelt.«

Nach der Gaia-Hypothese, fuhr Havel fort, »sind wir Teile eines größeren Ganzen. Unsere Bestimmung hängt nicht nur von dem ab, was wir für uns selbst tun. Wenn wir sie in Gefahr bringen, dann wird sie sich unser im Interesse eines höheren Wertes entledigen – im Interesse des Lebens selbst.«

Gegen Ende seiner Rede fügte Havel noch hinzu: »Die einzige wirkliche Hoffnung der heutigen Menschheit liegt wahrscheinlich in der Erneuerung der Gewißheit, daß wir in der Erde und zur gleichen Zeit auch im Kosmos verwurzelt sind. Dieses Bewußtsein schenkt uns die Fähigkeit, über uns selbst hinauszuwachsen. Politiker mögen in internationalen Gremien tausendmal wiederholen, daß die Grundlage der neuen Weltordnung die universelle Achtung der Menschenrechte sein muß, aber das wird nichts ändern, solange dieser Anspruch nicht aus der Achtung vor dem Wunder

47 Wolf, *Die Physik der Träume*, S. 266.

des Seins, dem Wunder des Universums und dem Wunder unserer eigenen Existenz erwächst.«[48]

Fünf Wochen später schrieb Nicholas Wade in seiner Antwort auf Havels Rede in *The New York Times Magazine*, das Problem des anthropozentrisch-kosmologischen Prinzips sei die Tatsache, »daß es näher an der Metaphysik als an der Physik angesiedelt ist. Es legt den Gedanken an einen himmlischen Uhrmacher nahe, der die Maschine entworfen und eingestellt hat, damit sich das Leben entwickeln konnte. Aber solange wir nicht die eingestanzte Seriennummer im Universum finden, können wir nicht beweisen, daß der Uhrmacher überhaupt existiert, noch uns dazu äußern, welche Absichten er gehabt haben mag.«

Das Problem mit der Gaia-Hypothese, fuhr Wade fort, »besteht darin, daß die Idee rasch mystisch wird, weil sie uns viel zu leicht an ein nettes Gewächshaus mit Thermostat und einem freundlichen Gärtner denken läßt, der das System in Gang hält«. Wades Skepsis ist unübersehbar: »Das anthropozentrische Prinzip und die Gaia-Hypothese sind elegante Ideen«, schrieb er,

> die von Wissenschaftlern, die Havels Sehnsucht nach einer Andeutung eines transzendenten Sinns im Universum teilen, mit wissenschaftlichen Worten vorgetragen werden. Aber keines der Konzepte ist Bestandteil irgendeiner praktischen Wissenschaft, weil gerade jenes transzendente Element, das Havel so anziehend findet, ihrer Überprüfbarkeit im Wege steht. Die Wissenschaft läßt sich nicht durch Innenschau entwickeln. Sie ist ein System von Fragestellungen und beruht auf empirischem Vorgehen. Sie verlangt, daß aus etablierten Fakten Theorien entstehen und will erklären, was ist, und nicht, was sein könnte.[49]

48 Vaclav Havel, »The New Measure of Man«, *New York Times*, 8. Juli 1994, S. A27.
49 Nicholas Wade, »Method and Madness: A Fable for Fleas«, *New York Times Magazine*, 14. August 1994, S. 18.

Die Dichotomie zwischen dem, was ist, und dem, was sein könnte, verleiht dem UFO-Phänomen seine Antriebskraft. Es ist dieses Geheimnis, das mich und viele andere gereizt hat. Es ist der Konflikt – falls das nicht ein zu starkes Wort ist –, der auf der MIT-Konferenz zutage trat und der in den unterschiedlichen Standpunkten der beiden Konferenzleiter besonders deutlich zum Vorschein gekommen ist.

In seinen abschließenden Bemerkungen hat John Mack uns gebeten, das Phänomen »aus einer gewissermaßen philosophischen oder spirituellen Perspektive« zu betrachten. »Sie kennen ja alle das Wort des Farmers aus Vermont, der es nach längerem Hin und Her aufgab, dem Städter eine Wegbeschreibung geben zu wollen, und nur noch sagte: »Sie kommen da von hier nicht hin. Und wir, so glaube ich, kommen nicht hin, ohne unsere Sicht der Welt zu verändern.«

Auf der Konferenz wie auch in unseren späteren Gesprächen hat Mack angedeutet, die über das Phänomen gesammelten Daten seien so revolutionär, daß wir unsere traditionellen, wissenschaftlichen Methoden aufgeben und einen neuen Ansatz versuchen müßten. »Wir sind im materialistischen/dualistischen Weltbild sehr verfangen«, sagte er in seinen abschließenden Bemerkungen. »Diejenigen unter uns, die zum wissenschaftlichen oder wirtschaftlichen Establishment gehören, halten an dem vertrauten, alten Paradigma fest. Vielleicht klammern sich die Wissenschaftler noch verbissener daran als alle anderen, weil ihr Leben und ihre Arbeit so sehr von den allgemein akzeptierten Vorstellungen vom Universum abhängt. Aber wir sollten jetzt wirklich aufhören, uns darüber zu streiten, ob wir es mit etwas Realem zu tun haben. Vielmehr könnte es an der Zeit sein, unser Bewußtsein zu erweitern und die Fühler auszustrecken, damit wir die außergewöhnliche Spannweite und Tiefe, die Kraft und den wirklichen Sinn des Entführungsphänomens erfassen können.«

Pritchard ist anderer Meinung. Das Phänomen, sagte er in seinen abschließenden Bemerkungen, sei »ein unglaubliches Problem, das eine sorgfältige, interdisziplinäre Erforschung verlangt. Dies war der Geist der Konferenz, und es ist der Geist, den wir anderen außerhalb unserer Gemeinschaft vermitteln müssen.« Durch sein Beispiel – etwa mit der Untersuchung von Prices »Implantat« – und mit seinen Worten dokumentiert Pritchard sein Vertrauen in die wissenschaftliche Methodik.

»Als Forscher, der sich mit Physik, genauer mit Quantenphysik beschäftigt«, schrieb Pritchard mir vor kurzem, »habe ich natürlich Vertrauen in die wissenschaftliche Vorgehensweise. Philosophen konnten die große Mehrheit (nicht einmal andere Philosophen) noch nie recht davon überzeugen, daß Zeit und Länge ineinander umgewandelt werden können oder daß die Realität nicht existiert, solange sie nicht gemessen wird – aber die wissenschaftliche Methode konnte dies leisten, indem sie Theorien gefunden hat, die quantitative Vorhersagen darüber zulassen, in welchem Ausmaß derlei Dinge geschehen, und sie konnte dies mit reproduzierbaren Experimenten belegen. Ich glaube nicht, daß es vernünftig wäre, neue Epistemologien an einem Phänomen zu erproben, solange die alten, verläßlichen Methoden der Wissenschaft nicht sorgfältig und gewissenhaft und ohne Ergebnis angewendet worden sind – und dies ist offenbar in bezug auf Entführungen noch nicht geschehen, da die Konferenz die erste derartige Veranstaltung zu diesem Thema war.«[50]

Was könnte wichtiger sein als die Suche nach den Beweisen dafür, daß tatsächlich gewaltige Veränderungen im Gange sind und daß wir vielleicht wirklich nicht allein sind; daß jenseits der Realität, die wir sehen können, tatsächlich *etwas* existiert?

Keith Thompson zitiert den alten chinesischen Aphorismus: »Der Fisch ist der letzte, der erfährt, daß er im Wasser lebt«, und fährt fort:

50 David E. Pritchard, Private Korrespondenz mit dem Autor, 7. Dezember 1994.

Für den Fisch ist es selbstverständlich, daß das Medium, das er kennt, das wahre Element ist – ja, das einzige Element überhaupt. Warum sollte er sich etwas anderes vorstellen? Aber dann schwimmt ein bestimmter Fisch eines Tages in einen abgelegenen Teil des Sees und erblickt dort ein rätselhaftes Objekt über sich. Der Fisch hat keinen Namen für das, was er von unten sieht; wir aber, die wir darüber stehen, würden das Objekt als »Schwimmer« bezeichnen. Entgeistert kehrt der Fisch zu seinem Schwarm zurück und erzählt, was er gesehen hat. Die Geschichte ist zwar eindrucksvoll, aber die anderen Fische interessieren sich dennoch nicht besonders dafür. Schließlich gilt es, stets frischen Tang zu finden, ganz zu schweigen davon, größeren hungrigen Fischen auszuweichen. Die Nachricht von solch rätselhaften Objekten kann nur eine gefährliche Ablenkung von der Gesamtaufgabe des Schwarms mit sich bringen.

Mit der Zeit sehen jedoch auch andere diesen Schwimmer, und eine unverwüstliche Zahl von Legenden entsteht. Dann, an einem ganz bestimmten Tag, schwimmt ein Fisch zu nahe an das Objekt heran und wird »gefangen«. Unvermutet spürt der Fisch, wie er *nach oben* und *hinaus* gezogen wird, in einen riesigen und ganz und gar entsetzlichen Bereich von Formen *darüber* und *jenseits*. Aber jene, die den Fisch an Land gezogen haben, begutachten ihn nach bestimmten Kriterien, sie wollen ihn nicht behalten und werfen ihn ins Wasser zurück. Verwirrt schwimmt der Fisch zurück. Er hat jetzt eine noch viel unglaublichere Geschichte über eine andere – völlig andere – Welt zu erzählen, die von höchst erstaunlichen Wesen bevölkert ist.

Je nachdem, wie diese Nachricht enthüllt und aufgenommen wird, wird der Fisch als Gott verehrt, gefressen oder schlichtweg vom Rest des Schwarms isoliert, wo er unüberhörbar vor sich hin sinniert: «Wasser! Wir leben und schwimmen in *Wasser!* Ich habe soeben etwas gesehen, das *nicht* Wasser ist: Ich habe trockenes Land erblickt und einen offenen Himmel. Hört mir denn niemand zu? *Interessiert* sich denn niemand dafür?«[51]

51 Thompson, *Engel und andere Außerirdische*, S. 334.

Ich interessiere mich dafür. Und ich bin den Menschen dankbar, die ich bei der Arbeit an diesem Buch kennengelernt habe und die unseren kleinen »blauen Teich« und meine Phantasie mit erstaunlichen Geschöpfen bevölkert haben – seien es die kleinen Grauen, die großen Grauen, die Nordischen, die Reptilien oder C. G. Jungs »materialisiertes Psychisches«.

Es mag dumm sein, wenn ich zugebe, daß ich gern an die Existenz außerirdischer Wesen glauben möchte, die eine Erdenfrau aufgefordert haben, »nur Kuh-Dinge« zu essen und eine andere um Erlaubnis baten, ihre Stöckelschuhe anprobieren zu dürfen, denn ich muß aufrichtig sagen, daß ich keine harten Beweise für ihre Existenz gefunden habe.

Aber solange niemand den Beweis liefert, daß diese Wesen nicht existieren, halte ich die Augen offen, ob ich einen »Schwimmer« sehe – die Augen und mein Bewußtsein.

Das würde Zar sicher gefallen.

C. D. B. Bryan
Guilford, Connecticut

Danksagung

Ich möchte mich für die Unterstützung bedanken, dich ich von so vielen Menschen bei der Arbeit an diesem Buch bekommen habe: zunächst bei der Dramatherapeutin Brenda Helen Cummings, die mich auf die Abduction Study Conference aufmerksam machte, die 1992 beim Massachusetts Institute of Technology (MIT) stattgefunden hat; zusätzlich konnte Brenda mir noch einige der wichtigsten schriftlichen Quellen empfehlen.

Als nächstes möchte ich diejenigen erwähnen, die ich während der Konferenz kennenlernen und interviewen durfte: Dr. John E. Mack, Psychiater an der Harvard University und Leiter der Konferenz, sowie den Physiker Dr. David E. Pritchard, Physiker am MIT, die mir freundlicherweise erlaubten, an der Konferenz teilzunehmen, und die mir danach in großer Offenheit ihre Gedanken über die Entführungserlebnisse geschildert haben.

Dankbar bin ich auch Budd Hopkins, der als Chronist des Phänomens Pionierarbeit geleistet hat. Er hat mir in großzügiger Weise Auskunft über seine Daten, seine Techniken sowie seinen Informationsstand gegeben. Zu nennen ist an dieser Stelle auch David M. Jacobs, Historiker an der Temple University, der die UFO-Bewegung und die Struktur der Entführungserlebnisse in einen historischen Kontext gestellt und häufig amüsante Perspektiven aufgezeigt hat. Erwähnen möchte ich außerdem den Volkskundler Dr. Thomas E. Bullard, dessen fachkundige Unterstützung mir meine Aufgabe sehr erleichtert hat.

Danken möchte ich Dr. John G. Miller und Dr. Richard J. Boylan, die meinem Projekt mehr Zeit und Aufmerksamkeit gewidmet haben, als ich es je erwarten konnte.

Die Journalistin Linda Moulton Howe hat mich mit ihrem Staunen angesteckt; Keith Basterfield und Jenny Randles haben aus ihren Heimatländern wichtige Informationen beigesteuert, und John S. Carpenter, MSW, war mir mit seiner glücklichen Mischung aus Professionalität und Umsicht ein Vorbild.

Dankbar bin ich auch den Entführten, die es mir erlaubt haben, sie zu interviewen, ganz besonders »Carol« und »Alice«, deren Vertrauen ich gerecht zu werden versuche.

Schließlich möchte ich noch meiner Verlagslektorin Vicky Wilson danken, die John Cheevers Bemerkung, die Beziehung zwischen einem Schriftsteller und seinem Lektor sei vor allem durch das Messer an der Kehle des ersteren gekennzeichnet, Lügen strafte. Vickys gekonnte chirurgische Eingriffe blieben auf den Text beschränkt, und dank ihres Zuspruchs war mir die Arbeit an diesem Buch eine Freude.

Natürlich darf ich auch nicht vergessen, an dieser Stelle meine Agentin Lynn Nesbit zu erwähnen, die sich sehr für mich eingesetzt hat.

Und da diese Stelle so gut wie irgendeine andere ist, möchte ich auch noch die Autoren erwähnen, die vor mir an diesem Thema gearbeitet haben und deren Werke und Ideen ich geplündert habe wie Attila der Hunne: namentlich Keith Thompson, Fred Alan Wolf, Timothy Good, Howard Blum und J. Allen Hynek.

Schließlich will ich noch, wie es viele Autoren tun, ein Wort des Dankes an meine Frau und meine Kinder richten, die mich beim Schreiben des Buches begleitet und unterstützt haben, auch wenn ich genau weiß, daß man mit Worten kaum beschreiben kann, wie dankbar ich meiner Frau und meiner Familie für die begeisterte Unterstützung und für ihre Bereitschaft bin, es mit mir auszuhalten.

Bibliographie

Adamski, George, *Im Innern der Raumschiffe*, Wiesbaden 1981.

Alexander, J., »Comparative Phenomenology of Near Death Experience«, in *Alien Discussions: Proceedings of the Abduction Study Conference*.

Appelle, S., »Federal Policy for the Protection of Human Subjects and Its Applicability to Abduction Research«, in *Alien Discussions: Proceedings of the Abduction Study Conference*.

Basterfield, K., »Abductions and Paranormal Phenomena«, in *Alien Discussions: Proceedings of the Abduction Study Conference*.

– »Abductions: The Australian Experience«, in *Alien Discussions: Proceedings of the Abduction Study Conference*.

– »Abductions: The Fantasy-Prone Hypothesis«, in *Alien Discussions: Proceedings of the Abduction Study Conference*.

– »Maureen Puddy: An Australian Abductee Physically Present During an Abduction«, 1992, Fotokopie.

Baird, J. C., *The Inner Limits of Outer Space*, Hanover, New Hampshire, Dartmouth University Press, 1987.

Bateson, G., *Mind and Nature: A Necessary Unity*, E. P. Dutton, New York 1979.

Benson, T., »The Close Encounter: Initial Percipient/UFO Interaction«, in *Alien Discussions: Proceedings of the Abduction Study Conference*.

Blum, H., *Out There*, New York, Pocket Books, 1990.

Boylan, R., »Some Abductees Don't Have Post-Traumatic Stress Disorder«, in *Alien Discussions: Proceedings of the Abduction Study Conference*.

Bracewell, R. N., *The Galactic Club: Intelligent Life*, in *Outer Space*, San Francisco, San Francisco Book Company, Inc., 1976.

Broad, W. J., »Wreckage in the Desert Was Odd but Not Alien«, in *The New York Times*, 18. September 1966, S. A1, 40.

Bryan, III., J., *Hodge Podge Two. Another Commonplace Book*, New York, Atheneum, 1989.

Bullard, T. E., »Abduction Reports Compared With Folklore Narratives«, in *Alien Discussions: Proceedings of the Abduction Study Conference*.

– »Folkloric Dimensions of the UFO Phenomenon«, in *Journal of UFO Studies* 3, 1991.

– Hypnosis and UFO Abductions: A Troubled Relationship«, in *Journal of UFO Studies* 1, 1989.

– »Kenneth Ring's Imaginal World Hypothesis«, in *Alien Discussion: Proceedings of the Abduction Study Conference*.

– *On Stolen Time: A Comparative Study of Abduction Reports*, Mt. Rainier, Maryland 1987.

– »On Stolen Time: A Comparative Study of Abduction Reports Update«, in *Alien Discussions: Proceedings of the Abduction Study Conference*.

– »The Overstated Dangers of Hypnosis«, in *Alien Discussions: Proceedings of the Abduction Study Conference*.

– »The Rarer Abduction Episodes«, in *Alien Discussions: Proceedings of the Abduction Study Conference*.

– *UFO Abductions: The Measure of a Mystery*, Mt. Rainier, Maryland.

– »The Variety of Abduction Beings«, in *Alien Discussions: Proceedings of the Abduction Study Conference*.

– »The Well Ordered Abduction: Pattern or Mirage?«, in *Alien Discussions: Proceedings of the Abduction Study Conference*.

Cameron, G. und Crain, T. S., *UFOs, MJ-12 and the Government:*

A Report on Government Involvement in UFO Crash Retrievals, Mutual UFO Network, Seguien, Texas, 1989.

Campbell, J., *Der Heros in tausend Gestalten,* Frankfurt am Main 1989.

Carpenter, J., »Commentary«, in *Unusual Personal Experiences. An Analysis of the Data from Three National Surveys,* Bigelow Holding Corp., Las Vegas, Nevada.

– »Cures of Abductees' Ailments«, in *Alien Discussions: Proceedings of the Abduction Study Conference.*

– »Double Abduction Case: Correlation of Abduction Data«, in *Journal of UFO Studies* 3, 1991.

– »Investigating an Correlating Simultaneous Abductions«, in *Alien Discussions: Proceedings of the Abduction Study Conference.*

– »Multiple Participant Abductions«, Vortrag bei der Seattle UFO Research Conference, 1993.

– »Resolution of Phobias from UFO Data«, in *Alien Discussions: Proceedings of the Abduction Study Conference.*

– »Therapist-Investigator Partnership«, in *Alien Discussions: Proceedings of the Abduction Study Conference.*

Chiang, H., »UFO Sightings and Research in Modern China«, in *MUFON 1993 International UFO Symposium Proceedings.*

Clark, J., »Airships: Parts I, II.«, in *International UFO Reporter,* 1991.

Condon, E. U., *Scientific Study of Unidentified Flying Objects,* Bantam Books, New York 1969.

Davenport, M., *Visitors from Time: The Secret of the UFOs,* Wildflower Press, Tigard, Oregon 1992.

David, J., Hrsg., *The Flying Saucer Reader,* New American Library, New York 1967.

de Moura, G., »Abduction Phenomenon in Brazil«, in *Alien Discussions: Proceedings of the Abduction Study Conference.*

de Simone, D., »Investigation vs. Therapy«, in *Alien Discussions: Proceedings of the Abduction Study Conference.*

Dean, G., »(Abduction) Comparisons with Ritual Abuse Accounts«, in *Alien Discussions: Proceedings of the Abduction Study Conference.*

Desk Reference to the Diagnostic Criteria from DSM-III-R, American Psychiatric Association, Washington, D. C. 1987.

Donderi, D. C., »Validating the Roper Poll: A Scientific Approach to the Abduction Evidence«, in *Alien Discussions: Proceedings of the Abduction Study Conference.*

Doyle, Arthur Conan, *Sherlock Holmes: Das Zeichen der Vier,* Bern/München/Wien 1998.

Emenegger, R., *UFO's Past Present & Future,* Ballantine Books, New York 1974.

Fowler, R. E., *The Allagash Abductions: Undeniable Evidence of Alien Intervention,* Wildflower Press, Tigard, Oregon 1993.

– *Der Fall Andreasson,* Weilersbach 1995.

– *The Andreasson Affair, Phase Two,* Prentice Hall, Englewood Cliffs, New Jersey, 1982.

Friedman, S. und Berliner, D., *Der Ufo-Absturz bei Corona,* Rottenburg, 1995.

Fuller, J. G., *Interrupted Journey,* Dial Press, New York, 1966.

Gackenbach, J., »Frameworks for Understanding Lucid Dreaming: A Review«, in *Dreaming* 1, Nr. 2.

Gallant, R., *Beyond Earth: The Search for Extraterrestrial Life,* Four Winds Press, New York 1977.

Gotlib, D., »Ethical Issues in Dealing with the Abduction Issue«, in *Alien Discussions: Proceedings of the Abduction Study Conference.*

– »Methodological Problems in Abduction Work to Date«, in *Alien Discussions: Proceedings of the Abduction Study Conference.*

Good, T., *Jenseits von Top Secret,* Frankfurt 1991 (erweiterte amerikanische Ausgabe: *Above Top Secret: The Worldwide UFO Coverup,* N. Y., W. Morrow & Co, 1991).

Gordon, J. S., »The UFO Experience«, in *Atlantic Monthly,* August 1991.

Grosso, M., »Transcending the E.T. Hypothesis«, in *California UFO* 3, Nr. 3, 1988.

– »UFOs and the Myth of a New Age«, in *ReVISION* 11, Nr. 3, 1989.

Haines, R., »Multiple Abduction Evidence – What Is Really Needed?«, in *Alien Discussions: Proceedings of the Abduction Study Conference.*

Haines, R., »Novel Investigative Techniques«, in *Alien Discussions: Proceedings of the Abduction Study Conference.*

– »Some Evidence for a Family Linage«, in *Aliens Discussions: Proceedings of the Abduction Study Conference.*

Hamilton, W. F., *Cosmic Top Secret: America's Secret UFO Program*, Inner Light Publications, New Brunswick, New Jersey 1991.

Havel, V., »The New Measure of Man«, Rede anläßlich der Verleihung der Philadelphia Liberty Medal, abgedruckt, in *New York Times*, 8. Juli 1994.

Hawkins, G., *Beyond Stonehenge*, Harper & Row, New York 1973.

Hopkins, B., »A Doubly Witnessed Abduction«, in *Alien Discussions: Proceedings of the Abduction Study Conference.*

– »The Hopkins Image Recognition Text (HIRT) for Children«, in *Alien Discussions: Proceedings of the Abduction Study Conference.*

– *Eindringlinge*, Hamburg 1991.

– »The Linda Cortile Abduction Case«, *MUFON UFO Journal*, Parts I, II, New York.

– *Fehlende Zeit*, München 1996.

– D. Jacobs und R. Westrum, *Unusual Personal Experiences: An Analysis of the Data from Three National Surveys*, Bigelow Holding Corp., Las Vegas, Nevada, 1991.

Horowitz, P., »Radio Search for ET Intelligence«, in *Alien Discussions: Proceedings of the Abduction Study Conference.*

Howe, L. M., *An Alien Harvest*, Littleton, Colorado 1989.

– *Glimpses of Other Realities; Volume I: Facts and Eyewitnesses,* Huntingdon Valley, Pennsylvania.

Hufford, D., »Sleep Paralysis and Bedroom Abductions«, in *Alien Discussions: Proceedings of the Abduction Study Conference.*

– *The Terror That Comes in the Night,* University of Pennsylvania Press, Philadelphia 1982.

Hynek, J. A., *The UFO Experience: A Scientific Inquiry,* Balantine Books, New York 1974.

Hynek, J. A. und J. Vallée, *The Edge of Reality,* Henry Regnery Co., Chicago 1975.

Jacobs, D. M., »Description of Aliens«, in *Alien Discussions Proceedings of the Abduction Study Conference.*

– *Secret Life: Firsthand Accounts of UFO Abductions,* Simon & Schuster, New York 1992.

– »Subsequent Procedures«, in *Alien Discussions: Proceedings of the Abduction Study Conference.*

– »Table Procedures«, in *Alien Discussions: Proceedings of the Abduction Study Conference.*

– *The UFO Controversy in America,* Indiana University Press, Bloomington, Indiana 1975.

Jacobson, E. und J. Bruno, »Dissociative Disorders in Abductees«, in *Alien Discussions: Proceedings of the Abduction Study Conference.*

– »Psychological Profiles of Abductees«, in *Alien Discussions: Proceedings of the Abduction Study Conference.*

Jaynes, J., *Der Ursprung des Bewußtseins,* Reinbek bei Hamburg 1993.

Jung, C. G., *Ein moderner Mythus,* Zürich 1958.

Klass, P. J., *UFO Abductions: A Dangerous Game,* Prometheus Press, Buffalo 1998.

Knight, D. C., *UFOs: A Pictorial History from Antiquity to the Present,* McGraw-Hill, New York 1979.

LaParl, B., »Brain Scan Anomalies of Two Abductees Claiming Implants«, in *Alien Discussions: Proceedings of the Abduction Study Conference.*

Mack, J., *Entführt von Außerirdischen*, München 1992.
– »The Abduction Phenomenon, Preliminary Report«, Fotokopie.
Mack, J. »The UFO Phenomenon: What Does it Mean for the Expansion of Human Consciousness?«, Vortrag bei der International Transpersonal Association Conference, Prag 1992.
Miller, J., »Envelope Epidemiology«, in *Alien Discussions: Proceedings of the Abduction Study Conference.*
– »Medical Procedural Differences: Alien vs. Human«, in *Alien Discussions: Proceedings of the Abduction Study Conference.*
– »The Realization Event – An Important Historical Feature«, in *Alien Discussions: Proceedings of the Abduction Study Conference.*
Miller, J. und R. Neal, »Lack of Proof for Missing Fetus Syndrome«, in *Alien Discussions: Proceedings of the Abduction Study Conference.*
Nyman, J., »A Composite Encounter Model«, in *Alien Discussions: Proceedings of the Abduction Study Conference.*
– »The Familiar Entity and Dual Reference«, in *Alien Discussions: Proceedings of the Abduction Study Conference.*
Papagiannis, M., »Probability of Extraterrestrial Life on Earth«, in *Alien Discussion: Proceedings of the Abduction Study Conference.*
Penfield, W., *The Mystery of the Mind: A Critical Study of Consciousness and the Human Brain*, Princeton University Press, Princeton 1975.
Peterson, I., »Euclid's Crop Circles«, in *Science News*, 141, Nr. 5, 1992.
Pritchard, D., »Physical Evidence and the Reality of Some Abduction Phenomenon«, in *Alien Discussions: Proceedings of the Abduction Study Conference.*
– »Terrestrial Search for Extraterrestrial Intelligence«, in *Alien Discussions: Proceedings of the Abduction Study Conference.*
Rae, Stephen, John Mack: UFOs Land at Harvard«, in *New York Times Magazine*, 20. März 1994.

– »UFOs Land at Harvard: John Mack's Abductees«, in *The New York Times Magazin*, 20. März 1994.

Randles, J., *Abduction: Over 2000 Documented UFO Kidnappings*, Robert Hale, London 1988.

– »A Feature Analysis of Abduction Reports in Britain«, in *Alien Discussions: Proceedings of the Abduction Study Conference*.

– »Imaginal vs. Real Abduction«, in *Alien Discussions: Proceedings of the Abduction Study Conference*.

– »A Study of an Abduction Where the Entity Was Photographed«, in *Alien Discussions: Proceedings of the Abduction Study Conference*.

Ring, K., »Near Death and UFO Encounters as Shamanic Initiations: Some Conceptual and Evolutionary Implications«, in *ReVISION Journal* 11, Nr. 3, 1989

– »Near Death Experiences: Implications for Human Evolution and Planetary Transformation«, in *ReVISION Journal* 8, Nr. 2, 1986.

– *Den Tod erfahren – das Leben gewinnen*, Bergisch Gladbach 1988.

Rodeghier, M., J Goodpaster und S. Blatterbauer, »Psychosocial Characteristics of Abductees: Results from the CUFOS Abduction Project«, in *Journal of UFO Studies* 3, 1991.

Rodeghier, M., »Evidence for Abuse Among Abductees«, in *Alien Discussions: Proceedings of the Abduction Study Conference*.

– »A Set of Selection Criteria for Abductees«, in *Alien Discussions: Proceedings of the Abduction Study Conference*.

Ruppelt, E., *The Report on Unidentified Flying Objects*, Doubleday, Garden City, New Jersey 1956.

Sagan, C., *The Dragons of Eden: Speculations on the Evolution of Human Intelligence*, Ballantine Books, New York 1977.

Schuessler, J., »Vehicle Internal Systems«, in *Alien Discussions: Proceedings of the Abduction Study Conference*.

Sheldrake, R., »Morphic Resonance and Collective Memory«, Vortrag bei der International Transpersonal Association Conference, Prag 1992.

Siegel, R. K., *Halluzinationen*, Reinbek bei Hamburg 1998.

Smith, Y., »Abduction of Children Ages 4-15«, in *Aliens Discussions: Proceedings of the Abduction Study Conference.*

Stanton J. Friedman und Don Berliner, *Der Absturz bei Corona*, Rottenburg 1995.

Stone-Carmen, J., »Abductees with Conscious Recall Are Different«, in *Alien Discussions: Proceedings of the Abduction Study Conference.*

– »A Descriptive Study of People Reporting Abduction by Unidentified Flying Objects (UFOs), in *Alien Discussions: Proceedings of the Abduction Study Conference.*

Strieber, W., *Die Besucher*, München 1988.

– *Transformation*, München 1992.

Stringfield, L. H., *UFO Crash/Retrievals: The Inner Sanctum*, Cincinnati, Ohio, Privatdruck.

Talbot, Michael, *Das holographische Universum. Die Welt in neuer Dimension*, München 1994.

Taere, M., »California Therapist Ethical Standards«, in *Alien Discussions: Proceedings of the Abduction Study Conference.*

Thomas, L., Einführung zu *The Incredible Machine*, Washington, National Geographic Society, 1986.

Thompson, K., *Engel und andere Außerirdische*, München 1993.

– »The UFO Experience As a Crisis of Transformation«, in *Spiritual Emergency*, Hrsg. Stanislav & Christina Grof, 1989 (dt. *Spirituelle Krisen*, Stanislav Grof, Hrsg., München 1990).

Trefil, J., »Phenomena, Comment and Notes«, in *Smithsonian*, Juli 1993.

Vallée, J., *Dimensionen*, Frankfurt 1994.

– *Passport to Magonia*, Henry Regnery Company, Chicago 1969.

Vonnegut, K., *God Bless You, Mr. Rosewater*, Dell Publishing Co., New York 1970 (dt. *Gott segne Sie, Mr. Rosewater*, München 1990).

Wade, N., »Method and Madness: A Fable for Fleas«, in *The New York Times Magazine*, 14. September 1994.

Walton, T., *The Walton Experience*, Berkeley Books, New York 1978.

Westrum, R., »Social Dynamics of Abduction Reporting«, in *Alien Discussions: Proceedings of the Abduction Study Conference.*

Wolf, F. A., *Die Physik der Träume*, Berlin 1997.

– *Der Quantensprung ist keine Hexerei*, Frankfurt/Main 1989.

Wright, D., »The Need for Policing«, in *Alien Discussions: Proceedings of the Abduction Study Conference.*

Die deutsche Ausgabe von *Alien Discussions: Proceedings of the Abduction Study Conference* ist bei Zweitausendeins erschienen: *Forschungsberichte und Diskussionsbeiträge zur Konferenz am Massachusetts Institute of Technology (MIT), Cambridge, über das Abduktionsphänomen = Von Außerirdischen entführt*, Zweitausendeins, Frankfurt am Main 1996.

Register

GOLDMANN

Unheimliche Rätsel

Col. Philip J. Corso & William J. Birnes,
Der Tag nach Roswell   12798

C. D. B. Bryan, Akte UFO-Unheimliche
Begegnungen der vierten Art   12748

Werner Walter,
UFOs-Die Wahrheit   12772

Erich von Däniken (Hrsg.),
Fremde aus dem All   12569

Goldmann • Der Taschenbuch-Verlag

GOLDMANN

Erich von Däniken

Neue kosmische Spuren 12355

Das Erbe der Götter 12758

Fremde aus dem All 12569

Auf den Spuren der
Allmächtigen 12599

Goldmann • Der Taschenbuch-Verlag